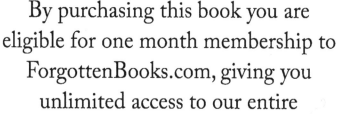

ISBN 978-0-483-17203-6
PIBN 10597468

EL DERECHO MODERNO,

REVISTA

DE JURISPRUDENCIA Y ADMINISTRACION.

POR

D. Francisco de Cárdenas.

TOMO IV.

MADRID.

ESTABLECIMIENTO TIPOGRÁFICO DE D. RAMON RODRIGUEZ DE RIVERA, Editor.

CALLE DE LA MANZANA, NUM. 14.

1848.

DE LA NATURALEZA Y LIMITES

DE LA JURISDICCION DEL SENADO

CUANDO SE CONSTITUYE

EN TRIBUNAL DE JUSTICIA.

PROYECTO DE LEY PRESENTADO A LAS CORTES POR EL MINISTRO DE GRACIA Y JUSTICIA SOBRE EL ENJUICIAMIENTO QUE DEBE SEGUIRSE EN LOS CASOS EN QUE EL SENADO SE CONSTITUYE EN TRIBUNAL. (*Apéndice 1.º al número 6 del diario de las sesiones del senado de 23 de noviembre de 1857*).

DICTAMEN DE LA COMISION DEL SENADO SOBRE DICHO PROYECTO.

PROPOSICION DE LEY SOBRE LA JURISDICCION, ATRIBUCIONES, ORGANIZACION Y MODO DE PROCEDER DEL SENADO COMO TRIBUNAL DE JUSTICIA PRESENTADA POR EL SENADOR D. FRANCISCO AGUSTIN SILVELA. (*Apéndice 2.º al número 6 del mismo diario*).

Artículo 1.º

En una sociedad bien organizada, los funcionarios públicos no deben ser procesados cuando delinquen, como las demás personas. Colocados en una posicion en que para cumplir con sus deberes tienen que perjudicar á veces intereses privados y grangearse enemistades personales; teniendo á su cargo intereses públicos de gran cuantía que padecen y se menoscaban cuando se acredita la indignidad de quien los representa; y espuestos á veces á los odios y persecuciones de los partidos políticos, necesitan los que ejercen cargos públicos mas protección y mas garantía contra la calumnia y las falsas acusaciones que los demás ciudadanos en quienes no concurren estas circunstancias. De aquí la necesidad de precaver con medidas especiales todo proceso inmotivado contra los funcionarios públicos.

La necesidad de mantener la independencia entre los poderes constitucionales conduce al mismo resultado. Es requisito indispensable de estos poderes que sean libres en su accion, que el legislativo sea independiente del ejecutivo, la autoridad administrativa de la judicial, y esto no podría conseguirse si el mandato de un juez ó la acusacion de un ciudadano cualquiera bastase para llevar á un diputado, á un senador ó á un ministro á la arena judicial, ó si dependiese de un magistrado el suspender la accion del poder ejecutivo encausando á algunos de sus funcionarios. No quiere esto decir que no proceden semejantes acusaciones ni que se deban desconocer los derechos de la justicia; pues sería insensato buscar fuerza en otra parte que en ella; pero sí que siendo independientes los poderes del Estado no puede ser uno juez de los actos del otro; y por lo tanto, que ni los funcionarios políticos, ni los administrativos caen bajo la jurisdiccion ordinaria, mientras que el mismo poder de que hacen parte no lo declare así despues de examinar la causa que motiva el procedimiento. Así, pues, la conveniencia pública y la doctrina constitucional exigen garantías especiales para el procedimiento criminal contra los funcionarios públicos.

Este principio general no puede menos de tener aplicaciones diversas, segun sea la especie de funcionarios de que se trate. Hay entre ellos una diferencia fundamental y esencialísima, pues unos desempeñan directamente y por sí mismos alguno de los poderes políticos del Estado: otros no son mas que agentes de alguno de dichos poderes. A la primera clase corresponden los ministros, los senadores y los diputados, únicos funcionarios que en nuestra organizacion constitucional desempeñan la potestad política: los primeros como depositarios del poder ejecutivo, y los dos segundos como miembros del poder legislativo. A la segunda clase corresponden todos los agentes del poder ejecutivo en el órden de la administracion y el judicial. Todos estos funcionarios necesitan la proteccion especial á que aludimos por razon del oficio que desempeñan; pero como este oficio tiene un carácter distinto, segun que consiste en el ejercicio directo de la potestad política ó el delegado de la ejecutiva, así tambien deben ser diferentes, si no en su naturaleza en su estension, las garantías que les protejan. El desempeño de las funciones políticas consiste generalmente en una lucha de partido: cada uno de sus actos suele ser un ataque de la mayoría preponderante contra la minoría resistente, su accion un manantial perenne de rencores y de enemistades. Por otra parte, en el ejercicio de la vida política las acciones mas agenas de ella toman á los ojos de los contrarios un tinte político tambien, haciéndose así difícil de distinguir en la práctica lo que hace el funcionario de esta especie en el desempeño de sus atribuciones de lo que obra fuera de ellas. El desempeño de las funciones delegadas del poder ejecutivo tiene menos peligros, porque influye menos en la lucha de los partidos, y los que las ejercen no se atraen necesariamente sus enemistades. Además, el agente administrativo es el instrumento momentáneo de una autoridad superior, y sus actos como funcionario se distinguen perfectamente de sus actos como hombre privado. De esta diferencia se deduce que los funcionarios políticos necesitan una proteccion mas eficaz y estensa que los administrativos: que los primeros han menester garantías contra cualquier procedimiento criminal que se intente contra ellos, cualquiera que sea el motivo en que se funde; al paso que los segundos deben creerse suficientemente protegidos cuando lo están respecto á los que se promueven por sus actos en el ejercicio de sus funciones. Por eso los ministros, los senadores y los diputados no deben ser procesados criminalmente, cualquiera que sea su delito, sino con ciertas formalidades prévias, ó por un tribunal estraordinario, al paso que los funcionarios delegados del poder ejecutivo no tienen en su favor garantías semejantes, sino para los delitos que cometan en el ejercicio de sus atribuciones.

¿Pero cuáles son las garantías mas adecuadas para evitar el peligro de que tratamos en favor de los funcionarios políticos? Nuestra constitucion establece las siguientes: respecto á los ministros la de ser juzgados por el senado cuando son acusados por el congreso: respecto á los senadores la de ser juzgados por el mismo senado en los casos y en la forma que determinen las leyes, y no poder ser procesados ni arrestados sin prévia resolucion de dicho cuerpo, á no ser que sean hallados *in fraganti*, ó que no esté reunido el senado, y en todo caso dando cuenta al mismo lo mas pronto posible para que determine lo que corresponda: y respecto á los diputados la de no poder ser tampoco procesados ni arrestados durante las sesiones sin permiso del congreso, á no ser, hallados *in fraganti*; pero en este caso y en el de ser procesados y arrestados cuando estuvieren cerradas las cortes, dando cuenta lo mas pronto posible al congreso para su conocimiento y resolucion (artículos 19 y 41 de la Constitucion de 1845). De modo que estas garantías consisten siempre en hacer al poder legislativo ó á uno de sus brazos árbitro del proceso, con la diferencia de que habiéndolo lo sigue unas veces la autoridad ordinaria y otras un tribunal escepcional.

La circunstancia de ser en todo caso el parlamento árbitro de la causa, se funda en que siendo independientes los poderes del Estado, debe ser cada uno juez de los actos de sus propios individuos. La diferencia de ser competente en unos casos la autoridad judicial ordinaria, y en otros el senado, trae su oríden del distinto carácter de los individuos de ambos cuerpos legisladores. El cargo de diputado es transitorio: si el que lo ejerce comete algun delito que le hace indigno de merecerle, probablemente no volverá á ser elegido, y no permaneciendo en la cámara, es claro que no empañará su prestigio, ni contribuirá á su descrédito. Si acusado una vez, el congreso le entrega al brazo de la justicia, bastan las formas ordinarias de esta para protegerle y para satisfacer el interés que puede tener el mismo cuerpo en que se averigüe con el mayor cuidado el hecho de la imputacion, á fin de que no se le juzgue ligeramente. Pero el cargo senatorial es vitalicio, y el senado una corporacion permanente, que no se renueva sino por generaciones. El senador que delinque no pierde por eso su carácter, y deshonrándose á sí mismo menoscaba el prestigio y la dignidad del cuerpo á que corresponde. De distinta manera influye en una familia el deshonor de uno de sus miembros, que el de un sócio en la compañía accidental y pasajera á que corresponde. El senado es una especie de familia política cuyos individuos se han asociado perpétuamente por los vínculos del orígen, de la riqueza, de la posicion social y de los servicios á la patria. El congreso es una especie de sociedad anónima establecida por tiempo limitado,

y cuyos socios no tienen mas vínculos entre sí que la comunidad
de su orígen, esto es, la eleccion popular y los lazos de la política. De distinto modo, pues, afectará al prestigio y decoro
del primer cuerpo, que al decoro y prestigio del segundo, el
crímen de alguno de sus respectivos individuos. De donde se
sigue que tiene mayor interés el senado que el congreso en garantizar á sus miembros contra toda imputacion criminal falsa
ó calumniosa, y como este mayor interés de la segunda cámara
quiere decir en definitiva que hay un interés público mayor en
dar al senador la proteccion á que aludimos que en darla al diputado; porque el delito del primero afecta mas al cuerpo legislativo á que corresponde que el del segundo al suyo respectivo,
se ha creido que esta diferencia debia dar por resultado el que
los diputados tuviesen la garantía de no poder ser arrestados
ni procesados sin permiso del congreso, y que los senadores obtuviesen además la de no ser juzgados, sino por sus compañeros é iguales. En efecto, la segunda cámara ofrece todas las garantías apetecibles de ilustracion, rectitud, independencia é imparcialidad que se buscan y nadie mejor que ella puede juzgar
de los actos que afectan á su propio decoro. Tal es el fundamento de que á la regla general que somete á todos los ciudadanos
á unos mismos tribunales de justicia, se deba añadir esta escepcion: los senadores, sin embargo, deben ser juzgados por el senado, el cual para este efecto se reviste de la jurisdiccion criminal que le delega el poder ejecutivo y se constituye en tribunal
de justicia.

La garantía establecida por nuestra Constitucion en favor de
los ministros es incompleta todavía, á menos que no la perfec-
cione la ley que debe hacerse sobre organizacion de tribunales.
El ministro es un funcionario tan político como el senador, que
como él y en mayor escala ejerce por sí mismo uno de los poderes constitucionales del Estado, y que mas que él está espuesto
por su posicion á las calumnias y á las diatribas de los partidos.
Síguese de aquí que necesitan los ministros una proteccion tan
eficaz por lo menos como la que se dispensa á los senadores, y
la que la Constitucion les da es menos poderosa. Consiste como
hemos dicho en ser juzgados por el senado cuando les acuse el
congreso, y como este cuerpo no puede acusarles sino para exigirles la responsabilidad, segun debe inferirse de la recta inter-

pretacion del artículo de la Constitucion, los únicos delitos de
ministros de que debe conocer el senado, son aquellos que cometen dichos funcionarios en el ejercicio de sus atribuciones. Y
como las leyes vigentes no establecen tampoco ninguna escepcion jurisdiccional respecto á ellos, es claro que de los delitos
que cometan los ministros fuera del ejercicio de sus funciones
deben conocer los jueces de primera instancia. Esto es una contradiccion en la recta aplicacion de las doctrinas constitucionales, porque concurriendo en los ministros las mismas circunstancias que conceden á los senadores una especie de fuero escepcional, no lo gozan sino en casos muy especiales. Esta contradiccion es aun mas chocante si se advierte que pudiendo suceder que el ministro no sea diputado, el juez de primera instancia que intente procesarle y aun prenderle, no necesita siquiera obtener la vénia del congreso; de modo que podría darse caso de ver á un ministro arrancado de su puesto tal vez en
las circunstancias en que su presencia en el consejo de la corona sea mas importante, y todo por una calumnia y en virtud
del mandato de un simple juez de partido. Aun hay mas: la
Constitucion dice que el senado juzga á los ministros *cuando son
acusados por el congreso,* y este cuerpo no tiene obligacion
ninguna de acusarles, sino el derecho de hacerlo cuando lo estime conveniente para exigirles la responsabilidad. Estas disposiciones pudieran interpretarse diciendo, que la jurisdiccion criminal del senado sobre los ministros no tiene lugar sino cuando
estos son acusados por el congreso, y que por consiguiente siempre que este cuerpo no tenga á bien hacer uso de dicha facultad,
están sujetos los ministros á los tribunales comunes por los delitos que cometan en el ejercicio de sus atribuciones.

Es, pues, indispensable estender y asegurar la garantía que
corresponde á los ministros como depositarios del poder ejecutivo para cortar en su orígen las acusaciones falsas y calumnio-
sas de que puedan ser objeto, y para asegurar todo lo posible
la justicia é imparcialidad de la sentencia que pueda recaer sobre ellos. Este resultado podrá conseguirse determinando los delitos ministeriales de que deba conocer la segunda cámara sus-
trayendo los demás al conocimiento de los tribunales inferiores, y prohibiendo que en todo caso se pueda proceder criminalmente contra los ministros sin licencia prévia de los cuerpos

legisladores. Pero como en todo caso los delitos de los ministros pueden ser eminentemente políticos, ha sido preciso buscar un tribunal que participe hasta cierto punto de este carácter,
reuniendo al mismo tiempo todas las condiciones posibles de
ilustracion, prestigio, imparcialidad y rectitud. Por eso se ha
acudido al senado, el cual tratándose particularmente de acusaciones meramente políticas, es irreemplazable por ningun otro
tribunal de justicia. Para conocer de delitos comunes tal vez
puede hallarse un tribunal preferible al senado, pero tratándose
de delitos políticos ¿quién puede apreciar mejor que este cuerpo las circunstancias que los constituyen, que los agravan y los
atenuan á los ojos de la ley y de la conveniencia pública? Tal
es el fundamento de la jurisdiccion que se atribuye al senado
para juzgar á los ministros.

Hay finalmente ciertos crímenes que ó por su naturaleza y
circunstancias ó por la calidad de las personas que los cometen,
requieren ser juzgados y sentenciados por un tribunal distinto
de los ordinarios, y cuyas sentencias ofrezcan así á los acusados
como á la sociedad aun mas garantías de acierto y de rectitud
que las de aquellos. Los atentados graves contra la vida del
monarca, las rebeliones que ponen en peligro inminente la seguridad del Estado ó la existencia de las instituciones, los actos
de sedicion que conmueven profundamente la sociedad requieren en el tribunal que haya de juzgarlos y sentenciarlos tanto
poder, tanta independencia como no es fácil hallar en los juzgados ordinarios. Los crímenes á que aludimos no son generalmente obra de un individuo, sino de una asociacion criminal,
que por ser numerosa y disfrazarse con la máscara de una opinion política, tiene mil medios de procurar su impunidad, in-
fluyendo en el ánimo de los jueces. Es necesario, pues, que el
tribunal que haya de juzgarlos por su alta posicion, por su independencia social y política, y por su interés en conservar el
órden público, esté libre de tales asechanzas, y sea superior á
todos los medios ilícitos que puedan influir en su ánimo. De otro
modo podría suceder que jueces muy rectos é independientes en
los asuntos ordinarios de que conocen, fuesen sin embargo dé-
biles y apocados cuando se hallasen frente á frente no con un
criminal comun, sino con un bando político que tiene esperanza de ejercer un dia el poder.

Tomo IV.

Las garantías de independencia y de rectitud que se exigen de los jueces ordinarios, son acomodadas á la especie de negocios de que ordinariamente conocen, pero no á aquellos que ocurren rara vez y por su gravedad é importancia son, si puede decirse así, superiores á sus fuerzas. Estos jueces están acostumbrados á perseguir y castigar á los delincuentes comunes, teniendo cuando lo hacen de su parte á toda la opinion pública, y tambien á los criminales políticos de poca consideracion. El juzgar acertadamente á unos y otros no es superior á su independencia, porque en ningun caso tienen generalmente que habérselas con un bando poderoso que mira tal vez cifrada su existencia en el fallo que ha de resolver el proceso. Pero llévese ante este mismo juez á un partido político, cuyos jefes se hacen reos de un grave atentado contra el monarca ó las instituciones, expóngasele á sus rencores y á sus asechanzas, y ya ó necesita un temple de alma y fuerza de carácter no comunes, ó su deber y su interés entran en peligrosa lucha y Dios sabe cual es el resultado.

Reconocida la conveniencia de sacar de los juzgados ordinarios esta clase de procesos, se ha pensado en constituir un tribunal escepcional con todas las condiciones que se necesitan para seguirlos y sentenciarlos acertadamente. El mejor sistema que han ideado los publicistas sobre este punto, ha sido constituir á la segunda cámara en tribunal de justicia del mismo modo que para juzgar á los senadores y á los ministros. Si puede haber magistrados con todas las garantías de independencia, de rectitud y de ilustracion necesarias para conocer acertadamente de esta especie de crímenes estraordinarios, son los pares ó senadores que por su alta posicion social, por el carácter vitalicio de su cargo y por las preeminencias que disfrutan estan menos espuestos que otros á las influencias ilegítimas de las banderías políticas. Ellos están tambien mas interesados que nadie en la conservacion de las instituciones y del orden público; de modo que aun cuando pudiera suponerse que las opiniones de algunos tenian cierta afinidad, aunque remota, con el bando á que están afiliados los delincuentes sujetos á su fallo, esta consideracion ha de pesar menos en su ánimo que la de la necesidad de asegurar el Estado, castigando el crímen que contra él se cometa.

No ignoramos las objeciones á que dá lugar este sistema. Se ha dicho que es una infraccion del principio constitucional que asegura á todos los ciudadanos el no ser juzgados sino por sus jueces naturales. Ciertamente, es mal grave sustraer á la jurisdiccion ordinaria las personas que naturalmente dependen de ella; pero habiendo casos estraordinarios en que la convenien cia pública y la misma justicia aconsejan admitir una escepcion á dicho principio, segun creemos haberlo demostrado en los párrafos anteriores ¿por qué no la hemos de admitir? Los prin cipios constitucionales se fundan en la justicia y en la convenien cia del Estado: luego cuando una y otra aconsejan hacer en ellos una escepcion, tan respetable debe ser esta como el princi pio mismo.

Se ha dicho tambien que el juicio de ciertos delitos por la segunda cámara requiere formas tan solemnes y un aparato tan brillante que á veces enaltece el crimen y realza al delincuente: de donde se sigue que el reo oscuro y que pasaría despreciado ante un tribunal ordinario, se hace famoso, y desempeña un papel interesante á sus ojos y á los de muchos cuando compa rece ante la cámara legislativa, siendo todas estas circunstan cias un aliciente mas para cometer delito. Pero este inconve niente no lo es tanto del sistema como de su desacertada apli cacion. No debe reunirse la cámara para juzgar criminales os curos á quienes solamente la solemnidad del juicio puede dar publicidad, sino para fallar ó sobre delincuentes de alta cátego ría ó sobre crímenes que por su naturaleza y prescindiendo del tribunal que los condene, no pueden menos de dar á sus auto res una celebridad funesta. Así, pues, hay como se ve razones poderosísimas en que se funda la jurisdiccion del senado, para conocer de ciertos delitos graves, si bien conviene al mismo tiempo limitar mucho esta jurisdiccion para precaver sus incon venientes.

De lo dicho se infiere que la jurisdiccion del senado es en todo caso escepcional, no entra en el órden de la gerarquía ju dicial ordinaria, y es sin embargo propia del cuerpo que la ejer ce. Es excepcional, porque se funda en la excepcion de un prin cipio y no tiene aplicacion sino en casos extraordinarios: no entra en la gerarquía judicial, porque no hace parte de la au toridad del mismo nombre, y no reconoce en ella superior ni

inferior: es propia, porque como la de los tribunales ordinarios
ha sido delegada inmediatamente por el soberano y se ejerce en
su nombre. No es la segunda cámara, en el caso de que tratamos, como algunos publicistas pretenden, un gran jurado, que
á la facultad de resolver sobre el hecho reune la de aplicar la
ley, sino un verdadero tribunal de justicia. Tiene de comun
con el jurado que falla segun su conciencia y sin responsabilidad,
pero lo uno es efecto de la forma del enjuiciamiento, ó mas bien
de la imposibilidad de tasar las pruebas, y lo otro de la naturaleza misma de la corporacion que no reconociendo superior no
hay quien pueda hacer efectiva su responsabilidad. Cuando haya
en España una buena ley de enjuiciamiento, los tribunales fa-
llarán tambien sobre los hechos segun su conciencia, y no por
eso se llamarán jurados. El tribunal supremo de justicia es hoy
irresponsable y á nadie se le ha ocurrido llamarle jurado por esta circunstancia. El jurado para serlo, además de ser irresponsable y de fallar segun su conciencia, es menester que sea elegido por suerte y que conozca exclusivamente del hecho; pero
dar tal nombre á un tribunal que no tiene ninguna de estas circunstancias y que además conoce del derecho, es abusar de las
palabras.

Conocidos los fundamentos y la naturaleza de la jurisdiccion
del senado, corresponde ahora determinar sus límites. Cuestion
mas difícil por cierto que las que hasta ahora hemos dilucidado
y que es uno de los objetos de los dos proyectos presentados á
las cortes, que nos dan ocasion para escribir este artículo.

Son tres los casos, segun la Constitucion, en que puede constituirse el senado en tribunal de justicia, fundado segun hemos
visto cada uno de ellos en razones especiales: pues bien, estas
razones son las que han de darnos la regla para determinar los
límites que conviene se señalen á la jurisdiccion de este cuerpo.

Su competencia sobre los senadores se funda, segun hemos
dicho, en el carácter de funcionarios públicos que estos tienen
como depositarios de una parte del poder legislativo, y en la
necesidad de que la alta cámara sea custodia y guardadora de
su decoro y prestigio, reservándose el juicio de aquellos actos
de sus miembros que puedan menoscabarlos, cuando no haya
otro tribunal mas adecuado para conocer de ellos. De donde se
sigue que la jurisdiccion de este cuerpo sobre sus propios indi-

viduos, debe ser tan extensa cuanto baste para el libre ejercicio
de las funciones políticas que les están encomendadas, y para
impedir que se amengüe la dignidad y decoro de la institucion
con procedimientos no suficientemente motivados ó sentencias
injustas contra las personas que la representan. ¿Y en qué casos
podria la falta de competencia en el senado poner en peligro el
libre ejercicio de sus funciones políticas ó el prestigio y decoro
de la institucion? En nuestra opinion, siempre que la autoridad
ordinaria conociera de los delitos políticos de los senadores, de
los que estos cometen con motivo ú ocasion del ejercicio de su
cargo ó de los que aunque no se hallen en ninguno de estos casos son por su naturaleza de tal gravedad, que requieren una
pena corporal aflictiva, y siempre que por falta ó delito de otra
especie procedieran los tribunales comunes contra el senador sin
obtener antes la venia del senado. Luego este cuerpo debe ser
competente para conocer de todos estos delitos, pero no mas ni
menos. No mas, porque los que no tienen relacion alguna inmediata ni remota con el ejercicio de las funciones senatoriales no
pueden ser sentenciados de manera que afecte al libre ejercicio
de las mismas funciones; y los delitos leves, sobre ser poco
comunes en personas de cierta categoría, afectan poco ó nada á
la clase ó corporacion á que pertenece el reo. No menos, porque todos los delitos mencionados tienen, como se ha dicho, una
relacion íntima con los objetos para los cuales se ha establecido la jurisdiccion excepcional de que tratamos. Hé aquí la solucion que ofrece la lógica y el raciocinio á la cuestion propuesta: veamos ahora la que enseña la historia y la legislacion de
otros paises.

En Inglaterra son juzgados los pares por la alta cámara en
los delitos de alta traicion, los que siendo de otra especie merecen pena capital, y el que consiste en no revelar alguno de
los anteriores. En todos los demás casos están sujetos los pares
á la jurisdiccion ordinaria. Es de advertir, que las leyes ingle-
sas prodigaban la pena de muerte, de modo que apenas habia
un delito grave que no la mereciese; y así puede decirse que la
solucion dada en Inglaterra al punto que discutimos, es exactamente conforme con la que hemos deducido por consecuencia
de elevados principios.

En Francia, todos los delitos y crímenes de los pares, exceptuando lo que el código penal del pais llama contravenciones, son de la competencia de la segunda cámara. Es pues aquí mucho mas extensa que en Inglaterra la jurisdiccion de la cámara de los pares, pero por motivos en nuestro concepto de circunstancias. Careciendo los franceses de una aristocracia natural, permanente, y con una influencia social propia, y queriendo al mismo tiempo tener una segunda cámara llena de dignidad y prestigio semejante á la de Inglaterra, prodigaron á la suya todos los honores, distinciones y prerogativas compatibles con el régimen constitucional, y entre ellas la de que los pares no pudieran ser juzgados sino por sus iguales. No fué, pues, una rigorosa aplicacion de los principios la que condujo en Francia á hacer tan extensa la jurisdiccion de la alta cámara, sino las circunstancias difíciles en que se estableció la cámara alta.

Nuestra Constitucion no ha resuelto el punto que discutimos, pues se ha limitado á establecer el principio de que el senado puede juzgar á los individuos de su seno, pero con la limitacion de no hacerlo sino *en los casos* que determinen las leyes. La ley que ha de determinar estos casos, es la que ahora se está discutiendo.

Segun el proyecto del gobierno, estos casos son aquellos en que los senadores cometan algun delito, por el cual pueda decretarse mandamiento de arresto durante el proceso, ó imponerles en definitiva cualquiera pena que impida al acusado el libre ejercicio de su cargo de senador. Se conoce bien que el objeto de esta disposicion ha sido procurar que el senado conozca de todo delito que pueda embarazar al senador en el libre ejercicio de sus funciones, y que por lo tanto, lo único que se ha tenido presente ha sido la necesidad de mantener la independencia entre los poderes del Estado. Pero no se ha tenido en cuenta que el senador no puede ser procesado ni arrestado sin prévia licencia del senado; que este cuerpo para darla pueda tomar los informes necesarios acerca del hecho que la motive, y que por consiguiente no puede darse caso de un atropello, debiendo ser siempre el senado quien autorice el arresto y la formacion de causa. Si lo que se quiere es que la autoridad ordinaria no imponga por sí misma á los senadores penas graves, de esas que imprimen en los que las padecen un sello de infamia, esto se consigue fácilmente declarando privativa la jurisdiccion del senado para todes los delitos de cierta importancia que cometan sus individuos. Y si se pretende impedir que la autoridad judicial se sobrepon- ga en ningun caso á la voluntad de los cuerpos colegisladores, esto se obtiene tambien con el artículo constitucional que pro- hibe á los jueces procesar y prender á los senadores sin prévia autorizacion del senado.

Por otra parte, el gobierno no ha interpretado acertadamen- te el espíritu de la Constitucion proponiendo por regla de com- petencia para el senado la circunstancia de que el delito requie- ra la prision del senador. Si bien hay un artículo que dice: cor- responde al senado juzgar á los individuos de su seno en los ca- sos que determinen las leyes, hay otro tambien que exigiendo la autorizacion de aquel cuerpo para prender á los senadores, supone que los jueces ordinarios pueden ser tambien competen- tes para conocer de los delitos que aquellos cometan y den lúgar á su prision durante el proceso. ¿Cómo conciliar estos dos artí- culos? Lo que naturalmente se infiere de ellos es que la juris- diccion de la cámara sobre sus individuos no es privativa, y por consiguiente que pueden estos cometer delitos dignos de pri- sion de que deban conocer los jueces ordinarios. De otro modo ¿con qué objeto habría dicho el art. 41 de la Constitucion que los senadores no pueden ser procesados ni arrestados sin prévia resolucion del senado, sino cuando sean hallados *in fraganti*, ó cuando no esté reunido el senado; pero que en todo caso, se dará cuenta á este cuerpo para que determine lo que correspon- de? Si solamente el senado puede conocer de los delitos de los senadores, por los cuales pueda decretarse durante el proceso mandamiento de prision, ó imponerse en definitiva una pena que impida al acusado el libre ejercicio de su cargo segun pro- pone el gobierno, ¿cómo ha de proceder el juez ordinario contra los senadores cuando no esté reunido el senado, ó cuando tiene que pedir su permiso para procesarlos? Es pues evidente que es- tas dos disposiciones no están en armonía, porque la del pro- yecto deja sin objeto la del artículo constitucional.

Pero se dirá tal vez que el gobierno ha tenido en cuenta este artículo, disponiendo que los senadores militares puedan ser juzgados en su fuero correspondiente por los delitos que co- metan en campaña, y los senadores eclesiásticos por sus tribu- nales respectivos en razon de los delitos puramente eclesiásticos que cometan, aunque unos y otros sean presos durante la causa con tal de que el senado autorice el procedimiento. Esta razon procedería si el artículo constitucional estuviese redactado en otros términos de los en que se halla. ¿Quién puede juiciosamente suponer que los autores de la Constitucion al tratar de las formalidades con que habian de ser presos y procesados los senadores cuando eran cogidos *in fraganti* ó despues de cometer el delito; cuando delinquian estando abiertas las córtes ó fuera de esta época, no tenian en cuenta mas que los senadores militares que delinquian en campaña, ó los eclesiásticos que cometian delitos puramente canónicos? «Los senadores, dice el artículo á que aludimos, no podrán ser procesados ni arrestados sin previa resolucion del senado sino cuando sean hallados *in fraganti* ó cuando no esté reunido el senado, etc.» Si este artículo hubiera querido referirse á los dos únicos casos en que segun el proyecto del gobierno puede no haber lugar á la prision y proceso de un senador, seguramente no habria hablado de los senadores en general sino de los senadores militares y eclesiásticos. Decir otra cosa sería suponer un absurdo.

Segun el proyecto de ley del Sr. Silvela, deben ser de la competencia del senado todos los delitos comunes que cometan los senadores, exceptuando únicamente las llamadas faltas en el proyecto del código penal presentado á las cortes, las infracciones de ordenanzas y reglamentos de policía y los delitos que los senadores siendo empleados del gobierno ó eclesiásticos perpetraren en calidad de tales. Propone ademas el Sr. Silvela que si por infraccion de ordenanzas ó reglamentos de policía hubiere lugar á arresto, no pueda este verificarse sin licencia del senado, y que los senadores empleados y eclesiásticos sean juzgados por los tribunales establecidos ó que en adelante se establecieren para conocer de los delitos cometidos en el ejercicio de sus cargos ó empleos.

No conviniendo con el proyecto del gobierno en cuanto á la extension que por él se da á la competencia del senado sobre los delitos comunes de sus propios individuos, menos podemos convenir en esta parte con el del Sr. Silvela que la hace aun menos limitada. Hay delitos comunes que no habiendo de dar lugar á una pena corporal no exigen durante el proceso la prision del reo, y los hay tambien cuya pena no ha de privar al que lo co-

mete si este fuere por acaso un senador del ejercicio de este
cargo, y unos y otros deberían ser de la competencia de los tribunales ordinarios segun el proyecto del gobierno. Pero segun
el Sr. Silvela todos estos delitos serán tambien de la competencia del senado, pues las llamadas faltas son aquellas infracciones
que la ley castiga con penas leves; esto es, el arresto de uno á
15 dias.

Fúndase el Sr. Silvela para dar tanta extension á la competencia del senado, en la necesidad de rodear de prestigio á esta institucion particularmente entre nosotros, donde no teniendo la
dignidad senatorial toda la consideracion que pueden darle
el tiempo y las tradiciones «ni defendida y realzada por importantes preeminencias como acontece en otras naciones, conve-
nia revestirle en la primera ocasion que se presente de un elevado carácter que, unido á las grandes virtudes y á la suma ilustracion de los señores senadores, creasen ese respeto público,
esa veneracion sin la cual no hay fuerza, no hay porvenir para
las grandes instituciones políticas.» Estas razones serían exce-
lentes si el objeto de la prerogativa de que tratamos fuese
dar á los senadores consideracion y respetabilidad, ó si siendo
esto así contribuyese en efecto la completa exeacion del fuere
ordinario á darle tan codiciadas circunstancias. Mas en primer
lugar no es cierto, como antes hemos demostrado, que la prerogativa en cuestion se justifique por semejante fin. Tiene por
objeto mantener la independencia de los poderes del Estado y
conservar el prestigio de la cámara permanente. Para mantener la
independencia del poder legislativo, basta que no esté en el arbitrio de la autoridad judicial el embarazarla en el ejercicio de
sus funciones: y para conservar el prestigio de la institucion es
suficiente que el senado entienda en aquellos procesos de sus
individuos en que puede recaer una pena que les deshonre. A
nadie rebaja ni degrada el estar sujeto al fuero comun; las excepciones que de él se admiten tienen por objeto siempre algun
interés público, nunca el provecho de la persona esceptuada. Si
conviene en muchos casos que el senador sea juzgado por un tribunal extraordinario, no es porque sería indecoroso para su dignidad el someterle al fuero comun, sino porque en este no hay
todas las garantías necesarias para asegurar el acierto de una
sentencia que puede influir en la consideracion y prestigio de

una alta institucion política. Por lo tanto siempre que no haya temor de que el fallo pueda tener tan grave trascendencia no hay motivo alguno que justifique la competencia del senado. Así, por ejemplo, ¿en qué puede afectar á la independencia del poder legislativo ni al decoro de la cámara vitalicia, el que un senador se someta á los tribunales ordinarios con el correspondiente permiso de dicha cámara en los delitos de adulterio, estupro, contrabando, uso de nombre supuesto, juegos y rifas, aborto, lesiones corporales y desafío, rapto, injurias y otros semejantes que ni tienen la conexion mas remota con el ejercicio de las funciones senatoriales, ni deshonran de tal manera al que los comete que pueda recaer una parte de la infamia sobre la corporacion á que corresponden? ¿No sería rebajar á la alta cámara el obligarla á entender en las faltas contra la honestidad que cometen sus individuos? ¿Ni qué realzaría al senador la circunstancia de que el marido que quisiera acusarle de adultero había de acudir con la queja al senado? Déjense, pues todos estos delitos cuando por las circunstancias que en ellos concurran no merezcan una pena aflictiva grave, á la competencia de los tribunales ordinarios, que al senado le basta con autorizar la formacion de tales procesos y con entender en aquellos que puedan comprometer su decoro.

Segun el proyecto del gobierno se exceptúan de la jurisdiccion del senado los delitos eclesiásticos que cometan los senadores que tienen este carácter y los que los senadores militares cometan en campaña. El proyecto del Sr. Silvela está de acuerdo con la primera de estas escepciones, pero á la segunda le da mas estension, toda la que en nuestro concepto es conveniente, disponiendo que los senadores empleados sean juzgados por sus tribunales especiales en los delitos que cometan en el ejercicio de sus cargos; de modo que no solamente los militares deben ser procesados por su jurisdiccion respectiva en los delitos de la misma especie que cometan en campaña y fuera de ella, sino tambien todos los funcionarios públicos en los que ejecuten ejerciendo sus cargos. Esta escepcion es conveniente en el estado de nuestra legislacion y de nuestras costumbres. Oigamos cómo la funda el Sr. Silvela en la esposicion de motivos que precede á su proposicion de ley. «Un oficial mandando un cuerpo del ejército falta á la subordinacion debida al general en jefe, un magistrado prevarica, un párroco, un intendente, un jefe político, faltan á sus deberes oficiales, delinquen en el ejercicio de sus funciones, y sean ó no senadores, los tribunales hay establecidos para estos casos los juzguen; pero por el contrario si el delito que se persigue es un delito comun, entonces si el delincuente es senador el senado conoce de la causa. Esto parece sencillo, facil, expedito, es posible tambien, porque la Constitucion, como se ha visto, en su silencio no se opone á estas distinciones.

Parece en segundo lugar justa y adecuada la distincion de que se trata. Si el senador es empleado y delinque, como tal no tiene derecho á quejarse de que le juzguen jueces parciales las mas veces, jueces de su oficio; los jueces naturales que ha tenido antes de ser senador marino juzgará al que sirve en la armada, militares al que obtiene un grado en el ejército, eclesiásticos al que se ha dedicado á la iglesia, togados á los que han hecho profesion de administrar justicia y ministros del tribunal supremo á los funcionarios superiores de la córte, que no dependan sino del gobierno inmediatamente y que no tengan por la ley designado otro tribunal. No pueden quejarse, no, ellos mismos han dado á su calidad de empleados una fatal preponderancia sobre su carácter senatorial, ellos mismos han renunciado á sus altos privilegios.

Parece por último necesaria á la conservacion de la subordinacion y de la disciplina. No hay que dudar de la severa justicia que el senado administraria en tales casos. Pero esto no obstante no es posible suponerle un interés mayor que el que anima al gobierno en semejantes ocasiones. El gobierno como inmediatamente encargado de vigilarlos, como responsable de los actos que de ellos apruebe, como que ve en ellos sus cooperadores y auxiliares necesarios, tiene ó debe suponérsele un interés sin igual en influir en su moralidad, en su buena conducta por los premios y las recompensas dispensadas al verdadero mérito y por la imposicion de los castigos. Ejercida la influencia no sobre el ánimo de los jueces, pero sí sobre su actividad y sobre su prontitud por medio del ministerio público, puede su accion ser en estremo provechosa. La justicia del senado mas grave pero mas lenta y que solo se ejerce con ciertos intervalos, en ciertas y determinadas épocas pudiera no ser suficientemente rápida y vigorosa para atajar males de la mayor consideracion.»

A estas consideraciones debemos añadir que el mismo principio de conveniencia pública que ha sustraido del conocimiento de los tribunales ordinarios ciertos delitos que los empleados públicos pueden cometer en el ejercicio de sus funciones, milita para no dar dicho conocimiento al senado. No es porque el senador que admite el cargo de empleado renuncie alguna de las prerogativas que le daba aquel carácter, por lo que es fundada la excepcion de que tratamos, como supone equivocadamente en nuestro concepto el señor Silvela, sino porque el senado no es mas apto ni adecuado para juzgar á este funcionario cuando delinque en el ejercicio de su cargo, que el tribunal que para casos tales tiene establecido la ley; porque obrando así y pidiendo préviamente la venia al senado, no se menoscava la independencia de los poderes constitucionales; y finalmente, porque si hay razones de conveniencia pública que bastan para hacer una excepcion al principio que confiere privativamente á los tribunales ordinarios la aplicacion de las leyes penales, no menos deben bastar para hacerla igualmente á la regla que sujeta á los senadores á la jurisdiccion del senado; regla que no es en verdad mas importante y conveniente que el otro principio.

Pero la excepcion que hace el proyecto del gobierno respecto á los senadores militares que delinquen en campaña, no solamente comprende al parecer todos los delitos militares sino tambien los comunes, lo cual nos parece acertado. Los delitos que cometen los militares en campaña necesitan un castigo mas rápido y sujeto á formas mas breves que las que permite el enjuiciamiento de la alta cámara. Esta necesidad es universalmente reconocida, y por lo mismo no tenemos necesidad de encarecerla á fin de demostrar que justifica cumplidamente la excepcion á que aludimos del proyecto del gobierno. De todo lo cual se deduce que ademas de los delitos que merezcan penas correccionales ó leves, deberían exceptuarse de la jurisdiccion del senado los que cometan los senadores empleados en el ejercicio de sus empleos y los eclesiásticos en sus funciones respectivas, y de los cuales conoce hoy una jurisdiccion distinta de la comun, así como cualquier clase de delitos que cometan en campaña los senadores militares.

El proyecto de ley del gobierno deja sin resolver un punto

que no deja de ser de importancia en la materia; tal es el determinar el tiempo en que empieza y concluye el derecho de los senadores á ser juzgados por el senado. Así es que puede ofrecerse la duda de si el senador que delinque despues de nombrado por la corona, pero antes de ser admitido por el senado, debe ser juzgado por el mismo cuerpo: y la de si disfrutan la misma prerogativa los que delinquen despues de renunciar el cargo de senador, pero antes de que la corona haya admitido su renuncia, y los que delinquen tambien despues que por sentencia de los tribunales hubieren incurrido en alguna pena que dé lugar á que el senado les prive de su dignidad senatorial, pero antes de que dicho cuerpo haga esta declaracion. El Sr. Silvela ha previsto estos casos, pero aunque convenimos en la solucion que propone respecto á los dos últimos, no estamos conformes con la que dá al primero.

En el senador que delinque despues de nombrado por la corona, pero antes de ser admitido en el senado, no concurre ninguna de las circunstancias en cuya virtud se concede á este cuerpo la prerogativa de juzgar á sus individuos. Estas circunstancias son: 1.ª, que haciendo parte el senador del poder legislativo no debe estar á la merced de otro poder ó de otra autoridad, y el senador que no ha sido admitido en su puesto no hace parte del poder legislativo: 2.ª, que haciendo parte de una institucion se halla esta interesada en intervenir en los asuntos que, afectando á la honra del senador, pueda afectar tambien al decoro del cuerpo: y el senador que aun no ha sido admitido no puede decirse que forma parte del senado. Por consiguiente nuestra resolucion sería que el senador no gozase las prerogativas de tal hasta despues de declarada su aptitud y de ser admitido á tomar asiento.

El Sr. Silvela cree por el contrario que «los senadores (son sus palabras) deben gozar todas sus prerogativas desde el dia de su nombramiento, fundado en que desde el momento en que el rey nombra la persona en quien recae el nombramiento es senador: el nombramiento es un acto perfecto, acabado: falta solo el recibimiento de senador, no su admision, á la que nadie puede oponerse. El exámen de los documentos en que el elegido demuestra que reune las calidades requeridas es una sencilla *verificacion*, es el acto de hacer constar la posesion de aque-

...das calidades; bajo cuyo supuesto S. M. se dignó nombrarle.
El senado no ejerce en tales ocasiones una facultad hasta cierto
punto propia sino tácitamente delegada. No ejerce un acto de
soberanía parlamentaria, como el congreso cuando examina su-
... las actas de la eleccion, esto es, la regularidad ó
irregularidad del mandato, y despues las cualidades de la perso-
... a quien ha recibido ... una y otra cuestion con
... potestad, afirmativamente la primera, y negativamente la
segunda si lo tiene á bien. Pero no nos convencen tales razones.
El senador no lo es en nuestro concepto desde que es nombrado,
o porque la corona no es libre para hacer como quiera tales nombramientos sino con arreglo á las leyes, y y estas mismas han establecido que posee la corona quien juzgue de si el elegido reune las condiciones de capacidad necesarias, sino el senado. En
este supuesto, cuando la corona nombra un senador lo hace con
la condicion de que el senado declare que posee ... los
requisitos de la ley. Así es que mientras el senado no ha hecho
... declaracion no hay acto perfecto y consumado como quiere
el Sr. Silvela, sino un acto condicional. Cuando el senado examina los documentos que justifican las cualidades de sus individuos, y los admite ó desecha, ejerce una facultad perfectamente análoga á la que tiene el congreso cuando aprueba ó desecha
las actas de sus diputados. Entre estos dos casos no hay la menor
diferencia, porque si bien es cierto que la Constitucion dice que
el rey nombra los senadores, tambien lo es que la misma Constitucion establece en otro artículo que las juntas electorales nombran á los diputados. Por lo tanto, si libre es la prerogativa de
la corona en su ejercicio, no lo es menos el derecho de los electores, y si los diputados á pesar de la prerogativa electoral no
son diputados hasta que son admitidos en el congreso, no vemos
qué razon haya para que los senadores nombrados en virtud
de una prerogativa semejante, sean senadores antes de ser admitidos en el senado: no vemos finalmente, por qué un artículo constitucional ha de ser mas digno de respeto que otro. Las
juntas electorales pueden equivocarse al nombrar sus diputados en creer que tienen las condiciones de la ley, pero ¿acaso
los ministros son infalibles cuando aconsejan á la corona el nombramiento de un senador?
Lo que propone el Sr. Silvela respecto al tiempo que de-

parece por el contrario acertado. En efecto, como aunque el cargo senatorial es renunciable, el senador no deja de serlo hasta que el rey le admita la renuncia, parece natural que hasta entonces disfrute de todas las prerogativas de su cargo. Por otra parte, como el senador no debe perder su dignidad cuando sea sentenciado por un tribunal (aun especial) prévia declaracion del senado, tambien es consecuencia forzosa que los delitos que comete en el intervalo de la sentencia judicial á dicha declaracion caigan bajo la jurisdiccion del senado.

Recapitulando, pues, las consecuencias que hemos deducido de la doctrina expuesta, diremos que la jurisdiccion del senado sobre sus propios individuos debe estenderse:

1.º A todos los delitos que estos cometan en el ejercicio de sus atribuciones ó con ocasion de ejercerlas.

2.º A los delitos graves que merezcan penas aflictivas de la misma clase.

3.º A los delitos políticos.

El senado no debe ser competente para conocer:

1.º De los delitos menos graves que castigan las leyes con penas correccionales y de las faltas.

2.º De los delitos que los senadores empleados cometan en el ejercicio de su empleo, cuando segun las leyes hubiera un tribunal especial para juzgarlos.

3.º De los delitos eclesiásticos que cometan los senadores que tengan este carácter.

4.º De los delitos de cualquiera especie que cometan los senadores militares en campaña.

Estas prerogativas deben durar mientras los senadores son y pueden llamarse tales.

Otras muchas cuestiones nos faltan aun que examinar relativas á los otros casos en que el senado se constituye en tribunal de justicia, pero que serán objeto de otros artículos, siendo ya este demasiado extenso.

CONGRESO PENITENCIARIO

DE BRUSELAS.

APLICACION DEL RÉGIMEN PENITENCIARIO A LOS JÓVENES PRESOS.

Eᴌ congreso penitenciario de Bruselas ha celebrado recientemente una de sus mas importantes sesiones.

En el órden señalado por su programa habia llegado el turno á una de las materias, que mas profundamente preocupan
los ánimos de muchos hombres ilustrados, que han consagrado
su vida con un celo harto laudable y honroso, en beneficio de
la humanidad, y en pro de los adelantamientos sociales.

La atencion de estos filántropos, así como la de los gobiernos, hace tiempo que se fija sobre el grande asunto de la disciplina de las prisiones, á fin de conseguir la moralizacion de los
encarcelados. Unos y otros procuran encontrar, ya por medio
de estudios importantes, ya por los resultados de la esperiencia,
las medidas mas á propósito para conciliar á la vez, los rigores
de la justicia con los deberes de la humanidad y la seguridad
de la sociedad. Pues bien: el objeto de aquella notable asamblea, donde se veian asociados por un sentimiento generoso
tantos filántropos, era el de trabajar en comun en favor de tan
dificil reforma.

Pero al mismo tiempo que se pensaba en esto, no se aspira-
ba á formular las reglas disciplinarias, que deban aplicarse á

todos los presos, sin distinciones de sexo, edad y condiciones: el congreso penitenciario debia ocuparse tan solo de discutir sobre el régimen mas conveniente para castigar á los jóvenes que son conducidos á las prisiones.

Así, pues, tomando por punto de partida los principios generales adoptados en la primera sesion, el presidente del congreso dió principio á los debates, proponiendo la cuestion siguiente:

¿Convendrá hacer estensiva á los jóvenes delincuentes la aplicacion del sistema de separacion absoluta, ó con ciertas modificaciones y restricciones?

Muchos fueron los oradores, que con elocuentes y brillantes discursos, procuraron acreditar los diferentes sistemas que han dividido á los filántropos en sus benéficas tareas, fundándose en los resultados de ensayos practicados por muchos años, con la constancia mas digna del alto y sublime objeto que guia á tan virtuosos varones.

El único de aquellos sistemas que se vió sostenido con cierta especie de debilidad, fué el de los que propenden por la separacion completa; el de los que estíman, que para obtener la cabal moralizacion de los jóvenes, es preciso aislarlos absolutamente en celdas. Solo M. Baumhaner, abogado de Utrech, se atrevió á dejar escuchar su voz en favor del aislamiento de los jóvenes presos; y aun al hacerlo, no fué sin fijar una distincion que puede decirse modifica completamente el sistema celular. «Impo:ta, dice, establecer respecto de los jóvenes delincuentes una distincion adoptada ya por el código penal, y que en parte se encuentra admitida por el código del Brasil y por muchos de los de Alemania. Esa distincion establece una diferencia entre los jóvenes delincuentes que obran con discernimiento y los que obran sin él. Para los primeros admitimos el sistema de prision en la celda, permitiendo solo algunas modificaciones en el grado y duracion de la pena; para los segundos, á quienes es conveniente imponer una correccion paternal, en lugar de pena, creemos que deberán emplearse los medios de educacion adoptados en las colonias agrícolas y en las escuelas industriales.»

En otro caso especial fué tambien sostenida la conveniencia del régimen celular absoluto, y el intérprete de este pensamiento, que casi puede decirse se encontraba fuera de su lugar, lo fué el caballero Peruzzi, de Florencia. «La correccion paternal, dijo, se aplica á los jóvenes de menos de diez y seis años, por el término de un mes; y en pasando de aquella edad, se estiende la prision hasta seis meses: respecto de estos últimos, yo diré que el único sistema posible de ser aplicado con utilidad es el celular. Porque concediendo la ley á los padres de familia el derecho de acudir á los tribunales para obtener la reclusion de sus hijos y hacerles sufrir una correccion paternal, no se hace otra cosa que legalizar en cierto modo la autoridad paterna. La ley no hace mas que facilitar á los padres de familia locales á propósito para encerrar á sus hijos, reemplazando así las prisiones domésticas, que la sociedad no puede permitir; porque tanto importaría esto, como dar lugar á las detenciones arbitrarias.»

Los partidarios de la educacion en la vida comun, que asientan sus doctrinas en teorias contrarias á las de los anteriores, no contaban tampoco muchos sostenedores del absolutismo de su sistema; pero en cambio, el único campeon que se presentó en la arena á retar á sus enemigos lo hacia con todo el rigor de los principios, sin admitir escepciones.

M. Wolowski, entrando en el exámen de la cuestion, considerada de una manera general, relativa á los jóvenes, dijo: «Me parece estraño que se afecte desconocer, no solo todas las exigencias físicas, sino tambien todas las exigencias morales de la constitucion del hombre, hasta el punto de querer sepultar á los jóvenes en esas camisas de piedra, que se denominan celdas.»

—¿Qué es, señores, la educacion de la infancia? Es el aprendizaje de la vida, donde debe prepararse el jóven, para las luchas que mas tarde debe sostener, aprendiendo á resistir á las tentaciones que vendrán á asediarle. Y bien, ¿es en vuestra celda, donde podrá hacer aquel rudo aprendizaje? ¿es en ella donde podrá adquirir las fuerzas morales, que es el todo en el hombre? ¿Como le prepararéis para emprender el penoso camino que deberá recorrer, si comenzais por aislarlo? Cuando Dios ha colocado al niño sobre la tierra, ha sido para hacer de él un hombre, que dotado de libre albedrío, pueda elegir el bien y abstenerse del mal; y si no le preparais para la vida, estad seguro de que con vuestro sistema, no haréis mas que aumen-

tiva: con la educacion que le haceis adoptar, no conseguireis destruir en el hombre, sino que, impaciente, viviendo y dispuesto á rendirse al primer ataque del mal (aplausos)...

¿Nosotros todos, padres de familia, no practicamos cada dia el principio que yo defiendo? Nosotros... de nuestros hijos, renunciamos al mas dulce placer de este mundo, al de verlos sin cesar; y todo, ¿por qué? por acostumbrarlos á la vida, por medio de la educacion pública...

En cuanto á las exigencias físicas, considerad lo que necesita el hombre para su desarrollo. El jóven preso tiene necesidad del ejercicio, del aire, del sol, de la fuerza...

No deseo prolongar esta discusion. Existen impresiones mas fuertes que los razonamientos mas sólidos, y por lo tanto me limitaré á una sola reflexion. En general, los jóvenes no son culpables, y si alguno, por rara escepcion, comete un delito, no debe constituir una regla. Digno por consiguiente de compasion mas bien que de castigo, es menester procurarles una nueva existencia, no en el estrecho recinto de una celda, sino en medio de los espaciosos límites de una colonia agrícola. Allí se formarán hombres fuertes y vigorosos, capaces de proveer mas tarde á su existencia. Por último, es necesario educar á los jóvenes en las colonias agrícolas, porque así lo exije su institucion física, y porque así es el solo medio de producir labradores y no obreros, que irian á aumentar la escesiva poblacion de las ciudades, y á encontrar en ellas frecuentes ocasiones de corromperse.

Entre los dos sistemas contrarios espuestos, era casi imposible que dejára de levantarse otro, menos exigente, mas conciliador, y mas en armonía con el espíritu que nuestro siglo sabe inspirar á todas las discusiones. El eclecticismo es la espresion natural y sencilla de un pensamiento que aspira á amalgamar, á refundir, á dominarlo todo; y no es concebible que tratándose de una materia en que los hechos, en que los resultados buenos ó malos deciden favorable ó adversamente, no haya de preponderar el sistema de elegir lo mejor, lo mas recomendable de los sistemas rivales, de armonizar los ingeniosamente y obtener de esta manera el magnífico resultado de que am-

bos contribuyan á un triunfo, á que en vano aspirarían cami-
nando incesantemente en su antigua discordancia.

M. Vingtrinier, médico principal de las prisiones de Ruan,
se encargó de preparar á la asamblea para que aceptase el sistema
de conciliacion, en favor del cual parecia encontrarse mas dispuesta la mayoría.

Aquel ilustre orador se estendió largamente en determinar
los reconocidos defectos de los sistemas ensayados; y remontán-
dose al orígen del grande y benéfico pensamiento, para cuya
realizacion se encontraban allí reunidos tantos hombres filan-
trópicos, allanó con la mayor habilidad el terreno de la discusion, ilustrándola de la manera mas acertada.

«La situacion, dijo, de los jóvenes presos es enteramente
escepcional. Al visitar las prisiones no puede menos de mirarse á aquellos con un profundo sentimiento de tristeza, si se
considera que no les conducen ante la justicia, ni la perversidad de sus instintos, ni el desenfreno de las pasiones, ni las
calculadas combinaciones de astucia y crueldad propias de los
criminales: que solo el abandono, los malos ejemplos de los
padres, la ignorancia de la primera edad, la miseria, el hambre.... son los móviles que les arrastran á la ejecucion de sus
mas frecuentes delitos, que son la mendicidad, la vagancia,
y algunas veces el robo. Pero ¡cuánto no debe aumentarse el
piadoso sentimiento que despierta la vista de aquellos pobres
abandonados, cuando se medita sobre el funesto fin á que puede conducirles su entrada en las prisiones! Su perdicion física
y moral sería inevitable, si una proteccion poderosa y benéfica no les sustrajese de las prisiones, de las horrorosas consecuencias del *contacto*, de la *habitacion* y hasta de la *libertad*
misma.»

«Esta proteccion es el *patronazgo*: pensamiento noble, digno de S. Vicente de Paul, y que despues de permanecer encerrado algunos años en los pechos de ciertos hombres bien na-
cidos, fué adoptado por la administracion y por los filántropos
y está llamado á prestar grandes servicios á la sociedad. Mas
ninguna cosa llega á su perfeccion desde el primer paso, y el
patronazgo de los jóvenes presos, como todas las medidas disciplinarias en su aplicacion á las prisiones de aquellos, se encuentra todavía en estado de ensayo. No se ha adoptado nin-

guna regla general, uniforme y constante: por lo tanto, lo mas oportuno y útil á que podrá dedicarse el congreso penitenciario será, á promover nuevos estudios sobre este objeto especial, por si es posible obtener una solucion acertada.»

Hé aquí sucintamente esplicado el orígen de las asociaciones filantrópicas, que impulsadas por el noble sentimiento de salvar á los jóvenes de los peligros que les rodean en las prisiones, aspiran al mismo tiempo á alejarlos, cuando vuelven á la sociedad, de las vias estraviadas y corrompidas porque caminaban antes, moralizàndolos préviamente.

Hace veinte años que en Francia, con preferencia à otros paises, comenzó á ensayarse el patronazgo; y como el mejor medio de conseguir à la vez los dos importantes objetos, de sacar à los jóvenes de sus encarcelamientos é instruirlos de cuanto les conviniera saber, se empezó por colocar á los sentenciados en aprendizaje, à peticion espontànea de personas caritativas. Algun tiempo despues, el gobierno aprobó este sistema y estimuló à continuarlo, protegiendo la fundacion de sociedades de patronazgo, con el fin de garantizar y estender este medio de moralizacion, universalmente aprobado. Finalmente, para dar mas estension al patronazgo, y preparar moralmente à los jóvenes que iban à ser puestos en libertad, se fundaron casas especiales de detencion, penitenciarías, refugios y colonias agrícolas é industriales, cuyas fundaciones aprobó tambien el gobierno.

Mas à pesar de esto, es un hecho evidente que el número de jóvenes presos se aumenta cada dia de un modo considerable en Francia, sin que el *patronazgo* haga progresos, si es que no se encuentra en una completa decadencia. Además, la introduccion en aquel país de una legislacion, benéfica en la apariencia, y la mejora de las prisiones, han inducido á los magistrados á destinar á las casas de correccion á casi todos los jóvenes, comprendiéndolos indulgentemente, segun el artículo 66 del código penal, en la clase de aquellos que obran sin discernimiento. Puestos, por lo tanto, bajo la vigilancia de la administracion hasta los 18 ó 20 años, el resultado de esta medida ha sido aumentar en once años el número de aquellos jóvenes desde 300 á 4000; echando así sobre el Estado una pesadísima carga, que nada podría importar si se lograse el fin de la administracion en la humanidad y el acierto convenientes, y obra de la justicia y el de la sociedad se realizasen.

Pero ¿por lo que estos fines, se satisfacen estos objetos en los establecimientos penitenciales y coloniales? Mr. Vingtrinier se ocupa en seguida de este asunto en los siguientes términos.

Y ahora bien, dice, ¿de qué manera se ha realizado la esperanza final de las penitenciarías y las colonias? Ya hemos dicho que el fin pretendido por todos estos establecimientos modernos, es el de poner cuanto antes á los muchachos fuera de las prisiones, y someterlos á la vigilancia de las familias, antes que queden en libertad definitiva; pero ha sucedido lo que debió preverse. Los establecimientos destinados á proporcionar á los presos una moralizacion prévia, están interesados en no disminuir su poblacion; y por lo mismo, han llegado á ser hostiles al sistema de patronazgo, habiéndole dado, por otra parte, el golpe de muerte, á aquel sistema, el haber considerado á las colonias y penitenciarías como lugares de vigilancia en familia. Hollados así los buenos principios, olvidadas completamente las promesas hechas, los jóvenes se ven forzados á terminar el tiempo de la vigilancia en su prision, sin la esperanza de gozar del beneficio de una libertad provisional, y viendo convertida en una palabra irrisoria, la indulgente declaracion de sus jueces, puesto que de hecho se encuentran condenados realmente á diez ó doce años de *prision*. He repetido con intencion la palabra prision, porque si ciertos establecimientos de que hablo no son prisiones con altos muros, grillos y cerrojos, son, no obstante, sitios de correccion, que infieren deshonra á quien entra en ellos, y donde ninguno podrá envanecerse de haber sido educado, á menos de carecer de todo sentimiento de honor.

Por el contrario, el hombre jóven que ha terminado el tiempo de su vigilancia en el seno de una buena familia, puede decir con la cabeza erguida, de donde sale, dónde ha aprendido su oficio, quiénes lo garantizan, cuáles son sus amigos. Pero el pensamiento del *patronazgo* ha venido á esterilizarse, despues de haber encontrado tantos amigos, tantos socorros; hoy apenas encontrará algun defensor, para luchar contra la negligencia y el olvido, siendo así que debería hallarse planteado por todas partes, en gracia á sus innumerables beneficios.

«No pretendo enumeraros todas las ventajas de un patronazgo ilustrado: vosotros las conoceis bien y sabeis apreciarlas; mas permitidme que insista en una muy notable, cual es el aumento que tendrian las solturas anuales, por medio de la libertad provisional, cuando hoy es tan reducido su número. Por otra parte, el aprovechamiento moral de tantos millones consumidos en fundar los establecimientos correccionales, pasa desapercibido para la sociedad: en Francia, de donde puedo hablar, están limitados á recibir al año algunos muchachos, para restituir á la sociedad algunos jóvenes. La manera de acreditar si los jóvenes se moralizaban completamente é instruian de lo que les conviene saber, no puede ser otra que la de vigilarlos puestos en libertad provisional.»

«Y en efecto, sin este medio es imposible obtener la prueba que se apetece. Habituados los alumnos á una vida forzosamente uniforme, dificilmente podrán desenvolver, ni dar á conocer sus caracteres: por el contrario, el *patronazgo* ejercido por dos ó tres años, ántes de obtener los jóvenes la libertad definitiva, sería suficiente para juzgar de la eficacia de la regla seguida en cada uno de los establecimientos moralizadores.»

Así es como el orador dió á conocer, que aceptaba el sistema de vida comun, cuyos beneficios no reconoce, sino mediante una modificacion, que á su entender, escluye los inconvenientes, que pueden servir á otros de pretesto para opinar contra aquel género de vida. Reasumiendo en este punto su opinion la consignó bajo un punto de vista bien terminante.

«Yo declaro, continuó, que apruebo y prefiero una penitenciaría industrial, dirigida como la de Lyon, con la ayuda de algunos religiosos reclamando los auxilios del patronazgo, para los jóvenes que allí se educan, cuanto antes sea posible, es decir, despúes de tres ó cuatro años de residencia, de prueba y de instruccion elemental y profesional.»

«Declaro tambien, que apruebo las colonias agrícolas, pero reclamo al mismo tiempo las solturas provisionales, bajo los auspicios del patronazgo. Sin embargo, debo agregar, que educándose los jóvenes en aquellos establecimientos bajo las condiciones mas acomodadas á la cortedad de su edad y al fin propuesto, tengo menos impaciencia de que su libertad provisional se anticipe mucho á la libertad completa; antes de conceder esta, exigiría el ensayo de un aprendizage de dos ó tres años.»

Respecto del sistema celular, no manifestó tampoco M. Ving-trinier su adhesion, sin poner antes sus restricciones á la apli-cacion de él.

«Si se trata, decia, de celdas para que los jóvenos trabajen allí todo el dia, durante diez años, sin respirar el aire, sin ver el sol, sin poder correr en el espacio, francamente digo que no puedo comprenderlo, y con el convencimiento de la esperiencia de los directores de penitenciarías y de las colonias y el de la mia propia, invito al congreso á declarar positivamente que desapruebe la práctica de aquel sistema aplicado á los jóvenes presos.»

El orador, no obstante, está conforme con admitir las celdas «como un medio coercitivo y temporal.» De este modo, sin es-cluir ninguno de los dos sistemas contrarios, protestó contra los inconvenientes de ambos, y fijó el camino mas apropósito de ob-tener con su conciliacion un nuevo sistema, que sin aquellos defectos satisfaga todas las necesidades, y realice del mejor mo-do posible el pensamiento de la asamblea.

Para espresarse tambien en estos términos obtuvo la palabra M. de Beaumont, miembro del instituto y de la cámara de los diputados de Francia.

«Yo creo, dijo, que se corre riesgo de equivocarse, si se adopta esclusivamente la una ó la otra opinion de las manifes-tadas aquí con motivo de la cuestion especial que nos ocupa: me parece que la verdad está en la conciliacion de los dos sis-temas, que se creen contradictorios.»

«Tengo la opinion de que el sistema de prision en celdas que se practica para con los adultos, sería muy pernicioso aplicado en general á los jóvenes delicuentes. Este régimen no conviene en manera alguna á aquellos cuya inteligencia y fuer-zas físicas no se encuentran completamente desarrolladas. Hé ahí una verdad general que yo proclamo, sin hacer distinciones so-bre las cualidades morales de los individuos: su edad y las cua-lidades físicas son las que deben tomarse en consideracion.»

«Pero ¿será igualmente una verdad, que no sea conveniente nunca recurrir al régimen celular para los jóvenes? Esta es la opor-tunidad de hacerse cargo de lo que ha dicho M. Wolowski, quien solo quiere colonias agrícolas para los adolescentes, y de las cuales no ha hecho una interesante pintura. Entre los jóvenes delincuentes se encuentran algunos que están iniciados prematuramente en todos los vicios, en todo género de corrupcion, en todos los crímenes: otros existen tambien entre ellos contagiados en una mancha general y profunda. Y bien, ¿creéis vosotros, que cuando los adolescentes han vivido así en el vicio y en el crimen, aun antes que su inteligencia les permita comprenderlos, creeis que sea fácil librarlos de ese contagio, si para dirigirlos se comienza por ponerlos en comunidad? ¿No creeis que sea útil y aun necesario aislarlos, si se les ha de regenerar, y aun solamente para contener los progresos de la corrupcion? Yo no pido un aislamiento completo, pero creo que es necesario empezar por el aislamiento.»

Hasta aquí se habia sostenido el debate en la esfera de la generalidad de los principios; y por mucha que fuese su importancia, como quiera que la mayoría habia significado sus simpatias por el sistema combinado de las prisiones celulares y las colonias, no ofrecia la palabra de los oradores otro interés que el que produce una conviccion anticipada y general.

No obstante, continuando su discurso M. de Beaumont, fué el primero que supo dar cierta especie de colorido mas brillante á la cuestion debatida, y sin separarla de su terreno, ni alterarla en su fondo, avivar mas en la asamblea la prediieccion con que aceptaba el pensamiento ecléctico.

Sabido es, que el código francés determina, como principio general, que los jóvenes presos deben someterse al régimen de aislamiento; pero posteriormente, un artículo del mismo, añade que podrán establecerse colonias agrícolas para los que fuesen condenados por delitos cometidos con discernimiento ó sin él.

Esta disposicion que se encuentra muy en armonia con el pensamiento generalmente admitido por los fílántropos, no satisface sin embargo á estos, porque no se preceptúa en ella terminantemente el establecimiento de las colonias, así como tampoco se sanciona la conveniencia de la *vigilancia* en *familia*, que los defensores del patronazgo reconocen como la primera necesidad, que debe satisfacerse, si se ha de proveer cumplidamente á la moralizacion y educacion de los jóvenes presos.

Por esta razon M. Berenguer ha presentado recientemente á

la cámara de los pares de Francia un proyecto de ley, que satisface completamente los deseos de las asociaciones filantrópicas. En un artículo de aquel importante trabajo se establece, que todos los jóvenes condenados deben ser presos en casas especiales y sometidos al régimen de separacion tanto de noche como de dia. Los que no puedan ser enviados á casas especiales, serán encerrados, segun otro artículo, en casas de correccion, donde se les señalará un departamento. Y por último, los comprendidos entre aquellos que son condenados por obrar con discernimiento ó sin el, deberán ser puestos en aprendizage, en casas de labradores, de artesanos ó fabricantes, ó, en fin, en establecimientos especiales.

Este proyecto que deberá discutirse en el parlamento francés, pretendian los miembros del congreso de Bruselas que fuese examinado previamente para disponer hasta cierto punto la opinion de los legisladores, que habrán de dar su fallo sobre él. Esta dilucidacion anticipada de las cuestiones, que mas tarde podrán erigirse en disposiciones legales, é influir poderosamente tanto en la suerte de los pueblos, como en la de los individuos, es uno de los adelantos mas notables de la civilizacion moderna, y la asamblea penitenciaria de Bruselas, debia contribuir por su parte á justificar la eficacia de la libertad razonada y conveniente de la discusion.

Pero además de esta circunstancia que debia dar un nuevo interés á los debates del congreso, existia otra razon para que continuasen aquellos con cierta apariencia de novedad. Supuesta la admision por la mayoría de la asamblea del sistema conciliador de las celdas y las colonias, hallábanse sin embargo divididos, sobre cuál debería ser el principio y cuál la escepcion sobre si el régimen celular habria de preceptuarse como base del sistema correccional, ó por el contrario, las colonias agrícolas é industriales; y hé ahí bajo el punto de vista que M. de Beaumont continuó su brillante peroracion, en cuyo sentido fué despues seguido por otros.

«Yo no pido otra cosa, decia, que lo que ha propuesto la ley francesa. Esta, legislativa y lógicamente obrando, no ha podido establecer escepciones: solo ha fijado como principio, que los jóvenes presos deben someterse al régimen del aislamiento, si bien consigna, que puedan establecerse colonias agrícolas. Esto y nada mas es lo que ha debido hacerse, y es cabalmente lo que se ejecuta en la colonia de Mettray. Allí los jóvenes condenados por haber obrado con discernimiento ó sin el, y autorizados por el ministro del interior para residir en una colonia agrícola, son educados bajo un régimen tan conveniente, con una eficacia tan singular, que los que salen del establecimiento son buscados con decidida preferencia por los labradores de las cercanías.»

«Pero no deduzcamos, al ver la manera brillante como funcionan las colonias que deberían suprimirse las prisiones individuales; porque lo uno es auxiliar obligado de lo otro. Si un jóven sacado de una prision para ser destinado á una colonia agrícola, se conduce mal, queriéndose evadir, revelando un espíritu de indisciplina que perjudique al buen órden de la colonia, deberá su director devolverlo á la prision de que no debió salir, para que permanezca en ella hasta que se haga acreedor á los beneficios de la vida comun. Combinados de esta manera el sistema de aislamiento con el de las colonias agrícolas, podrán obtenerse los resultados mas satisfactorios.»

«Debo repetir que el principio francés, fundado en el espíritu de la ley, no es por cierto consignar como una escepcion el encierro individual, mientras que la detencion en las colonias agrícolas sea la regla. Si así fuese, ó quedaría desarmado el poder ejecutivo, ó se vería forzado á crear penas arbitrarias; y yo á decir verdad, no comprendo el poder ejecutivo interviniendo arbitrariamente para agravar las penas, sino para disminuirlas (aplausos); así como comprendo al gobierno usando de la facultad de destinar á una colonia al que tenia derecho de conservar en prision, y no comprendo que debe á su vez aprisionar en una celda al condenado, que por su sentencia debia ser enviado á una colonia. Establecido así el principio general, y consignando despues la ley francesa por un artículo supletorio la facultad de sustituir el régimen celular con el colonial, ha reunido de la manera mas sabia todo lo que puede apetecerse para conciliar lo que reclaman la edad y la perversidad frecuentemente precoz de los jóvenes delincuentes.»

Despues de este orador fué concedida la palabra á M. Cerfberr, que subió á la tribuna para apoyar las ideas de aquel orador.

«Señores, dijo, se trata de saber cuál es el sistema que

preferiríais proponer no á un gobierno determinado sino al de todos los países; trátase determinar cuál de los sistemas sobre que se ha hablado hasta ahora seria el mas adaptable para conseguir los altos fines á que os dirigís en vuestras tareas, á saber, al celular solamente, ó el de las colonias agrícolas, ó el uno y el otro combinados; mas por mi parte sé deciros, que ya tengo formada mi opinion, enteramente conforme con el proyecto presentado por M. Berenger, que tan brillante aprobacion ha recibido de los labios de M. de Beaumont.»

«Debe no olvidarse que los jóvenes de quienes se trata se dividen en muchas clases: unos completamente corrompidos y otros que abrigan sentimientos magnánimos y gérmenes saludables que pueden desenvolverse con el tiempo. En cuanto á los primeros, digo, que deben aislarse absolutamente; porque es preciso ante todo atacar la desmoralizacion, que es el punto capital del sistema. Ya sabemos lo que son las colonias agrícolas, que si bien pueden mejorarse considerablemente, se hace en ellas, sin embargo, la vida en comunidad, y existe el contacto. Ademas, es muy difícil de ejercer allí una vigilancia continua sobre los jóvenes esparcidos por el campo, y en esa falta de vigilancia, es en donde se encuentra el defecto de las colonias agrícolas; ese es el orígen de la corrupcion.»

«Por ello debe procurarse cuidadosamente aislar á los malos, no digo de los buenos, pero aun hasta de los mejores, encerrándolos en sus celdas y no destinándolos á las colonias agrícolas, sino despues de cierto tiempo, que no limito ni quiero limitar, porque no pudiendo haber una regla absoluta, vosotros acomodareis la ley á las circunstancias y con arreglo á las ideas sobre que trabajeis. Yo solo digo que es conveniente encerrarlos en celdas: vosotros los esperimentareis, los estudiareis, los dirigireis, los moralizareis; y cuando el encierro haya producido sus saludables efectos, entonces les enviareis á las colonias. De este modo no habrá peligro de que se corrompan, y podreis volverlos á la vida libre.»

«Sobre este sistema en que se combina la celda con la colonia, está calcado el proyecto de M. Berenger, que M. de Beaumont os ha espuesto del modo mas brillante. En él se reconoce la prision celular como principio, no obstante que el legislador puede derogarlo cuando lo crea conveniente, cuando estime opor-

tuno que la autoridad haga uso de aquella facultad; y por último, se deja á la discrecion de la administracion el poner en
aprendizaje á los jóvenes presos, ó volverlos á sus encierros, si
así conviniere, para su completa moralizacion.»

«¿Y no es esto, señores, un sistema completo? ¿No se encuentra en él la resolucion del problema? Yo no sé por qué se
han sostenido aquí las combinaciones que hemos oido, ni comprendo el motivo para qué se pretenda limitar todo un sistema á
una celda, á una colonia agrícola ó á un patronazgo. No, señores, el sistema debe componerse de las tres cosas á la vez.»

A vista de lo manifestado por los que hasta este momento habian usado de la palabra, y con el fin de regularizar la discusion, evitando la vaguedad, y haciendo que en lo sucesivo no
se estendiese el debate fuera del único objeto para que la asamblea se encontraba constituida, el señor vizconde de Melun presentó el siguiente proyecto de resolucion:

«Se destinarán casas de educacion correccional para los jóvenes delincuentes.»

«El régimen á que deberán estos someterse será el de la prision individual, aplicada en sus condiciones menos rigorosas,
combinada con la colocacion de los jóvenes á las colonias agrícolas, y la intervencion de las sociedades de patronazgo.»

En seguida para apoyar esta proposicion subió á la tribuna
el señor vizconde de Melun y dijo:

«Me parece, señores, que por ninguno de los oradores que
me han precedido, se ha tenido á la vista una consideracion de
la mayor importancia. Las colonias agrícolas se han comparado
con las celdas, en el concepto de que en unas se somete á los
jóvenes á una penitencia muy suave, y en las otras á una muy
severa; mas esto sucede, porque se ha olvidado completamente que las colonias agrícolas no deben tener un carácter determinado de represion. Segun el pensamiento del pueblo y de
cuantos se ocupan del sistema penitenciario, aquellas son simplemente casas de educacion, y tan es así, que lo mismo se cons-
truyen para los huérfanos y los niños pobres que para los presos.
Por consiguiente, cuando por una parte se vé que la caridad
agotando sus recursos, hace entrar en las colonias agrícolas á
los jóvenes pobres, y por otra se vé encerrados en los mismos
establecimientos á los muchachos culpables, ¿cómo quereis man-

tener en el espíritu del pueblo el sentimiento de lo justo y de lo
injusto, del bien y del mal?»

«Así, señores, lejos de que las colonias agrícolas sean peni-
tenciarias, es conveniente que sean una recompensa que los presos deseen obtener. Luego que un jóven cae bajo la vindicta de
las leyes, es preciso que sea castigado; pesando sobre él la mano de la justicia, es menester que esa mano sea suave, en buen
hora, teniendo en cuenta que la juventud suele ser arrastrada
al delito; pero debe tambien dejarse sentir, no debe ser cari-
ñosa. No dejemos acreditarse en el público la opinion, de que
cuando los hombres de bien se reunen para ocuparse de la suerte de los presos, lo hacen con el fin de considerar á estos en
igual caso que á los desgraciados que son inocentes.»

«A nombre, pues, de la moral pública, á nombre de la caridad pido, que la permanencia en las colonias agrícolas sea
precedida de la prision celular. Ahora vosotros atenuareis el
castigo, limitando la duracion de aquella, haciendo pasar á los
jóvenes sucesivamente desde las celdas á las colonias, y aso-
ciando desde el principio á la accion de la justicia la de las sociedades de *patronazgo*. Todavía me atrevo á inculcar otra vez
la adopcion formal de este principio, que por el hecho solo de
ser condenado un jóven, debe ser puesto en el encierro, de donde no será trasladado á la colonia agrícola mientras no lo hubiera merecido. (*Muchos aplausos*).»

Este orador fué el último de los que sostuvieron en todas sus
partes el llamado principio francés, y el que fijando con términos
precisos el círculo, dentro del cual debería girar la discusion,
dejó entrever de una manera indudable el espíritu de la mayoría, favorable al proyecto de ley de M. Berenger.

A pesar de esto, no faltaron oradores que se levantáran á
combatirlo, y entre otros fué el primero M. Moreau Christophe,
que lo hizo de una manera enérgica y extensa. Hé aquí sus palabras:

«Señores, la cuestion que se trata de resolver es la de saber
qué clase de prision será aplicable á los jóvenes detenidos, y
por lo mismo no me ocuparé de las colonias agrícolas, porque
estas no son otra cosa que una de las clases de prision.»

«Ahora bien, el proyecto de ley presentado en las cámaras
francesas, determina como principio que la prision que debe

aplicarse á los jóvenes detenidos es la individual, y yo me opongo abiertamente á este artículo del proyecto, porque eso importaría tanto como imponer una pena, y aquí no puede tratarse de eso. El código penal dá á entender que no puede imponerse pena ni aun á los jóvenes que obran con discernimiento, y por eso habla solo de casas de correccion, que nosotros completando el pensamiento hemos llamado casas de educacion correccional.»

«Yo creo que convendria adoptar para los jóvenes presos un principio enteramente contrario que el admitido para los otros condenados. Para estos debe ser el principio el aislamiento, para aquellos la escepcion; porque no juzgo que sea indispensablemente necesario colocar á un jóven en una prision celular, y privarle de la vida en comun para obrar sobre él convenientemente.»

«El principio general adoptado en nuestro proyecto de ley, reconoce por orígen al sistema adoptado por el prefecto de policía en la casa de jóvenes presos de la Roqueta. Allí existe un departamento destinado á las correcciones paternales, donde fueron encerrados por cierto tiempo una porcion de jóvenes haciendo la vida en comunidad; pero al regresar aquellos al seno de sus familias, iban empeorados notablemente en sus costumbres y en sus inclinaciones por la comunicacion que habian tenido con los demás. Fué, pues, necesario volverlos á las prisiones, y el prefecto de policía decidió colocarlos separadamente en celdas, donde permanecieron todo el tiempo que por la ley está permitido: al volver de nuevo á sus casas los jóvenes, el prefecto de policía recibió las mas cordiales bendiciones de todos los padres de familia que vieron adelantos positivos en la educacion y en las costumbres de sus hijos. Esto sugirió la idea de hacer extensiva aquella excepcion á otros individuos, y á vista de sus resultados llegó á convertirse en sistema el pensamiento de la autoridad civil, y mas tarde á erigirse en principio. Yo juzgo que esto es sumamente perjudicial.»

«El muchacho que pertenece á la ínfima clase de la sociedad de París, en nada se parece al de las familias rurales: aquel se distingue por su inteligencia, peca de corazon y se ha amamantado en los vicios; no sabe lo que es inocencia y se le vé marchar por las calles públicas en la actitud de un ladron y con todo el exterior de los hombres pervertidos que habitan las prisiones. Colocad, pues, á estos jóvenes en una colonia agrícola, y llegará á convertirla en una colonia de bandidos. Por consiguiente, lo que conviene no es colonizarlos sino separarlos del comercio de las gentes, aislarlos unos de otros: infestados todos del mismo vicio original, no es posible que este se desarraigue de otra manera que por la prision individual.»

«¿Pero qué deberemos deducir de aquí, señores? Que el sistema celular, excelente para una clase de personas como los jóvenes de París, no es igualmente beneficioso ni conveniente para otra. Escojed un centenar de jóvenes del campo, acostumbrados al aire libre y á los trabajos rurales, y encerradlos en otras tantas habitaciones individuales, y es seguro que muy pronto les vereis enfermar, enervarse y debilitarse, al contrario de lo que sucedería al hijo de París, que viviendo bajo unas condiciones de limpieza y salubridad que le son desconocidas, encontraría allí su bienestar, su felicidad.»

«Hé ahí, señores, el secreto del gran ruido que ha hecho en el mundo el sistema celular aplicado á los jóvenes presos de la Roqueta; mas por muy partidario que yo sea de él, no puedo admitir su aplicacion mas que á título de escepcion, no de principio.»

«M. Wolowski, que no la admite ni aun á título de escepcion, le rechaza por la sola consideracion de que aquel sistema solo sabe producir obreros, pero no labradores; mas es un grave error creer que solo debamos hacer labradores de los jóvenes detenidos. Se encomian demasiado los trabajos de estos, pero en todo caso, por merecidos que sean sus esclusivos elogios, no deberán concederse nunca con preferencia á los trabajos industriales. Un buen labrador es una escelente cosa, pero tambien lo es un buen obrero. Ademas, todos los paises no pueden tener agricultura: en París solo puede haber buenos fabricantes, buenos obreros.»

«No vayais á deducir de esto, que yo soy hostil á las colonias agrícolas; como miembro de la de Meltray me cabe la gloria de haber contribuido á su fundacion; pero yo digo que si aquellas deben establecerse, tambien debe haber prisiones individuales, porque estos son dos géneros de detencion que acomoda aplicar, no como principio general, sino como escepcion, y en todo caso sin escluir el uno al otro.»

Bajo el concepto de no admitir tampoco como principio la
prision individual, se espresó M. Suringar, presidente de la
sociedad neerlandesa para la mejora de las prisiones de Ams-
terdam. Una sola diferencia separa á este orador del anterior,
á saber: que M. Suringar no conceptúa á las colonias agrícolas
como prisiones penales, y por tanto no rechaza el admitirlas
como principio.

«Entre los jóvenes, dice, hay grandes diferencias, cuya
graduacion no debe basarse en la edad: muchos hay que á los
diez años han cometido graves crímenes. Y bien, ¿podrá decirse, puesto que entre ellos existen grandes culpables, enciérrense
todos en celdas? De ninguna manera: la verdad donde debe
buscarse es en el justo medio. Me parece que la regla general
debe ser, que los jóvenes delincuentes sean destinados á las
casas de correccion, y especialmente á las colonias agrícolas; y
que por escepcion los pequeños malhechores, que al mismo
tiempo son grandes malhechores, deben ser castigados severamente en una prision celular de uno, dos ó tres meses.»

Despues de manifestar el orador sus deseos porque las leyes penales de todos los paises se pongan en armonía con las
doctrinas emitidas en el congreso, y de invitar á este para que
se ocupe de la creacion de sociedades de patronazgo, colonias
agrícolas, casas de refugio y otras instituciones, emite una idea
nueva que por sí sola prueba el celo ardiente con que algunos
hombres trabajan en favor de la humanidad.

Se ocupa de la conveniencia de la formacion de una estadística de familias para trabajar con buenos resultados en beneficio
de los delincuentes, y dice:

«Frecuentemente se ocupan algunos en ordenar las tablas
genealógicas de las familias para honrarlas, para distinguirlas;
pues del mismo modo deberán formarse las tablas genealógicas
de esas familias, cuyos miembros, desde muchos años atrás vienen visitando las cárceles; de esas familias que se componen de
caballeros de industria y bribones de todas especies. Así podrán
salvarse uno ú otro individuo de ellas, para llegar con la ayuda
de Dios á formar el tronco de una nueva, que en lugar de hacer
el mal, camine por la senda del bien.»

El último de los oradores que combatió el sistema celular
como principio, fué el doctor Chassinat, médico-cirujano del

ministerio del interior. Acorde en un todo con sus compañeros de opinion, hizo gala de sus conocimientos especiales para combatir la doctrina de M. Berenger, y puede decirse que cerró dignamente tan importante debate.

«Yo declaro, dijo desde luego, que soy partidario del sistema celular en todos sus grados, aplicado á los hombres y á las mujeres, á todas las clases de sentenciados políticos ó de otra especie, á todas las categorías de detenidos, en una palabra, y aunque no sean mas que acusados ó prevenidos. Pero no soy partidario del régimen celular para los jóvenes, y yo trataré de probar como moralista y como médico, que aquel sistema no podria ser aplicado sin graves inconvenientes y peligros de mas de un género: la medicina debe hacerse escuchar y entender en esta materia al lado de la ciencia, que tiene por objeto la moralizacion de los hombres.»

«El jóven es un ser rudimentario, que presenta en gérmen los elementos de todo lo que llegará á ser un dia completo. Pero es indispensable protejer, desenvolver ese gérmen, para que produzca el magnífico resultado de la creacion, que se llama hombre. Ademas, no es bastante que se desenvuelva la inteligencia del jóven y que sus facultades morales se encuentren bien dirigidas; es preciso algo mas; necesita de un cuerpo vigoroso que le sirva de instrumento para procurarse los medios de satisfacer sus deseos y de proveer á sus necesidades. *Mens sana in corpore sano.* Esta, que es una necesidad indispensable en el hombre adulto, lo es con mas fuerte razon en el niño.»

«Como he demostrado en una obra que publiqué de todas las épocas de la vida, la de la pubertad es la que presenta mas casos de defunciones en los presos, comparativamente con los que tienen lugar en los que viven en libertad. Esta observacion es comun á los dos sexos. Hay tambien otro hecho que yo creo haber demostrado, á saber: que la funesta influencia de la reclusion se hace sentir sobre todo en una época determinada, crítica, fatal, mas ó menos cercana, segun el sexo, del momento de entrar en prision. Pasado ese período funesto se observa en los adultos que la mortandad disminuye, como si por una especie de aclimatacion se encontrára el preso sustraido de la influencia de la reclusion. De aquí se deduce que para los jóvenes delincuentes hasta los veinte años, es indispensable tomar grandes precauciones á fin de que puedan vivir en las prisiones con las condiciones convenientes, y que la pena que se les imponga no traspase los límites de una justa severidad.»

«Esto que nos enseña la teoría, está comprobado por la práctica. El establecimiento de la Roqueta, que aun cuando carece de las condiciones convenientes, puede suministrar observaciones útiles, se fundó en 1836 con destino á los niños puestos en prision comun. Cambiado mas tarde aquel régimen por el prefecto de policía, ya en el año 40 se aplicaba allí exclusivamente el sistema celular con todas las condiciones que convienen á los muchachos. Mas este cambio ha sido funesto á la salud de los jóvenes presos; muy fácil me será probarlo.»

«Resulta de las tablas de mortandad publicadas para Francia por M. Demonferrand, que á la edad de 14 años la mortandad es de 52 por 100. ¿Y cuál es la mortandad de la Roqueta despues del establecimiento del sistema celular? Resulta de las relaciones oficiales del prefecto de policía que desde 1842 á 1844, la mortandad anual ha estado en proporcion de 12 y medio por 100: es decir, que cuando ha muerto un muchacho en la poblacion libre, han muerto 25 en la Roqueta. Y no se diga que no puede admitirse la comparacion entre los hombres de bien de la poblacion de Francia y una porcion viciosa del pueblo de París; porque doblando la mortandad de los muchachos libres, haciendo las concesiones mas ámplias posibles, siempre habrá la diferencia de 1 á 12.»

«Si aun quiere objetarse que la comparacion entre los hombres libres y los delincuentes no es admisible, porque la culpabilidad en estos no va menos unida á una constitucion viciosa que á la corrupcion moral, observaremos que en los condenados á los establecimientos centrales de Francia, entre los cuales se encuentran muchos jóvenes de la misma edad que los de la Roqueta, en el período de 1840 á 44, en que el sistema de las prisiones es mas severo que el seguido en 39, la mortandad ha llegado á 5, 72 por 100... Está por lo mismo, muy lejos de igualar á la de la Roqueta.»

«Si tomamos en cuenta la mortandad de los jóvenes presidiarios de menos de 20 años destinados á los arsenales, veremos que es de un 3 por 100. ¿Y por qué es esto? Porque los presidiarios en los arsenales, gozan de ciertas condiciones de bien estar, que no se disfrutan ni en las casas centrales, ni en la Roqueta. No hablo del régimen alimenticio, de los vestidos y de la habitacion, pues son muy inferiores los de los presidiarios; pero estos disfrutan del aire, de la luz, y viven durante el dia en cierta especie de libertad, que es muy grande comparativamente.»

«Pero no comparemos con los arsenales y los establecimientos centrales á la Roqueta: comparémosla con ella misma. Durante el período de 37, 38 y 39, en que la prision era en comun, la mortandad era de 7 y medio por 100; en los tres años que yo he examinado ascendió á 12, 50 por 100.»

«Réstame, para concluir, decir dos palabras sobre las enfermedades particulares de los jóvenes presos. Está probado que las enfermedades crónicas hacen mas víctimas que las agudas. Esta observacion se hace muy notable comparando las casas en que la prision es comun con la Roqueta; pero comparada esta consigo mismo, hé aquí lo que resulta. Durante los tres años de la prision en comunidad se contaron 2 enfermedades agudas por 7 crónicas; en el tiempo de la prision celular 2 agudas por 10 crónicas, y lo mismo sucede con las escrófulas y la tisis pulmonar respecto de las demas enfermedades. Se vé, pues, que estando á la observacion exacta y rigorosa de los hechos, no es conveniente someter á los jóvenes delincuentes al sistema celular á no ser escepcionalmente y por un tiempo muy corto.»

«Luego, ¿qué deberá hacerse? El muchacho necesita respirar el aire libre y hallarse espuesto al calor y á la luz del sol, y estas condiciones indispensables para su existencia las disfruta en una colonia agrícola y no en una prision celular.»

«La mortandad, que en la Roqueta llegaba á cerca de 100 por 1,000, en la colonia agrícola de Mettray era solo de 20 por 1,000. Y no se opongan á este cálculo las diferencias de poblacion, de sol y de atmósfera, y la distancia de uno á otro establecimiento; yo voy á examinar las colonias agrícolas retiradas como anejas á cualquiera de nuestras casas centrales, y eso destruirá toda objecion.»

«En Clairvaux, Fontevraul y Loox, donde los muchachos estaban destinados á los trabajos de la agricultura, aunque con el mismo régimen alimenticio, los mismos vestidos y la misma disciplina que sus compañeros cautivos en los talleres de la casa central, la entrada anual en sus hospitales era por término medio, de 45 por 1,000 de los detenidos sanos, mientras que era de 73 por 1,000 en los talleres sedentarios de la casa central. La duración de las enfermedades es menor también en los colonos que en los obreros, y por último las defunciones han sido en estos de 66 por 1,000, cuando en aquellos ha ascendido solo á 2 por 1,000. La naturaleza, por último, de las enfermedades á las cuales sucumben los jóvenes presos en aquellas dos órdenes de establecimientos, presentan una diferencia notable en favor de las colonias agrícolas; estas, pues, son sin contradicion y en muy alto grado, mucho mas favorables á la salud de los jóvenes puestos en prision comun, que á la de los sujetos al régimen celular.»

«Pero si es un deber del legislador ocuparse de la salud física de los niños, no es menos grande el que tiene de ocuparse de su salud moral é intelectual. ¿Y cuál es el sistema de educacion correccional, que puede conciliar mejor los adelantos de la moralizacion sin los inconvenientes para la salud física? Prescindiendo de la mayor ó menor criminalidad del muchacho y del régimen á que se le someta, yo solo deseo hacer observar que si es muy jóven, esto es, de menos de 14 años, no será conveniente colocarlo en una celda. A esta edad es un suplicio la soledad, é imponerlo á un desgraciado niño, que quizá pueda estar inocente del hecho que se le acusa, es demasiada severidad é injusticia. Me ocuparé solo por consiguiente de los jóvenes delincuentes que son condenados por la ley á permanecer por cierto tiempo en una prision ó una casa de correccion.»

«Ya dije al comenzar, que no soy partidario del régimen celular para los muchachos como principio absoluto de prision; pero admito este régimen en la mayor parte de los casos, escepcional, ó provisionalmente, de tal manera que en lugar de formar la base de la pena la correccion, sea un accesorio. Esto supuesto, veamos como me parece que puede formularse el sistema de educacion correccional.»

«El hombre, por una parte, debe vivir para sí mismo y por consiguiente, necesita una inteligencia bastante desenvuelta para concebir y elegir lo que puede serle útil y huir de lo que puede dañarle, al mismo tiempo que necesita un cuerpo vigoroso que sirva de instrumento á aquella inteligencia. Pero tambien por otro jado, debe vivir para la sociedad, se debe á otros, debe someter á las condiciones de la vida social muchas condiciones de la vida individual. Para esto, para adquirir este poder sobre sí mismo, necesita la educacion, y si esta ha de ser toda simpática, toda moral, no podrá adquirirla en el aislamiento de una celda, sino en la comunidad de la familia.»

«Este deberá ser el modo de proceder cuando se trate de la educacion correccional de un jóven delincuente. Si se pretende castigarlo, al mismo tiempo que corregirlo, deberá sometérsele al régimen celular, suavizándole lo mas posible y limitando el tiempo al estrictamente indispensable para satisfacer las necesidades del castigo, sin que su duracion pase de un año, fuera de casos especiales. Desde allí podrá ser destinado á una colonia agrícola ó industrial, donde pase la mayor parte del tiempo separado de la sociedad; y mas tarde, cuando se aproxime la época de su libertad, antes de ser entregado á su familia, será necesario hacerle pasar por el aprendizaje al lado de labradores ó artesanos segun su vocacion profesional. Si además se desea ofrecer garantías á la administracion que pone bajo su guarda á estos jóvenes delincuentes y á la sociedad que cuenta con su enmienda y moralizacion, las sociedades de patronazgo deben ejercer sobre ellos una vigilancia activa y contínua. De este modo podrá conocerse la influencia benéfica ó funesta que ejerzan sobre la salud, la inteligencia ó la moral de aquellos jóvenes el género de vida y la clase de educacion á que hayan estado sometidos.»

Antes de procederse á la votacion de la proposicion, tal cual se habia redactado por el vizconde de Melun, presentáronse diferentes enmiendas por varios individuos, que nada hacian variar la esencia de aquella. Con este motivo se estendieron los oradores en observaciones, que no creemos necesario reproducir. Proponiendo pues el presidente, que todas las enmiendas se discutirian por su órden en otras sesiones, así como algunas cuestiones incidentales que quedaron pendientes, se procedió á la votacion de la proposicion la cual quedó aprobada por unanimidad.

DE LA PROPIEDAD Y ADJUDICACION DE LAS MINAS, Y DE LA JURISDICCION QUE DEBE CONOCER DE LOS NEGOCIOS DE ESTE RAMO.

Proyecto de ley de minería presentado á las córtes por el gobierno.

Sabida es la importancia que tiene para las naciones la riqueza mineral, y el influjo que puede ejercer sobre el desarrollo y progreso de la misma, la legislacion sobre minas. Diferente este ramo de riqueza de todos los otros, sujeto á condiciones distintas de las que rigen á los demas objetos de propiedad qué nacen ó se producen sobre la superficie de la tierra, necesita leyes especiales que lo dirijan y lo protejan. Así es, que en casi todas las naciones civilizadas se gobiernan las minas por una legislacion distinta de la comun, destinada á resolver las cuestiones especiales á que ellas dan lugar, y á proteger los intereses públicos que tienen con las mismas íntima relacion.

El primer punto de controversia que desde luego ofrece esta materia, es decidir á quién pertenece la propiedad de las minas. Si consultamos las legislaciones antiguas hallaremos sobre esto gran variedad. El derecho romano, atendiendo al principio de la accesion, consideró primero las minas como propias exclusivamente del dueño del suelo en que se encontraban. Despues, bajo los emperadores, se reservó el gobierno su concesion á los particulares, gravándoles en todo caso con un diez por ciento de sus productos para el fisco; y así las minas que antes de esta innovacion pertenecian al derecho privado, despues de ella se hicieron de derecho público.

En España han regido tambien varias disposiciones sobre esta materia. El Ordenamiento de Alcalá declaró propiedad del soberano las minas de oro, plata, plomo y cualquier otro metal, prohibiendo beneficiarlas sin real licencia (ley 1, tít. 18, libro 9.° Nov. Rec.). D. Juan I en 1387 permitió á cualquier persona buscar y cavar en sus tierras las minas de metales y piedras, y en otro cualquier sitio con licencia de su dueño, bajo la condicion de quedar al descubridor la tercera parte del producto líquido y las otras dos al Estado (ley 2, tit. 18, lib. 9. N. R.). Felipe II en 1559 incorporó en el real patrimonio todas las minas de oro, plata y azogue, aunque se hallasen en lugar de señorío, concejil, baldío ó de particulares (ley 3, id.). El mismo monarca en 1584 concedió la propiedad de las minas á los descubridores que las beneficiasen, ya las hubieran encontrado en terrenos públicos, comunes ó de particulares, asignando la parte de producto que habia de corresponder al Estado, la cual era variable segun las circunstancias. De esta disposicion se esceptuaron las minas de carbon de piedra y las de hierro que se declararon de libre aprovechamiento, salva la regalía de la corona de incorperar en sí las que necesitase para el uso de la marina y otros servicios públicos (ley 4, id.). Ultimamente, por real decreto de 1825, se declaró pertenecer al Estado el señorío y dominio supremo de todas las minas, limitando la facultad de beneficiarlas á los que hubiesen obtenido esta concesion de la corona.

Este último sistema se funda en altas razones de conveniencia pública. Es un hecho evidente que las profundidades de la tierra no pueden ser poseidas y beneficiadas bajo las mismas condiciones que la superficie. De aquí se sigue la necesidad de establecer bajo condiciones *especiales* esta *propiedad especial*, condiciones que no pueden buscarse en otra parte que en el mayor interés del procomun. El primero de todos los intereses sociales respecto á minas, consiste en que se trabaje asíduamente en su descubrimiento, y en que se beneficien bien las descubiertas.

Para animar al descubrimiento de las minas, es indispensable en primer lugar, que las investigaciones y catas estén al alcance de cualquier particular que quiera emprenderlas de su cuenta y riesgo. En segundo lugar, es necesario que el que se dedica á estos trabajos esté seguro de que si llega á descubrir riqueza entrará cuando menos á participar de sus productos. Es menester, por último, que no dependa de la voluntad del propietario del suelo el impedir estas investigaciones, y por consiguiente que la autoridad proteja á los que las emprenden, salvo en todo caso el resarcimiento debido á dicho propietario.

Para que las minas sean beneficiadas útilmente, es preciso que su poseedor esté seguro de beneficiarlas cuando menos por un *largo número de años*; porque sin esta circunstancia ¿cómo se aventuraría á hacer gastos cuantiosos, que no se pueden determinar con anticipacion, y que pueden componer sumas enormes? Tambien se requiere para conseguir el objeto dicho, que los cesionarios de minas reciban una estension de terreno subterráneo suficiente, determinando sus límites con claridad y precision. Es indispensable asimismo que su propiedad sea en un todo distinta de la del dueño de la superficie, á fin de que este no embarace á aquel en el curso de las obras. Y es necesario, por último, que el Estado vigile hasta cierto punto el beneficio de esta industria, á fin de garantizar los intereses generales en cuya virtud hace su concesion. Así es, que no debe permitirse se suspenda indefinidamente y sin un motivo legítimo, el laboreo de una mina, del mismo modo que se debe impedir que las obras del cesionario sean de tal naturaleza que dificulten ó imposibiliten todo laboreo posterior, ó que pongan en peligro la vida y la salud de los trabajadores.

De estas consideraciones se deduce que ni el Estado debe tener la propiedad absoluta de las minas, ni la debe abandonar completamente al interés privado, como hace con las demás propiedades. No debe tener la propiedad absoluta, porque faltando el aliciente de la ganancia en los particulares, faltaría el móvil principal que los lleva al descubrimiento de las minas; y si los agentes del gobierno fuesen los únicos facultados para hacer tales indagaciones, es claro que pocas ó ninguna se descubrirían. Por consiguiente, el interés público resultaría muy perjudicado si se atribuyese al Estado aquel derecho absoluto. No debe ser tampoco ilimitada la propiedad de los particulares, porque si el Estado no tuviera en ella derecho alguno no podria asegurar su acertada elaboracion en provecho del público. Pero estos dos intereses se concilian perfectamente, atribuyendo al Estado el señorío supremo de las minas con la obligacion imprescindible de conceder su propiedad á los particulares que pidan beneficiarlas y ofrezcan garantías mas seguras de hacerlo con provecho. Tales son los fundamentos de toda buena legislacion sobre propiedad y adjudicacion de minas.

Pero antes de pedir la concesion es necesario practicar los reconocimientos y hacer las catas necesarias en los terrenos. Segun nuestras leyes, todos tienen derecho para ejecutar esta especie de obras, aunque sea en tierras de dominio particular, siempre que sean indemnizados los dueños de los perjuicios que se les ocasionaren con aquellas operaciones. Se esceptúan únicamente el suelo de las poblaciones, el que fuera de ellas ocupan los edificios, fábricas, jardines y huertas, las tierras de labor, mientras estuvieren cubiertas con la cosecha, y las minas que se ha reservado la hacienda pública, como son las de azogue de Almaden, de cobre del Rio-Tinto, de plomo de Linares y Falset, de calamina en Alcaráz, de azufre en Hellin y Benamaurel y de grafito y lápiz-plomo en Marbella. Esta última prohibicion da lugar á dudas que debería resolver el nuevo proyecto de ley. En efecto ¿la prohibicion de hacer *calas* y *catas* en dichas minas, debe entenderse respecto á todo el término de los pueblos donde están situadas, ó solo en cierta demarcacion inmediata á las mismas? No se sabe, porque aunque hay leyes recopiladas antiguas, que estableciendo igual prohibicion respecto á las minas de Guadalcanal y otras la limitaron respecto á la primera á una legua en contorno, y respecto á las demas á un cuarto de legua, fácil es conocer que estas leyes hechas para minas determinadas no deben tener buena aplicacion á otras.

Otra de las mas graves cuestiones que ofrece la materia de que tratamos es la de decidir á quién corresponde la preferencia en la adjudicacion de las minas cuando mas de una persona acuden á registrarlas. Segun la legislacion actual debe ser preferido el primer registrador ó denunciador. Mas esta resolucion no es enteramente conforme con los principios de conveniencia pública que rigen en la materia. Hemos visto que el motivo de concederse á los particulares la propiedad de las minas es la utilidad que resulta al público de su laboreo y beneficio. De aquí se sigue necesariamente que entre los que pidan su concesion deben ser preferidos aquellos que ofrezcan mas garantías de sacar partido de ella. Así es que en Francia decide la administracion entre los diversos concurrentes que piden la adjudicacion de una mina, dando la preferencia á aquel que ofrece mejores garantías de beneficiarla bien, concediendo no obstante una recompensa proporcionada al primer descubridor, cuando no es él quien obtiene la concesion.

Mas ¿por qué indicios se conocerá cuál de los concurrentes ofrece mas seguridades de buena elaboracion? Dados los casos no suele ser difícil descubrirlos, pero determinarlos *à priori*, y por una regla general, no es tan facil. Examinemos, sin embargo, los títulos que pueden naturalmente invocarse para obtener esta preferencia.

El primero que se ocurre es el descubrimiento. Este título en el sentido literal de la palabra es la invencion de una cosa desconocida para todos; pero aplicado á las minas tiene una significacion mas ámplia. La naturaleza de los terrenos, los indicios de alguna esploracion cercana, ó bien otras señales conocidas pueden hacer creer en la existencia de una mina. Hasta este momento no hay mas que presunciones, que es preciso confirmar con algunas obras de cala; el esplorador que las ejecuta y logra su propósito, no hace mas que aprovecharse de las primeras indicaciones, y por consiguiente no descubre una sustancia en que nadie habia pensado antes, sino que encuentra aquella cuya existencia se presumia solamente. En este sentido puede decirse descubridor lo mismo que aquel que se propone beneficiar la veta probable de una mina abandonada. No quiere esto decir que semejantes obras no tengan un mérito positivo, pues el que las emprende hace lo que otro habia querido ó podido hacer, y por lo tanto, aunque el descubrimiento no debe considerarse como un título de preferencia esclusivo, deben tenerse en cuenta los esfuerzos y la perseverancia de los descubridores, á fin de que no se intimiden, ni por los gastos que tengan que hacer, ni por los obstáculos que necesiten allanar.

La prioridad de la demanda que es el título que reconocen nuestras leyes, no debería tener el valor absoluto y esclusivo que ellas le dan: es ciertamente un título pero no el que debe constituir un derecho positivo de preferencia. La razon es obvia: si lo que se busca es un cesionario que ofrezca garantías de beneficiar con acierto la concesion, no hay razon ninguna para que el primer demandante tenga siempre este requisito, con mas seguridad que el segundo. Así es que en Francia no se conceden las minas al primero que las pide, y sí á los que la administracion juzga con mejores garantías de beneficiarlas bien; se sabe por esperiencia que no son siempre los primeros demandantes los que dan á la elaboracion mayor impulso.

La importancia de las obras ejecutadas en la mina, debe considerarse como uno de los títulos que pueden dar mejor derecho. Si en igualdad de circunstancias dos personas trabajan una mina, la una limitándose á hacer calas, y la otra abriendo ademas pozos y preparando materiales de ejecucion, ¿cuál de ellas deberá inspirar mas confianza de llevar á cabo la empresa? La última, ciertamente.

La propiedad de suelo es tambien un título que merece consideracion y recompensa. No debe ser preferido a los demas porque por ser dueño de un terreno en que se halla una mina, no se tienen los medios necesarios para beneficiarla ni se ofrecen mejores seguridades que otro de hacerlo con provecho. Mas el propietario de un suelo de esta especie tiene derecho no solamente á que se le resarzan los perjuicios que sufre en su fortuna por dejar de cultivarlo, sino á que esta indemnizacion sea proporcionada á los beneficios que vá á sacar el minero de su terreno.

De estas consideraciones se deduce que la ley debe conceder la propiedad en las minas á aquellos que por haber hecho mas obras en su beneficio ofrezcan mas seguridades de pronta y acertada elaboracion: que el haberlas pedido primero es una circunstancia que debe tenerse en cuenta si este demandante hubiere practicado obras en concurrencia con otro: que el descubridor merece una recompensa del cesionario, y que el dueño de la superficie, ademas de ser indemnizado de sus perjuicios, es acreedor á un beneficio proporcionado al producto de la mina. Esta solucion de la cuestion que examinamos, es no solamente mas equitativa sino tambien mas conforme con la conveniencia pública que la que consagra hoy la legislacion vigente. La ordenanza de 1825 determina *à priori* de una manera inflexible el título de preferencia para la adjudicacion, limitándole á la prioridad del registro, esto es, á la antelacion de la demanda. Resulta de aquí que se piden y registran minas que no existen, se conceden aunque interinamente tierras en que no hay criaderos, dando así lugar á que algunos agiotistas abusen de la credulidad del público. No se tienen en cuenta entre tanto los derechos del descubridor. Los propietarios del suelo no obtienen mas que el resarcimiento material de sus pérdidas, y no se hace caso por último de las obras practicadas, aunque es verdad que nadie las emprende no habiendo registrado antes, puesto que de hacerlo no se puede seguir ningun beneficio.

El proyecto de ley presentado á las córtes no hace nada para enmendar esta injusticia y poner término á tantos abusos, pues guardando silencio sobre dichas cuestiones es claro que conserva en esta parte la legislacion antigua. Y es el caso que una de las reformas que en él se proponen, debería ser consecuencia de la misma que echamos de menos. La ordenanza de 1825 encomendó á los inspectores la concesion de minas con aprobacion de la direccion general, porque se reducia á la mera aplicacion de una ley inflexible y rigorosa. En efecto, si basta acreditar la prioridad del registro para obtener la concésion, si no hay que tener en cuenta para darla consideraciones de interés público, basta tambien un inspector de provincia para decidir este punto, y no hay necesidad de que el gobierno supremo intervenga en el negocio. Esta poca solemnidad con que se hacen hoy las concesiones, es el resultado de las limitadísimas facultades que dá la ley á la administracion en estos asuntos. El gobierno propone ahora reservarse la concesion de minas, oyendo préviamente á un consejo superior creado para este efecto, al mismo tiempo que mantiene la disposicion antigua que consagra el derecho preferente del primer registrador, y no deja por lo tanto latitud alguna á las facultades de la administracion para hacer estas concesiones. En Francia y en otros paises se reserva el gobierno este derecho, y lo usa oyendo al consejo de Estado; pero es porque las atribuciones de la administracion son mucho mas ámplias en esta materia que en España. Allí no tienen un derecho esclusivo á la concesion los descubridores, los denunciadores ni los dueños del suelo; la administracion adjudica las minas segun su leal saber y entender, teniendo en cuenta las razones de utilidad comun que equitativamente dan la preferencia á uno ú otro demandante, y como una atribucion tan ámplia no debe conferirse sino á autoridades que ofrezcan muchas garantías de usarla con acierto, no la tiene nadie mas que el gobierno, y eso con el parecer del consejo de Estado. Pero restrínjase dicha facultad como lo está en España y ya no hay necesidad de buscar tan alto la autoridad que haya de ejercerla. El proyecto de ley del gobierno tiene por objeto dar toda la solemnidad debida á las concesiones de minas, según lo requiere el interés público y privado; sin advertir que estas solemnidades no son necesarias sino como garantía del buen uso de una facultad amplísima y de que la administracion puede abusar fácilmente. Pero declarando la ley préviamente quiénes tienen derecho á las minas que se descubren, son tan limitadas las facultades de la administracion que los abusos son verdaderas infracciones de ley que se reparan sin dificultad por la via contenciosa. La reforma, pues, que se trata de introducir en esta parte es no solo incompleta sino innecesaria: Debería empezarse por ensanchar las atribuciones de la administracion en materia de concesion de minas, y entonces vendrian bien las solemnidades que garantizáran el buen uso de ellas.

Otro de los objetos de este proyecto de ley es atribuir los negocios contenciosos de minas á la jurisdiccion administrativa ordinaria. Según la ordenanza de 1825, los inspectores de las provincias deben conocer de estos asuntos con apelacion á la direccion general de minas, así como de ciertos excesos que puedan cometerse en las mismas. Este sistema, como dice con mucha razon el preámbulo del proyecto, distrae á la administracion de minas del objeto especial de su instituto, y no está de acuerdo con nuestras actuales instituciones políticas que generalmente cometen los negocios civiles y criminales á los juzgados y tribunales comunes, y los administrativos á los de esta especie, que la ley misma ha creado. Esta regla puede tener en verdad algunas escepciones, pero no mas que aquellas que estén plenamente justificadas por algun interés público.

¿Y cuál puede ser el motivo de utilidad comun que obligue á comprender los negocios de minas entre estas escepciones? Uno solamente se alega que no es en nuestro concepto suficiente. Se dice que en los juicios de minas se presentan á veces cuestiones particulares, cuya solucion exije conocimientos adecuados de que carecen los jueces y los consejeros provinciales. No negamos que así sea; pero esto mismo sucede en todos los demas juicios, y no por eso se deciden mal porque entonces se piden informes facultativos, y con arreglo á ellos fallan los jueces. ¿Qué inconveniente hay en hacer lo mismo en los juicios de minas? Si por que para resolver cuestiones judiciales que versan sobre algun punto facultativo, se necesitan conocimientos especiales, han de establecerse juzgados de la misma especie, muy menguada quedaría la jurisdiccion ordinaria. Si tal principio se adoptase sería preciso establecer tribunales de médicos que conociesen de las causas de estupro y de todos los demas delitos, cuya comprobacion reclama el auxilio de la medicina: tribunales de arquitectos, para los negocios en que se haya de decidir sobre la solidez de los edificios; tribunales de farmacéuticos, para las causas sobre venta de sustancias venenosas ó de alimentos dañados, y un centenar mas de tribunales de esta especie.

Por otra parte es una anomalía en nuestra administracion que los negocios contenciosos de minas estén sujetos á una jurisdiccion especial, al mismo tiempo que otros de igual carácter dependen de la jurisdiccion ordinaria ó la administrativa. Así es que dice con mucha razon el preámbulo del proyecto: «La administracion concede para el uso de la agricultura y de la industria las aguas de los ríos, y establece las condiciones de este uso, como concede las minas y establece las condiciones de su esplotacion. ¿Por qué, pues, para las cuestiones sobre el cumplimiento de estas condiciones, que en las minas y en las aguas tienen una misma razon y un mismo fin, ha de haber distintos tribunales? ¿Por qué han de conocer de unas los consejos provinciales con apelacion al real, y de otras los inspectores con apelacion á la direccion? ¿Por qué cuando se ventilan derechos de propiedad conocen en las aguas los juzgados civiles y en las minas los inspectores y la direccion? No se alcanza el motivo de semejante diversidad de tribunales. Los caminos, los correos, las aguas, han entrado en la jurisdiccion comun á todos los asuntos administrativos; y si la unidad administrativa ha de ser una verdad, importa en gran manera que la organizacion sea una para todos los ramos de la administracion pública.»

Por estas razones suprime el proyecto la jurisdiccion privativa de minas y sus tribunales, encargando á los consejos provinciales con apelacion al real de los negocios contenciosos en los casos siguientes:

1.º «Sobre oposicion á las denuncias por haber caducado el derecho á otra ó otras pertenecias á causa de haberse faltado á las condiciones prescritas en los reglamentos ó en la concesion.

2.º Sobre asuntos en que el Estado tenga interés directo ó inmediato.

3.º Sobre cuestiones relativas á indemnizacion de propietarios por la apertura de minas ó construccion de oficinas de beneficio.

Estos tribunales colegiados ofrecen mas garantías que el unipersonal del inspector, así al interés privado como al público. En ellos no se dará, caso de ser uno juez y parte á la vez, como sucede cuando los inspectores declaran la caducidad de una concesion por no haberse cumplido sus condiciones.

De las causas por defraudacion de impuestos, deberán conocer los tribunales que entiendan en los de fraude de los derechos de la real hacienda, pues tampoco hay motivo alguno para que las defraudaciones que se hagan en el impuesto de las minas se persigan y castiguen por un tribunal diferente del que conoce de las defraudaciones de otros impuestos.

Por último, de los negocios civiles así como de los escesos cometidos en las minas, y de que conocen hoy tambien los inspectores, conocerán los jueces ordinarios. La propiedad de las minas, una vez concedida y salvas las limitaciones de que antes hemos hablado, es como otra cualquiera. ¿Qué razon ha de haber por lo tanto para que de los negocios relativos á ella conozca un tribunal especial? Los ordinarios ofrecen para entender en estas cuestiones todas las garantías apetecibles.

Para concluir, diremos que así como la primera parte del proyecto nos parece incompleta y defectuosísima, la segunda la creemos acertada. No entramos en otras varias cuestiones de que no hace mencion el proyecto y que convendría resolver, unas porque no lo están y otras porque lo están mal en la legislacion vigente. Pero nuestro objeto ha sido llamar la atencion sobre los puntos capitales reservándonos para otra ocasion tratar de los pormenores.

Despues de escrito el artículo que precede se ha publicado el dictámen de la comision del congreso encargada de informar sobre el proyecto de ley del gobierno. Este dictámen encierra una ley completa de minería que debe sustituir en un todo á la ordenanza de 1825. Este proyecto, lo mismo que la ley antigua, declara el derecho preferente á la propiedad de las minas á su primer descubridor, determinando que si dentro del espacio que se señalare á una pertenencia dos ó mas abriesen calicatas, será preferido para la concesion de la mina el primero de ellos que descubra el criadero, y podrá incluir en su demarcacion las otras calicatas. Dispone tambien el nuevo proyecto, que si dos ó mas descubriesen el criadero al mismo tiempo habiendo terreno franco y comodidad para la concesion de una pertenencia á cada uno de los descubridores, se les concederá; y cuando no hubiese espacio ó comodidad para todos los que hubiesen descubierto primero el criadero, tendrán igual derecho y se les adjudicará en comun una pertenencia. La innovacion mas importante que se hace sobre este punto consiste en establecer, que si en los casos dichos fuere el terreno de propiedad particular, el dueño de él tendrá el derecho si lo reclamáre á entrar en compañía con los descubridores por la décima parte de las utilidades y gastos, haciendo esta reclamacion dentro de los dos meses de habérsele notificado el descubrimiento. Este es ya un progreso en la legislacion actual, por cuanto se reconoce un derecho olvidado hasta ahora, el del dueño de la superficie; pero aun no queda bastante garantido el interés público que exige la adjudicacion de las minas en favor de aquellos que ofrecen mas seguridades de beneficiarlas con acierto, y que vé una señal de esta mejor garantía en la importancia de las obras ejecutadas respectivamente por cada uno de los explotadores.

En cuanto á la jurisdiccion están conformes el dictámen de la comision y el proyecto del gobierno.

CRÓNICA LEGISLATIVA.

Enero, 1843.

DISPOSICIONES RELATIVAS A LA ADMINISTRACION DE JUSTICIA DE LOS TRIBUNALES ORDINARIOS Y ADMINISTRATIVOS.

REAL ORDEN DE 16 DE ENERO estableciendo ciertas preferencias en la provision de algunos oficios del órden judicial.

«Las diversas vicisitudes por que ha pasado el pais desde 1820 han ocasionado la suspension ó separacion de infinitos funcionarios del órden judicial, sin que en muchos de los espedientes aparezcan ó pueda traslucirse sino razones puramente políticas en diverso sentido segun las épocas.

Muchos de estos funcionarios eran propietarios de los oficios, ó los habian adquirido por contratos vitalicios mas ó menos gravosos realizados con los dueños.

Las circunstancias han influido sobremanera en las diversas épocas que encierra el mencionado período para que muchas solicitudes de reposicion ó rehabilitacion hayan sido denegadas porque lo aconsejaban razones de conveniencia, fundadas en la índole y complicacion de aquellas; siendo el resultado que muchos perjuicios irrogados, no por la voluntad, sino por el tiempo, no han obtenido todavía la competente y justa reparacion que circunstancias mas bonancibles permiten y aconsejan. S. M. quiere que esta reparacion sea tan completa como puede serlo, y que á lo menos en este punto y en la esfera del órden judicial se estinga hasta el último recuerdo y efectos lamentables de nuestras pasadas discordias. En su consecuencia S. M. se ha dignado mandar:

1.º Que á ningun funcionario del órden judicial le perjudiquen para su nombramiento, reposicion ó rehabilitacion los motivos políticos porque hubiere sido suspenso ó separado, ó porque hubiese abandonado su cargo ú oficio á consecuencia de emigracion por las mismas causas, toda vez que tales funcionarios acrediten su aptitud, integridad y buena conducta posterior, y que las salas de gobierno de las audiencias y otras autoridades, al instruir los espedientes respectivos, ó informar, lo tengan así entendido.

2.ª En consecuencia de lo prevenido en el artículo anterior, los escribanos, procuradores, notarios y demás funcionarios del órden judicial, cuyos oficios se hallaren vacantes, siendo propietarios de ellos, serán preferidos en la provision de los mismos, y lo propio los tenientes ó cesionarios por el tiempo del contrato con los dueños. Si los oficios se hallaren legalmente provistos, se atenderá á la reparacion, considerando asimismo la suerte de los empleados para ellos.

Si dichos funcionarios no tuvieren la propiedad de los oficios, ó trajeren causa de sus dueños, serán preferidos en igualdad de circunstancias en las vacantes que ocurieren de libre nombramiento de la corona.

3.ª Las relatorías vacantes ó que vacaren no se sacarán á oposicion mientras hubiere relatores cesantes que se hallaren en el caso del art. 1.º, los cuales serán preferidos en las plazas que antes sirvieron, como tambien en las vacantes que ocurrieren en otras audiencias.»

OTRA DE 17 DE ENERO sobre la provision de las vacantes de los oficios del órden judicial enagenados de la corona.

«Algunos dueños de oficios enagenados han recurrido al gobierno consultando si en el caso de renunciar á la indemnizacion por el Estado del precio de egresion de aquellos, se les concedería la preferencia en la provision de las vacantes de los mismos. Y S. M., teniendo en consideracion los perjuicios sufridos por esta clase numerosa, y la dificultad que aun oponen las circunstancias para una pronta y debida indemnizacion, se ha dignado mandar:

1.º Que á los escribanos, notarios, procuradores, receptores y cualesquiera otros funcionarios del órden judicial se les guarde inalterablemente la preferencia y ventajas que, hasta tanto que puedan ser indemnizados por el Estado, les fueron concedidas por la real resolucion de 2 de marzo de 1835 y otras disposiciones posteriores en la provision de las vacantes de los oficios que les pertenecieron, ó en la de otros análogos, si aquellos hubiesen sido consumidos.

2.º Que á los dueños de dichos oficios se les dé una preferencia absoluta en la provision de las vacantes de los mismos ó de otros análogos en el órden judicial, con la calidad y ventajas que permitan las leyes, toda vez que renuncien á la indemnizacion del

precio de los mismos por el Estado, y que concurran en ellos á
sus tenientes las circunstancias que aquellos requieren para el desempeño de dichos oficios ó cargos.

2.º Las solicitudes en este caso se dirigirán al ministerio de
Gracia y Justicia por las salas de gobierno de las audiencias, las
cuales consultarán, prévia ratificacion del interesado, cuanto se le
ofrezca y parezca.»

ORGANIZACION ADMINISTRATIVA.

REAL DECRETO DE 29 DE DICIEMBRE, publicado en 6 de enero, declarando provincia de primera clase á la de Zaragoza, que
lo era de segunda. (Gaceta núm. 4862).

REAL ORDEN DE 6 DE ENERO, disponiendo que los jefes de
distrito se nombren jefes civiles, y usen en su sello el lema de
«gobierno civil del distrito de....» (Gaceta núm. 4865).

OTRA DE LA MISMA FECHA, mandando que los agentes de seguridad pública se llamen salvaguardias. (Gaceta id.)

REAL DECRETO DE 14 DE ENERO, dando nueva organizacion
al ministerio de Hacienda.

Art. 1.º «Se aprueba la planta de la secretaría del ministerio de
Hacienda que acompaña á este mi real decreto,

Art. 2.º Queda restablecida por consiguiente la plaza de subse-
cretario con sujecion á lo dispuesto en el real decreto de 16 de junio de 1834.

Ademas de las atribuciones señaladas por este real decreto à las
subsecretarios, el de hacienda ejercerá las que para el mas pronto
despacho de los negocios considere conveniente delegarle el ministro del ramo respecto al acuerdo y firma de los espedientes de mera
aplicacion, de leyes, decretos, reales órdenes y reglamentos, ó de
cualesquiera otros que para ello no ofrezcan dificultad.

Art. 3.º Tambien se restablecen las direcciones generales de contribuciones directas, de contribuciones indirectas, de aduanas y
aranceles y de rentas estancadas, y la contaduría general del reino.

Art. 4.º Se restablece asimismo la direccion general de loterías
con las atribuciones y facultades que le están señaladas por los reglamentos é instrucciones del ramo.

Art. 5.º Se crea una direccion general de fincas del Estado,
igual en atribuciones y facultades á las demas direcciones generales de rentas.

Estarán á cargo de la de fincas del Estado los bienes nacionales,
las casas de moneda, las minas de Almaden, de Rio-Tinto y de

Linares y todas las fincas que se administran hoy por la hacienda pública.

En la administracion de los bienes nacionales, casas de moneda y minas se regirá la direccion por las leyes, reglamentos é instrucciones de cada uno de estos ramos.

El director de fincas del Estado será tambien presidente de la junta de venta de bienes nacionales, la cual se restablece en la forma que se hallaba constituida antes de su supresion.

Art. 6.° Continuará vigente la organizacion dada á la direccion general de la deuda del Estado por mi real decreto de 11 de junio último, escepto en la parte relativa á la seccion de bienes nacionales, la cual se refunde en la direccion general de fincas del Estado.

Art. 7.° Quedan derogadas todas las disposiciones contenidas en mi citado real decreto de 11 de junio último que no tengan relacion con las que se declaran vigentes en el artículo anterior.

Art. 8.° Continuarán tambien vigentes en todas sus partes el real decreto de 23 de mayo de 1845 y la instruccion para la administracion de la hacienda pública que le acompaña.

Se esceptúa sin embargo la facultad que por el art. 7.° del citado real decreto tuve á bien conceder á los directores y contador general para el nombramiento de empleados, los cuales seguiré yo nombrando por ahora, segun tengo mandado.

PLANTA DE LA SECRETARIA DEL MINISTERIO DE HACIENDA.

El ministro.	120,000
El subsecretario.	50,000

Directores.

Un director de contribuciones directas.	50,000
Uno id. de contribuciones indirectas.	50,000
Uno id. de aduanas y aranceles.	50,000
Uno id. de rentas estancadas.	50,000
Uno id. de fincas del Estado.	50,000
Uno id. del tesoro.	50,000
Un contador general del reino.	50,000

Oficiales.

Un oficial primero con.	40,000
Dos id. segundos á 35,000.	70,000
Dos id. terceros á 30,000.	60,000
Ocho id. cuartos á 24,000.	192,000

Archivo.

Un archivero con. 34,000
Un oficial primero con. 20,000
Uno id. segundo con. 16,000
Uno id. tercero con. 14,000
Uno id. cuarto con. 12,000
Dos id. quintos á 10,000. 20,000
Uno id. sesto con. 8,000

Asesoría.

Un asesor con. 35,000
Asignacion para escribientes de la secretaría. 60,000
Idem para porteros, mozos y ordenanzas. 98,600
Idem para gastos ordinarios y estraordinarios. . . . 200,000

Total. 1.389,000

REAL DECRETO DE 28 DE ENERO, sobre la provision de empleos del ministerio de la Gobernacion.

Art. 1.° «Desde esta fecha no se proveerá destino alguno dependiente del ministerio de la Gobernacion del reino, sino en empleados activos ó cesantes del mismo ministerio.

Art. 2.° La disposicion anterior comprende todos los destinos, sea el que quiera su sueldo, clase y categoría; y no se faltará á ella bajo ningun motivo ni pretesto.

Art. 3.° Se esceptúan única y esclusivamente los destinos de jefes políticos, los cuales serán provistos en las personas que tuviera yo á bien designar, mientras una ley no señale las circunstancias y cualidades de estos funcionarios.

Art. 4.° Todos los nombramientos que desde esta fecha se hagan por el ministerio de la Gobernacion, se publicarán indispensablemente en la *Gaceta*, con espresion del destino que el agraciado sirva ó haya servido en el mismo ministerio. Ningun nombramiento, sea de la clase que quiera, queda esceptuado de esta disposicion.»

LEGISLACION COMERCIAL, INDUSTRIAL Y AGRICOLA.

REAL ORDEN DE 5 DE ENERO, para promover en la corte el consumo del carbon de piedra.

1.° «Que se adopten las disposiciones oportunas á fin de que se bagan reconocimientos para cerciorarse de la abundancia y calidad de las minas de carbon ya conocidas, y situadas á conveniente distancia de Madrid, y para que se proceda á mejorar los caminos por donde haya de conducirse el carbon de las minas que actualmente se benefician, y no estan á tal distancia: que deba desconfiarse de tenerlo en la corte á precio cómodo, puestas en ejecucion las providencias que el gobierno díste para conseguirlo.

2.º Que al pasar los carruajes y caballerías con direccion á Madrid conduciendo carbon de piedra ó cok por los portazgos de las carreteras que vienen á parar á esta capital, se les exima desde luego del impuesto, si dichos portazgos se hallan administrados directamente por el Estado, no haciéndose novedad alguna en cuanto á los que estan actualmente arrendados.

3.º Que en los aranceles de los portazgos que de nuevo se saquen á subasta se exprese que los carruajes y caballerías que conduzcan á Madrid carbon de piedra ó cok estarán exentos de tales impuestos, no obstante lo prevenido en la nota duodécima de las generales que acompañan á todos los aranceles, la cual queda derogada en esta parte solamente.

4.º Que para que pueda resolverse con todo conocimiento si convendrá estender la misma exencion de portazgos al carbon vejetal, proponga la direccion de obras públicas las medidas que deban adoptarse, con el fin de que las subastas que se hagan en adelante de los portazgos establecidos sobre las indicadas carreteras se verifiquen en los dos conceptos, de continuar pagando el carbon vejetal, y de concedérsele exencion en caso de que se tuviera á bien determinarlo asi.»

DISPOSICIONES RELATIVAS Á LA HACIENDA PUBLICA.

REAL DECRETO DE 7 DE ENERO, mandando presentar en la direccion general del tesoro los documentos de créditos contra el Estado.

Art. 1.º «Los tenedores de créditos no procedentes de haberes que se hallen representados por libranzas, cartas de pago y otros documentos expedidos por cuenta y á cargo del tesoro público, desde 1.º de mayo de 1828 hasta 31 de diciembre de 1847, por las oficinas y dependencias del Estado civiles ó militares, autorizadas para ello, deberán presentarlos á su examen y reconocimiento en el preciso término de dos meses, contados desde la publicacion de este mi real decreto en la Gaceta del gobierno.

Art. 2.º Esta presentacion se verificará en Madrid en la direccion general del tesoro, y en las provincias en las respectivas intendencias, por medio de dobles carpetas, expresivas de la numeracion, fecha é importe de los créditos.

De las espresadas carpetas se devolverá en el acto una á los interesados autorizada competentemente para su resguardo.

Art. 3.° Conocido el valor de todas y cada una de las clases de créditos de que se trata, el gobierno presentará á las córtes el correspondiente proyecto de ley sobre el modo de satisfacerles, segun su naturaleza y la entidad de su total imposte.»

Otro de 13 de enero, regularizando el pago de sueldos y atrasos á las clases activas y pasivas.

1.ª «No se acreditarán ni pagarán haberes de activo servicio á individuos que no desempeñen plazas de reglamento, sea cualquiera la junta, comision del servicio, oficina del Estado en que se hallen empleados ó encargo público que desempeñen, y aun cuando parte de sus sueldos esté consignada sobre el artículo del presupuesto á que correspondan por su clase, y la restante sobre el de imprevistos, ó sobre las economías que producen las vacantes de los destinos mientras se proveen.

2.ª Tampoco se pagarán los haberes atrasados de las clases activas y pasivas, escepto los pertenecientes: 1.° á los individuos de ambas clases que, estando en el goce de ellos, hayan fallecido ó fallezcan, ó cuyos derechos hayan caducado ó caduquen por una causa cualquiera; y 2.° á los suscritores del diccionario geográfico, estadístico é histórico que publica D. Pascual Madoz, en la cantidad necesaria á cubrir sus suscriciones individuales.

3.ª Igualmente no se pagarán atrasos de otra procedencia cualquiera, excepto: 1.° los que naturalmente han debido resultar pendientes en fin de diciembre de 1847 por servicios realizados dentro del mismo año en la parte comprendida con el nombre de material en el presupuesto vigente; y 2.° los expresamente designados en el de gastos presentado á las córtes, que aparecen de la adjunta copia del capítulo 9.° del mismo.

4.ª No se haran anticipaciones por cuenta de haberes que hayan de devengarse en lo sucesivo, si los interesados en cuyo favor hubiese de recaer la concesion no tuviesen atrasos con que asegurar el reintegro de la cantidad anticipada, en caso de fallecer antes de haberse realizado.

5.ª Los cesantes, jubilados, retirados y demas individuos de las clases pasivas que esten agregados á las oficinas del Estado, que sean vocales de juntas ó de comisiones del servicio, ó que por cualquier otro concepto esten ocupados en el mismo, cesarán de percibir sus haberes cuando la clase activa, y la mitad mas que cobraban por cuenta de sus atrasos: solo percibirán los sueldos que disfruten por clasificacion, cuando los reciban las clases á que respectivamente correspondan.

6.ª Ningun individuo de las mismas percibirá su haber por las cajas de los ramos especiales, sino por la central, ó por las de provincia, segun corresponda: esceptúanse solo los jubilados y pensionistas de las mismas de Almaden y Almadenejos, que continuarán cobrando sus asignaciones por las tesorerías de estos establecimientos, en atencion á sus circunstancias particulares; pero con sujecion á las distribuciones y pagos que se dispongan respecto de las demas clases pasivas.

7.ª A los individuos de estas que continúen agregados á las oficinas ú ocupados en juntas ó comisiones del servicio se les abonará el tiempo que empleen en sus encargos, considerándole para la calificacion de sus derechos pasivos como si hubiesen estado en servicio activo segun se verifica en la actualidad: además se les tendrá presente para su colocacion conforme á su aptitud, laboriosidad y méritos.

8.ª En las propuestas para las vacantes que ocurran solo tendrán cabida los cesantes que reunan las condiciones necesarias para servirlas; continuando por lo demas en observancia lo dispuesto sobre el particular en real órden de 20 de octubre último.»

REAL ORDEN DE 29 DE ENERO, aprobando el nuevo contrato con el Banco de San Fernando.

«La reina, conformándose con el parecer del consejo de ministros, ha tenido à bien aprobar el convenio celebrado con fecha de hoy entre este ministerio y el Banco español de San Fernando en los términos y bajo las condiciones siguientes:

Primera. El Banco español de San Fernando será el cajero general del gobierno durante el año actual, debiendo por consecuencia ingresar en las cajas del mismo establecimiento los productos íntegros de todas las rentas, arbitrios y contribuciones del Estado, inclusos los que se recaudan por los ministerios de Gobernacion y de Comercio, Instruccion y Obras públicas, los de loterías, cruzada y bienes nacionales, los sobrantes de las cajas de Ultramar y los ingresos eventuales del tesoro.

Segunda. Abrirá el Banco un crédito al gobierno en cantidad igual al total importe del presupuesto de ingresos del Estado, presentado últimamente á las córtes, importante 1,283.631,395 rs.

Tercera. El Banco cubrirá este crédito:

1.º Entregando al tesoro:

En enero.	70.101,066
En febrero.	75.561,111
En marzo.	103.374,587
	249.036,764

TOMO IV.

Suma anterior.	245.086,704
En abril.	78.336,571
En mayo.	65.101,666
En junio.	105.874,537
En julio.	78.336,511
En agosto.	78.612,711
En setiembre.	92.639,142
En octubre.	78.336,511
En noviembre.	78.336,511
En diciembre.	105.874,592
	1,010.485,906

2.° Satisfaciendo 113.299,986 rs. que con 720,000 pagaderos por las cajas de la Habana, componen los 114.019,986 señalados en el presupuesto para el pago de los intereses de la deuda pública. La entrega de aquella suma se verificará por el Banco á medida que la reclame la direccion general de la deuda del Estado y en los térmi- nos estipulados para los semestres de los años anteriores por el ar- tículo 1.° del contrato de 2 de enero de 1845.

3.° Facilitando á la referida direccion de la deuda por cuartas partes los 40 millones consignados en el presupuesto de gastos para el arreglo de dicha deuda, prévio aviso con un mes de anticipacion, de los dias en que haya de verificarse la entrega.

4.° Reteniendo en su poder:

El importe de los intereses respectivos á los 361840,000 rs. de billetes del tesoro, entregados al Banco de los creados por real decreto de 2 de julio de 1847 y garantidos por dicho establecimiento, cuyos intereses deberá satisfacer este á los tenedores de los mismos billetes en 1.° de marzo del presente año. . 2.210,000

El de los correspondientes al mismo capital, que deberá igualmente satisfacer el Banco en 1.° de se- tiembre. 2.088,000

El del capital de los referidos billetes que deberá reembolsar tambien en el mismo dia 1.° de setiembre. 96.040,000

El de los pagarés á metálico procedentes de los bienes del clero secular que tiene recibidos el Banco en pago de sus servicios anteriores hasta fin de marzo de 1847 por. 14.018,000

El de su crédito por los servicios hasta fin del mis- mo año calculado, segun el presupuesto de gastos en. 19.406,000

73,811,200

Suma anterior. 73.811,200

El del quebranto de giros que segun el mismo presupuesto se calculó en. 15.643,200

89.454,400

Y 5.° Dejando de percibir:

El reintegro á los contratistas de azogues por su anticipacion que asciende á. 12.000,000

El importe de las libranzas espedidas para pago de las obligaciones del clero secular que vencen en enero, febrero y marzo de este año. 9.000,000

El de las obligaciones de la Península inclusas en el presupuesto de gastos que se satisfacen en las cajas de Ultramar. 5.598,000

El de los productos que ingresan directamente en las cajas de varios ministerios y que se calculan en. . 3.793,104

30.391,104

Cuarta. Se hará una liquidacion de los servicios de los meses de noviembre y diciembre del año último, comprendiéndose en ella las cantidades recibidas por el Banco en ambos meses, y la de 170 millones que se obligó á entregar en los mismos al gobierno por el contrato de 9 del espresado noviembre, y trasladando á la cuenta de los servicios del presente año las que en virtud del contrato haya facilitado para el pago del último semestre de la deuda del 3 por 100. Si de esta liquidacion resultase saldo á favor del gobierno, se aplicará al pago del crédito del Banco por fin de junio de 1847.

Quinta. Se entregará al Banco desde luego el importe de los sobrantes de las cajas de la Habana, calculado en 29.400,000 rs. con rebaja de las obligaciones de la Península comprendidas en el presupuesto de gastos que se satisfacen por las cajas de aquellas islas, y á este fin se espedirán las correspondientes libranzas. Su importe se considerará como pago del tesoro para los efectos que se mencionan en la condicion siguiente, y de abono efectivo en las cuentas de los respectivos meses cuando se realice, verificándose esta operacion conforme á lo estipulado en la condicion primera del contrato de 20 de diciembre de 1846.

Sesta. En caso de que el descubierto del Banco por los servicios de este año llegase en fin de cualquiera mes á la suma de 50 millones de reales, el gobierno designará los medios de cubrirle, y si estos no los considerase el Banco suficientes, se reintegrará con los productos de los meses sucesivos.

Sétima. El Banco entregará á la direccion general del tesoro público, dentro de cada mes, las dos terceras partes de las sumas estipuladas en la forma siguiente: la primera en los 15 dias primeros del mes; y la segunda en los otros 15 últimos dias del mes. La tercera parte restante la entregará en los 10 primeros dias del siguiente, verificándose por este órden en las cantidades, dias y puntos que la misma direccion designe por medio de nota que pasará al Banco.

Octava. Con arreglo à la designacion y nota de que trata la condicion anterior, la direccion general del tesoro espedirà las correspondientes libranzas á cargo del Banco, con espresion de su importe en plata y calderilla, dia, época y punto de su pago y persona á cuyo favor se espida.

El gobierno procurarà aplicar en los giros que haga el tesoro la mayor cantidad posible de la calderilla que se recaude en las provincias.

Los intendentes y subdelegados de partido que libren á cargo de los comisionados del Banco para los objetos que se espresaràn, lo harán con espresion de la parte de calderilla que corresponda, segun la tarifa que se hallaba vigente à la rescision en 2 de julio último del contrato de 21 de diciembre de 1846.

Novena. La direccion general del tesoro público no podrá librar cantidad alguna sobre las administraciones, direcciones especiales, ni corporaciones à cargo de las personas que manejen caudales públicos por las rentas, arbitrios y contribuciones comprendidas en el presente contrato, bien sean antiguas ó modernas, corrientes ó atrasadas, ordinarias ó estraordinarias.

Décima. Continuarà durante este contrato la prohibicion de hacer pago alguno en las dependencias de la hacienda por libranzas, pagarés, billetes ú otro efecto ó giro alguno atrasado y espedido sobre rentas y contribuciones de cualquiera clase ó naturaleza que sean, como tambien su admision en pago de las espresadas rentas y contribuciones.

Undécima. Los directores generales, intendentes, administradores, recaudadores y demas personas que manejan y recaudan caudales de la hacienda pública, de cualquier condicion que estos sean, no podrán hacer pago alguno con los fondos aplicados al Banco por el presente convenio. El importe del que ejecutaren, su mucha ó poca cantidad, se rebajará de la suma que deba entregar el Banco en el mes en que lo verifiquen.

Duodécima. No obstante lo dispuesto en la condicion anterior la dirección general del tesoro y el intendente de Madrid podrán librar à cargo del Banco en esta corte y los intendentes de las provincias al de sus comisionados en ellas, avisándoselo con dos dias de anticipacion al menos, las cantidades que mensualmente se determinen en nota formada por la contaduría general del reino y aprobada por el ministerio de Hacienda, que comunicará al Banco la dirección general del tesoro con destino á gastos reproductivos de cada dependencia, cargas de justicia y devoluciones y á las mesadas de las clases activas y pasivas cuando se determine su pago.

Tambien podrán librar en la misma forma las cantidades que se recauden de la pertinencia de los partícipes, las cuales ingresarán igualmente en el Banco y en poder de sus comisionados con aplicacion a los mismos partícipes.

Las cantidades pertenecientes á estos no se comprenden en las que debe entregar el Banco al gobierno, segun la condicion tercera, por no estarlo tampoco en el presupuesto general de ingresos del Estado.

Los subdelegados de partido podrán tambien librar à cargo de los respectivos comisionados el importe de los gastos reproductivos y de las cantidades correspondientes á partícipes que hayan de satisfacerse en el mismo partido, siempre con sujecion al señalamiento que para ambos objetos se haga à la provincia ó al partido en la nota de la contaduría general antes citada, y prévia órden del intendente cuando no se haya hecho señalamiento especial al partido, y la cantidad que se libre esté dentro de la fijada à la provincia, en cuyo caso el intendente deberá dar aviso al comisionado respectivo al tiempo de comunicar dicha órden.

Décimatercera. El gobierno se compromete à hacer efectivos los ingresos de las rentas y contribuciones que ha de percibir el Banco, y á emplear su eficaz autoridad por medio de las direcciones generales é intendentes para que no se demoren mas allá de los periodos que están señalados las entregas al Banco y á sus comisionados de los fondos que se recauden procedentes de aquellas.

Décimacuarta. Seguirán rigiendo las reglas establecidas á consecuencia del convenio con el Banco de 30 de diciembre de 1845 para la entrada y salida de caudales por cuenta del tesoro en las cajas del Banco y de sus comisionados en las provincias.

Décimaquinta. Con objeto de simplificar las operaciones de cuenta y razon, se abonará al Banco sobre las cantidades que entregue ó aplique en cada mes por cuenta de este convenio en Madrid y en las provincias 11½ por 100 por razon de cambio, traslacion de fondos de unas provincias à otras, comisiones de cobranzas y pagos en ellas, quebrantos de calderilla de que no disponga el tesoro, intereses de los suplementos en el mes del servicio hechos por el Banco, comision de este, correo y demas gastos que se originen en tan vasta operacion, escepto en los pagos que verifique por devolucion de depósitos, sobre los cuales se abonará solo tres cuartillos por 100.

El cambio de las libranzas sobre las cajas de la Habana de que trata la condicion quinta será el de 9 por 100.

Décimasesta. El saldo que resulte en pró ó en contra del tesoro público entre las entregas hechas al Banco y los giros de la direccion del tesoro é intendentes que el mismo Banco haya aceptado hasta el último dia inclusive de cada mes, cuyo plazo no esceda de los ocho primeros dias del inmediato, gozará mútuamente desde el primer dia del mes siguiente en adelante del interés de 6 por 100 anual hasta su reintegro.

El gobierno abonará al Banco el premio de tres cuartillos por 100 sobre el importe de los pagarés y letras que se admitan del comercio en pago de derechos de aduanas y han de entregarse desde luego, ú otro valor que se le entregue igualmente por la hacienda por razon de intereses de demora hasta el did del vencimiento de estos efectos.

Décimasétima. El Banco presentará mensualmente à estilo de comercio las cuentas de esta negociacion en el término de los dos meses siguientes al de cada uno de los servicios, acompañadas de los documentos de justificacion con absoluta independencia del crédito de cada mes, y no se admitirá cargo por interpretacion ni induccion, sino que se deberá estar únicamente al sentido literal de lo estipulado.

Décimaoctava. El gobierno espedirá las órdenes mas enérgicas y eficaces para que se cumplan en todas sus partes las condiciones del presente convenio, y especialmente para que se entreguen al Banco y sus comisionados en las capitales de provincia, en las depositarías de partido hoy establecidas, y en las demas que el Banco solicitare, todos los productos que se recauden conforme à las condiciones que anteceden, haciendo responsables á los que dilaten las entregas ó descuiden la recaudacion de las rentas y contribuciones.

Décimanovena. El presente convenio regirá desde 1.º de enero de este año, y será obligatorio hasta 31 de diciembre del mismo; pero deberá continuar por todo el año siguiente, siempre que el gobierno y el Banco no tengan en ello dificultad, lo cual habrá de manifestarse tres meses antes de la mencionada fecha de 31 de diciembre. En caso de que continúe, el Banco hará en la distribucion ó importe de las entregas que deba realizar las modificaciones que exija lo que acuerden las córtes sobre el presupuesto de 1849.»

OTRA DE 30 DE ENERO, sobre las distribuciones mensuales de fondos.

«La reina de acuerdo con el parecer del consejo de ministros, se ha dignado mandar, á consecuencia de lo estipulado entre este ministerio y el Banco español de San Fernando en el convenio celebrado con fecha de ayer, que por esa direccion general se observen en las distribuciones mensuales de fondos del año actual las disposiciones siguientes:

Primera. En fin de cada mes, á contar desde el presente, librara V. S. á cargo del Banco la dozava parte de los presupuestos de la casa real y cuerpos colegisladores, deduciendo del primero la parte que se satisface por las cajas de la Habana.

Segunda. En cada uno de los doce meses, y por el órden establecido en la condicion 7.ª del convenio con el Banco, pondrá V. S. á disposicion de los respectivos ministerios la dozava parte de los presupuestos reformados segun el artículo 1.º del proyecto de ley presentado á las córtes de 28 de diciembre último; en la inteligencia de que con su importe han de atender los mismos al pago de todas las obligaciones comprendidas en los referidos presupuestos, incluso el de los haberes de sus clases activas, con arreglo á lo mandado de conformidad con el dictámen del consejo de ministros, en real órden de 10 del corriente.

De la espresada dozava parte deberá V. S. deducirles las cantidades á que asciendan los productos de los ramos, de cuya administracion y recaudacion están encargados, y no ingresen en el Banco, y de la correspondiente al ministerio de Estado deducirá V. S. ademas el importe de lós pagos que se hacen en las cajas de Ultramar al cuerpo diplomático y consular, cuyos haberes están comprendidos en dichos presupuestos.

Tercera. En el discurso tambien de cada mes librará V. S. los gastos reproductivos, los haberes y gastos del cuerpo de carabineros, y todas las obligaciones no correspondientes á haberes que por su naturaleza deban pagarse mensualmente, verificándolo de modo que, combinado el pago de estos giros con el de los demas que deba V. S. hacer en el mes, no se falte á lo pactado en la antedicha condicion 7.ª del contrato.

Cuarta. El dia último de cada mes librará V. S. en Madrid, y cuidará que los intendentes lo verifiquen el mismo dia en las provincias, la mensualidad de las clases activas de este ministerio y la de las monjas en clausura.

Quinta. El 10 de febrero, 20 de marzo, 30 de abril, 10 de junio, 20 de julio, 30 de agosto, 10 de octubre, 20 de noviembre y 30 de diciembre se librará tambien en Madrid y las provincias las mensualidades de las clases pasivas pertenecientes á los nueve primeros meses de este año.

Sesta. No pudiendo satisfacerse mensualmente las asignaciones del culto y clero, en razon á lo que se dificultaría su pago en todo el reino subdividiéndolas en pequeñas cantidades; y deseando por otra parte S. M. la reina abreviar los plazos de las entregas para que el clero pueda mantener el culto con el decoro que corresponde, y ocurrir tambien á sus propias necesidades, cuidará V. S. que dichas asignaciones se paguen por trimestres en 31 de marzo, 30 de junio, 30 de setiembre y 31 de diciembre. Con este objeto, y para que desde ahora quede asegurada la dotacion del mismo en el año actual, librará V. S. inmediatamente á cargo del Banco la que le está señalada en el citado art. 1.º del proyecto de ley de presupuestos, subdividiendo su importe de cuatro libranzas pagaderas a los referidos plazos; las cuales endosará y remitirá en seguida á la junta de dotacion del culto y clero.»

LEGISLACION DE TEATROS

REAL DECRETO DE 13 DE ENERO suspendiendo los efectos del de 30 de agosto último sobre teatros, restableciendo interinamente la antigua legislacion sobre esta materia y nombrando una comision que proponga las modificaciones que convenga hacer en dicho decreto. (*Gaceta núm.* 4871).

LEGISLACION MILITAR Y MARITIMA.

REAL DECRETO DE 3 DE ENERO, declarando que el sueldo de 45,000 reales no corresponde á los mariscales de campo que desempeñen las plazas de ministros súplentes del tribunal de guerra y marina. (*Gaceta núm.* 4862.)

OTRO DE LA MISMA FECHA suprimiendo los ayudantes de campo y órdenes de los generales empleados en tiempo de paz. (*Gaceta id.*)

OTRO DE LA MISMA FECHA prohibiendo nombrar en lo sucesivo ministros supernumerarios del tribunal de guerra y marina. (*Gaceta id*).

REAL ORDEN DE 5 DE ENERO, resolviendo que desde 1.º de febrero dejen de abonarse sobresueldos por comisiones de servicio á los empleados de la administracion central de guerra. (*Gaceta id.*)

OTRA DE 13 DE ENERO, recordando la de 20 de octubre sobre el uso de soldados asistentes. *(Gaceta núm. 4871.)*

OTRA DE LA MISMA FECHA, determinando los jefes y oficiales que pueden tener asistentes y ordenanzas. *(Gaceta id.)*

OTRA DE 14 DE ENERO, disponiendo cesen las comisiones activas que desempeñan los jefes y oficiales pasando estos á situacion de reemplazo. *(Gaceta id.)*

REVISTA

DE LA

JURISPRUDENCIA ADMINISTRATIVA.

COMPETENCIAS.

I.

¿Cuándo debe conocer la autoridad judicial, y cuándo la administrativa de las cuestiones que se susciten sobre el ejercicio ilegal de la medicina?

Según el capítulo 29, párrafo 3.º de la real cédula de 10 de diciembre de 1828, los que ejerzan sin el competente título la medicina ó cirujía, deben ser castigados con la multa de 50 ducados por la primera vez, doble por la segunda con destierro, y 300 ducados por la tercera, y la pena de presidio además en uno de los de Africa, bastando para ello que las justicias sean sabedoras de semejantes escesos, ya de oficio, ya de requerimiento de parte, sin sujetar la prueba á forma de juicio, por ser comunmente las referidas infracciones de notoriedad pública. Los jueces, conforme á la real órden de 16 de junio de 1838 deben proceder á la imposicion de estas penas, segun los casos, limitándose para ello á la comprobacion del hecho de ejercerse sin el correspondiente título la medicina ó la cirusía; pero sin entrar nunca en su calificacion facultativa; de modo que toda la jurisdiccion necesaria para conocer esta especie de cuestiones, residia en la autoridad judicial. Pero posteriormente, en 25 de agosto de 1842 se espidió una real órden encargando á los jefes políticos que llevaran á efecto las disposiciones vigentes contra los intrusos en cualquiera de los ramos de la ciencia de curar hasta donde alcanzaran sus atribuciones gubernativas, y que en el caso de esceder los límites de estas las penas en que incurriesen los contraventores, los entregaran á los tribunales ordinarios despues de la correspondiente indagacion. Las reales órdenes de 23 de noviembre de 1845 y 17 de febrero de 1846 señalaron por límite á las atribuciones de los jefes políticos para la imposicion de las referidas penas el que establece el párrafo 3.°, art. 6.° de la ley de 2 de abril de 1845, á saber, que estos funcionarios están autorizados para imponer correccionalmente multas cuyo máximo no esceda de 1000 reales. Tambien declararon dichas reales órdenes que al pasar los jefes políticos á los tribunales ordinarios el tanto de culpa que resulte cuando la pena que corresponda sea mayor, lo hagan no solo para que la impongan, sino para que formen á este fin el proceso que el derecho requiera.

Además de esto, el ejercicio ilegal de la medicina puede dar lugar en cada caso á dos cuestiones muy diversas, una la del hecho en sí mismo de haberse ejercido sin título esta profesion, y otra la de si se ha ejecutado ó no conforme á las reglas de la facultad respectiva. Para resolver la primera, que es una simple cuestion de hechos, puede ser competente el jefe político ó la autoridad judicial, segun el importe de la multa que haya de imponerse. Debe conocer el jefe político cuando la multa no esceda de 1000 rs., y no debe esceder, segun el párrafo 3.°, capítulo 29 de la real cédula antes citada, siempre que se trate de una primera infraccion. Así por esto, como porque en dicho caso y con arréglo á la misma disposicion se debe proceder sin sujetar la prueba á forma de juicio, ó lo que es lo mismo gubernativamente, son de la competencia de la administracion las cuestiones de que tratamos, siempre que no haya reincidencia en la infraccion de las leyes que prohiben el ejercicio de la medicina ó cirújía sin el título correspondiente. Pero cuando hay reincidencia, esto es, cuando debe imponerse una multa mayor

de 1000 rs. y la pena de destierro ó presidio, con arreglo á la
real cédula de 1828, ya el jefe político no tiene autoridad para
ello, segun las reales órdenes citadas de 23 de noviembre de 1845,
y 17 de febrero de 1846, y por consiguiente la cuestion es del
conocimiento de la autoridad judicial. Lo mismo sucede cuando
la cuestion tiene por objeto decidir si el que ejerce sin título y
ejerce mal, causando un daño mayor ó menor, debe indemnizar
al que lo recibe; porque entonces se trata de un daño causado
á un particular, y de la imposicion de una pena mayor que la
que pueden imponer correccionalmente los jefes políticos. Por
lo tanto, las cuestiones sobre el ejercicio ilegal de la medicina,
corresponden á la administracion y son gubernativas, mientras
se trate del simple hecho de haber infringido por primera vez
las leyes que prohiben ejercer sin título dicha facultad y corresponden á los tribunales de justicia, y son ordinarias cuando
se trata de la reincidencia en la infraccion de las referidas leyes
ó de la indemnizacion de daños causados ejerciendo la medicina mal y sin título. Tal es la doctrina que se deduce de las leyes y disposiciones antes citadas, y la que ha establecido el
consejo real con motivo de una competencia suscitada entre el
jefe político de Sevilla, y uno de los jueces de primera instancia de la misma ciudad.

Ejecutada por el profesor de medicina D. José Pallarés una
operacion quirúrgica en un dedo á una enferma, lejos de obtener esta su curacion, se agravó considerablemente su mal. Habiéndose querellado el marido de la paciente al juez de primera
instancia para que impusiese á Pallarés la correccion á que se
hubiere hecho acreedor por ejercer sin título la cirujía, y le con-
denase además á la indemnizacion de los daños y perjuicios que
le habia causado con su mal proceder, reclamó el negocio la
academia de medicina y cirujía de aquel distrito, suponiendo
ser de su conocimiento en virtud de la real órden de 16 de junio de 1838. Desestimada por el juez esta reclamacion la reiteró despues el jefe político, promoviendo la competencia. Habia aquí, pues, dos cuestiones; una la de ejercerse sin título la
cirujía: otra la de indemnizar á la enferma los daños y perjuicios causados por la mala operacion; y el consejo real, por las
razones que dejamos espuestas, decidió la primera á favor de
la administracion, y la segunda á favor de la autoridad judicial,

encargando al jefe político que antes de devolver los autos el
juez mandase sacar de ellos la parte relativa á la cuestion cuyo
conocimiento le competía. (Consulta de 10 de mayo).

II.

¿A qué autoridad corresponde conocer de las cuestiones que se
susciten entre los pueblos sobre mancomunidad de pastos y des-
linde de términos? (Véanse las consultas de 23 de febrero,
18 de agosto y 20 de marzo de 1847 en el núm. VIII, página 337 del tomo 2.º del Derecho moderno).

Segun la doctrina establecida en las consultas citadas, las
cuestiones sobre mancomunidad de pastos, deben ser judiciales
cuando tienen por objeto la propiedad de los mismos, y contencioso-administrativas, cuando se refieren á la posesion de dichos pastos en su estado actual. Esta decision se funda en las
disposiciones 1.ª, 2.ª y 3.ª de la real órden de 17 de mayo
de 1838, segun los cuales deben los jefes políticos hacer entender á los ayuntamientos que las demarcaciones de límites entre
partidos ó términos municipales no alteran los derechos de mancomunidad de los pueblos en los terrenos que siempre han po-
seido en comun: se declara que ínterin no se promulgue la ley
anunciada en el decreto de division territorial de 1833 se man-
ténga la posesion de los pastos públicos, tal como ha existido
de antiguo, hasta que alguno de los pueblos comuneros intente
novedades en perjuicio de los demás, y se reserva su derecho al
ayuntamiento de cualquiera de tales pueblos que pretenda cor-
responderle el usufructo privativo del todo ó parte de su término, para que lo use en el tribunal competente, sin alterar la
tal posesion, hasta que judicialmente se declare la cuestion de
propiedad.

Si de estas disposiciones se deduce que las cuestiones de
propiedad relativas á comunidad de pastos entre los pueblos corresponden á los tribunales de justicia, y las de posesion á los
administrativos, no se infiere menos que es igual la competencia cuando se trata de deslinde de términos. Si hasta que se promulgue la ley anunciada en el decreto de division territorial
de 1833, debe mantenerse la posesion mancomunada de los

pastos que exista desde antiguo, y el cumplimiento de esta disposicion se encarga á los jefes políticos, es claro que cuando algun pueblo se oponga al deslinde de su término, fundado en la mancomunidad de pastos que disfrute con otro, debe resolverse esta primera cuestion gubernativamente; porque lo que debe averiguarse es si existia ó no tal mancomunidad, y si la habia es al jefe político á quien toca mantenerla. Pero decidida esta primera cuestion, la parte que se creyere perjudicada puede acudir á los tribunales ordinarios, entablando la demanda de propiedad segun la citada real órden de 1838.

Hasta aquí la cuestion de deslinde de términos vá unida á la de mancomunidad de pastos; pero éstas cuestiones se hacen independientes desde el momento en que se trata no de si existia ó no de antiguo mancomunidad en tales terrenos, sino de si estos pertenecen á los própios ó los baldios de tales ó cuales pueblos que se los disputan, o lo que es lo mismo de si están situados en el término de unos ó de otros. En este caso debe aplicársele el art. 8.°, párrafo 6.° de la ley de 2 de abril de 1845, que atribuye á los consejos provinciales cuando pasan á ser contenciosas las cuestiones relativas al deslinde de los términos correspondientes á pueblos y ayuntamientos en el caso de que procedan de una disposicion administrativa. Por consiguiente, siempre que el punto litigioso se reduzca en el fondo á una cuestion de deslinde, debe tratarse como contencioso-administrativo ante el consejo provincial. Tal ha sido la decision del consejo real en varios casos análogos.

Primer caso. Autorizado por la diputacion provincial el ayuntamiento de la ciudad de Badajoz, vendió á censo enfitéutico en el concepto de pertenecer á los propios de la misma, varios terrenos á D. Manuel Tomás Sarró en 1842. El ayuntamiento de la Roza se opuso á esta enagenacion: 1.° porque los terrenos vendidos pertenecian á los baldíos de esta villa y estaban en su término; y 2.° porque destruia la mancomunidad de pastos que la misma habia gozado desde tiempo inmemorial con Badajoz. En su consecuencia acudió el comprador á la diputacion provincial, la cual acordó en 23 de enero de 1843 nombrar una comision de su seno que activase la division que el pueblo de la Roza tenia solicitada de la mancomunidad entre el mismo y otros con Badajoz, mandando al ayuntamiento de la Roza que entre tanto biciese respetar bajo su responsabilidad los derechos del reclamante. Dicha corporacion manifestó en su vista corformarse con la primera parte de esta providencia; pero no con la segunda, fundándose en que las enagenaciones no podian subsistir como contrarias á la mancomunidad de pastos, mientras no recayese de parte de la comision nombrada una resolucion definitiva. El comprador entonces reiteró su reclamacion ante la administracion, acudiendo además como despojado por varios vecinos de la Roza al juez de primera instancia de Badajoz, el cual proveyó auto restitutorio en 14 de junio de 1843. Despues de un incidente de competencia con él juez de Alburquerque promovió el jefe político de Badajoz la de que se trata. En el tiempo de dicha enagenacion estaba vigente la ley de 3 de febrero de 1823, cuyo art. 104 autorizaba á los ayuntamientos para vender las fincas de propios con la licencia competente de la diputacion provincial. Al enagenar el ayuntamiento de Badajoz los terrenos disputados como pertenecientes á sus propios, les negó la cualidad de baldíos de la Roza, y la mancomunidad de pastos que el ayuntamiento de dicha villa alegaba contra la validez de la enagenacion. De aquí resultaban dos cuestiones, una la de si existia ó no tal mancomunidad al tiempo de verificarse la venta; y otra la de si los terrenos vendidos eran propios de Badajoz ó baldíos de la Roza. De la primera tocaba conocer gubernativamente al jefe político con arreglo á las disposiciones citadas de la real órden de 17 de mayo de 1838, sin perjuicio de la demanda ordinaria de propiedad ante los tribunales ordinarios: de la segunda correspondia conocer al consejo provincial como cuestion de deslinde de términos, con arreglo á la ley de 2 de abril de 1835 de que hemos hecho mérito. Por cuyas razones decidió el consejo real esta competencia á favor de la administracion. (Consulta de 29 de abril).

Segundo caso. El ayuntamiento de Muñomer de Peco, obtuvo del jefe político de Avila la correspondiente autorizacion para vender dos pedazos de terreno comun. Rematado él uno en pública subasta y arrendado el otro por falta de licitador, acudió el ayuntamiento de Narros de Saldueña ante el juez de primera instancia de Arévalo, suponiendo que por dicha subasta y por las roturaciones particulares de terrenos comunes que especificó, había sido despojado el segundo de dichos pueblos del derecho de pastos que disfrutaba en comun con el otro. Dada la informacion correspondiente, proveyó el juez la restitucion solicitada, y el jefe político de Avila promovió la competencia. La reclamacion del ayuntamiento de Narros se fundaba únicamente en la mancomunidad de pastos cuya continuacion solicitaba. Sobre este punto nadie debe decidir sino el jefe político gubernativamente, salvo la demanda ordinaria de propiedad en su caso, con arreglo á la real órden citada de 17 de mayo de 1838, y así es que el consejo real decidió tambien á favor de la administracion este recurso.

Hemos dicho que cuando la cuestion versa sobre la propiedad de los terrenos que constituyen los términos de los pueblos, ó cuando no trae su orígen de una providencia administrativa, toca conocer de ella á la autoridad judicial. Esto mismo se observa aunque se trata de términos jurisdiccionales, cuyo deslinde corresponde indudablemente á la administracion, á menos que este litigio no traiga su orígen de un acto administrativo, pues en este caso es tambien de la competencia de los tribunales ordinarios. Hé aquí dos casos que confirman esta doctrina.

Primer caso. Recobrada por el ayuntamiento de Jabea la posesion de la partida denominada Plana de S. Gerónimo, mediante un auto restitutorio que á su instancia proveyó el juez de Denia en 22 de mayo de 1844 contra el ayuntamiento de esta ciudad, colindante de dicha villa, promovió este cuerpo con la autorizacion correspondiente el juicio petitorio en 9 de marzo de 1846. El ayuntamiento demandado opuso la excepcion de incompetencia, suponiendo pertenecer á la administracion toda cuestion de deslinde de términos jurisdiccionales, y ser de esta clase y no de propiedad la planteada por el ayuntamiento demandante, segun resultaba de las escrituras de venta que presentó de varias piezas de tierra de dicha partida otorgadas entre particulares. Desestimada por el juez esta excepcion, provocó el jefe político de Alicante la competencia. Esta cuestion, aunque de propiedad, era tambien relativa al deslinde de los términos de Denia y Jabea, porque su decision habia de traer consigo este deslinde; pero como faltaba una disposicion administrativa que hubiese ocasionado la disputa con arreglo al citado párrafo 6.°, art. 8.° de la ley de 2 de abril de 1845, debia considerara como ordinaria, y por eso decidió el consejo esta competencia á favor de la autoridad judicial.

Segundo caso. Concluso para sentencia el pleito seguido ante el juez de primera instancia de Almanzar por el ayuntamiento de Escobosa de Calatañazor, contra el de Torre-Andaluz sobre fijacion de los mojones de los términos de ambos pueblos, conforme al que se hizo en 1674, recayó auto para mejor proveer, mandando á dichas corporaciones que á fin de asegurar la validez de los procedimientos, pidiesen al jefe político de Soria é hiciesen constar la autorizacion que de él necesitaban para continuar el litigio. Noticiosa así del negocio aquella autoridad, entabló la competencia. La cuestion en este caso no procedia tampoco de ninguna providencia administrativa, por lo cual decidió el consejo real del mismo modo que en el precedente. (Consulta de 27 de octubre).

III.

¿A qué autoridad corresponde conocer de la demanda de indemnizacion que puede poner el mozo llamado al servicio de las armas como suplente de otro prófugo, contra los bienes del mismo?

Segun la real órden de 21 de octubre de 1844, no tienen responsabilidad alguna los padres de los jóvenes ausentes en la Isla de Cuba ó en otra posesion española de Ultramar á quienes al ausentarse para aquel destino se les libró pasaporte sin ninguna garantía relativa á la obligacion del reemplazo, por no tener aun 17 años y medio de edad, aunque despues de haber entrado en ella no se hayan presentado á cumplir la suerte de soldados que en sus pueblos les hubiere cabido, en cuyo caso, si los expresados mozos tuviesen bienes propios, con ellos han de cubrirse sus plazas de soldados por medio de sustitutos, ó se ha de indemnizar á los suplentes. Por lo tanto, aquel á quien toca la suerte de soldado por hallarse en América el mozo que habia sido llamado antes que él, puede exigir una indemnizacion de los bienes del mismo por razon de los perjuicios que esto le ocasionare. Verdad es que dicha real órden se refiere únicamente á los mozos ausentes en América desde antes que cumplieran los 17 años y medio de edad; ¿pero no milita igual razon para que se disponga lo mismo respecto á todos los prófugos cualquiera que sea el motivo de la ausencia? Así es que la real órden de 12 de julio de 1839, expedida para establecer una regla justa por la que se resolviesen así los casos particulares sobre prófugos fraudiosos como todos los demás análogos, dió por su puesto en su art. 3.º que correspondia por la ley á los suplentes de los tales prófugos el derecho de reclamar contra sus bienes la indemnizacion y resarcimiento de daños y perjuicios. Por consiguiente la obligacion de que tratamos es comun á todos los prófugos voluntarios, y debemos atenernos sobre ello á lo que disponen las dos reales órdenes citadas.

¿Pero los espedientes que sobre tales reclamaciones se forman deben ser gubernativos ó judiciales? Si atendemos á la naturaleza de este litigio, no hallamos razon alguna que justifique su carácter administrativo, pues se trata de un interés privado y de una cuestion entre particulares, como lo es la indemnizacion que debe hacer una persona á otra. Tambien es conforme con esta doctrina la real órden citada de 12 de julio de 1839, cuyo art. 5.º graduando de judicial la cuestion sobre el resarcimiento de que tratamos, considera que no es conforme á los principios de derecho que se resuelva gubernativamente, y que no habia sobre qué recayera una aclaracion pedida al gobierno, acerca de la autoridad á quien competia hacer efectiva esta responsabilidad. Es pues á la autoridad judicial á quien corresponde conocer de este género de cuestiones. Así lo ha decidido tambien el consejo real en el caso siguiente.

Habiéndose ido á América á la edad de 15 años un hijo de Doña Josefa Balparda, vecina de Castro-Urdiales, con el correspondiente pasaporte, fué incluido en la quinta de 1844 y le tocó la suerte de soldado. Llamando para cubrir su plaza al número inmediato, presentó un sustituto en su lugar, é intentó despues ante el juez de primera instancia de Castro-Urdiales contra la Balparda una demanda para que esta le resarciese con los bienes de su hijo los perjuicios que el mismo le habia ocasionado. Pendiente el pleito, acudió la demandada á la diputacion provincial; y por último, provocó la competencia el jefe político de Santander. Como la responsabilidad que se exigia de la Balparda era de la misma naturaleza que la de los prófugos faccciosos á que se refieren los dos artículos citados de la real órden de 12 de julio de 1839, era evidente la obligación de indemnizar en la demandada, y la competencia de los tribunales ordinarios para conocer de esta cuestion. Por todo lo cual el consejo decidió el recurso á favor de la autoridad judicial. (Consulta de 29 de abril).

IV.

¿Qué autoridad debe conocer de las cuestiones que se susciten, entre la administracion y los particulares, con motivo de las obras perjudiciales al interés comun que estos ejecuten en las márgenes ó cauces de los rios ó acequias, no habiendo un tribunal especial que entienda en ellas?

Las cuestiones que se susciten sobre el curso, navegacion y flote de los rios y canales y obras hechas en sus cauces y márgenes, son de la competencia de los consejos provinciales, segun el parrafo 8.º, art. 8.º de la ley de 2 de abril de 1845. Nada dice, pues, este párrafo del caso en que las obras se construyan en las márgenes ó cauces de las acequias; pero sí fueren perjudiciales á algun interés colectivo de la industria ó del comercio, y no hubiere ningun tribunal especial que decida este género de cuestiones, deben considerarse comprendidas en el art. 9.º de la referida ley, segun el cual deben entender los consejos provinciales en todo lo contencioso de la administracion civil, cuyo conocimiento no sea privativo de un juzgado especial. Cuando por el contrario, las obras de esta clase no lastimaren sino un interés privado, la cuestion no puede ser administrativa y corresponde conocer de ella á la autoridad judicial. Este punto se ha decidido por las consultas siguientes:

Primer caso. El juez de primera instancia de Alberique dió lugar en 31 de enero y 22 de febrero de 1844 á dos interdictos restitutorios propuestos ante el mismo por el ayuntamiento de Albalat, suponiendo despojado al comun de regantes de esta villa de su derecho á las aguas de la acequia de la misma por efecto de obras hechas en sus márgenes y cauce en beneficio de un molino sito en ella, perteneciente á D. Santiago Herrero. Demolidas en su consecuencia dichas obras, puso éste demanda ordinaria, para que se declarase su derecho á ellas,

fundado en que lejos de haber traspasado al ejecutarlas los límites de la real autorizacion, señalados en la escritura que
exhibió otorgada á su favor por el baile del real patrimonio en
27 de marzo de 1830, era manifiesto que solo habia dado á la
corriente la menor parte del salto, que segun aquella le era permitido. Contestada la demanda por el ayuntamiento de Albalat,
y seguido el pleito hasta el estado de conclusion, el jefe político
de Valencia promovió la competencia. Como se vé por estos hechos, las obras ejecutadas por Herrero lastimaban un interés colectivo, el del comun de regantes de Albalat. Encargada la administracion de proteger los intereses colectivos de la agricultura y la industria, en el caso presente no podia desempeñar este
encargo si careciera de la facultad de examinar y decidir si las
obras indicadas causaron perjuicio al interés y derecho colectivos de dichos regantes, por no haberlas encerrado Herrero en
su ejecucion dentro de los límites prefijados en la autorizacion
real, ó bien si aunque respetára estos límites, perjudicaron sin
embargo al referido interés. Siendo administrativas estas cuestiones, y no habiendo un juzgado especial que las decida, están
comprendidas en lo dispuesto en el citado art. 9.° de la ley de
2 de abril, y debe conocer de ellas el consejo provincial. Así lo
declaró el consejo, decidiendo la competencia á favor de la administracion. (Consulta de 4 de junio).

Segundo caso. Principiada por Blas Peiró la construccion de
un molino en la acequia de Miramas, Piles y Palmera, denunció esta nueva obra ante el alcalde de Refalcofer en 10 de mayo
de 1839, el síndico de aquel pueblo, fundándose en el perjuicio que al regadío del mismo iba á causar la variacion que pro-
yectaba Peiró en el curso de las aguas de la acequia. Admitida
la denuncia y suspendida la obra, se opuso Peiró, y remitidos
los autos al juez de primera instancia de Pego para su continuacion, resultó de la prueba suministrada por las partes que en 1836
los ayuntamientos de Miramar, Piles y Palmera celebraron con
Blas Peiró un convenio escriturado, permitiendo á este en su
virtud la construccion del molino objeto del litigio. En estado
de alegar de bien probado, solicitó dicho Peiró, se le permitiese
bajo la correspondiente caucion, concluir la obra por haber
transcurrido ya tres meses desde la denuncia. Denegada por el
juez esta solicitud accedió á ella la audiencia. Separadamente los

tres insinuados ayuntamientos propusieron en el mismo juzgado un interdicto restitutorio contra Peiró, suponiéndose despojados por este del derecho en las aguas de la acequia por haber soca-vado el cauce de ella. Proveído por el juez y hecho saber á Pei-ró el reintegro, pidió este en 22 de marzo de 1841 y se man-dó la acumulacion de los autos á los de denuncia por la identi-dad de la cosa de que en unos y otros se trataba; y acumula-dos en consecuencia, dejó sin efecto el juez el auto de reintegro, autorizando á Peiró para continuar y concluir la obra bajo fian-za en cumplimiento de lo acordado ejecutoriamente por la sala. El ayuntamiento de Miramar interpuso entonces apelacion de esta providencia, y habiéndosele admitido y mandado remitir los autos al tribunal superior, citadas y emplazadas las partes, en vez de sostener ante el mismo su pretendido derecho, el apo-lante celebró una sesion, en la cual, presuponiendo que toma-ba en consideracion varias quejas de interesados en el riego, mo-tivadas por haber terraplenado el cauce en algunos puntos Blas Peiró y cortado el azagador, cometiendo además otros abusos, decretó una monda, para cuya ejecucion comisionó al alcalde. En 5 de diciembre de 1841 la dispuso este recomponiendo el azagador y cegando los conductos por donde Peiró recibia el agua para el movimiento de su molino: todo lo cual mereció la aprobacion del jefe político. Mandada por el juez y llevada á efecto la reposicion solicitada por Peiró de esta providencia, transcribió á aquel dicho ayuntamiento una comunicacion del insinuado jefe político, aprobando el acuerdo del mismo cuer-po, y previniendo á este que dispusiera la reparacion de la ace-quia, segun la habia dejado el alcalde antes de la reposicion mandada por el juez. Hecho así, á pesar de insistir este en que era suyo el conocimiento del negocio por ser contencioso y es-tar además la obra en cuestion fuera de la provincia del espre-sado jefe político, resultó entre ambos la competencia de que se trata, habiéndose remitido los autos y el espediente al su-premo tribunal de justicia en diciembre de 1842 y enero de 1843. Consultada por el mismo tribunal en 3 de octubre de 1844 su decision á favor del juez por no existir todavía tribunales admi-nistrativos, se remitieron en este estado el espediente y los autos al consejo real en 13 de marzo y 3 de abril de 1846, y este cuerpo fundándose en las mismas razones alegadas anteriormente, decidió la competencia en favor de la administracion. (Consulta de 31 de julio).

Tercer caso. D. Pedro Llinas, dueño de un molino situado en la ribera del rio Albarragena, denunció en 21 de agosto de 1846 como perjudicial al mismo ante el juez de primera instancia de Alburquerque la obra nueva que estaba haciendo Manuel Hurtado para construir otro molino en la misma ribera. Sabedor el jefe político de Badajoz del litigio á que dió lugar esta denuncia, promovió competencia, fundándose: 1.º en el artículo 9.º del decreto restablecido de las cortes de 8 de junio de 1813, que autoriza á todos los españoles y extranjeros avecindados para establecer libremente las fábricas ó artefactos que quieran sin pedir permiso á ninguna autoridad, sujetándose solo á las reglas de policía y salubridad: 2.º en la real órden de 22 de noviembre de 1836 que encarga á los jefes políticos cuiden de la observancia de las ordenanzas relativas á la distribucion de aguas para riegos, molinos y otros artefactos; y 3.º en el artículo 8.º, párrafo 8.º de la ley de 2 de abril de 1845 que atribuye á los consejos provinciales, cuando pasan á ser contenciosas las cuestiones relativas a las obras hechas en las márgenes y cauces de los rios y canales. Pero el consejo real decidió la competencia á favor de la administracion, teniendo en cuenta: 1.º que la denuncia de Llinas es una cuestion de interés privado: 2.º Que la libertad de industria declarada en el decreto de las cortes citado no autoriza á perjudicar el derecho ageno, y lo que en el caso presente trataba de averiguarse era si causaba ó no perjuicio al molino antiguo el molino nuevo: 3.º que no era tampoco aplicable la real órden de 1836, porque no habia habido en este caso infraccion de ordenanza que reclamára la intervencion del jefe político: 4.º que tampoco lo era el artículo citado de la ley de 2 de abril; porque aun suponiendo que fuese de navegacion ó de flote el rio de Albarragena la nueva obra denunciada por Llinas, ni era obra pública ni perjudicaba á un interés colectivo de la industria ó la agricultura, sino al suyo propio; por lo cual era visto no estar comprendida entre las que abraza dicha disposicion que no se estiende ni se puede estender á las que presentándose reducidas á la esfera de un interés privado, no existan directa ni indirectamente el de la administracion. (Consulta de 27 de octubre).

V.

¿A qué autoridad corresponde conocer de las cuestiones relativas al deslinde y amojonamiento de los bienes de propios?

Entre las atribuciones de los ayuntamientos no se cuenta la de deslindar y amojonar los bienes de propios, y por lo tanto si alguna de estas corporaciones ejecutára semejante operacion, cometería un abuso de facultades. Si de este abuso resultan perjudicados los derechos ó la propiedad de un tercero ¿quién debe conocer del litigio que se suscite con este motivo? Si los terrenos deslindados fuesen acaso montes, no hay duda en que corresponde el conocimiento contencioso al consejo provincial, porque segun el párrafo 7.°, capítulo 8.° de la ley de 2 de abril de 1845, deben conocer aquellos cuerpos cuando llegan á hacerse contenciosas las cuestiones relativas al deslinde y amojonamiento de los montes de los pueblos. Pero por lo mismo que este párrafo se refiere única y esclusivamente á los «montes de los pueblos» y que no hay otra ley que estienda á otros casos lo que se dispone en él, es claro que los consejos provinciales no son competentes cuando no se trate de deslinde de montes sino del de otras fincas de los pueblos. Siendo esto así, correrponde conocer de estos negocios á la autoridad judicial.

Otra consecuencia se deduce tambien de las leyes citadas: á saber. El ayuntamiento que se entromete á deslindar y amojonar las fincas de propios con perjuicio de tercero, no obra siquiera en el ejercicio de sus atribuciones, porque ni siquiera se puede decir que hace mal uso de alguna de sus facultades, y sí que ejecuta actos que no son absolutamente de su competencia: de lo cual se deduce que sus resoluciones en esta parte no gozan del favor que dispensan las leyes á las providencias administrativas ni están comprendidas en la real órden de 8 de mayo de 1839, que prohibe á los jueces admitir interdictos contra los actos que ejecutan los ayuntamientos y diputaciones provinciales en el desempeño de sus atribuciones. Por lo tanto la autoridad judicial no solamente puede conocer por la via ordinaria sino tambien por la de interdicto, de las cuestiones relativas al deslinde y amojonamiento de los bienes de propios que no sean:

montes. Asi lo ha declarado el consejo real en una competencia
entablada entre el jefe político de Guipuzcoa y el juez de primera instancia de Azpetia en la cuestion siguiente.

Pertenecen á los propios de la villa de Segura por título de
compra desde 1810, segun la espresion literal de la escritura de
venta, toda la piedra de la torre de Aizpiliage, la peña de piedra alta de Aizpiliage y las tierras «donde estaban, segun estaban
amojonadas.» Habiendo desaparecido estos mojones en la última
guerra civil, dispuso el ayuntamiento que se restableciesen como
se verificó en 20 de abril de 1846, prévia citacion del administrador de la casería de Aizcosta propia del conde de Salvatierra,
contigua al monte de Aizpiliage. Reclamado este acto por dicho
administrador como despojo de su principal, admitió el juez el
interdicto motivando así la competencia. El consejo real considerando que las fincas deslindadas por el ayuntamiento no eran
montes y que no podia considerarse como administrativa, decidió el recurso á favor de la autoridad judicial. (Consulta de 14
de julio.)

VI.

*¿Deben considerarse como cuestiones de policía rural y sujetas
por consiguiente al conocimiento gubernativo de los alcaldes
las denuncias de daños hechos por ganados en terrenos sobre
los cuales alegue tener derecho de pastar el dueño de los
ganados?*

Corresponde á los alcaldes cuidar bajo la vigilancia de la
administracion superior de todo lo relativo á la policía rural
aplicando gubernativamente las penas señaladas en las leyes y
reglamentos de policía y en las ordenanzas municipales (párrafo 5.° del artículo 74 y artículo 75 de la ley de 8 de enero de
1845). Las denuncias de daños causados por los ganados en los
campos pueden ser ó no de policía rural con arreglo á estos artículos, segun que se ponga ó no en duda el derecho de pastar
en los terrenos en cuestion que alegue tener el dueño de los
mismos ganados. En el primer caso se ventila un derecho real,
como el de propiedad ó de servidumbre, y por consiguiente corresponde conocer de la cuestion á los tribunales ordinarios. Pero

cuando no se disputa sobre el derecho de pastar que alega en
su favor el dueño de los ganados y sí sobre los daños que se
suponen causados por la manera de ejercer este derecho, la cuestion es de mera policía rural, y corresponde conocer de ella á
los alcaldes gubernativamente. Hé aquí un caso que confirma
esta doctrina.

En 1834 se celebró un convenio entre las villas de la Puebla
de D. Fadrique y Villacañas sobre aprovechamiento de pastos,
cediendo la primera á la segunda, para este solo efecto, tierras
contiguas al término de la misma y reservando para sí en adelante los pastos de las interiores. A este convenio dió lugar una
especie de comunidad establecida por asociaciones de propietarios de ambas villas que en union con los ayuntamientos respectivos habian arrendado hasta allí anualmente los pastos de
las rastrojeras particulares y de propios, distribuyendo despues
entre los dueños el producto á prorata. Desavenencias ocurridas
entre dichas villas ocasionaron en 1846 una modificacion en el
insinuado convenio, por lo cual Villacañas arrendó en junio del
mismo año los pastos de las tierras comprendidas dentro de la
línea que habia servido de límite en los años anteriores, y la
Puebla de D. Fadrique los de las tierras de la pertenencia de
sus vecinos, sitas ora en su término, ora en el de Villacañas.
En 22 del siguiente julio fueron denunciados los ganados lanares
de D. Rafael Sanchez Carpintero y José Aguado, vecinos de Quin-
tanar de la Orden y de la Puebla de D. Fadrique por los guardas jurados de Villacañas ante el teniente de alcalde de la misma, por haber entrado á pastar en tierras propias de los vecinos
de esta última villa. Pasadas las diligencias al juez de primera
instancia de Lillo, siguió adelante la causa; pero noticioso de
ella el jefe político de Toledo, entabló competencia. Como la denuncia no puso en duda los efectos del convenio celebrado entre
Villacañas y la Puebla de D. Fadrique segun su última modificacion, sino que tuvo por único objeto la reparacion del daño
causado y la represion de sus autores, el consejo real consideró la cuestion como de policía rural, y decidió el recurso á favor de la administracion. (Consulta de 25 de agosto.)

VII.

¿Procede el interdicto restitutorio contra los particulares que
hacen uso del derecho condicional que les atribuye una pro-
videncia administrativa cuando no se ha cumplido la con-
dicion con que aquel se concedió?

Sabido es que la demanda de despojo no procede por regla general contra las providencias administrativas: de manera,
que si por una de estas se concede un derecho cualquiera á un
particular, no se da contra el dicho recurso. Pero no sucede
lo mismo cuando la providencia es condicional y la persona fa-
vorecida por ella usa del derecho hipotético que se le confiere
sin haberse cumplido la condicion, porque el interdicto en este
caso no se dirije contra la misma providencia, sino contra el abuso que se hace de ella, haciéndola efectiva sin cumplirse la condicion bajo la cual se dió. El objeto de la real órden de 1839 es
solo impedir, como lo requiere la independencia de la administracion, que sus decisiones en las cosas de su atribucion no se re-
voquen por los tribunales en juicio sumarísimo, á lo cual no se
opone de manera alguna el que los jueces ordinarios impidan se
lleven á efecto las providencias administrativas, dadas condicio-
nalmente cuando no se ha cumplido la condicion. Por consiguiente lo dispuesto en dicha real órden no es aplicable al caso
de que se trata.

Asi es que el ayuntamiento de Sanct y Negrals concedió á
D. José Oliver, bajo ciertas condiciones, el aprovechamiento de
las aguas del rio Girona para el movimiento de un molino de su
pertenencia. Habiendo procedido el concesionario á ejecutar las
obras que creyó convenientes, el marqués de Vallehermoso, poseedor de otro molino situado en la parte superior, suponiendo
que por efecto de dichas obras iba á quedar este sin agua, acudió mediante interdicto al juez de primera instancia de Denia,
suscitándose en seguida la competencia con el jefe político de
Alicante. Y el consejo real considerando que la concesion del referido ayuntamiento envolvia por su naturaleza la condicion de
sin perjuicio de tercero, la cual no parecia cumplida, y que el
interés que ofrecia este negocio era puramente privado, y que

por consiguiente no podia exigirse á su favor la proteccion administrativa, reservada por punto general para los intereses comunes, decidió la competencia á favor de la autoridad judicial, (Consulta de 25 de agosto.)

VIII.

¿Son nulas las actuaciones de competencia cuando el juez no da conocimiento de ellas al promotor fiscal en los términos que dispone la ley?

Los fiscales y promotores fiscales son los defensores natos de la real jurisdiccion ordinaria con arreglo al artículo 101 del reglamento provisional para la administracion de justicia de 26 de setiembre de 1835. En consecuencia de esto, dispuso el artículo 2.º del real decreto de 6 de junio de 1844, que los jueces de primera instancia diesen vista á las partes interesadas y al respectivo promotor fiscal, por término de tres dias, de la comunicacion en que un jefe político reclame el conocimiento de alguno de los negocios en que estén entendiendo. Esto mismo lo ha confirmado el artículo 8.º del decreto de 4 de junio de 1847, disponiendo que se haga igual comunicacion, primero al ministerio fiscal y despues á cada una de las partes. La infraccion de este precepto terminante, no puede menos de anular todas las actuaciones posteriores, porque de otro modo sería ineficaz la ley; y así es que cuando se eleva al consejo una competencia en que se ha cometido esta falta, declara aquel cuerpo no haber lugar á decidirla. Esto ha sucedido en la suscitada entre el jefe político, la diputacion provincial de Alava y el juez de primera instancia de Orduña.

Condenado ejecutoriamente el ayuntamiento de Arciniega al pago de 2,673 reales á favor de D. Dionisio de Rivacoba, pidió este al referido juez que abriese para su exaccion el correspondiente procedimiento de apremio. Habiendo accedido el juez á esta peticion, y practicadas ya varias diligencias, dió el ayuntamiento noticia de ello al jefe político y á la diputacion provincial, y ambos propusieron separadamente la inhibicion al juez, el cual sin oir al procurador y si solo al interesado, insistió en el conocimiento realizando como improcedente la respectiva in-

timacion de ambas autoridades, y alegando que la diputacion no
estaba autorizada para mezclarse en esta clase de negocios. Esta
corporacion insistió sin embargo en su propósito, llevándolo
hasta el último estremo, fundada en el carácter escepcional que
en su concepto le daban los fueros de aquella provincia, haciendo notar igualmente al juez que habia incurrido en la falta de no
dar audiencia al promotor fiscal. El jefe político insistió tambien
en su reclamacion, resultando de aquí la competencia. El consejo
real teniendo en cuenta las razones que hemos alegado y considerando que además de ellas, anularía de todo punto las actuaciones de competencia la parte activa que habia tomado en ellas
la diputacion, infringiendo las leyes que conceden este derecho
privativamente al jefe político, declaró como hemos dicho no
haber lugar á decidir el recurso. (Consulta de 18 de agosto.)

IX.

*¿Pueden los alcaldes mandar á algun vecino que mude su do-
micilio por motivos de decencia pública? Haciéndolo indebidamente, ¿á quién corresponde reformar su providencia?*

Todo lo que concierne al órden público es objeto de la autoridad suprema del gobierno segun el art. 43 de la Constitucion. Encargada la administracion de la policía de órden con arreglo á este artículo, debe tener á su cuidado entre otros objetos
la moral y la decencia pública, pudiendo adoptar en su caso
gubernativamente las providencias que requiera el buen desempeño de este importante encargo, porque de otro modo sería
ilusorio. Si por acaso las autoridades administrativas inferiores
se escedieren en el uso de esta atribucion, toca á las superiores
inmediatas el reformar sus providencias haciendo efectiva la responsabilidad en que aquellas incurren si no fuere tan grave que
exija la formacion de causa. El hacer mudar de casa á un vecino escandaloso puede ser una medida conveniente á la decencia
pública y que entre en las atribuciones de la administracion encargada de vigilar por el órden público. Puede ser tambien esta
medida una indisculpable arbitrariedad segun las circunstancias,
y entonces toca reformarla á la autoridad superior á aquella que
la hubiere dictado. Y por último, tales circunstancias pueden

concurrir con esta providencia que constituyan un delito, en cuyo solo caso, como la administracion no tiene jurisdiccion criminal, deben los tribunales, prévia la autorizacion competente, conocer del asunto.

Esta doctrina ha sido establecida por el consejo real en su consulta, sobre la competencia suscitada entre el jefe político y uno de los jueces de primera instancia de Sevilla, con motivo de la cuestion siguiente. Habiendo mandado el teniente de alcalde tercero de dicha ciudad á un vecino casado de la misma que trasladase su habitacion á otro cuartel, presentó un escrito este interesado á dicho juez en solicitud de que reclamando los antecedentes le oyese en justicia. Acogida esta peticion y dirigido en consecuencia el oportuno oficio al teniente de alcalde, manifestó este que la providencia que habia motivado la reclamacion á que dicho interesado se refería, habia sido dictada en vista de un espediente gubernativo de que no creia deberse desprender y del cual resultaba haber causado la consorte del reclamante repetidos escándalos. Por esta contestacion y las aclaraciones que pidió al mismo teniente de alcalde y al jefe político, mandó el juez recurriese ante esta autoridad el reclamante. Pero revocado en apelacion este auto exigió aquel de nuevo al teniente de alcalde las diligencias. Remitidas en efecto, y habiendo practicado ademas el juez las que estimó oportunas, declaró nula en 3 de junio de 1846 la providencia de traslacion dada por el teniente de alcalde, reintegrando al interesado en el uso de la habitacion que ocupaba y condenando á aquel en las costas del procedimiento. En este estado provocó el jefe político la competencia, y el consejo real teniendo en cuenta las razones que dejamos espuestas y que por consiguiente la providencia inhibitoria del juez habia sido acertada, no siéndolo la superior que le revocó, decidió el recurso á favor de la administracion. (Consulta de 18 de agosto).

X.

¿ Pueden en algun caso los jueces suscitar competencias á la administracion? ¿Pueden promoverlas en algun caso los intendentes á la autoridad judicial?

Queriendo regularizar las competencias de esta especie, el decreto de 6 de junio de 1844 contrajo todas sus disposiciones al caso único de estar conociendo un juez de un negocio administrativo y reclamarlo el jefe político. En consecuencia de esto el consejo real estableció en varias de sus consultas la doctrina de que no procedia en concepto alguno las competencias con la administracion que no fueran provocadas por los jefes políticos, en razon de estar conociendo la autoridad judicial de algun asunto que no le corresponde. Ultimamente ha sido confirmada esta regla por el decreto de 4 de junio de 1847: por lo tanto en ningun caso pueden los jueces suscitar competencias á la administracion.

Hé aquí dos hechos que corroboran este principio.

1.º Despachada ejecucion por el juez de primera instancia de San Clemente á instancia del ayuntamiento de Villanueva de la Jara contra los bienes de Vicente Turégano, como fiador de D. José Antonio Bañegil por la cantidad de 5,809 rs. que este debia á los propios del espresado pueblo, espidió al mismo tiempo el jefe político de Cuenca, para realizar el cobro de esta deuda, una comision de apremio contra el deudor principal. Sabedor de ello el juez provocó en 1.º de mayo de 1847 la competencia, y el consejo real, aunque no era aplicable á este caso el real decreto de 4 de junio del mismo año por ser de fecha posterior al litigio, teniendo en cuenta los precedentes que hemos recordado y el espíritu del decreto de 4 de junio de 1844, decidió no haber lugar á decidir el recurso. (Consulta de 18 de agosto).

2.º Vendida en 13 de febrero de 1840 á Jaime Mestres una heredad perteneciente á bienes nacionales, tomó posesion de ella, y observando que dentro de los límites designados en la escritura habia porciones de terrenos cultivados como propias por varias personas, elevó al intendente la reclamacion oportuna. Instruido espediente y dictadas en él varias providencias gubernativas, provocó el juez de primera instancia de Balaguer, á instancia de dichos cultivadores, una competencia que se siguió por los trámites establecidos en el decreto citado de 1844. En este caso habia la particularidad de que la cuestion mediaba entre el juez y el intendente, sin que para nada hubiera intervenido el jefe político. ¿Quién de los dos debia entablar la competencia? El consejo real decidió á favor del intendente, por considerar que esta autoridad se asimila á la del jefe político en las competencias relativas á los negocios de su cargo, y declaró en su consecuencia que la de que se trata estaba mal formada y no debia decidirse. (Consulta de 17 de noviembre).

XI.

¿Qué autoridad debe conocer de las cuestiones que se suscitan sobre el modo de cobrar los arbitrios municipales?

Corresponde á los ayuntamientos segun el párrafo 7.°, artículo 81 de la ley de 8 de enero de 1845, fijar el modo de recaudar los arbitrios municipales con aprobacion del jefe político ó del gobierno en su caso. Si alguna de dichas corporaciones hace mal uso de este derecho, bien sea por no pedir á la autoridad superior la aprobacion que exije la ley, ó bien por autorizar ó dar ocasion al abuso de los recaudadores, el litigio que sobre esto se siga no puede menos de ser administrativo.

En 30 de abril de 1846 el procurador fiscal de la asociacion general de ganaderos del reino, espuso ante el juez de primera instancia de Talavera de la Reina que el ayuntamiento del mismo pueblo arrienda anualmente el derecho llamado oveja del verde y paso del puente, reducido á exigir de cada ganadero al paso de los ganados para invernar en Estremadura, una cabeza, no llegando á 1,500 las de su particular trashumacion, y 12 rs. por cada 100 si no llegan aquellas á 500: que el que tenia este arriendo á la sazon, alterando la costumbre antigua de cobrar este derecho una sola vez al bajar los ganados á Estremadura, lo exigia de nuevo á la subida, sin embargo de exigírseles los recibos del pago hecho á la bajada. Y fundado en esto pidió se obligase al arrendatario á devolver las cabezas y cantidades indebidamente percibidas y á respetar en la exaccion la antigua costumbre. Prévia la correspondiente informacion dictó el juez un auto condenando al arrendatario á la devolucion de lo que hubiese percibido á la subida de los ganados que hubiesen pagado el derecho á la bajada, previniéndole que si tenia justa razon para no verificarlo la espusiese en el término de tercero dia. Al mismo tiempo que se hizo esta reclamacion elevó otra igual el presidente de la asociacion de ganaderos al jefe político de Toledo, y pedido informe por este al ayuntamiento de Talavera, resultó que los arbitrios en cuestion, agregados al fondo de propios para cubrir el presupuesto municipal, se arrendaban antes por años económicos de setiembre á setiembre, en los que se comprendia la trashumacion completa de los ganados de ida y vuelta á los estremos, facilitándose por el ayuntamiento al arrendatario el oportuno rendimiento para que realizasen la cobranza del impuesto una sola vez en el año, debiéndolo verificar á la bajada de los ganados que pasaban por Talavera y pueblos donde habia recaudadores, y á la subida de aquellos ganados solamente que no lo hubiesen satisfecho á la bajada: que á este método se habia sustituido desde algunos años antes el de hacer el arriendo de enero á diciembre sin oposicion de la asociacion de ganaderos y con aprobacion del jefe político, y que la costumbre de exigir el derecho á la bajada no traia su orígen de la concordia celebrada en 1517 sino del interés de los arrendatarios, no pudiendo haber sido otra tampoco la razon de la novedad introducida en esto por el actual sino ese mismo interés que habia variado con el método de la subasta, sin que hubiese tenido parte alguna en ello el ayuntamiento. En vista de este informe y de la citada concordia, dió el jefe político la providencia que le pareció justa; pero enterado el arrendatario pidió al juez que se inhibiese, habiendo resultado la competencia de la denegacion de esta solicitud. El consejo real considerando que la cuestion no versaba sobre infraccion de la concordia de 1517, y sí sobre el modo de recaudar un arbitrio, decidió el recurso á favor de la administracion. (Consulta de 31 de julio).

ESTUDIOS

SOBRE LOS ORÍGENES

DEL DERECHO ESPAÑOL.

Artículo 6.°

ABOLICION DEL DERECHO ROMANO.—UNIDAD DE LA LEGISLACION.—COLECCION DE LEYES DE CHINDASVINDO.—CONCILIO VII DE TOLEDO.

Hemos dicho en los anteriores artículos, que España se rigió desde la conquista por dos derechos distintos, el gótico que recopiló y escribió Eurico aumentado despues con las leyes de sus sucesores, y el romano que Alarico mandó abreviar y esponer en el código que llevó su nombre. Pero con la conversion de Recaredo al catolicismo nació un nuevo derecho comun, obligatorio á los dos pueblos que habitaban la Península, y que no hacía diferencia entre conquistados y conquistadores. Este derecho que podríamos llamar cristiano, tenia su fuente en los concilios, esto es, en un legislador cuya competencia reconocian y acataban todos, y cuya autoridad pesaba igualmente sobre los vencedores que sobre los vencidos. Así es, que la conversion de Recaredo estableciendo la comunidad de creencias, produjo primero un lazo de union entre los dos grandes pueblos que ha-

~~bitaban en la Península, y esta necesidad de tí~~ legislacion tambien comun, creó otro nuevo vínculo entre las dos naciones. Si los que han deplorado la influencia de la Iglesia sobre aquella monarquía se hubieran detenido un momento á considerar estos resultados, no habrían sido quizá tan severos en sus juicios. El gran pensamiento de la monarquía goda era fundir en una, si así puede decirse, las dos razas enemigas, y para lograrlo no habia mas medio que mancomunarlas en sus creencias religiosas, en sus intereses y en sus derechos civiles y políticos, haciendo que godos y españoles fuesen iguales ante la ley de Dios, ante la ley civil y ante la monarquía. La Iglesia era la única potestad que podia establecer la igualdad apetecida. Haciéndonos católicos nos declaró iguales ante Dios: dándonos úna legislacion, en su nombre y en el del príncipe, obligatoria para todos los cristianos, nos hizo iguales ante la ley: y haciéndonos partícipes de sus altos empleos y dignidades sin distincion de origen y fortuna, y participando ella á su vez del gobierno, concedió á la raza vencida un influjo en los negocios públicos, que equivalia á los mas ámplios derechos políticos.

Es preciso examinar el mecanismo de aquella monarquía para apreciar debidamente el servicio inmenso que prestó la Iglesia sobre todo á los españoles. Aunque los godos nos dejaron una parte de las tierras, nos conservaron nuestras leyes y respetaron nuestra libertad, ninguna participacion nos dieron en su gobierno; nos consideraron como casta inferior á la suya, indigna de mezclarse con ella, y como pueblo al fin conquistado. La aristocracia, los funcionarios públicos, los jueces y cuantos tenian alguna influencia en la gobernacion del país, eran de raza goda. Ni en los consejos del monarca, ni en las asambleas de la nacion intervenian para nada los españoles. Los godos tenian exclusivamente el derecho de mandar; sobre los españoles pesaba con desconsoladora dureza la obligacion de obedecer. Pero desde que los godos se hicieron católicos varió la suerte de la raza indígena. Entonces se dividió el derecho de gobernar entre el rey, la Iglesia y la aristocracia, y como aunque el rey y los grandes eran godos, los obispos y el clero eran en su mayor parte españoles, ambos pueblos vinieron á participar del gobierno. La Iglesia se hizo con el tiempo la mas influyente de las tres potestades; además los cargos de ella que daban influencia po-

tica eran accesibles á toda el mundo, á diferencia de la corona
y de la aristocracia, que aun entre los godos no estaban al alcance sino de muy pocas personas; de modo que con el tiempo,
los españoles no solamente fueron iguales ante la monarquía, sino superiores á los godos, y esta mejora notable en su condicion política, no la debieron sino á la Iglesia.

Mas á este resultado no se llegó en un dia: comenzó á pre-
pararlo la conversion de los godos al catolicismo; y siguió
madurándolo el nuevo derecho comun inaugurado en el concilio III de Toledo. Esta legislacion era ya bastante copiosa en
tiempo del rey Chindasvindo, segun puede verse por la ligera
exposicion que llevamos hecha de ella. Constituíanla muchos cánones y decretales sobre materias profanas que habian sido admitidos en España, puesto que formaban parte del código canónico á la sazon vigente, y todos los decretos de los cuatro últimos concilios toledanos de que hemos hecho mencion. Estas leyes bastaban para componer un código bastante completo, sobre todo en materia penal: favorecidas con la doble sancion de
la Iglesia y del Estado, nada les faltaba para que tuviesen toda
la eficacia de que es susceptible el derecho en un pueblo religioso. Las temia el hombre, porque su infraccion se castigaba
siempre con una pena temporal, ora fuese la señalada expresamente en muchos cánones, ora la general pecuniaria establecida
por Recaredo en el concilio IV de Toledo; y las respetaba el
cristiano, porque además de traer orígen de la autoridad mas
santa y acatada que conocia la Iglesia, se castigaba su infraccion
con duros anatemas.

Entre tanto, ni las leyes romanas ni las godas disfrutaban la
misma autoridad. Unas y otras se apoyaban en las tradiciones
del pueblo para el cual habian sido hechas, pero estas tradiciones debian haber perdido mucha influencia con la variacion de
las costumbres, de la manera de vivir, y de toda civilizacion.
Las leyes godas sobre todo dirigidas á un pueblo arriano y se-
mibárbaro, eran menos adecuadas aun que las romanas para
este mismo pueblo hecho ya católico y á medio civilizar.

Por otra parte, la coexistencia de los tres derechos, el romano,
el godo y el cristiano, debian producir frecuentes dudas en los
tribunales, disputas entre los hombres y confusion en la sociedad. Necesitábase, por lo tanto, una reforma considerable en la

legislación que fijase la autoridad, que la simplificase y que hiciese posible su aplicacion á los casos cada dia mas frecuentes, en que se reclamaba la intervencion de los magistrados. Chindasvindo comprendió sin duda esta necesidad, y viéndose dueño de toda la Península, sin guerras que temer y sin enemigos que combatir, creyó oportuna la ocasion de remediarla. Con este objeto hizo una nueva recopilacion de leyes ó código, aboliendo el derecho romano y estableciendo por primera vez en España la unidad legislativa.

La historia no nos ha dejado documentos suficientes para juzgar con toda certidumbre de la obra de Chindasvindo ; pero dos de sus leyes que se conservan en el Fuero-juzgo prueban que aquel príncipe hizo un nuevo código con su correspondiente division de leyes y capítulos, el cual sustituyó al derecho romano que estaba en observancia. *Alienæ gentis legibus*, dice la ley 8, tít. 1, lib. 2.ª del Fuero-juzgo, *ad exercitium utilitatis imbui et permitimus et optamus: ad negotiorum vero discussionem et resultamus et prohibemus. Quamvis enim elogiis polleant, tamen difficultatibus hærent: adeo cum sufficiat ad justitiæ plenitudinem et perscrutatio rationum et competentium ordo verborum*, QUAE CODICIS HUJUS SERIES *agnoscitur continere*, NOLUMUS SIVE ROMANIS LEGIBUS *seu alienis institutionibus amode amplius convexari.* No puede decirse de una manera mas terminante que esta ley hacia parte de un código en el cual se disponia todo lo necesario para juzgar los pleitos, y que la aplicacion del derecho romano ofrecia á cada paso dificultades que el legislador se proponia remover.

Esto es evidente, pero no lo es tanto que fuese Chindasvindo el autor de la citada ley y el del código á que ella se refiere. La Academia española habiendo examinado una multitud de códices antiguos, ha opinado que dicha ley pertenece á Chindasvindo, y se la atribuye en su edicion del Fuero-juzgo, á pesar de que tres de los dichos códices y muchos de la edicion castellana del mismo Fuero la suponen de Recesvinto, y alguno no le dá autor. Respetamos en esta parte el juicio de la Academia por creerlo fundado en buenas reglas de crítica y porque hay ademas otra razon para presumir que no debe ser de Recesvinto dicha ley. Este príncipe hizo otra sobre el mismo asunto, condenando con la multa de 30 libras de oro al que alegase las leyes romanas en los tribunales (1), lo cual dá á entender que ya anteriormente existia la misma prohibicion, pero que habiendo algunos que la infringian se hizo necesario sancionarla con penas. Lo cierto es que se conservan dos leyes prohibiendo el uso del derecho romano, una sencilla que alega las razones de la prohibicion, y otra que sin dar razon ninguna amenaza con una pena muy grave á los infractores. ¿Cuál de las dos es mas antigua? Evidentemente la primera, porque si lo fuese la segunda algo habria dicho del castigo determinado en la anterior. Pero aunque la primera sea la mas antigua todavía era posible que ambas fuesen de un mismo soberano, es decir, de Recesvinto. Esta reflexion nos dejaría en la misma duda si á la circunstancia de ser mas antigua la ley que hemos copiado no se agregase la de que la mayor parte de los códices latinos la atribuyen á Chindasvindo: luego mas razones hay para decidirse por lo que dicen estos códices, que por lo que se lee en dos ó tres en contrario; y en la necesidad de escoger entre dos opiniones la mas probable, no dudamos en declarar que lo es la de la Academia española.

Siendo esto así, es incontrovertible que en tiempo de Chindasvindo existia ya un código completo de leyes que obligaba así á los godos como á los españoles, pero no lo es tanto aunque sí muy probable que aquel soberano fuese el compilador de este código. Así lo cree el señor Lardizabal, pero sin decir las razones en que puede fundarse esta opinion. Cien leyes han llegado hasta nosotros de aquel príncipe relativas á casi todas las materias propias de un código universal. En ellas se trata estensamente de los juicios, personas que intervienen en ellos, obligaciones de los jueces, trámites de los pleitos, pruebas y sentencias (2): de los contratos, pactos, testamentos y sucesiones hereditarias (3): del matrimonio, divorcio, dote, arras y donacio-

(1) L. 9, tít. 1, lib. II. For. jud.

(2) Leyes 10, 16, 17, 18, 20, 22, 23 y 24, tít. 1, lib. II. Leyes 2, 4, 6, 7, 8 y 10, tít. 2, id. Leyes 4, 9 y 10, tít. 2, id. Leyes 1, 3, 4, 5, 6, 7, 8, 12, 13 y 15, tít. 4, id. L. 17, tít. 5, id., y ley 12, tít. 7, lib. V. L. 4, tít. 1, lib. X.

(3) Leyes 4, 7, 12, 13 y 14, tít. 15, tít. 5, lib. II. Leyes 9, 18, 19 y 20, tít. 2, lib. IV. Leyes 1, 2, 3 y 4, tít. 4, lib. V. L. 5, tít. 2, id. Leyes 12 y 19, tít. 4, id. L. 5, tít. 6, id. For. jud.

nes esponsalicias (1): de los siervos y libertos (2): de los menores (3): de los delitos contra las buenas costumbres, contra las personas, la propiedad y el Estado (4): de las acusaciones y trámites para perseguir los delitos y de otros asuntos anejos á los anteriores (5). Ahora bien, si Chindasvindo hizo todas estas leyes, es claro que contribuyó de una manera muy principal á la formacion del código de que hacian parte. En la ley sobre la abolicion del derecho romano que hemos citado, se refiere el legislador á un código en que la misma ley iba inserta; en este código debieron comprenderse tambien las cien leyes que se conservan de aquel príncipe, porque no es de creer que se derogase la ley romana antes de perfeccionar la legislacion que habia de sustituirla: luego Chindasvindo fué el compilador del código que existia en su tiempo y autor de una parte muy considerable de sus leyes. Que reformó toda la legislacion es indudable, pues que hizo leyes sobre casi todas las materias que son objeto de un código: luego el que cita en su ley sobre la derogacion del derecho romano debió ser el suyo.

No puede dudarse tampoco de que las leyes de Chindasvindo hicieran parte del código á que él mismo alude en el lugar citado. Otra ley suya que trata de los que daban tormento á un inocente, se refiere en cuanto á la pena á la contenida en el libro 6.º, título 1.º, capítulo 2.º (6), y efectivamente la ley 2.ª del mismo título y libro en el Fuero-juzgo que es de Chindasvindo, trata

(1) Leyes 4, 6 y 10, tít. 2, lib. III. Leyes 4 y 7, tít. 2, id. L. 2, tít. 6, id. L. 3, tít. 5, lib. V. For. jud.

(2) L. 19, tít. 4, lib. V. Leyes 6, 14 y 15, tít. 7, lib. V. Leyes 16, 17 y 18, tít. 1, lib. IX. L. 17, tít. 1, lib. X. For. jud.

(3) Leyes 1 y 2, tít. 3, lib. IV. For. jud.

(4) Leyes 8, 9 y 10, tít. 3, lib. III. Leyes 1, 3, 5 y 7, tít. 3, id. Leyes 1, 2, 3 y 4, tít. 2, lib. VI. L. 7, tít. 3, id. Leyes 3, 5 y 6, tít. 4, id. Leyes 2, 12 y 17, tít. 5, id. L. 13, tít. 2, lib. VII. Leyes 2 y 7, tít. 5, id. L. 3, tít. 6, lib. VII. Leyes 4 y 5, tít. 2, lib. VIII. L. 6, tít. 1, lib. IX. For. jud.

(5) Leyes 5 y 6, tít. 2, lib. VI. L. 7, tít. 3, lib. III. Leyes 14, 15 y 16, tít. 5, lib. VI. L. 6, tít. 6, id. Leyes 3, 4 y 6, tít. 1, lib. VII. L. 16 y tít. 5, id. L. 3, tít. 1, lib. II. L. 2, tít. 2, lib. III. L. 3, tít. 4, lib. III. L. 1, tít. 1, lib. XII.

(6) Et si fortis de manu ciem fecerie tormentos eligit, sciat se iuxta mandator censura illius legis noxium retineri, quæ continetur in libro sexto, titulo primo, capitulo secundo ubi præcipitur, etc.

de las penas en que incurren los que mandan dar tormento sin sujetarse á lo dispuesto en las leyes. Prueba incontestable de qué todas las de Chindasvindo formaban un cuerpo de derecho.

Concluido ya el asunto de que trataban las leyes de Chindasvindo, veamos si podemos formar una idea si no exacta por lo menos aproximada de la naturaleza, origen y tendencia de su código. Ningun escritor nos ha dejado noticia de él, lo cual no es estraño atendida la escasez de documentos de la época de que tratamos; pero por fortuna nos quedan las leyes á que hemos aludido y sus testos han de proporcionarnos materia para entrar con algun acierto en esta importantísima investigacion.

Sabemos que Chindasvindo fué el primero que abolió en España el Breviario Afariciano: estamos seguros igualmente de qué publicó una multitud de leyes nuevas sobre casi todas las materias que son objeto de un código. ¿Serían estas las únicas que formaban el suyo? No puede ser de ningun modo por varias razones. Primeramente porque no es posible que Chindasvindo se atreviese á derogar de una plumada toda la antigua legislacion, fundando otra enteramente nueva reducida á cien leyes. Esto no lo ha hecho nunca ningun legislador, y el de que tratamos no pudo tener razon ninguna para obrar de esta manera. En segundo lugar, si se leen con atencion las leyes de Chindasvindo, se verá que la mayor parte de ellas suponen otras ya establecidas á las cuales sirven de complemento. Muchos ejemplos podriamos citar, pero para demostrar nuestra asercion bastan los siguientes: Cinco leyes se conservan de Chindasvindo contra el homicidio, que es, como se sabe, uno de los delitos que mas han utilizado todos los legisladores. La primera de estas leyes pone por condicion para qué el homicida involuntario se exima de toda pena, la de probar ante el juez que no era enemigo del muerto. Infiérese de aquí que debia haber alguna ley que castigara al homicida voluntario, y que al involuntario lo declarara exento de toda pena. Sin embargo, ninguna disposicion encontramos de Chindasvindo sobre este caso, y sí una ley llamada antigua, que lo resuelve plenamente declarando acto punible el homicidio voluntario, y libre de toda pena el sucedido por casualidad. ¿Qué inferiremos de aquí? Que esta ley hizo parte del código de Chindasvindo que existia desde la antigüedad,

porque el homicidio lo castigan todas las legislaciones, y es tal
vez la misma que con la nota de antigua se conserva en el Fuero-
juzgo. Por otra parte el corte, la brevedad y demas circunstancias de esta ley están anunciando una antigüedad remotísima.
Las leyes del tiempo de Chindasvindo y de sus sucesores se distinguen en su mayor parte por estar precedidas de una esposicion de motivos, por la prevision con que señalan los diferentes casos que pueden ocurrir sobre el asunto de que tratan, por
la minuciosidad con que determinan las circunstancias que pueden agravar ó modificar el delito, y por la precision con que
establecen las penas. Todos estos requisitos le faltan á la ley en
cuestion. *Omnis homo*, dice, *si voluntate, non casu, occiderit
hominem, pro homicidio puniatur* (1). Todos los códices latinos
del Fuero-juzgo señalan esta ley con la nota de antigua, escepto uno que no le dá nota ni autor.

Otra ley de Chindasvindo sobre esta misma materia, establece la pena en que incurre el señor que mata á su siervo, el
que aconseja matar y el que mata por consejo de otro á hombre
libre (2). Todo esto supone otra ley que castigue al que mata por
su voluntad sin intervencion de consejo ageno, es decir, la ley
antes citada, *omnis homo*. Ningun legislador del mundo ha pensado antes en castigar al cómplice que al delincuente.

Las otras tres leyes de Chindasvindo sobre el asunto en cuestion, tratan de las personas que pueden acusar de homicidio,
estendiendo este derecho en ciertos casos á los estraños: de las
condiciones y circunstancias con que se concede el derecho de
asilo á los homicidas, y de la pena del parricidio (3). De aquí se
infiere la existencia de otras leyes que dieran únicamente el derecho de acusar á las personas que se consideraban ofendidas
por el delito, de lo cual no era mas que una escepcion la que
estendia este derecho á los estraños respecto al homicidio: que
establecieran con toda amplitud el derecho de asilo para todos
los delincuentes, de cuyo derecho era tambien una modificacion
la que lo restrinjia para los homicidas: y que impusieran á estos
en general una pena no proporcionada á la gravedad del parricidio. Efectivamente, entre las leyes antiguas hallamos mu-

(1) L. 11, tít. 5, lib. VI. For. jud.
(2) L. 12, id., id.
(3) Leyes 15, 16 y 17, id., id.

chas de las que suponen las mencionadas de Chindasvindo. Citaremos entre otras. los cánones de concilios de que hablamos en otro lugar, que establecian la inmunidad eclesiástica y la ley antigua contra los homicidas voluntarios.

. Sobre daños causados injustamente que disminuyen el patrimonio ageno, asunto de una multitud de leyes en todas las legislaciones antiguas, solo se conserva una de Chindasvindo, y esa trata de la pena que merece el que rompe ó ensucia el vestido ageno (1). ¿ Es posible que en la recopilacion de aquel monarca no acompañasen á esta ley otras muchas sobre la misma materia? ¿ No sería el mayor de los absurdos castigar al que mancha las ropas agenas, y olvidarse del que destruye mieses, rompe cercados ó mutila animales? Pues al mismo tiempo que no hallamos sobre este asunto mas ley de Chindasvindo que la citada, se encuentran veinte y cinco antiguas que tratan escrupulosamente de la materia.

No queremos acumular mas ejemplos: los referidos bastan para demostrar que á las leyes de Chindasvindo acompañaban otras hechas en tiempos mas antiguos, que él debió recoger y ordenar. Si estas leyes eran anteriores á aquel soberano, debian pertenecer, ó á la coleccion de leyes godas comenzada por Eurico y enriquecida por sus sucesores, ó al derecho romano que estuvo vigente hasta Chindasvindo, ó á las constituciones de los concilios. Que la mayor parte de las leyes visigodas llegadas hasta nosotros con la nota de antiguas, traen su orígen del derecho romano, es un hecho que se demuestra facilmente, comparando dichas leyes con el Breviario de Alarico. Todas las que tratan de los grados de parentesco están exactamente copiadas de este código (2). La que concede la herencia abintestato á los parientes colaterales por falta de ascendientes y descendientes legítimos: la que decide que el comprador que da señal la pierda si por su culpa no se verifica la venta (3), y otras muchas leyes que sería ocioso enumerar ahora, porque mas adelante volveremos á tratar de ellas, fueron evidentemente tomadas del derecho romano. Así lo creyeron tambien los primitivos traducto-

(1) L. 21, tít. 4, lib. VIII, For. jud.
(2) Todo el tít. 1. lib. IV, id.
(3) L. 3, tít. 2, lib. IV, id.

res del Fuero-Juzgo (1), y si no es apócrifa una ley que se encuentra solamente en algunos códices castellanos del mismo fuero, no muchas sino todas las leyes godas que se conservan con la nota de antiguas fueron tomadas de los romanos (2).

También se nota leyendo con atención las leyes de Chindasvindo, que algunas debieron tomarse del derecho romano, y otras son disposiciones de aquel derecho enmendadas. Tales son entre otras la que condenaba á los falsificadores de monedas con penas mas ó menos graves, según fuere la calidad del reo (3), la cual está tomada de una sentencia del jurisconsulto Paulo. La que prohibia desheredar á sus hijos á no ser por graves causas (4), que era doctrina constante del derecho romano, no siempre observada en España, según se dice en la misma ley: y la que castigaba con penas de azotes y confiscacion á los que consultasen á los adivinos sobre la muerte del rey ó de cualquier otro hombre libre (5), la cual fué tomada de otra sentencia del jurisconsulto Paulo, conservando de ella aun muchas palabras. Á veces manifiesta el mismo Chindasvindo en algunas de sus leyes que corrige el derecho antiguo, como sucede en la que establece que el hijo de siervo y sierva propios de señores distintos pertenezca por mitad á ambos, en la cual dice que ha tenido por conveniente reformar en esta parte el derecho antiguo (6). En otras ocasiones, al nombre del monarca autor de la ley sigue la palabra *antigua*, *antiqua* ó *enmendata*, lo cual dá á entender que se ha conservado una parte y variado otra de lo que disponia el antiguo derecho sobre el asunto de la ley. Así sucede en la que trata de la cantidad en que puede consistir la

(1) En una especie de discurso que precede á la edicion castellana del Fuero-Juzgo segun uno de sus antiguos manuscritos se dice: «et quando fallares scripto, *ley antigua*, sepas que es de los libros de los romanos, que fué puesto en honor de césares fieles..... Et quando fallares scripto corrupta, sepas que hay en ella algo del juicio de los romanos.»

(2) Esta ley se encuentra únicamente en tres de los códices castellanos del Fuero-Juzgo, que consultó la Academia al hacer su edicion de este libro. Aparece como del rey Ervigio.

(3) L. 2, tít. 4, lib. VII.

(4) L. 1, tít. 5, lib. IV.

(5) L. 1, tít. 2, lib. VI.

(6) L. 17, tít. 1, lib. X.

dote (1), y la que determina el tiempo en que puede acusarse por el rapto de viuda ó doncella (2).

No es menos evidente que Chindasvindo tomó una parte de sus leyes de los cánones establecidos en los concilios. La que condena á los que habiendo cometido algún delito se refugian en país enemigo (3) trae su origen indudablemente del capítulo 12 del concilio VI de Toledo. La que prohibe á los jueces actuar los domingos (4) habia sido establecida anteriormente en el concilio I de Tarragona (5). La que declara inhábiles para ser testigos á los homicidas, ladrones, criminales, etc. (6), procede del concilio cartaginense VII (7). La que condena al que fuerza á la mujer virgen ó viuda á contraer matrimonio, proviene del capítulo 8.° del concilio III de Toledo. Y finalmente, una gran parte de las leyes penales, y casi todas las políticas que se conservan de los visigodos traen su origen de los cánones de la Iglesia.

Hemos probado en cuanto cabe hacerlo con los pocos documentos que nos quedan de la época á que nos referimos los hechos siguientes: 1.° que Chindasvindo fué el primero que abolió en los tribunales el uso del derecho romano: 2.° que en su tiempo existia un código completo de leyes: 3.° que él fué el autor de este código: 4.° que en él se contenian ademas de sus leyes otras muchas anteriores á su tiempo: 5.° que estas leyes mas antiguas habian sido tomadas del derecho romano, de los cánones de los concilios y de las leyes propias de los godos; y 6.° que muchas de las establecidas nuevamente por el mismo soberano procedian de los mismos orígenes.

Esto basta para comprender y esplicar el origen, naturaleza y tendencia de la reforma hecha en la legislacion por Chindasvindo. Ya hemos dicho el estado de confusion y desórden en que aquella debia hallarse cuando este monarca subió al trono. Tambien hemos notado que la comunidad de creéncias y el es-

(1) L. 6, tít. 1, lib. III.
(2) L. 7, tít. 4, lib. III.
(3) L. 6, tít. 1, lib. II.
(4) L. 10, tít. 1, lib. II.
(5) Concil. Tarrac. I. Can. IV.
(6) L. 1, tít. 4, lib. II.
(7) Concil. Cartag. VII.

tablecimiento del nuevo derecho comun autorizado por la Iglesia debian llevar muy adelantada la obra de la fusion entre les
dos grandes pueblos que habitaban la Península. En estas circunstancias Chindasvindo determinó poner remedio al desórden
fundando una nueva legislacion que estuviese en armonía con
las nuevas costumbres y necesidades del país, siendo al mismo
tiempo vínculo poderosísimo entre las razas cuya union era el
norte constante de su política. Para realizar tan alto pensamiento, recogió les cánones de los concilios, las obras de los santos
padres (1) y las leyes que formaban los dos códigos gótico y romano vigentes á la sazon en España; tomó de ellos las leyes
mejores ó mas acomodadas á la civilizacion; desechó las que no
estaban en armonía con esta; reformó las que solo necesitaban
reforma; concordó las que eran contradictorias, y él mismo
proveyó con sus propias leyes á los casos no previstos en ninguna de las colecciones del derecho antiguo. Era menester que
el nuevo código lo aceptasen sin repugnancia los españoles, y
para no conservar una parte de la ley romana que los habia regido por espacio de muchos siglos, era tambien necesario que
los godos lo recibiesen con gusto, y para eso conservar muchas
leyes antiguas que eran la espresion de sus costumbres y la garantía de sus intereses. Y para enlazar estos dos derechos hasta cierto punto hetereogéneos, era indispensable una base que
fuese comun á ambos, en que los dos hasta cierto punto cupie-
sen y que tuviera mas autoridad que ninguno de ellos. Esta base, este vínculo fué el derecho canónico, ó mas bien ese tercer derecho comun, misto de profano y eclesiástico que hemos dicho nació en los concilios. En este molde, si así podemos espresarnos,
fundió Chindasvindo la legislacion gótica y la romana, resultando
una tercera que participaba de todas sin ser esclusivamente ninguna, pero que hizo posible la abolicion de las anteriores. Go-

(1) Sábese de cierto que Chindasvindo se ocupó en recoger las obras de
los Santos Padres, y que no hallando enteros en ninguna ciudad de España
los libros *morales* de S. Gregorio Magno, porque este pontífice no remitió
á S. Leandro, arzobispo de Sevilla, sino una parte de ellos, envió á Roma á
Tajon, obispo de Zaragoza, para que los copiase. Obtúvolos alcabo Tajon,
segun unos por un milagro, segun otros sin la intervencion divina, y los
trajo á la Península. Hé aquí una probabilidad mas de haber sido Chindasvindo el autor del código que existia de su tiempo.—Tajon, *Epístola ad.
Eugenium*, entre las obras de S. Eugenio III.

dos y españoles la aceptaron, porque ambos vieron en ella el reflejo de sus costumbres y sus tradiciones, las cuales, aparte de esto, se habian ido haciendo hasta cierto punto comunes, merced á la religion, al derecho eclesiástico y al roce y trato cada dia mas íntimo y frecuente entre ellos.

Así se inauguró en España la unidad legislativa precursora de la unidad nacional que mas adelante debia realizarse por completo. La misma empresa que Chindasvindo acometió Eurico, pero inoportunamente, y por eso no fué estable. Eurico quiso someter á unas mismas leyes pueblos con creencias, costumbres, tradiciones é intereses diferentes y aun contrarios: quiso hacer con el lazo artificial de la legislacion lo que no habian conseguido todavía el tiempo y la naturaleza, y por eso fué insubsistente su obra. La legislacion es un vínculo fuertísimo entre las naciones cuando está en armonía con sus costumbres, con sus ideas y sus tradiciones: pero cuando sucede lo contrario la legislacion en vez de un lazo estrecho es un motivo perenne de separacion y discordia. El código de Chindasvindo no se hallaba en este caso: fundábase en las tradiciones y las costumbres de los dos pueblos que habian de obedecerlo, traia su órigen de la legislacion antigua á que sucedia y no chocaba con las ideas ni los intereses nacionales: por eso vivió largo tiempo y ha llegado en su mayor parte hasta nosotros. Hé aquí todo lo que fundado en deducciones rigorosas de hechos ciertos, se puede saber y juzgar del orígen, naturaleza y tendencia de la recopilacion de leyes de Chindasvindo.

En el año quinto de su reinado mandó celebrar este príncipe un concilio nacional en Toledo, que es el VII en el orden de los de esta ciudad. Cómo no sabemos la fecha exacta del código de que hemos tratado, ignoramos del mismo modo si fué anterior ó posterior á este concilio aunque lo primero es lo mas probable. Nos fundamos para creerlo así: 1.°, en que Chindasvindo no reinó solo mas que siete años y el concilio se celebró en el quinto de ellos. 2.° En que así como entre las leyes de aquel príncipe se encuentran algunas tomadas de los concilios anteriores, no se halla ni una siquiera de este sétimo; y no parece probable que publicando el código inmediatamente despues del concilio no insertára en él ninguno de los cánones. 3.° En que el viaje del Tajon á Roma para buscar los libros morales de San Grego-

io Magno, los cuales se mandaron reunir para formar el código, fué anterior al dicho concilio.

No fué este ciertamente de los mas interesantes respecto á
la legislacion civil, sin duda porque acabando de publicarse una
nueva recopilacion de leyes habia pocos puntos á que proveer.
Pero no por eso dejó de establecer este concilio algunos cánones
dignos de memoria sobre asuntos profanos y mistos, segun era
costumbre en las asambleas de su especie. Siempre temeroso
Chindasvindo de las intrigas de sus enemigos y de la rebelion
de sus vasallos; siempre receloso de que alguno llegase á ocupar
el trono por los medios violentos con que él mismo lo habia conseguido, encargó á los padres del concilio que confirmasen la
ley antigua contra los que se refugiaban en país enemigo para
conspirar contra el soberano. Esta ley fué establecida como dijimos antes en el concilio VI. Chindasvindo la insertó ademas
en su código, y este concilio VII volvió á repetirla disertando
largamente sobre los males que los tránsfugas causaban á su patria, y agravando la pena en que incurrian (1).

Habíanse quejado los pueblos de Galicia de las exacciones
enantiosas y vejaciones personales que padecian en las visitas
de los obispos. En su consecuencia mandó el concilio que los
prelados en sus visitas no pudiesen detenerse mas de un dia en
cada Iglesia, ni llevase para su servicio mas de cincuenta caballerías. Algunos escritores no comprendiendo la importancia in-
mensa que disfrutaba un obispo en los tiempos de que tratamos,
hallan exorbitante este número de caballos y han llegado á creer
que en este cánon debe leerse *cinco* en lugar de cincuenta. Pero
no es así: todas las ediciones manuscritas de nuestra antigua coleccion de cánones, convienen en este punto. ¿Qué inferir de aquí?
¿que todos los copiantes se equivocaron ó que los obispos del siglo VII vivian con mas lujo y esplendor del que suponemos? Este
último nos parece mas probable.

Cada dia iba siendo mayor el influjo de la Iglesia en la corte
de nuestros reyes. Hasta este tiempo los obispos se mezclaban
en los negocios públicos asistiendo á los concilios, juzgando de
algunas causas y respondiendo á las consultas que solian hacerles los príncipes y gobernadores. Desde el concilio VII en adelante se aumentó esta influencia haciéndose mas permanente, pues

(1) Can. I. Coll. can. Eccles. Hispan.

se mandó por uso de sus cánones, que por honor al trono y á la unidad metropolitana, los obispos mas cercanos á Toledo viniesen á residir allí cada uno un mes en el año, escepto el tiempo de la cosecha y de la vendimia. Así el trono llamaba á los obispos para que le dieran esplendor, autoridad y prestigio: los obispos á su vez se acercaban al trono para consolidar su influencia social y política. Nadie perdia en esta alianza teocrática: no la monarquia, porque no podia asegurarse y ser duradera, si á su fuerza física no juntaba la influencia moral buscándola donde á la sazon estuviese: no la Iglesia, porque ella tambien tenia necesidad del auxilio de los poderosos para asentarse y establecerse sólidamente. La persecucion purificó á la Iglesia con la sangre de sus mártires, pero Dios no la permitió sino por cierto tiempo porque quiso que fuese eterna su obra. Los gobiernos de fuerza, y así llamamos á todos los que en los primeros siglos intentaron prescindir del cristianismo para fundar su dominacion, habrían perecido ahogados en un mar de sangre, si no hubieran vuelto los ojos al único poder moral, inteligente y de esperanzas que entonces existia en la sociedad. Así la teocracia que hoy tanto nos asombra, fué en el siglo V la única forma de gobierno racional y estable; las otras que se ensayaron fueron ó desastrosas ó imposibles.

Pero aun supuestos todos estos antecedentes, es muy difícil, por no decir imposible, formar una idea exacta del estado de la legislacion en tiempo de Chindasvindo. Nace esta dificultad de que no sabemos de cierto cuáles de las leyes visigodas que se conservan formaban parte de ella, pues aunque la compusieran las 100 leyes ó poco mas que los códices mas autorizados del *Forum judicum* atribuyen á aquel monarca, no eran estas las únicas á la sazon vigentes segun hemos probado en otro lugar, y se ignora absolutamente cuáles de las demás que se conservan del mismo tiempo estaban entonces en ejecucion, y cuáles vinieron á estarlo despues por virtud de las reformas que se hicieron posteriormente en el código de las leyes. Pero como por lo conocido se sabe muchas veces lo que no conocemos, y como aunque todas las leyes atribuidas á Chindasvindo no sean efectivamente suyas, lo son por lo menos la mayor parte; con ellas si no es posible formar una idea exacta del estado de la legislacion, no es difícil hacérsela bastante aproximada.

Las leyes atribuidas á Chindasvindo abrazan las materias de derecho siguientes: 1.ª Organizacion judicial. 2.ª Enjuiciamiento. 3.ª Estado natural y civil de las personas. 4.ª Modo de adquirir el dominio. 5.ª Delitos contra el Estado. 6.ª Delitos contra las buenas costumbres. 7.ª Delitos contra las personas. 8.ª Delitos contra la propiedad. 9.ª Delitos contra la religion. Como no es nuestro objeto escribir la historia completa del derecho, nos limitaremos á dar una rápida ojeada sobre todos estos puntos diciendo lo que baste para formar una idea general del estado de la legislacion en esta época.

Chindasvindo no fué ciertamente el fundador de la gerarquía judicial de los godos: al contrario, una ley suya la supone ya establecida, mandando que ningun juez administrara justicia fuera del territorio señalado á su jurisdiccion, y que si algun conde de ciudad á otro juez cualquiera se escediese en este punto sea castigado por el duque de la provincia. (1) Infiérese de aquí que los tribunales debian estar organizados con arreglo á otras leyes en las cuales se determinarían los límites de la jurisdiccion de cada magistrado y su dependencia respectiva.

Por el contrario, el órden de enjuiciar fué obra casi toda de este monarca. El señaló los dias en que era lícito actuar en los tribunales (2): determinó los procedimientos y apremios que se debian emplear contra el reo emplazado que no comparecia en juicio (3): estableció las recusaciones mandando que los jueces recusados se acompañasen con el obispo (4): fijó trámites rigurosos á los pleitos (5): prohibió á todo litigante nombrar por procurador á hombre mas poderoso que su contrario (6) y sujetó á los trámites comunes los negocios del fisco (7). Estableció un sistema de pruebas disponiendo que cuando otras no hubiere se definiese al juramento de las partes (8), designando los requisitos que habian de tener las escrituras para que valieran en juicio (9),

(1) L. 16, tít. 1, lib. II.
(2) L. 10, id., id.
(3) L. 17, tít. 1, l. 4, tít. 2, lib. II.
(4) L. 22, id., id.
(5) L. 23, id., id., y 2, 8 y 10, tít. 2, id.
(6) L. 9, tít. 3, id.
(7) L. 10, id., id.
(8) L. 6, tít. 2, id.
(9) Leyes 1, 6, 7 y 14, tít. 5, id.

Ƃando las calidades y circunstancias de los testigos, valor de sus deposiciones según su conformidad y número, la manera de darlas para que sean valederas, las penas en que incurran los testigos falsos, sus cómplices provocadores y los que se conciertan para testificar maliciosamente, y casos en que valen ó no las declaraciones de los menores y los siervos (1). Fulminó penas graves contra los jueces que se negáran á oír á los litigantes, los que dilatáran los pleitos por malicia y los que tomaran por razon de costas mas de la cantidad señalada (2).

En cuanto al enjuiciamiento penal no introdujo Chindasvindo tantas innovaciones: sus leyes sobre esta materia prueban que él no hizo mas que perfeccionar y modificar ligeramente la forma de enjuiciar criminalmente que ya existia. Debe notarse asímismo, que su reforma en esta parte tuvo por objeto asegurar el descubrimiento de los delitos, suavizando al mismo tiempo algunas prácticas inhumanas vigentes y garantizando sus derechos á la inocencia. Con este objeto limitó considerablemente el uso del tormento, exigió ciertos requisitos y solemnidades antes de darlo al reo, y mandó que si ni aun con esto probaba el acusador su demanda, quedase por esclavo del acusado. También restringió respecto á los siervos el uso de esta práctica bárbara (3), obligó á los que supieran algun delito de los que deben llegar á conocimiento del príncipe á denunciárselo (4). Estendió á todos los ciudadanos el derecho de acusar el homicidio, derecho que hasta entonces no habia pertenecido sino á los parientes del muerto (5): concedió la accion de adulterio á los hijos y parientes de la mujer adúltera (6): fijó tiempo para interponer la accion de rapto (7): limitó el derecho de asilo respecto á los homicidas (8): señaló una pena grave al que para escusarse de algun delito alegaba no saber las leyes (9): y declaró que en adelante el rey no indultaría ningun reo sin el acuerdo de los

(1) Leyes 1, 3, 4, 5, 6, 7, 8, 9, 10 y 11, tít. 4, lib. II.
(2) Leyes 18, 20 y 24, tít. 1, lib. II.
(3) Leyes 2 y 4, tít. 1, lib. VI, l. 4, tít. 3, lib. II.
(4) L. 5, tít. 1, lib. VI.
(5) L. 15, tít. 5, id.
(6) L. 13, tít. 4, lib. III.
(7) L. 7, tít. 4; id.
(8) L. 16, tít. 5, lib. VI.
(9) L. 5, tít. 4, id.

grandes y de los obispos (1). Infiérese de todo esto que entonces Chindasvindo era el tormento una de las pruebas mas frecuentes que se administraba por una simple acusacion, y sin responsabilidad de la persona que pedia su uso. Se deduce tambien que no se procedia contra los criminales sino en virtud de acusacion, que en ciertos casos no podian interponer mas que los parientes y en ninguno y para nadie era obligatoria. Y se sabe asimismo porque lo dice la ley 16 citada que los delincuentes abusaban con escándalo de la inmunidad de los templos. A estas faltas del sistema de enjuiciamiento penal, puso remedio el monarca y sin duda conservó ó suprimió sin sustituirlas con otras todas las demas que regian sobre este mismo asunto.

Las leyes relativas al estado civil de las personas suponen que existia la antigua division del derecho romano de libres y siervos, casados y esposos, padres é hijos, pupilos y tutores; y que Chindasvindo modificó en unos casos y confirmó en otros los principios fundamentales de aquel derecho. Declaró pues irrevocable los esponsales contraidos con las solemnidades necesarias (2), indisoluble el matrimonio ó inseparables los cónyuges bajo graves penas, escepto por causa de adulterio de la mujer ó de sodomía del marido, ó cuando forzáre este á su mujer á cometer adulterio, en cuyos casos el cónyuge inocente adquiria la facultad de volverse á casar (3). Sancionó como impedimentos para el matrimonio los esponsales válidos, la diferencia de condicion, el voto religioso y el parentesco hasta el 6.° grado (4). Señaló la cantidad que por razon de dote podia dar el marido á la mujer y restringió las demas donaciones esponsalicias (5). Castigó á los siervos que fingiéndose libres contraian matrimonio con mujeres ingénuas (6). Introdujo una grande novedad en cuanto á la condicion de los hijos. Segun el derecho antiguo, solamente el padre tenia patria potestad; pero Chindasvindo estendió este derecho tambien á la madre por muerte de su marido, y declaró pupilos á los huérfanos de padre y madre menores de quince

(1) L. 6, tít. 1., lib. VI.
(2) L. 4, tít. 1, lib. III.
(3) L. 2, tít. 6, id, y l. 5, tít. 5, id.
(4) Leyes 3, tít. 1, lib. III, y 1 y 3, tít. 5, id., y l. 4, tít. 7, id.
(5) L. 6, tít. 1, id., y l. 16, id., id.
(6) L. 7, tít. 5, id.

años (1), señalándoles algunos privilegios (2). Añadió algunas leyes á las que ya existían sobre la condicion de los siervos, tales fueron la que hacia responsable al señor del siervo enagenado, despues que cometió algun delito ; la que declaró inválidas las enagenaciones hechas por los esclavos (3) la que juzgó manumitido al siervo á quien su señor llamaba libre ante el juez: la que permitió manumitir con la condicion de que el esclavo no dispusiera de su peculio: la que exigia escritura firmada del rey para la manumision de los siervos del fisco (4): la que declaró esclavos los hijos del siervo fugitivo, que diciéndose libre, casare con mujer libre siguiendo en esto una costumbre contraria al derecho romano, segun el cual el hijo seguia siempre la condicion de la madre: la que declaró propiedad del señor todo lo que el siervo adquiriese durante su fuga (5), y la que mandó que el hijo de dos siervos pertenecientes á distintos dueños fuese propiedad de ambos, corrigiendo el axioma antiguo que le atribuia siempre al dueño de la madre (6). Suponiendo estas leyes otras muchas que las completan, debieron formar una parte pequeña de las que establecian la condicion civil de las personas. Sin embargo, por ellas se puede venir en conocimiento de cuatro circunstancias notabilísimas originales de esta parte de la legislacion gótica que ya existían en tiempo de Chindasvindo si es que fueron introducidas por este monarca. La primera es que de acuerdo con la Iglesia se declaró disuelto el vínculo del matrimonio en tres casos, por sodomía del marido, por adulterio de la mujer y por obligar aquel á esta á prostituirse. Segun el derecho romano no era permitido el repudio, sino cuando el marido era homicida, hechicero ó violador de sepulcros; ó la mujer se hacia adúltera, alcahueta ó hechicera. La segunda consiste en la patria potestad concedida á la madre por falta del padre con la abreviacion del plazo de la menor edad. La tercera procede del principio establecido, segun el cual el hijo de padres de diferente condicion sigue la del que la tenga mas baja, y siendo ambos siervos propios

---

(1) L. 9, tít. 2, lib. IV.
(2) Leyes 2, id.
(3) Leyes 13 y 18, tít. 4, lib. V.
(4) Leyes 6, 14 y 15, tít. 7, id.
(5) Leyes 16 y 17, tít. 9, lib. IX.
(6) L. 17, tít. 1, lib. X.

reconoció como manera de adquirir la prescripcion de 30 años, inventando una fórmula para interrumpir la posesion cuando el que la tenia se hallaba ausente y no podia ser demandado (1).

Como las leyes contra los delitos políticos solian hacerse generalmente en los concilios, la única que nos queda de Chindasuinto contra los conspiradores que se refugiaban en pais enemigo es la misma que, segun hemos visto antes, se hizo en el concilio VII de Toledo (2). Entre los delitos contra las buenas costumbres castigó particularmente el rapto cometido por el siervo en mujer libre, liberta ó sierva, señalando, segun las circunstancias, una pena desde 200 azotes hasta la muerte, y una multa al señor cuando el agravio se cometia con su anuencia (3): impuso pena de destierro perpétuo y confiscacion de bienes en favor de los parientes mas próximos á los que se casaban ó cohabitaban con parientes dentro del sesto grado, ó con personas que habian hecho voto de castidad: la de castracion y encierro á los sodomitas (4). A las adúlteras, la de ser entregadas á sus maridos para que dispusieran de ellas á su voluntad: la de azotes y perdimiento de bienes al marido que obligaba á su mujer á divorciarse sin causa justa: y á la mujer que á sabiendas contrae matrimonio con hombre casado la de ser entregada á la esposa legítima de su cómplice (5). Para dar seguridad á las personas, castigó con pena de azotes y confiscacion á los adivinos, y los que los consultaban sobre la muerte de algun hombre: con la de muerte al que matára con venenos: con la de 200 azotes, decalvacion y vergüenza á los hechiceros: con la del talion á los que hacian daño á alguna persona por medio de encantamentos (6). Señaló la misma pena del talion á los daños y ofensas personales que podian devolverse sin peligro de que el mal causado en la reparacion excediese al del agraviado, y la de azotes ó pecuniaria, variable en cantidad segun las circunstancias, para las heridas y mutilaciones de miembro que el legislador describió y especificó minuciosamente (7). Declaró exento de pena al que hiriese

(1) L. 5, tít. 2, lib. X.
(2) L. 6, tít. 1, lib. II.
(3) Leyes 8, 9 y 10, tít. 3, lib. III.
(4) Leyes 1, 2 y 5, tít. 5, id.
(5) L 2, tít. 6, id.
(6) Leyes 1, 2, 3 y 4, tít. 2, lib. VI.
(7) L. 3, tít. 4, id.

ó matase en defensa propia, ó involuntariamente, ó castigando al siervo sin quererle matar, ó por órden del señor probada competentemente: impuso pena de destierro y confiscacion de bienes en favor de sus parientes al señor que matase á su esclavo, y las mismas penas mas el duplo del valor del esclavo al que le matase no siendo su señor: la de 100 azotes y decalvacion al esclavo que matase á alguno alegando haberlo hecho por órden de su señor: la de los homicidas al que matase por robar: la de muerte al señor que mandára á su esclavo asesinar á alguna persona ingénua, y al hombre libre que matase por consejo de otro: la de azotes, decalvacion y multa al que aconsejase esta muerte, y la capital y la de confiscacion á beneficio de los parientes, á los parricidas, ejecutada la primera en la misma forma en que se cometió el delito (1). Para la seguridad de las propiedades, mandó Chindasvindo que el ladron fuese castigado con 100 azotes, si era ingénuo pagase nueve tantos del precio de la cosa robada, si siervo seis tantos, y si el primero no tuviese con que pagar, quedára esclavo del robado (2). Castigó la falsificacion, corrupcion ó hurto de escritura, y al que fingiera deudas para burlar á sus acreedores con la pena de confiscacion de la cuarta parte de sus bienes, ó indemnizacion del perjuicio causado por el delito, ó bien la esclavitud del delincuente segun las circunstancias (3): á los que sacáran prendas sin autoridad judicial, con pena de azotes y el duplo del valor de la cosa tomada (4): á los que mancháran ó rompieran los vestidos á alguno con la de darle otros nuevos (5): á los que no devolvieran el siervo fugitivo que tuviesen en su poder cuando el señor lo reclamára, con la de entregar otros cuatro siervos del mismo valor (6): y á los falsificadores de moneda con la de confiscacion de la mitad de sus bienes, esclavitud, y cortar la mano, segun fuera su condicion (7). Notaremos últimamente, que de las leyes sobre delitos puramente religiosos, solo nos ha quedado una con el nombre de Chindasvinde que es la que castiga con penas severísimas á

(1) Leyes 6, tit. 4, 12 y 17, tit. 5, lib. VI.
(2) L. 13, tit. 2, lib. VII.
(3) Leyes 2 y 7, tit. 5, id.
(4) Leyes 4 y 5, tit. 1, lib. VIII.
(5) L. 21, tit. 4, id.
(6) L. 13, tit. 1, lib. IX.
(7) L. 2, tit. 6, lib. VIII.

los monges y vírgenes que rompen la clausura para vivir en el
mundo. Probablemente hizo muchas mas aquel monarca tan piadoso, pero hubieron de ser sustituidas por las que nos quedan
de sus sucesores Recesvinto y Ervigio.

Si á esta suma de leyes agregamos los cánones de los antiguos concilios á que Recaredo dió fuerza obligatoria y sancion
penal, y los de los concilios celebrados desde aquel monarca
hasta Chindasvindo, tendremos los elementos necesarios para
formar una idea aproximada del estado de la legislacion en esta
época. Repetimos que tal vez no son de Chindasvindo algunas de
las leyes que la Academia le atribuye en su edicion del *Forum judicum*, pero en todo caso esta diferencia no conduciría sino á
separar algunas pocas disposiciones del cuadro que hemos formado de sus leyes, nunca para variar su carácter ni el estado
que revelan en la legislacion del pais.

De las leyes de este monarca que hemos referido y de las doctrinas legales que las mismas suponen establecidas, se deduce que la
legislacion goda tenia ya en aquel tiempo el carácter y circunstancias con que la conocemos hoy. El *Forum judicum* es una especie
de transaccion entre las fórmulas y el rigorismo del derecho romano y las costumbres propias del pueblo godo, basada sobre los principios humanos y de sentido comun del derecho canónico, y esto
era ya la legislacion en la época de que tratamos, segun puede conocerse por la esposicion incompletísima que acabamos de hacer.
Pocos ejemplos harán esta verdad palpable. Chindasvindo hubo
de respetar la organizacion judicial que halló existente, pero
creó un nuevo sistema de enjuiciamiento fundado sobre los principios del derecho romano y canónico. Admitió las doctrinas del
antiguo derecho en cuanto á la condicion de los esclavos, y de
los hijos y á los matrimonios, pero aboliendo las viejas máximas *partus sequitur ventrem*, «la patria potestad no es propia
sino de los padres.» «La dote se debe dar por la mujer al marido.»
Las costumbres godas eran sin duda mas poderosas en esta parte
que el derecho romano, y por eso sobrevivieron. Aceptó las
doctrinas del código teodosiano sobre contratos y donaciones,
pero modificó, segun hemos visto antes, las que regian entre los
españoles sobre la sucesion intestada. En cuanto á las leyes criminales no desechó completamente las prácticas bárbaras del talion, las composiciones pecuniarias y el entregar al delincuente

en poder de la persona ofendida, pero restringiendo su uso y fomentando el de las penas corporales encaminadas mas bien á contener los delitos por el escarmiento que á procurar la satisfaccion privada de los acusadores. ¿Pero á qué recordar mas ejemplos? Baste leer las leyes citadas anteriormente para ver en muchas de ellas que el legislador mismo hace mencion de la costumbre que se propone reformar atemperándose á las circunstancias. Es, pues, evidente que en tiempo de Chindasvindo estaba ya formada la legislacion gótica, puesto que poseia todas las circunstancias esenciales que la distinguen. Y así es que, como veremos en seguida, los monarcas que reinaron despues de él no hicieron mas que enriquecerla con nuevas leyes, pero dictadas por el mismo pensamiento y publicadas con la misma tendencia.

CRÓNICA LEGISLATIVA.

Febrero, 1843.

DISPOSICIONES RELATIVAS A LA ADMINISTRACION DE JUSTICIA EN LOS TRIBUNALES ORDINARIOS Y ADMINISTRATIVOS.

REAL ORDEN DE 5 DE FEBRERO, sobre los litigios que pueden entablar los establecimientos provinciales de beneficencia.

1.º «Que corresponde á la diputacion provincial deliberar sobre los litigios que convenga intentar ó sostener á ¡los establecimientos provinciales de beneficencia con arreglo al párrafo 5.º, art. 56 de la ley de 8 de enero de 1845.

2.º Que el gobierno es el que debe conceder autorizacion para que puedan litigar los indicados establecimientos provinciales despues que haya deliberado la diputacion.

3.º Que en conformidad á lo que terminantemente previene el segundo extremo del art. 59 de la citada ley, corresponde á los jefes políticos el representar en juicio á los mismos establecimientos.

Y 4.º Que en el caso consultado se autoriza á V. S. para que pueda contestar á la demanda, prévias las formalidades que exije la legislacion; teniendo V. S. presente para lo sucesivo el literal sentido de la real órden de 30 de diciembre de 1838, que prohibe que las juntas municipales y los establecimientos públicos de beneficencia entablen recursos ante los tribunales ordinarios, sin que los demandantes acrediten préviamente que han recurrido á S. M. por la via gubernativa.»

OTRA DE 23 DE FEBRERO, disponiendo lo siguiente:

«A fin de evitar los conflictos que han tenido lugar, y pueden repetirse, perjudicando siempre al mejor servicio, entre las autoridades judiciales y administrativas, se ha dignado resolver la reina (Q. D. G.) que los jueces de primera instancia se abstengan de mandar certificar de las listas de electores ó de contribuyentes, reservándose esta facultad á las autoridades políticas y de hacienda á quienes competa, salvo el caso de prueba judicial en los pleitos ó causas, observándose entonces las formalidades establecidas por las leyes.»

OTRA DE LA MISMA FECHA, sobre el tratamiento y honores que deben disfrutar los empleados del órden judicial.

«Teniendo en consideracion la necesidad é importancia de que se conserve inalterable la gerarquía establecida en los tribunales de justicia, y á fin de evitar los graves inconvenientes producidos por su inobservancia, de que tiene conocimiento el ministerio de mi cargo, se ha dignado resolver la reina (Q. D. G.) que ningun empleado del órden judicial goce en actos del servicio del título, tratamiento, honores ó condecoraciones de que no disfrute el superior inmediato, cerca del cual le incumba desempeñar las funciones de su cargo.»

REAL DECRETO DE 25 DE FEBRERO, modificando la organizacion de los presidios del reino.

Art. 1.º «Los presidios de planta en la Península se dividirán en establecimientos de primera y de segunda clase.

Art. 2.º Pertenecerán à la primera clase los de Barcelona, Coruña, Madrid, Sevilla, Valencia, Valladolid y Zaragoza, y á la segunda los de Burgos, Badajoz, Cartagena, Granada y Toledo.

Art. 3.º La plana mayor de cada presidio sin distincion se compondrá de un comandante, un mayor, un ayudante, un furriel, un capellan, un facultativo, un capataz-escribiente que alternará en los trabajos de la comandancia y mayoría, y del número fijo de capataces de brigada que se señalen, no debiendo exceder por ahora de 84 el de todos los presidios de planta, incluso el de Ceuta y los destacamentos de Canarias y Palma.

Art. 4.º Los empleados en las planas mayores de los presidios de primera clase gozarán de los sueldos anuales siguientes:

El comandante 18,000 rs.

El mayor 12,000.

El ayudante 6,000.

El furriel 4,000.

El capellan 3,300.

El facultativo 4,400.

Los capataces 3,000.

Art. 5 º Los sueldos anuales de los empleados en los presidios de segunda clase serán:

El comandante 16,000 rs.

El mayor 10,000.

El ayudante 6,000.

· El furriel 3,500.

El capellan 3,000.

El facultativo 4,000.

Los capataces 3,000

Art. 6.º Los gastos de escritorio de las comandancias y mayorías correrán sin distincion á cargo de los respectivos comandantes y mayores.

Art. 7.º Las planas mayores del presidio de Ceuta, de los destacamentos de Canarias y Palma, de los presidios de las carreteras de Motril y las Cabrillas y del canal de Castilla, continuarán con la misma, organizacion que tienen en el dia, sufriendo sin embargo los tres primeros la rebaja proporcional en el número de capataces de brigada.»

LEGISLACION COMERCIAL, INDUSTRIAL Y AGRICOLA.

REAL ORDEN DE 15 DE ENERO, publicada en 6 de febrero. Con motivo de una solicitud de una empresa minera reclamando la propiedad de las aguas encontradas en una mina plomiza, dispone por regla general lo siguiente : «que en el caso de que en cualquier punto del reino se encuentren en trabajos de minas de aguas criaderos metalíferos espotables, se exija á los empresarios, además de los requisitos de minas de aguas, que formalicen el registro con la caucion prévia abonada y suficiente que está prescrita por el artículo 4.º de la real órden citada de 9 de marzo de 1845.»

LEY SANCIONADA POR S. M. EN 28 DE ENERO y publicada en 18 de febrero sobre sociedades mercantiles.

Art. 1.º «No se podrá constituir ninguna compañía mercantil, cuyo capital, en todo ó en parte, se divida en acciones, sino en virtud de una ley ó de un real decreto.

Art. 2.º Será necesaria una ley para la formacion de toda compañía que tenga por objeto :

1.º El establecimiento de bancos de emision y cajas subalternas de estos, ó la construccion de carreteras generales, canales de navegacion y caminos de hierro.

2.º Cualquiera empresa que, siendo de interés público, pida algun privilegio esclusivo. En este párrafo no se comprenden las compañías que se propongan beneficiar algunos de los privilegios industriales de invencion ó introduccion, que el gobierno puede conceder con arreglo á las disposiciones vigentes en esta materia.

Art. 3.º La ley determinará en cada caso las condiciones en

virtud de las cuales haya de concederse la autorizacion de que habla el artículo precedente.

Art. 4.° Para la formacion de toda compañía, que no se halle comprendida en el art. 2.° de esta ley, será necesaria la autorizacion del gobierno, espedida en forma de real decreto.

Esta autorizacion solo se concederá á las compañías, cuyo objeto sea de utilidad pública.

El gobierno denegará la autorizacion á las compañías que se dirijan á monopolizar subsistencias ú otros artículos de primera necesidad.

Art. 5.° Toda compañía por acciones se constituirá precisamente para objetos determinados, y con un capital proporcionado al fin de su establecimiento.

Art. 6.° A la solicitud en que se pida la real autorizacion, ha de acompañarse la lista de los suscritores que se propusieren formar la compañía, las cartas de pedido de acciones, la escritura social y todos los estatutos y reglamentos que hayan de régir para la administracion de la compañía. Los estatutos y reglamentos se aprobarán préviamente en junta general de suscritores.

Art. 7.° No se dará curso á la solicitud cuando de los pedidos de acciones no conste la suscricion de una mitad, por lo menos, del capital de la compañía.

Las cartas de pedidos de acciones constituirán por sí una obligacion legal.

Art. 8.° El gobierno, oyendo al consejo real, que elevará consulta con presencia de todo el espediente, examinará si la autorizacion se halla ó no en el círculo de sus atribuciones.

Cuando se trate de una compañía para cuyo establecimiento se requiera la autorizacion legislativa, el gobierno se reservará el espediente, si la empresa mereciere su apoyo, para presentarlo á las córtes con el correspondiente proyecto de ley.

En caso contrario, devolverá el espediente á los interesados, para que estos hagan de su derecho el uso que estimen oportuno.

Art. 9.° Cuando se trate de una compañía para cuyo establecimiento baste la autorizacion real, y el gobierno juzgare la empresa de utilidad pública, lo declarará así á los recurrentes, aprobando desde luego la escritura social y los estatutos y reglamentos, y determinando la parte del capital que la compañía haya de hacer efectiva ántes de obtener el real decreto de autorizacion.

El gobierno no podrá por razon de esta parte exigir en ningun caso mas de un 25 por 100.

En el caso de que el ministro, por cuyo conducto haya de resolverse la solicitud, disienta en todo ó en parte de lo consultado por el

consejo real, se espedirá la resolucion oyendo al consejo de ministros.

Art. 10. Luego que se hallen cumplidas las formalidades prescritas en el artículo anterior, el gobierno otorgará la real autorizacion, fijando en ella el plazo dentro del cual haya de dar la compañía principio á sus operaciones. Trascurrido este plazo sin haberlo verificado, se tendrá la autorizacion por caducada.

Art. 11. Toda alteracion ó reforma en los estatutos y reglamentos, que no obtenga la aprobacion del gobierno, será ilegal, y
anulará por sí la autorizacion en virtud de la cual exista la compañía.

Art. 12. Hasta que se haya declarado constituida la compañía,
no se podrá emitir ningun título de accion. Las acciones en que se
divida el capital de la compañía, estarán numeradas, y se inscribi-
rán en el libro de registro, que habrá de llevarse necesariamente á
nombre de la persona ó corporacion á quien correspondan.

Art. 13. Los gerentes ó directores de cada compañía deberán
tener en depósito, mientras ejerzan sus cargos, un número fijo de
acciones, cuyos títulos han de estenderse en papel y forma especiales.

Art. 14. Las acciones de las compañías establecidas con arreglo
á esta ley, se cotizarán como valores comunes de comercio, y conforme á las disposiciones prescritas en la ley de Bolsa.

Art. 15. Ninguna compañía podrá emitir, á no hallarse autorizada por la ley, billetes, pagarés, abonarés, ni documento alguno al
portador: los infractores quedarán sujetos al pago de una multa, que
no podrá esceder de 40,000 rs.

Art. 16. Los que contraten á nombre de compañías, que no se
hallen establecidas legalmente, serán solidariamente responsables
de todos los perjuicios, que por la nulidad de los contratos se ir-
roguen á los interesados, ó incurrirán además en una multa que
no escederá de 100,000 rs.

En igual responsabilidad incurrirán los que á nombre de una
compañía, aun legalmente constituida, se estiendan á otras negociaciones que las de su objeto ó empresa, segun esté determinado
en sus estatutos y reglamentos.

Art. 17. El gobierno, sin gravar los fondos ni entorpecer las
operaciones de las compañías, ejercerá la inspeccion que conceptúe
necesaria para afianzar la observancia estricta y constante de la presente ley.

Art. 18. Las compañías por acciones existentes en la actualidad
sin autorizacion real, la solicitarán dentro de dos meses, contados
desde la publicacion de esta ley, presentando al efecto sus escritu-

ras, esta˙˙ ˙os y reglamentos. Dentro del término de 50 dias siguientes á esta publicacion los gerentes ó diréctores convocarán á junta general de accionistas, pora que resuélvan si se ha de pedir ó no la real autorizacion, la cual se impetrará solamente en el caso de que la mayoría de los mismos accionistas, que se computará con arreglo á sus estatutos y reglamentos, acuerde la continuacion de la compañía.

Art. 19. La autorizacion real se otorgará á todas las compañías que hubieren cumplido las condiciones con que fueron aprobadas por los tribunales de comercio, y á las comanditarias por acciones, que hubieren sido establecidas con arreglo á las disposiciones del código de comercio. No se concederá sin embargo esta autorizacion á las compañías por acciones, sea cual fuere su naturaleza, si se hallasen comprendidas en el último párrafo del art. 4.°

Art. 20. Las compañías por acciones que dentro del plazo ya señalado, no solicitaren la real autorizacion, se tendrán por disueltas, poniéndose en liquidacion, en la forma que prescriban sus estatutos y reglamentos.

Art. 21. Quedan derogadas todas las disposiciones contrarias á la presente ley.

Por tanto mandamos á todos los tribunales, justicias, jefes, gobernadores y demás autoridades, así civiles como militares y eclesiásticas, de cualquier clase y dignidad, que guarden y hagan guardar, cumplir y ejecutar la presente ley en todas sus partes.»

REAL DECRETO aprobando para la ejecucion de la ley sobre sociedades por acciones el siguiente

REGLAMENTO.

Art. 1.° Las escrituras de fundacion de las compañías mercantiles por acciones han de contener necesariamente:

1.° Los nombres, apellidos y vecindad de los otorgantes.

2.° El domicilio de la compañía.

3.° El objeto ó ramo de industria ó de comercio, á que esclusivamente ha de dedicarse la compañía.

4.° La denominacion ó razon comercial, que ha de guardar conformidad con el objeto de su fundacion.

5.° El plazo fijo de la duracion de la compañía.

6.° El capital social.

7.° El número de acciones nominativas en que ha de dividirse el capital, y cuota de cada una.

8.° La forma y plazos en que han de hacer efectivo los socios el importe de sus acciones.

9.º El régimen administrativo de la compañía.

10. Las atribuciones de sus administradores, y de los que tengan á su cargo inspeccionar las operaciones de la administracion.

11. Las facultades que se reserven á la junta general de accionistas, y época de su convocacion, no pudiendo menos de verificarse una vez cada año.

12. La formacion del fondo de reserva, con la parte que anualmente ha de separarse de los beneficios de la compañía para constituirlo, hasta que componga un 10 por 100 á lo menos del capital social.

13. La porcion de capital cuya pérdida ha de inducir la disolucion necesaria de la sociedad.

14. Las épocas en que hayan de formarse y presentarse los inventarios y balances de la compañía, no pudiendo dejar de verificarse en cada año, como lo previenen los artículos 36 y 37 del código de comercio, y las formalidades con que hayan de revisarse y aprobarse por la junta de accionistas.

15. La forma y tiempo en que haya de acordarse la distribucion de dividendos por la junta general de accionistas, con sujecion à lo que sobre ello se previene en este reglamento.

16. La designacion de las personas que hayan de tener la representacion de la compañía provisionalmente, y solo para las gestiones necesarias hasta que, hallandose constituida, se proceda al nombramiento de su administrador por la junta general de accionistas, ó se encarguen de ella los socios gerentes, si la compañía es en comandita.

En las de esta última clase se observarán las disposiciones de los artículos 271 y 272 del código de comercio, y ni los que se nombren como inspectores de la administracion social, ni la junta general de accionistas, podrán tener otras atribuciones y facultades, que las que por derecho están declaradas á los socios comanditarios.

Art. 2.º Será condicion esencial y comun en todas las sociedades mercantiles por acciones, que los socios tendrán iguales derechos y participacion en los beneficios de la empresa, distribuyéndose estos proporcionalmente al número de acciones que posea cada socio.

No podrá reservarse ningun socio á título de fundador, ni por otro alguno, el derecho de propiedad sobre la empresa en todo ni en parte, ni el de otras ventajas personales y privativas, fuera de la remuneracion y participacion de que hablan los artículos 6.º y 7.º, ni el de la administracion ó gerencia irrevocablemente en las compañías anónimas.

Art. 3.º Los objetos muebles ó inmuebles, que algun socio aportare à la compañía, para que se refundan en su capital, se apreciarán convencionalmente entre el interesado y la administracion definitiva de la misma compañía, ó por peritos, si así se pactare, convirtiéndose su importe en acciones à favor del que hubiere hecho la cesion.

Art. 4.º En igual forma se procederá con respecto á los socios, que trasmitieren á la sociedad algun priviligio de invencion, ó el secreto de algun procedimiento, siendo relativos el uno ó el otro al objeto para que aquella estuviere establecida; así como tambien á los que se contrataren para prestar a la empresa sus servicios científicos y artísticos en el concepto de socios industriales. En cualquiera de estos casos se graduará tambien convencionalmente la suma que en metálico haya de abonarse por retribucion de la cesion ó servicio que se hiciere á la sociedad, cubriéndose en ácciones la cantidad convenida.

Art. 5.º La remuneracion que hayan de disfrutar los administradores de las compañías anónimas, podrá establecerse por medio de un sueldo fijo, ó por el de una participacion en los beneficios repartibles de la empresa, ó por ambos medios; pero en todos casos habrá de reservarse esta asignacion á la junta general de acionistas, constituida que sea la sociedad.

Art. 6.º En las sociedades en comandita por acciones tendrán los socios gerentes, como responsables solidariamente de los resultados de las operaciones sociales, la participacion que se prefijare por la escritura de fundacion, en las ganancias y pérdidas de la empresa.

Art. 7.º Los reglamentos de las sociedades por acciones comprenderán las disposiciones relativas al órden administrativo de la empresa, y al directivo de sus operaciones, guardando conformidad con las bases establecidas en la escritura de fundacion.

Art. 8.º Con arreglo á lo prescrito en el art. 287 del código de comercio, se tendrá por nulo todo pacto que establecieren los fundadores de las compañías, ó acordaren los accionistas, sin que conste en la escritura de fundacion, ó en los reglamentos que han de someterse á la aprobacion del gobierno.

Art. 9.º Para impetrar la aprobacion real de la escritura de fundacion de toda sociedad mercantil por acciones ha de hallarse cubierta la mitad de las que compongan su capital social, sea por haberse distribuido este número entre los otorgantes de la misma escritura, ó sea por las cartas de pedidos de acciones, que con posterioridad á su otorgamiento se hayan dirigido á la comision encargada de gestionar para la aprobacion de la compañía.

Art. 10. Las cartas de pedidos de acciones producen en los suscritores la obligacion de hacer efectivo el importe de las mismas acciones en la forma que por la escritura de fundacion se haya establecido, si la empresa obtuviere la real aprobacion. Los fundadores de la sociedad responderán de la autenticidad de las suscriciones, para el efecto de haberse tenido por cubierto el número de acciones que se requieren, á fin de que la sociedad pueda constituirse.

Art. 11. Cubierta que sea la mitad de las acciones que constituyan el capital social, se reunirán los suscritores en junta general, para que los que no hayan concurrido al otorgamiento de la escritura de fundacion, presten su conformidad con los estatutos y reglamentos de la compañía, y segun lo que se acordare; quedarán estos definitivamente arreglados.

Art. 12. La escritura de fundacion de la compañía con sus reglamentos, las cartas de suscricion de acciones que completen la mitad del capital social, y el acta de su aprobacion definitiva, se presentarán al jefe político de la provincia donde esté domiciliada la sociedad, á fin de que esta autoridad proceda á formar el expediente instructivo sobre su aprobacion. Si los establecimientos que la empresa se proponga beneficiar, estuvieren en distinta provincia de la de su domicilio, se dirigirá tambien al jefe político de aquella, copia autorizada de dichos documentos, para que concurra á la formacion del expediente en la parte que le concierna.

Con la escritura de fundacion y reglamentos que se han de presentar al jefe político de la provincia del domicilio, se acompañarán copias simples de una y otros, que remitirá dicho jefe con el expediente, y se conservarán en el archivo del ministerio.

Art. 13. Corresponde al jefe político examinar:

1.° Si los estatutos de la sociedad están conformes á lo prescrito en el código de comercio con respecto á las sociedades comanditarias y anónimas, á las disposiciones de la ley de 28 de enero de 1848, y á las de este reglamento.

2.° Si el objeto de la sociedad es lícito y de utilidad pública, conforme al art. 4.° de la precitada ley, sin trascendencia á monopolizar subsistencias ú otros artículos de primera necesidad.

3.° Si el capital prefijado en los estatutos sociales puede graduarse suficiente para el objeto de la empresa; si está convenientemente asegurada su recaudacion, y si las épocas establecidas para los dividendos pasivos de las acciones están combinadas de manera, que la caja social se halle suficientemente provista para cubrir sus obligaciones.

4.° Si el régimen administrativo y directivo de la compañía ofrece las garantías morales, que son indispensables para el crédito de la empresa, y la seguridad de los intereses de los accionistas y del público.

Art. 14. Para calificar si el objeto de la compañía es de utilidad pública, el jefe político pedirá informe á la diputacion y consejo provincial, al tribunal de comercio, en cuyo distrito estuviere domiciliada la compañía, á la sociedad económica de amigos del país, si la hubiere, y al ayuntamiento. Estos informes podrán tambien extenderse á cualquiera de los demás extremos designados en el artículo anterior, sobre que el jefe político estimáre conveniente pedirlos.

Art. 15. Cuando los establecimientos comerciales ó industriales de la compañía se hubieren de fijar en distinta provincia de la de su domicilio, el jefe político de esta última pedirá tambien al de aquella, los informes oportunos para completar la instruccion del expediente en cuanto á los hechos, de que por la localidad de los mismos establecimientos, deberá tener un conocimiento especial el jefe de la provincia.

Art. 16. Instruido suficientemente el expediente de calificacion de la empresa, se remitirá por el jefe político al gobierno, de cuya órden pasará al consejo real, para que eleve consulta sobre la aprobacion de la compañía y de sus estatutos y reglamentos.

Art. 17. Si el consejo real hallare incompleta la instruccion del expediente, acordará su ampliacion exigiendo nuevos informes, ó la presentacion de los documentos que sean conducentes.

Art. 18. Teniendo el expediente estado de resolucion, el consejo real elevará su consulta, segun corresponda á los méritos del mismo expediente, proponiendo, en el caso de que no haya inconveniente para la aprobacion de la sociedad, la parte del capital que haya de hacerse efectiva antes de ponerse en ejecucion el real decreto de autorizacion.

Art. 19. Cuando la compañía fuere de las que no pueden establecerse sino por una ley, segun lo dispuesto en el art. 2.º de la de 28 de enero, el consejo consultará al gobierno lo conveniente sobre su aprobacion; y caso de que esta procediere, acompañará tambien á la consulta del proyecto de ley que en su juicio deba presentarse á las córtes.

Art. 20. Cuando las sociedades por acciones, cuya autorizacion sea de la competencia del gobierno, reunan en su objeto las cualidades prescritas por la ley, pero no estén conformes á sus disposiciones los estatutos acordados por los fundadores, propondrá el consejo las modificaciones que en ellos deban hacerse. Conformándose el gobierno con esta consulta, se comunicarán aquellas á los interesados, para que en su vista, si insistieren en la formacion

de la compañía, otorguen nueva escritura, reformando los estatu‑
tos segun se les haya prevenido.

Art. 21. El gobierno, con presencia de todo el expediente, y
de la consulta del consejó real, acordará lo que corresponda; y si
procediere la aprobacion de la sociedad con los estatutos y los re‑
glamentos presentados, se expedirá el real decreto de autorizacion,
en el cual se fijará la parte de capital con que haya de constituir‑
se desde luego, con arreglo al art. 9.° de la ley de 28 de enero,
determinándose el plazo para hacerla efectiva en la caja social, y
el que se estime suficiente para que se complete la suscricion de
las acciones.

Art. 22. Comunicado al jefe político á quien corresponda el
real decreto de autorizacion, se imprimirán y publicarán los esta‑
tutos y reglamentos de la sociedad, abriéndose por la administra‑
cion provisional là suscricion de acciones vacantes, dentro del pla‑
zo prefijado; á cuyo vencimiento, se remitirá al mismo jefe polí‑
tico en forma auténtica la lista de los nuevos accionistas, con que
se acredite haberse cubierto la suscricion del capital social. Si no
se presentaren accionistas para completarlo, se tendrá por cadu‑
cada la real autorizacion.

Art. 23. Realizada que sea en la caja social la parte de capi‑
tal que el gobierno hubiere prefijado, y comprobada su existencia
por el jefe político, dará este cuenta al gobierno, á fin de que
declare constituida la compañía, determinando el plazo dentro del
cual ha de dar principio à sus operaciones.

Art. 24. Cuando parte del capital social se hubiere de constituir
con bienes inmuebles aportados por alguno de los socios, se acre‑
ditará al jefe político su justiprecio, pudiendo esta autoridad com‑
probar la exactitud de la operacion por los medios que tenga por
conveniente, para evitar que se dé á dichos bienes mas valor del
que realmente tuvieren.

Art. 25. El jefe político, à consecuencia de la órden en que
se declare la compañía constituida, convocará la junta general de
accionistas, que se reunirá bajo su presidencia, ó la del empleado
público en quien al efecto delegare, y dándose lectura del real
decreto de autorizacion, y de aquella misma órden, se procederá
al nombramiento de las personas que hayan de tener á su cargo
la administracion de la compañía, y la inspeccion ó vigilancia de
esta misma administracion, si es anónima, y al de las que hayan
de tener' á su cargo la inspeccion ó vigilancia de la administra‑
cion, si es comanditaria, con arreglo en unas y otras á sus esta‑
tutos y reglamentos, declarándose á los elegidos, lo mismo que
á los socios gerentes, si la sociedad es en comandita en ejer‑

cisio de sus funciones; y acordándose proceJer à la emision de los títulos de las acciones en inscripciones nominativas. Estos títulos no podrán representar sino la cantidad efectiva, que del importe nominal de cada accion se hubiere entregado por el accionista en la caja social.

Art. 26. De los estatutos y reglamentos de la compañía despues de haberse constituido, y del real decreto de autorizacion, se remitirán copias al tribunal de comercio en cuyo territorio estuviere domiciliada, para que se hagan los correspondientes asientos en sus registros, fijándose edictos en los estrados del tribunal, con insercion literal de aquellos documentos.

Art. 27. Segun està declarado en el art. 265 del codigo de comercio, los administradores de las sociedades por acciones, siendo anónimas, son amovibles à voluntad de los socios, mediando justas causas de separacion con arreglo á derecho, ó á lo que sobre la materia estuviese establecido en los estatutos de la sociedad.

Art. 28. En las compañías comanditarias por acciones no podrán ser removidos los sócios gerentes de la administracion social que les compete, como responsables directamente y con sus bienes propios, de todas las operaciones á la compañía. En caso de muerte ó inhabilitacion de los socios gerentes se tendrá por disuelta la compañía, y se procederà á su liquidacion.

Art. 29. Dentro de los 15 dias siguientes al en que se hubiere declarado constituida la compañía, acreditarán los administradores antè el jefe político haber hecho el depósito efectivo de las acciones con que deben garantizar su gerencia en la cantidad determinada en los estatutos, y conforme á lo prescrito en el artículo 13 de la ley de 28 de enero.

Art. 30. Las sociedades mercantiles por acciones estaràn constantemente bajo la inspeccion del gobierno y del jefe político de la provincia de su domicilio, en cuanto á su régimen administrativo y á la exacta observancia de sus estatutos y reglamentos, conforme está declarado en el art. 17 de la ley de 28 de enero. El gobierno con el debido cenocimiento de causa, y oido el consejo real, suspenderá ó anulará, segun estimare procedente, la autorizacion de las compañías, que en sus operaciones, ó en el órden de su administracion, faltaren al cumplimiento de las disposiciones legales ó de sus estatutos.

Art. 31. Los fondos de las compañías mercantiles por acciones no podrán distraerse de la caja social para negociaciones estrañas al objeto de su creacion.

Se permitirá únicamente aplicar los fondos sobrantes, que existan en caja, para descuentos ó préstamos, cuyo plazo no podrá esceder de 90 dias, dándose precisamente en garantía papel de la deuda consolidada.

Los administradores son directamente responsables de cualquier cantidad de que dispusieren contraviniéndose á estas disposiciones.

Art. 32. Ningun accionista podrá escusarse de satisfacer puntualmente los dividendos pasivos, que acordare la administracion de la compañía en las épocas marcadas en los estatutos. En defecto de hacerlo, podrà optar la misma administracion, conforme á lo dispuesto en el art. 300 del código de comercio, entre proceder ejecutivamente contra los bienes del socio omiso, para hacer efectiva la cantidad de que fuere deudor, ó proceder á la venta de sus acciones al curso corriente en la plaza, por medio de la junta sindical de los agentes de cambio, ó la de corredores, donde no hubiere colegio de agentes.

Art. 33. Las trasferencias de las acciones han de consignarse en un registro especial para estas operaciones, que llevarà cada compañía, interviniendo en ellas un agente ó corredor de cambios para la autenticidad del acta, quedando aquel responsable de la identidad de las personas entre quienes se hiciere la negociacion.

Cuando no estuviere cubierto el valor íntegro de la accion, se hará espresion formal en el acta de trasferencia de quedar el escedente subsidiariamente responsable del pago que deberá hacer el cesionario de las cantidades que falten para cubrir el importe de la accion, segun se prescribe en el art. 283 del código de comercio.

Art. 34. Anualmente formalizarán las compañías mercantiles por acciones un balance general de su situacion, en que se comprenderán todas las operaciones practicadas en el año, sus resultados y el estado de su activo y pasivo. Estos balances, autorizados por los administradores de la compañía, bajo su responsabilidad directa y personal, y despues de reconocidos y aprobados en junta general de accionistas, se remitirán al jefe político de la provincia, quien dispondrá su comprobacion ; y hallándose exactos y confomes con los libros de la compañía, se imprimirán y publicarán en el *Boletin oficial* de la provincia, comunicándose asimismo al tribunal de comercio del territorio.

Art. 35. Los dividendos de beneficios repartibles se acordarán necesariamente en junta general de accionistas, con presencia del balance general de la situacion de la compañía, y no podrán verificarse sino de los beneficios líquidos y recaudados del mismo balance, prévia la deduccion de la parte que haya de aplicarse al fondo de reserva.

Art. 36. Cuando del balance resultare haberse disminuido el fondo de reserva, se aplicará para completarlo toda la parte de beneficios que fuere necesaria, reduciéndose el dividendo para los accionistas á la que hubiere sobrante.

Art. 37. Los jefes políticos darán cuenta al gobierno del estado de cada compañía por acciones que hubiere en su territorio, segun el resultado del balance anual, exponiendo las observaciones que estimaren conducentes, en las materias que sean de interés de la administracion.

Ademas de estas comunicaciones anuales, pondrán en conocimiento del gobierno, para la resolucion correspondiente, toda novedad que ocurra en el régimen directivo y administrativo de las compañías, que pueda perturbarlo, ó que produzca alguna alteracion en la observancia de sus estatutos.

Art. 38. Siempre que de resultas de la inspeccion, que la administracion ha de ejercer sobre las sociedades por acciones, ó por los documentos que estas deben someter á su comprobacion, ó por cualquiera otro medio legal, constare haberse perpetrado algun delito en el manejo directivo y administrativo de la sociedad, procederá el jefe político conforme está prescrito en el párrafo 5.º del art. 5.º de la ley de 2 de abril de 1845.

Art. 39. Los gerentes ó directores de las compañías por acciones existentes en la actualidad, que en virtud de lo dispuesto en el artículo 18 de la ley de 28 de enero, deben necesariamente convocar á junta general de accionistas dentro de los 50 dias siguientes al de su publicacion, darán conocimiento al jefe político de la provincia del dia de la reunion, á fin de que aquella autoridad pueda por sí ó por sus delegados presidir dicha junta. Celebrada esta, remitirán los directores copia certificada del acuerdo, sea para declarar la compañía en liquidacion, ó bien para impetrar la real autorizacion, que la habilite para continuar en sus operaciones.

Art. 40. En defecto de prestarse por los directores de alguna compañía el debido cumplimiento á la disposicion de la ley, procederá el jefe político, trascurrido que sea el término que en ella se prefija, á convocar la junta general de accionistas bajo su presidencia ó la de otro empleado público en quien delegare al efecto.

Art. 41. Las compañías que acordaren cesar en sus operaciones, quedarán inhabilitadas, desde la misma fecha del acuerdo, para hacer nuevos negocios; y en caso de contravencion, incurrirán los que lo hicieren en la responsabilidad y pena pecuniaria que se prescribe en el art. 16 de la ley de 28 de enero.

Art. 42. Los administradores de las compañías, que acordaren solicitar la real autorizacion, lo verificarán dentro del plazo legal, dirigiendo al gobierno la correspondiente esposicion, al que acompañarán certificacion de aquel acuerdo y sus estatutos y reglamentos. Estos documentos se entregarán al jefe político de la provincia, de cuya órden se formará, dentro del término improrogable de 15 dias, el balance general, que demuestre la situacion de la compañía, y la calificacion de su activo; y comprobada que sea la exactitud de aquel documento, se remitirá el expediente al gobierno para la resolucion conveniente, que recaerá, prévia la correspondiente consulta del consejo real, y con arreglo á lo dispuesto en el artículo 19 de la ley de 28 de enero.

Art. 43. Trascurrido el plazo de dos meses despues de la publicacion de la misma ley, se declararán disueltas todas las compañías por acciones, que no hubiesen impetrado la real autorizacion; á cuyo fin los jefes políticos darán cuenta al gobierno de las que dentro del territorio de la provincia de su mando se hallaren en este caso. La disolucion de estas compañias se publicará en la *Gaceta* del gobierno y en el *Boletin oficial* de la provincia respectiva, dándose conocimiento de ella al tribunal de comercio á quien corresponda.

Art. 44. En la liquidacion de las compañías que quedaren disueltas, sea por acuerdo de los accionistas, ó bien por no haber impetrado y obtenido la real autorizacion, se procederá con arreglo á las disposiciones del código de comercio; siendo obligacion de los encargados de la liquidacion dar cuenta mensualmente al jefe político de la provincia del estado en que se hallare, y acreditarle asimismo á su conclusion haber quedado canceladas todas las resultas de la misma liquidacien. La inspeccion, que sobre ella se encarga á los jefes políticos, no obstará para que los interesados ejerciten judicialmente los derechos que les competan sobre los haberes de la compañía, y para que su liquidacion se haga legalmente.»

REAL ORDEN DE 29 DE ENERO, publicada en 20 de febrero.

1.ª «Se autoriza en los presupuestos municipales el coste de la adquisicion y manutencion de uno ó mas toros sementales que sean necesarios para las vacas del distrito municipal, á razon de cuarenta y cinco á cincuenta de estas para cada uno.

2.ª Los toros que se elijan para padres han de tener buen pelo y las anchuras convenientes, además de las circunstancias que marquen en cada pais personas conocedoras en este ramo de ganadería, advirt'endo que los sementales no han de tener menos de tres años, ni exceder de cinco.

3.ª De ellos usarán para sus vacas los ganaderos que gusten, quedando en libertad de beneficiarlas por otros suyos ó agenos; pues el gobierno trata de proporcionar ventajas á la agricultura, y no de imponer trabas ni restricciones al interés particular.

4.ª El gobierno se propone estimular à los ganaderos por medio de un bien entendido sistema de premios, algunos de los cuales se adjudicarán á los que presenten mejores crias, advirtiendo que en igualdad de circunstancias serán preferidas las que provengan de los toros del comun. La seccion de agricultura del consejo real, de agricultura, industria y comercio queda encargada de proponer el antedicho sistema.

5.ª Atendiendo á la especial consulta que se hace para este ramo de ganadería por lo que respecta á Galicia, Asturias, Provincias Vascongadas y demas del Norte de España, los toros que merecen la preferencia para aquellas vacas son los de la provincia de Avila; pues reunen las circunstancias que generalmente se requieren, alzada conveniente y mansedumbre, y facilidad para su adquisicion y conduccion desde aquella á los puntos donde han de servir. Los jefes políticos de las referidas provincias cuidarán por tanto de que de esta se surtan las de su respectivo mando.

6.ª Para la graduacion de las necesidades de cada localidad harán formar los jefes políticos una estadística de esta clase de ganadería; en el bien entendido, que como ya otra vez se ha manifestado, este ministerio dedicado por institucion exclusivamente á la produccion y fomento de la riqueza pública, es agena á todo interés é intencion fiscal.

7.ª Así para esta estadística, sin la cual es imposible adoptar ningun plan y sistema general, como para proponer las cualidades de especialidad que deban tener los sementales en cada provincia, y proceder en su caso á la aprobacion y compra de los toros que han de destinarse á aquel servicio, se valdrán los jefes políticos de las comisiones consultivas nombradas para la cria caballar, sin perjuicio de proponer á S. M. la agregacion à ellas de personas acreditadas por sus conocimientos especiales y prácticos en este importante ramo de ganadería. V. S. conocerá cuánta es la trascendencia de estas disposiciones, y cuán poderosamente han de contribuir al desarrollo de nuestra riqueza pecuaria, y por consecuencia de la agricultura, à quien son de tan poderoso auxilio la fuerza animal de toda clase de ganados y los abonos que producen. Decidido el gobierno de S. M. por tanto á conceder a este ramo la mas privilegiada atencion, mirarà como un servicio particularmente digno de su real benevolencia el celo que V. S. y la comision consultiva desplieguen para contribuir al logro de sus benéficas intenciones.»

OTRA DE 20 DE FEBRERO, declarando que el levantamiento de planos geométricos es solo obligatorio para las capitales de provincia y pueblos de crecido vecindario. (*Gaceta núm.* 4909).

REAL ORDEN DE 12 DE FEBRERO, declarando que no está comprendida en la prohibicion de extraer moneda, la plata labrada en España que se exporta para América. (*Gaceta núm.* 4910).

REAL ORDEN DE 24 DE FEBRERO, disponiendo que por este año se dé gratis en los depósitos de caballos padres el servicio de monta. (*Gaceta núm.* 4912).

ORGANIZACION ADMINISTRATIVA.

REAL ORDEN DE 26 DE ENERO, publicada en 12 de febrero, suprimiendo cuatro plazas de oficiales en la secretaría de la Gobernacion del reino. (*Gaceta núm.* 4899).

REAL DECRETO DE 2 DE FEBRERO, dando nueva organizacion á los inspectores de administracion.

Art. 1.º «Los inspectores de la administracion civil creados por real decreto de 8 de enero de 1844, serán ocho, cuatro de primera clase con el sueldo de 40,000 rs., y cuatro de segunda con el de 30,000 rs.

Art. 2.º En lo sucesivo no se proveerá ninguna de las vacantes de estas clases, exceptuando únicamente los ascensos de rigorosa escala.

Art. 3.º El ministro de la Gobernacion del reino me propondrá la reduccion que convenga hacer en el número y sueldos de los inspectores tan luego como las vacantes que vayan ocurriendo faciliten la ejecucion de esta reforma.»

OTRO DE 7 DE FEBRERO, modificando la organizacion del consejo real.

Art. 1.º «El consejo real se compondrá:

1.º De los ministros secretarios de Estado y del despacho.

2.º De 24 consejeros ordinarios y 16 extraordinarios, autorizados para tomar parte en las deliberaciones del consejo. La supresion de las plazas excedentes se hará segun vayan vacando en una y otra clase.

3.º De un secretario general y de un fiscal.

4.º De seis auxiliares mayores, 7 de la clase de primeros y 13 de la de segundos.

5.º De siete auxiliares supernumerarios sin sueldo alguno, que optarán á la mitad de las vacantes naturales que resulten en la cláse de segundos, reservándose la otra mitad para la colocacion de los cesantes de las carreras à que correspondan.

6.º De un archivero y un oficial de la secretaría general.

7.º De 16 escribientes, un portero del consejo, dos ugieres, siete porteros de las secciones y cuatro mozos de oficio.

Art. 2.º El sueldo del vicepresidente nombrado por mí será de 60,000 rs.; el de los consejeros ordinarios de 50,000; el del secretario general y el del fiscal de 40,000; el de los auxiliares mayores y de primera y segunda clase de 24, 18 y 12,000; el del archivero y oficial de la secretaría general de 12 y de 8,000; el de los escribientes, siete de 6,000 rs., otros siete de 5,000, y dos de 4,000, y últimamente el del portero del consejo será de 10,000 rs.; el de los ugieres de 8,000, el de los porteros de las secciones de 5,000, y el de los mozos de oficio de 3,500.

Art. 3.º Las secciones en que se dividirá el consejo para los asuntos administrativos, serán de Estado y Gracia y Justicia, de Guerra y Marina, de Gobernacion del reino, de Hacienda, de Comercio, Instruccion y Obras públicas, y de Ultramar. La de lo contencioso conocerá como hasta aquí de los asuntos que le están cometidos.»

REAL DECRETO DE 17 DE FEBRERO, dando nueva organizacion al consejo de instruccion pública.

Art. 1.º «El consejo de instruccion pública se compondrá:

Del ministro del ramo, presidente.

De un vicepresidente nombrado por mí.

Del director general de instruccion pública.

De veinte y ocho consejeros.

Art. 2.º Los consejeros se elegirán entre las clases siguientes:

Catedráticos en ejercicio.

Id. cesantes ó jubilados.

Doctores de las varias facultades.

Sugetos de gran reputacion en la literatura ó las ciencias.

Art. 3.º El cargo de consejero de instruccion pública es honorífico, y no devenga sueldo.

Art. 4.º El consejo se dividirá en las secciones siguientes:

1.ª Instruccion primaria.

2.ª Filosofía.

3.ª Ciencias eclesiásticas.

4.ª Jurisprudencia.

5.ª Ciencias médicas.

6.ª Administracion y gobierno de la enseñanza, de las escuelas y sus fondos.

Art. 5.º La primera seccion se compondrá de siete vocales, á saber: tres especiales, dos de la seccion de filosofía, uno de la de ciencias eclesiásticas, y otro de la de administracion.

La segunda seccion se compondrá de siete vocales: cinco especiales, uno de la de ciencias eclesiásticas, y otro de la de administracion.

La tercera seccion se compondrá de cinco vocales, todos especiales.

La cuarta de cinco vocales, igualmente especiales.

La quinta de siete vocales, á saber: cinco médicos y dos farmacéuticos.

La sexta constará de nueve vocales: tres especiales, uno correspondiente á cada una de las demás secciones y el secretario general.

Art. 6.º El vicepresidente no pertenecerá á seccion alguna, y podrá presidirlas todas con voz y voto.

Art. 7.º El director general de instruccion pública será individuo nato de todas las secciones.

Art. 8.º Habrá un secretario general que deberá ser oficial del ministerio. En cada seccion hará de secretario el mas jóven, y presidirá el mas anciano: el secretario general lo será especial de la sexta seccion.

Art. 9.º Los consejeros tendrán voz y voto en toda clase de cuestiones que se sometan al dictámen del consejo pleno, excepto en las que se refieran á asuntos del profesorado público, en las cuales no podrán intervenir de modo alguno los catedráticos en ejercicio.

Art. 10. El consejo de instruccion pública dará su dictámen siempre que sea consultado por mi gobierno, ó cuando lo prescriban los reglamentos; y lo verificará en pleno y por secciones, segun se determine en los diferentes casos.

Art. 11. El consejo pleno será especialmente consultado:

1.º Sobre la formacion ó reforma del plan general de estudios.

2.º Sobre la creacion ó supresion de escuelas y establecimientos científicos y literarios de toda clase.

3.º Sobre el aumento ó supresion de facultades ó cátedras en las escuelas que hoy existen.

4.º Sobre remocion de los catedráticos propietarios.

Art. 12. Podrán ser consultadas las secciones respectivas:

1.º Sobre los métodos de enseñanza, organizacion de los establecimientos, libros de texto y calificacion de obras para premiar á sus autores.

2.º Sobre los expedientes de oposicion para el nombramiento de catedráticos.

3.º Sobre la antigüedad y clasificacion de los profesores.

4.º Sobre las cuestiones que se susciten relativas al gobierno interior de los establecimientos, su disciplina y administracion económica.

Art. 13. Un reglamento interior determinará los pormenores de la organizacion del consejo de instruccion pública y el régimen del ejercicio ordinario y extraordinario de sus funciones.»

Otro de 23 de febrero, sobre el uso de licencias por los empleados dependientes del ministerio de la Gobernacion.

1.ª «Los empleados en activo servicio que por traslacion ó ascenso pasen à desempeñar nuevos destinos deberán tomar posesion de ellos en el preciso término de un mes, contado desde que cesen en los que anteriormente servian, y continuarán gozando el sueldo de estos los dias que medien hasta que lo verifiquen. Por ningun motivo se hará mayor abono, aun cuando el empleado obtenga próroga de aquel término ó real hab litacion.

2.ª A los empleados que por causas bien justificadas obtengan licencias temporales para restablecer su salud les será abonada la mitad del sueldo por el tiempo de la licencia, que nunca podrá exceder de dos meses, y ningun sueldo por el de las prórogas.

3.ª A los que les fuere concedida la licencia para negocios propios, no se les abonará sueldo alguno mientras usen de ella.

4.ª Toda licencia temporal quedará sin efecto siempre que el empleado no empicce á usarla dentro de un plazo igual al de la misma licencia, contado desde la fecha de la concesion.

5.ª A ningun empleado que por exceso de licencia ó por otro motivo se presente à servir el destino fuera del tiempo que corresponda, se le dará posesion de él sin la competente habilitacion, que deberá solicitar justificando las causas que hayan ocasionado el retraso.

6.ª Las solicitudes de licencia y de próroga, se dirigirán, como todas las demàs, por el conducto regular, y al darlas curso las informarán los jefes respectivos como corresponda.»

Otro de la misma fecha, dando nueva planta al ministerio de Marina. (Gaceta núm. 4914).

Otro de 24 de febrero, declarando que la presidencia de las secciones del consejo de instruccion pública que por el art. 8.º del decreto de 17 del corriente, se concede al vocal mas anciano, se entienda cuando no hubiere presidente nombrado por S. M. (Gaceta núm. 4916).

Otro de 24 de febrero, declarando individuo nato del consejo de agricultura y comercio al presidente de la asociacion general de ganaderos. (Gaceta núm. 4917).

DISPOSICIONES RELATIVAS Á LA ADMINISTRACION DE LA HACIENDA PÚBLICA.

REAL ORDEN DE 8 DE FEBRERO, nombrando una comision que examine los presupuestos de la isla de Cuba, Puerto-Rico y Filipinas, y el sistema de contabilidad que rije en las mismas islas para proponer las reformas que sean necesarias (*Gaceta núm. 4901*).

OTRA DE 13 DE FEBRERO, sobre la manera de dirigir sus solicitudes los funcionarios dependientes del ministerio de Hacienda.

1.ª «Los empleados activos de la hacienda pública dirigirán siempre por el conducto regular de sus jefes inmediatos y naturales las instancias que promuevan en solicitud de gracias, colocaciones, ascensos ó reparacion de agravios sufridos en su carrera.

2.ª Los cesantes y jubilados que no se hallen temporalmente en servicio activo y los demás individuos de clases pasivas deberán dirigirlas por conducto del intendente de la provincia en que esté radicado el pago de sus haberes.

3.ª Unicamente podrán enviarlas en derechura á este ministerio, tanto los empleados activos, como los individuos de clases pasivas, cuando tengan que verificarlo en queja de los jefes de las oficinas generales ó provinciales por no haber sido atendidas las reclamaciones que gradualmente hubiesen dirigido á los mismos jefes.

4.ª Se esceptúan de las dos disposiciones anteriores los ex-ministros de la corona, senadores, diputados y consejeros, los cuales podrán remitir sus solicitudes en derechura á este ministerio, ó á las dependencias en que necesiten entablarlas.

5.ª Los jefes de las oficinas centrales y provinciales darán con su informe el curso correspondiente á las solicitudes que reciban, quedando responsables con sus empleos los que así no lo hicieren sin motivo justificado.

6.ª No tendrán curso alguno en este ministerio, ni en las oficinas dependientes del mismo, las solicitudes que se les dirijan fuera de los conductos señalados en las disposiciones precedentes.

7.ª Tampoco lo tendrán las que no se hallen estendidas en papel del sello correspondiente con arreglo al real decreto de 16 de febrero de 1824 y órdenes posteriores.

Esta disposicion comprende tambien las solicitudes de particulares.»

LEY SANCIONADA POR S. M. EN 11 DE FEBRERO, autorizando al gobierno para cobrar las rentas y contribuciones hasta fin de junio próximo. (*Gaceta núm. 4903*).

REAL DECRETO DE 14 DE FEBRERO, sobre conversion de créditos contra el Estado.

Art. 1.º «No se llevará á efecto ningun acuerdo de la comisión de liquidacion y conversion de créditos por contratos sino en virtud de real aprobacion.

Art. 2.º Para que recaiga la expresada real aprobacion deberá en cualquier caso y negocio consultarse préviamente al consejo real en pleno, de cuyo dictámen se habrá de hacer siempre mérito en la resolucion definitiva.

Art. 3.º Al presentar á las córtes el proyecto de ley anunciado en el real decreto de 7 de enero último para satisfacer la deuda no procedente de haberes, el ministro de Hacienda propondrá la derogacion, ya inmediata, ya en un plazo fijo y breve, de la ley de 14 de febrero de 1845 sobre liquidacion y conversion de créditos por contratos.»

REAL DECRETO DE 25 DE FEBRERO, estableciendo una nueva tarifa de derecho sobre especies determinadas.

Art. 1.º «En las capitales de provincia y puertos habilitados donde se cobran los derechos de puertas, se exigirán los de las especies determinadas desde el 15 del próximo marzo con arreglo á la tarifa adjunta.

Art. 2.º Se suprimen desde la misma fecha los derechos de puertas y arbitrios de todas clases sobre las primeras materias y productos de las fábricas nacionales de tegidos y puntos de lana, estambre, seda, cáñamo, lino, algodon, loza, china, vidrio, cristal y papel, el corcho, maderas de construccion, hierro, y demas metales, y las máquinas, muebles, herramientas y utensilios construidos con alguna de aquellas materias; los productos químicos y las pieles de todas clases al pelo y curtidas, los abanicos, sombreros, los hules y encerados y ropas hechas.

Los géneros y efectos extranjeros de la misma clase que los ya expresados quedarán igualmente libres de todo arbitrio municipal ó provincial.

Art. 3.º En los demas pueblos administrados, arrendados ó encabezados por las especies de consumos, se exigirán desde el citado dia los derechos que señala la tarifa unida á este decreto, segun la escala de poblacion.

Art. 4.º Los pueblos encabezados y arrendados rectificarán sus actuales encabezamientos ó arriendos en proporcion á la alteracion de derechos, aumentándose con el importe de los de las nuevas especies.

Art. 5.º Desde el espresado dia 15 de marzo no se exigirán derechos de fabricacion al jabon duro y blando, adeudándolos solamente en el consumo.

Art. 6.º Las fábricas de jabon serán intervenidas por la administracion en los mismos términos que las de aguardiente.

, **Art. 7.º** Tanto en las capitales como en los demas pueblos, solo se podrán exigir sobre el aguardiente arbitrios ó recargos que no escedan en ningun caso de la mitad del derecho señalado à las poblaciones hasta la cuarta clase inclusive, y de la tercera parte en todas las demas de la tarifa.»

OBRAS PÚBLICAS.

REAL ORDEN DE 14 DE ENERO publicada en 5 de febrero, haciendo algunas modificaciones en el real decreto de 10 de junio último, por el cual le suprimió la empresa de aguas de Lorca. (*Gaceta núm.* 4892).

OTRA DE 8 DE FEBRERO, declarando carretera de gran comunicacion transversal la que partiendo de Salamanca y pasando por Béjar, Plasencia, Cáceres, Mérida y los Santos vaya à terminar en Huelva, y mandando que sea costeada por mitad con los recursos del Estado. (*Gaceta núm.* 4896).

LEGISLACION MILITAR Y DE LA ARMADA.

REAL DECRETO DE 7 DE FEBRERO, organizando el cuerpo de sanidad militar en los términos siguientes:

Art. 1.º «La direccion del cuerpo de sanidad militar se compondrá en lo sucesivo de un solo director con el sueldo con que actualmente està asignado á dicha clase; un secretario, vicedirector ó consultor del cuerpo; un vicesecretario, viceconsultor del mismo, que sustituirà al secretario en ausencias ó enfermedades; tres oficiales, uno primer ayudante farmacéutico, y los dos restantes segundos ayudantes médicos; dos escribientes primeros, dos segundos, un portero y dos ordenanzas, todos con el sueldo que actualmente les está asignado.

Art. 2.º El nombramiento de director será de mi libre eleccion.

Art. 3.º Para poder ilustrar al director en los casos científicos ó facultativos habrá una junta consultiva, de la que será presidente, compuesta de tres jefes del cuerpo; dos médicos, que serán precisamente el secretario de la direccion y el jefe de sanidad del distrito, y, el vicedirector farmacéutico. El vicesecretario de la direccion ejercerá las funciones de secretario de la junta, pero sin voto, à escepcion de los casos en que por ausencia ó enfermedad deje de asistir alguno de los vocales que la componen. Los individuos de di-

cha junta no tendran por esta comision emolumento ni gratificacion alguna sobre el sueldo que por sus respectivos empleos disfrutan.

Art. 4.º Los directores actuales que, segun lo prevenido en el
art. 1.º, queden cesantes, disfrutarán el sueldo que por sus años de
servicio les corresponda, con arreglo à lo prevenido en la ley que
rije sobre el particular. El ministro de la Guerra queda encargado
de espedir las órdenes necesarias para su cumplimiento.»

REAL ORDEN DE 8 DE FEBRERO, determinando las cualidades
que han de tener los voluntarios que se admitan en el servicio
de la armada. (*Gaceta núm. 4898*).

REAL DECRETO DE 14 DE FEBRERO, disponiendo que los jóvenes de 17 á 20 años que ingresen en la reserva del ejército como subtenientes, no disfruten sueldo mientras estén en provincia. (*Gaceta núm. 4903*).

OTRO DE 23 DE FEBRERO, suprimiendo la junta directiva y
consultiva de la armada y restableciendo la direccion y mayoría generales de la misma con las atribuciones que les designan
las ordenanzas generales. (*Gaceta núm. 4914*).

LEY SANCIONADA POR S. M. EN 28 DE ENERO, autorizando al
gobierno para llamar 25,000 hombres á las armas por espacio
de 7 años. (*Gaceta núm. 4919*).

COMENTARIOS Y OBSERVACIONES SOBRE LOS ARTICULOS MAS IMPORTANTES DEL NUEVO CODIGO PENAL.

I.

Exámen de los artículos 3 y 4 del código, que tratan de los actos preparatorios del delito, de la tentativa, y del delito frustrado.

La ley debe definir y determinar las circunstancias que han de concurrir en un hecho para calificarlo de delito; pero comó este no suele consumarse sino mediante la ejecucion de varios actos sucesivos, y no siempre los ha practicado todos el culpable cuando cae en poder de la justicia, debe tambien la ley apreciar el grado de culpa y fijar la cantidad de pena que corresponde á cada uno de dichos actos. El nuevo código penal lo hace así en los arts. 3.º y 4.º, cuyo texto es el siguiente:

Art. 3.º «Son punibles no solo el delito consumado sino el frustrado y la tentativa.

Hay delito frustrado, cuando el culpable á pesar de haber hecho cuanto estaba de su parte para consumarlo no logra su mal propósito por causas independientes de su voluntad.

Hay tentativa, cuando el culpable dá principio á la ejecucion del delito directamente por hechos exteriores y no prosigue en ella por cualquier causa ó accidente que no sea su propio y voluntario desistimiento.

Art. 4.º La conspiracion y proposicion para cometer un delito, solo son punibles en los casos en que la ley las pena especialmente.

La conspiracion existe cuando dos ó mas personas se conciertan para la ejecucion del delito.

La proposicion se verifica cuando el que ha resuelto cometer un delito propone su ejecucion á otra ú otras personas.»

En la perpetracion de un delito deben estinguirse los estados siguientes: 1.º Los actos.internos, esto es, el pensamiento, el deseo y la resolucion criminal: 2.º Los actos externos preparatorios que se dirigen á facilitar los medios de llevar á cabo la resolucion criminal, pero que no son todavía el principio de la ejecucion del crímen, por cuanto no tienen con el pensamiento de él una relacion forzosa, necesaria é inmediata: 3.º Los actos que dan principio á la ejecucion del hecho material del delito, en tanto que el agente puede suspender por su voluntad esta ejecucion: 4.º Los actos de ejecucion cuando el delincuente ha puesto ya todos los medios para perpetrar el delito, y sin embargo este no llega á consumarse por causas independientes de la voluntad de su autor: 5.º La consumacion del delito. Un ejemplo aclarará esta doctrina. Una persona piensa robar á otra, entra en deseos de verificarlo y resuelve cometer el robo. Hasta aquí no hay mas que actos internos, el primer estado del delito. Pero conociendo que ella sola no puede llevar á efecto su resolucion, propone á otros para que le ayuden y todos se conciertan para la ejecucion del crímen, acuerdan la manera de verificarlo, compran ganzúas, observan las entradas y salidas de la casa que se proponen robar, se proveen de armas y lo tienen todo dispuesto para dar el golpe. Ya tenemos actos preparatorios, proposicion, conspiracion para el delito, pero no un principio de ejecucion del acto material en que consiste: esto es, tenemos el segundo estado del delito. Llega la hora designada para el crímen, y los ladrones se presentan delante de la casa que debe ser robada; abren las puertas, se introducen en la habitacion donde está el dinero, y cuando aun todavía pueden no tomarlo y arrepentirse sienten pasos, temen ser descubiertos y huyen sin haber consumado el delito. En este caso hay ya tentativa de hurto y está el crímen en su tercer estado. Pero supongamos que los ladrones no tienen motivo alguno para suspender la ejecucion de su propósito, y siguiendo adelante se apoderan del dinero que se proponian robar, y cuando ya se marchaban con él lo pierden dentro de la misma casa al huir de los vecinos que los han sentido y los persiguen. Hay en este caso delito de robo frustrado, porque los ladrones pusieron de su parte todos los medios para ponerlo en ejecucion, y si este no se ha llevado á efecto ha sido por causas independientes de su voluntad. Supongamos por último, que no ocurre ninguno de estos accidentes y los ladrones se llevan las cosas hurtadas, y tendremos el hurto consumado. Supuesta esta explicacion pasemos á examinar cada uno de los estados del delito bajo el punto de vista de su criminalidad y de la pena que le corresponda.

Los actos internos, la resolucion y el propósito de delinquir son hechos ilícitos en el órden moral y religioso, pero carecen de una circunstancia indispensable para que en el órden social puedan ser considerados como delitos, ni como objeto de sancion penal. No basta que un acto sea ilícito para que la ley deba castigarlo; es menester ademés que la justicia humana tenga medios para apreciarlo debidamente. Ahora bien, la resolucion de delinquir carece de este último requisito. Cuando el pensamiento no se manifiesta por actos exteriores, solo á Dios corresponde juzgarlo, porque Dios solamente puede conocerla. Así es que ninguna legislacion ha osado penetrar en el corazon de los hombres para castigar ni premiar sus ocultos pensamientos. Ya digeron los legisladores romanos que nadie podia ser penado por lo que pensaba: *cogitationis pœnam nemo patitur* (1). Tambien las leyes de Partida establecieron este principio, mandando que nadie fuese castigado por el mero pensamiento de delinquir, aunque haya practicado algunos actos para la ejecucion del delito, siempre que se arrepienta antes de consumarlo (2). El nuevo código penal no podia menos de seguir esta doctrina, y así es, que cuando la resolucion de delinquir no se manifiesta por actos exteriores, no es objeto siquiera de ninguna de sus disposiciones. El delito por lo tanto, cuando se halla en su primer estado, ni es verdadero delito á los ojos de la ley, ni cae bajo la jurisdiccion de los tribunales.

Los actos externos preparatorios que no son el principio de la ejecucion material del crímen, no pueden ser tampoco penados por regla general, á menos que sean de tal naturaleza que constituyan por sí mismos un delito especial. La razon es, por-

(1) D. L. 18, tit. 19, lib. XLVIII.
(2) L. 2, tit. 31, Part. 7.ª

que estos actos no teniendo una relacion forzosa, inmediata con el crímen, no puede la justicia humana apreciarlos con acierto. Por ejemplo, se encuentra a un hombre provisto de armas y ganzúas rondando una casa á media noche. ¿Se sigue necesariamente de este acto que ha habido conato de robo? No, ciertamente. Cualquiera abrigará contra este hombre graves presunciones, mas si otros hechos no prueban su resolucion de hurtar, podrá ser castigado como portador de ganzúas y de armas prohibidas, pero no como reo de tentativa de hurto. Este hombre pudo encontrar aquellas armas y ganzúas pocos momentos antes de la prision: en vez de acechar la casa del rico pudo estar rondando la ventana de su querida. No hay pues en este caso una relacion inmediata y necesaria entre el acto preparatorio y el delito aunque pudo muy bien haberla, y por lo tanto, seria inicuo castigar al hombre en cuestion como reo de tentativa de hurto. Pero como generalmente no es fácil á la justicia humana descubrir la relacion que puedan tener los actos preparatorios con el crímen á que se refieran cuando no ha tenido principio su ejecucion material, es tambien regla general que los actos preparatorios que no hagan parte de dicha ejecucion ni constituyen un delito *sui generis,* ni merecen pena alguna.

Esta doctrina, además de ser la corriente en la ciencia del derecho penal, se infiere del art. 3.º, tít. 4.º del código. Segun el primero de estos artículos, la tentativa de un delito no es punible sino cuando *el culpable ha dado principio á la ejecucion del mismo delito:* luego mientras los actos preparatorios no hagan parte de dicha ejecucion no son tampoco dignos de pena. Segun el art. 4.º, la proposicion y conspiracion para cometer un delito no son punibles sino cuando la ley las pena especialmente: luego con menos razon deben castigarse otros actos preparatorios que no tienen una relacion tan estrecha con el delito á que se refieren.

¿Pero cómo distinguir los actos que dan principio á la ejecucion de un delito, de aquellos que aunque preparatorios del mismo no forman parte de su ejecucion? Es imposible establecer sobre este punto una regla general, pero los tribunales deben tener presente una observacion que ilustrará su juicio cuando tengan que resolver casos de esta especie. Todo acto de cuya ejecucion se infiera *necesariamente* el propósito inmediato de come-

ter un crímen, hace parte de su ejecucion, pero cuando se deduzca
con la misma razon un proyecto criminal que una resolucion lícita, no puede considerarse como principio de la ejecucion del
delito. Por ejemplo, un cocinero compra cierta cantidad de su-
blimado corrosivo; este acto puede ser preparatorio de un asesinato, pero mientras el cocinero no haga mas que comprar y
guardar su específico, no se infiere *necesariamente* de su accion
el propósito de envenenar á su amo, porque pudo muy bien
proponerse exterminar ratones ú otros animales dañinos. Pero
si despues de haber comprado el veneno lo introdujo furtivamente en la comida que preparaba para su amo, ya de esta accion no puede menos de inferirse un propósito criminal, la intencion de cometer un envenenamiento.

Pero esta doctrina tiene sus escepciones. Si los actos preparatorios de que vamos tratando no merecen generalmente pena
alguna, es porque la justicia humana no tiene por lo comun
medios suficientes para apreciarlos; de donde se infiere, que
cuando esta razon no exista, cuando los tribunales puedan conocer acertadamente de esta especie de actos, es tan grande
el interés de la sociedad en prevenir los delitos, que debe
la ley castigarlos. El uso de armas prohibidas, la venta de
sustancias venenosas, la vagancia, la frecuentacion de las casas de juego, son actos preparatorios por ocasion de muchos delitos, que la ley puede definir y castigar con provecho,
y que pueden apreciar los tribunales con acierto. La proposicion del delito y la conspiracion para delinquir son tambien actos preparatorios que no hacen parte de la ejecucion material, y que en algunos casos tiene el Estado un grande interés
en reprimirlas. Así es, que en todas las legislaciones modernas
son delitos *sui generis* la vagancia, la venta de sustancias venenosas, el uso de armas prohibidas, etc., y en muchas se castiga con penas mas ó menos graves la proposicion y conspiracion
relativas á ciertos delitos.

Conforme con esta doctrina nuestro código, declara punibles
en su lugar correspondiente muchos actos preparatorios de los
delitos, de los cuales no es ocasion de hablar en este momento,
y además establece la excepcion relativa á los actos que siendo
preparatorios del crímen no son sin embargo el principio de su
ejecucion *material.* En este caso se hallan, segun hemos dicho

antes, la proposicion y la conspiracion, de las cuales no puede hacerse cargo el legislador sino con grandes limitaciones.

"La proposicion se verifica cuando el que ha resuelto cometer un delito propone su ejecucion á otra ú otras personas. Tenemos en este caso el propósito de delinquir, y un acto exterior que lo manifiesta. ¿Pero hay todas las circunstancias que autorizan la sancion penal? Una falta, ó es tan dudosa, que si contando con ella impusiese la ley un castigo sería por lo general injusto. Aunque la proposicion del delito revela un pensamiento criminal, nada es mas fácil que equivocarse sobre su formalidad ó su importancia. Rara vez es posible asegurarse de que la propuesta de un delito anuncia mas bien una resolucion firme de delinquir y un peligro inminente para la sociedad, que un deseo vituperable, ó un arrebato de ódio sin resultado para el órden público. No siempre hacen los hombres todo lo malo que piensan hacer, ni aun piensan hacer siquiera todo lo malo que dicen. En este supuesto, la justicia humana carece por lo comun de medios hábiles para apreciar el mal de la simple proposicion del delito; pero como puede haber ocasiones en que este mal sea estimable, y el interés de la sociedad en prevenirlo, inmenso, conviene que el legislador establezca algunas excepciones de la regla que considera no punible la simple proposicion del delito. La que se hace por ejemplo para cometer un regicidio con todas las circunstancias que prueban la existencia de este proyecto criminal, puede poner al Estado en grave peligro que la ley debe prevenir á tiempo castigando al delincuente.

La conspiracion que consiste en el concierto de dos ó mas personas para la ejecucion de un delito (§. 2°, art. 4.°) es ya un hecho mas positivo y que puede ser mejor apreciado que la simple propuesta: es tambien un acto preparatorio, pero no el principio de la ejecucion *material* del delito. Varias personas se convienen en incendiar un edificio, y este acuerdo supone que han tenido reuniones, que han decidido la manera de cometer el crimen, que se ha señalado á cada uno la parte que ha de tomar en su ejecucion, y que se han practicado otros actos mas fáciles de conocer y apreciar, y mas peligrosos para el órden social que la simple propuesta. Pero como aun todavía no ha tenido el delito un principio de ejecucion material, como es muy difícil averiguar el grado del peligro en que este concierto

pueda poner al Estado, no es fácil tampoco estimar la culpa de
los conspiradores. Por otra parte, según sea la naturaleza del
delito así la conspiracion que se verifique para perpetrarlo consiste en hechos mas ó menos materiales, mas ó menos susceptibles de ser conocidos ó juzgados, mas ó menos peligrosos para
el órden social. La conspiracion contra los poderes del Estado
,á acompañada de circunstancias que le dan un aspecto exterior mas determinado y sensible que la conspiracion de dos ladrones contra el bolsillo de un particular. Fuera de esto, el peligro y la alarma que causa la primera no es comparable con la
alarma y el peligro de la segunda: de modo que la justicia no
solo tiene mas facilidad para castigar la una que la otra, sino un interés mayor y una necesidad mas apremiante. Por estas razones no se puede establecer una sancion penal para toda
conspiracion de delito, pero se deben exceptuar de esta regla
las conspiraciones para algunos de ellos, cuya persecucion y castigo no ofrezcan los inconvenientes que hemos notado.

Segun esta doctrina, es regla general de nuestro derecho,
que ni la proposicion ni la conspiracion para cometer un delito
merecen pena, pues solo son punibles en los casos en que la ley
las castigue especialmente (art. 4.º). La ley no castiga especialmente la proposicion y la conspiracion, sino cuando se refieren
á delitos de la mayor trascendencia social y de los mas difíciles
de prevenir. Así es que los tribunales no pueden castigar la
conspiracion y proposicion para cometer un delito, excepto
cuando la ley les haya señalado una pena determinada, y la ley,
no señala pena alguna sino en casos rarísimos, como el de la
conspiracion ó proposicion, para el crímen de traicion, el de rebelion y el de atentado contra la vida del soberano. Esto viene
en confirmacion de lo que digimos cuando empezamos á tratar
de esta materia, á saber, que los actos puramente preparatorios
externos no son punibles sino cuando por sí mismos constituyen un delito especial, esto es, por via de excepcion, así como
los preparatorios internos no caen nunca bajo la jurisdiccion de
los tribunales.

Pasemos al tercer estado del delito, esto es, á aquel en que
habiendo dado principio á su ejecucion directamente y por actos
exteriores, todavía puede el autor desistir de su mal propósito.
En este caso no hay todavía delito pero sí tentativa de él, la

cual puede ser un acto punible, porque además de suponer la infraccion de un deber requerible de suyo, útil á la conservacion del órden político, y cuyo cumplimiento solo puede afianzarse por la pena, consiste en actos materiales cuya relacion con el fin del delito es tan estrecha é inmediata, que puede ser apreciada por la justicia humana. Es imposible determinar *à priori* cuándo los actos que preceden al delito son meramente preparatorios, y cuándo son el principio de su ejecucion; pero no lo es que los tribunales hagan esta distincion en cada caso particular, porque existe y es evidente. La única regla que en este punto puede seguirse, es la de observar la relacion mas ó menos directa, mas ó menos inmediata que tenga el acto preparatorio con el fin del delito á que se refiere. Si el acto en cuestion contribuye tan eficazmente á la perpetracion del delito que de él no pueda menos de inferirse el intento de cometerle, no puede quedar duda de la relacion necesaria que hay entre ambos, y de que el primero es el principio de la ejecucion del segundo. Mas si el acto preparatorio no puede contribuir sino indirectamente á la perpetracion del crímen, por cuanto puede ser tambien una accion indiferente y nada hay que acredite lo contrario, no puede calificarse de principio de la ejecucion del delito. El que ha comprado una escopeta y la ha cargado y dispuesto con ánimo de cometer un asesinato, ejecuta un acto preparatorio de su crímen, pero mientras nada mas haya hecho no merece ninguna pena: si se pone delante de su víctima, la amenaza y le apunta sin que le falte para consumar el crímen mas que disparar su arma, ya no puede dudarse de la criminalidad de su intento: ha puesto en peligro la vida d un hombre, y es reo de tentativa de homicidio. El que sigue á otro en medio de una concurrencia pública acechando el momento de sustraer alguna cosa de sus bolsillos, practica un acto preparatorio del hurto, y sin embargo, no es todavía delincuente: pero si lleva la mano al bolsillo de la persona á quien acecha, aunque todavía no haya sustraido el objeto que deseaba, es ya reo de tentativa de hurto. Al que lleva á este punto la ejecucion de su delito, puede tener la sociedad interés en castigarlo, porque si bien no ha causado todavía un daño material á un individuo, ha causado un mal moral de bastante cuantía. Los tribunales pueden además hacerlo, porque segun hemos visto tienen actos materiales por donde apreciar la intencion del delincuente. ¿Pero la sancion penal es indispensable para reprimirlo? ¿Tiene siempre la sociedad interés en castigarlo? Esto depende de las circunstancias.

Hemos supuesto que el criminal dá principio á la ejecucion de su delito, pero todavía puede arrepentirse y suspenderla sin causar á nadie un daño positivo. En esta situacion puede desistir vóluntariamente de su mal propósito, ó por alguna causa independiente de su voluntad. Si sucede lo primero, es porque otros motivos que no son el temor á la pena han bastado para contenerle, y por lo tanto la sancion penal ha sido innecesaria. Por otra parte, es de suma conveniencia promover el arrepentimiento de los que se disponen á delinquir, y se dificultaría mucho si estos supiesen que habiendo empezado á poner en práctica su mal prepósito, ya aunque desistan no se libran del castigo. Y por el contrario, el que arrebatado por una pasion ó en un momento de estravío comienza la ejecucion de un delito, tiene un motivo poderoso para arrepentirse y desistir, si sabe cuando pueda reflexionar que suspendiendo su mala accion se libra de toda pena. Si el que, segun el ejemplo puesto arriba, apuntaba con la escopeta para cometer su asesinato, supiese que no por desistir de este propósito se libraba de una persecucion criminal, no tendria tantos motivos para arrepentirse como si supiese que haciéndolo se eximia de todo castigo.

Pero no militan las mismas razones cuando el delincuente suspende la ejecucion de su delito por causas independientes de su voluntad. En este caso, no solo no ha habido arrepentimiento, síno que la presuncion es de que el delito se hubiera llevado á efecto á no haber ocurrido el accidente que lo impidió; porque el que dá principio á un crímen debe suponerse que lo pretende consumar mientras no se acredite lo contrario por hechos tan positivos al menos, como los que constituyen el principio de la ejecucion. De aquí se deduce, que la tentativa suspendida por causas agenas á la voluntad del agente es un acto punible, porque la sancion penal es el único medio de reprimirlo, y la sociedad está interesada en castigarlo. Un ladron en el momento de irse á apoderar del objeto del robo, y cuando aun puede desistir de su propósito es aprendido por la justicia; esto prueba que solo la sancion penal podria corregirle, porque el delito se habria consumado á no haber sido por el accidente que vino á

impedirlo. Tampoco hay interés alguno en ofrecer la impunidad
á un hombre que contra su voluntad no ha llegado á ser delincuente. Pero supongamos que el ladron sin ser aprehendido desiste de cometer el hurto, y tendremos que el que iba á ser criminal no llega á serlo de su buen grado, y que la sociedad está
interesada en ofrecer á los que se hallen en su caso un aliciente que los separe del crímen. Hay, pues, en la primera hipótesis una tentativa punible, y en la segunda un conato de delinquir que no merece el castigo de la justicia humana.

Dedúcese de lo dicho, que para que un acto pueda ser calificado de tentativa punible ha de reúnir las circonstancias siguientes: 1.ª Que sea exterior á fin de que pueda caer bajo la
jurisdiccion de los tribunales : 2.ª Que dé principio á la ejecucion del delito, lo cual se conocerá por la relacion mas ó menos directa ó inmediata que tenga con el fin de él : 3.ª Que
el autor de este acto desista de consumar su delito por su
propia voluntad. Por eso dice el código que la tentativa es por
regla general punible (§. 1.º, art. 3.º), «cuando el culpable *dá
principio á la ejecucion del delito directamente por hechos exteriores*, y no prosigue en ella por cualquier causa ó accidente
que no sea su *propio y voluntario desistimiento* (§. 3.º, artículo 3.º).» Estas palabras comprenden toda la doctrina que acabamos de exponer, y si es posible establecer reglas absolutas sobre esta matéria, ninguna tan completa ni tan concisa como la
contenida en este artículo. Segun él no hay tentativa punible
cuando el criminal desiste voluntariamente de su mal propósito,
porque exige para castigarle que el culpable no prosiga en la
ejecucion del delito «por cualquier causa ó accidente que no sea
su propio y voluntario desistimiento.» No se deben considerar
como tentativa sino los actos preparatorios materiales, porque
previene la ley que han de ser *exteriores*; y por último entre
estos no hacen parte de la tentativa los simplemente preparatorios, porque exigen «que den principio directamente á la ejecucion del delito.»

Los precedentes de nuestra legislacion no son conformes en
un todo con esta doctrina, pero la justifican en parte. La ley
romana declaraba en muchos casos acto punible la tentativa, y
en algunos tan punible como el delito mismo á que se referia.
Así es que estaba sujeto á la pena de la ley Cornelia *de Sica-*

i

riis el que andaba furtivamente con armas acechando la ocasion de matar á alguno (1). Los que se dirigian á una casa agena con ánimo de robar, debian ser castigados mas severamente que los ladrones (2). El que hería á otro con ánimo de matarle aunque no lo consiguiera, debia ser castigado como homicida (3). Todas estas disposiciones eran la consecuencia del principio sentado por Adriano: *In maleficiis, voluntas spectatur, non exitus* (4). De todo lo cual, los intérpretes dedujeron la doctrina de que el simple conáto ó tentativa de un delito que no llegaba á tener efecto se debia castigar con una pena menor que la que se le impondria si lo hubiera tenido; pero que la tentativa de los delitos atroces se debia penar del mismo modo que el delito consumado (5).

Nuestras leyes de Partida siguieron esta doctrina mejorándola, pero distando aun mucho de la justicia y de la verdad. Segun ellas, el pensamiento y la resolucion de cometer un delito, no merecen pena alguna cuando su autor se arrepiente antes de consumarlo, aunque haya practicado algunos actos de ejecucion; pero se exceptúan de esta regla y se castígan, la tentativa de traicion contra la persona del rey, la de homicidio premeditado, y la de rapto de mujer honesta, aunque el autor haya desistido voluntariamente de cometerlo (6). Con arreglo á

<hr>

(1) D. L. 1, tit. 8, lib XLVIII. «Lege Cornelia de Sicariis et beneficiis tenetur..... quive hominis occidendi, furtive faciendi causa cum telo ambulaverit.»

(2) D. L. 7, tit. 11, lib. XLVII. «Hi qui in aliena cænacula se dirigunt, furandi animo, plus quam fures puniendi sunt.»

(3) D. L. 1, tit. 8, lib. XLVIII.... «qui hominem non occidit, sed vulneravit ut occidat, pro homicida damnandum.»

(4) D. L. 14, tit. 8, lib. XLVIII.

(5) Farinaceo. «Praxis et theoriæ criminalis pars 4.» De homicidio, quæst. 124.—Tiraquelo: «De pænis temp. aut remit.» p. 150.

(6) L. 2, tit. 31, P. 7.ª.... «Cualquier ome que se arrepiente del mal pensamiento ante que comenzase á obrar por él, que non merece pena por ende. Mas si despues que lo oviese pensado, se trabajase de lo facer, é de lo complir, comenzándolo de meter en obra, magüer non lo compliese de todo entonce seria en culpa.» Cita en seguida el crímen de traicion, el de homicidio premeditado y el de rapto, y concluye: «Mas en todos los otros yerros que sean menores de estos: magüer los pensaren los omes de facer ó comienzan á obrar, si se arrepintieren ante que el pensamiento malo se cumpla por fecho, non merecen pena alguna.»

otras leyes debia graduarse la pena, segun que el crímen se habia empezado á poner en ejecucion ó habia sido consumado (1). Así es que las leyes romanas y las españolas han confundido siempre el delito frustrado con la tentativa. En el mismo error han incurrido nuestros glosadores y comentaristas, y mas de una vez nuestros tribunales han graduado las penas sin tener en cuenta esta importante distincion. Menos frecuente ha sido el equiparar el delito frustrado con el consumado porque al sentido comun repugna esta confusion, pero autores. hay que la han sostenido sin advertir que si bien no se diferencia en cuanto al mal moral que producen, distan mucho en cuanto al mal físico. Un delito que se frustra no causa ningun daño de esta especie: un delito que se consume produce todo el mal que puede producir. Pero la práctica modificó tambien con el tiempo la doctrina de la ley; á la regla se sustituyó la arbitrariedad de los tribunales; y últimamente, no hay ninguna jurisprudencia establecida sobre la culpabilidad y la pena de la tentativa, salvo la de no imponérsele por regla general la que se le habria aplicado al delito consumado. Verdad es que la ley dejaba un vacío inmenso, porque no hablaba sino del caso en que habiendo comenzado el reo la ejecucion del delito desistiese de ella voluntariamente, y nada de aquel en que no habia podido consumarlo por circunstancias involuntarias, que es lo que sucede con mas frecuencia. Existen algunas leyes que castigan la tentativa de aquellos crímenes que turban mas directamente el órden social y esparcen mayor alarma en el público, pero ninguna regla general y aplicable á todos los delitos. Así es que los glosadores y comentaristas procuraron llenar este vacío, estableciendo por regla general que cuando el culpable suspendia la ejecucion del delito por causas independientes de su voluntad, debia imponérsele una pena mas leve que la correspondiente al delito consumado (2). Pero esto no ha sido bastante para fundar una jurisprudencia uniforme y justa sobre la distincion que deben hacer los tribunales entre los actos meramente preparatorios, la

(1) D. L. 7, tít. 11, lib. XLVII. D. L. 21, pár. 7, tít. 2, lib. XLIX.
(2) Aut. Gomez, tom. 3.°, cap. 31.—Gregori Lopez, *In lege* 2, tít. 31, P. 7.ª—Cobarrubias; *Clement. init. secund. part. in.* 6.—Ayllon, *Illustrat. ad var. resol. Aut. Gomez*, tom. 3.°, 31.—Ceballos; *Quaest.* 540, num. 12 y 19.

tentativa suspendida voluntariamente y la suspendida contra la voluntad de su autor. El art. 3.º del código pondrá término á esta confusion lamentable.

Pasemos adelante en nuestro análisis de los actos que constituyen el delito, y supongamos que el culpable no se detiene en los primeros actos de su ejecucion sino que prosigue en ella, y cuando ya no puede arrepentirse de su mal propósito, cuando ha hecho por su parte todo lo necesario para su realizacion, ocurre un accidente imprevisto que impide la consumacion del delito. Figurémonos que un enfermero administra á su enfermo una sustancia venenosa, y que éste despues de haberla tomado se salva de la muerte porque casualmente bebió una medicina que era antídoto de la pócima. Supongamos que un ladron en el momento de huir con el hurto cae y viene á poder de la persona á quien ha protendido robar: O bien imaginémonos que un asesino descarga sobre su víctima á quema-ropa un arma de fuego, cuyo tiro falta por una casualidad feliz. En ninguno de estos casos hay tentativa, porque esta supone que el culpable puede arrepentirse de su mal intento y suspender la consumacion del delito, y ni el enfermero que administró el veneno pudo impedir que este surtiera sus efectos, ni el ladron que huyó dejar de haber cometido una sustraccion fraudulenta, ni el asesino que disparó su arma pudo evitar que esta hiriera ó matára á su víctima. Tampoco hay en el caso que analizamos delito consumado, puesto que no se ha cumplido el fin de este ni realizado todo el mal material que por su naturaleza debió el delito producir. Hay pues un delito frustrado, acto culpable en grado superior á la tentativa, porque infringe un deber moral requerible, cuyo cumplimiento no lo puede asegurar la justicia sino por medio de la pena, y porque si este acto no ha surtido todo el mal efecto á que estaba destinado, ha sido por un accidente imprevisto con el que nadie podia contar en el órden regular de los acontecimientos humanos. El mal moral producido por este acto, ha sido el mismo que si se hubiera consumado el delito, porque la misma alarma produce la noticia de que hay un hombre que ha hecho cuanto estaba por su parte para cometer un asesinato, el cual no se ha verificado por un accidente fortuito, que la noticia de haberse consumado el asesinato. La misma perversidad supone en su autor el delito que no llega á surtir su efecto por accidentes inesperados que el que lo produce sin obstáculo alguno. Casi el mismo interés tiene la sociedad en castigar el primero que el segundo.

De la doctrina que acabamos de establecer se infiere que no se considera frustrado el delito sino cuando concurren las circunstancias siguientes: 1.ª Que el culpable haya puesto de su parte todo lo necesario para su consumacion: 2.ª Que esta no se verifique por accidentes imprevistos, agenos á la voluntad del delincuente. Si este no ha hecho aun todo lo necesario para consumar su crímen, no hay sino principio de ejecucion, y por consiguiente tentativa. Si la suspension no se verifica hay delito consumado. Todas estas condiciones las reasume el código en breves palabras. «Hay delito frustrado, cuando el culpable á pesar de haber hecho cuanto estaba de su parte para consumarlo no logra su mal propósito por causas independientes de su voluntad.» (§. 2.°, art. 3.°)

¿Cuándo debe suponerse que el delincuente ha hecho por su parte todo lo necesario para consumar su crímen? El código no lo dice, pero el sentido comun lo dicta. Cuando ya no se necesita ningun nuevo acto de parte del culpable, para que el delito produzca todo su efecto; cuando aquel ha hecho todo aquello en que consiste el delito que ejecuta, y ha puesto de su parte todo lo necesario para su consumacion. De modo, que tratándose de un escalamiento de cárcel, cuando los presos han subido ya á los muros y se arrojan á la calle, aunque despues no se puedan fugar por haber recibido alguna lesion grave durante su maniobra, han hecho por su parte todo lo necesario para la consumacion del delito: tratándose de la traicion de un general que manda una plaza en tiempo de guerra, nada queda que hacer al delincuente cuando ha facilitado al enemigo todos los medios necesarios para apoderarse de dicha plaza. Y en suma, para no equivocarse sobre este punto, basta comparar los actos en que consista la perpetracion del delito de que se trate, segun la definicion del código y los medios indispensables para su ejecucion con los actos ejecutados por el delincuente; si estos últimos son los mismos que cita la ley, ó los medios necesarios para su ejecucion, nada tenia que hacer ya el culpable para la consumacion de su mal propósito.

Sobre las causas independientes de la voluntad del culpable

que pueden suspender la tentativa ó frustrar el delito debemos hacer una distincion, que aunque no en la letra, está en el espíritu del código. Estas causas pueden consistir en un accidente verdaderamente fortuito, ó en la ineficacia del medio empleado por el criminal. El delito de envenenamiento puede frustrarse ó porque la persona envenenada tome un antídoto que le salve, ó porque el envenenador administre nitro ú otra sustancia indiferente creyendo administrar arsénico: el de homicidio, ó porque se quiebre el arma en el momento de usarla, ó porque se emplee contra un hombre muerto creyendo que estaba dormido. En el mismo caso se halla la tentativa. Cuando el asesino amenaza á su víctima, y creyendo apuntar con su arma á una persona, apunta á un bulto que la oscuridad le hace confundir con ella: cuando un ladron intenta abrir con un clavo una puerta bien cerrada creyendo que lo que tiene en su mano es una ganzúa, hay tentativa suspendida por una causa que no es el desistimiento voluntario del culpable. Ahora bien, ¿estas causas que no son accidentales sino respecto al autor del delito y que impiden necesariamente su ejecucion, bastan para que el acto en que intervienen se considere como tentativa ó como delito frustrado?

Cuestion es esta muy debatida entre los criminalistas, pero que creemos que nuestro código penal dá fundamento para resolverla. Ciertamente, el hombre que por error ó ignorancia emplea en la perpetracion de un crímen medios insuficientes, demuestra su perversidad del mismo modo que el que hace uso de medios eficaces. La única diferencia que puede haber entre ambos es que el primero manifiesta menos destreza, menos conocimiento y menos práctica que el segundo en el ejercicio del crímen, y esto no arguye inocencia de parte de aquel. Pero ó el acto de que tratamos es diferente por su naturaleza, ó constituye un delito especial. En el primer caso si el pensamiento criminal existe, no se ha revelado por ningun hecho exterior que lo pruebe, y por consiguiente no pueden apreciarlo los tribunales. Del acto de administrar nitro á una persona no se sigue necesariamente que se le haya querido causar la muerte: del acto de disparar sobre un bulto no se infiere que el tiro fuese dirigido contra una persona. «Si los actos cometidos, dice Rossi, no tienen realmente ninguna propension hácia el crímen especial que se supone haber sido proyectado, ¿cómo enlazarlos con este crímen? ¿cómo afirmar que lo preparaban y que eran el principio de su ejecucion?» Si el acto es pues indiferente de suyo y completamente ineficaz para la ejecucion del delito, no hay medio de juzgarlo sin penetrar en el terreno vedado de las intenciones, y no puede ser punible. Si el acto de que tratamos constituye por sí mismo un delito *sui generis*, no hay cuestion porque se castigára con la pena que le corresponda.

La misma consecuencia se deduce del art. 3.º del código. No puede haber tentativa como no haya actos que den principio á la ejecucion del delito: ¿y son actos de ejecucion aquellos que no pueden conducir nunca á la perpetracion del crímen? ¿puede haber principio de ejecucion cuando no se ha hecho nada de aquello que es indispensable para llegar á la consumacion del delito? Luego no hay tentativa cuando las causas que suspenden la accion criminal proviene de la insuficiencia de los medios empleados para ejecutar la accion penada.

No hay delito frustrado sino cuando el culpable ha hecho cuanto estaba de su parte para consumarlo (§. 2.º, art. 3.º). ¿Y ha hecho cuanto estaba de su parte para consumar un delito aquel que no ha empleado ninguno de los medios necesarios para conseguir su objeto? El que fractura las puertas de su casa creyendo que fractura las de un extraño ¿hace cuanto está de su parte para violar el domicilio ageno? El que vende víveres saludables creyendo que son dañosos ¿ha hecho acaso cuanto podia para consumar su delito? ¿no pudo asegurarse antes de venderlos de su calidad y sus efectos? Luego aunque la circunstancia que en el caso en cuestion impide que se consume el hecho ilícito es independiente de la voluntad del culpable, no basta para constituir el delito frustrado, porque supone la falta de otro requisito indispensable, á saber, que se haya hecho todo lo necesario para la consumacion del crímen.

Para concluir este análisis, diremos que si despues de haber hecho el criminal todo cuanto estaba de su parte para ejecutar el delito no ocurre ningun accidente que impida llevarlo á efecto, llega aquel á su último estado, al de consumacion. En este caso hay un delito especial sujeto á las disposiciones generales del código.

Este exámen que acabamos de hacer de los diferentes estados del hecho ilícito antes de convertirse en delito, es de suma importancia para la aplicacion de las penas. Segun que los actos que constituyen el crímen disten mas ó menos de la consumacion de éste, así exigen en el castigo mayor ó menor severidad. Cuando no hay mas que resolucion de delinquir no debe imponerse pena alguna. Cuando hay actos preparatorios que no son todavía el principio de la ejecucion, tampoco se puede imponer pena por regla general aunque sí por excepcion cuando se trata de crímenes de cierta trascendencia. Cuando hay tentativa suspendida involuntariamente, debe imponerse por regla general una pena mucho menor que la del delito á que se refiere. Cuando do hay delito frustrado se debe aplicar una pena algo mayor que la de la tentativa, pero menor que la del delito consumado. Cuando el delito se consuma se debe imponer á su autor toda la pena de la ley.

II.

Exámen del art. 7.º, que trata de los delitos respecto á los cuales no rigen las disposiciones generales del código penal.

Hay entre los delitos algunos, que ó por las circunstancias particulares de los hechos en que consisten, ó por las de las personas que los cometen, no deben ser objeto del derecho penal comun. Esta escepcion se funda en las consideraciones siguientes. Al determinar el legislador las causas que agravan ó atenúan la criminalidad de las acciones humanas, y la proporcion que con ellas han de guardar las penas, debe tener en cuenta por una parte la inmoralidad del autor del hecho ilícito, por otra el trastorno que el delito causa en el órden social, y por otra en fin, el interés mayor ó menor que en reprimirlo pueda tener el Estado. Pero si hay una especie particular de delitos de una trascendencia especial y *sui generis* en el órden público, ó cuya represion es mucho mas urgente que la de los delitos comunes, ó en que concurran otras circunstancias especiales, no deben serle aplicables aquellas disposiciones dictadas para otros que tienen diversos requisitos. Así sucede respecto á los delitos militares, los de imprenta, los de contrabando y los que se cometen en contravencion á las leyes sanitarias en tiempo de epidemia, todos los cuales no están sujetos á las disposiciones comunes de nuestro código. Por eso dice el art. 7.°: «No están sujetos á las disposiciones de este código, los delitos militares, los de imprenta, los de contrabando, ni los que se cometen en contravencion á las leyes sanitarias en tiempo de epidemia.»

Los ejércitos no pueden mantener el órden y la independencia de los Estados sino mediante la observancia de una disciplina rigorosa. Esta disciplina no puede sostenerse sino en virtud de leyes penales que no son aplicables al cuerpo social ligado por vínculos de naturaleza distinta de la de los que unen á la milicia: luego se necesita una legislacion especial adecuada á las obligaciones mucho mas estrechas y numerosas que ligan á los militares entre sí con el Estado. Un delito cometido por un ciudadano produce todas las consecuencias inherentes á la naturaleza de la accion en que consiste : este mismo delito cometido por un militar produce las mismas consecuencias, mas la gravísima de influir poderosamente en la relajacion de la disciplina. Por consiguiente, la pena eficaz en el primer caso puede no serlo en el segundo : las circunstancias que agravan ó atenúan la responsabilidad del paisano, tal vez no atenúan ni agravan la del militar; y en suma, las leyes justas y convenientes respecto á uno pueden ser injustas ó ineficaces respecto á otro.

La buena distribucion de la justicia militar exige por otra parte el establecimiento de tribunales especiales que sepan apreciar la importancia de las obligaciones que sostienen la disciplina, y las circunstancias que modifican el carácter de los hechos que la quebrantan. Los tribunales ordinarios no pueden juzgar con acierto de ellos, porque ni conocen las leyes de la milicia ni las consecuencias á que puede dar lugar cada una de sus infracciones. Toda sentencia supone por lo comun dos cosas, la ley que le sirve de base y el juicio ó arbitrio del tribunal acerca del punto de hecho que contiene por lo comun todo litigio. Para que este juicio sea acertado en las causas criminales, es preciso conocer las costumbres de los reos, su modo de vivir en la sociedad, sus relaciones con otras personas y otros menudos accidentes que no están al alcance de los que viven en una atmósfera diversa de la del reo. Así es, que los que no conocen las costumbres de la milicia, las relaciones de sus individuos y la manera de vivir en ella, no son los mejores jueces de los hechos que ocurren en su seno ó que ejecutan las personas que la componen.

Esta verdad ha sido reconocida desde los tiempos antiguos. En la legislacion romana se hallan muchas disposiciones relativas á la justicia militar, que si bien no pueden formar un código aparte, revelan que ya en aquel tiempo se conoció la necesidad de que los ejércitos se rigiesen por leyes especiales. En la misma legislacion se encuentra consignado el principio de la justicia militar. Una ley del Digesto la estableció, ordenando que los militares no fuesen juzgados sino por sus superiores (1).

Mientras no hubo en España ejércitos permanentes, no fué tan necesaria esta legislacion especial; pero cuando dejaron de ser soldados todos los españoles se fué aquella introduciendo, y ¡cosa notable! por via de privilegio en favor de los militares. Entonces se creó la jurisdiccion militar, no por las razones anteriormente expuestas, sino como incentivo y galardon á los que servian en la milicia. El principio proclamado en la edad media de que cada uno debe ser juzgado por sus iguales, produjo en su aplicacion á cada pais resultados muy diversos: en Inglaterra dió órigen á la institucion del jurado; en España á una multitud de jurisdicciones y fueros privilegiados que hemos conocido y aun tenemos en nuestros dias. Con la jurisdiccion privilegiada militar, nacieron como era consiguiente las leyes especiales para la milicia, muchas de las cuales se conservan aun en nuestros antiguos códigos. Felipe V las mandó reunir y ordenar, mejorándolas y acomodándolas á las nuevas necesidades, y de este modo se formaron las *ordenanzas militares* de 1728. Estas se corrigieron y aumentaron de órden de Carlos III, en 1768, y son las que con algunas alteraciones están hoy vigentes.

Respetando el nuevo código el principio de la justicia militar, exceptúa de sus disposiciones los delitos militares, pero no dice cuáles son estos ni las circunstancias que los distinguen de los comunes. Sin duda en el código de enjuiciamiento se darán

---

(1) *Dig. L.* 9, *tit,* 3.°, *lib. XLVIII.* «De militibus ita servatur ut ad eum remittantur, si quid delinquerint, sub quo militabunt: is autem qui exercitem accipit, etiam jus animadvertendi in milites caligatos habet.»

nuevas reglas sobre este punto hoy tan complicado, pero mientras rija el enjuiciamiento antiguo, debemos atenernos á las ordenanzas de 1768, y á los decretos y reales órdenes posteriores. ¿Cuáles son pues los delitos militares segun estas leyes? El decidirlo no deja de ofrecer alguna dificultad. Los que entiendan que el carácter militar de los delitos proviene de la naturaleza del deber que por ellos se infringe, pueden fundarse en el título 10, tratado 8.° de la ordenanza, cuyo epígrafe dice: *crímenes militares y comunes, y penas que á ellos corresponden*, y contiene la definicion de una multitud de delitos, de los cuales, unos consisten en la infraccion de las leyes disciplinares, y otros en la de las leyes comunes. De aquí puede deducirse que la ordenanza llama á los primeros delitos militares, y á los segundos delitos comunes; y que por consiguiente, los de esta última especie que se definen en dicho título, quedan sujetos al nuevo código aunque se perpetren por individuos de la milicia, y solamente los que quebrantan las leyes disciplinares serán ya objeto de la ordenanza. En efecto, al calificar el legislador de comunes y militares los delitos definidos en el título citado de la ordenanza, parece á primera vista que no pretendió despojar de su carácter á los primeros, y en este supuesto puede decirse que el artículo que analizamos del código no ha exceptuado mas que los segundos.

Pero aunque esta interpretacion tenga en su apoyo algunas razones plausibles, no nos parece conforme con el espíritu de la misma ordenanza ni con el art. 7.° del código. La distincion que hace aquella entre crímenes comunes y militares es puramente teórica, no tiene ningun efecto legal. Todos los delitos definidos en su título 10 se castigan con penas especiales, diferentes de las que por los mismos impone la legislacion comun: todos se sujetan á la misma jurisdiccion: todos al mismo órden de enjuiciar. ¿Qué importa pues á los ojos de la ley el que unos consistan en la infraccion de un deber militar y otros en la trasgresion de un deber comun? La única diferencia práctica que existe entre los delitos comunes y los militares, es que unos se castigan con arreglo á la ordenanza y otros con arreglo á las leyes ordinarias. No habiendo esta diferencia entre los mencionados en el título 10, ¿qué importa la distincion del mismo título?

Por otra parte el art. 7.º del código ha tratado de distinguir entre los delitos que se deben juzgar por las disposiciones del mismo, y los que deben serlo por las leyes especiales de la milicia. Llama militares á los delitos que se hallan en este último caso, y como nada mas dice, es evidente que para aplicar esta calificacion quiere se tengan en cuenta las leyes anteriores. ¿Y qué dicen estas leyes? Que todos los delitos contenidos en los títulos 1.º, 3.º y 10 del tratado 8.º de la ordenanza, así como los especificados en otros decretos y reales órdenes posteriores, deben juzgarse con arreglo á las leyes militares : es así que entre estos delitos se encuentran muchos comunes por su naturaleza ; luego á todos se refiere el art. 7.º

Y si así no fuese ¿quién distinguiría entre los crímenes comunes y militares de que trata la ordenanza juntamente y bajo un mismo epígrafe los que deben quedar sujetos á ella y los que han de ser de la competencia del código? ¿Habia de fiarse esta clasificacion importantísima al arbitrio de los tribunales? No ha podido ser tal el ánimo de los legisladores. El objeto del art. 7.º ha sido que la ordenanza continúe rigiendo respecto á todos los delitos sujetos hasta hoy á ella, dejando al código de enjuiciamiento ó á otras leyes posteriores el cuidado de reformar esta parte de nuestra legislacion. Verdad es, que segun la doctrina que establecimos al principio de este capítulo, no deben ser delitos militares sino aquellos que habiendo sido cometidos por individuos de esta clase no pueden ser bien apreciados sino por personas de la misma, y ejercen además sobre la disciplina una influencia directa y perniciosa. Mas la aplicacion de este principio corresponde á los legisladores y no á los tribunales. Lo que á estos compete es aplicar las leyes tales como sean ; si segun ellas deben considerarse como militares los delitos penados por la ordenanza, á todos estos comprende el art. 7.º

Hecha esta aclaracion pasamos á enumerar los delitos á que no son aplicables por los motivos dichos las disposiciones del código. Son militares los delitos: 1.º por razon de la clase á que pertenecen los delincuentes : 2.º por la naturaleza de los hechos en que consisten. Corresponden á la primera especie: 1.º los delitos que cometen los militares del ejército ó la armada que están en actual servicio ó se han retirado disfrutando fuero: 2.º los de sus hijos, mujeres ó viudas, con la limitacion de que las hijas gozan del privilegio hasta que se casan, y los hijos hasta que cumplen 16 años: 3.º los de sus criados mientras están á su servicio (1): 4.º los de los magistrados del tribunal especial de Guerra y Marina: 5.º los de los secretarios de las capitanías y comandancias militares, sus dependientes y familia (2): 6.º los de los asesores, fiscales, auditores, escribanos, procuradores, alguaciles y escribientes de los juzgados militares (3): 7.º los de los subdelegados mientras dure su comision: 8.º los de los médicos de los regimientos y hospitales (4): 9.º los de los asentistas y operarios que acompañan por obligacion á los ejércitos: 10 los de los individuos del juzgado castrense: 11 los de los intendentes y comisarios de la hacienda militar: 12 los que cometen los matriculados de marina, los auditores, asesores, fiscales y alguaciles, y dependientes de los departamentos apostaderos y comandancias de marina (5): 13 los de los hijos de los matriculados que se emplean en el servicio de mar: 14 los de los dedicados al estudio de la náutica en las escuelas del gobierno (6).

Pero no deben ser considerados como delitos militares aunque los cometan las personas que hemos nombrado: 1.º el desafío: 2.º la resistencia á la justicia ordinaria: 3.º la falsificacion de moneda y la introduccion ó uso de moneda falsa: 4.º el robo en la corte ó cinco leguas en contorno: 5.º el robo en cuadrilla cuando el ladron no es aprehendido por la fuerza armada: 6.º el uso de armas prohibidas: 7.º el amancebamiento en la corte (7): 8.º las infracciones de la ley de caza y pesca: 9.º la alcahuetería: 10 la intervencion en tumultos populares: 11 los delitos cometidos antes de entrar en el servicio de las armas: 12 los juegos prohibidos: 13 el contrabando: 14 los delitos en que los

(1) Ordenanzas del ejército, tit. 1.º, tratado VIII.
(2) Real órden de 3 de enero de 1788.
(3) Id. de 25 de setiembre de 1765.
(4) Orden. del ejército, trat. II, tit. 22, art. 9.
(5) L. 3, tit. 7.º, lib. VI, Nov. Rec.
(6) Leyes 2 y 7, id.
(7) El código penal no castiga el amancebamiento sino cuando lo comete el hombre casado teniendo á la manceba dentro de la casa conyugal ó fuera de ella con escándalo (art. 353). Solo pues en este caso debe tener lugar ahora la excepcion que refiere el texto.

militares son aprehendidos *infraganti* sin ninguna insignia militar.

Por razon de la naturaleza de los delitos deben juzgarse con arreglo á las leyes militares aunque scan paisanos sus autores: 1.º el espionaje : 2.º la conjuracion contra los jefes militares: 3.º el insulto á centinela ó patrulla : 4.º el incendio de cuarteles : 5.º la induccion á la desercion o auxilio, ú ocultacion de desertores : 6.º el robo en cuadrilla, cuando el ladron es aprehendido por la tropa y juzgado con arreglo á la ley de 1821, ó cuando lleva armas prohibidas : 7.º los delitos que tienen relacion con la pesca que se hace en la orilla del mar ó cualquier paraje bañado por sus aguas (1) : 8.º los hurtos de efectos de la marina (2) : 9.º y últimamente todos los delitos que se cometen á bordo de los bajeles de la armada nacional (3).

No es conforme sin duda esta doctrina con el principio de justicia y de conveniencia que sirve de cimiento á la jurisdiccion militar, y por eso esta parte de nuestro antiguo derecho exige una pronta reforma. La necesidad de mantener la disciplina en los ejércitos es lo que justifica la existencia de una legislacion especial para la milicia : luego en el límite de la necesidad debe hallarse tambien el de la excepcion. ¿Influye directamente un delito en la relajacion de la disciplina? pues conviene que el tribunal que haya de juzgarlo esté versado en las artes y costumbres de la milicia. Por eso toda infraccion de las leyes disciplinares debe ser objeto de la ordenanza : por la misma razon deben serlo tambien el robo, el homicidio, las lesiones corporales, las injurias, la sedicion y todo acto ilícito cometido por militares en actual servicio, cuyo mal ejemplo pueda cundir fácilmente, y para cuya represion se necesita un castigo mas fuerte, pronto y seguro que el que señalan las leyes comunes. ¿Pero se halla por ventura en este caso el adulterio, la celebracion de matrimonios ilegales, la suposicion de parto, la usurpacion del estado civil y el abandono de niños? ¿El amancebamiento cometido en la corte es un delito distinto del cometido en las provincias para exigir en un caso la aplicacion de las leyes militares y en otro las de las comunes? ¿En qué padece la disciplina por-

(1) Leyes 9 y 11, tít. 7, lib. VI.
(2) L. 10, id.
(3) L. 8, id.

que un militar retirado que no desempeñe ningun cargo del servicio sea juzgado con arreglo á las leyes ordinarias por los delitos comunes que cometa? ¿Qué razon hay para que un paisano sea juzgado con arreglo á la ordenanza y sustraido á sus jueces naturales por el delito de sedicion contra el comandante militar, incendio de cuarteles ó insultos á centinelas? Respecto al primero de estos delitos dá lugar la disposicion á que aludimos á un abuso escandaloso. Tal es, que no habiendo sedicion alguna que no cuente entre sus medios el de vencer la resistencia de la tropa mandada por el comandante ó capitan general, no hay tampoco delito político que se considere exento de las penas de la ordenanza, ni criminal de esta especie, por civil que sea su condicion, que no deba ser juzgado por un consejo de guerra. Casi todos los crímenes políticos caen de este modo bajo la competencia de los tribunales excepcionales, y vienen á ser inútiles las leyes comunes que los definen y castigan.

La gran extension dada en otro tiempo á la jurisdiccion militar trae su orígen de haber sido considerado este fuero como un privilegio de clase, mas bien que como una escepcion de justicia y conveniencia pública. Por eso se concedió á los hijos, á las viudas y á los criados de los militares, aunque no desempeñen ningun cargo en el servicio: por eso se extendió á los empleados de la hacienda militar, aunque su servicio no exige la disciplina rigorosa que el de la tropa: por eso en fin se sujetaron á esta jurisdiccion los delitos cometidos directamente contra la clase militar, como incendio de cuarteles, insulto á patrullas, etc., aunque sean paisanos los delincuentes. Pero ya es menester arrancar de raiz de nuestra legislacion el principio que considera el fuero militar como un privilegio de clase, inoculando en lugar suyo el que lo exige como una necesidad de justicia y de alta política. Cuando esto se haga, quedarán naturalmente reducidos los delitos militares á los actos que segun las reglas anteriormente sentadas deban ser objeto de una legislacion especial. Entonces el legislador no entregará á los tribunales privilegiados sino á aquellas personas que por su condicion, por su voluntad ó por razones de interés público encuentren en ellos sus jueces naturales: es decir, los militares en activo servicio. Entonces tampoco serán objeto de las penas militares sino los delitos que contribuyan directamente á la relajacion de la disciplina.

No son difíciles de comprender las razones por qué los delitos de imprenta están exentos como los militares de las disposiciones de la ley comun. No pudiendo definirse y calificarse estos delitos con la misma exactitud y precision que los demás, la ley que los declare y castigue debe ser mas vaga que la ordinaria. De aquí se infiere, que en las sentencias que se pronuncien contra ellos ha de entrar por mucho el arbitrio judicial, y por mas sin duda que en las que se dicten contra otros delitos. La dificultad de averiguar el autor de estas infracciones, obliga á exigir su responsabilidad en muchos casos de quien moralmente no la tiene, y esta circunstancia influye mucho en la naturaleza y gravedad de la pena que se impone. Por otra parte, las consecuencias de estos delitos son de un género especial y diferente de las de los comunes, varían frecuentemente, sobre todo en tiempos no tranquilos, lo cual obliga á alterar su legislacion con mas frecuencia que la comun. Si hiciera parte del código penal sería preciso reformarlo cada vez que variaran las circunstancias políticas.

· ´ Pero los delitos cometidos por medio de la imprenta pueden ser de varias clases, y no militan respecto á todos las razones dichas anteriormente. Segun la legislacion vigente, los delitos de imprenta consisten: 1.º en la infraccion de las reglas prescritas para la publicacion de libros, periódicos ú hojas sueltas: 2.º en la publicacion de escritos sediciosos, subversivos, obscenos o inmorales: 3.º en la publicacion de impresos injuriosos, ó calumniosos. Los delitos de la primera clase son y deben ser de la competencia de las autoridades administrativas, están sujetos á las necesidades variables de las circunstancias políticas y de la buena administracion, y no corresponden por consiguiente al código penal. Los delitos de la segunda clase están tambien exentos de su jurisdiccion porque les comprenden todas las razones dichas en el párrafo precedente. Los delitos de la tercera especie están sujetos á la ley comun, porque, aunque no pueden definirse con mas precision que los anteriores, no varían con las vicisitudes políticas. Así es, que ya el decreto de 10 de abril de 1844, dispuso «que las injurias ó calumnias contra individuos ó corporaciones cometidas por la imprenta, litografía ó grabado ó cualquier otro medio de publicacion, quedáran sujetas á los tribunales ordinarios, á reclamacion de las partes ofendidas con arreglo al derecho comun.» De este modo se sustrajeron del conocimiento del jurado una multitud de delitos, para los cuales no era su intervencion necesaria ni una garantía suficiente. En su consecuencia, los delitos que ofenden al monarca, á su familia y á otros monarcas extranjeros, los que mancillan la reputacion de alguna persona, los que le imputan algun defecto falso ú ofensivo, estaban ya sujetos á las leyes y tribunales comunes. Pero el código ha especificado mas escrupulosamente todos estos delitos, y establecido las penas que ha de imponérseles cuando la cometan por medio de la imprenta. Toda calumnia publicada por este conducto, se castiga por lo menos con la pena de arresto mayor y multa de 50 á 500 duros. La injuria propalada por el mismo medio, se castiga, cuando son leves, con el arresto mayor en su grado mínimo y multa de 20 á 200 duros (artículos 366, 372 y 375). De aquí deducimos que los delitos de imprenta de que habla el art. 7.º, son únicamente los que consisten en la infraccion de las reglas prescritas para la impresion de libros, periódicos y hojas sueltas, y en la publicacion de impresos subversivos, sediciosos, obscenos ó inmorales. Respecto á estos delitos, rigen hoy el decreto citado arriba de 10 de abril, y el de 6 de julio de 1845, en la parte en que el primero no está derogado por el último. Respecto á las injurias y calumnias publicadas por medio de la imprenta, rigen los capítulos 1.º, 2.º y 3.º del título 11, libro II del código penal.

Las leyes sanitarias que establecen el régimen y duracion de las cuarentenas, la incomunicacion en casos de peste, las reglas á que han de sujetarse los vecinos de cada pueblo para evitar el contagio ó su propagacion, pertenecen propiamente al órden administrativo, y por consiguiente no corresponden al código penal comun. Las infracciones de estas leyes son mas ó menos peligrosas, y exigen penas mas graves ó mas leves segun las circunstancias. En un pueblo afligido ó amenazado por una epidemia, la necesidad es la ley suprema, y por consiguiente es á la administracion á la que corresponde tomar las medidas necesarias para acudir al peligro y hasta dictar las leyes penales convenientes para evitarlo ó disminuirlo. Las infracciones de estas leyes y medidas administrativas no pertenecen por lo tanto á la ley comun.

Pero hay otras leyes sanitarias que son de su competencia: tales son las que castigan ciertos delitos contra la salud pública, como la expendicion de sustancias nocivas sin el permiso ó sin las formalidades competentes, la venta de medicamentos deteriorados y otros semejantes (tít. 5.°, lib. II). Ahora bien, dice el art. 7.° que no están sujetos á las disposiciones del código «los delitos que se cometan en contravencion á las leyes sanitarias en tiempo de epidemia.» ¿Pero qué leyes sanitarias son estas, las administrativas sobre cuarentenas, cordones sanitarios y otras, ó las que tratan de los delitos contra la salud pública? El artículo no distingue entre unas y otras, de lo cual puede deducirse á primera vista, que el quebrantamiento de ambas no es objeto de sus disposiciones *en tiempo de epidemia*; por consiguiente, los delitos de que trata el tít. 5.° del libro II, no están sujetos á las penas del mismo cuando se cometen en dicho tiempo. Pero no ha sido esta sin duda la intencion de la ley, porque no hay inconveniente alguno en que las disposiciones de dicho título 5.° rijan tambien en tiempo de peste, y porque una excepcion tan importante no hubiera dejado de consignarse al lado de la regla. Lo que el artículo quiere decir, es que las contravenciones á las leyes sanitarias relativas á las epidemias, tales como las de cuarentenas, cordones sanitarios, y otras que son precisamente las leyes administrativas, no son objeto de las disposiciones del código. Pero las infracciones de las leyes sanitarias que no son relativas á las epidemias, y tienen sin embargo por objeto conservar la salud pública en circunstancias ordinarias, deben castigarse en todo tiempo con arreglo á las disposiciones del mismo código. Así es, que la palabra «epidemia» que á primera vista dá al artículo cierta ambigüedad, es la que distingue, si bien se reflexiona, entre las leyes sanitarias administrativas y las leyes sanitarias judiciales, y la que excluye de la ley comun las contravenciones contra las primeras, dejando comprendidas las infracciones contra las segundas.

Las leyes sobre contrabando están sujetas tambien á las circunstancias variables del tráfico y de la industria, y aun de las que influyan sobre las relaciones comerciales de un pais con otro; por lo cual, las penas de los que las quebrantan deben sujetarse á las mismas alteraciones. Incluirlas en la ley comun, sería atribuirles un carácter de permanencia que no les corresponde, ó dar ocasion á que aquella ley se retocase y variase con demasiada frecuencia. Por eso el artículo 7.º excluye los delitos de contrabando de las disposiciones del código.

Mas es preciso no tomar esta palabra contrabando en su sentido estricto. El objeto del art. 7.º ha sido excluir de la jurisdicion de la ley comun todos aquellos que se castigan en la ley especial sobre el contrabando y la defraudacion. Son objeto de esta ley: 1.º el contrabando: 2.º la defraudacion en el pago de contribuciones: 3.º ciertos delitos anejos, tales como la violencia contra la autoridad cometida por contrabandistas que tengan por objeto la perpetracion de aquellos delitos, la connivencia en ellos de los empleados públicos, la falsificacion y suplantacion de documentos públicos ó privados, de marcas ó sellos de oficio, el robo ó extraccion fraudulenta de las dependencias de la hacienda pública de los efectos estancados, las omisiones de los agentes y funcionarios encargados de perseguir los mismos delitos, y por regla general todos los delitos comunes que se cometan para facilitar ó encubrir el contrabando ó fraude. Estos delitos están pues excluidos del código penal, segun el sentido y recta interpretacion de su artículo 7.º

(Se continuará).

REVISTA

DE LA

JURISPRUDENCIA ADMINISTRATIVA.

COMPETENCIAS.

XII.

¿Los contratos de arrendamiento de su casa-morada que cele-
bran los jefes políticos y demás funcionarios del gobierno,
están sujetos á las leyes comunes, ó se rigen por las espe-
ciales sobre contratos celebrados con·la administracion?

Una de las circunstancias características de los contratos celebrados con la administracion que tienen por objeto inmediato
alguna obra ó servicio público, es que las cuestiones que se suscitan sobre ellos son de la competencia de los consejos provinciales (art. 7.º, párrafo 8.º de la ley de 2 de abril de 1845).
¿Pero se deben comprender en esta regla el contrato que celebre
por ejemplo un jefe político tomando en arrendamiento una casa para su habitacion, aunque en ella se deban establecer tambien las oficinas de su dependencia? De ningun modo. Este con-

trato no tiene por objeto inmediato un servicio público, puesto que ninguno debe prestar el dueño de la finca arrendada en fuerza de lo convenido, limitándose su obligacion á permitir á los agentes de la administracion el uso de aquella durante el tiempo que se estipule. Concluido éste, debe el jefe político dejar expedita la casa, y si no lo hiciere, la cuestion que sobre ello se suscite corresponde decidirla al juez de primera instancia. Pero si la sentencia fuere favorable al propietario, como su inmediata ejecucion puede ser perjudicial al servicio público, como sucedería si se suspendiese el despacho de los negocios por falta de local para las oficinas, puede ser preciso para llevarla á cabo dictar ciertas providencias que solo caben en las facultades de la administracion, y que no se justifican sino por la utilidad pública, superior á la privada hasta el punto de autorizar la expropiacion forzosa. De modo, que si bien corresponde al juez ordinario decidir el litigio en cuestion, es con la cortapisa de no poder ejecutarlo cuando fuere contrario á la administracion como sucede en los casos comunes, porque entonces al jefe político es á quien toca decidir si la urgencia del servicio público le autoriza para tomar otra providencia. Y no se diga que por eso queda desatendida la propiedad particular, pues además de quedar salvo el doble derecho al alquiler que se devengue en el tiempo indispensable para realizar del modo dicho el desahucio de la casa alquilada y el resarcimiento de los perjuicios que de aquí se originen al dueño y que puede este exigir de la administracion y ante la misma, le ofrece una garantía la responsabilidad en que no pueden menos de incurrir los jefes políticos que en casos de esta naturaleza no procedan ateniéndose estrictamente á lo que la necesidad del servicio exige.

Esta regla de jurisprudencia ha sido establecida por el consejo real en la competencia entablada entre el jefe político y el juez de primera instancia de Soria. D. Juan de Dios Val, como dueño de una casa sita en dicha ciudad, y ocupada en virtud de inquilinato por el referido jefe político y las oficinas de administracion, solicitó en 11 de agosto último ante el mencionado juez, que, habiendo ya espirado el contrato se mandase á aquel dejar expedita y á su disposicion la casa en el plazo de 15 dias. Proveido así, y creyendo el jefe político que este negocio era de la competencia del consejo provincial, promovió el recurso de que se trata. El consejo real, por las razones ya dichas, decidió el negocio en cuanto al fondo á favor de la autòridad judicial, y en cuanto á la ejecucion del fallo ejecutorio que pronunciára la misma á favor de la administracion. (Consulta de 27 de octubre).

XIII.

¿Cuándo son contencioso-administrativas y cuándo judiciales las cuestiones sobre aprovechamientos comunes de los pueblos?

Corresponde á los ayuntamientos, segun el art. 80, párrafo 2.º de la ley de 8 de enero de 1845, el arreglo por medio de acuerdos del disfrute de los aprovechamientos comunes. Cuando estos acuerdos dieren lugar á cuestiones contenciosas, debe decidirlas el consejo provincial respectivo conforme al art. 8.º, párrafo 1.º de la ley de 2 de abril de 1845. Por lo tanto, son contencioso-administrativas las que se refieren al uso y distribucion de los bienes y aprovechamientos comunes. Pero cuando la cuestion versáre no sobre el acuerdo de un ayuntamiento relativo al arreglo de tales aprovechamientos, ni sobre su uso y distribucion, y sí sobre el derecho de disfrutarlos, esto es, cuando se pone en duda si un terreno tiene ó no la cualidad de ser de aprovechamiento comun, no hay disposicion alguna que atribuya á la administracion el conocimiento de ella. Todo por el contrario la hace de competencia judicial, porque versa sobre un derecho real y no afecta inmediatamente al servicio administrativo. Así, pues, si so pretesto de tener un pueblo derecho á los aprovechamientos de un terreno pretendiere impedir á su dueño que lo cerrára, no solamente corresponde decidir de este derecho al juez ordinario, sino que se puede proceder por la via de interdicto, porque no habiendo procedido aquella corporacion en el uso de sus atribuciones al tomar tal providencia, no le es aplicable la real órden que prohibe entablar contra sus resoluciones el juicio sumario de posesion.

D. Manuel Arizaun dispuso cerrar varias partes de tierras de su propiedad, sitas en el término de Cerralbo, poniéndolo en noticia del alcalde de este pueblo. Convocado en su consecuencia el ayuntamiento del mismo y partiendo del supuesto de que los pastos y leñas de dichos terrenos eran de común aprovechamiento, declaró nulo el cerramiento. Arizaun acudió entonces al juez de primera instancia de Toledo, y fundándose en los títulos de propiedad que presentó y en el decreto restablecido de las cortes de 8 de junio de 1813, solicitó y obtuvo que declarase cerrados y acotados los terrenos en cuestion, sin perjuicio de las servidumbres á que estuviesen sujetos, y se hiciesen constar, para lo cual se fijasen edictos con señalamiento del término de 30 dias. Noticioso de todo el jefe político promovió competencia fundándose: 1.º en que la providencia del ayuntamiento de Cerralbo era relativa al disfrute de aprovechamientos comunes, y estaba comprendida en el art. 80, párrafo 2.º de la ley de 8 de enero citada: 2.º en que siendo tal el objeto de esta cuestion y además contenciosa, correspondia conocer de ella al consejo provincial con arreglo al art. 8.º, párrafo 1.º de la ley de 2 abril: y 3.º, en que tratándose de una providencia tomada por un ayuntamien'o en el ejercicio de sus atribuciones, no procedia contra ella el interdicto segun la real órden de 8 de mayo de 1839. Pero el consejo real, considerando que la providencia en cuestion no habia tenido por objeto arreglar el disfrute de pastos comunes, y sí salvar este derecho á los que pretendian tenerlo, decidió que no estaba en las atribuciones del ayuntamiento, que por lo tanto no le eran aplicables las disposiciones citadas, y declaró por consiguiente la competencia á favor de la autoridad judicial. (Consulta de 17 de noviembre).

XIV.

¿Pueden conocer los intendentes como autoridades administrativas de las cuestiones que se susciten sobre las servidumbres ú otros derechos reales anejos á los bienes nacionales despues de la venta?

Segun la disposicion 4.ª de la real órden de 30 de noviembre de 1839, los espedientes sobre la subasta y venta de los bienes nacionales son puramente gubernativos, mientras que los comprado-

nas no están en plena y pacífica posesion de aquellos, y esté terminada la subasta y venta con todas sus incidencias. La razon es porque hasta este tiempo no entran dichos bienes en la clase de particulares, ni se sujetan por consiguiente á las condiciones ordinarias de la propiedad comun. Mientras que las fincas pertenezcan al Estado, gozan de todas las inmunidades propias de las de su clase; pero desde el momento que entran en el dominio privado, pierden dichas inmunidades, y se sujetan á la ley general. Este cambio de condicion se verifica en el momento en que el comprador entra en posesion de la finca, terminado el expediente de subasta con todas sus incidencias. En este momento es cuando se traslada el dominio de manos del Estado á las del comprador. Verdad es que esta entrega se verifica cuando el comprador no ha pagado mas que la quinta parte del precio, y que si no paga la restante se anula la venta; pero aunque la ley 46, tít. 28, part. 3.ª declara insuficiente para trasmitir el dominio la entrega de la cosa vendida si no se paga el precio, establece al mismo tiempo la escepcion de que esto debe entenderse en las ventas hechas á plazo, á las cuales basta la entrega de la cosa para que se verifique dicha trasmision de dominio. Si pues con arreglo á la real órden citada de 1839 los espedientes sobre bienes nacionales, dejan de ser gubernativos desde el momento en que su venta se consuma; si las ventas se entienden consumadas desde el momento en que se transfiere el dominio de la cosa vendida del vendedor al comprador; y si en las ventas á plazo se entiende transferido el dominio desde el momento en que se entrega la cosa vendida, es indudable que desde que el Estado entrega al comprador la finca de bienes nacionales cesa respecto á ella la jurisdiccion gubernativa del intendente, y cualquier reclamacion que deba hacerse acerca de la misma ha de ventilarse en juicio contencioso; si la finca resulta gravada con alguna servidumbre de que no se advirtió al comprador al tiempo de la venta, está obligado el Estado á la eviccion y saneamiento, pero no es el intendente quien ha de decidir este punto en expediente gubernativo.

Don Pablo Dieguez compró en 12 de marzo de 1844 en público remate, y como libre, una casa sita en Peñaranda de Bracamonte que habia pertenecido á la iglesia parroquial de aquella villa: y sabedor de que el ayuntamiento de la misma suponia estar sujeta su finca á la servidumbre de que se tocasen desde ella las campanas de la parroquia, por medio de una cuerda que descendia desde la torre, mandó al inquilino que la quitase como lo verificó, impidiendo al dependiente de la iglesia dar los toques cuando se presentó á hacerlo. Entonces reclamó el ayuntamiento contra este hecho ante el juez de Bracamonte, por medio de un interdicto restitutorio á que este dió lugar, por lo cual Dieguez, despues de despedir á la inquilina y cerrar la casa acudió al Intendente de Salamanca. Esta autoridad promovio entonces la competencia, y el consejo real, teniendo en consideracion las razones antes espuestas, y que aunque dicho intendente tuviera derecho para conocer de la cuestion como juez de hacienda, carecia de ella para hacerlo como autoridad administrativa, declaró infundado el recurso é incompetente á aquel funcionario para conocer del negocio como autoridad administrativa. (Consulta de 17 de noviembre, *Gaceta núm.* 4820.)

XV.

¿Procede la via gubernativa ó la judicial contra los bienes propios de los individuos de ayuntamientos hipotecados tácitamente á la responsabilidad de las contribuciones de que han sido cobradores y cuyo importe han malversado?

Estan hipotecados tácitamente á favor de la hacienda pública los bienes de los cobradores de contribuciones. Segun la real instruccion de 18 de octubre de 1824, las justicias y los ayuntamientos tienen mancomunadamente la obligacion de cobrar las contribuciones, y entregar su importe en la tesorería de la provincia ó en la depositaría del partido. Estos cuerpos pueden sin embargo nombrar cobradores al principio de cada año, pudiendo recaer en individuos de su seno este nombramiento. Tambien dispone la referida instruccion, que los espedientes sobre cobranza de las contribuciones ó haberes de la hacienda pública se consideren siempre como asuntos gubernativos, y no pasen á la clase de contenciosos sin que preceda el pago ó la consignacion en la tesorería ó depositaría de rentas de la cantidad que se demanda; y atribuye privativamente á los intendentes de provincia en la suya respectiva, la jurisdiccion y autoridad para expedir las ejecuciones y apremios sobre dichas cobranzas. Para hacer de todos modos efectiva esta responsabilidad, previene la citada instruccion que despachado un apremio contra un ayuntamiento, deben presentarse sucesivamente el individuo de primer voto y el que le siga en clase de arrestados ante el intendente ó subdelegado que lo hayan espedido, si no hicieren constar el pago al comisionado en el término establecido. Esta última disposicion ha sido confirmada por la real instruccion de 15 de julio de 1829, y las demás están tambien vigentes por no haber sido espresamente derogadas. Por otra parte la hipoteca tácita establecida en la ley es una garantia que la misma dá á la hacienda pública, sin consideracion á que el cargo de cobrador de las contribuciones constituye por sí solo un empleo, ó se agregue á otro de distinta naturaleza, pues la ley no puede tomar en cuenta una diferencia como esta del todo material y estraña á su mismo objeto, que es asegurar el resultado del referido cargo. Teniendo pues los ayuntamientos el de cobrar las contribuciones segun lo establece la instruccion antes citada, es claro que están sujetos á la hipoteca en cuestion los bienes de sus individuos, de la misma manera que lo estarían los de los empleados particulares que en su lugar nombrase el gobierno para esta cobranza.

Ni se puede tampoco impugnar esta obligacion suponiendo que las instrucciones citadas de 1827 y 1829 lo que imponen á los ayuntamientos en la materia es una responsabilidad personal, y que por consiguiente debe ser personal tambien y no hipotecaria su obligacion. En ninguna de dichas instrucciones se menciona con respecto á aquellos cuerpos semejante responsabilidad, y sí solo en el art. 1.º de la mas antigua, se les sujeta á una mancomunidad de obligacion que puede tener lugar, hállese ó nó esta asegurada con hipoteca y cualquiera que sea, tácita ó espresa, general ó especial. Lo que se infiere de la obligacion de los individuos de primero y posteriores votos de los ayuntamientos á presentarse arrestados ante el intendente en el caso determinado en la instruccion referida, es que tales individuos tienen que sufrir apremios, no solamente en sus bienes como los demás deudores, sino en sus personas. Y por último, dirigidas ambas instrucciones á regularizar este servicio, no cabe suponer que quisieron dejarle sin el resguardo de la hipoteca de que se trata suprimiéndola sin objeto alguno.

Existiendo pues la hipoteca del Estado sobre los bienes de los cobradores de contribuciones, y estando vigente el artículo citado de la instruccion de 1824 que dispone sean gubernativos los negocios de esta especie, ya se dirija el apremio contra el mismo deudor, ó ya contra un tercero que posea bienes tácitamente hipotecados á la seguridad de la deuda, estando asimismo vigente el artículo de la instruccion que atribuye privativamente á los intendentes la facultad de expedir estos apremios, es claro que contra los bienes propios de los individuos de ayuntamientos hipotecados tácitamente á la responsabilidad de las contribuciones de que han sido cobradores y cuyo importe han malversado, procede la via gubernativa y no la judicial. Asi lo ha declarado el consejo real en el caso siguiente.

José Buch y Comelles, deudor de 23,502 reales á la hacienda pública en el concepto de alcalde de Pineda y cobrador á un tiempo de las contribuciones ordinarias a dicho pueblo en 1837, vendió sus bienes raices en 7 de abril de 1845 á Francisco Chavanne, guantero francés residente en Barcelona. Embargados al mismo en 23 del siguiente julio por disposicion del intendente de la provincia, reclamó el fuero de extranjería ante el juzgado de la capitania general de Cataluña, el cual habiendo acogido esta reclamacion como fundada por no envolver á su juicio la responsabilidad de los ayuntamientos en la materia la hipoteca tácita en que se apoyaba el apremio espedido por el intendente, propuso él mismo la inhibicion, resultando al fin la competencia. El consejo real fundándose en las razones antes espuestas, la decidió á favor de la administracion. (Consulta de 4 de noviembre. *Gaceta* *núm*. 4808.)

XVI.

¿Corresponde á los ayuntamientos por la facultad que tienen de conservar las fincas pertenecientes al comun el derecho de decidir las cuestiones que se susciten sobre antiguas usurpaciones de terrenos que se suponen de la misma pertenencia? (Véase el tomo II de esta revista, pág. 848, núm. XIII.)

El consejo real ha decidido esta cuestion en varias competencias de que hemos hecho mérito en el lugar antes citado. Es pues ya doctrina establecida por dicho cuerpo, y aprobada por el gobierno, que la palabra *conservar* en el artículo 74, párrafo 2.º de la ley de 8 de enero de 1845, que autoriza á los ayuntamientos para procurar la *conservacion* de las fincas del comun, quiere decir, mantener la posesion de los bienes de esta especie cuando alguien intenta turbar en ella al pueblo que la tiene, pero no recuperar aquella posesion que se tuvo antiguamente, pero que ha estado abandonada por espacio de muchos años. Por consiguiente la cuestion en el primer caso es de la jurisdiccion del ayuntamiento, pero no en el segundo. A las varias consultas que han establecido esta doctrina, y que pueden verse en el lugar antes citado de nuestra revista, podemos añadir la siguiente.

El ayuntamiento de Navahermosa presumiendo que un terreno montuoso que poseía como propio D. José María Ortega en aquel término, era de la pertenencia del comun, entre otros motivos por haber sido carboneado en tal concepto en 1837 y 38, acordó en 20 de setiembre de 1844, que se exigiese á dicho poseedor la exhibicion del título de propiedad. Al saber Ortega este acuerdo, acudió al juez de Navahermosa por medio de interdicto, y obtuvo de él un auto de amparo en 9 de enero de 1846, dando así lugar á una competencia. Otra se promovió luego por un auto restitutorio, prohibiendo por el mismo juez en 26 de octubre de aquel año con motivo de haberse hecho saber á Ortega un nuevo acuerdo del ayuntamiento prohibiéndole el descepo y carboneo del terreno en cuestion. Si las providencias del ayuntamiento hubieran tenido por objeto reparar el daño causado al comun por una usurpacion mas ó menos reciente pero facil de comprobar, podrian considerarse sin violencia como actos de conservacion, y sería aplicable al presente caso la prohibicion del interdicto. Pero no siendo de esta clase las dichas providencias, es claro que el ayuntamiento traspasó el límite de sus abribuciones y debia proceder el interdicto. Asi lo declaró el consejo real decidiendo la competencia á favor del juez. (Consulta de 4 de noviembre *Gaceta núm.* 4808.)

XVII.

¿Cuándo son gubernativas y cuándo judiciales las cuestiones que se susciten sobre el cumplimiento de las leyes protectoras de la ganadería? (Véase el tomo II de esta revista, pág. 343, núm. X.)

Esta cuestion ha sido tambien resuelta antes de ahora por el consejo real, en la consulta citada: segun la real órden de 13 de octubre de 1844, el cumplimiento de las leyes protectoras de la ganadería, esto es, las relativas al libre uso de las cañadas, cordeles, abrevaderos y demas servicios para facilitar el tránsito y aprovechamiento comun de los ganados de todas especies, incumbe á los jefes políticos. Y como estos funcionarios no podrian cumplir con tal obligacion si no tuvieran la jurisdiccion necesaria para conocer de las cuestiones que se susciten sobre la materia, declaró el consejo real en la consulta citada que correspondia á los jefes políticos dicho conocimiento. Con arreglo á esta doctrina se ha decidido ahora el siguiente caso.

El procurador fiscal de ganadería denunció ante el juez de Torrelaguna varias roturaciones hechas en terrenos de pasto; mas practicadas varias diligencias en virtud de esta denuncia, el mismo procurador que la hizo pidió al juez que se inhibiese, y desestimada por él esta solicitud, promovió competencia el jefe político de Madrid. El consejo real considerando que el encargo hecho á los jefes políticos en la mencionada real órden de 13 de octubre de 1844, envuelve la facultad privativa de prestar á la ganadería la proteccion á que tiene derecho, decidió el recurso á favor de la administracion. (Consulta de 27 de octubre. *Gaceta núm.* 4808.)

XVIII.

¿ Pueden atacarse por la via del interdicto las providencias que tomen los ayuntamientos sobre el arrendamiento de los bienes propios del común ?

Segun el art. 81, párrafo 4.º de la ley de 6 de enero de 1845, están facultados los ayuntamientos para deliberar sobre los arrendamientos de fincas, arbitrios y otros bienes del comun, debiendo comunicarse para su aprobacion antes que se ejecuten sus acuerdos al jefe político y en su caso al gobierno. Segun la real órden de 8 de mayo de 1839 no procede el interdicto contra las providencias que tomen los ayuntamientos en el círculo de sus atribuciones. Es así que deben comprenderse entre estas la de tomar acuerdos sobre el arrendamiento de los bienes propios del comun, luego no procede contra ellos el interdicto.

En 1845 el ayuntamiento de Castromonte acordó arrendar los pastos de los montes de su término, y habiendo sometido este acuerdo á la aprobacion del jefe político, acudieron al mismo los ganaderos de aquella villa manifestando que en 1842 la diputacion provincial anuló el arriendo de estos pastos hecho en aquella época por ser no de propios, sino de aprovechamiento comun ; siendo prueba de ello el que los recurrentes contribuian al duque de Osuna como dueño directo del término con 28 mrs. anuales por cada cabeza de ganado lanar. El jefe político, sin embargo de la opinion de los ganaderos, aprobó el acuerdo del ayuntamiento y se llevó á efecto en consecuencia el arriendo. Habiendo recurrido como despojados los ganaderos al juez de Medina de Rioseco, dió éste lugar al interdicto restitutorio que intentaron, motivando así la competencia. El consejo real, por las razones alegadas, decidió el recurso á favor de la administracion. (Consulta de 27 de octubre. *Gaceta núm.* 4800).

XIX.

*¿En los juicios criminales ha lugar al recurso de compe-
tencia?*

Por regla general no pueden los jefes políticos suscitar competencias en los juicios criminales. El real decreto de 4 de junio
último esceptua sin embargo dos casos ; uno es cuando el castigo del delito ó falta haya sido reservado por la ley á los funcionarios de la administracion, y otro cuando en virtud de la misma ley debe decidirse por la autoridad administrativa alguna
cuestion prévia, de la cual dependa el fallo que los tribunales
ordinarios ó especiales hayan de pronunciar. Estas cuestiones
prejudiciales pueden ser de muchas especies y andar complica-
das con otras que dificulten la solucion. Se hallan en este caso
las relativas á cuentas del manejo de caudales públicos que pueden dar motivo á un proceso criminal, pues este no puede tener principio mientras que la cuestion concerniente á la aprobacion de aquellas no se haya ventilado por la via administrativa.
Otros muchos casos pueden citarse, pero habremos de limitar-
nos ahora á uno solo por ser el que ha dado motivo á la consulta á que nos referimos.

Tratándose del proceso formado por un delito cometido en el
ejercicio de funciones administrativas, puede ser tambien cuestion prejudicial la de saber si la autoridad acusada obró espontáneamente ó por mandato de otra superior, de cuyos actos no
puede conocer la justicia ordinaria. Si un alcalde se escede en
el ejercicio de sus atribuciones, y se disculpa alegando que obró
en cumplimiento de órdenes terminantes del jefe político: si esto es cierto y hubo efectivamente esceso no es responsable el alcalde sino el jefe político, porque segun los artículos 7 y 8 de
la ley de 2 de abril de 1845, los funcionarios dependientes de
esta autoridad no incurren nunca en responsabilidad por obedecer y cumplir las disposiciones y órdenes que ella les comunique
por conducto debido. Y como los jefes políticos no pueden ser
acusados como los alcaldes ante los tribunales ordinarios por
los delitos que cometan en el uso de sus funciones, mientras no

esté decidido el punto de si el alcalde obró ó no en cumplimiento de órdenes superiores, no pueda comenzar su causa porque no
se sabe ante qué tribunal debe incoarse. Si se ha de proceder
contra el jefe político es preciso acudir al tribunal supremo de
justicia; si contra el alcalde, al juzgado de primera instancia
ordinario. Ahora bien, si cuando aun no estuviere decidido este
punto pretendiera la autoridad judicial continuar la causa, puede el jefe político promover la competencia. Hé aqui un caso que
confirma esta doctrina.

Denunciado al jefe político de la Coruña como una usurpacion el cerramiento de casi todos los montes comunes ó del Estado de aprovechamiento de la parroquia de San Tirio de Oseiro, y confirmada esta denuncia por el informe que dió sobre el
particular el ayuntamiento de Asteijo, en cuyo distrito municipal se halla dicha parroquia; dispuso que los terrenos denunciados se restituyesen al uso comun. Despues de varias providencias particulares que se estimaron oportunas, se mandó llevar á
efecto esta disposicion del jefe político por el alcalde de Asteijo,
y de su órden lo ejecutó el pedáneo de Oseiro, que acompañado
de testigos y vecinos aportilló las cercas dejándolas practica-
bles á hombres y ganados. Antes de esto se habia hecho saber
al vecindario la insinuada resolucion, y en uso de la autorizacion que esta envolvia entraron varios vecinos en los terrenos
franqueados por el pedáneo, para los usos que en los de esta clase se permiten, habiendo ocasionado la resistencia opuesta por algunas personas, á nombre de los que se creian dueños dos los
mismos, amenazas y demostraciones hostiles de unos contra
otros. Presentadas por dos de los pretendidos dueños dos distintas querellas sobre los hechos indicados ante el juez de primera
instancia de la Coruña, y formada por éste la causa que estimó
proceder en derecho, resultó de ella que el aportillamiento de
los terrenos se habia hecho en ejecucion de lo dispuesto por el
jefe político, y que la entrada en ellos y su aprovechamiento
por varios vecinos, habian sido resultado de esta misma disposicion que implícitamente los autorizaba para ello. Continuando
sin embargo el juez las actuaciones, promovió competencia el
jefe político.

Estos autos ofrecian tres diferentes puntos de vista, á saber:
el hecho de haber aportillado el pedáneo de Oseiro los cerra-

mientos de los dos querellantes: el uso hecho en su consecuencia de los terrenos por varios vecinos y los escesos particulares que en este uso hubieron acaso de cometerse. El fallo criminal contra el pedáneo por haber aportillado dichos cerramientos, supone necesariamente la declaracion prévia de si esta autoridad se limitó ó no á ejecutar la providencia del jefe político, porque en la negativa incurrió en responsabilidad y pudo continuar el procedimiento con la autorizacion correspondiente, y en la afirmativa, si se descubria en sus actos responsabilidad pesaba toda entera sobre el jefe político, no siendo el juez quien la debia exigir, pues sus facultades están limitadas en este caso á remitir el tanto oportuno de culpa á quien corresponda.

·En cuanto al segundo punto, esto es, el uso hecho por varios vecinos de los terrenos aportillados no habia motivo para procesar á aquellos, pues obraron en virtud de autorizacion competente, y si en esto habia culpa era para la autoridad que habia dado lugar al hecho. Por lo tanto, en cuanto á los puntos dichos no se podia proceder en la causa sin resolver la cuestion prejudicial, y esta resolucion competia al jefe político porque se trataba de una materia propia de sus atribuciones como lo es la administracion de los montes del Estado con arreglo al decreto de 6 de julio de 1845, y porque á él solo corresponde decidir si sus subalternos se esceden ó no en el cumplimiento de sus mandatos. Por todo lo cual el juez así que resultó de los autos que el aportillamiento y el uso denunciados, en vez de ser un ataque contra la propiedad particular eran la ejecucion de una providencia y el resultado de una autorizacion del jefe político en cosa de su incumbencia, debió sobreseer sobre ambos puntos hasta que esta autoridad resolviese la cuestion dicha, remitiendo al efecto el testimonio correspondiente. En su consecuencia el consejo real decidió la competencia á favor de la administracion en cuanto á los dos puntos indicados.

Por lo que hace al tercero, relativo á los escesos particulares de los vecinos que se introdujeron en los terrenos aportillados siendo como era inconexo con los otros dos, tocaba al juez proceder sin necesidad de esperar el resultado de la cuestion prejudicial, puesto que cualquiera que este fuese ni escusaba á los reos ni habia de ser otro que el juzgado de primera instancia ordinario quien conociese del asunto. Así es que el consejo en cuanto á este último punto , decidió la competencia á favor de la autoridad judicial. (Consulta de 27 de octubre. *Caceta número 4800*).

XX.

¿ Puede promover competencias el jefe político sobre asuntos de que aun no esté conociendo la autoridad judicial ?

El decreto de 6 de junio de 1844, sobre la manera de decidir las competencias que se susciten entre la administracion y la autoridad judicial, suponia siempre el caso de estar esta última conociendo indebidamente del asunto contencioso-administrativo que daba lugar al conflicto. Así es, que la primera de sus disposiciones que establecia los trámites que se habian de seguir, disponia que el jefe político pasase al juez ó tribunal una comunicacion razonada y documentada, excitándole á que suspendiera todo procedimiento y le remitiera las actuaciones. De lo cual se sigue, que segun el referido decreto, y cuando no habia ninguna otra disposicion mas terminante, no podian los jefes politicos promover competencias sobre asuntos de que no estaba aun conociendo la autoridad judicial.

Posteriormente, el decreto de 4 de junio de 1847, estableció esta doctrina con mas claridad y fijeza, disponiendo en su artículo 2.º que sólo los jefes políticos pudiesen promover competencias de esta especie; y en el 6.º, que no tuviesen nunca estas lugar sino cuando la autoridad judicial estuviese conociendo de un asunto contencioso administrativo. Con prescripcion tan terminante no puede haber lugar á la menor duda: la autoridad judicial no puede reclamar el conocimiento de los negocios de que conoce la administracion, y los jefes políticos no deben provocar competencias con ellos, fuera del único caso determinado en dicho decreto. Hé aquí las decisiones en que se ha aplicado esta doctrina.

1.º Despachada ejecucion por un juez de primera instancia de Sevilla contra el ayuntamiento de la misma ciudad en 17 de setiembre de 1844, en virtud de ejecutoria para hacer efectiva una deuda de 99,790. rs. á favor de D. Manuel Zigari, se mandó la retencion de los productos de un arbitrio concedido á dicha municipalidad, y recaudado por la hacienda pública. Despues de varias contestaciones á que el cumplimiento de esta providencia dió lugar, habiendo por fin manifestado el acreedor que no tenia inconveniente en que alzándose la retencion se entregasen los productos al ayuntamiento, pues aunque no se hallaba satisfecho por entero su crédito, se entendería con el alcalde para el cobro de lo que restaba, se proveyó en efecto este alzamiento, y consiguiente entrega de productos á la corporacion ejecutada. En 1846, resultando Ziguri deudor á la misma de dos anualidades del arriendo de una dehesa de propios, el alcalde se dirigió contra él gubernativamente por apremio para realizar el cobro de esta deuda, fundándose para ello en el artículo 217 de la ley de 3 de febrero de 1823, y en las condiciones generales estipuladas en el contrato, por las que Ziguri se sometió para su cumplimiento á la jurisdiccion del alcalde. Entonces acudió aquel interesado al juez y obtuvo de su autoridad que reclamase las dichas diligencias, y habiéndolas remitido con este motivo el alcalde al jefe político, dirigió éste una comunicacion al juez, manifestándole que desistiese de su reclamacion, ó tuviese por formada la competencia. Sucedió esto último, y el consejo real, teniendo en cuenta las razones que hemos alegado, declaró que no habia lugar á decidir el recurso. (Consulta de 27 de octubre de 1847, *Gaceta número* 4800).

2.º Arrendados á varios vecinos de Jaca ciertos pastos de los propios de la misma ciudad, fueron subarrendados en 1846 por aquellos á otros vecinos de Atares, Bermes y Altalo. Estos en uso de su derecho, introdujeron en dichos pastos un crecido número de cabras, y denunciados por dos guarda-montes al alcalde, instruyó éste un espediente gubernativo que remitió al ayuntamiento para la resolucion que estimase justa. Esta corporacion acordó imponer á los dueños de los ganados las multas correspondientes dando cuenta al jefe político. Impuesta en efecto la de 1000 rs. al mayoral del ganado de Atares, y otras dos de 500 á dos pastores por via de indemnizacion de los daños causados en los pastos de propios, solicitó y obtuvo el alcalde la aprobacion del jefe político. Pero habiendo recurrido los multados contra esta providencia al juez de Jaca, reclamó éste de ambas autoridades las diligencias, dando con ello lugar á la competencia. El consejo real juzgó tambien que no habia lugar á decidirla por las mismas razones que en el caso anterior. (Consulta de 27 de octubre, *Gaceta núm.* 4800).

XXI.

¿Se puede promover competencia sobre asuntos en que ha recaído sentencia ejecutoriada?

Así como la cosa juzgada no se puede volver á poner en cuestion por ningun motivo, así tampoco se puede poner en tela de juicio la competencia de la autoridad que la decidió. Este último es consecuencia rigorosa de lo primero. Por eso el decreto de 6 de junio de 1844, sobre las competencias entre la autoridad judicial y la administrativa, se concretaba en sus disposiciones á los negocios pendientes; y el vigente ahora sobre la misma materia de 4 de junio del año último, establece expresamente que no se pueda suscitar competencia en pleitos fenecidos por sentencia pasada en autoridad de cosa juzgada. Siendo esto así, en ningun caso puede la administracion provocar competencias en negocios sobre los cuales haya recaído sentencia ejecutoriada, y si las provocare no deben ser admitidas como mal formadas.

Entre los trabajadores de las minas de Almaden, se puso en cuestion el modo de distribuir entre ellos el producto de cierto destajo; y habiendo promovido uno de los mismos el correspondiente juicio verbal ante el juez de Almaden, pronunció éste el fallo irrevocable que estimó justo. Pasado éste en autoridad de cosa juzgada, provocó competencia el superintendente de dichas minas; pero el consejo real, por los fundamentos antes dichos, declaró no haber lugar á decidirla. (Consulta de 27 de octubre, *Gaceta núm.* 4800).

XXII.

No procede el interdicto restitutorio contra las providencias de los ayuntamientos que tienen por objeto remover los obstáculos que se oponen al arreglo de los pastos y aprovechamientos comunes (Véase el tomo II, pág. 329, núm. V).

A los casos que confirman esta doctrina y pueden verse en el lugar citado, debemos añadir el siguiente.

Dadas en enfitéusis en 1838 á vecinos de la villa de Lobon varias porciones de tierras sitas en su término y pertenecientes al comun de la misma, su ayuntamiento, fundado en que esta concesion no habia producido efecto, entre otras cosas, porque no se habia otorgado la correspondiente escritura sobre ella, acordó en 24 de mayo de 1843, se subastasen las rastrojeras de estas tierras. En consecuencia de este acuerdo, prohibió el alcalde á D. Pedro Pizarro Barrena introducir su ganado en la parte de ella de que era poseedor para disfrutar el insinuado aprovechamiento. Considerándose Pizarro despojado, recurrió al juez de Mérida por medio de un interdicto restitutorio, al que éste, en vista de lo que informó el ayuntamiento, no dió lugar, y sí la audiencia del territorio en apelacion, ocasionando así la competencia promovida por el jefe político de Badajoz en 16 de julio de 1845. El consejo real decidió el recurso á favor de la administracion, considerando: 1.º que la concesion enfitéutica era efectivamente nula por no haberse otorgado de ella la escritura que sopena de nulidad exige la ley, y por consiguiente no pudo producir el efecto de segregar á favor de los concesionarios el dominio útil del directo, conservando por lo tanto el comun de Lobon el dominio pleno de las tierras que en su virtud se repartieron: 2.º Que en consecuencia de esto, pudo el ayuntamiento de aquella villa mirar las rastrojéras de las mismas como un aprovechamiento comunal, y dar la providencia que motivó el interdicto, cumpliendo con el art. 80 de la ley de 8 de enero de 1845, que atribuye á dichos cuerpos el arreglo del disfrute de los pastos y demás aprovechamientos comunes: 3.º Que aunque esta providencia fuera digna de reforma, no tocaba al juez dictarla por medio de un acto restitutorio contrario á la real órden de 8 de mayo de 1839, y sí al superior administrativo inmediato, que es el jefe político. (Consulta de 27 de octubre, *Gaceta núm.* 4800).

COMENTARIOS Y OBSERVACIONES SOBRE LOS ARTICULOS MAS IMPORTANTES DEL NUEVO CODIGO PENAL.

III.

Exámen del capítulo 2.º del libro 1.º, que trata de las circunstancias que eximen de la responsabilidad de los delitos.

Para que una accion sea imputable al que la ejecuta, se necesitan dos requisitos esenciales: 1.º Inteligencia suficiente en el autor para conocer y apreciar el deber violado por la accion misma: 2.º Libertad que le permita practicarla ú omitirla. No puede ser responsable de sus acciones quien carece de la inteligencia necesaria para tener el conocimiento del bien y del mal: tampoco puede serlo quien no es libre para obrar ó no conforme á este conocimiento.

Estos dos requisitos de la imputacion de las acciones humanas, son al mismo tiempo la medida de la culpabilidad de sus autores. Por lo cual, mientras mas completo sea el conocimiento que tengamos de nuestros deberes, y mas libres seamos para cumplirlos, tanto mas grave será nuestra responsabilidad si los infringimos; y por el contrario, nuestra responsabilidad se disminuye á medida que somos menos dueños de nuestras acciones, y menos capaces de apreciar nuestros deberes.

De este principio inconcuso se deducen tres consecuencias importantes: 1.ª El que carece absolutamente de inteligencia ó de libertad en el momento de cometer un delito, no debe ser responsable de él: 2.ª El que posee toda la inteligencia y la libertad propias de nuestra naturaleza, debe tener toda la responsabilidad de sus acciones: 3.ª El que obra con menos libertad ó inteligencia que las que son comunes á la humanidad, es responsable en menor grado que el que posee íntegras aquellas facultades. De aquí es que deben reconocerse, y todos los legisladores han reconocido en sus códigos circunstancias que eximen de toda responsabilidad al autor de un delito, circunstancias que agravan esta responsabilidad, y circunstancias que la atenúan.

Pero el estado natural y frecuente del hombre es el de poseer la inteligencia necesaria para distinguir el mal del bien de sus acciones, y la libertad suficiente para ejecutarlas ú omitirlas. Por eso supone la ley, que el autor de un hecho ilícito obra siempre voluntariamente mientras no conste lo contrario (§. 2.º art. 1.º), esto es, mientras no se pruebe que carecía de la razon ó de la libertad necesarias para juzgar su accion antes de cometerla, y de obrar en consecuencia de este juicio. Esto se puede hacer constar probando que el supuesto delincuente se hallaba en alguna de las circunstancias escepcionales en que los hombres no pueden responder de sus acciones.

Segun lo que llevamos dicho, deben considerarse como circunstancias de exencion todas las que anulan nuestra inteligencia hasta el punto de no distinguir claramente el bien del mal, ó cohiben nuestro alvedrío hasta el extremo de que no podamos material ó racionalmente obrar de otro modo que como lo hacemos. Las circunstancias que eximen de responsabilidad porque afectan considerablemente á la inteligencia, son: 1.ª La demencia: 2.ª La menor edad. Las que cohiben *materialmente* la libertad de obrar, son: 1.ª Obrar violentado por una fuerza irresistible: 2.ª Incurrir en alguna omision por hallarse impedido por causa legítima ó insuperable: 3.ª Causar un mal por mero accidente ejecutando un acto lícito. Las que cohiben *racionalmente* la libertad, son: 1.ª Obrar en defensa de su persona ó derechos en la de parientes muy cercanos, ó en la de extraños con los requisitos que se dirán mas adelante: 2.ª Obrar impulsado por medio insuperable de un mal mayor: 3.ª Obrar en cumplimiento de un deber, ó en el ejercicio de un derecho:

4.ª Obrar por obediencia debida. Hay además un caso, en que por razones de utilidad comun no es responsable el que causa daño en la propiedad agena, y es cuando esta accion era inevitable para impedir otro mal cierto y mayor.

El capítulo 2.º, tít. 1.º, lib. I del código penal, trata de todas estas circunstancias, y su art. 8.º dice que están exentos «de responsabilidad criminal,» todos los que con alguna circunstancia de las determinadas en seguida, cometan algun hecho calificado de delito. Y como la responsabilidad de éste es de dos especies, penal y civil, podria ofrecerse la duda de si al decir la ley están exentas de responsabilidad criminal las personas que en seguida menciona, debe entenderse que no las exime de responsabilidad civil. Así sería en efecto, si el capítulo 2.º del tít. 2.º del mismo libro, no aclarase completamente este punto. La responsabilidad penal tiene por objeto corregir al delincuente, dar á la sociedad ejemplos saludables de justicia, é impedir la repeticion de delitos semejantes. Y como ninguno de estos fines puede conseguirse castigando los hechos criminales en que concurre alguna de las circunstancias que hemos enumerado, la razon y la ley les exime de toda pena. Pero la responsabilidad civil tiene por objeto indemnizar al individuo que sin culpa suya haya sido perjudicado por un delito. Por lo tanto, siempre que esta indemnizacion sea posible y aproveche á un inocente, debe en justicia exigirse. Ahora bien, entre los casos de exencion que hemos referido, hay muchos en que concurren estas dos circunstancias, y algunos en que falta la segunda de ellas, á saber, que se verifique la indemnizacion en provecho del perjudicado sin culpa suya, por el delito: luego al decir la ley que están exentos de responsabilidad criminal tales delincuentes, no dá á entender que todos quedan sujetos á la responsabilidad civil, sino únicamente aquellos á quienes esta se impone en el capítulo 2.º, tít. 2.º, lib. I. Este punto lo dilucidaremos como conviene en su lugar correspondiente: tratemos ahora de cada una de las circunstancias de exencion.

I.

De la demencia.

Hay enfermedades que vician y trastornan de tal modo la inteligencia, que la privan absolutamente del conocimiento del bien y del mal. Si los que las padecen cometen algun delito, es sin tener idea del deber que infringen y del daño que hacen. Falta por consiguiente un requisito indispensable para que moralmente se les pueda imputar su accion; falta tambien una de las condiciones que justifican en el órden legal la imposicion del castigo, y falta por último la posibilidad de conseguir el fin de la pena. No se puede imputar moralmente su accion al que la comete enfermo del entendimiento, porque le falta el conocimiento del bien y del mal. No se le puede imputar legalmente, porque la ley no castiga sino las acciones que moralmente son reprensibles. Y castigándole no se lograría el fin de la pena, porque esta consiste en satisfacer la justicia moral ofendida por el delito, procurar la enmienda del delincuente, y dar á la sociedad ejemplo y enseñanza. No se satisfaría á la justicia moral, porque en el órden de la misma especie no hay delito cuando falta intencion en el delincuente. No se lograría la enmienda de éste, porque no está en su mano el corregirse de una falta producida por una causa superior á su voluntad. Y no se daría por último á la sociedad enseñanza y ejemplo, porque ¿qué habíamos de aprender en el castigo de un demente, como no fuera á compadecer su irremediable desgracia? Por eso el principio de-que las enfermedades de la razon imposibilitan la responsabilidad de los delitos, tiene un carácter tal de evidencia, que ha sido aceptado por todos los legisladores, y aunque no lo fuese, habría influido considerablemente en los fallos de los tribunales.

Admitiéronlo desde luego los romanos, dejándolo consignado en dos leyes del Digesto. Por la una se exceptuó de toda responsabilidad penal al demente que causára una injuria. *Cum injuria ex affectu facientis consistat, consequens est furiosos injuriam fecisse non videri* (1). En la otra se aplica este mismo principio á un caso de parricidio cometido por un loco, y siendo este delito de los mas graves, con razon puede asegurarse que dicho principio era aplicable cualquiera que fuese la naturaleza del delito cemetido por el demente. Consultados los emperadores Marco y Comodo, sobre la pena que habia de imponerse á un loco parricida, contestaron: *Si tibi liquido compertum est Ælium Priscum in eo furore esse, ut continua mentis alienatione omni intellectu careat; nec subest ulla suspicio, matrem ab eo, simulatione dementiæ occissam; potes de modo pœnœ ejus dissimulare cum satis furore ipso puniatur, et tamen diligentius custodiendus erit: ac si putabis etiam vinculo coercendus: quoniam tam ad pœnam quam ad tutelam ejus, et securitatem proximorum pertinebit* (2). Así, pues, en Roma, para que la demencia fuese motivo de exencion, se necesitaba que fuese contínua y de la que priva de toda inteligencia. Además, el loco que incurria en algun delito, debia ser custodiado por sus parientes, y no siendo eficaz esta custodia, debia ser encerrado en la cárcel pública. No se conocian entonces los hospitales de dementes, institucion posterior debida al cristianismo.

Nuestras leyes de Partida recogieron la doctrina de la legislacion romana en cuanto á las injurias causadas por los dementes, y establecieron que no hacia deshonra «el loco ó desmemoriado: ca entonce non seria tenudo de facer enmienda de ninguna cosa que ficiese ó dixiese porque non entiende lo que face mientra esta en la locura. Pero los parientes mas cercanos que hobieren estos atales ó los que los hobiesen en guarda débenlos guardar de manera que non fagan tuerto nin deshonra á otro asi como en muchas leyes de este libro diximos que lo deben facer: et si asi non lo ficieren bien se podria facer demanda á ellos del tuerto que estos atales hobiesen fecho» (3). Tambien extendieron dichas leyes esta doctrina á todos los delitos en general que cometen los dementes, previniendo que al «furioso desmemoriado lo non pueden acusar de cosa que ficiesse

(1) Dig. L. 3, pár. 1. *De injuriis et famosis libellis.*
(2) D. L. 14. De officio præs.
(3) L. 8.ª, tit. 9.º P. VII.

mientras que le durara la locura. Pero non son sin culpa los pa- rientes dellos cuando non les facen guardar de guisa que non puedan facer mal á otri» (1). Y por último, la aplicaron al delito de hurto, estableciendo que si el loco, el desmemoriado ó el fu- rioso fueren hallados con el hurto, se les pudiera tomar pero no para que se le impusiera la pena de este delito (2). Nuestra ju- risprudencia, interpretando despues estas leyes, ha establecido que si el demente delinque antes de serlo, se debe esperar á que cure para oirle en juício y sentenciarlo : que si no consta que estuviese loco cuando cometió el delito, se presume que lo hizo con todo conocimiento ; pero si constare que lo estaba an- tes, se juzga que tambien se hallaba así cuando cometió el de- lito ; y por último, que si se dudare en qué tiempo delinquió el que tiene lucidos intervalos, debe presumirse que fué en tiempo de la demencia.

Estas leyes han sido confirmadas y mejoradas por el art. 8.º del código, que exime de responsabilidad criminal al loco ó de- mente que no ha obrado en un intervalo de razon. Hé aquí sus palabras, y las de otros artículos que sirven para esplicarlas.

Art. 8.º «Están exentos de responsabilidad criminal:

1.º El loco ó demente, á no ser que haya obrado en un in- tervalo de razon.

Cuando el loco ó demente hubiere ejecutado un hecho que la ley califique de delito grave, el tribunal decretará su reclu- sion en uno de los hospitales destinados á los enfermos de aque- lla clase, del cual no podrán salir sin prévia autorizacion del mismo tribunal.

En otro caso será entregado á su familia bajo fianza de cus- todia, y no prestándola se observará lo dispuesto en el párrafo anterior.»

Art. 16. «La exencion de responsabilidad criminal declara- da en los números 1.º......... del art. 8.º, no comprende la de la responsabilidad civil, la cual se hará efectiva con sujecion á las reglas siguientes:»

«En el caso del número 1.º, son responsables civilmente por los hechos que ejecuten los locos ó dementes, las personas que los tengan bajo su guarda legal.»

(1)　L. 9, tít. 1.º, P. VII.
(2)　L. 17, tít. 14, P. VII.

«No habiendo guardador legal, responderá con sus bienes el mismo loco ó demente, salvo el beneficio de competencia en la forma que establece el código civil.»

Art. 88. «Los delincuentes que despues del delito cayeren en estado de locura ó demencia, no sufrirán ninguna pena ni se les notificará la sentencia en que se les imponga hasta que recobren la razon, observándose lo que para este caso se determine en el código de procedimientos.

El que perdiese la razon despues de la sentencia en que se le imponga pena aflictiva, será constituido en observacion dentro de la misma cárcel; y cuando definitivamente sea declarado demente, se le trasladará á un hospital, donde se le colocará en una habitacion solitaria.»

«Si en la sentencia se impusiera una pena menor, el tribunal podrá acordar que el loco ó demente sea entregado á su familia bajo fianza de custodia, y de tenerlo á disposicion del mismo tribunal, ó que se le recluya en un hospital segun lo estimare.»

«En cualquier tiempo que el demente recobre el juicio se ejecutará la sentencia.»

«Estas disposiciones se observarán tambien cuando la locura ó demencia sobrevenga hallándose el sentenciado cumpliendo la condena.»

El principio consignado en el núm. 1.° del art. 8.°, aunque claro y luminoso, puede ofrecer sin embargo graves dificultades en su aplicacion. La primera que se presenta es la de determinar los caracteres verdaderos de la demencia, ésto es, fijar los hechos que la revelan necesariamente. La ley penal no puede descender á cuestiones científicas que no son de su incumbencia, y particularmente aquellas sobre cuya solucion no están de acuerdo los peritos. A la ley penal incumbe establecer la regla general; á la práctica determinar los casos en que debe tener aplicacion. Por eso la primera dice que los locos y dementes no están sujetos á responsabilidad criminal; y la segunda ayudada de la ciencia, debe determinar las circunstancias que han de concurrir en una persona para que se la considere privada de razon. Veamos de resolver este problema con arreglo á los datos y observaciones que ha proporcionado la ciencia.

Para proceder con método, lo primero que debemos averiguar son las señales características de la demencia y los medios mas adecuados para justificarla. La medicina distingue en las enfermedades del entendimiento dos grados principales, el *idiotismo* y la *locura* (1). El idiotismo (*fatuitas*), es una especie de estupidez que tiene diversos grados, segun que es mas ó menos pronunciada. Sus caracteres principales son : 1.º Que el que la padece no posee sino un número muy limitado de ideas: 2.º Que su inteligencia no se desenvuelve nunca ni se manifiesta sino de una manera muy incompleta: 3.º Que esta enfermedad data desde el nacimiento.

La locura es el desarreglo producido en un entendimiento, que despues de haber adquirido todo su desarrollo se turba, se debilita y se extingue accidentalmente. Esta enfermedad suele tomar varias formas: la de *demencia* propiamente dicha, la de *demencia con delirio*, y la de *manía sin delirio* ó *monomanía*. La demencia (*insania*) es una debilidad particular de las operaciones del entendimiento y de los actos de la voluntad. Sus caracteres son : 1.º La pérdida de la memoria: 2.º La extincion del pensamiento, siendo la cabeza del enfermo, segun la expresion de un autor reciente, una especie de caja en que se agitan sin relacion y sin órden las ideas adquiridas antes de la enfermedad.

La manía con delirio (*furor*), es un delirio general, variable, y que se aplica á toda especie de objetos. Sus caracteres son: 1.º Que el enfermo no se puede fijar en ninguna idea ni encadenar sus pensamientos: 2.º Una actividad prodigiosa que sobrexita las operaciones delirantes del entendimiento: 3.º Que el paciente suele estar dominado por ideas falsas é incoherentes, por ilusiones de los sentidos y por rápidas alucinaciones.

La monomanía, llamada antes melancolía, es un delirio compuesto especialmente de una idea exclusiva, alrededor de la cual se agrupan, si puede decirse así, todas las ideas desordenadas del paciente, ó bien una série de ideas dominantes relativas á un mismo objeto, y que fijan por lo comun la atencion del paciente y de las personas que le rodean. Sus caracteres son: 1.º Los que las padecen son inclinados al abatimiento, la me-

---

(1) Observations medico-legales sur la folie par le docteur Georges.— mais medi-o-legal par le professeur Foderé.

lancolía y la desesperacion : 2.º Las ideas esclusivas y dominantes de los monómanos, se refieren generalmente á las pasiones y los afectos.

Tales son las diferentes clases de demencia que conoce la medicina ; pero como en cada una de ellas puede haber grados diferentes, es preciso que determinemos hasta qué punto ha de ser grave la lesion del entendimiento para que sea motivo legítimo de escusa en aquel que la padece. Cuando el idiotismo es completo, nadie duda que hay causa suficiente para declarar la irresponsabilidad. El idiota no percibe las ideas mas comunes, ni tiene mas sensaciones que las que producen las necesidades materiales, y por consiguiente no puede ser responsable de sus acciones. Por otra parte, el idiotismo se manifiesta segun hemos visto, por síntomas tales, que no es fácil equivocarse cuando se trata de apreciarlo. Pero como esta enfermedad suele tener grados diferentes, hay casos en que no es completo el idiotismo, de modo que el paciente no está absolutamente privado de sus facultades intelectuales, y aunque confusa ó imperfectamente puede distinguir un número escaso de ideas. Ahora bien, si el desgraciado que se halla en este caso delinque, ¿quedará sujeto á la responsabilidad penal?

Esta cuestion ha sido muy debatida entre los jurisconsultos, y su resolucion ofrece en efecto dificultades casi insuperables. Creen muchos que estos *semi-imbéciles* no carecen del conocimiento instintivo del bien y del mal, relativamente á los actos mas graves que condena la razon; de modo, que saben que el homicidio, el robo, y otros delitos semejantes, son actos prohibidos y punibles. Siendo esto cierto, es evidente que un semi-imbécil no podria eximirse de pena cometiendo alguno de los crímenes graves que hemos indicado. Pero aun cuando esto sea así, no puede dudarse que el idiota de esta especie es incapaz de aplicar las escasísimas ideas de justicia que posee á todos los demás actos que prohibe la legislacion positiva y que la razon no condena de una manera tan instintiva como los otros. Tambien es evidente que no se pueden señalar *à priori* todas las circunstancias que dan á conocer estos varios matices del idiotismo. Por lo tanto, es imposible dar reglas generales para decidir los casos que suponemos. Cuando no fuese completo el idiotismo del delincuente, podrá haber ó no lugar á responsabilidad,

segun fueren la naturaleza de la accion cometida y las circunstancias que hayan concurrido en ella, y conduzcan á probar la
malicia de su autor. Si del exámen que se haga de la enfermedad de éste, resulta que no estaba enteramente privado del conocimiento del bien y del mal, y el delito fuere de tal especie
que no sea facil haya podido ocultarse su gravedad á la intelígencia mas limitada, no vemos motivo de excusa. Si por el contrario, fuere tal el carácter de la infraccion, que se necesite
para apreciarla un entendimiento mas desarrollado, debe declarar el juez la irresponsabilidad del imbécil.

Pero cuando se presentan casos de demencia propiamente di·
cha, ó de manía con delirio, no se ofrecen dificultades de la
misma especie. Los síntomas de estas enfermedades son tan perceptibles, que no se pueden ocultar al perito: como consisten
generalmente en una série de actos sucesivos, pueden examinarse y apreciarse en cualquier tiempo; de modo, que basta probar
que un hombre estaba ya demente ó delirante cuando delinquió,
para que el juez pueda con toda confianza declararle exento de
pena. El delirio y la demencia producen necesariamente y en
todo tiempo el desarreglo completo de las facultades intelectuales, segun está probado por observaciones atentas y numerosas:
y por consiguiente, basta demostrar que una persona padecia
alguna de estas enfermedades para que no deba ser responsable
de sus actos.

Sucede á veces, sin embargo, que los delirantes y los dementes tienen lucidos intervalos, en los cuales usan por completo de su razon, y esto dá lugar á una cuestion importante
pero de solucion difícil. Tal es la de decidir si deben ser responsables los locos de los actos que cometan en estos intervalos
de su enfermedad. Si hubiéramos de resolverla en el órden moral solamente, diríamos, que segun los principios antes expuestos, el demente que en un verdadero intervalo de razon comete
un acto ilícito, obra con libertad y con conocimiento, y por lo
tanto debe ser responsable. Fundados en esta doctrina los legisladores romanos, declararon la responsabilidad de los actos
cometidos en estas interrupciones de la demencia. *Si vero ut
plerumquet adsolet*, dice el Digesto (1), *intervallis quibusdam*

(1) Dig. L. 14 de off. præs.

sensu saniore , cum forte eo momento scelus admisserit, nec morbo ejus danda est venia diligentur explorabis, et si quid tale compererit, consules nos ut æstimemus, an per inmunitatem fassinoris-si eum possi videri sentire, commiserit, suplicio afficiendus sit.

Esta misma es la doctrina de nuestras leyes de Partida, según puede inferirse de los textos de ellas que antes hemos copiado. En efecto, dice la ley relativa á las injurias, que el loco no debe responder de sus actos «porque non entiende lo que face *mientra esta en la locura.* » Y la que exime á los mismos dementes de responsabilidad por cualquier otro delito, dice que al furioso ó desmomariado no se le pueda acusar «de cosa que ficiesse *mientra que le durare la locura.*» Luego todo el mal que hacen los locos cuando cesa ó se interrumpe su enfermedad puede ser objeto de acusacion y de pena. Así han entendido tambien nuestros autores las leyes citadas, y por eso lo mas que se han atrevido á sostener es, que cuando se dude del tiempo en que delinquió el loco que tiene lucidos intervalos, debe presumirse que fué durante la demencia: que cuando delinque el cuerdo pero le sobreviene en seguida la locura, debe esperarse á que cure para acusarle, y que cuando consta que antes de delinquir estaba uno loco, se debe juzgar que tambien se hallaba así cuando cometió el delito (1). Así es, que segun estas opiniones, cuando delinque uno cuya demencia anterior consta, se presume que delinquió demente : si se prueba que cometió el delito en un lucido intervalo, no se le puede castigar hasta que cure : y si se duda del tiempo en que delinquió, se presume que fué durante la locura.

Nuestro código ha aceptado la misma doctrina de la ley romana, y en ello no ha procedido en verdad con acierto, porque es imposible fijar una regla exacta que sirva para distinguir el caso en que el loco obra verdaderamente en un lucido intervalo de 'su enfermedad, de aquel en que lo hace cuerdo en la apariencia, pero por un efecto necesario de la enfermedad misma. No es fácil decidir en el caso que suponemos, si el estado habitual de demencia ha tenido algun influjo sobre la determinacion del paciente, aunque en el momento de ejecutarla

_____

(1)   Parlad. differ. 86. Farinac. quæst. 94. —Tapia. Tom. 7, pág. 9 y 10.

no se haya manifestado la enfermedad por ningun signo visible.
Tampoco se puede afirmar sin temor de equivocarse, que una
razon extinguida un momento hace, adquiera de pronto toda
la vida y regularidad necesarias para comprender y apreciar con
exactitud el bien y el mal de las acciones humanas. La experiencia médica enseña por otra parte, que no hay medios seguros
de distinguir el verdadero intervalo de la locura del período en
que esta enfermedad no se manifiesta por ningun signo exterior.
¿Y en esta incertidumbre, cómo han de atreverse los tribunales á absolver ó condenar al delincuente?

A pesar de estas razones, las palabras del art. 8.° son bien
terminantes: «esten exentos, dice, de responsabilidad criminal:
1.° El loco ó demente, á no ser que haya obrado en un intervalo de razon.» Siendo esta una excepcion de la regla, creemos
que cuando conste ser loco el autor de un delito, se le debe declarar exento de toda pena, á menos que se pruebe que al tiempo de delinquir se hallaba en un verdadero intervalo de razon.
Esta prueba ofrece, segun los médicos, una dificultad casi insuperable, porque atendidos los escasos medios que proporcio-
na la ciencia para distinguir este estado de aquel en que la locura no se revela por signos exteriores, raras veces se atreverán
los peritos á declarar con la seguridad necesaria, para que su
informe pueda servir de fundamento á una sentencia.

Tambien juzgamos aplicable á esta declaracion del código,
la doctrina de nuestros autores que antes hemos indicado, porque se funda en los mejores principios. En efecto, aunque el loco sea responsable de los actos que ejecute en un intervalo de
razon, esta responsabilidad no se le puede exigir durante la locura por muchas razones. La primera, porque nadie puede ser
condenado sin oírsele su defensa, y es claro que un loco no puede defenderse. La segunda, porque mientras durára la enfermedad no se podria imponer el castigo, ó de lo contrario no se
conseguiría ninguno de sus objetos. La conciencia pública se in-
dignaría de ver á un loco en el cadalso. Por eso dispone el artículo 88 del código, que los delincuentes que despues del delito cayeren en la demencia, no sufran pena alguna ni se les notifique la sentencia en que se les imponga hasta que recobren la
razon: y que el que perdiera la razon despues de la sentencia
en que se le imponga pena aflictiva, sea constituido en obser-

vacion dentro de la misma cárcel, y cuando definitivamente sea declarado demente, se le traslade á un hospital, donde se le colocará en una habitacion solitaria. De estas disposiciones se deduce necesariamente, que si bien puede exigirse la responsabilidad penal al loco que delinque en un lucido intervalo, no por eso se le puede penar hasta que cure de su demencia, ni aun siquiera notificarle el fallo que le condene. Si el código dispone esto último expresamente respecto al criminal que cae en la locura despues de un delito, con mas razon debe considerarse comprendido en el mismo caso el loco que delinque en un lucido intervalo. Si el primero no puede ser penado porque sería absurdo, inmoral é inútil castigarle cuando no es capaz de comprender la relacion que tiene su pena con su delito, tampoco puede serlo el segundo por hallarse en la misma incapacidad.

Asimismo debe sostenerse, que la responsabilidad criminal que atribuye el código al demente que delinque en un lucido intervalo, no debe ser objeto de proceso hasta que el paciente sane de su locura, ó que por lo menos no debe éste ser llamado á juicio ni acusado mientras no se logre su curacion. Se podrán practicar si es menester las primeras diligencias del sumario, á fin de proporcionarse aquellas pruebas del delito que suelen desaparecer al cabo de tiempo, pero no acusar al demente, pero no sentenciarle, porque sería preciso hacer uno y otro sin oirle, con lo cual se infringiría uno de los principios tutelares de la justicia. Esta interpretacion es conforme al espíritu del código, y no se opone al artículo á que vamos aludiendo. Dice éste que no son responsables los locos, á menos que delincan en un intervalo de razon. De aquí se infiere, que el que comete un delito en esta circunstancia debe ser responsable, pero no que se le haya de exigir esta responsabilidad mientras dure su locura, porque tal determinacion infringiría, como hemos dicho, el principio de que nadie puede ser sentenciado si no puede defenderse.

. La monomanía ha sido objeto de diversos pareceres entre los criminalistas. Unos han sostenido que el monómano no merece pena alguna por el delito que comete, cuando no se justifique que obró impulsado por un interés ó por un motivo ilegítimo. Otros por el contrario, niegan hasta la existencia de esta enfermedad, suponiendo que ha sido inventada para engañar á los tribunales y dejar impunes los delitos. La primera de estas doctrinas ofrece algunas dificultades en la práctica: la segunda carece evidentemente de fundamento.

Los anales de la medicina y los de los tribunales, ofrecen muchos ejemplos de actos de frenesí, ejecutados sin ningun motivo aparente, por personas que respecto á otros objetos tenian espedito el ejercicio de la razon. En estos últimos tiempos sobre todo, merced á los estudios y observaciones de los doctores Georget (1), Marc (2), Orfila (3), Esquirol y Pinel (4), la cuestion de la demencia parcial ha dejado de ser un problema para la ciencia. Es un hecho averiguado, que puede una persona carecer de sus facultades intelectuales respecto á un objeto dado, y usar de ellas acertadamente en todos los demás negocios de la vida. El que padece esta enfermedad asesina tal vez en un momento de frenesí á la persona que le es mas querida, ó maltrata á aquella con quien le unen motivos de gratitud, ó pone fuego á la heredad vecina sin tener motivo alguno para cometer tales atentados, y sin dejar por eso de ser racional y comedido en sus demás acciones.

Pero en la práctica puede confundirse con suma facilidad el monomaniaco con el hombre que habiendo recorrido todos los grados de la inmoralidad cae por último en la depravacion mas horrible, sintiendo casi los apetitos de las fieras. Tambien puede confundirse el monomaniaco con el hombre que habiendo alimentado largo tiempo en su pecho un pensamiento criminal, llega un momento en que, arrastrado ciegamente hácia el delito que han acariciado sus deseos, lo comete enfurecido y con turbada razon. En cualquiera de estos casos debe ser inexorable la ley, porque en el primero, la conciencia humana pronuncia instintivamente la pena, y en el segundo la exige la reflexion, cuando se considera que el delincuente conocia la inmoralidad de sus deseos y el mal que causaría con ellos, y que si ha habido en efecto algun desarreglo mental en el momento del crímen, provino del espectáculo de la catástrofe, y no de que la razon hubiese perdido todo su influjo sobre el delincuente. ¿Có-

(1) Exámen des procés criminels des nommés *Leger* et *Pavoine* et de la fille *Cornier*.

(2) Dictionaire des sciences medicales, art.º *aliénes*.

(3) Leçons de Mr. Orfila.

(4) Observations de MM. Esquirol et Pinel.

mo explicar si nó la turbacion que experimentan y las faltas indisculpables que cometen al ejecutar sus delitos los hombres mas avezados á ellos?

Sin embargo, para guiar al juez en este laberinto de síntomas análogos que tanto dificultan el acierto en la sentencia, ofrece la medicina legal algunos medios, que si no bastan para darle una seguridad completa, sirven por lo menos para dirigir su juicio. Han observado los médicos, que en la monomanía la turbacion del entendimiento es rara vez limitada: que preocupados los enfermos de la idea que les domina, encuentran suma dificultad en dedicarse á sus ocupaciones habituales y á cualquier trabajo contínuo: que se olvidan de las personas que les eran mas queridas, ó no piensan en ellas sino para desconfiar de su amistad, ó para acusarlas de injusticia; y que de tiempo en tiempo suelen padecer parasismos ó un delirio algo mas general.

Supuestos estos hechos, ¿debe eximir de pena la monomanía? De ellos resulta, que el que la padece está privado de razon respecto á aquellos objetos en que se manifiesta la enfermedad, pero no respecto á todos los otros; de donde debe inferirse, que si el delito tiene relacion con los primeros de dichos objetos, ha sido perpetrado á impulsos del mal y no es digno de pena; mas si el delito se refiere á aquellas cosas sobre las cuales no suele desbarrar el paciente, no hay motivo para suponer que se cometiera por influjo de la enfermedad, ni para eximirle de castigo. ¿Qué importa la circunstancia de que la demencia sea completa ó parcial, como se pruebe que el acto ilícito se cometió durante un acceso de ella?

Esta solucion no se opone tampoco al espíritu del art. 8.° del código. Habla este de los *locos* y *dementes*, y la monomanía no es mas que una especie de locura ó demencia segun los médicos. El que desbarra sobre un objeto dado, es tan loco respecto á él, como el que padece una demencia completa: si este no puede ser responsable de ninguna de sus acciones, el otro no puede serlo tampoco de aquellas que ejecuta en sus momentos de locura. La dificultad consiste en averiguar si efectivamente se cometió el crímen por causa de la demencia, y para esta averiguacion servirán por una parte las reglas médicas dichas arriba, y las observaciones siguientes: 1.ª Si el monomaniaco cometió el delito por influjo de la idea fija y exclusiva, lo cual podrá conocerse en la relacion que tenga éste en el delito mismo, no debe ser responsable, pero sí de todos los actos que no se refieran directa ni indirectamente á dicha idea: 2.ª Tambien importa mucho averiguar si el delincuente tenia algun interés en la ejecucion del acto de cuya responsabilidad pretende excusarse: 3.ª Ultimamente, conviene advertir que los locos suelen mostrarse indiferentes á los castigos que los amenazan, aunque esta circunstancia se nota á veces tambien en los hombres embrutecidos por el vicio, ó que están ya cansados de su vida criminal. Ayudado de estas reglas, puede el juez distinguir en muchos casos el delito cometido en un acceso de monomanía del que se ejecuta fuera de esta circunstancia. Pero si apurados todos los medios de prueba hubiere aun dudas acerca de este hecho, aunque la ley nada dice, se debería seguir el parecer de los jurisconsultos antiguos, que en tal caso absolvian al acusado (1).

Algunos criminalistas han suscitado la cuestion de si el sonámbulo debe ser responsable del delito que cometa durante el sueño. *Dormitans furioso æquiparatur*, decian los antiguos jurisconsultos, y fundados en esta máxima, declaraban al sonámbulo que delinquia durante el sueño exento de toda pena, excepto en los casos siguientes: 1.º Cuando conociendo su enfermedad no hubiese tomado las precauciones necesarias para impedir sus malos efectos: 2.º Cuando hubiese ratificado al despertar la accion cometida durante el sueño, manifestando una intencion de delinquir precedente: 3.º Cuando hubiere una enemistad anterior entre el sonámbulo y la persona que ha sido objeto del delito. Conforme en parte con esta doctrina nuestra ley de Partida, dispuso que sufriese pena «el que obiese costumbrado de levantárse en dormiendo et de tomar cuchillo ó armas para ferir, et sabiendo su costumbre mala non apercibiese della á aquellos con quien dormiese en un lugar que se guardasen, et matase á alguno dellos (2). »

---

(1)　Farinacius quæst. 98, núm. 8: «Si dubitetur quo tempore delinquerit, an tempore furoris an sanæ mentis, in dubio est potius quod delinquerit tempore furoris.»

(2)　L. 5, tít. 8, P. VII.

No analizaremos el fundamento de estas excepciones, porque siendo un punto tan cuestionable el principio á que se refieren, están fuera de nuestro propósito. El sonambulismo es un misterio de la naturaleza, que la ciencia no ha logrado penetrar hasta ahora. La voluntad del sonámbulo es incierta: sus acciones suelen no dejarle el menor recuerdo, y á veces no parecen guiadas por el conocimiento del bien y del mal. Pero la justicia humana carece absolutamente de medios para descubrir si era verdadero ó fingido el estado de sonambulismo, durante el cual se supone cometido un delito. La experiencia por otra parte, no ha venido á iluminarnos sobre este punto, y así tampoco se puede sacar de ella ninguna regla para distinguir el verdadero del supuesto sonambulismo. Llenos están los archivos de los tribunales, de procesos seguidos sobre violencias y homicidios causados por dementes, al paso que los actos que se refieren de los sonámbulos son inofensivos é insignificantes. Por lo tanto, no vemos necesidad de que el legislador establezca para ellos excepcion alguna, como en efecto no la ha establecido ninguno de los códigos modernos que conocemos. El nuestro guarda tambien silencio sobre este punto, sin que ni aun por interpretacion se pueda deducir de ninguno de sus artículos que el sonambulismo sea motivo legítimo de excusa.

Hemos tratado hasta ahora de la demencia precedente al delito : ¿deberán aplicarse las reglas establecidas á aquella que es posterior? Segun el núm. 1.° del artículo 8.° del código, no deberían ser aplicables, pues por él no se eximen de pena sino los locos y dementes que delinquen durante la locura. ¿Pero cuando esta sobreviene despues de la perpetracion del crímen, debe seguirse causa al delincuente? ¿debe imponérsele pena? ¿se debe ejecutar la que se le imponga? La razon y el art. 88 del código resuelven del mismo modo estas cuestiones. El hombre cuerdo que delinque es responsable de su delito, pero el loco ni puede comparecer en juicio ni defenderse ; y como no hay proceso legítimo sin defensa, si el que comete un delito estando cuerdo cae en la demencia, no puede ser acusado ni sentenciado. Por eso dispone el referido art. 88, que no se notifique la sentencia al delincuente que cayere en la locura despues de su delito, así como deberá mandarse en el código de procedimientos, qué cuando tal cosa suceda se suspenda el curso del proceso concluido el sumario, hasta que el loco haya sanado y pueda defenderse.

Cuando los primeros síntomas de la locura se presentan despues de pronunciada la sentencia, no debe ésta ejecutarse. No es capaz de pena quien no lo es de responsabilidad: y si uno no ha de ser en adelante responsable de lo que haga, ¿qué ventaja traería el que lo fuese de lo que antes hizo? ¿De qué serviría la pena que se impusiese á un furioso? Enmienda no había que esperarla, de quien perdiendo la facultad de delinquir moralmente, quedaba p.ivado tambien de la de enmendarse: y el espectáculo de un loco en el patíbulo movería mas á lástima que á escarmiento. Por eso dispone el mismo art. 88, que en el caso de que tratamos se suspenda la ejecucion de la pena hasta que el demente recobre su juicio.

¿Debe suceder lo mismo cuando la demencia sobreviene sentenciado el proceso, y la pena que ha de imponerse es pecuniaria? El artículo últimamente citado no hace distincion, y por lo tanto los tribunales, aplicándolo rectamente, no deben hacerla en nuestro concepto. Dicen sin embargo algunos criminalistas, que el motivo de la ley para mandar suspender la ejecucion de las penas corporales cuando el sentenciado á ellas cae en la locura, no existe cuando se trate de la imposicion de penas pecuniarias, y se fundan principalmente en que la ejecucion de estas últimas no ofrece ningun inconveniente material, ni produciría en la conciencia pública el mal efecto que las primeras. Así es la verdad; pero no son estos los únicos motivos que impiden la ejecucion de las penas pronunciadas contra los criminales que caen en la demencia despues de sentenciados, pues hay, como hemos visto, otro de no menor importancia, el cual subsiste cualquiera que sea la especie del castigo. Es la pena un mal que se hace sentir al delincuente que contribuye entre otras cosas á enmendarle en lo sucesivo. Cuando es pecuniaria, consiste este mal en privar al reo de una porcion de su patrimonio, cuya falta debe hacerle padecer escaseces y privaciones mas ó menos considerables. Pues bien, si el que sufre la pena pecuniaria es un demente, no experimenta el mal que de ella resulta, no siente la disminucion de su patrimonio, no sufre con las escaseces, no es capaz de enmendarse, y el castigo por lo tanto es inútil. No haciendo pues distincion la ley entre las penas pecuniarias y las corporales en el caso que suponemos, y existiendo uno de los principales motivos en que se funda la prohibicion general de llevar á efecto las sentencias penales de los que caen en la locura despues de sentenciados, es indudable que no debe hacerse de este principio la excepcion que combatimos.

Lo que puede en nuestro concepto ofrecer alguna dificultad en la práctica, es si el sentenciado cae no en el idiotismo, ni en demencia propiamente dicha, ni en demencia con delirio, sino en monomanía. Las tres primeras enfermedades privan completamente de la razon é incapacitan por consiguiente de sufrir la pena, pero la última no turba el entendimiento sino con relacion á un objeto dado, ni impide por lo tanto al paciente experimentar los efectos morales del castigo: imponiéndolo se logra pues su fin, y no hay motivo que justifique su suspension. Si el monomaniaco es responsable, segun antes demostramos, de todos los actos que no sean consecuencia notoria de la idea fija que le domina, con mas razon debe ser penado por los delitos que cometiere antes de su monomanía. Debe contársele entre los los locos y dementes de que habla el código, cuando se trata de juzgar los actos que tienen relacion con aquella idea fija, como actos de verdadera locura que son, pero no los demás. El monomaniaco es loco solo respecto á estas acciones, y por eso solamente en cuanto á ellas goza de la excepcion del art. 8.º; pero como el padecimiento de la pena no tiene relacion con su idea fija, no puede considerársele con respecto á él en caso de locura, ni comprendido entre los locos y dementes de que habla el art. 88. El 8.º admite la interpretacion que le hemos dado, pero este otro no la consiente.

¿Si la locura en que cayere el sentenciado tuviere lucidos intervalos, deberá aprovecharse algunos de estos para ejecutar la pena? Algunos criminalistas lo creen así, pero con error, en nuestro juicio. Es imposible determinar con fijeza, cuándo empieza y cuándo concluye el intervalo de razon de un loco: si la justicia estuviese espiando éste momento para castigarle, se expondria mucho á quitarle tal vez la vida en un acceso de furia. Por otra parte, el art. 88 dice terminantemente que no se ejecutará la pena hasta que el loco «recobre el juicio» y esto no sucede ciertamente en los lucidos intervalos de la demencia. Sería necesario abusar del sentido de las palabras para suponer que en las que acabamos de citar se comprende el lucido intervalo de la locura. El loco recobra su juicio cuando sana, y en dicho intervalo no puede decirse que ha sanado.

Mas no porque los dementes esten exentos de pena ha de dejárseles despues que delinquen abandonados y en libertad de dañar impunemente á otras personas. Cuando la justicia declara la demencia de un acusado, toca á la administracion impedirle que incurra en otros excesos, quitándole los medios materiales de hacer mal. Las leyes romanas disponian que en este caso fuese entregado el loco á sus parientes, y si estos no podian contenerlo, se le encerraba en la cárcel. *Furiosos, si non possunt per necesarios contineri, eo remedio per præsidem obviam eundum est, scilicet, ut carcere contineantur* (1). Y otra ley, despues de decir que *furiosos ipso furore puniantur*, añadia: *diligentius qui custodiendum esse aut etiam vinculis coercendum* (2).

La misma doctrina siguieron en parte nuestras leyes de Partida, y así es, que la que al principio de este artículo citamos decia: «Pero los parientes mas cercanos que hobiesen estos atales (los locos), ó los que los hobieren en guarda, debenlos guardar de manera que non fagan tuerto nin deshonra á otro..... et si asi non lo ficiesen, bien se podria facer demanda á ellos del tuerto que estos atales hobiesen fecho (3).» La ley romana mandaba guardar en las cárceles á los locos cuyos parientes no podian tenerlos en seguridad, porque la caridad cristiana no habia fundado aun los hospitales que posteriormente han servido de escudo á la sociedad contra los excesos de aquellos desgraciados. La ley de Partida mas humana ó mas rigorosa en la observancia del principio que declara á los dementes incapaces de castigo, se limitó á exigir de sus parientes que los guardasen bájo su responsabilidad.

De estas precauciones para impedir la repeticion de los excesos de los dementes, una sola era incompatible con nuestra civilizacion, la reclusion en las cárceles, y por eso la han desechado todos los códigos modernos, pero no así la otra, por lo cual,

(1) Dig. L. 18, de off. præs.
(2) Id. L. 9, pár. ult., ad leg. Pomp. de pænis.
(3) L. 8, tít. 9, P. VII.

ha sido admitida en ellos, combinada con la reclusion en hospitales. Las cárceles sirven para mantener en seguridad á los acusados ó para purgar los delitos, pero no para curar las enfermedades. Conforme en esto con otros códigos el nuestro, dispone que cuando el loco ó demente hubiere ejecutado un hecho que la ley califique de delito grave, el tribunal decretará su reclusion en un hospital de enfermos de aquella clase, del cual no pueda salir sin prévia autorizacion del mismo tribunal; y en otro caso, esto es, cuando el hecho cometido por el loco no fuere de los calificados de delitos graves, y su familia prestare fianza de custodia, se le entregará el enfermo.

El fundamento de estas disposiciones es evidente. Segun sea la gravedad del hecho que hubiere cometido el loco, así es mayor ó menor el peligro que puede resultar al público de su libertad; y segun sea la gravedad de este peligro, así debe ser la eficacia del medio que se adopte para conjurarlo. El loco que comete un homicidio, dá á entender que su locura es de las mas peligrosas, y que la sociedad tendria mucho que temer de sus acciones si anduviese suelto: de aquí la necesidad de sujetarlo por los medios mas rigorosos y eficaces que sean compatibles con la humanidad y con su curacion. Este medio consiste en recluirlo en un hospital de dementes, con prohibicion de dejarle salir sin autorizacion expresa del mismo tribunal que mandó encerrarle. Pero el loco cuyo delito consiste en haber maltratado á otro de obra ó de palabra, manifiesta inclinaciones mucho menos peligrosas que el anterior: la sociedad tiene menos que temer de sus acciones, y por consiguiente deben bastar para sujetarle precauciones menos rigorosas. Sus parientes entre tanto pueden desear tenerle en su compañía con la esperanza de curarle, ó por temor de que en un hospital no sea bien tratado: si al mismo tiempo dan fianza de custodiarle, no hay mal en entregárselo, puesto que esta seguridad es suficiente atendida la importancia del peligro. Así, pues, para saber el destino que deba darse al loco que comete un hecho prohibido como delito, no hay mas que tener presente la calificacion de grave ó menos grave que le dá la ley. Si el hecho fuese de aquellos que el código castiga con penas aflictivas, debe ser recluido su autor en un hospital de dementes: si fuese de los que castiga el mismo código con penas correccionales ó leves, y los parientes dieren la fianza de custodia, se les entregará á su vigilancia: si estos no dieren dicha seguridad aunque el delito no sea grave, se obrará como si lo fuese.

No dice la ley qué especie de caucion deberá admitirse de los parientes, pero tampoco era necesario, porque no es fácil establecer sobre este punto una regla general acertada. Segun sean las circunstancias de la persona que haya de tomar al loco bajo su guarda, así deberá determinar el juez la especie de fianza que sea mas conveniente. Si el pariente fuese persona acomodada, bastará que se obligue con sus bienes á la responsabilidad de su cargo. Si fuere pobre, podrá convenir exigirle que presente fiadores sujetos á la misma responsabilidad. Pero como la ley ha querido que esta se asegure eficazmente, obligando al pariente curador á indemnizar con sus bienes los daños que por su falta de vigilancia cause el loco constituido bajo su custodia, no conviene por regla general admitir la caucion juratoria por su ineficacia.

Pero ¿qué parientes deben ser preferidos para esta custodia, cuando hay muchos que la pretenden? Esta cuestion debe resolverse por las reglas del derecho civil, sobre curadurías de locos y mentecatos. Son llamados á ellas los parientes mas próximos con exclusion de los mas lejanos, esto es, primero los padres y despues por su órden, todos aquellos á quienes segun las leyes corresponde la tutela legítima de los parientes. En efecto, la custodia de que habla el código, no es otra cosa que la curaduría de los dementes establecida por el derecho civil. Esta tiene por objeto cuidar de los bienes y de la persona del que por su enfermedad no puede hacerlo por sí, y si bien la guarda de que trata el código penal, se reduce á cuidar de la persona del demente, esto es, porque no toca á dicho código disponer nada en cuanto á los bienes, mas no porque deje de corresponder á una misma persona el cuidado de ambos objetos. Así es, que cuando el juez entrega al loco á un pariente para que le tenga bajo su custodia, hace un verdadero nombramiento de curador.

No se crea, sin embargo, que los parientes del loco tienen obligacion civil de guardarlo. El art. 8.° del código no se la impone de manera alguna, puesto que les deja en libertad de dar ó no fianza estableciendo lo que debe hacerse en el caso de que no la presten. Por otra parte, no, siendo la curaduría un cargo obligatorio para los parientes, es claro que tampoco debe serlo esta de que tratamos. Así es, que por las palabras del art. 8.° «y no prestándola (la fianza) se observará, etc.,» debe entenderse, que cuando la familia del loco *no quisiere* ó *no pudiere* dar fianza, se debe proveer á su reclusion, lo mismo que cuando se proceda contra él por la ejecucion de algun hecho que la ley califica de delito grave: y si los parientes son libres para dar ó no fianza como no puede menos de suceder, es incuestionable que lo son tambien para admitir ó no el cargo de guardadores del enfermo.

Conviene determinar los límites de la responsabilidad que contrae aquel á quien la justicia le entrega su pariente loco para que le custodie. La ley de Partida antes citada (1), dice que cuando los parientes faltan á la obligacion que tienen de guardar al loco «bien se podrie facer demanda á ellos del tuerto que estos atales (los locos) hubiesen fecho» es decir, para la reparacion del daño causado. El art. 16, núm. 1.° de nuestro códi_go, ha aceptado esta disposicion, previniendo que de los actos de los locos son responsables civilmente, primero las personas que los tengan bajo su guarda legal. Este es el objeto de la fianza establecida en el art. 8.° La responsabilidad, pues, de los tales guardadores, se limita á la reparacion de los daños que causáre el loco constituido bajo su custodia. No se debe extender á mas, porque es un principio inconcuso que la responsabilidad criminal no puede exigirse sino del mismo autor del delito, ni tampoco á menos, porque faltaría la garantía que toma en este caso la justicia contra los excesos del demente. Sería absurdo por otra parte, exigir al loco la responsabilidad civil teniendo guardador, pues aunque en el caso contrario no se libre de ella, esto es, porque no hay ninguna otra persona que con mas justicia deba satisfacerla. Cuando el loco que tiene bienes comete un daño en la propiedad agena, no hay mas que dos personas que puedan naturalmente sufrirlo, ó el mismo loco ó el dueño de la propiedad perjudicada. Del primero se dirá que no supo lo que se hizo, que es incapaz de culpa, mas no por eso la tuvo el segundo, que está sin duda mas inocente. Así,

(1) L. 8, tít. 9, P. VII.

pues, en la necesidad de que uno ú otro sufran el perjuicio, debe ser preferido el demente, salvo en todo caso el beneficio de competencia con arreglo á lo que disponga el código civil; esto es, que cualquiera que sea la cuantía del daño causado, el loco no tiene obligacion de resarcirlo sino en la parte á que su caudal alcance, quedándole lo necesario para su subsistencia. Pero cuando el loco que comete el daño está bajo la custodia de su pariente, hay ya una persona culpable de él hasta cierto punto, puesto que con su negligencia ofreció al autor del hecho la ocasion que necesitaba para ejecutarlo. Entre esta persona descuidada y negligente, y. las otras, una incapaz de culpa y otra inocente del acto, la eleccion no debe parecer dudosa.

Hemos dicho hasta aquí las precauciones que deben tomarse con el loco que delinque; veamos ahora las que requiere el que cae en la locura despues de haber delinquido. Sabido es que en este caso no se debe ni modificar la sentencia ni ejecutar la pena hasta que el loco recobre su razon (art. 88, §. 1.º). A esto añadimos, que si la demencia del reo sobreviene antes de concluido el plenario, no se le debe sentenciar, porque sería preciso hacerlo sin oirle. Mas como la pena debe llevarse á efecto así que el loco recobre su juicio, y como por otra parte se trata de un verdadero criminal, es necesario custodiarlo con mas rigor que al que comete un acto ilícito en un arrebato de furia, y por lo mismo, ni es delincuente ni debe ser penado jamás. Por eso dispone la ley, que el que perdiese la razon despues de la sentencia en que se le imponga pena aflictiva, sea constituido en observacion dentro de la misma cárcel, y cuando definitivamente sea declarado loco se le traslade á un hospital, donde será colocado en una habitacion solitaria (art. 88, §. 2.ª). La declaracion de demencia debe hacerse prévio informe de los facultativos, y despues de haber hecho sobre el paciente observaciones y experimentos escrupulosos. Al que comete el delito estando loco no se le recluye en una habitacion solitaria, porque la seguridad de su persona exige menos precauciones que el que pierde la razon despues de delinquir. A este le amenaza una pena grave despues de su curacion; tal vez en los intervalos lucidos que tenga recuerda el crímen que cometió; es pues mas de temer su fuga, y deben ser mayores las precauciones que se tomen para impedirla.

Pero si en la sentencia se le impone una pena menor que la aflictiva, esto es, correccional ó leve, el tribunal puede acordar que el loco sea entregado á su familia bajo fianza de custodia, y de tenerlo á disposicion del mismo tribunal, ó bien que se le recluya en un hospital, segun lo estimáre mas conveniente (artículo 88, §. 3.°). De modo, que así como en el caso de ser un loco quien comete el delito que merece pena menor que la aflictiva, tienen sus parientes un derecho para reclamarlo dando fianza, en el de ser la locura posterior á dicho delito, es árbitro el tribunal para disponer esto mismo, ó bien para recluir al sentenciado en un hospital sin encerrarle en habitacion solitaria. Del primero de estos medios deberán usar los tribunales con gran reserva, porque ofrece el peligro de dejar impune el delito en caso de que el demente recobre su juicio. Interesada la familia en que su pariente no sufra la pena á que hubiere sido sentenciado, ó lo retendrá en su poder como enfermo despues de su cura, ó facilitará su fuga. Y como la responsabilidad en todo caso no puede ser sino pecuniaria en ocasiones, preferirá la familia del sentenciado pagar cualquier multa que se le imponga, á ver á uno de sus parientes en presidio. Por otra parte, entregado el demente á su familia, tiene la justicia pocos medios de vigilar sobre su curacion, y de asegurarse cuándo llega el momento oportuno de ejecutar la pena. No sucede lo mismo cuando se recluye el sentenciado en un hospital dirigido por la administracion, donde no suele haber ninguna persona interesada en burlar la accion de la justicia, y donde ésta puede hallar cuando los necesite informes imparciales.

¿Y qué deberá hacerse cuando la demencia ó locura sobrevenga hallándose el sentenciado cumpliendo su condena? Hay las mismas razones para no ejecutar las penas en los dementes, que para suspender las que estos sufren cuando empiezan á serlo. Si no debe comenzar el castigo cuando el sentenciado pierde la razon, claro es que no debe continuar tampoco cuando despues de empezado pierde el reo su juicio. Por eso las disposiciones que son aplicables al que cae en la locura despues de sentenciado, y antes de comenzar su castigo, lo son igualmente al que cae en la misma enfermedad cuando está sufriendo su condena (art. 88, §. 5.°).

Cuando la locura sobreviene antes de la sentencia, debe en

nuestra opinion distinguirse el caso en que el reo se ha defendido y hecho sus pruebas en el plenario, de aquel en que no ha hecho nada de esto. En el primero no vemos inconveniente en que concluya el proceso y se pronuncie la sentencia: en el segundo no puede hacerse así porque falta la defensa del acusado. Pero en uno y otro se deben tomar con el loco las mismas precauciones enunciadas anteriormente. No habrá mas diferencia, sino que tratándose de un sentenciado se atenderá á la pena que se le haya impuesto para saber si ha de ir á un hospital para ser encerrado en una habitacion solitaria, ó de quedar el juez en libertad para ordenar la misma reclusion sin encierro solitario, ó para entregar el paciente á su familia, y tratándose de un loco que no ha sido sentenciado todavía, debe atenderse para decidir esto mismo á la pena que señale la ley al hecho criminal perpetrado.

(Se continuará).

CRÓNICA LEGISLATIVA.

DISPOSICIONES RELATIVAS A LA ADMINISTRACION DE JUSTICIA EN LOS TRIBUNALES ORDINARIOS Y ADMINISTRATIVOS.

REAL ORDEN DE 4 DE MARZO, dictando reglas sobre la manera de decidir las reclamaciones que se intenten contra los acuerdos de los consejos provinciales, sobre la ejecucion de la ley de reemplazo para el ejército.

1.ª «Toda reclamacion contra los acuerdos de los consejos provinciales en materia de quintas, se presentará precisamente eu el gobierno político respectivo dentro de los ocho dias siguientes al de la publicacion de los mismos acuerdos.

2.ª Esta publicacion se hará fijando el acuerdo del consejo provincial à la puerta de su salon de sesiones el dia en que se dicte el acuerdo, ó cuando mas tarde en el inmediato.

3.ª El jefe político cuidará de que se ponga por nota al pie del escrito ó solicitud en que se entable la reclamacion la fecha en que esta se presente, cuya nota firmará el secretario del gobierno político, en union del reclamante, y en caso de no saber escribir este, de una persona á su ruego.

4.ª Si la reclamacion resultara entablada dentro del término que fija la disposicion 1.ª, el jefe político procederá inmediatamente à instruir el oportuno expediente, de manera que aparezcan consignados en él los hechos con toda claridad. Al efecto, y sin perjuicio de los demas datos que considere oportunos, hará que obren en el expediente los informes del consejo provincial y del ayuntamiento respectivo y las copias de los acuerdos de estos dos cuerpos. Cuando la reclamacion verse scbre utilidad para el servicio de cualquier mozo, acompañará tambien copias de las certificaciones expedidas por los facultativos que hubieren practicado el reconocimiento ó reconocimientos del mismo.

5.ª El jefe político, instruido que sea el expediente del modo prescrito en la anterior disposicion, lo remitirà original á este ministerio con su informe, procurando ejecutarlo á la mayor brevedad posible.

6.ª Los jefes políticos no darán curso á las reclamaciones contra los fallos de los consejos provinciales en materia de quintas que se les presenten fuera del plazo fijado en la disposicion primera.

7.ª Tampoco se dará curso en este ministerio ni surtirán ningun efecto las reclamaciones de igual naturaleza que no hayan sido interpuestas dentro del citado plazo, y que no vengan por conducto del jefe político respectivo.

8.ª Los jefes políticos darán á estas disposiciones la mayor publicidad posible, y con tal objeto harán á los alcaldes las prevenciones conducentes: dispondrán además su insercion en el *Boletin oficial*, y cuidarán por último de que aquellas permanezcan constantemente expuestas al público en el salon de sesiones del consejo provincial durante todo el tiempo que este cuerpo se ocupe de negocios de quintas.»

OTRA DE 2 DE MARZO, encargando á los juzgados de marina el cumplimiento de la ley de 9 de mayo de 1835, sobre expropiacion forzosa, por lo que respecta á la ocupacion de los buques abandonados. (*Gaceta núm.* 4621).

OTRA DE 11 DE MARZO, sobre el desempeño de las escribanías de juzgado en las cabezas de partido.

«Al plantearse los juzgados de primera instancia en 1834, naturalmente, y por consecuencia de esta reforma, hubieron de sentir perjuicios los dueños y servidores de escribanías no asignadas á la cabeza de partido, y esto mismo sucedió al publicarse las ordenanzas de las audiencias en 20 de diciembre de 1835, disponiéndose en ellas que los escribanos de cámara fuesen nombrados por la corona en terna propuesta por las mismas audiencias. No por eso puede desconocerse que una y otra reforma han producido conocidas ventajas al servicio público, centralizando la accion del gobierno, alcanzando así una intervencion directa é inmediata en el nombramiento de funcionarios, tan importantes en el órden judicial como los escribanos de cámara, y cortando envejecidos abusos. Los propietarios no obstante han elevado repetidas quejas en diferentes épocas, ora pidiendo la indemnizacion que les es debida, ora exigiendo que se impusieran asignaciones ó cargas á los nuevos servidores.

En medio de la pugna que existe entre la necesidad y conveniencia de mantener y conservar las reformas hechas, y atender tambien las reclamaciones de los propietarios, se han dictado en diferentes épocas algunas disposiciones reparadoras que, manteniendo el principio de la intervencion del gobierno, han concedido derechos importantes á los dueños. Con tal objeto se publicó la real órden de 7 de octubre de 1835, por la que se dispuso que los escribanos numerarios de los pueblos cabeza de partido judicial actuaren exclusivamente en los negocios de sus juzgados de primera instancia, y caso de no haber número suficiente, la audiencia nombrase para completarle, con calidad de interinamente, de entre los numerarios del mismo partido. En otra de 2 de marzo de 1839 se mandó igualmente que en las provisiones de oficios enagenados se prefiriera en igualdad de circunstancias á los dueños de los mismos. Y en la de 14 de junio de 1840 se concedió á los poseedores de dichos oficios que pudieran designar persona que los sirviese. Todavía quisieron algunos dueños de tales oficios que, en el caso de renunciar á la indemnizacion por el Estado del precio de egresion de aquellos, se les concediese la preferencia absoluta, y tambien se les otorgó por circular de este ministerio de 17 de enero último. Sin embargo de todas estas resoluciones aun subsisten reclamaciones de diversa naturaleza, y mas de una duda en la aplicacion de aquella, ya porque en la habilitacion que las audiencias han de conceder á los numerarios de los partidos no se proceda en virtud de ninguna base ni regla cierta, pudiéndose dar lugar á preferencias arbitrarias, ya porque nada hay tampoco establecido para el caso en que concurran dos propietarios en igualdad de circunstancias.

Enterada de todo S. M., reconociendo la necesidad de atender á las quejas de los dueños de oficios enagenados, mientras no se les otorgue la debida indemnizacion, y de respetar los intereses creados á la sombra de la legislacion vigente, se ha servido resolver:

1.° Que continúen desempeñando las escribanías de juzgado en las cabezas de partido los escribanos numerarios del mismo que hayan sido habilitados por las audiencias.

2.° Que los jueces de primera instancia participen á las salas de gobierno el número de escribanos de cada partido, y estas verifiquen en público un sorteo de los que no residan en la cabeza del propio partido, á fin de que en las vacantes sucesivas se conceda preferencia por el órden y numeracion que obtuviesen en dicho sorteo, de que se extenderá acta en forma, quedando archivada la original, y remitiendo copias al juzgado de primera instancia y á este ministerio.

3.° Que cuando los primeros en la numeracion al ocurrir cualquiera vacante no quieran pasar á residir y despachar en la cabeza de partido, puedan hacerlo los siguientes en numeracion, con preferencia siempre del mas próximo al mas distante.

4.° Que igual sorteo se practique en las audiencias entre las escribanías de cámara enagenadas, entendiéndose por tales tambien las llama-

das de corte, ó que con cualquier otra denominacion se servian en tribu_
nales extinguidos y á quienes hayan reemplazado las audiencias, y remitiendo tambien copia del acta á este ministerio.

5.º Que en cuantas vacantes ocurran donde haya tales oficios, enagenados se les conceda á los dueños la preferencia consignada en las reales
órdenes de 2 de marzo de 1839 y 14 de junio de 1840, y segun el órden
de numeracion que hayan obtenido en el sorteo.

6.º Que los dueños que no sirvan por sí el oficio puedan pactar la retribucion que haya de darles el que le desempeñe.

7.º Que en las audiencias de Valladolid y Granada, despues de verificado dicho sorteo, puedan optar los interesados á las vacantes que ocurran tambien en las de Burgos y Albacete.

8.º Que si al suceder una vacante en la audiencia de Burgos no qui-
siese iria á servir el propietario ó su teniente en su caso á quien corresponda por la numeracion obtenida en el sorteo celebrado en Valladolid,
pueda hacerlo el siguiente ó siguientes perdiendo aquel su derecho hasta
que vuelva su turno, y lo mismo cuando ocurra igual caso en la de Albacete con respecto al practicado en Granada.

9.º Que para estos sorteos baste que las salas de gobierno de las audiencias se aseguren del estado posesorio de los interesados al tiempo
de plantearse las ordenanzas, dejando la calificacion de los títulos para
cuando se instruyan los oportunos expedientes sobre provision de cada
vacante.

10. Excitarán sin embargo á todos los dueños á que en el término de
30 dias presenten sus solicitudes para entrar en sorteo; y los que no lo
verifiquen, si despues acreditasen su derecho, obtendrán el número siguiente al último; y sí fuesen dos ó mas sortearán entre sí, siendo
igualmente aplicable esta disposicion á los escribanos de cámara que á los
numerarios.

11. Será preferido, aunque tenga un número inferior, el que se alla-
ne y convenga en renunciar á la indemnizacion por el Estado, en conformidad á lo dispuesto en la citada circular de este ministerio de 17 de
enero último, siempre que se le conceda por una vida el oficio vacante;
y si no hubiese quien hiciese esta oferta, lo será tambien el que lo verificase por dos vidas. Pero conservará el que tuviese el número de turno
el derecho de prelacion si se prestase por su parte á realizar la propia renuncia, y en otro caso volverá á considerársele como el primero en la
siguiente vacante.»

LEY DE 13 DE MARZO, autorizando al gobierno para suspender ciertas garantías constitucionales.

«Doña Isabel II, por la gracia de Dios y la Constitucion de la monarquía española, reina de las Españas, á todos los que las presentes vieren y entendieren sabed: que las córtes han decretado y nos sancionamos lo siguiente:

Art. 1.° Se autoriza al gobierno:

Primero. Para que en consideracion á las circunstancias, y con arreglo á lo que se prescribe en el artículo 8.° de la Constitucion, puedan declarar en suspenso en toda la monarquía ó en parte de ella las garantías que establece el art. 7.° de la misma Constitucion.

Segundo. Para que recaude las contribuciones é invierta sus productos con arreglo á los presupuestos vigentes en virtud de la autorizacion legislativa de 11 de febrero de 1848.

Tercero. Para que en caso de necesidad pueda levantar, por el medio que estime mas conveniente, hasta la cantidad de 200 millones de reales con aplicacion á los gastos extraordinarios que las circunstancias exijan.

Art. 2.° Esta autorizacion durará por el tiempo que medie entre la presente y la próxima legislatura, en la cual dará el gobierno cuenta á las córtes del uso que hiciere de la misma autorizacion.»

REAL ORDEN DE 22 DE MARZO, mandando observar en los juzgados de marina los aranceles judiciales que rigen en los tribunales ordinarios. (*Gaceta núm.* 4938).

LEY DE 19 DE MARZO, mandando observar como ley el nuevo código penal.

«Doña Isabel II, por la gracia de Dios y la Constitucion de la monarquía española, reina de las Españas, á todos los que las presentes vieren y entendieren, sabed: que las córtes han decretado y nos sancionamos lo siguiente:

Art. 1.° El proyecto del código penal presentado por el gobierno, y la ley provisional que para su aplicacion le acompaña, se publicarán desde luego, y se observarán como ley en la Península é islas adyacentes desde el dia que señale el gobierno dentro de los cuatro meses siguientes á la fecha de la sancion real.

Art. 2.° El gobierno propondrá á las córtes dentro de tres años, ó antes si lo estimare conveniente, las reformas ó mejoras que deban hacerse en el código, acompañando las observaciones que anualmente por lo menos deberán dirigirle los tribunales.

Art. 3.° El gobierno hará por sí cualquiera reforma si fuese urgente, dando cuenta á las córtes tan pronto como sea posible.

Art. 4.° El gobierno adoptará las disposiciones convenientes para la ejecucion de esta ley.»

REAL ORDEN DE 17 DE MARZO, sobre la asistencia de los consejeros provinciales supernumerarios al fallo de los negocios de los consejos.

«El Sr. ministro de la Gobernacion del reino dice con esta fecha al jefe político de Barcelona lo siguiente:

«He dado cuenta á la reina (Q. D. G.) del expediente formado á instancia de D. Alberto Olcina, vocal supernumerario del consejo de esa provincia, quejándose del acuerdo del mismo por el que ha declarado que los de su clase no puedan asistir á las votaciones. Enterada S. M. de las razones expuestas por el consejo provincial de Barcelona:

Visto el art. 4.° de la ley de 2 de abril de 1845, en el que se previene que los consejeros supernumerarios asistan á las sesiones aunque sea sin voz ni voto:

Considerando que las decisiones de los consejos provinciales no estan en completa identidad con los fallos de los tribunales de justicia, por cuanto en el reglamento de 1.° de octubre de 1845 se previene que los acuerdos de los consejos sean motivados, y por consiguiente al emitir cada vocal su voto debe apoyarlo, y que por lo mismo las votaciones son el resúmen de la discusion y la parte mas interesante de la sesion:

Considerando que el espíritu de la ley, al disponer que los supernumerarios asistan á los actos del consejo, es para que se enteren de los casos que ocurren á la deliberacion de estos cuerpos, del curso que se da á los negocios, de la legislacion vigente de cada uno de ellos y del espíritu que predomina en las discusiones y decisiones, á fin de que cuando llegue el caso de actuar como jueces tengan la competente instruccion, y que esto no podria conseguirse si los supernumerarios no asistiesen, tanto á la vista como á la discusion:

Considerando que sería inútil la expresion de la ley *sin voz ni voto* si nó estuviese presente en el momento en que lo emiten los consejeros; y conformándose S. M. con lo expuesto por el consejo real, se ha servido resolver que los consejeros supernumerarios puedan presenciar el fallo de los negocios contenciosos sometidos á la deliberacion de los consejos provinciales, reformándose en consecuencia el acuerdo del de Barcelona de 9 de julio del año último.»

REAL DECRETO DE 26 DE MARZO, declarando suspendidas las garantías que establece el art. 7.° de la Constitucion. (*Gaceta número 4943*).

REAL ORDEN DE 30 DE MARZO, encargando á los jefes políticos la cabal ejecucion de la ley de vagos. (*Gaceta número 4947*).

REAL DECRETO DE 31 DE MARZO, indultando de la pena de muerte á los reos de la sedicion de Madrid del 26 de marzo.

«Queriendo atenuar con un rasgo de clemencia los lamentables resultados de los acontecimientos que tuvieron lugar en esta corte en la noche del 26 del corriente, usando de la prerogativa que por la Constitucion me compete, y conformándome con las razones que me ha expuesto mi consejo de ministros, vengo en conceder indulto de la pena de muerte á todos los reos á quienes se ha impuesto y se imponga por el consejo de guerra á consecuencia de los mismos acontecimientos, conmutándola en la inmediata, que los reos cumplirán en los puntos que mi gobierno señalare.»

REAL ORDEN DE 6 DE MARZO, sobre el servicio de las escribanías de hipotecas.

«No obstante haberse dispuesto terminantemente en real órden de 17 de octubre de 1836, expedida por este ministerio, y repetido en otra de 3 de diciembre de 1838. acordada por el de Hacienda, que el escribano mas antiguo de cada partido judicial tenga á su cargo el oficio de hipotecas; y á pesar de que en vista de estas resoluciones, toda reclamacion sobre la materia debe resolverse por el mero cotejo de fechas de los títulos, han continuado suscitándose dudas acerca de si para el cargo de contador de hipotecas es precisa la circunstancia de escribano propietario, ó basta la de teniente; y S. M., teniendo en consideracion que lo mismo es escribano el propietario que el teniente, y lo mismo el que desempeña una escribanía vitalicia que perpetua, é igual el que la arrienda pagando la renta de una vez, ó anualmente, puesto que todos tienen y ejercen la fe pública, y esta circunstancia es la que les da derecho al desempeño del oficio de hipotecas, se ha dignado declarar:

1.º Que en los escribanos propietarios y tenientes es igual la aptitud legal para el desempeño de los oficios de hipotecas, sin otra preferencia que la que les den la antigüedad relativa de sus títulos.

2.º Que si desempeñando un teniente el oficio de hipotecas ocurre el fallecimiento del propietario que le hubiese nombrado para despachar la escribanía, cese inmediatamente en el desempeño de la contaduría de hipotecas.

3.º Que si ese mismo teniente adquiriese despues otra escribanía, renazca su antigüedad y se le considere la de su primitivo título.

Y 4.º Que en igual forma se cuente la antigüedad á los escribanos propietarios que pasen de unas á otras escribanías.»

LEGISLACION COMERCIAL, INDUSTRIAL Y AGRICOLA.

LEY DE 2 DE MARZO, sobre incorporacion de portazgos, pontazgos y barcajes á la hacienda pública.

Art. 1.º «Los portazgos, pontazgos y barcajes cuyos productos disfrutaron las suprimidas comunidades de regulares, y que, con los demas bienes que aquellas poseian han pasado á formar parte de los que se administran por las oficinas de amortizacion ú otras dependencias de hacienda, se incorporan á los derechos de la misma clase, cuya administracion corresponde en la actualidad al ministerio de Comercio, Instruccion y Obras públicas.

Art. 2.º El gobierno determinará, prévia la instruccion de los expedientes respectivos, los portazgos, pontazgos y barcajes de la expresada procedencia que se han de considerar municipales ó provinciales, y los que, por hallarse establecidos en alguna línea de carreteras generales ó de gran comunicacion trasversal, deban agregarse á los demas de su clase dependientes del citado ministerio.»

REAL ORDEN DE 29 DE FEBRERO, publicada en 5 de marzo.

Dispone que la exencion de derechos concedida al carbon de piedra y cook que se conduzca á Madrid, sea aplicable exclusivamente á los carruajes y caballerías, cuya carga se componga exclusivamente de dichos artículos. (*Gaceta núm.* 4621).

REAL DECRETO DE 22 DE MARZO, restableciendo el decreto de 5 de abril de 1845 sobre operaciones de bolsa y derogando el de 30 de setiembre de 1847. (*Gaceta núm.* 4939).

REAL DECRETO DE 22 DE MARZO, aprobando los siguientes

ESTATUTOS

DEL BANCO ESPAÑOL DE SAN FERNANDO.

TITULO PRIMERO.

DE LA CONSTITUCION Y DURACION DEL BANCO.

Art. 1.º «El Banco español de San Fernando, creado en Madrid por mi real decreto de 25 de febrero de 1847, está constituido con el capital de 400 millones de reales en efectivo, representados por 200,000 acciones de 2000 rs. cada una.

Art. 2.º Habiendo aportado 100 millones de reales cada uno de los antiguos Bancos de San Fernando y de Isabel II, los 200 millones restantes hasta completar los 400 los irán entregando los accionistas à medida que las operaciones lo exijan, y eu la proporcion que los reclame su junta gubernativa con mi real aprobacion.

Art. 3.º Las acciones del Banco seràn trasmisibles con las formalidades que se fijaràn en el reglamento, salvo el caso de embargo judicial ó de otro cualquiera impedimento legal.

Art. 4.º La responsabilidad de los accionistas en las operaciones del Banco se reducirà al importe efectivo de las respectivas acciones.

Art. 5.º En los fondos puestos en el Banco por cuenta corriente no se podrá hacer por tribunal ni autoridad alguna pesquisa ni investigacion, ni decretarse sobre ellos embargo, ejecucion ú otra especie de procedimiento que impida á sus dueños disponer libremente de ellos.

Tampoco estarán sujetos á represalias, en caso de guerra con sus respectivas potencias, los fondos pertenecientes á particulares extranjeros que existan en el Banco.

Art. 6.º La duracion del Banco será de 25 años, si no se acuerda su prorogacion en la forma competente.

Art. 7.º Si antes de cumplirse los 25 años de la duracion del Banco se hubiese reducido á la mitad su capital, se verificará inmediatamente la disolucion y liquidacion de la sociedad.

TITULO SEGUNDO.

DE LOS BILLETES DE CRÉDITO DEL BANCO.

Art. 8.º El Banco estará exclusivamente autorizado en Madrid para emitir billetes pagaderos al portador y à la vista en su caja por una cantidad igual à la de su capital efectivo.

Para emitir una cantidad mayor será necesaria mi real autorizacion.

Art. 9.º. El Banco deberá tener constantemente en caja y en metálico una tercera parte, cuando menos, del importe de los billetes emitidos, á fin de que en todo tiempo haya con los demas valores una garantía efectiva y superior á la referida suma de los billetes en circulacion.

Art. 10. El importe de cada billete no podrá exceder de 10,000 rs. ni bajar de 500.

Me reservo sin embargo autorizar la emision de billetes de 200 rs.

hasta la cantidad que tenga á bien fijar cuando lo considere de utilidad pública.

Art. 11. La falsificacion de los billetes del Banco, y la expendicion á sabiendas de billetes falsos ó falsificados será castigada con la pena que prescriban las leyes.

Art. 12. Aunque el Banco tiene su domicilio en Madrid, podrá establecer con mi real aprobacion cajas subalternas en los puntos en que se crean convenientes, y con las condiciones que el gobierno tenga á bien señalar, oido el consejo real.

Art. 13. En dichos puntos podrán circular los billetes de Banco pagaderos en las cajas allí establecidas, si no existe en ellos otro Banco de emision competentemente autorizado.

Art. 14. El Banco puede tener comisionados en los puntos del reino y del extranjero que estime convenientes.

TITULO TERCERO.

DE LAS OPERACIONES DEL BANCO.

Art. 15. El Banco se ocupará en descontar, girar, prestar, llevar cuentas corrientes, ejecutar cobranzas, recibir depósitos, contratar con mi gobierno y sus dependencias competentemente autorizadas, con corporaciones y con particulares, sin que el establecimiento quede nunca en descubierto.

No podrá negociar en efectos públicos.

Art. 16. El premio, las condiciones y garantías de estas operaciones las fijará en cada caso y periódicamente la junta gubernativa del Banco con sujecion á lo que prevengan los reglamentos del mismo.

TITULO CUARTO.

DEL GOBIERNO Y ADMINISTRACION DEL BANCO.

Art. 17 El Banco será gobernado y administrado

Por la junta general de accionistas.

Por una junta de gobierno.

Por un director y un subdirector.

Por un comisario regio, presidente del Banco.

De la junta general de accionistas.

Art. 18. Tiene derecho á asistir á la junta general todo accionista que, segun los registros del Banco, sea propietario de ochenta acciones por lo menos, inscritas o pasadas à su favor tres meses antes de la celebracion de la junta, siempre que no esten embargadas é hipotecadas en el mismo establecimiento.

Este derecho no se podrá delegar en ninguna forma. A las mujeres y los menores se permitirá concurrir por medio de sus representantes legítimos, y cuando las primeras no los tengan, por medio de un apoderado especial.

Art. 19. El Banco no reconoce mas que á un solo dueño de cada accion, que lo será el inscrito en ella por el establecimiento.

Art. 20. La junta general tendrá una sola reunion ordinaria dentro de los quince primeros dias del mes de marzo.

Celebrará ademas con mi real aprobacion las sesiones estraordinarias que convengan.

Art. 21. La junta general tiene derecho á examinar todas las operaciones del Banco y sus resultados por los balances y por los libros del mismo; á hacer observaciones y á aprobar ó censurar por medio de la discusion y de proposiciones.

Tambien tiene derecho á examinar el presupuesto de gastos del Banco, que se le presentará precisamente con columnas comparativas de cada partida en el año que concluye y en el que comienza.

El modelo del presupuesto se establecerá en el reglamento interior.

De la junta de gobierno.

Art. 22. La junta de gobierno se compondrá de diez y ocho consiliarios, ademas del director y subdirector del Banco, que serán vocales natos de la misma junta.

Diez y seis de los consiliarios serán elegidos por la junta general de accionistas, y los dos restantes serán nombrados en virtud de real decreto acordado en consejo de ministros.

Para ser consiliario se requiere estar en libre posesion de cien acciones nominales del Banco antes de verificarse el nombramiento ó eleccion.

Las acciones de los consiliarios se depositarán en la caja del Banco durante el encargo de los respectivos accionistas.

Art. 23. Este cargo durará cuatro años: los que lo obtengan podrán ser reelegidos indefinidamente. La renovacion anual se verificará por cuartas partes.

Art. 24. La junta gubernativa del Banco en sus reuniones semanales ordinarias y en las extraordinarias que estime conveniente celebrar, ó que convoque el presidente por sí ó à excitacion del director, tomará

conocimiento de todos los negocios y operaciones de la semana precedente; dictará reglas y disposiciones para la que sigue, y en conformidad
con lo que se establece en el art. 16 fijará el premio, condiciones y garantías de las operaciones que se han de hacer, su estencion y preferencia, y finalmente acordará todo lo que conduzca al mayor acrecentamiento
del crédito y prosperidad del establecimiento.

Art. 25. Para cada junta general ordinaria formará una memoria que
deberá imprimirse, y comprenderá la historia de las operaciones hechas
por el establecimiento en el período de una á otra junta, expresando los
resultados sacados del balance de los libros, y manifestando en su consecuencia los dividendos á que haya lugar, la cantidad destinada al fondo
de reserva y lo demas que juzgue conveniente.

Art. 26. La junta de gobierno podrá delegar en una ó mas comisiones
compuestas siempre de individuos de su propio seno, alguna ó algunas
de sus atribuciones para el mas pronto despacho de los negocios.

Art. 27. Los vocales de la junta gozarán de las obvenciones que señalará el reglamento.

Del director y el subdirector.

Art. 28. El director del Banco será nombrado en virtud de real decreto, á propuesta en terna por la junta general de accionistas. Deberá
poseer doscientas acciones, que depositará en la caja del establecimiento
durante el desempeño de su encargo.

Art. 29. A cargo del director se hallará la administracion de los negocios del Banco, y le corresponderá por lo mismo hacer todas las operaciones y contratos, y cuanto sea del interés del establecimiento, con sujecion á los estatutos y reglamentos, y á las instrucciones y acuerdos de
la junta de gobierno.

Art. 30. El director gozará de la asignacion que determine el reglamento. Su cargo durará cuatro años.

Art. 31. El director del Banco no podrá serle de ninguna sociedad
mercantil.

Art. 32. Al tomar posesion de su destino, el director prestará juramento en manos del comisario régio del Banco de dirigir bien y fielmente
los negocios del establecimiento segun sus estatutos y reglamentos.

Art. 33. El director es responsable al Banco de todas las operaciones
que haga fuera de sus facultades, ó contra los estatutos, y reglamentos y
acuerdos vigentes.

Art. 34. El subdirector será nombrado en virtud de real órden á propuesta en terna de la junta de gobierno: ejercerá las atribuciones que el

director le delegue: gozará del sueldo que el reglamento determine: deberá tener mientras desempeñe su encargo, que durara cuatro años, cien acciones en la caja del establecimiento, y reemplazará al director en casos de ausencia ó enfermedad.

Del comisario régio.

Art. 35. El comisario regio del Banco será nombrado en virtud de real decreto expedido con acuerdo del consejo de ministros.

Art. 36. El comisario regio preside las juntas general y de gobierno, pero sin voto; cuida de la estricta observancia de los estatutos y reglamentos del Banco; firma los billetes de crédito y las acciones; puede examinar todo lo que se versa en el Banco, hacer observaciones á la junta y elevar las consultas ó informes que estime convenientes á mi gobierno.

Art. 37. El Banco abonará al comisario regio los honorarios que el reglamento determine.

Art. 38. A falta por cualquiera causa del comisario regio, ejercerá interinamente sus atribuciones el primer nombrado de los dos vocales, que en virtud de real nombramiento formen parte de la junta de gobierno.

TITULO QUINTO.

DE LAS OFICINAS

Art. 39. Las oficinas del Banco serán: secretaría, teneduría de libros, caja y archivo.

Art. 40. El secretario, el tenedor de libros, el cajero y archivero, serán nombrados por la junta gubernativa, sometiendo sus nombramientos á la aprobacion del gobierno.

Los demas empleados del Banco los nombrará el director con aprobacion de la junta gubernativa que podrá separarlos libremente. Respecto del secretario, tenedor de libros, cajero y archivero, habrá de proceder la aprobacion del gobierno, si bien podrá la junta suspenderles cuando medie alguna causa grave.

TITULO SESTO.

DE LOS DIVIDENDOS Y FONDOS DE RESERVA.

Art. 41. De los beneficios líquidos que produzcan las operaciones del Banco, despues de cubiertos todos sus gastos, se destinarán desde luego ó por 100 para el pago de los intereses del capital efectivo; y de los beneficios que queden despues de satisfecho este dividendo, se aplicará la mitad á los accionistas, y la otra mitad á la formacion de un fondo de reserva hasta que este se eleve á 8 por 100 del capital efectivo del Banco.

En llegando la reserva à este límite podràn repartirse intégramente á los accionistas los beneficios de las operaciones.

Art. 42. En los primeros dias del mes de julio de cada año se formará un balance general del Banco; y en vista de los beneficios obtenidos en el primer semestre, podrá la junta directiva acordar que se haga á los accionistas un dividendo á cuenta de la totalidad de las utilidades del año corriente.

Otro balance general se formará con referencia á la cuenta final de aquel año.

TITULO SETIMO.

DISPOSICIONES GENERALES.

Art. 43. Ni en la junta general, ni en la gubernativa tendrá nadie mas que un solo voto, sea cualquiera el número de acciones que le pertenezca.

Art. 44. Las personas que hubieren hecho quiebra ó suspension de pagos, no podràn ser individuos de la junta de gobierno ni ejercer dicho cargo, á no haber pasado tres años despues de su rehabilitacion con buen concepto en la plaza.

Tampoco podràn serlo las que hubieren sufrido pena corporal, los menores de 25 años, ni los extranjeros, á menos que hayan obtenido carta de naturalizacion con arreglo á las leyes.

Art. 45. Los resultados de las cuentas del Banco, tales como aparezcan de la memoria que debe redactar la junta de gobierno, se publicarán en la Gaceta del gobierno, sin perjuicio de publicar tambien su situacion en periodos mas cortos, segun lo determine el reglamento.

Desde luego remitirá el comisario regio al gobierno semanalmente una nota expresiva del resultado de las operaciones y de la situacion del Banco en la respectiva semana anterior.

Art. 46. Para el régimen de las oficinas del Banco formará su junta de gobierno un reglamento interior, que podrá ser modificado cuando la experiencia lo aconseje.

Art. 47. Para hacer cualquiera alteracion en los estatutos del Banco, se deberá oir à la junta de gobierno. La resolucion que se adopte será siempre de acuerdo con el consejo de ministros y prévia consulta al consejo real.»

REAL ORDEN DE 29 DE MARZO, mandando dejar sin efecto la de 6 de marzo del año anterior sobre minería.

«Vista la real órden de 6 de marzo de 1847, que dispone se declaren abandonadas las minas, cuyos dueños ó sus apoderados no se presenten á reconocer y cumplir las obligaciones que les impone la legislacion del ramo en el término de 90 dias despues de la citacion que harán los inspectores por medio de edictos en las cabezas de distritos y en los boletines oficiales de sus respectivas provincias:

Vistas las reclamaciones á que dicha real órden ha dado lugar; unas, procedentes de interesados, que habiendo pagado antes con puntualidad, solo adeudaban uno ó dos tercios, otras de deudores que tenian por costumbre pagar todo el año al vencimiento del segundo tercio (donde es de notar que el pago se hace por tercios); otras relativas á abusos introducidos de abandonar sus minas los propietarios para denunciarlas despues, dejando de pagar los atrasos, y otras por último concernientes á denuncias hechas por terceros en virtud de la declaracion de abandono de minas por causa de no haber pagado el impuesto:

Visto el decreto orgánico de minería de 4 de julio de 1825, que es la ley vigente en la materia, y cuyo art. 30, que trata de los motivos por los cuales se pierde el derecho á una mina, y se convierte en denunciable, no comprende en ninguno de los cuatro que contiene el atraso en el pago de impuestos:

Considerando que el señorío de las minas está reservado al Estado por las leyes del reino, y que su concesion, así como la administracion de todas la demas pertenencias de aquel, corresponde á la administracion activa, que delegada en la direccion del ramo, no ha podido desprenderse el gobierno del supremo conocimiento, y ni lo hizo en el tiempo en que se publicó el decreto orgánico, porque entonces residia en el rey la plenitud de todos los poderes, ni puede hacerse despues de la separacion y deslinden de estos, porque delegar completa y necesariamente la administracion activa, sería establecer un gobierno dentro de otro gobierno:

Considerando ademas que esta concesion de minas, con arreglo á la citada ley ó decreto orgánico, no es meramente discrecional, sino de administracion reglada, puesto que llenando los interesados las condiciones que se establecen, adquieren derechos que ni puede desatender la administracion, ni invadir, ni menoscabar un tercero, sin que se cause contencion, la cual se ventila en el primer caso por su órden ante los inspectores, ante la direccion, y por último ante el gobierno, que puede confirmar ó revocar el acuerdo de la dirección, con apelación por parte del que se considere agraviado para ante el consejo real, correspondiendo en el segundo caso, esto es, cuando hay oposicion de tercero, el conocimiento en primera instancia de este contencioso-administrativo á los inspectores, segun el artículo 40 del decreto orgánico, los cuales deben conocer de tales asuntos con arreglo á su naturaleza y los trámites y apelaciones que les están marcados:

Atendiendo á que la dirección y los inspectores tienen dos caracteres: primero, el de empleados de la administracion activa; segundo el de tribunales, ya civiles, ya administrativos, que en el primer concepto dependen del gobierno; que en el segundo ejercen jurisdiccion con la debida independencia que al gobierno no lo es dado invadir, y que han de juzgar ateniéndose únicamente á las leyes, de donde resulta que si bien en calidad de delegados del gobierno han podido dar cumplimiento á la real órden citada de 6 de marzo de 1847, como jueces han debido y deben fallar con arreglo al artículo citado de la ley, si los antiguos dueños de las minas han opuesto ú opusieren demanda contra la declaracion de denunciables hecha á las minas por la administracion, aunque esta la hayan verificado los mismos inspectores con la primera de aquellas dos investiduras;

Fundada en todas estas razones, la reina (Q. D. G.) se ha dignado derogar y declarar sin efecto la citada real órden en aquellos casos en que aun no lo haya producido, ó en que no haya habido nuevos denuncios de las minas que se hubieren declarado caducadas por débito de impuestos atrasados, á cuya exaccion es asimismo la voluntad de S. M. que se proceda con todo rigor por el método que las leyes ó instrucciones tienen marcado para el cobro de las demas á favor de la hacienda pública, quedando los tribunales de minas en la facultad que les compete de decidir con arreglo á aquellas los casos en que habiéndose hecho nuevos denuncios se haya producido ó produjere el contencioso por reclamacion ó demanda de los antiguos dueños.»

OTRA DE 30 DE MARZO, fijando el derecho que debe pagar el azufre á su entrada en el reino. (*Gaceta núm.* 4951).

DISPOSICIONES RELATIVAS Á LA ADMINISTRACION DE LA HACIENDA PUBLICA.

REAL ORDEN DE 24 DE FEBRERO, publicada en 7 de marzo, sobre las pagas que como socorro extraordinario pueden darse á los empleados activos y pasivos.

«La reina se ha servido mandar que las pagas que por via de socorro extraordinario y á calidad de reintegro soliciten individuos, asi de la clase activa como de la pasiva, únicamente se faciliten por causas debidamente justificadas de suma urgencia ó imperiosa necesidad, y mediando las circunstancias siguientes:

1.ª Que el importe de las pagas pueda reintegrarse dentro del mismo año en que se concedan.

2.ª Que los interesados, conforme à la disposicion cuarta de la real órden de 13 de enero último tengan suficientes atrasos por haberes de época corriente para responder de la anticipacion.

Y 3.ª Que no hayan obtenido gracias de esta especie durante el año próximo pasado ni en el trascurso del actual. Asimismo se ha dignado acordar S. M. que no pueda exceder de 100,000 rs. la cantidad que el tesoro tenga adelantada en las anticipaciones de que se trata.»

REAL ORDEN DE 20 DE FEBRERO, publicada en 10 de marzo, sobre el destino que debe darse al 4 por 100 que se cobra sobre el cupo de la contribucion territorial de cada pueblo.

«De conformidad con el art. 4.º del proyecto de ley de presúpuestos para el año actual, sometido á la deliberacion de las córtes en 26 de diciembre último, por el que se determina que sobre el cupo de cada pueblo por la contribucion territorial «se continúe imponiendo un recargo que no exceda de un 4 por 100 para cubrir los gastos de cobranza, conduccion y entrega de caudales en las cajas del tesoro,» y consiguiente á la autorizacion concedida al gobierno por la ley de 11 del corriente para que rijan las disposiciones de dicho proyecto de ley desde 1.º de enero de este año, con la reserva que en la misma ley se expresa, ha tenido á bien la reina resolver que desde el referido dia 1.º de enero próximo pasado no se dé à dicho recargo otra aplicacion que la que va expresada, tanto en las capitales de provincia y pueblos donde la cobranza se verifica por medio de recaudadores nombrados por la hacienda, como en todos los demas en que continúa á cargo de los ayuntamientos, quedando por lo tanto sin efecto el señalamiento de la parte del recargo hecho por el concepto de gastos de repartimientos de la propia contribucion, asi à los ayuntamientos como á las administraciones de contribuciones directas por los arts. 25, 62 y 63 de la real Instruccion de 5 de setiembre del año de 1845, y la real órden de 11 de igual mes del de 1846, que en ésta parte se reforman, por destinarse ahora solamente á la cobranza, conduccion y entrega de fondos el total recargo de que se trata, el cual consistirá en el 4 por 100 íntegro respecto de aquellos pueblos en que la cobranza corra á cargo de recaudadores nombrados por la hacienda con responsabilidad directa á la misma, como se previene en el artículo 60 del real decreto de 23 de mayo de 1845, y en cuanto à los demas pueblos en que siga à cargo de los ayuntamientos ó de los recaudadores que

estos bajo su responsabilidad nombran, será el que se fije segun las circunstancias de cada poblacion y con aprobacion del intendente, con tal
de que no exceda este recargo de dicho 4 por 100 conforme se dispone
en el párrafo segundo del artículo 59 del propio real decreto. Como por
consecuencia de esta disposicion cesa el abono á los ayuntamientos del
pequeño premio que hasta aquí se les ha hecho por el gasto material
de la formacion de los repartimientos de la referida contribucion territorial, se ha dignado al mismo tiempo mandar S. M. que pues esta es una
de las obligaciones impuestas á los propios ayuntamientos por el artículo
83 de la ley municipal, fecha 8 de enero de 1845, corresponde que dicho
pequeño gasto se incluya en el presupuesto de obligaciones municipales
y satisfaga con los fondos destinados á cubrirlas, á cuyo efecto se hace
con esta fecha la comunicacion conveniente al ministerio de la Gobernacion del reino.»

OTRA DE LA MISMA FECHA, sobre el 5 por 100 de recargo
mandado exigir sobre la contribucion industrial.

«La reina se ha dignado resolver que por ahora quede en suspenso la
exaccion del 5 por 100 de recargo que por el art. 25 del proyecto de ley,
circulado y mandado llevar á efecto desde 1.° de enero de este año por
el real decreto de 3 de setiembre de 1847, se impuso para fondo supletorio de las clases agremiables en la contribucion industrial y de comercio, con destino á cubrir las partidas que en dichas clases resultasen falli-
das, sin que por este motivo dejen de aplicarse todas las demas disposiciones comunicadas para plantear la reforma contenida en dicho proyecto
de ley; ni menos de hacerse efectivas, así las cuotas que, segun el nuevo sistema establecido deban satisfacer los contribuyentes á ella sujetos,
como los recargos de las demas cantidades adicionales aprobadas legalmente, sin perjuicio todo de las alteraciones que sobre esta contribucion
acordaren las córtes en la presente legislatura.»

OTRA DE 31 DE MARZO, sobre los apremios á los pueblos para
el cobro de las contribuciones.

1.ª «Los administradores de las respectivas contribuciones formarán
y redactarán oportunamente los estados de los apremios que en cada trimestre resulten expedidos contra los primeros contribuyentes, agentes
encargados de la cobranza, ayuntamientos y alcaldes por el repartimien
to y pago de las mismas contribuciones, al tenor de lo dispuesto en los
capítulos 7.°, 8.° y 9.° del real decreto de 23 de mayo de 1845, y reales órdenes de 23 de mayo de 1846, y 3 de setiembre de 1847.

2.ª Los estados de apremios contra primeros contribuyentes se redactarán con arreglo al adjunto modelo señalado con el núm. 1.°, despues de

reunidas en la administracion de contribuciones directas las relaciones remitidas á los intendentes ó subdelegados en cumplimiento de lo establecido por el art. 65 del referido real decreto de 23 de mayo de 1845.

3.ª Los estados de apremios despachados por los intendentes y subdelegados de partido administrativo contra los ayuntamientos, alcaldes y agentes responsables de la cobranza, se formarán por las administraciones respectivas, segun el modelo núm. 2.º

4.ª Formados que sean los mencionados estados, se pasarán por los administradores á los intendentes, quienes los remitirán con sus observaciones á este ministerio sin falta alguna el 15 del mes siguiente al trimestre á que se refieran.

Los intendentes harán publicar estos estados en los *boletines oficiales* respectivos al remitirlos al gobierno.

5.ª Los intendentes y administradores de los diferentes ramos vigilarán cuidadosamente de que no se exijan mas derechos ni costas por los apremios que los señalados para los dirigidos contra los primeros contribuyentes en los artículos 68 y 85 del real decreto de 23 de mayo, y en el 90 del mismo, para los librados contra los ayuntamiento y recaudadores responsables.

6.ª Los gastos de papel y expedicion de los apremios que por la autoridad local de cada pueblo se libren contra los contribuyentes morosos en el pago de sus cupos, continuarán costeándose del producto del derecho de 4 rs. vn. señalado á este efecto por el art. 85 del mencionado real decreto. En las capitales de provincia y cabezas de partido administrativo donde la cobranza esté á cargo de recaudadores con responsabilidad directa á la administracion, el importe de este derecho se destinará exclusivamente á los gastos que exija la expedicion de los apremios.

7.ª Los despachos de apremio ejecutivo que compete dirigir á los intendentes y subdelegados de partido contra los ayuntamientos, alcaldes y agentes responsables de la cobranza, se expedirán gratis, quedando en su consecuencia suprimido el derecho de 10 reales vellon que por cada uno de estos despachos autorizó por la regla sexta de la real órden de 29 de noviembre de 1831.

8.ª Los despachos á que se refiere el artículo anterior se extenderán en adelante en papel de oficio que se facilitará al efecto gratuitamente á las respectivas administraciones, las cuales suplirán de sus consignaciones de gastos aquellos que se originen en la impresion ó extension de dichos documentos.»

LEGISLACION MILITAR Y MARITIMA.

Ley de 28 de enero, publicada en 3 de marzo, autorizando al gobierno para llamar 25,000 hombres al servicio de las armas por tiempo de siete años. (*Gaceta núm.* 4919).

Real decreto de 1.º de marzo, dictando disposiciones para llevar á efecto la ley anterior. (*Gaceta id.*)

Real orden de 7 de marzo, sobre el papel sellado en que deben extenderse las patentes ó pasaportes de navegacion.

«He dado cuenta á S. M de un expediente instruido en este ministerio con motivo de la real órden de 3 de junio de 1846, expedida por el de Hacienda, y reiterada por otra de 18 de setiembre último, en las cuales se declara que hallándose vigente la real cédula de 12 de mayo de 1824 sobre el uso del papel sellado, deben extenderse en el de la clase de ilustres las reales patentes ó pasaportes de navegacion para las embarcaciones mercantes; y enterada S. M. de los diferentes informes que se han pedido acerca del particular, conformándose con el dictámen de la seccion de estado, marina y comercio del consejo real, se ha servido resolver:

1.º Que se lleve á efecto lo dispuesto por la citada real órden de 3 de junio de 1846, de que acompaño á V. E. copia; y que para darle cumplimiento con la modificacion que en ella se establece á favor de la navegacion de cabotaje, y sin hacer alteracion en dichas reales patentes, ni en el modo cómo se verifica su expedicion, se exija á los capitanes de las embarcaciones que hayan de hacer la navegacion de altura ó de golfo que al entregarse de la real patente presenten para acompañar á la misma un pliego de papel del sello de ilustres correspondiente al año en que aquel documento se expida, debidamente aspado.

2.º Que con el objeto de aliviar á la marina mercante de cuanto sin conocida utilidad pueda gravarla, se forme un nuevo arancel ó se castigue el actual, en el que, reduciéndose al mínimum posible todos los derechos que en cualquier concepto se exige por los escribanos, se les deje lo preciso para retribuirles su trabajo; con lo que las escrituras de fianza de las reales patentes quedarán reducidas á lo necesario únicamente, descartándolas de fórmulas que solo sirven para hacer subir los derechos de registro y copia.

Y 3.º Que en atencion á lo perjudicial que es para la marina mercante un impuesto que la grava de una manera tan desigual que entorpece su desarrollo é impide su prosperidad, y del que están exceptuadas las de otras naciones, se presente á las córtes un proyecto de ley que la exima del derecho de timbre; pues que ademas de ser gravoso y perjudicial al comercio, es innecesario por llevar las reales patentes el sello secreto de las armas de S. M.

Real órden que se cita.

Ministerio de Hacienda.—Excmo. Sr.; Enterada la reina (Q. D. G.) de lo que resulta del expediente instruido en este ministerio acerca de si las patentes ó reales pasaportes de navegacion para las embarcaciones mercantes deben extenderse en papel del sello de ilustres, y conformándose S. M. con lo que en vista del mismo expediente le há consultado su consejo real, se ha servido declarar, que hallándose, como se halla, vigente la real cédula de 12 de mayo de 1824 sobre el uso del papel sellado, deben extenderse en el de la clase de ilustres las referidas patentes, con arreglo á lo dispuesto en los artículos 7.° y 23 de la expresada real cédula.»

REAL DECRETO DE 15 DE MARZO, creando la *Guardia de los arsenales.*

Art. 1.° «Para la custodia de los arsenales de Cádiz, Ferrol y Cartagena se crea una fuerza militar en sustitucion de los rondines actuales, con la denominacion de *Guardia de los Arsenales.*

Art. 2.° Su organizacion, número, sistema y goces se especificarán en un reglamento particular que me presentará para la conveniente aprobacion el ministro de Marina.

Art. 3.° La mencionada fuerza se dividirá en tres secciones, compuestas del número de plazas que se consideren precisas para cubrir las atenciones de los respectivos arsenales á que se destinen.

Art. 4.° Los individuos que formen las secciones se denominarán *Guardias de Arsenales*; estarán acuartelados en estos, desempeñarán las funciones de los actuales rondines y las demas que se prefijen en el reglamento, como propias de su instituto.

Art. 5.° Estarán sujetos á las ordenanzas de la armada y á las inmediatas órdenes de los comandantes de los precitados arsenales en cuanto tenga relacion con el servicio que hagan dentro de los mismos.

Art. 6.° Organizada dicha fuerza en el término de seis meses, y luego que pasen las secciones á los departamentos á que se asignen, cesarán en sus funciones los rondines.»

LEY DE 15 DE MARZO, declarando exentos del servicio militar á los novicios y profesos de los colegios de misioneros.

Art 1.° «Se declaran exentos del servicio militar los novicios y profesos de los colegios de misioneros de Filipinas establecidos en Valladolid, Ocaña y Monteagudo. El número de la suerte que les quepa será baja en el cupo del pueblo respectivo.

Art. 2.º 'Si los novicios comprendidos en el artículo anterior no llegasen á cumplir el objeto de su instituto, quedarán sujetos á la suerte que respectivamente les hubiere correspondido.»

REAL ORDEN DE 18 DE MARZO, dictando reglas para llevar á efecto la ley anterior.

. 1.º «Que siempre que haya de entregarse en cualquiera de los pueblos de esa provincia á cuenta de su cupo un novicio ó profeso de los citados colegios, dé V. S. cuenta al ministerio de mi cargo para que por él se resuelva lo mas conveniente con presencia de las noticias que deben suministrar los superiores de dichos colegios.

Y 2.º Que cuide V. S. de adoptar las medidas mas eficaces para que ingresen en el ejército los individuos que despues de sorteados y declarados soldados no hayan cumplido el objeto de la institucion de las misiones, á fin de evitar que subsista en favor de los mismos un privilegio cuando cesaron las causas de su concesion. »

REAL DECRETO DE 22 DE MARZO, organizando el cuerpo de artillería de marina.

Art. 1.º «El cuerpo de artilleria de marina queda dividido en dos armas especiales, que se denominarán artillería ó infantería de marina.

Art. 2.º La infantería se compondrá de tres batallones, y la plana mayor de cada uno la formarán un coronel, comandante, un teniente coronel, segundo comandante, un primer ayudante, teniente, un abanderado, un sargento primero de brigada, un tambor mayor, un armero, un cirujano y un capellan.

Art. 3.º Los batallones serán do seis compañías, y cada una de estas se compondrá de un capitan, dos tenientes, un subteniente, un sargento primero, cuatro segundos, seis cabos primeros, ocho segundos, dos tambores ó cornetas y setenta y cinco soldados, cuyo número podrá aumentarse á juicio del gobierno, segun lo exijan las necesidades del servicio, y con presencia de las atenciones del de cada departamento.

Art. 4.º El que ejecutará esta fuerza á bordo y en tierra, será el detallado en las ordenanzas generales de la armada, y deberá tener además la instruccion práctica suficiente para el manejo de la artillería de los buques que guarnezcan.

Art. 5.º Los tres batallones tomarán la denominacion de primero, segundo y tercero de infantería de marina: serán independientes unos de otros, y estarán á las órdenes inmediatas de los capitanes ó comandantes generales de los departamentos donde residan sus planas mayores.

Art. 6.º El cuerpo de artillería de marina se compondrá de tres brigadas, y cada una de ellas constará de un capitan, dos tenientes, dos subtenientes, cuatro condestables primeros, ocho segun los, ocho cabos primeros de cañon, doce segundos, un corneta, un tambor y noventa artilleros, cuyo número podrá aumentarse á juicio del gobierno y cuando las exigencias del servicio lo requieran.

Art. 7.º Este cuerpo estará mandado por un coronel, que se denominará comandante de artillería de marina, y un teniente coronel, segundo comandante, jefe del detall.

Art. 8.º El servicio de esta fuerza á bordo y en tierra, es tambien el prevenido en las ordenanzas generales de la armada, y estará igualmente á las órdenes de los capitanes ó comandantes generales de los departamentos.

Art. 9.º Los batallones de infantería y las brigadas de artillería alternarán en el servicio de los tres departamentos y apostadero de la Habana, pasando de unos á otros en la forma que se establezca, y siempre que el gobierno lo tenga por conveniente, no pudiendo en ningun caso permanecer en un mismo punto por mas de dos años.

Art. 10. La compañía escuela de condestables formará parte del cuerpo de artillería de marina, y así en su organizacion como en el plan de estudios é instruccion práctica se harán las alteraciones y mejoras que se estimen convenientes.

Art. 11. La plana mayor facultativa de artillería se compondrá de un teniente coronei, ayudante mayor, y ocho capitanes, que tendrán á su cargo las comandancias de los parques, el laboratorio de mixtos, las escuelas prácticas y las demàs comisiones científicas propias del instituto.

Art. 12. Los sueldos y gratificaciones de los jefes, oficiales y tropa así de artillería como de infantería serán los mismos que ahora disfrutan, exceptuando los de la escuela de condestables, que conservarán los goces que por el servicio particular que desempeñan les fueron señalados.

Art. 13. Un reglamento especial determinará el modo de cubrir las vacantes de oficiales que resulten, así de la plana mayor facultativa de artillería como en las brigadas de este cuerpo y en los batallones de infantería.

Art. 14. Sin embargo de la separacion de las dos armas dependerán ambas, tanto en la parte militar como en la facultativa, de la autoridad de un general de la armada, que la ejercerá con la denominacion de comandante general de artillería é infantería de marina, y con él se comunicarán los jefes de los dos institutos por conducto de los capitanes ó comandantes generales de los departamentos.

Art. 15. El comandante general de artillería é infantería de marina será uno de los vocales de la junta consultiva de la armada: desempeñará este encargo con las mismas facultades que confiere la ordenanza de 1748 al comisario general de artillería y al comandante principal de batallones, y además de ocuparse desde luego de la organización completa de las dos armas, lo hará con toda preferencia del curso de estudios que debe seguirse y del sistema de enseñanza teórico-práctica que haya de establecerse para que la de artillería iguale en su instruccion y conocimientos á las mas adelantadas en los países extranjeros.

Art. 16. El ministro de Marina queda autorizado para tomar desde luego las disposiciones convenientes al cumplimiento de este decreto.»

OTRO DE 31 DE MARZO, mandando formar batallones ligeros con destino á las posesiones de Africa.

Art. 1.º «Se forman dos batallones ligeros con fuerza de 700 hombres cada uno con destino á las guarniciones de Africa.

Art. 2.º Los cuadros de estos batallones se formarán de jefes y oficiales de reemplazo de infantería y de la reserva que serán empleados en sus propias clases, y tambien de los que estando colocados en cuerpo lo soliciten.

Art. 3.º La tropa se compondrá exclusivamente de reclutas voluntarios, los cuales recibirán un enganche de 60 hasta 100 rs. segun su talla y circunstancias.

Art. 4.º Los haberes de todas las clases y las gratificaciones en todos conceptos serán las mismas que los de la infantería de línea.

Art. 5.º El ministro de la Guerra queda encargado de expedir todas las órdenes é instrucciones necesarias para la ejecucion de este decreto.»

OTRO DE 29 DE MARZO, mandando formar los terceros batallones de varios regimientos de infantería.

Art. 1.º «Se procederá inmediatamente á la formacion de los terceros batallones de los regimientos de infantería de Castilla, Borbon, Almansa, Galicia, Guadalajara, Aragon, Gerona, Valencia, Bailen, Navarra, Albuera, Reina Gobernadora, Union, Constitucion, España, Asturias, Isabel II, Sevilla, Granada y Toledo.

Art. 2.º Los jefes, oficiales, sargentos y cabos que fuesen necesarios en consecuencia del aumento de batallones, se tomarán de los que en la actualidad pertenecen á la reserva, y que por su edad, aptitud y circunstancias prometan mas utilidad para servir en la infantería permanente.

Art. 3.º De los jefes y oficiales de la reserva que no tengan colocacion en la infantería permanente se formarán 25 cuadros, en los que gozarán las mismas ventajas que les están acordadas por las disposiciones vigentes, ínterin aquella institucion se organiza definitivamente.

Art. 4.º El ministro de la Guerra queda encargado de dar las órdenes convenientes para la ejecucion del presente decreto.»

OBRAS PÚBLICAS.

REAL ORDEN DE 4 DE MARZO, prohibiendo á los jefes políticos tomar parte en empresas de minas.

«S. M., oida la seccion de gobernacion del consejo real, se ha servido declarar:

1.º Que los jefes políticos, cuando son inspectores de minas, estan comprendidos en la prohibicion establecida en la citada real órden.

Y 2.º Que los oficiales de los gobiernos políticos por regla general no se hallan incluidos en ella, estándolo solo en el caso especial de tener á su cargo algun negociado de minas; por lo que deben cuidar los jefes políticos de no encomendar este á los que tengan dicho impedimento.»

OTRA DE LA MISMA FECHA, extendiendo la prohibicion de que trata la anterior á los empleados en los establecimientos mineros del Estado. (Gaceta núm. 4933).

DISPOSICION RELATIVA AL SERVICIO DE SANIDAD PÚBLICA

REAL ORDEN DE 19 DE MARZO, sobre la exhumacion de cadáveres.

«El jefe político de Madrid en 16 de noviembre último propuso como conveniente la modificacion de algunas de las disposiciones contenidas en las reales órdenes de 27 de marzo de 1845 y 21 de febrero de 1846, relativas á la exhumacion y traslacion de cadáveres de un cementerio á otro ó panteon particular; y tomando S. M. la reina en consideracion los respetables motivos que por lo general mueven á solicitar semejantes traslaciones con objeto de conciliar aquellos con las precauciones que al mismo tiempo exige la conservacion de la salud pública, se dignó oir en el particular el dictámen del consejo de sanidad del reino, y de conformidad con lo que este ha expuesto, se ha servido dictar las reglas siguientes.

1.ª No podrá verificarse la exhumacion y traslacion de cadáveres sin licencia expresa del jefe político de la provincia donde se hubieren sepultado.

2.ª No se permitirá la traslacion de cadáveres mas que á cementerio ó panteon particular.

3.ª Se prohibe la exhumacion y traslacion de cadáveres antes de haber trascurrido dos años desde la inhumacion.

4.ª Para verificar la exhumacion dentro del tiempo de dos á cinco años despues de sepultado un cadáver, ha de preceder á la licencia del jefe político, 1.º el permiso de la autoridad eclesiástica; y 2.º un reconocimiento facultativo por el cual conste que la traslacion no puede perjudicar á la salud pública.

5.ª Este reconocimiento será practicado por dos profesores de la ciencia de curar, y su nombramiento corresponde al jefe político.

6.ª Los profesores nombrados han de ser precisamente doctores en medicina ó individuos de la academia de medicina y cirugía de la provincia, cuando los cadáveres que hayan de exhumarse esten en el cementerio de la capital donde aquella tenga su residencia. Si la exhumacion se hubiere de hacer en pueblos donde no haya doctores, el jefe político nombrará los que juzgue mas convenientes.

7.ª Las certificaciones que han de dar los profesores nombrados serán individuales: en caso de discordia se nombrará un tercero.

8.ª Despues de cinco años de estar sepultado un cadáver, el jefe político puede ordenar su exhumacion y traslacion de la manera y con los requisitos que estime mas oportunos, disponiendo que en todos los casos se haga con la decencia y respeto debidos, dando conocimiento al de la provincia donde el cadáver haya de trasladarse, y obteniendo préviamente el asentimiento de la autoridad eclesiástica.

9.ª Los cadáveres embalsamados podrán exhumarse en cualquier tiempo y sin necesidad del reconocimiento facultativo que establece la regla 4.ª

10. Las solicitudes para trasladar á España cadáveres que hayan sido sepultados en pais extranjero ó viceversa, se dirigirán á S. M. por conducto de este ministerio, acreditándose en ellas préviamente la circunstancia de hallarse embalsamados, ó la de que haciendo mas de dos años que fueron sepultados se encuentran ya en estado de completa desecacion.

11. Todos los gastos que ocasionen los actos de exhumacion serán de cuenta de los interesados.

12. Los honorarios que ha de devengar cada profesor por el acto del reconocimiento y certificacion correspondiente, serán de ciento sesenta reales vellon en Madrid, y ciento veinte en los demas pueblos del reino. El jefe político elevará esta suma á lo que estime oportuno en razon á la distancia que hubieren de recorrer los profesores nombrados, cuando

el reconocimiento se haga en pueblo diferente de aquel en que estan domiciliados.

13. Se reducirán los honorarios á la mitad de lo establecido en la regla anterior, siempre que se hiciere á un mismo tiempo el reconocimiento de dos ó mas cadáveres.

14. Quedan derogadas todas las disposiciones contenidas en las reales órdenes de 27 de marzo de 1845 y 21 de febrero de 1846.»

ESTUDIOS

SOBRE LOS ORÍGENES

DEL DERECHO ESPAÑOL.

Artículo 7.°

Corrección hecha por Recesvinto en el código de las leyes.—Concilios VIII, IX y X de Toledo.

Recesvinto, asociado al trono por su padre Chindasvindo, en el año 649 tomó el título de rey, pero no se sabe que hiciese ley ninguna hasta que ciñó solo la corona. El código de Chindasvindo salió sin duda muy imperfecto aun relativamente á la perfeccion que podia exigirse en aquella época, dejó muchos casos sin decidir, no pocos vicios sin castigar; y Recesvinto, émulo de la gloria de su padre, meditó tal vez aun viviendo éste una nueva coleccion de leyes. Decimos tal vez, porque el único motivo que puede inducir á sospecharlo, es una correspondencia entre S. Braulio, obispo de Zaragoza, y aquel príncipe, escrita antes de la muérte de Chindasvindo, de la cual resulta que Recesvinto envió al santo prelado para que se lo corrigiera, un *códice dividido en títulos*, que tenia por objeto *promover la utilidad del reino* (1), y que este códice fué efectivamente en-

(1) Por *jussionem autem Serenitatis vestræ commoda regni vestri votis*

mendado y devuelto por S. Braulio. La circunstancia de estar
dividida esta obra en títulos, y tener por objeto la utilidad pública, induce á creer que contuviera las leyes que todavía se
conservan de aquel soberano; pero como consta por otros documentos mas terminantes que dichas leyes se hicieron con los
sacerdotes y el oficio palatino, esto es, con acuerdo de algun
concilio, y no se celebró ninguno desde que Recesvinto fué
asociado al trono hasta la muerte de S. Braulio, no puede afirmarse que el códice enmendado por este santo comprendiese las
leyes de aquel monarca. Sin embargo, como tampoco hay fundamento para creer que tratase de otras materias profanas ó religiosas, y sí lo hay para presumir que contuviese una série de
leyes, porque en aquel tiempo solo se dividian en títulos las
compilaciones de ellas, es sumamente probable que Recesvinto
meditase reformar y mejorar la legislacion, que escribiese al
efecto un proyecto de leyes, enviándolo á S. Braulio, varon
consumado en ciencia, pero que habiendo juzgado despues mas
oportuno encomendar la obra á un concilio, ó bien presentarle
la ya hecha para su aprobacion, dejó para mas adelante la publicacion de sus leyes.

Pero sea de esto lo que quiera, es lo cierto que Recesvinto
apenas murió su padre convocó el concilio VIII de Toledo, uno
de los mas famosos en la historia de nuestra legislacion, por
haber sido el primero cuyas actas autorizaron con sus firmas

omnibus optamus agnoscere. S. Braul., epist. 38, publicada en la *España
Sagrada*, tom. 30, ap. 3.° S. Braulio se queja en esta correspondencia
de la multitud de yerros que habian cometido los escribientes al copiar
el códice, y anuncia al rey, que obedeciendo su órden lo ha dividido en
títulos. El Sr. Lardizabal cree que esta obra debia contener algun asunto
sagrado, fundándose en que Recesvinto era aficionadísimo á estas materias,
y en que no es de suponer que si este príncipe hubiera tenido hecha y aprobada por tan santo varon una coleccion de leyes, pensase hacer otra con
el concilio VIII de Toledo. Pero de que Recesvinto fuere aficionado á las
cosas de la religion, no se sigue de manera ninguna que el códice que envió á S. Braulio, tratase exclusivamente de ellas. Y aunque los libros religiosos *cedian en utilidad* del rey, no se dividian en títulos como los códigos. Nada debe por otra parte admirarnos que Recesvinto proyectase sus
leyes, las escribiese segun se le iban ocurriendo, y que al consultarlas despues con su consejero, le encargase las dividiese y distribuyese en la forma de costumbre.

los oficiales del oficio palatino que á él asistieron , y por los decretos que expidió el rey con su acuerdo y autoridad. El objeto de su celebracion lo dice Recesvinto en su tomo régio.
Despues de anunciar que el símbolo de la fé, segun lo habian
definido los concilios generales, debia ser la base de todas las
resoluciones que se tomáran, dice el rey que era menester procurar que las obras y las costumbres de los fieles correspondie-
sen con esta creencia: que en los tiempos pasados, los obispos
y toda la nacion habian hecho juramento de no perdonar nunca á los traidores á la patria ó al soberano, y como esta decision era contraria á la misericordia tan recomendada en el evan-
gelio, se hallaba en el conflicto si indultaba algun reo de esta
clase, de incurrir en un perjurio, y si no ejercitaba la virtud
de la misericordia, de faltar tambien á los preceptos de Jesu-
cristo; en su consecuencia, pedia al concilio que decidiese el
partido que habia de tomarse. En seguida exhorta el rey á los
padres á que resuelvan con su anuencia justa y piadosamente
sobre cualquier negocio que hubiera venido en queja á ellos: á
que «corrijan las leyes que crean injustas ó insuficientes, y su-
priman las supérfluas, todo con su consentimiento en cuanto lo
exijan la justicia y las necesidades públicas: á que aclaren los
cánones oscuros ó dudosos, y en suma, á que decidan pia, justamente, y teniendo en consideracion las reglas antiguas, sobre
todos los negocios que se les presenten.» Luego, dirigiéndose al
oficio palatino, dice el monarca: «Y vosotros, ilustres varones
del oficio palatino, á quienes la antigua costumbre ha llamado
á este santo sínodo, honrados de calificada nobleza, consuma-
dos en el ejercicio de la equidad como gobernadores de los
pueblos: vosotros, compañeros en el gobierno, fieles en la ad-
versidad, fuertes en las prosperidades, por quienes la justicia
cumple las leyes, la misericordia las suaviza, y la equidad les
arranca templanza, os conjuro y ruego por el juramento de la
sagrada fé.... que dirijais vuestros ánimos á la fórmula de tan
justa verdad, de modo, que sin separaros del parecer de los
padres y santos varones presentes, hagais todo lo que sea conforme á la justicia, á la inocencia y á la voluntad de Dios,
con prontitud, con modestia y con buena intencion; seguros de
que cumpliendo así mis deseos, os hareis agradables á Dios,
y por lo tocante á aquellos de vuestros decretos que yo confir-

me, yo y vosotros agradaremos á su Divina Magestad. Y á todos vosotros juntos, ministros del culto divino y magistrados elegidos del aula real, os prometo mi consentimiento á todo lo que decidais ó decreteis de acuerdo con nos, conforme á la justicia y la piedad, así como ejecutarlo con la ayuda de Dios, y defenderlo con nuestra autoridad contra cualquiera que lo contradiga.» Por último, denuncia el rey al concilio la mala fé de los judíos, que despues de haberse bautizado habian vuelto á incurrir en sus errores, y le pide que ponga remedio. Veamos ahora cómo correspondió el concilio á los deseos del monarca (1).

En cuanto al juramento prestado por la nacion de no perdonar jamás á los traidores á la patria, fué larga, luminosa y profunda la discusion de los padres, decidiéndose al cabo de ella, que no obstante el juramento, pudiese indultar el príncipe á aquellos criminales que lo mereciesen (2). Se condenó el concubinato de los clérigos, mandando que las mujeres halladas en este delito fuesen vendidas, y sus cómplices encerrados perpétuamente en un monasterio (3). Tambien se tomaron otras providencias contra la concupiscencia de los eclesiásticos, la ignorancia de los ordenandos, y las infracciones del precepto que prohibe el uso de carnes en cuaresma (4).

Como la del concilio IV, que disponia la forma de elegir soberano, habia sido infringida tantas veces desde su establecimiento, volvió á repetirse en este sínodo, el cual ordenó que en el lugar donde muriera el príncipe, se juntasen para nombrarle sucesor los obispos y los grandes de palacio, con cuyo acuerdo habia de hacerse la eleccion, y no por la intriga de unos pocos, ni con el tumulto de la plebe: Y los elegidos habian de ser católicos y defensores de la fé contra los hereges y los judíos, modestos en su vida, en sus actos y en sus palabras, moderados en la exaccion de tributos, con los cuales debian proveer mas á la utilidad del reino que á la suya propia. En cuanto á los bienes de los príncipes, dispuso el concilio, que los suyos personales ó adquiridos antes de subir al trono, pasa-

(1) Coll. Cap. Ecles. Hispan.
(2) Sesion 2.ª
(3) Ses. 5.ª
(4) Sesiones 4.ª, 6.ª, 8.ª y 9.ª

sen por su muerte á sus herederos todos los demás, y aquellos de que no dispusiera expresamente, á sus sucesores en la corona (1).

Ultimamente, cediendo el concilio á los deseos del rey en cuanto á castigar á los judíos, confirmó lo dispuesto contra ellos en el concilio IV de Toledo, de cuyo decreto hablamos en su lugar respectivo (2). Siguen las firmas de los obispos, prelados y oficiales palatinos, y despues dos decretos de Recesvinto, confirmados por los obispos y grandes, en los cuales se repite, explica y dá nueva fuerza á la decision referida antes, sobre la manera de suceder en los bienes del soberano.

Es pues evidente, segun todo lo dicho, que Recesvinto, juzgando que el código de leyes dejado por su padre necesitaba reforma, acudió al concilio para que variase en él todo lo que creyera conveniente. Es asimismo cierto que la reforma se hizo, puesto que aun se conservan setenta y cinco leyes de aquel soberano, aparte de las que están insertas en los concilios VIII, IX y X de Toledo, celebrados bajo sus auspicios. Pero de estos hechos averiguados nacen no pocas dudas. La primera, es si la reforma se hizo de un golpe, ó bien si fué obra del tiempo y de las leyes que iba estableciendo el soberano á medida que se hacian necesarias. La segunda, es si en el caso de haberse hecho de una vez esta reforma, fué decretada efectivamente por el concilio VIII de Toledo, ó bien por la sola autoridad del monarca.

Es indudable que Recesvinto hizo una correccion general del código de su padre en los primeros años de su reinado, porque así consta expresamente de una de sus leyes, y se infiere de otra que es indudablemente suya. En un códice manuscrito del Fuero-juzgo llamado el Emilianense, hallado en el monasterio de San Millan de la Cogulla, uno de los mas antiguos que se conocen, y en todas las demás copias excepto una, se lee una especie de introduccion á la primera ley de Recesvinto que dice así: «Porque la antigüedad de los vicios exige novedad en las

(1) Ses. 10.

(2) Ses. 12. No sabemos cómo asegura el Sr. Lardizabal que aunque Recesvinto invitó al concilio á castigar la heregía de los judíos, no, tomó este ninguna providencia contra ellos, pues si hubiera leido la sesion duodécima, habria hallado que no se trata en ella de otra cosa.

leyes.... las contenidas en este libro desde el segundo año de
mi señor y padre el rey Chindasvindo, de divina memoria,
mandamos que valgan y se observen por todas las personas y
naciones sujetas á nuestro imperio; de modo, que desechadas
aquellas que no provienen de la equidad del juez sino del arbitrio de la autoridad, y simplificadas y ordenadas todas por escrito, valgan solamente aquellas leyes que tenemos desde la antigüedad, ó que nuestro padre dispuso acertadamente para la
equidad de las sentencias y el castigo de las culpas, agregadas
las que nos desde la altura de nuestro trono, en presencia de
los sacerdotes de Dios y de los oficiales palatinos, con la ins-
piracion y auxilio del Señor y el consentimiento universal de
los oyentes, hemos formado y distribuido en títulos para nuestra gloria: y mandamos que tanto estas cuanto las que en adelante se dieren, segun las necesidades las exijan, tengan vigor
y fuerza perpétuamente (1).» Aunque esta ley no se halla en el
códice llamado Vigilano, no hay motivo para dudar de su autenticidad, porque se encuentra en todos los otros, entre ellos el
Emilianense citado arriba, que se escribió 18 años despues del
Vigilano; porque todos la atribuyen al mismo autor, y porque
consta de otra ley tambien de Recesvinto que el código de su
padre fué enmendado considerablemente de su órden: *Illas autem causas quæ antequam istæ leges a nostra gloria emenda-
rentur, legaliter determinatæ sunt, id est, secumdum legum
modum qui ab anno primo regni nostri in præteritis observatus
est....* dice una ley del Fuero-juzgo, que todos los códices excepto uno atribuyen á Recesvinto (2): De modo que este príncipe, segun los textos citados, enmendó las leyes defectuosas,
suprimió las supérfluas, conservó las antiguas que eran útiles,
y agregó otras suyas que hizo en presencia de los obispos, de
los grandes de palacio, y con el consentimiento de todo el pueblo. Consta tambien que esta reforma se hizo sobre un libro en
el cual estaban contenidas las leyes dadas por Chindasvindo
desde el segundo año de su reinado, y muchas antiguas. Es asimismo evidente, que la enmienda debió abrazar muchas leyes
á un tiempo, porque produjo un nuevo estado en la legislacion,

(1) For-jud. pág. 5, nota 9, edic. de la Acad.
(2) L. 12, tít. 1, lib. II.

capaz de variar las decisiones de los pleitos pendientes, y porque siempre que el rey alude á su correccion, no se refiere á una sino á muchas leyes. Por lo tanto, aunque todas las que se conservan de Recesvinto no fuesen hechas á un tiempo; pues no es probable que en los 17 ó 18 años que reinó despues que decretó las primeras no volviese á hacer ninguna otra, es cierto que la mayor parte deben traer su orígen de aquella correccion general del código de Chindasvindo.

Si se hizo este en el concilio VIII de Toledo, es punto todavía muy dudoso. Razones hay poderosas para creerlo así, pero tambien hay vivas sospechas que inducen á pensar lo contrario. Segun se ha visto por el tomo régio de este concilio, el príncipe invitó á los obispos y grandes que á él asistieron, á que corrigieran las leyes injustas ó insuficientes, y suprimieran las supérfluas. El mismo príncipe, en la introduccion á sus leyes que arriba hemos copiado, dice terminantemente que las hizo «en presencia de los obispos y los grándes, y con consentimiento de todo el pueblo.» Es así que durante su reinado no se celebraron mas que tres concilios nacionales, y de ellos solo al primero, que es el VIII, dió el rey el encargo de enmendar las leyes, y concurrió el oficio palatino; luego en presencia de este concilio y no de otro debió verificar Chindasvinto su reforma legislativa.

Este razonamiento convence, pero la consecuencia rigurosa de su certeza, sería hallar en las actas de dicho concilio todas ó la mayor parte de las leyes que se conservan de aquel soberano, y esto es lo que falta precisamente. Una omision semejante es demasiado notable para que dejemos de llamar la atencion sobre ella. Si hemos de dar crédito á los numerosos códices antiguos que se conservan del Fuero-juzgo, nos quedan setenta y cinco leyes de Recesvinto, y de ellas una solamente se encuentra en dicho concilio, que es la que establece la manera de suceder en la herencia del rey (1). Las demás versan sobre materias distintas de las tratadas en aquella asamblea, y si alguna hace referencia á sus decisiones, es para modificarlas, extenderlas ó corregirlas, como sucede en la que manda que el clérigo amancebado sea puesto en poder del obispo, para que este le

_____

(1) L. 5, tit. 1, lib. II.

haga cumplir la penitencia que le imponen los cánones, pena de dos libras de oro, y que la mujer cómplice reciba 100 azotes (1). Ya recordará el lector, que lo que el concilio VIII había dispuesto sobre este mismo delito, era que el clérigo hiciese penitencia toda su vida, y su cómplice fuese vendida por esclava (2). Si los padres presentes á la asamblea fueron los autores de la recopilacion de Recesvinto, ¿cómo es que no solamente no se halla en las actas conciliares mencion alguna de esta obra, sino que ni siquiera concuerdan las disposiciones de aquella y de esta que tratan de un mismo asunto?

Si para resolver la primera objeccion se dice que tal vez no se escribirían en las actas de los concilios mas que los cánones ó disposiciones sobre materias mixtas de lo profano y lo eclesiástico, se alega un hecho incierto, porque no hay mas que abrir dichas actas, para ver al lado de un capítulo que trata de la fé ó la disciplina, otro que contiene una disposicion meramente civil, y á veces, despues de los cánones y las subscripciones de los obispos, decretos del soberano expedidos con la aprobacion del sínodo. Si pues Recesvinto hizo sus leyes en el concilio VIII, ¿cómo es que solamente una de ellas se encuentra en sus actas? ¿por qué se inserta allí esta ley y no las demás? A uno de dos motivos puede atribuirse esta circunstancia: ó las leyes de Recesvinto no se hicieron en este concilio, ó los concilios no intervenian del mismo modo en la formacion de todas las leyes.

Por fuerte que sea la presuncion, deducida del silencio de las actas toledanas acerca de la reforma legislativa de Recesvinto, no lo son mas ni aun tanto como la conviccion que resulta de los textos citados últimamente. Por esta razon no nos atrevemos á suponer que el concilio VIII no tuviese parte en la recopilacion de aquel monarca. Pero de esta contradiccion y de otros hechos que citaremos en seguida, nos parece que puede deducirse esta consecuencia: los concilios en la monarquía goda intervenian directa y principalmente con acuerdo del soberano en las leyes políticas, y de las que trataban sobre materias eclesiástico-profanas; respecto á todas las demás, eran ó consultados, ó promovedores; esto es, que tenian el derecho de

_____

(1) L. 19, tit. 4, lib. III.
(2) Pág. 249.

iniciativa sin voto, ó bien eran meros autorizadores. Por eso las primeras se consideraban como parte integrante de sus actas, y las otras no tenian núnca lugar en ellas. Hé aquí los fundámentos de nuestra sospecha: 1.º Examinando las disposiciones insertas de los concilios, se observa que fuera de las que tratan de asuntos de fé ó disciplina, todas las demás,. ó son leyes políticas que establecen las obligaciones recíprocas entre los vásallos y el soberano, ó leyes que afectan á un mismo tiempo á los intereses del Estado y los de la Iglesia, ó preceptos para la reforma de las costumbres, sancionados únicamente con penas espirituales. Si á pesar de esto consta por documentos auténticos que muchas leyes de otra especie que no aparecen en las actas de ningun concilio, se hicieron *coram universis Dei sacerdotibus sanctis, cunctisque officiis palatinis* (1), es claro que alguna razon debia haber para que las unas se interpolasen con los decretos del concilio, y las otras se escribiesen y promulgasen aparte. 2.º Esta razon debia ser que el sínodo no intervenia del mismo modo ni con igual carácter en la formacion de todas las leyes, porque de lo contrario no habia motivo capaz de producir semejante diferencia; pues tan civiles eran las leyes que castigaban los delitos políticos ó establecian la forma de suceder en los bienes del monarca, como las que fijaban los trámites de los juicios, ó castigan los delitos contra la propiedad agena. Viene tambien en apoyo de esta opinion, la circunstancia de que en las leyes que hacen parte de las actas conciliares, habla siempre el concilio, unas veces por sí solo, y otras añadiendo que lo hace en la anuencia y consentimiento del príncipe, al paso que en las demás habla el soberano unas veces por sí solo, y otras manifestando que obra con la autoridad y beneplácito de los obispos y señores palatinos. Y no es de extrañar que algunas leyes de esta clase se encuentren unidas á las actas de los concilios despues de las suscripciones, y la mayor parte carezcan de esta circunstancia, porque quien haya manejado los antiguos códices de nuestra antigua coleccion canónica, habrá advertido que no acompañan á los concilios mas decretos de príncipes que aquéllos que confirman todas ó algunas de sus disposiciones, como sucede á los dos de Recesvinto, que tratan

_____

(1) For. jud., pág. 5, nota 9.

de la manera de suceder en el patrimonio real (1), ó al de Gundemaro que establece la primacía de la iglesia de Toledo y acompaña al concilio XII toledano (2).

Sobre la manera de que intervenian los concilios en la formacion de estas leyes que no se inclaian en sus actas, nada puede aun saberse ni conjeturarse con acierto. Si se atiende á la fórmula de que solian usar los reyes al dirigirse á estas asambleas para que enmendáran la legislacion (3), parece que ellas eran las que redactaban las decisiones, y el soberano las aprobaba. Si se consideran las palabras con que se expresan algunas leyes al manifestar la parte tomada por los concilios en su formacion, parece que los prelados y los grandes se limitaban á autorizar con su presencia y asentimiento las resoluciones del monarca (4). Tal vez sucedia una cosa y otra, segun que la iniciativa de la ley partiese del rey ó del concilio, y de cualquier modo, es lo cierto que la participacion de este último, debia ser menos amplia en la formacion de las leyes insertas en sus actas, que en las que se escribian y promulgaban aparte.

Creamos, pues, en consecuencia de todo lo dicho, que en la correccion general de las leyes, intervino el concilio VIII de Toledo, así como el XII tuvo parte en la hecha por Ervigio, y el XVI en la de Egica, esto es, como legislador principal respecto á las leyes políticas y mixtas de profano y eclesiástico: como autoridad secundaria que corrobora y aprueba respecto á las leyes civiles ó penales propiamente dichas. Recesvinto decretó estas últimas *en presencia de los obispos y los grandes*: los grandes y los obispos establecieron las primeras *con el consentimiento y autoridad* de Recesvinto.

Otros dos concilios mandó celebrar este mismo príncipe, en los cuales se tomaron varias providencias tocantes á la Iglesia y al Estado. Tales fueron el IX y X de Toledo, á los cuales, ni presentó el monarca tomo régio, ni asistieron los señores

(1) Coll. can. Ecles. Hisp. Colum. 442 y sig.

(2) Id. Colum. 504.

(3) In legum sententiis quæ aut depravate consistunt aut ex superfluo vel indebito conjuta videntur, nostræ serenitatis acomodante consensu, hæc sola quæ ad sinceram justician et negotiorum sufficientiam conveniat coarctatis et amotis.

(4) Véanse las palabras del párrafo anterior del texto.

del oficio palatino. En el primero, celebrado en 655, se deter-
minaron los derechos de los patronos y sus descendientes, respecto á sus iglesias (1). Se señaló la parte de las rentas eclesiásticas correspondiente á los obispos, y se dieron reglas sobre la
manera de distribuir los bienes de estos despues de su muerte (2). Se mandó que los obispos diesen libertad á los siervos
de las iglesias que ascendieran al clericato (3): que quedasen
obligados al servicio de los templos los hijos que nacieran de la
union de personas ingénuas con libertos de las iglesias (4): que
si estos se negáran á prestar los servicios á que están obligados,
se aplicasen sus bienes muebles á las iglesias sus patronas (5),
y que estos mismos libertos no pudiesen enagenar nunca las cosas que poseyeren procedentes de las iglesias que los manumi-
tieron (6). Se obligó á los judíos convertidos á celebrar con los
obispos las fiestas eclesiásticas (7). Ultimamente se tomó una
providencia rigorosa contra la concupiscencia de los clérigos,
mandando que sus hijos no los heredasen y quedasen siervos
de las iglesias á que estuvieran asignados sus padres (8). En este concilio, por lo tanto, no se estableció ninguna ley política
como se habia hecho en casi todos los anteriores, pero sí muchas de naturaleza mixta que se rozaban á un mismo tiempo
con la Iglesia y el Estado.

Son de la misma naturaleza los capítulos del concilio X celebrado un año mas tarde. Tampoco asistieron á él los nobles,
ni el monarca le presentó tomo régio. Sus cánones se reducen
á privar de dignidad y de oficio á los eclesiásticos que violasen
el juramento de fidelidad prestado al rey (9), á prohibir á los
legos que gobernasen en los monasterios (10), á dar algunas reglas sobre la profesion, hábito religioso y votos de las viu-

(1) Cans. 1, 2 y 3.
(2) Cans. 4, 5, 6, 7, 8 y 9.
(3) Can. 11.
(4) Can. 12.
(5) Can. 14.
(6) Can. 16.
(7) Can. 17.
(8) Can. 10.
(9) Can. 2.
(10) Can. 3.

das (1), á prohibir á los padres que ofreciesen sus hijos á las iglesias, irrevocablemente hasta que cumpliesen diez años (2), y á prohibir rigorosamente á los fieles que vendiesen á los judíos siervos cristiános (3). Dos sentencias pronunció tambien este concilio en dos cuestiones sometidas á su jurisdiccion, de las cuales no damos mas noticias por no venir a nuestro propósito.

Setenta y seis leyes nuevas y tres concilios nacionales es pues todo lo que ha llegado hasta nosotros de la reforma de Recesvinto. ¿Pero qué causas pudieron mover á este príncipe para enmendar tan radicalmente un código que contaba apenas doce años de fecha? ¿Fué este mal recibido por ventura? Ninguna noticia nos han dejado de este hecho los escritores contemporáneos ni aun los posteriores; pero comparando las leyes de Recesvinto con las de su padre, se notan circunstancias que contribuyen grandemente para aclarar este punto. Las leyes de Chindasvindo tenían por objeto, segun se ha visto en el anterior capítulo, establecer la unidad legislativa en toda la Península, sujetar á unos mismos jueces á todos españoles, regularizar los trámites de los juicios, estrechar la alianza entre la monarquía y la Iglesia para el gobierno de la república, completar y perfeccionar la legislacion que ya existia de antiguo sobre contratos, últimas voluntades, matrimonios, etc., y promover la reforma de las costumbres, agravando las penas de los delitos. Esta misma es la tendencia de las leyes de Recesvinto, con la diferencia de ser mas señalada y terminante. Así es que Chindasvindo para promover la union entre godos y romanos, se limitó á establecer un nuevo derecho, prohibiendo simplemente el antiguo, y aun permitiéndolo como asunto do estudio: su sucesor no solamente conminó con una pena gravísima al que invocára en los tribunales la legislacion antigua, sino que arrancó con mano atrevida el último obstáculo que separaba á las dos razas, derogando la ley antiquísima que prohibia los matrimonios entre godos y romanos (4). Chindasvindo estableció todo

(1) Cans. 4 y 5.
(2) Can. 6.
(3) Can. 7.
(4) L. 2, tít. 1, lib. III. For.-jud.

el órden de enjuiciar dando disposiciones sobre los emplazamientos, recusacion, pruebas judiciales, sentencia, competencia de los jueces, costas y apelaciones. Recesvinto no hizo sino perfeccionar esta legislacion con algunas pocas providencias sobre la fuerza de la cosa juzgada (1), la competencia de los *trufados* y jueces criminales (2), la responsabilidad de los tribunales, y otros puntos menos importantes (3). Para estrechar la union entre el Estado y la Iglesia, Chindasvindo tomó por norte en su código las decisiones del derecho canónico, llamó á los obispos á su córte, y les dió cierta intervencion, aunque escasa, en los pleitos que se pusieran á los jueces para exigirles la responsabilidad (4). Recesvinto no solamente conservó todas estas prácticas, sino que dió especial encargo á los obispos para que amonestáran y compelieran á los jueces á enmendar sus providencias injustas, y si no querían hacerlo, para que ellos, en union con algunos hombres buenos, y de acuerdo con el mismo juez la reformáran, y si éste insistia en su error, para que juzgasen por sí mismos el negocio, sujetando despues su sentencia á la confirmacion del soberano (5). Chindasvindo, para protejer á sus súbditos contra las demasías de las autoridades, impuso penas á las que pretendiesen administrar justicia fuera de su territorio, á las que no oian las quejas de sus subordinados, y á las que decidian contra derecho las causas de su competencia: prohibió á los hombres poderosos litigar por sí contra los desvalidos y pobres: declaró irrevocables las donaciones que los vasallos recibian de los reyes, y recomendó á los jueces la templanza y la misericordia. Recesvinto, para asegurar mas el objeto de estas providencias, declaró que el monarca y los súbditos estaban igualmente obligados á la observancia de las leyes (6), condeno la avaricia y rapacidad de los príncipes que se apoderaban de la hacienda de sus vasallos (7), declaró nulas las sen-

(1) L. 12, tít. 1, lib. II.
(2) Leyes 14 y 15, id., id.
(3) Leyes 30, 31, 27, 25 y 13, id., id, y L. 7, tít. 2, lib. II.
(4) Si regia in hoc negotio (el de la acusacion del juez) fuerit postulata praeceptio, remoto episcopo aliisque judicibus, causam, qui fuerinto judicis instituti terminare curabunt. L. 19, tít. 1, lib. II.
(5) L. 23, tít. 1, lib II.
(6) L. 2, tít. 1, lib. II.
(7) L. 5, id., id.

tencias que dictáran los jueces por miedo ó mandato del rey (1), condenó á los magistrados que tomasen algo de sus inferiores, sin guardar las solemnidades de los juicios (2), mandó que los obispos y los reyes no litigasen nunca con sus súbditos, sino poniendo un procurador de igual gerarquía que su contrario (3), y tomó otras providencias que sería prolijo enumerar, encaminadas todas á la seguridad de sus vasallos. Chindasvindo estableció tres maneras de hacer testamento: por escrito hecho y firmado por el testador con los testigos, por manifestacion de la voluntad, hecha ante testigos en caso de enfermedad, y por testamento militar. Recesvinto inventó otros tres modos de testar, á saber, el testamento signado únicamente por el testador y testigos, el suscrito por otra persona en nombre del testador (4), y el escrito de mano del testador sin testigos, por no haberlos en el lugar del otorgamiento (5). Chindasvindo prohibió el divorcio entre los casados bajo penas graves: su hijo estendió la prohibicion y las penas á las personas unidas por esponsales (6). Chindasvindo al tratar del homicidio, previó los casos en que este podia ocurrir, por consejo y deliberacion, entre hombres libres y esclavos, y por no ver el matador al muerto: Recesvinto amplió considerablemente esta doctrina, decidiendo sobre homicidio involuntario, el forzado, el de una persona distinta de aquella que el matador pretendió acometer, el verificado en la persona que trata de poner paz entre dos que riñen, el provocado por una injuria leve, y el sucedido á consecuencia de algun castigo corporal, impuesto por quien tenia derecho para ello (7).

Respecto á las otras materias de que trataban las leyes de Chindasvindo, se nota en las de su sucesor el mismo espíritu y tendencia. Así es, que Recesvinto encontró los esponsales declarados irrevocables, mas como por las leyes de la Iglesia el matrimonio es un acto voluntario, restableció una antigua ley teodosiana, por la cual, la obligacion procedente de los espon-

(1) L. 27, id., id.
(2) L. 30, id., id.
(3) L. 1, tít. 3, id.
(4) L. 11, tít. 5, id.
(5) L. 15, id., id.
(6) L. 3, tít. 6, lib. III.
(7) Leyes 1, 3, 4, 5, 6 y 7, tít. 5, lib. VI.

sales duraba solo dos años, y á pesar de ella, no se podia compeler á los esposos sino á pagar las penas á que se hubieren
comprometido en caso de faltar á su promesa. Declaró nulo el
matrimonio contraido con mujer de menor edad que el hombre;
y honesto el que contrajese la viuda con persona de edad competente (1), en lo cual, por seguir las doctrinas canónicas, con-
tradijo la costumbre antigua que miraba como deshonestas las
segundas nupcias. Tal vez entre los godos se consideraba la dote como requisito indispensable del matrimonio; por eso Recesvinto confirmó esta costumbre, contradiciendo lo establecido expresamente en el derecho romano (2). Rectificó la ley de su antecesor sobre el divorcio (3): estableció la doctrina de los ganan-
ciales, si bien no como se ha usado despues en España, sino
concediendo mas parte al cónyuge que mas bienes hubiere traido
al matrimonio, y declarando propiedad exclusiva del marido lo
que ganáre en la guerra, por medio de personas extrañas, por
donaciones que le hiciere el rey, sus patronos ó sus amigos (4):
garantizó á los pupilos contra la mala fé de sus tutores, declarando nulas cuantas escrituras hicieran en provecho de estos, y
les dió la facultad de testar desde los 10 años, hallándose en
peligro de muerte (5). Ratificó las obligaciones de los esclavos respecto á sus patronos (6), y la ley de Chindasvindo sobre la herencia de los párvulos (7). Declaró irrevocables las donaciones que se hicieran á las iglesias (8). Castigó la lesion en
los contratos (9), y la mala fé en el de prenda (10), y el de arrendamiento (11): decidió sobre la prescripcion de las cosas del
fisco, y de aquellas cuyos dueños no han podido en cierto tiempo reclamarlas (12). Las leyes sobre los delitos contra las bue-

(1)　L. 5, tít. 1, lib. III.
(2)　L. 1, id., id.
(3)　L. 3, tít. 6, id.
(4)　L. 16, tít. 2, lib. IV.
(5)　Leyes 4, tít. 3, lib. IV, y 10, tít. 5, lib. II.
(6)　Leyes 17 y 18, tít. 7, lib. V.
(7)　L. 17, tít. 2, lib. IV.
(8)　L. 1, tít. 1, lib. V.
(9)　L. 6, tít. 4, id.
(10)　Leyes 1 y 4, tít. 6, id., y l. 3, tít. 5, lib. VII.
(11)　L. 19, tít. 1, lib X.
(12)　Leyes 4 y 6, tít. 2, id., y 4, tít. 3, id.

nas costumbres, ó confirman las ya dichas de Chindasvindo, ó contienen disposiciones accesorias. De las que tienen por objeto reprimir los delitos contra las personas, ya hemos hablado anteriormente. Las que tienden á reprimir los delitos contra la propiedad, proponen solamente algunos nuevos casos de hurto (1), y tasan minuciosamente el menoscabo que pueden sufrir los siervos y animales por culpa de alguna persona (2). Ultimamente, Recesvinto hizo cuatro leyes contra los hereges y judíos que blasfemaban de nuestra fé, los que convertidos al cristianismo volvian á sus antiguos errores, y los que disputan maliciosamente sobre las verdades de la religion (3).

Basta esta reseña brevísima de las leyes atribuidas á Recesvinto, para probar que el código formado por su padre, aunque enriquecido y aumentado con disposiciones nuevas, no recibió con ellas ninguna alteracion esencial. El código reformado por Recesvinto fué mas completo, pero el mismo que ya encontramos en tiempo de Chindasvindo. No habia variado la organizacion de los tribunales, ni los trámites del enjuiciamiento, ni la condicion civil de las personas, ni los medios de adquirir y trasmitir el dominio, ni las circunstancias características de las leyes penales: antes al contrario, la reforma tuvo por objeto, segun hemos demostrado, hacer mas pronunciada y notoria la fisonomía y tendencia que tenian ya en el reinado anterior estas partes del derecho.

(1) Leyes 8 y 23, tít. 3, lib. VII, l. 31, tít. 4 y 6, tít. 5 y 3, tít. 6.
(2) L. 7, tít. 4, lib. VI, l. 9, 13 y 20, tít. 5, id., l. 8, tít. 1, lib. VIII, l. 2, tít. 4, id.
(3) Leyes 1, 2, 3 y 4, tít. 2, lib. XII.

APLICACION

DEL NUEVO CÓDIGO PEÑAL

A TODOS LOS DELITOS PREVISTOS EN EL MISMO.

———o———

DESEANDO facilitar la inteligencia y uso del nuevo código penal poniendo la aplicacion de sus reglas al alcance de todos, aun de los menos versados en la jurisprudencia, hemos creido conveniente hacer las siguientes tablas, que comprenden no solamente todos los delitos con sus penas, sino tambien todas las modificaciones que deben sufrir estas últimas, en razon de las circunstancias que concurran en los primeros. El código señala á cada delito una ó varias penas, entre las cuales debe escoger el tribunal con arreglo á la gravedad del hecho, y la mayor ó menor participacion que haya tenido en él el acusado. Para graduar la pena con arreglo á esta participacion y á aquella gravedad, dánse despues reglas generales, cuya aplicacion mas que nada exige la sagacidad del juez. A facilitarla poniéndola al alcance de los menos peritos, es á lo que se dirige este trabajo prolijo en demasía si se quiere, pero de una utilidad incontestable.

Al formarlo hemos tenido presente que la pena correspondiente á cada delito, varía segun la parte que el acusado ha tenido en su perpetracion, y de aquí es, que dado un mismo delito, corresponde una pena al autor principal, otra diferente al cómplice, y otra distinta al encubridor. Por eso hay que considerar en cada delito las personas que toman parte en su ejecucion.

Las penas designadas á cada uno de estos partícipes en el hecho criminal, varían segun el estado á que llega la ejecucion del delito, y así es que son distintas cuando esta se queda en tentativa, de cuando pasa á delito frustrado, y de cuando llega á su consumacion el delito. Por eso hay que considerar en cada uno de estos el estado de su ejecucion.

Cualquiera que sea este estado, y la parte del acusado en la ejecucion del crímen, pueden concurrir circunstancias que modifiquen la responsabilidad del culpable. De aquí es, que ora se trate de autores de cómplices ó de encubridores, ora de tentativa de delito frustrado ó de delito consumado, hay que tener en cuenta para la graduacion de la pena, si concurren en el hecho circunstancias atenuantes ó agravantes, ó si no concurren ningunas.

Así, pues, en nuestras tablas cada delito comprende tres casos, el 1.º cuando no concurren circunstancias agravantes ni atenuantes: el 2.º cuando concurren una ó mas de estas últimas, y el 3.º cuando concurren las primeras. En cada uno de estos casos se señala la pena correspondiente al autor, cómplice y encubridor del delito consumado, al autor, cómplice y autor del delito frustrado, y al autor, cómplice y autor de la tentativa. De este modo, con una sola mirada puede enterarse cualquiera no solamente de la pena que corresponde á cada delito, sino de todas las modificaciones que la misma puede sufrir en cada uno de los diferentes casos que pueden ocurrir con relacion á cada hecho penado por la ley.

Las notas que van al fin de cada capítulo, son indispensables para la inteligencia de las tablas.

CAPITULO I.

I.   Tentativa para abolir o variar en España la religion católica por persona constituida en autoridad pública, y que comete el delito abusando de ella (art. 128).

PRIMER CASO.

CUANDO NO CONCURREN CIRCUNSTANCIAS ATENUANTES NI AGRAVANTES (1).

PENAS DE LOS AUTORES.	PENAS DE LOS COMPLICES.	PENAS DE LOS ENCUBRIDORES. (11).
I. Reclusion de 15 á 17 años (2).	I. Prision mayor de 9 á 10 años (8).	Inhabilitacion perpétua especial para volver á ejercer el cargo de que se ha abusado, gozar los honores de él, y obtener otros en la misma carrera.
Peñas accesorias á la anterior principal.	*Pena accesoria á la anterior principal.*	
1. Inhabilitacion absoluta para cargos y derechos políticos (3).	Suspension de todo cargo y derecho político durante el tiempo de la condena (9).	
2. Sujecion á la vigilancia de la autoridad (4).		
II. Extrañamiento perpétuo (5).	II. Relegacion temporal de 15 á 17 años (10).	
Penas accesorias á la anterior principal.	*Penas accesorias á la anterior.*	
1. Inhabilitacion absoluta perpétua para cargos públicos y derechos políticos (6).	1. Inhabilitacion absoluta perpétua para cargos ó derechos políticos.	
2. Sujecion á la vigilancia de la autoridad por toda la vida si el penado obtiene indulto del extrañamiento (7).	2. Sujecion á la vigilancia de la autoridad durante el tiempo de la condena y otro tanto mas.	

SEGUNDO CASO.

CUANDO CONCURREN CIRCUNSTANCIAS ATENUANTES (12).

Cuando concurre una sola circunstancia atenuante.

I. Reclusion de 12 á 14 años.	I. Prision mayor de 7 á 8 años.	Inhabilitacion perpétua especial.

PENAS DE LOS AUTORES.	PENAS DE LOS COMPLICES.	PENAS DE LOS ENCUBRIDORES.
Penas accesorias á la anterior.	*Pena accesoria á la anterior.*	
Las mismas que lo son á la reclusion de 15 á 17 años.	Suspension de cargos y derechos políticos durante el tiempo de la condena.	
II. Extrañamiento perpétuo, con las penas accesorias antes dichas.	II. Relegacion temporal de 12 á 14 años.	
	Penas accesorias á la anterior.	
	1. Inhabilitacion absoluta para cargos ó derechós políticos.	
	2. Sujecion á la vigilancia de la autoridad durante el tiempo de la condena y otro tanto mas.	

Cuando concurren dos ó mas. circunstancias atenuantes muy calificadas y ninguna agravante.

I. Prision mayor de 7 á 12 años, segun el número y calidad de las circunstancias.	I. Prision menor de 4 á 6 años.	La misma que en los casos anteriores.
Pena accesoria.	*Pena accesoria.*	
Suspension de cargos y derechos políticos durante la condena.	Suspension de cargos y derechos políticos durante la condena.	
II. Relegacion temporal de 12 á 20 años, segun las circunstancias.	II. Extrañamiento temporal de 12 á 20 años.	
Penas accesorias.	*Penas accesorias.*	
1. Inhabilitacion absoluta para cargos ó derechos políticos.	1. Inhabilitacion absoluta para cargos ó derechos políticos.	
2. Sujecion á la vigilancia de la autoridad durante el tiempo de la condena y otro tanto mas.	2. Sujecion á la vigilancia de la autoridad durante el tiempo de la condena y otro tanto mas.	

TERCER CASO.

CUANDO CONCURREN CIRCUNSTANCIAS AGRAVANTES (13).

I. Reclusion de 18 á 20 años.	I. Prision mayor de 11 á 12 años con las mismas penas accesorias dichas para la prision de 9 á 10.	La misma que en los casos anteriores.

PENAS DE LOS AUTORES.	PENAS DE LOS COMPLICES.	PENAS DE LOS ENCUBRIDORES.

Penas accesorias.

Las mismas que para la reclusion de 15 á 17 años.

II. Extrañamiento perpétuo.

II. Relegacion temporal de 18 á 20 años, con las penas accesorias dichas para la relegacion de 15 á 17.

Penas accesorias.

Las dichas para esta pena en los casos anteriores.

II. Tentativa para abolir la religion católica por persona no constituida en autoridad pública.

PRIMER CASO.

CUANDO NO CONCURREN CIRCUNSTANCIAS ATENUANTES NI AGRAVANTES.

Prision mayor de 9 á 10 años, con las penas accesorias dichas para esta pena anteriormente (14).

Prision menor de 4 años y 8 meses á 5 años y 4 meses.

La misma que en los casos anteriores.

Pena accesoria.

Suspension de cargos y derechos políticos durante el tiempo de la condena.

SEGUNDO CASO.

CUANDO CONCURREN CIRCUNSTANCIAS ATENUANTES.

Si hay una sola circunstancia atenuante.

Prision mayor de 7 á 8 años, con las penas accesorias antes expresadas.

Prision menor de 4 años á 4 años y 8 meses, con las penas accesorias inherentes á la prision menor.

La misma que en los casos anteriores.

Si hay dos ó mas de dichas circunstancias muy calificadas.

Prision menor de 4 á 6 años con las penas accesorias que le corresponden.

Prision correccional de 7 á 36 meses (15).

La misma que en los casos anteriores.

PENAS DE LOS AUTORES.	PENAS DE LOS CÓMPLICES:	PENAS DE LOS ENCUBRIDORES.

Pena accesoria.

Suspension de cargos y derechos políticos durante la condena.

TERCER CASO.

CUANDO CONCURREN CIRCUNSTANCIAS AGRAVANTES.

Prision mayor de 11 á 12 años, con las penas accesorias que le corresponden.	Prision menor de 5 años y 4 meses á 6 años, con las penas accesorias correspondientes.	La misma que en los casos anteriores.

III. Celebrar actos públicos de un culto que no sea el de la religion católica, apostólica romana (art. 129).

PRIMER CASO.

CUANDO NO CONCURREN CIRCUNSTANCIAS ATENUANTES NI AGRAVANTES.

Delito consumado.

		(17)
Extrañamiento temporal de 15 á 17 años, con las penas accesorias correspondientes.	Confinamiento mayor de 9 á 10 años (16).	Confinamiento menor de 4 años y 8 meses á 5 años y 4 meses (18).

	Penas accesorias.	*Pena accesoria.*
	1. Inhabilitacion absoluta para cargos ó derechos políticos.	Suspension de todo cargo y derecho político durante la condena.
	2. Sujecion á la vigilancia de la autoridad durante el tiempo de la condena y otro tanto mas.	

Delito frustrado.

Confinamiento mayor de 9 á 10 años, con las penas accesorias que le corresponden.	Confinamiento menor de 4 años y 8 meses á 5 años y 4 meses, con la pena accesoria que le corresponde.	Destierro de 17 á 26 meses.

Pena accesoria.

Suspension de cargos y derechos políticos durante la condena.

PENAS DE LOS AUTORES.	PENAS DE LOS COMPLICES.	PENAS DE LOS ENCUBRIDORES.

Tentativa.

Confinamiento menor de 4 años y 8 meses á 5 años y 4 meses, con las accesorias que corresponden.	Destierro de 17 á 26 meses, con la pena accesoria dicha (19).	Caucion de conducta (20).

SEGUNDO CASO.

CUANDO CONCURREN CIRCUNSTANCIAS ATENUANTES.

Delito consumado.

Cuando hay una sola circunstancia atenuante.

Extrañamiento de 12 á 14 años, con las penas accesorias correspondientes.	Confinamiento mayor de 7 á 8 años, con las accesorias.	Confinamiento menor de 4 años á 4 años y 8 meses, con las accesorias.

Cuando concurren dos ó mas circunstancias.

Confinamiento mayor de 7 á 12 años, con las accesorias.	Confinamiento menor de 4 á 6 años, con la accesoria.	Destierro de 7 á 36 meses, con la accesoria.

Delito frustrado.

Cuando hay una sola circunstancia atenuante.

Confinamiento mayor de 7 á 8 años.	Confinamiento menor de 4 años á 4 años y 8 meses, con la accesoria.	Destierro de 7 á 16 meses.

Cuando hay dos ó mas circunstancias.

Confinamiento menor de 4 á 6 años, con la accesoria.	Destierro de 7 á 36 meses, con la accesoria.	Caucion de conducta.

Tentativa.

Con una sola circunstancia atenuante.

Confinamiento menor de 4 años á 4 años y 8 meses, con la accesoria.	Destierro de 7 á 16 meses, con la accesoria.	Caucion de conducta.

PENAS DE LOS AUTORES.	PENAS DE LOS COMPLICES.	PENAS DE LOS ENCUBRIDORES.

Con dos circunstancias calificadas.

Destierro de 7 á 36 meses, con la accesoria.	Caucion de conducta.	Multa (21).

TERCER CASO.

CUANDO CONCURREN CIRCUNSTANCIAS AGRAVANTES.

Delito consumado.

Extrañamiento temporal de 18 á 20 años, con las accesorias.	Confinamiento mayor de 11 á 12 años, con las accesorias.	Confinamiento menor de 5 años y 4 meses á 6 años, con las accesorias.

Delito frustrado.

Confinamiento mayor de 11 à 12 años, con las accesorias.	Confinamiento menor de 5 años y 4 meses á 6 años, con las accesorias.	Destierro de 27 á 36 meses, con la accesoria.

Tentativa.

Confinamiento menor de 5 años y 4 meses á 6 años, con la accesoria.	Destierro de 27 á 36 meses, con la accesoria.	Caucion de conducta.

IV. Inculcar públicamente la inobservancia de los preceptos religiosos.

V. Mofarse en público de algunos de los misterios ó sacramentos de la Iglesia, ó de otra manera excitar á su desprecio.

. VI. Propalar doctrinas ó máximas contrarias al dogma católico, persistiendo en publicarlas despues de haber sido condenadas por la autoridad eclesiástica. Todos estos delitos merecen las mismas penas, que son las siguientes:

PRIMER CASO.

CUANDO NO HAY CIRCUNSTANCIAS ATENUANTES NI AGRAVANTES.

Delito consumado.

Prision correccional de 17 á 26 meses, con la accesoria.	Arresto mayor de 3 à 4 meses (22).	Multa (23).

PENAS DE LOS AUTORES.	PENAS DE LOS COMPLICES.	PENAS DE LOS ENCUBRIDORES.

Delito frustrado.

| Arresto mayor de 3 á 4 meses. | Multa. | Multa. |

Tentativa.

| Multa. | Multa. | Multa. |

SEGUNDO CASO.

CUANDO HAY CIRCUNSTANCIAS ATENUANTES.

Delito consumado.

Habiendo una sola circunstancia.

| Prision correccional de 7 á 16 meses. | Arresto mayor de 1 á 2 meses. | Multa. |

Habiendo dos ó mas circunstancias.

| Arresto mayor de 1 á 6 meses. | Multa. | Multa. |

Delito frustrado.

| Multa. | Multa. | Multa. |

Tentativa.

(*El ser una ó mas las circunstancias atenuantes, hará diferencia en la cantidad de la multa pero no de la base de la pena*).

| Multa. | Multa. | Multa. |

TERCER CASO.

CUANDO HAY CIRCUNSTANCIAS AGRAVANTES.

Delito consumado.

| Prision correccional de 27 á 36 meses. | Arresto mayor de 5 á 6 meses. | Multa. |

Delito frustrado.

| Arresto mayor de 5 á 6 meses. | Multa. | Multa. |

Tentativa.

| Multa. | Multa. | Multa. |

PENAS DE LOS AUTORES.	PENAS DE LOS CÓMPLICES.	PENAS DE LOS ENCUBRIDORES.

VII. Hollar, arrojar al suelo ó profanar de otro cualquier modo las formas de la Eucaristía.

PRIMER CASO.

CUANDO NO CONCURREN CIRCUNSTANCIAS AGRAVANTES NI ATENUANTES.

Delito consumado.

Reclusion temporal de 15 à 17 años, con las penas accesorias.	Prision mayor de 9 á 10 años, con las accesorias.	Prision menor de 4 años y 8 meses á 5 años y 4 meses, con las accesorias.

Delito frustrado.

Prision mayor de 9 á 10 años, con las accesorias.	Prision menor de 4 años y 8 meses á 5 años y 4 meses, con las accesorias.	Prision correccional de 17 á 26 meses, con la accesoria.

Tentativa.

Prision menor de 4 años y 8 meses á 5 años y 4 meses, con la accesoria.	Prision correccional de 17 á 26 meses, con la accesoria.	Arresto mayor de 3 á 4 meses.

SEGUNDO CASO.

CUANDO HAY CIRCUNSTANCIAS ATENUANTES.

Delito consumado.

Cuando hay una sola circunstancia.

Reclusion temporal de 12 á 14 años, con las accesorias.	Prision mayor de 7 á 8 años, con las accesorias.	Prision menor de 4 años á 4 años y 8 meses, con las accesorias.

Cuando hay dos ó mas circunstancias.

Prision mayor de 7 á 12 años, con las accesorias.	Prision menor de 4 à 6 años, con la accesoria.	Prision correccional de 7 á 36 meses, con la accesoria.

Delito frustrado.

Cuando hay una sola circunstancia.

Prision mayor de 7 à 8 años, con las accesorias.	Prision menor de 4 años à 4 años y 8 meses, con las accesorias.	Prision correccional de 7 á 16 meses.

PENAS DE LOS AUTORES.	PENAS DE LOS CÓMPLICES.	PENAS DE LOS ENCUBRIDORES.

Cuando hay dos ó mas circunstancias.

Prision menor de 4 á 6 años, con las accesorias.	Prision correccional de 7 á 36 meses, con la accesoria.	Arresto mayor de 1 á 6 meses.

Tentativa.

Cuando hay una sola circunstancia.

Prision menor de 4 años á 4 años y 8 meses, con las accesorias.	Prision correccional de 7 á 16 meses, con la accesoria.	Arresto mayor de 1 à 2 meses.

Cuando hay dos ó mas circunstancias.

Prision correccional de 7 á 3 meses, con las accesorias.	Arresto mayor de 1 á 6 meses.	Multa.

TERCER CASO.

CUANDO HAY CIRCUNSTANCIAS AGRAVANTES.

Delito consumado.

Reclusion temporal de 18 á 20 años, con las accesorias.	Prision mayor de 11 á 12 años con las accesorias.	Prision menor de 5 años y 4 meses á 6 años, con las accesorias.

Delito frustrado.

Prision mayor de 11 á 12 años, con las accesorias.	Prision menor de 5 años y 4 meses á 6 años, con las accesorias.	Prision correccional de 27 á 36 meses, con la accesoria.

Tentativa.

Prision menor de 5 años y 4 meses à 6 años, con las accesorias.	Prision correccional de 27 á 36 meses, con las acesorias.	Arresto mayor de 5 á 6 meses.

PENAS DE LOS AUTORES.	PENAS DE LOS COMPLICES.	PENAS DE LOS ENCUBRIDORES.

VIII. Hollar ó profanar imágenes, vasos·sagrados ú otros objetos destinados al culto, con el fin de escarnecer la religion.

PRIMER CASO.

CUANDO NO HAY CIRCUNSTANCIAS ATENUANTES NI AGRAVANTES.

Delito consumado.

Prision mayor de 9 á 10 años, con las accesorias.	Prision menor de 4 años y 8 meses à 5 años y 4 meses, con las accesorias.	Prision correccional de 17 á 26 meses, con las accesorias.

Delito frustrado.

Prision menor de 4 años y 8 meses á 5 años y 4 meses, con las accesorias.	Prision correccional de 17 à 26 meses, con las accesorias.	Arresto mayor de 3 á 4 meses.

Tentativa.

Prision correccional de 17 á 26 meses, con las accesorias.	Arresto mayor de 4 á 6 meses.	Multa.

SEGUNDO CASO.

CUANDO HAY CIRCUNSTANCIAS ATENUANTES.

Delito consumado.

Cuando hay una sola circunstancia.

Prision mayor de 7 à 8 años, con las accesorias.	Prision menor de 4 años á 4 años y 8 meses, con las accesorias.	Prision correccional de 7 à 16 meses, con las accesorias.

Cuando hay dos ó mas circunstancias.

Prision menor de 4 á 6 años, con las accesorias.	Prision correccional de 7 à 36 meses, con las accesorias.	Arresto mayor de 1 à 6 meses.

Delito frustrado.

Cuando hay una sola circunstancia.

Prision menor de 4 años á 4 años y 8 meses, con las accesorias.	Prision correccional de 7 á 16 meses, con las accesorias.	Arresto mayor de 1 á 2 meses.

Tomo iv.

PENAS DE LOS AUTORES.	PENAS DE LOS COMPLICES.	PENAS DE LOS ENCUBRIDORES.

Cuando hay dos ó mas circunstancias.

Prision menor de 4 á 6 años, con las accesorias.	Prision correccional de 7 á 36 meses, con la accesoria.	Arresto mayor de 1 á 6 meses.

Tentativa.

Cuando hay una sola circunstancia.

Prision menor de 4 años á 4 años y 8 meses, con las accesorias.	Prision correccional de 7 á 16 meses, con la accesoria.	Arresto mayor de 1 á 2 meses.

Cuando hay dos ó mas circunstancias.

Prision correccional de 7 á 3 meses, con las accesorias.	Arresto mayor de 1 á 6 meses.	Multa.

TERCER CASO.

CUANDO HAY CIRCUNSTANCIAS AGRAVANTES.

Delito consumado.

Reclusion temporal de 18 á 20 años, con las accesorias.	Prision mayor de 11 á 12 años con las accesorias.	Prision menor de 5 años y 4 meses á 6 años, con las accesorias.

Delito frustrado.

Prision mayor de 11 á 12 años, con las accesorias.	Prision menor de 5 años y 4 meses á 6 años, con las accesorias.	Prision correccional de 27 á 36 meses, con la accesoria.

Tentativa.

Prision menor de 5 años y 4 meses á 6 años, con las accesorias.	Prision correccional de 27 á 36 meses, con las accesorias.	Arresto mayor de 5 á 6 meses.

PENAS DE LOS AUTORES.	PENAS DE LOS CÓMPLICES.	PENAS DE LOS ENCUBRIDORES.

VIII. Hollar ó profanar imágenes, vasos·sagrados ú otros objetos destinados al culto, con el fin de escarnecer la religion.

PRIMER CASO.

CUANDO NO HAY CIRCUNSTANCIAS ATENUANTES NI AGRAVANTES.

Delito consumado.

Prision mayor de 9 á 10 años, con las accesorias.	Prision menor de 4 años y 8 meses à 5 años y 4 meses, con las accesorias.	Prision correccional de 17 á 26 meses, con las accesorias.

Delito frustrado.

Prision menor de 4 años y 8 meses á 5 años y 4 meses, con las accesorias.	Prision correccional de 17 à 26 meses, con las accesorias.	Arresto mayor de 3 á 4 meses.

Tentativa.

Prision correccional de 17 á 26 meses, con las accesorias.	Arresto mayor de 4 á 6 meses.	Multa.

SEGUNDO CASO.

CUANDO HAY CIRCUNSTANCIAS ATENUANTES.

Delito consumado.

Cuando hay una sola circunstancia.

Prision mayor de 7 à 8 años, con las accesorias.	Prision menor de 4 años á 4 años y 8 meses, con las accesorias.	Prision correccional de 7 à 16 meses, con las accesorias.

Cuando hay dos ó mas circunstancias.

Prision menor de 4 á 6 años, con las accesorias.	Prision correccional de 7 à 36 meses, con las accesorias.	Arresto mayor de 1 à 6 meses.

Delito frustrado.

Cuando hay una sola circunstancia.

Prision menor de 4 años á 4 años y 8 meses, con las accesorias.	Prision correccional de 7 á 16 meses, con las accesorias.	Arresto mayor de 1 á 2 meses.

PENAS DE LOS AUTORES.	PENAS DE LOS COMPLICES.	PENAS DE LOS ENCUBRIDORES.

Cuando hay dos ó mas circunstancias.

Prision correccional de 7 á 36 meses, con la accesoria.	Arresto mayor de 1 á 6 meses.	Multa.

Tentativa.

Cuando hay una sola circunstancia.

Prision correccional de 7 á 16 meses, con las accesorias.	Arresto mayor de 1 á 2 meses, con las accesorias.	Multa.

Cuando hay dos ó mas circunstancias.

Arresto mayor de 1 á 6 meses.	Multa.	Multa.

TERCER CASO.

CUANDO HAY CIRCUNSTANCIAS AGRAVANTES.

Delito consumado.

Prision mayor de 11 á 12 años, con las accesorias.	Prision menor de 5 años y 4 meses á 6 años, con las accesorias.	Prision correccional de 27 á 36 meses, con las accesorias.

Delito frustrado.

Prision menor de 5 años y 4 meses á 6 años, con las accesorias.	Prision correccional de 27 á 36 meses, con las accesorias.	Arresto mayor de 5 á 6 meses.

Tentativa.

Prision correccional de 27 á 36 meses, con las accesorias.	Arresto mayor de 5 á 6 meses.	Multa.

IX. Escarnecer públicamente con palabras ó hechos en el templo alguno de los ritos ó prácticas de la religion.

PRIMER CASO.

CUANDO NO HAY CIRCUNSTANCIAS AGRAVANTES NI ATENUANTES (24).

I. Arresto mayor de 3 á 4 meses.	Multa de 15 á 150 duros.	
II. Multa de 20 á 200 duros.		

PENAS DE LOS AUTORES.	PENAS DE LOS CÓMPLICES.	PENAS DE LOS ENCUBRIDORES.

SEGUNDO CASO.

CUANDO HAY CIRCUNSTANCIAS ATENUANTES.

Si hay una sola circunstancia.

I. Arresto mayor de 1 á 2 meses.

Multa de 15 duros.

II. Multa de 20 duros.

Si hay dos ó mas circunstancias.

Multa de 20 á 200 duros, sola.

Multa de 10 duros.

TERCER CASO.

CUANDO HAY CIRCUNSTANCIAS AGRAVANTES.

I. Arresto mayor de 4 á 6 meses.

Multa de 150 duros (25).

II. Multa de 200 duros.

X. Maltratar de obra á un ministro de la religion cuando se halle ejerciendo las funciones de su ministerio (art. 134).

PRIMER CASO.

CUANDO NO CONCURREN CIRCUNSTANCIAS AGRAVANTES NI ATENUANTES (26).

Delito consumado.

Prision mayor de 9 á 10 años, con las accesorias.

Prision menor de 4 años y 8 meses á 5 años y 4 meses.

Delito frustrado.

Prision menor de 4 años y 8 meses á 5 años y 4 meses, con las accesorias.

Prision correccional de 17 á 26 meses, con las accesorias.

Tentativa.

Prision correccional de 17 á 26 meses, con las accesorias.

Arresto mayor de 3 á 4 meses.

PENAS DE LOS AUTORES.	PENAS DE LOS COMPLICES.	PENAS DE LOS ENCUBRIDORES.

SEGUNDO CASO.

CUANDO CONCURREN CIRCUNSTANCIAS ATENUANTES.

Delito consumado.

Cuando hay una sola circunstancia.

Prision mayor de 7 á 8 años, con las accesorias.	Prision menor de 4 años á 4 años y 8 meses, con las accesorias.

Cuando hay dos ó mas circunstancias.

Prision menor de 4 á 6 años, con las accesorias.	Prision correccional de 7 á 36 meses, con las accesorias.

Delito frustrado.

Cuando hay una sola circunstancia.

Prision menor de 4 años á 4 años y 8 meses, con las accesorias.	Prision correccional de 7 á 16 meses, con las accesorias.

Cuando hay dos ó mas circunstancias.

Prision correccional de 7 á 36 meses, con la accesoria.	Arresto mayor.

Tentativa.

Cuando hay una sola circunstancia.

Prision correccional de 7 á 16 meses, con la accesoria.	Arresto mayor de 1 á 2 meses.

Cuando hay dos ó mas circunstancias.

Arresto mayor de 1 á 6 meses.	Multa.

TERCER CASO.

CUANDO HAY CIRCUNSTANCIAS AGRAVANTES.

Delito consumado.

Prision mayor de 11 á 12 años, con las accesorias.	Prision menor de 5 años y 4 meses á 6 años, con las accesorias.

PENAS DE LOS AUTORES.	PENAS DE LOS COMPLICES.	PENAS DE LOS ENCUBRIDORES.

Delito frustrado.

Prision menor de 5 años y 4 meses á 6 años, cón las accesorias.	Prision correccional de 27 á 36 meses, con las accesorias.	

Tentativa.

Prision correccional de 27 à 36 meses, con las accesorias.	Arresto mayor de 5 à 6 meses.	

XI. Impedir ó turbar el ejercicio del culto público dentro ó fuera del templo, por medio de violencia ó desórden (art. 135).

PRIMER CASO.

CUANDO NO CONCURREN CIRCUNSTANCIAS ATENUANTES NI AGRAVANTES.

Delito consumado.

Prision correccional de 17 á 26 meses, con las accesorias.	Arresto mayor de 3 à 4 meses.	

Delito frustrado.

Arresto mayor de 3 à 4 meses.	Multa.	

Tentativa.

Multa.	Multa.	

SEGUNDO CASO.

CUANDO CONCURREN CIRCUNSTANCIAS ATENUANTES.

Delito consumado.

Cuando hay una sola circunstancia.

Prision correccional de 7 à 16 meses, con las accesorias.	Arresto mayor de 1 à 2 meses.	

Cuando hay dos ó mas circunstancias.

Arresto mayor de 1 à 6 meses.	Multa.	

Delito frustrado.

Cuando hay una sola circunstancia.

Arresto mayor de 1 à 2 meses.　　Multa.

Cuando hay dos ó mas circunstancias.

Multa.　　Multa.

Tentativa.

Cuando hay una sola circunstancia.

Multa.　　Multa. (Las mismas penas menos graduadas cuando hay dos ó mas circunstancias).

TERCER CASO.

CUANDO CONCURREN CIRCUNSTANCIAS AGRAVANTES.

Delito consumado.

Prision correccional de 27 à 36 meses, con las accesorias.　　Arresto mayor de 5 à 6 meses.

Delito frustrado.

Arresto mayor de 5 à 6 meses.　　Multa.

Tentativa (27).

Multa.　　Multa.

XII.　Apostatar públicamente de la religion católica, apostólica romana (art. 136).

PRIMER CASO.

CUANDO NO CONCURREN CIRCUNSTANCIAS AGRAVANTES NI ATENUANTES.

Delito consumado (28).

Extrañamiento perpétuo, con las accesorias.　　Relegacion temporal de 15 à 17 años, con las accesorias.

PENAS DE LOS AUTORES.	PENAS DE LOS COMPLICES.	PENAS DE LOS ENCUBRIDORES.

SEGUNDO CASO.

CUANDO CONCURREN CIRCUNSTANCIAS ATENUANTES.

Si hay una sola circunstancia.

Extrañamiento perpétuo, con las accesorias.	Relegacion temporal de 12 à 14 años, con las accesorias.	

Si hay dos ó mas circunstancias.

Relegacion temporal de 12 à 20 años, con las accesorias.	Extrañamiento temporal de 12 à 20 años, con las accesorias.	

TERCER CASO.

CUANDO CONCURREN CIRCUNSTANCIAS AGRAVANTES.

Extrañamiento perpétuo, con las accesorias.	Relegacion temporal de 18 a 20 años, con las accesorias.	

XIII. Exhumar, mutilar ó profanar cadáveres humanos (artículo 138).

PRIMER CASO.

CUANDO NO CONCURREN CIRCUNSTANCIAS ATENUANTES NI AGRAVANTES.

Delito consumado.

Prision correccional de 17 à 26 meses, con las accesorias.	Arresto mayor de 3 á 4 meses.	Multa.

Delito frustrado.

Arresto mayor de 3 à 4 meses.	Multa.	Multa.

Tentativa.

Multa.	Multa.	Multa.

SEGUNDO CASO.

CUANDO CONCURREN CIRCUNSTANCIAS ATENUANTES.

Delito consumado.

Cuando hay una sola circunstancia.

Prision correccional de 7 à 16 meses, con las accesorias.	Arresto mayor de 1 à 2 meses.	Multa.

PENAS DE LOS AUTORES.	PENAS DE LOS CÓMPLICES.	PENAS DE LOS ENCUBRIDORÉS.

Delito frustrado.

Arresto mayor de 1 á 2 meses.	Multa.	Multa.

Tentativa.

Multa.	Multa.	Multa.

Delito consumado.

Cuando hay dos ó mas circunstancias.

Arresto mayor de 1 á 6 meses.	Multa.	Multa.

Delito frustrado.

Multa.	Multa.	Multa.

Tentativa.

Multa.	Multa.	Multa.

TERCER CASO.

CUANDO CONCURREN CIRCUNSTANCIAS AGRAVANTES.

Delito consumado.

Prision correccional de 27 á 36 meses, con sus accesorias.	Arresto mayor de 5 á 6 meses.	Multa.

Delito frustrado.

Arresto mayor de 5 á 6 meses.	Multa.	Multa.

Tentativa.

Multa.	Multa.	Multa.

NOTAS

DEL CAPITULO ANTERIOR.

Entiendese que no concurren en un delito circunstancias agravantes ni atenuantes, cuando efectivamente no las hay, y cuando habiéndolas de ambas especies se compensan recíprocamente (art. 74, reg. 4.ª). No ponemos en este delito las penas del delito frustrado y de la tentativa, porque él por su naturaleza es una mera tentativa ó un delito frustrado, y no se castiga la tentativa de la tentativa.

2.

Esto es, en su grado medio. Aplícase esta pena encerrando al culpable en un establecimiento penal dentro de la Península ó Islas Baleares ó Canarias, obligándole á trabajar en él en beneficio del Estado.

3.

Por esta pena queda privado el culpable: 1.º de todos los honores, empleos y cargos públicos que tuviere, aunque sean de eleccion popular: 2.º de todos los derechos políticos activos y pasivos durante el tiempo de la condena : 3.º de la capacidad de obtener durante el mismo tiempo, los honores, cargos y empleos mencionados.

Esta pena obliga al sentenciado: 1.º á fijar su domicilio y dar cuenta de él á la autoridad inmediatamente encargada de su vigilancia, no pudiendo cambiarle sin conocimiento y permiso de la misma autoridad dado por escrito: 2.º á observar las reglas de inspeccion que aquella le prefije: 3.º á adoptar oficio ó profesion, si no tuviere medios propios y conocidos de subsistencia.

5.

Consiste esta pena en expulsar para siempre al culpado del territorio español.

6.

Por esta pena queda privado perpétuamente el sentenciado de todos los cargos, honores y empleos públicos que tuviere, aunque sean de eleccion popular, de todos los derechos políticos activos y pasivos, de la capacidad de obtener en adelante los mismos cargos, empleos y honores, y de todo derecho á jubilacion, cesantía, ú otra pension, por los empleos que hubiere servido con anterioridad, sin perjuicio de la alimenticia que el gobierno podrá concederle por servicios eminentes. No se comprenden entre los derechos mencionados, los adquiridos ya al tiempo de la condena por la viuda ó hijos del penado.

7.

Como esta pena es incompatible con la de extrañamiento, debe entenderse que no tiene lugar sino en el caso en que el extrañado obtenga indulto de esta pena, y venga á nuestro territorio.

8.

Esto es, en su grado medio, y se cumple en uno de los establecimientos destinados al efecto dentro de la Península é Islas Baleáres ó Canarias.

9.

Esta pena priva al sentenciado durante el tiempo de la condena de los cargos, empleos y derechos políticos que tuviere, así como de obtener otros en la misma carrera.

10.

Esta pena debe cumplirse en el punto de Ultramar que señale el gobierno. El sentenciado á ella puede dedicarse bajo la vigilancia de la autoridad al ejercicio de su profesion ú oficio, dentro del radio á que se extiendan los límites del establecimiento penal en que se halle.

11.

No cabe encubrimiento en este delito sino cuando se alverga ú oculta al culpable, y para ser penado por este hecho es menester ó abusar de funciones públicas, ú ocultar á un reo de regicidio ú homicidio con circunstancias agravantes (art. 14, núm. 3.°) Esta es la razon por qué no señalamos la pena al encubridor del delito en cuestion, cuando no abusa de funciones públicas. Por las mismas razones no señalaremos las penas de los encubridores de otros delitos que se hallen en los mismos casos.

12.

Las circunstancias atenuantes ó agravantes que consisten en alguna circunstancia personal del delincuente, agravan ó atenúan solo la responsabilidad de la persona en que concurren. Las que consisten en la ejecucion material del hecho, ó en los medios empleados para perpetrarlo, agravan ó atenúan únicamente la responsabilidad de los que tienen conocimiento de ellas en el momento de la accion ó de su cooperacion para el delito (art. 69). Por lo tanto, en el delito de que tratamos puede suceder que se atenúe ó agrave la responsabilidad del autor, sin que por eso se modifique la de los cómplices y encubridores.

Así, pues, cuando la circunstancia atenuante consiste en alguna causa personal del autor, ó en los medios empleados para ejecutar el delito, sin que los dèmás partícipes en el mismo tengan noticia de ello en el momento de la accion ó de su cooperacion, debe aplicarse á los cómplices y encubridores las penas dichas en el *caso primero.* Fuera de estos casos es cuando deben modificarse, é imponer á dichos partícipes las penas de la tabla segunda. Esta misma regla es aplicable al caso en que concurren circunstancias agravantes que consisten en alguna causa personal del delincuente, ó en los medios de ejecutar el delito sin que los partícipes hayan tenido conocimiento de ellos en el momento de la accion.

Tambien puede suceder que se modifique la responsabilidad de los cómplices ó encubridores sin que varíe por eso la de los autores principales. Cuando concurran circunstancias de atenuacion ó agravacion en alguno de aquellos partícipes del delito, y no en su autor principal, aprovecharán ó perjudicarán á los unos pero no al otro, en cuyo caso, cualquiera que sea la pena que se imponga á dicho autor, la de los cómplices y encubridores se graduará, teniendo en cuenta la cualidad de tales, mas la de haber circunstancia de agravacion ó atenuacion.

En la tabla de este segundo caso se supone que concurren en el autor del delito circunstancias atenuantes, de aquellas que modifican la responsabilidad de los cómplices y encubridores.

13.

Las circunstancias agravantes de que aquí tratamos, son aquellas que no constituyen por sí mismas un delito especial previsto y penado en la ley, ní tampoco aquellas que son de tal manera inherentes al delito, que sin su concurrencia no puede cometerse (art. 68). Téngase presente respecto á este caso la regla establecida en la nota 12, sòbre las circunstancias atenuantes.

14.

En caso de reincidencia debe imponerse al autor de este delito la pena de extrañamiento perpétuo.

15.

Esta pena debe cumplirse en algun establecimiento dentro de la provincia donde el sentenciado tuviere la residencia, y en su defecto en la que hubiere cometido el delito.

16.

Los sentenciados á esta pena deben ser conducidos á un pueblo ó distrito situado en las Islas Baleares ó Canarias, ó á un pueblo aislado de la Península, en el cual permanecen en plena libertad, bajo la vigilancia de la autoridad. Los que fueren útiles por su edad, salud y buena conducta, pueden ser destinados por el gobierno al servicio militar si son solteros, y no tienen medios con que subsistir.

17.

Las penas aquí señaladas para el encubridor, tienen solo lugar cuando consiste su delito en auxiliar á los delincuentes para que se aprovechen de los efectos del delito principal, ó en ocultar ó inutilizar el cuerpo, los efectos ó instrumentos del delito, para impedir su descubrimiento. Cuando el encubrimiento consiste en albergar ú ocultar al culpable, si el delincuente no fuere regicida ni homicida con circunstancias agravantes, y el encubridor abusáre de funciones públicas que ejerza, no se le impondrá mas pena que la de inhabilitacion perpétua especial.

18.

El sentenciado á esta pena debe residir precisamente en el lugar de la condena, del cual no debe salir durante ella sin permiso del gobierno por justa causa. El lugar del confinamiento debe distar por lo menos 10 leguas del lugar en que se haya cometido el delito, y del de la anterior residencia del sentenciado. Tambien sujeta esta pena al sentenciado á la vigilancia de la autoridad.

19.

El sentenciado á esta pena queda privado de entrar en el
punto ó puntos que se designen en la sentencia, y en el radio
que en la misma se señale, el cual comprenderá una distancia
de 5 leguas al menos, y 15 á lo mas del punto designado.

20.

Esta pena obliga al sentenciado á presentar un fiador abona-
do que responda de que aquel no ejecutará el mal que se trate
de precaver, y se obligue á satisfacer si lo causáre la cantidad
que haya fijado el tribunal en la sentencia. El tribunal debe determinar, segun su prudente arbitrio, la duracion de la fianza,
y si no la diere, el penado incurre en la pena de arresto menor.

21.

Como la pena del encubridor debe ser inferior en dos grados
á la del autor principal, y la de éste en el caso propuesto, es
la penúltima en su escala respectiva, debemos considerar que la
multa es la única pena inferior con arreglo al art. 82. Debe además tenerse presente que los tribunales que pueden aplicar penas leves, pueden imponer multas hasta 15 duros. Los que tienen jurisdiccion para aplicar penas correccionales, pueden imponerlas hasta de 300 duros. Los que son competentes para aplicar penas aflictivas, pueden imponerlas en toda su extension.

22.

Esta pena se sufre en la casa pública destinada para ello
en las cabezas de partido. Los sentenciados no pueden salir del
establecimiento durante el tiempo de su condena, debiendo ocuparse para su propio beneficio en trabajos de su eleccion, siempre que sean compatibles con la disciplina reglamentaria. Están
además forzosamente sujetos á los trabajos del establecimiento
hasta hacer efectiva la responsabilidad civil proveniente del delito, ó indemnizar al Estado de los gastos que ocasionen, y cuan-

do no tengan oficio ó modo de vivir conocido y honesto (artículos 111 y 106).

23.

Sobre las multas debe tenerse presente lo que dispone el ar-,
tículo 82, á saber: que cuando es necesario elevar esta pena ó
bajarla á otros grados, se aumentará por cada grado superior
una cuarta parte sobre el máximo de la multa determinada, y
se rebajará otro tanto del mínimo para cada grado inferior. Cuando el sentenciado á multa no tuviere con que pagarla, la redi-
mirá con prision correccional, sufriendo un dia de prision por
cada medio duro que debiere, pero sin que exceda nunca aquella de dos años.

24.

Este delito, ó se consuma ó no merece pena; por su naturaleza no puede frustrarse sin dejar de ser punible, y la tentativa de él no es por lo comun apreciable por la justicia humana.
Esta es la razon por qué en la tabla que á él se refiere, le suponemos siempre consumado. Tampoco hacemos mencion de los
encubridores, porque no caben en este delito.

25.

Este mismo delito cometido fuera del templo, se castiga con
una multa de 15 á 150 duros y arresto menor, guardando en
la graduacion de estas penas la misma proporcion que en la de
las anteriores.

26.

Cuando este delito consiste en maltratar, no de obras sino
de palabras ó con ademanes al ministro de la religion, se impone al reo una pena superior en un grado á la que le corresponde por la injuria irrogada. En la misma proporcion deben ser
castigados los cómplices: de modo que si la injuria consiste en
imputar al ministro de la religion un vicio ó falta de moralidad,
cuyas consecuencias puedan perjudicar considerablemente su fa-

ma, se castigará este delito con las penas de confinamiento me-
nor en su grado mínimo al medio, y multa de 12 1|2 á 125 duros,
porque la pena ordinaria de esta injuria es destierro en su grado mínimo al medio, y multa de 10 á 100 duros.

27.

La reincidencia de este delito se castiga con la pena de prision menor, y en tal caso deberá tomarse por tipo esta pena,
para graduar la de los cómplices en la misma proporcion.

28.

No cabe en este delito tentativa punible, ni es susceptible de
frustrarse por su naturaleza. Además, la pena cesa desde el momento en que el culpable vuelve al seno de la Iglesia.

29.

Además de todas las penas dichas para todos los delitos
hasta ahora mencionados en este capítulo, hay que tener presente que debe imponerse otra pena general a todos ellos, cualesquiera que sean sus circunstancias, tal es la de inhabilitacion
perpétua para toda profesion ó cargo de enseñanza.

COMENTARIOS Y OBSERVACIONES SOBRE LOS ARTICULOS MAS IMPORTANTES DEL NUEVO CODIGO PENAL.

(CONTINUACION).

Exámen del artículo 8.º, que trata de las circunstancias que eximen de la responsabilidad de los delitos.

II.

DE LA EDAD COMO CIRCUNSTANCIAS DE EXENCION.

HEMOS enumerado anteriormente todas las circunstancias que pueden concurrir en el autor de un hecho ilícito, y que suponiendo racionalmente en su persona la falta absoluta de algunos de los requisitos indispensables para que puedan serle imputadas sus acciones, le eximen de toda responsabilidad criminal. Hemos tratado de la demencia como circunstancia de exencion, aplicable á toda especie de delitos, y ahora vamos á examinar la segunda circunstancia de esta especie, a saber, la menor edad.

La inteligencia y la voluntad, condiciones esenciales para la imputacion de todo acto humano, son facultades que se desenvuelven muy lentamente en el hombre. El niño tiene sin duda algunas ideas y algunos deseos desde poco despues de su naci-

miento, pero estas ideas son todas materiales y en número muy
limitado : estos deseos son casi instintivos, y los indispensables
para la conservacion de la vida animal. La idea de la justicia
viene mucho mas tarde, se desenvuelve con la presencia sucesiva de una multitud de hechos que tienen relacion con ella, y
no aparece sino progresivamente, empezando por su aplicacion
al juicio de los hechos mas punibles, y concluyendo por aplicarse á los actos que no la contradicen sino indirectamente.

Tampoco tiene el niño el sentimiento de su libre alvedrío,
hasta que su razon llega á cierto grado de desenvolvimiento.
En los priméros años obra sin duda impulsado por la voluntad,
pero sin saber qué es libre para obrar de otra manera que como lo hace. Con el tiempo, con la reflexion, con la experiencia,
adquiere este conocimiento, y solamente entonces puede decirse
que posee el de su libertad. Y como para que las acciones puedan ser justamente imputadas, se necesita que su autor tenga
la inteligencia necesaria para conocer el bien y el mal que pueden resultar de ellas, así como el sentimiento de su libre alvedrío, en cuanto le baste para saber que puede obrar como lo
hace, ó de otro modo, el niño en quien no se han desenvuelto
estas facultades, no es capaz de imputacion ni de responsabilidad penal.

¿Mas por qué señales conoceremos si una persona ha adquirido ya estas condiciones indispensables para que le puedan ser
imputados sus actos? ¿Puede fijarse una edad como término inflexible antes del cual no haya imputacion de ninguna especie,
y despues de él todas las acciones sean imputables? Si así lo hace el legislador, se expone mucho á castigar unas veces acciones inocentes, dejando otras impunes verdaderos delitos. No en
todos los individuos ni en todos los paises se desenvuelven y
perfeccionan á un mismo tiempo las facultades humanas. En
unos climas es mas precoz que en otros la naturaleza : hay niños de 10 ú 11 años que conocen el bien y el mal que hacen,
al paso que otros no han adquirido este conocimiento á los 14
ó los 15 años. Personas hay raquíticas y atrasadas de suyo, que
á los 12 años no han crecido en entendimiento mas que otros
niños de 7. Sucede tambien que hay ciertas acciones cuya injusticia comprende el niño antes que la de otras : así por ejemplo, sabemos que es malo matar antes de saber que es tambien

ilícito maltratar á otro, y esto último, antes también que comprendamos que la falsificacion de moneda es un grave crímen. Con tal variedad de fenómenos como ofrece la naturaleza sobre este punto, es aventurado fijar un límite inflexible entre la irresponsabilidad absoluta y la responsabilidad completa: porque ¿en qué edad habia de establecerse?

Por otra parte, el no fijar límite ninguno dejando al arbitrio de los jueces el determinar en cada caso, si el niño acusado obró ó no con discernimiento, traería inconvenientes de otra especie. De esta arbitrariedad podría fácilmente abusarse, y así como los tribunales podrían bajo el pretesto de no discernimiento dejar impunes los mayores crímenes, podrían tambien bajo el pretesto contrario, castigar á los niños inocentes con grave escándalo de la conciencia pública. El legislador no debe exponer tampoco la sociedad á tan grave riesgo.

Para obviar estas dificultades se ha analizado detenidamente el fenómeno del desarrollo de la inteligencia humana, y se ha descubierto que por lo menos en nuestros climas hay un período de la vida, en el cual, *seguramente*, ni el entendimiento ha adquirido la solidez necesaria para distinguir el bien del mal de las acciones, ni la voluntad el poderío suficiente para dirigirlas. Durante este período hay cierta analogía entre todas las naturalezas, pues ningun niño por precoz que sea, tiene á los 8 ó 9 años el grado de inteligencia necesario para conocer sus obligaciones morales, ni el sentimiento concienzudo de su libre alvedrío. Supuesto este hecho, y para poner algun límite justo al arbitrio judicial en la estimacion del influjo de la edad sobre la responsabilidad de los delincuentes, bien puede fijarse, no un límite inflexible entre la irresponsabilidad absoluta y la responsabilidad completa, pero sí un período dentro del cual no sean de manera alguna criminalmente imputables las acciones humanas. Este período puede extenderse hasta los 8 ó 9 años, puesto que antes de esta edad es seguro que nadie ha adquirido las condiciones necesarias para que puedan serle imputados sus propios actos.

También se ha observado que despues de este tiempo es cuando se manifiesta mas variedad en el desarrollo intelectual del niño: y siendo esto así, ni sería justo establecer desde luego por regla general la irresponsabilidad absoluta, ni lo sería tampoco la responsabilidad completa : no la primera, porque hay muchos niños de poco mas de 9 años suficientemente desarrollados para conocer el mal de ciertos delitos ; y no la segunda, porque los hay tambien de la misma edad que no alcanzan todavía el mismo conocimiento. En este segundo período es cuando el niño puede ser ó no responsable, segun el grado de perfeccion á que haya llegado su inteligencia, segun la naturaleza del hecho que se le quiera imputar, y segun otras circunstancias que pueden apreciarse en cada caso que ocurre, pero acerca de las cuales no puede establecerse ninguna regla. En este período de la vida se *duda* si debemos ser responsables de los actos ilícitos que cometemos, porque si bien la mayor parte de los individuos que en él se hallan no han adquirido todavía las condiciones indispensables para la imputacion de sus acciones, hay algunos que ya las tienen aunque no sean completas. De este hecho se deduce que para que una accion pueda ser imputada durante dicho período, se necesita probar que su autor tenia los requisitos de la imputabilidad, ó lo que es lo mismo, la ley debe presumir la inocencia del que comete un acto ilícito durante el mencionado período, á menos que se pruebe lo contrario. El límite de esta época debe estar en el principio de aquella en que ya por regla general haya adquirido todo individuo el desarrollo de voluntad y de inteligencia necesario para responder de sus propias acciones, aunque por rara excepcion pueda citarse algun caso, en que este desarrollo no haya llegado á su plenitud todavía. Desde los 8 ó 9 años hasta los 15 ó 16, se duda por regla general si existen los requisitos de la imputacion, pero desde esta época en adelante la duda cesa, porque la regla comun es que el hombre haya ya adquirido el uso completo de sus facultades. Así es, que desde este tiempo debe ser la presuncion legal contraria al reo, necesitándose para destruirla una prueba adecuada.

Pero como aun despues de esta época suele no haber llegado el hombre á toda la plenitud de su razon, y como el legislador al establecer las penas considera desarrollada completamente la inteligencia humana, segun lo está desde los 18 ó 20 años en adelante, parece justo modificar algo las que han de imponerse á los jóvenes, que si bien han pasado del período en que es dudoso su discernimiento, no han llegado á la madurez necesaria

para supoaerlo completo. Para graduar, pues, la culpabilidad
del delincuente, debe dividirse la vida en cuatro períodos. En
el primero, que puede durar hasta los 8 ó 9 años, no hay imputacion posible: en el segundo, que se puede extender hasta
los 15 ó 16, tampoco puede haber imputacion si no se prueba
que el autor del hecho ilícito obró con discernimiento: en el
tercero, que debe comprender los dos ó tres años siguientes al
anterior, basta con moderar la pena general de la ley, lo cual
supone la prohibicion de imponer la de muerte: y en el cuarto
y último, es ya hábil el reo para sufrir toda clase de castigo.
Estos son los principios que la razon y la experiencia enseñan
para determinar el influjo de la edad sobre la imputacion de
los delitos: veamos ahora cómo los ha aplicado la legislacion positiva.

Los legisladores de Roma los conocieron imperfectamente,
y por eso sin duda los aplicaron con poquísimo acierto. Habia,
según el derecho romano, una responsabilidad criminal que se
exigia en juicio público, y una responsabilidad civil ó mixta
de civil y penal que se pedia en juicio privado, y obligaba á la
indemnizacion del daño causado por el delito, y á pagar una
multa en favor de la persona perjudicada (1). En cuanto á la
responsabilidad criminal, era regla establecida que la edad no
eximia de pena (2), pero esta regla estaba desvirtuada en la

____

(1) No se ha apreciado bien generalmente la diferencia que se hacia en
Roma entre los delitos privados y los públicos, confundiendo la accion que
resultaba de un hecho punible con la acusacion que por él podia entablar-
se. Las leyes relativas al hurto, al robo, al daño causado injustamente y á
la injuria, no hacian parte del verdadero derecho penal, y sí la hacian del
civil. Las acciones que nacian de estos delitos, no se dirigian principalmente á castigarlo, sino á proporcionar una satisfaccion á las personas ofendidas por ellos. Mas por la acusacion popular se procuraba principalísimamen-
te lo que se ha llamado antes la satisfaccion de la vindicta pública, y no la
del interés de ningun individuo. Por eso en la persecucion de los delitos
privados se guardaban las formas propias de los pleitos civiles, y en la de
los delitos públicos el enjuiciamiento especial de las causas criminales. Es,
pues, un absurdo, aplicar á estos últimos las reglas establecidas para los
primeros.

(2) Cód. lib. IX, tit. 47, L. 7. «Impunitas delicti propter ætatem non
datur, si modo in.ea quis sit, in quam crimen quod intenditur cadere
potest.»

práctica por excepciones numerosas. Así es, que el infante (1) no podía ser castigado por homicidio (2): el impúbero no cometía sino en pocos casos delito de falsedad, ni podía ser castigado cuando dejaba de denunciar á los monederos falsos por suponerse que le faltaba la inteligencia necesaria para comprender estos delitos (3). La poca edad del delincuente era siempre un motivo para atenuar la pena de la ley, pero esto no se expresaba sino de un modo vago, y dejando al arbitrio del juez la graduacion de la culpa (4). Al impúbero no se le podia im-

(1) El derecho romano primitivo no atendia al desarrollo moral del hombre para determinar el influjo de la edad sobre la imputacion de los delitos, sino al desarrollo fisico. Llamábase infante al niño que no hablaba todavía: infans, esto es, fari impos. Y como los actos del derecho quiritario se practicaban pronunciando ciertas fórmulas, el que era incapaz de hablar no podia ejecutar ninguno de ellos. Por eso el infante no podia presentarse en juicio, ni casarse, ni hacer testamento, ni practicar otros actos propios de aquel derecho. El que no podia presentarse en juicio no podia tampoco responder de sus actos, y por eso los delitos no eran imputables al infante. Así tambien se entendia por púbero, no el que habia cumplido cierta edad, sino el que podia engendrar. Cuando adquiria el hombre este atributo podia casarse, hacer testamento y practicar los actos propios de las personas sui jure, es decir, que era completamente responsable de todas sus acciones. Luego conocieron los jurisconsultos que era injusto quedase obligado por sus palabras quien no comprendia el sentido de ellas, y por eso distinguieron el niño que está mas próximo á la edad en que no se habla, del que lo estaba mas á la pubertad, llamando al uno infanti proximus y al otro pubertati proximus. Al infante ó infanti proximus le compararon con el sordo-mudo y el loco, esto es, le eximieron de responsabilidad. Despues los proculeyanos sostuvieron que para determinar estos diferentes periodos no debia atenderse al hecho material de la palabra ó de la generacion, sino á la edad del individuo, y propusieron que durase la infancia hasta los siete años, que la pubertad comenzase á los 14, y á los 70 la época jurídica de la vejez. Justiniano convirtió en leyes estas opiniones. Entre tanto seguia la pubertad sirviendo de regla para conocer si podia exigirse al hombre la completa responsabilidad de sus acciones, lo cual suponia que se seguia confundiendo el desarrollo intelectual con el fisico. Mas el pretor introdujo al cabo un nuevo derecho, distinguiendo el púbero menor del mayor de 25 años, y concediendo al primero una proteccion tal, que le asegurase contra los males resultado de la capacidad precoz que le atribuia el derecho civil.

(2) Dig. L. 12, tit. 8, lib. XLVIII. Infans vel furiosus, si hominem occiderint, lege Cornelia non tenentur.»

(3) Dig. L. 15, tit. 10, lib. XLVIII.

(4) Dig. L. 108, tit. 17, lib. L. «Pupillo in omnibus pluribus judiciis et ætati et imprudentiæ succurritur.»

poner la pena de muerte. De modo, que según el derecho romano, el infante no era capaz de pena, el mayor de esta edad, pero impúbero, todavía no era responsable sino en ciertos casos,
que debian ser aquellos en que se probase que habia comprendido el mal que causaba, pero nunca se le aplicaba la pena de
muerte; y por regla general los pocos años eran un motivo de
atenuacion en la pena de la ley.

En cuanto á la responsabilidad mixta resultante de los delitos privados, consagraba el derecho romano reglas mas fijas y
diferentes de las anteriores. Esta responsabilidad no se podia
exigir del infante ni del impúbero á menos que se le probase
que era capaz de dolo (1). Segun otros textos, se le podia exigir tambien á los impúberos próximos á la pubertad (2). Mas
estas edades no se fijaron terminantemente en las leyes, y por
eso los jurisconsultos, interpretando las que acabamos de citar,
entendieron que infante era el menor de 7 años, el cual no debia ser responsable: que tampoco debia serlo el próximo á la
infancia, fijando esta época entre los 7 y los 9 años y medio para las mujeres, y los 7 y los 10 años y medio para los varones:
y que desde esta edad hasta los 25 años, debia mitigarse la pena del delito, y no imponerse nunca la de muerte.

Si se comparan ahora estas diferentes disposiciones con la
doctrina establecida al principio de esta seccion, se advertirá que
los romanos distinguieron respecto á la responsabilidad criminal,
tres períodos en la vida del hombre: uno de irresponsabilidad
cierta: otro de imputacion dudosa, y que exigia atenuacion en
la pena; y otro de responsabilidad completa. Sobre los límites
de estos diversos períodos, hubo alteraciones notables segun los
tiempos y la cualidad de público ó privado que tuviese el crímen que se perseguia, pero basta que se consignára el principio de la diferencia entre los tres períodos, para probar que la
referida doctrina es de todos los tiempos, é inspirada por los
sentimientos esenciales de la humanidad.

Cuando los textos del derecho romano vinieron á servir de
base á la legislacion europea, se confundieron los relativos al
verdadero derecho penal, con los que no tenian aplicacion sino

(1) Dig. L. 3, pár. 2, tít. 2, lib. IX.
(2) Id. L. 15, tít. 5, lib. IV.

á las acciones privadas nacidas de los delitos de la misma especie: se tomaron por leyes las opiniones de los jurisconsultos
del Bajo Imperio, y resultó una doctrina acerca del influjo de
la edad, sobre la imputacion de los delitos, que se estimó por
romana, sin embargo de no tener de Roma mas que el orígen.
Esto hicieron los autores de nuestras partidas: distinguieron
tres períodos en la vida para graduar la responsabilidad de los
delitos: en el primero, que llegaba hasta los 10 años y medio,
no se podia imponer ninguna pena: en el segundo, que duraba
hasta los 17 años, se podia exigir la responsabilidad de cualquier delito, pero mitigando el castigo de la ley, y no imponiendo nunca el de muerte: en el tercero, que concluia con la vida, se consideraba capaz al hombre de sufrir cualquier especie
de pena (1).

Tal ha sido tambien nuestra jurisprudencia hasta que el nuevo código penal ha venido á completarla mejorándola. Segun se
vé por los números 2.º y 3.º del artículo 8.º y por el 72, para determinar el influjo de la edad sobre la responsabilidad de
los delitos, se divide la vida en cuatro períodos: hasta los 9
años no hay responsabilidad posible: desde los 9 hasta los 15
años tampoco la hay, sino probando que el acusado obró con
discernimiento, y aun en este caso se debe mitigar el rigor de
la pena: desde los 15 á 18 años, tampoco deben aplicarse en
todo su rigor las penas legales, rebajándolas un grado, de lo
cual resulta que no se puede imponer la de muerte; desde los 18
años en adelante, deja de tener influjo la edad en la responsabilidad de los delitos. Estas disposiciones son, como puede observarse, conformes en un todo con la doctrina que acerca de
este punto importante del derecho han dictado la razon y con-

(1) L. 9, tít. P. VII. «Pero si acaesciese que este atal (el menor) ficiese otro yerro, asi como si firiese, ó matase ó furtase ó algun otro yerro semejante destos et fuese mayor de 10 años et menor de 14 años que
bien lo podrien ende acusar. Et si aquel yerro le fuese probado, nol deben
dar tan grant pena en el cuerpo, nin en el haber como farien á otro que
fuese de mayor edat, ante gela deben dar muy mas lieve: pero si fuese menor de 10 años et medio entonce nol podrien acusar de ningun yerro que ficiese.»—L. 8, tít. 81, P. VII.... «Et si por aventura el que hobiese así er-
rado fuese menor de 10 años et medio non le deben dar pena ninguna, et
si fuese mayor desta edad et menor de 17 años debenle menguar la pena que
darien á los otros mayores por tal yerro.»

firmado en parte una larga experiencia. Porque hay una edad en que el niño carece evidentemente de las condiciones de la responsabilidad moral, le señala la ley un período en que no le pide cuenta de sus acciones: porque hay otra edad en que puede dudarse si posee ó no dichas condiciones, le señala otro período en que no le castiga sino prévia indagacion de su capacidad: porque viene despues otra edad, en que existiendo ya ciertamente aquellas condiciones, no se suelen haber desarrollado en toda su plenitud, le señala otro período en que le castiga, pero mitigando la pena; y porque despues de este tiempo ya debe considerarse al hombre con todos los requisitos necesarios para distinguir el mal del bien, le pide sin ninguna limitacion cuenta estrecha de sus acciones.

Hé aquí pues el texto del código.

Art. 8.º (Están exentos de responsabilidad criminal): 2.º «El menor de 9 años: 3.º El mayor de 9 años y menor de 15, á no ser que haya obrado con discernimiento.—El tribunal hará declaracion expresa sobre este punto, para imponerle pena ó declararlo irresponsable.»

Art. 72. «Al menor de 15 años y mayor de 9 que no esté exento de responsabilidad, por haber declarado el tribunal que obró con discernimiento, se le impondrá una pena discrecional, pero siempre inferior en dos grados por lo menos á la señalada por la ley, al delito que hubiere cometido.—Al mayor de 15 años y menor de 18, se aplicará siempre en el grado que corresponda la pena inmediatamente inferior á la señalada por la ley.»

¿Pero están bien colocados los límites de estos diversos períodos en los 9, 15 y 18 años? Creemos que sí. Se ha dado poca extension al período de la irresponsabilidad absoluta, á fin de evitar que se comprendan en él algunos jóvenes que por su desarrollo precoz pueden responder antes que otros de sus propias acciones. Esta abreviacion del primer período no ofrece ningun inconveniente, porque si algun muchacho pasase de él sin la inteligencia necesaria para distinguir el mal del bien, esto se comprobará en la indagacion que se debe hacer sobre su discernimiento y será absuelto. Despues de los 15 años ¿quién es tan estúpido que no sabe apreciar la justicia de las acciones humanas en cuanto pueden ser ó no penadas como delitos? ¿quién ignora entonces que es ilícito robar, matar, mentir y ejecutar otros actos semejantes? Y si hay quien carezca de este conocimiento después de los 15 años, es porque padece alguna enfermedad, en cuyo caso, ésta y no sus años le eximirán de pena. Verdad es, que aun después de esta época no ha llegado todavía el hombre á toda la plenitud de su razon, pero tiene la suficiente para distinguir lo justo de lo injusto, y por la que le falta se le mitiga la pena que sufriría en otro caso.

Hay quien pretende que deben comenzar á un mismo tiempo la responsabilidad penal y la civil que procede de los actos lícitos, fundándose en que en aquel es quien no supone la ley capacidad bastante para responder de sus actos civiles, se debe suponer mucho menos la aptitud necesaria para responder de sus acciones criminales. Pero los que así opinan no advierten sin duda que la capacidad civil se concede cuando se supone al hombre en el conocimiento de su propio interés, y la capacidad penal, cuando se le cree con el de la justicia: que la idea de lo justo se desenvuelve en nosotros mucho antes que la de lo útil: que antes distinguimos lo bueno de lo malo, que lo conveniente de lo dañoso: y que por lo tanto, no es extraño se nos obligue á responder antes de nuestros actos en el órden criminal que de nuestros compromisos en el órden civil. ¿Cómo ha de dudarse que un menor comprende antes la injusticia de sus acciones, que la utilidad de sus pactos? ¿Cuánto mas fácil es engañarle para que celebre un contrato, que para que cometa un delito?

Para decidir el período con arreglo al cual ha de ser juzgado el menor, debe atenderse al tiempo en que perpetró el delito, y no á aquel en que se pronuncia la sentencia; de modo, que si el acusado tenia 8 años y medio cuando cometió la infraccion, y no se le persigue por ella, ó no se falla el proceso hasta que tiene 11, debe eximirse de toda pena. Esta decision es consecuencia forzosa de la misma ley; pues siendo su objeto eximir de todo castigo al jóven que comete un delito sin el discernimiento necesario, no se lograría tal propósito cuando el menor ejecutase el hecho poco antes de cumplir 15 años, y no pudiera recaer sentencia sino despues que hubiese pasado de esta edad y cuando no fuese inmediatamente despues de cometido el acto criminal. Si en uno y otro caso hubiera de atenderse para dictar sentencia al período en que se halle el acusado al pronunciarse ésta, sería preciso condenarle aunque hubiese obrado sin discernimiento. Se exime al niño de pena, porque se supone que no la ha merecido, y el tiempo de este merecimiento, no es aquel en que se juzga el acto, sino aquel en que se ejecuta.

Las edades de que habla la ley no deben surtir su efecto, hasta despues de cumplidas, pues aunque es axioma antiguo de derecho que los años comenzados se tienen por concluidos, *anno incæpto pro completo habetur*, esta regla no tiene esplicacion al asunto de que tratamos. La ley dice «menores de 9 años, mayores de 15 ó 18,» y nadie se entiende mayor de una edad, hasta despues de haberla cumplido. Por otra parte, la regla en cuestion solia aplicarse en provecho de la persona de cuya edad se trataba, y nunca en perjuicio suyo, de modo, que aunque el código no fuese en esta parte tan explícito, tampoco sería conforme esta interpretacion con las antiguas tradiciones de nuestra jurisprudencia. Se deben entender por lo tanto menores de 9, 15 y 18 años, los que realmente no hubieren cumplido estas edades, cualquiera que sea el tiempo que les falte.

Cuando comenzado un proceso hubiere motivo para sospechar que alguna de las personas comprendidas en él está en una edad que debe tenerse en cuenta para dictar el fallo, debe hacerse sobre este punto una prueba especial. Si el menor lo fuere de 9 años, basta justificar que es así, para que se sobresea en cuanto á él: si fuere mayor de 9 y menor de 15 años; una vez probado este estremo, es preciso averiguar escrupulosamente si obró ó no con malicia, si era ó no capaz de discernimiento, lo cual podrá conocerse por sus declaraciones, por la naturaleza de la infraccion cometida, por informes de testigos, y por todos los demás medios que segun las circunstancias se crean oportunos. En caso de declararse el discernimiento, seguirá la causa en cuanto al menor, imponiéndole, si fuere culpable, una pena inferior en dos grados á la que señale la ley á su delito: declarándose la falta de discernimiento, se debe sobreseer como si se tratára de un menor de 9 años.

No es menester que la justificacion de la edad ni la del discernimiento, se hagan á instancia del mismo menor, pues siendo de interés público el no castigar al que es incapaz de delinquir, y el proporcionar en todo caso las penas á la edad de los delincuentes, el mismo juez que instruye la causa debe procurar que este interés quede satisfecho. Podrán darse casos en que no haya documentos fehacientes para probar la edad del presunto reo, así como ni testigos que declaren con seguridad: ¿Qué deberá hacer el juez? Si este asunto no fuese de interés público, condenar al acusado que no probase aunque fuera sin culpa suya las circunstancias que podrían favorecerle. Pero como no se trata solamente del interés particular del reo, y como de que no pueda probarse que tenía este 14 años cuando cometió el crímen que se le imputa, no se sigue que tuviese 15, y en esta duda es preciso tomar algun partido, creemos que el mas acertado sería confiar en el juicio y conciencia de los tribunales, á fin de que estos decidiesen por presunciones ó por los indicios que el acusado llevase de su edad en su persona.

La sustanciacion del artículo relativo á la edad del procesado y á su discernimiento, no debe suspender el curso de la causa. Cierto es que si se probase tener el presunto reo menos de 9 años, podia ser inútil el sumario; pero si así no sucediese, podria perjudicar mucho al descubrimiento de la verdad el tiempo perdido en la sustanciacion del artículo. Tambien siguiendo el sumario se pueden descubrir cómplices mayores de edad, tal vez los autores principales del delito, y así cometería grave imprudencia el tribunal que abandonase la sustanciacion de la causa principal, con motivo de este incidente.

Si de la investigacion que se haga acerca de la edad del procesado resultare, que ó es menor de 9 años, ó que siendo menor de 15 obró sin discernimiento, no debe limitarse el tribunal á absolverle de toda pena dejándole abandonado á sí mismo, y expuesto á repetir tal vez su mala accion. Lo que procede en este caso, aunque el código no lo diga, es entregar el menor á su familia para que le cuide, y si no tuviere familia ó la suya no pudiere recogerle, enviarlo á la autoridad administrativa, para que le coloque en un hospicio ó casa de beneficencia, como se hace con los huérfanos desvalidos, aunque nunca hayan sido procesados. La condenacion de costas en este caso, deberá correr la misma suerte que el resarcimiento del daño causado de que hablaremos luego.

Han pretendido algunos criminalistas, que así como la poca edad es un motivo para eximir de pena al delincuente, ó atenuar la

que á su delito corresponde según las leyes, así tambien la senectud debería producir el mismo efecto por cuanto reduce al hombre
á un estado muy parecido al del niño. Las leyes romanas disminu-
yeron las penas en favor de los ancianos: los jurisconsultos antiguos consideraron !a vejez como motivo legítimo para atenuar
las penas corporales, y el código francés de 1791, declaró libre
de todo castigo al mayor de 80 años. Mas ni aquella opinion ni
estos ejemplos, se fundan en buenas razones. La senectud produce á veces cierta debilidad en las facultades intelectuales, pero
mientras este defecto no degenere en imbecilidad, no quita el
conocimiento de lo justo y lo injusto y falta el motivo que puede
justificar la exencion; y si degenera en la enfermedad que hemos dicho, el anciano será absuelto, no por sus muchos años, sino por su imbecilidad.

La ley debe sin embargo suavizar ciertas penas con respecto
á los ancianos, no porque su edad atenúe la gravedad del delito
que cometen, sino porque ciertos castigos se hacen mas sensi-
bles é insoportables en la senectud y son por lo tanto despropor-
cionados. Por eso dispone el art. 98, que el condenado á cadena
temporal ó perpétua que tuviere antes de la sentencia 60 años
de edad sufra su condena en una casa de presidio mayor: y si los
cumple estando ya sentenciado, se le traslade á dicha casa-presi-
dio en la que permanecerá durante el tiempo prefijado en la sentencia. Este es el único efecto que legalmente se debe atribuir á
la vejez, sobre la graduacion de las penas: cualquiera otro sería
contrario á la justicia. Mas motivos tiene el anciano que el jóven
para abstenerse de los actos ilícitos, pues con su mayor experiencia conoce mejor las resultas del delito, y amortiguadas sus
pasiones con el peso de los años, carece de los estímulos mas poderosos del crímen. Si esto no obstante delinque ¿ha de ser mas
disculpable su accion que la de un jóven dominado por sus afectos y no ilustrado con la experiencia de una larga vida? Lo que
varía con la mucha edad no es el carácter del delito, sino los
efectos de la pena. En los climas del Norte se modifica esta á los
70 años, pero en los del Mediodia conviene suavizarla á los 60.

Dijimos en el artículo anterior que el demente no debia librarse de la responsabilidad civil, sino cuando habia una persona mas culpable que él del daño acusado por el delito. Esta regla
es aplicable tambien al menor de edad, con la diferencia de ser

mas difícil que haya otra persona mas culpable que él de la mala acción que ejecutára. La guarda de un loco consiste en ponerlo en la imposibilidad de cometer excesos: si el guardador no los evita, es porque no cumple bien con su encargo, y por lo tanto debe ser responsable de sus consecuencias. Pero el cuidado y tutela de los menores, no se desempeñan del mismo modo; requieren cierta libertad en el pupilo, que es incompatible con la completa privacion de facultad de hacer daño. El guardador de un loco no cumple con su obligacion si le deja en posibilidad de hacer mal á alguien: el tutor y el padre cumplen con la suya dejando á sus hijos ó pupilos con esta posibilidad, en cuanto es una consecuencia de la libertad propia de sus años. En este supuesto, cuando el niño comete un hecho ilícito, causando un mal reparable ¿cuál de estas tres personas deberá sufrirlo, su padre ó tutor el tercero que resulta inmediatamente perjudicado, ó el mismo menor? El padre ó tutor no tiene moralmente culpa de que su hijo ó pupilo, abusando de la libertad racional que le daba, ejecutase el hecho ilícito. El tercero, inmediatamente perjudicado, es el mas inocente de los tres; el menor, si bien no es tampoco moralmente culpable de su accion, es el que alguna vez puede serlo. Luego si alguno ha de sufrir el daño causado, debe ser aquel cuya culpa sea mas probable, esto es, el menor. Por eso dispone la ley que los menores de 9 y 15 años respondan con sus bienes de los daños que causáren indemnizando á los perjudicados. Y tan justa ha creido la ley esta indemnizacion, que ni siquiera concede á los menores como á los dementes el beneficio de competencia. De modo que á la responsabilidad civil, este afectó todo el patrimonio del menor.

¿Mas qué sucederá cuando este no tuviese bienes ó en cantidad insuficiente para el resarcimiento del daño? En este caso hay dos personas sobre quienes puede recaer el perjuicio; el que lo recibe inmediatamente por haber sido objeto del delito, y el tutor ó padre. De la culpa del primero, no existe ni aun la probabilidad mas remota: la del segundo, es mucho mas posible porque ha podido haber de su parte descuido ó negligencia, y así es, que la presuncion en caso de ser contraria á alguno, tiene que serlo contra el tutor ó padre, sin perjuicio de destruirla si es posible por medio de la prueba. En esto se funda la disposicion de la ley, en que se declara que si el menor no tuviere bienes, res-

~~ponderán sus padres ó guardadores, á no constar que no hubo por~~ su parte culpa ni negligencia. De modo, que si el menor no tuviese bienes, y los padres ó tutores probaren que no tienen culpa alguna del daño causado por su hijo ó pupilo, el que ha tenido la desgracia de sufrirlo no puede reclamar su reparacion de nadie, porque todos son tan inocentes como él, y el único que puede no estarlo, es insolvente.

ESTUDIOS

SOBRE LOS ORÍGENES

DEL DERECHO ESPAÑOL.

Artículo 6.º

LEYES DE WAMBA.—CONCILIO XI DE TOLEDO.—CÓDIGO DE ERVIGIO.—CONCILIOS XII, XIII Y XIV DE TOLEDO.

SUBIÓ Wamba al trono por muerte de Recesvinto, y aunque su elevacion fué aceptada con gozo por toda España, no dejó de ser combatida por los revoltosos que se sublevaron en la Vasconia y la provincia Narbonense, y por los alárabes que con una espedicion naval numerosa atravesaron el estrecho de Gibraltar é intentaron apoderarse de las costas de la Península. Es famosa en nuestra historia la insurreccion del general Paulo, tanto por el peligro en que puso el trono que Wamba acababa de aceptar violentamente, como por la generosidad y templanza con que este virtuoso príncipe se condujo para castigarla. Recordamos estos sucesos, porque van á servirnos para explicar los motivos algunas de las pocas leyes que se conservan de aquel soberano. Así como la historia esterna del derecho sirve y es indispensable para entender su historia interna, así la historia política de cada pueblo explica y aclara la historia externa de su legislacion.

Cuentan los historiadores, que habiendo recibido Wamba la noticia de la traicion de Paulo cuando se hallaba en frente de los sublevados de la Vasconia, consultó con los generales y grandes de su séquito, si convendría volver á Toledo para levantar nuevas tropas, ó bien si era mas cuerdo precipitar la reconquista de la Navarra, cayendo en seguida de pronto sobre la Galia Narbonense. Prevaleció al cabo este último parecer, y es sabido el resultado feliz que tuvo su ejecucion para el monarca visigodo. Pero estos sucesos dieron ocasion á dos leyes importantísimas conservadas en el *Forum judicum*, una disponiendo lo que habian de hacer las autoridades y vecinos de los pueblos en las asonadas, rebatos ó irrupciones de enemigos (1), y otra imponiendo penas gravísimas á los que siendo llamados por el rey ó los duques ó condes no acudiesen á la guerra con la décima parte de sus esclavos (2). La primera de estas leyes conserva aun la fecha del año segundo del reinado de Wamba; lo cual prueba haberla hecho este príncipe poco despues de la insurreccion de Paulo, y hasta en el texto de ella se supone el caso de que se levantáran algunos rebeldes de Francia, de donde se deduce que al escribirla se tenia muy en la memoria el levantamiento de la provincia Narbonense. La segunda ley, aunque carece de fecha en el texto latino, la tiene en el texto castellano tambien del mismo año segundo del reinado de Wamba, de donde se infiere que así se leia en el original que sirvió para hacer la traduccion; y que por lo tanto estas disposiciones, así como las anteriores, se dictaron á consecuencia de los disturbios ocurridos en los principios del reinado de aquel soberano.

Si no es errada la inscripcion que se halla en una ley, contenida tan solo en dos de los códices latinos del *Forum judicum*, es tambien de Wamba una constitucion derogando otra antigua, por la cual al homicida voluntario ó casual se le confiscaban todos sus bienes en favor de los parientes del difunto; y mandando que en adelante si el homicida tenia hijos fuese entregada su

(1) L. 6, tít. 2, lib. IX. For. Jud.
(2) L. 9, id., id., id.

persona á los parientes del muerto pero no sus bienes (1). Esta ley, sin embargo, nos parece de autenticidad sospechosa por no hallarse mas que en el código Complutense y en el de San Juan de los Reyes, y no en el Emilianense ni en el Vigilano que son los mas antiguos. Por otra parte, las leyes que conocemos de Wamba son difusas, y la de que tratamos está escrita en términos breves y precisos: últimamente, si se compara el estilo de aquellas con el de esta, parece que corrasponden á distintos tiempos.

Otras dos leyes se conservan de Wamba pertenecientes al año cuarto de su reinado, una castigando á los obispos y demás personas eclesiásticas que se apropiaran los bienes de las iglesias, y aboliendo respecto á ellos la prescripcion de 30 años (2); y otra prohibiendo á los libertos de las iglesias bajo graves penas contraer matrimonio con personas ingénuas (3). La primera de estas leyes concuerda exactamente con un cánon del concilio XI de Toledo, del cual hablaremos en seguida. Pero estas leyes no formaron parte en su tiempo de ninguna coleccion, antes al contrario, de la circunstancia de llevar cada una distinta fecha, se deduce que fueron expedidas como constituciones sueltas que dió aquel soberano cuando las circunstancias las exigieron.

Además, reunió Wamba el concilio XI de Toledo, provincial de la Cartaginense, en el cual se arreglaron varios puntos de liturgia y disciplina, cuya narracion no hace á nuestro propósito, y se tomaron algunas providencias contra los excesos de los eclesiásticos, y particularmente contra aquellos obispos codiciosos que se apropiaban los bienes de las iglesias. El cánon que trata de este último asunto, fué hecho en confirmacion de la ley citada antes de Wamba y aun se alude á ella alguna vez en su texto (4). Nada mas hallamos en este concilio con referencia á la legislacion civil. Sus cánones son puras leyes eclesiásticas, y todo lo que por él puede saberse del monarca que lo convocó es que los obispos le llamaban el restaurador de la

(1) Not. 3, L. 18, tit. 2, lib. XII. For. Jud.
(2) L. 6, tit. 1, lib. V.
(3) L. 7, id., id.
(4) C. V. Conc. IX tolet. Coll. Can. IIII enim..... qui aliena diripiunt juxta leges Excellentissimi Principis sarciant....

disciplina eclesiástica, por haber mandado celebrar sínodo todos los años despues de algunos que se habia interrumpido esta santa costumbre. De modo que en el reinado de Wamba continuó rigiendo el código de Chindasvindo, reformado por su sucesor sin ninguna alteracion notable. Estas nuevas leyes no se incluyeron tampoco probablemente en aquel código hasta que lo refundió Ervigio algunos años mas tarde (1).

Este príncipe subió al trono á consecuencia de la renuncia forzada ó voluntaria que hizo Wamba de la corona; pero no sin la oposicion de un partido numeroso, que llenó de temores y sobresaltos el resto de sus dias. Hay muchos motivos para creer que Ervigio no fué estraño á la caida de su antecesor, y por lo menos es evidente que el pueblo le acusaba de cómplice de una conjuracion, en virtud de la cual se vió Wamba sin saber cómo incapacitado para llevar la corona. Temeroso, pues, Ervigio del partido que le era contrario, trató de captarse desde luego la voluntad de los obispos y personas influyentes del clero, para lo cual fué uno de sus primeros cuidados al subir al trono, hacer una multitud de leyes contra los judíos, reformando y refundiendo las antiguas que estaban vigentes sobre la misma materia. Decimos que estas leyes fueron las primeras que promulgó aquel príncipe, porque el concilio toledano XII celebrado el mes tercero de su reinado, hace ya mencion de ellas, y las confirma citando sus epígrafes segun se hallan hoy en el *Forum judicum* formando todo el título 3.º del libro XII. Su contenido no merece detenernos mucho, porque todas se reducen á prohibir á los judíos que celebren la pascua y los sábados, segun los ritos de su religion, que contraigan matrimonio con arreglo á ellos, que se circunciden, que dejen de comer la car-

(1) Supone Ambrosio de Morales, sin dar prueba alguna de su dicho, que Wamba hizo una coleccion de leyes. Pero como ninguno de los escritores antiguos da semejante noticia, creemos que la suposicion se funda en una sentencia mal interpretada del obispo de Salamanca Sebastian. Dice este historiador que «Ervigio suprimió las leyes de Wamba y publicó otras en su nombre.» Confirma esta misma noticia el Tudense, y tal vez los historiadores mas modernos dedujeron de ella que las leyes suprimidas de Wamba formaban una coleccion. Pero á lo que duda añadió el obispo Sebastian fué á la reforma que hizo Ervigio en el concilio XII de Toledo de las leyes de Wamba sobre la milicia, y de las penas que hizo en su propio nombre segun veremos mas adelante.

ne de cerdo: á privarlos de la facultad de testificar contra los
cristianos, acusarlos en juicio y tenerlos por esclavos: á castigarlos con pena de azotes si impedian á sus hijos ó siervos tomar el bautismo ó blasfemaban de nuestra santa fé: á man-
darles santificar las fiestas de los cristianos: á prohibirles leer
los libros contrarios á la verdadera religion ; casarse con sus
parientes proximos, segun era permitido en la ley antigua; ejercer toda especie de cargos públicos, y á tomar otras precauciones para que no cundiera el error de la secta judáica. Todas
estas disposiciones fueron distribuidas en veinte y ocho leyes,
todas muy difusas que pueden formar por sí solas un pequeño código sobre la materia. Es de advertir que de los códices del *Forum judicum* que tuvo presentes la Academia para hacer su edicion de este libro, solamente cinco, y no los mas antiguos, contienen estas leyes, que son el de Cardona, el de San Juan de los Reyes, el Complutense y el Escurialense, 1.° y 2.° Ni el Vigilano, ni
el Emilianense que pertenecen al siglo X dan noticia de ellas, y
esto induce á sospechar que tal vez las leyes contra los judíos
formaban un cuaderno aparte, no incluido en el código comun
hasta mucho despues de la invasion de los árabes. Da fuerza
además á nuestra sospecha la circunstancia de hallarse en el
título *de omnium hæreticorum* varias leyes contra los judíos, algunas con la inscripcion de Egica, lo cual dá á entender que
cuando este príncipe reformó el libro de las leyes no formaba
parte de él el título especial de *novellis legibus judæorum*, pues
á haber sido así, ó lo habria refundido en el de *omnium hæreticorum*, ó en aquel y no en este habria colocado sus leyes contra los judíos. Es tambien de notar que las leyes de Ervigio componen solas el último título del *Forum*, que su epígrafe dice,
de novellis legibus judæorum, y habiéndose retocado este código por Egica y quizá por Witiza, ninguno de estos monarcas
habia de llamar leyes nuevas á las dictadas por sus antecese-
res: Ultimamente, de la significacion que tenian en aquel tiempo las palabras *leges novellæ* se infiere que las de que tratamos
no formaban parte del código visigodo. *Leges novellæ* ó *novelas* se llamaban las leyes sueltas que publicaban los emperadores ó reyes como suplemento á los códigos, pero que no se in-
cluian en ellos. Así las *novelas* de Teodosio, Valentiniano, Ma-
yoriano y sus sucesores no se consideraron nunca como parte

integrante del código Teodosiano. Del mismo modo creemos que las *leges novellæ judeorum* no hicieron parte del *Forum judicum*, hasta que algunos copiantes las introdujeron en él á manera de suplemento.

Pero de cualquier modo, es lo cierto que promulgadas estas leyes convocó Ervigio el concilio XII de Toledo, con objeto de legitimar su eleccion, asegurar la corona en sus sienes, y enmendar y corregir las leyes de sus antecesores. Hé aquí cómo habló el rey á los padres del sínodo en varios pasajes de su tomo régio. «Aunque no ignorais los sucesos que con la ayuda de la Providencia me han elevado al trono, los conocereis mejor por los documentos que os manifiesto para que podais publicarlos; y dando desde el principio buena direccion á mi gobierno, me ayudareis con vuestros consejos, me consagrareis con vuestra bendicion, así como me habeis elevado al trono con vuestro asentimiento.... Os ruego por tanto con lágrimas, que purgueis la tierra del contagio de la depravacion. Levantaos, pues, y perdonad á los pecadores, corregid las costumbres depravadas de los delincuentes, castigad á los traidores, humillad á los soberbios, perseguid á los opresores, y sobre todo estirpad radicalmente la mala semilla de los judíos que retoña á cada momento. Examinad las leyes que acabo de hacer contra ellos, perfeccionadlas si os parece, y promulgadlas con vuestra autoridad.... Corregid despues las leyes de mi antecesor que condenan á infamia a los desertores del ejército y á los que no acuden á la guerra cuando son llamados, pues de ellas ha provenido el verse hoy infamados la mitad de mis súbditos, y no hallarse en muchos pueblos ninguna persona que pueda servir de testigo en los litigios. Y aunque dispongamos dulcificar el rigor de estas leyes, es conveniente que el sínodo devuelva sus antiguas dignidades á todos los que las perdieron á consecuencia de ellas. Tambien os exorto á que corrijais en géneral cualquier cosa absurda ó contraria á justicia, que halleis en las leyes. Sobre los demás asuntos que necesitan nuevas leyes, hacedlas claras y ordenadamente; que los duques y gobernadores de las provincias que aquí se hallan, oyéndolas de vuestros lábios, al punto las llevarán á ejecucion entre sus súbditos....» (1) Estas pala-

(1) Conc. tolet. XII, colum. 488 Coll. can. Eccl. Hispan.

bras bastan para comprender el objeto del concilio y la intencion de Ervigio al convocarlo.

En efecto, la primera declaracion del concilio despues de la acostumbrada de la fé, fué de haber visto varias escrituras presentadas por aquel monarca, de las cuales constaba que Wamba habia recibido la tonsura monacal en presencia de muchos grandes del palacio, que habia renunciado el trono y firmado su renuncia, encargando fuese nombrado por su sucesor el mismo Ervigio, y que además habia encomendado al metropolitano de Toledo que lo ungiera como tal soberano. Aprobados y confirmados estos documentos, ratificaron los padres la voluntad de Wamba, desligaron á los súbditos del juramento de fidelidad que le habian prestado, y mandaron obedecer á Ervigio como legítimo monarca (1).

Entre varios puntos estraños á la legislacion profana que decidió este sínodo, estableció otros muchos que tienen relacion con ella, ó que la tenian por lo menos en aquel sistema de gobierno. Así es, que condenó á los eclesiásticos que negaban la comunion á aquellos que habiendo estado privados de ella por desleales, habian vuelto despues á la gracia del soberano (2). Este cánon fué una concesion al nuevo gobierno, porque se dirigia á favorecer á los rebeldes del tiempo de Wamba, entre los cuales contaba gran partido el príncipe recien electo. Interesado este en desacreditar á su antecesor, logró asimismo se declarára que habia hecho violencia á la Iglesia, creando con sobrada ligereza dos nuevos obispados, los cuales fueron abolidos (3): obtuvo la modificacion que habia pedido de las leyes militares de Wamba, en cuanto á la pena que condenaba á los desertores á infamia y los inhabilitaba para ser testigos en los juicios (4) y la confirmacion de las veintiocho leyes contra los judíos en los mismos términos que él las habia promulgado (5).

Cumplidos los deseos del rey, dictó el concilio otras providencias tocantes á la legislacion canónico-civil. Tales fueron la de

(1) Id. col. 491 y 493, id.
(2) Can. III.
(3) Can. IV.
(4) Can. VII.
(5) Can. IX.

prohibir bajo pena de excomunion y perdimiento de dignidad. temporal, el divorcio *quoad thorum*, escepto por causa de adulterio (1): extender el asilo de las iglesias hasta 30 pasos alrededor de ellas (2), y condenar á destierro á los idólatras (3).

Esto es todo lo que se conserva en las actas de este concilio acerca de la reforma que hizo Ervigio en la legislacion; pero en el *Forum judicum* hallamos por fortuna otros documentos que completan nuestras noticias. Hemos visto que el rey exortó á los padres del sínodo á corregir las costumbres depravadas de los delincuentes, castigar á los traidores, corregir las cosas absurdas ó injustas, que halláran en las leyes, y hacer otras nuevas sobre todos los asuntos que las necesitáran; y sin embargo, se habrá notado tambien, que fuera de las leyes encargadas especialmente por el soberano, no aparecen en las actas mas disposiciones que las tres referidas, últimamente sobre el divorcio, el asilo y los idólatras. ¿Es esto todo lo que hizo el concilio en cumplimiento del encargo del monarca? ¿La correccion general de las leyes que le fué encomendada se limitó á estas tres únicas disposiciones? No ha faltado quien así lo crea, pero con poca razon en nuestro juicio. Ya hemos notado en otra ocasion que los concilios no intervenian de un mismo modo en la formacion de todas las leyes, puesto que unas, las insertaron en sus actas con el carácter de cánones, y otras no aparecen en ellas, sin embargo de haber contribuido tambien á formarlas. Esto mismo debió suceder con las leyes que Ervigio encomendó á este sínodo. En sus actas se encuentran todas las que tienen relacion con el órden político y con la Iglesia, pero las demás es preciso buscarlas en otra parte.

Una ley del mismo Ervigio prueba que la correccion del código llegó á hacerse en efecto, que empezó á tener observancia en el año segundo de su reinado, y que intervinieron en ella los

_____

(1) Can VIII.

(2). Can X. Graciano lo introdujo en su Decreto, mutilándolo á fin de acomodarlo á su propósito de extender las prerogativas de la santa sede. Así es, que el cánon segun lo estableció el concilio dice: «Pro his qui quolibet metu vel terrore ecclesiam appetunt, *consentiente pariter et jubente gloriosissimo Domino nostro Ervigio rege* hoc sanctum concilium definit:» y Graciano lo insertó empezando por las palabras: «hoc sanctum concilium, definivit,» sin duda para que se creyera que la potestad civil no habia tenido intervencion alguna en el establecimiento de la inmunidad eclesiástica.

(3) Can XI.

obispos y grandes de palacio. Esta ley es la que lleva por epígrafe:
de *tempore quo debeant leges emmendetæ valere*, y como es un
documento importantísimo para conocer la historia de la reforma
hecha en la legislacion en la época de que tratamos, creemos indispensable darla á conocer á nuestros lectores. Hé aquí su texto: «Al
tratar de la enmienda de la legislacion debemos decir primeramente que así como la claridad de las leyes es útil para corregir
los excesos de los pueblos, así su oscuridad turba el órden y
la justicia. Por eso sucede á veces que las cosas mejor ordenadas
si se escriben oscuramente, son resistidas y dan ocasion á pleitos, pues donde debian poner término á las injusticias, dan lugar á subterfugios para cometer otras nuevas. De aquí nacen una
multitud de litigios y dudas en los jueces, los cuales no pueden
castigar á los criminales ó poner fin á los pleitos, por no estar
nunca seguros de la legalidad de sus providencias. Y como todas
las cosas que se ponen en contienda no se pueden demostrar en pocas palabras, *las que poco á poco han ido llegando á nuestro tribunal* (1) hemos decretado *corregirlas* y *ordenarlas en este libro*, poniendo así en evidencia las cosas dudosas, haciendo útiles las perjudiciales, claras las oscuras, y completas las faltas, de tal manera
que obliguen á los pueblos del reino sujetos á nuestra autoridad. Por
lo tanto, las leyes que *enmendamos* y las que *hacemos de nuevo* (2),
las ordenamos y ponemos en este libro, por su órden distribuidas en títulos, serán observadas desde el dia 12 de las Kalendas
de noviembre del segundo año de nuestro reinado por todas las
personas y *naciones* de nuestro imperio (3) *segun las oyeron de
Nos estando en nuestro trono los obispos, grandes de palacio* y
gardingos (4). Las leyes que promulgamos contra los judíos, deberán guardarse desde el tiempo de su confirmacion.»

(1)   Saltim vel quæ in concione pertractanda sese gloriosis nostræ celsitudinis sensibus ingesserunt, ea in hoc libro specialiter corrigi....

(2)   Harum legum corretio vel novellarum nostrarum santionum ordinata construtio.

(3)   In cunctis personis en gentibus nostræ, amplitudinis imperio subjugatis.

(4)   Esta frase no se halla en todos los códices latinos, pero sí en el de
Cardona, S. Juan de los Reyes y Legionense, así como en todos los castellanos que tuvo presentes la Academia para hacer su edicion excepto uno.
Dice así el original, segun los dos primeros manuscritos citados: «Ut sicut
in sublimi throno serenitatis nostræ celsitudine residente, videntibus cunc-

Antes de manifestar las consecuencias que legítimamente se deducen de esta ley, debemos disipar una duda acerca de su autor. Todos los códices castellanos Lindembrogio y Canciani la atribuyen á Recesvinto, y por eso la Academia le ha puesto la inscripcion de este príncipe en su edicion del *Fuero-juzgo*. Pero todos los códices latinos que merecen generalmente mas fé en esta parte por ser mas antiguos le dan por autor á Ervigio. Aun hay otra razon mas concluyente, y es que del mismo texto de la ley se infiere no haberla podido hacer Recesvinto. Dícese en ella que las leyes que su mismo autor habia promulgado contra los judíos valieran desde el tiempo en que fueron confirmadas. Recesvinto no hizo ley alguna sobre está materia antes del año cuarto de su reinado, como lo prueba el haber acudido al concilio VIII de Toledo, pidiéndole que tomase alguna providencia contra los excesos de la secta judáica y el cánon que aquel hizo en cumplimiento de este deseo ratificando el establecido sobre el mismo asunto en el concilio IV. Consta por otra parte de un modo evidente que Ervigio hizo dichas leyes en los primeros meses de su reinado, antes de la celebracion del concilio XII y de la correccion del código, habiendo por lo tanto debido estar en observancia antes que ella: luego á él y no á Recesvinto debe atribuirse la ley en cuestion. Este monarca no podia hablar en el primero ó segundo año de su reinado de leyes hechas y confirmadas por él contra los judíos, porque en aquel tiempo estaba asociado al trono por su padre Chindasvindo, y sus leyes son todas posteriores al concilio VIII que se celebró en el año cuarto de su reinado, segun se ha visto antes. Por otra parte, la circunstancia de haberse hecho esta correccion del código en presencia de los obispos, grandes, etc., antes de terminar el año segundo del reinado del monarca, su autor, no conviene de ningun modo á Recesvinto que celebró su primer concilio el año cuarto de su reinado, y sí á Ervigio que convocó el XII en el primero del suyo. De modo que segun las buenas reglas de crítica debe atribuirse á este príncipe la ley en cuestion (1).

tis sacerdotibus Dei, senioribusque palatii atque gardinguiis, earum manifestatis claruit, ita earundem celebritas vel reverentia, in conciliis regni nostri provinciis debeat observari.»

(1) D. Gregorio Mayans la cree de Chindasvindo, pero sin razon ninguna.

Segun la ley antes citada, la reforma legislativa de Ervigio consistió: 1.º en aclarar las leyes oscuras ó de sentido ambíguo que existian en el código: 2.º en reducir á leyes generales las decisiones dadas por los reyes en los casos y negocios de que habian conocido, ó por via de apelacion, ó por falta de ley escrita que le fuera aplicable, porque entre los godos cuando no habia ley que decidiera algun litigio, nadie podia fallarlo sino el soberano: 3.º en colocar en sus títulos y libros respectivos las leyes nuevas y las enmendadas.

Pero es imposible señalar en el *Forum judicum* todas las leyes decretadas ó enmendadas por este monarca. Las corregidas ó aclaradas por él, nunca llevaron probablemente su nombre, y por lo tanto no es posible designarlas. Quizá pertenezcan á este número algunas de las que tienen por inscripcion «Antiqua: noviter emmendata;» ¿pero quién es capaz de asegurarlo sabiéndose por otra parte que tambien Chindasvindo y Recesvinto enmendaron muchas leyes antiguas? Fuera de las disposiciones contra los judíos, solamente siete leyes se conservan en el *Forum judicum* atribuidas á Ervigio, las cuales serían probablemente del número de aquellas que estableció este monarca, con ocasion de las sentencias que habia dictado en los pleitos de que habian conocido él y sus antecesores. Estas leyes tenian por objeto garantizar á los litigantes contra la malicia de los testigos: castigar á los funcionarios públicos que consultaban á los augures y adivinos: impedir la fuga de los esclavos: prohibir á los jueces seglares que persiguieran á los infieles sin el acuerdo y cooperacion de los obispos: permitir al rey que perdonára las penas temporales á los que habiendo incurrido en ellas por heregía, volvian arrepentidos al seno de la Iglesia, y determinar el tiempo en que habian de comenzar á regir las nuevas leyes. Esto es todo lo que en el *Forum judicum* aparece con el nombre de Ervigio, y si este monarca no hubiera hecho mas por la legislacion, ciertamente no habría merecido el renombre de legislador que tiene. Pero Ervigio hizo mucho mas, segun consta de su ley *Pragmma suum emmendatis legibus* que insertamos arriba y de las actas de los concilios celebrados en

na plausible, porque ninguno de los manuscritos hasta ahora descubiertos se la atribuye, y el primer concilio que se celebró en su tiempo fué en el año cuarto de su reinado.

su reinado. Sebastian, obispo de Salamanca, dice en su crónica
que este monarca suprimió las leyes de Wamba é hizo otras en
su nombre (1). El Tudense asegura que suprimió algunas leyes
de sus antecesores, corrigió otras, y publicó en su nombre las
que habia hecho San Isidoro llamándolas antiguas, para que no
se creyera que en el Fuero judicial se obraba en nombre de la
Iglesia (2). Estas noticias son exactísimas si se exceptúa la de
las leyes hechas por San Isidoro, porque como veremos, mas
adelante, solo dos de las del *For. jud.* parecen tomadas de sus
obras.

En el año cuarto de su reinado convocó Ervigio el concilio
XIII de Toledo con fines mas bien políticos que religiosos. En
efecto, todo lo que al rey le propuso en su tomo régio, fué la
amnistía y devolucion de sus empleos y dignidades á los que
habian tomado parte en la insurreccion de Paulo, el perdon de
los tributos atrasados que debian los contribuyentes al erario,
y que se prohibiera bajo graves penas á los siervos y libertos
la entrada en el oficio palatino. A consecuencia de esta propuesta dispuso el sínodo: 1.º Que se devolviera su dignidad y nobleza
así como los bienes confiscados á todos los que los habian perdido por haberse asociado á la traicion de Paulo (3): 2.º Que los
sacerdotes, grandes de palacio y gardingos si eran acusados no
fuesen puestos á tormentos ni presos ni suspendidos de su oficio,
ni embargados en su hacienda sin que antes fueran oidos públicamente sus descargos ó su confesion por un tribunal compuesto
de personas de su misma clase: que si era necesario asegurar sus
personas se hiciese así guardándolas la consideracion debida, sin
sujetarlas con ligaduras, y que no valiera su confesion como no fuese dada voluntariamente ó no resultase probada la culpa en el juicio: 3.º Que respecto á los ingénuos aunque no tuviesen oficio palatino, se guardase el mismo órden, y que cuando fuesen mandados azotar por culpas leves, no perdiesen por eso la aptitud de
testificar ni sus bienes (4): 4.º Que se perdonáran los tributos
vencidos y no pagados hasta el año primero del reinado de Er-

(1) Post Wambanem Ervigius regnum obtinuit..... leges a Wambane
instituta corrupit et alias ex nomine suo edidit. Chron. n. 4.
(2) Lucas Tuden. Chron. era 714.
(3) Can. I , conc. tolet. XIII. Coll. Can. Eccles. Hisp.
(4) Can. II , id.

vigio (1): 5.º Que se respetára bajo penas graves la familia del
rey, sus descendientes y su mujer Linvigotona (2): 6.º Que ninguno osase contraer matrimonio ó cometer fornicio con la viuda del rey (3): 7.º Que ningun siervo ni liberto excepto los fiscales pudiese aspirar nunca al oficio palatino, so pena de volver á la condicion de que salieron (4). A estos siguen otros varios cánones relativos únicamente á la disciplina eclesiástica.

Ervigio era un rey conciliador muy temeroso de sus enemigos, poco confiado en la lealtad de sus vasallos, y por eso procuró captarse la benevolencia del partido de Paulo, proscrito
por Wamba, defender su familia contra las asechanzas de que
podia ser víctima despues de su muerte, y ganar popularidad
entre todos sus súbditos, ora rebajándoles las contribuciones,
ora eximiendo á los principales de ellos de ciertas prácticas injustas del enjuiciamiento penal. Tan receloso estaba de su seguridad y del porvenir de su familia, que sospechando no basta-
ran á protegerle los anatemas de los concilios y temiendo por
las pretensiones que pudiese alegar al trono un pariente de
Wamba llamado Egica, le dió su hija en matrimonio y le ofreció la sucesion de la corona.

Tambien convocó Ervigio el concilio XIV de Toledo, pero no
habiéndose tratado en él ningun asunto tocante á la legislacion
profana, no forman parte sus actas de la historia de nuestro derecho.

De lo dicho se infiere que la reforma hecha en la legislacion
por este monarca lo mismo que la de Wamba no varió su tendencia ni alteró su espíritu: fué una reforma mas bien en los pormenores de las leyes que en la misma legislacion: la obra de
Chindasvindo y de Recesvinto quedó íntegra siendo siempre, si
así puede decirse, la base de todo el código.

---

(1) Can. III, id.
(2) Can. IV, id.
(3) Can. V, id.
(4) Can. IV.

CRÓNICA LEGISLATIVA.

Abril y Mayo, 1848.

DISPOSICIONES RELATIVAS A LA ADMINISTRACION DE JUSTICIA EN LOS TRIBUNALES ORDINARIOS Y ADMINISTRATIVOS.

REAL ORDEN DE 11 DE ABRIL, mandando quede sin efecto lo dispuesto en la de 24 de agosto de 1842, relativa al registro en los oficios de hipotecas de todos los contratos de censos.

«Establecidos los oficios de hipotecas en 1539 por la ley primera, título 16, libro 10 de la Novísima Recopilacion, se mandaron registrar todos los contratos de censos é hipotecas dentro de seis dias, con prevencion de que no mereciesen fé ni se juzgase conforme á ellos los que dejasen de cumplir con dicho requisito. Esta misma disposicion con algunas ampliaciones se repitió en pragmática de 1558, y su inobservancia dió lugar á la publicacion de la ley segunda del título y libro citados, en la que á consulta del consejo se fijaron en 1713 los mismos seis dias para las escrituras que se otorguen de allí en adelante, y el de un mes para las que ya lo estaban. Y no consiguiéndose todavía el objeto con que se crearon los oficios de hipotecas, se promulgó la pragmatica sancion de 1768 qua forma la ley tercera del título y libro indicados, conteniendo la repeticion de las disposiciones anteriores, y además una declaracion conciliatoria entre la resolucion de la ley segunda, que fijó el término de un año para la toma de razon de los instrumentos otorgados antes de su publicacion, y la resistencia opuesta à su cumplimiento, tal es la de ordenar que por lo respectivo à instrumentos anteriores á su fecha cumplieran las partes con registrarlos préviamente à su presentacion en juicio para el objeto de perseguir las fincas gravadas, y bajo pena de no hacer fé en el punto indicado aunque lo surtieran para otros fines.

Varias han sido las disposiciones posteriormente acordadas acerca de la observancia ó inobservancia de la pragmática, hasta que fué alterada por real órden de 31 de octubre de 1835, que señaló el término de tres meses para que se verificase la presentacion de todos los instrumentos sujetos á registros, ora fuesen anteriores ora posteriores á ella, término que se prorogó en 22 de enero de 1836 por todo aquel año. No siendo tampoco suficiente dicha próroga, y teniendo en consideracion los inconvenientes originados por la guerra civil, se mandó por otra real órden de 24 de octubre del mismo año de 1836, que no obstante que fuese pasado el término antes fijado, pudieran registrarse dichos instrumentos, reservándose señalar mas adelante el dia conveniente en que hubiese de concluir aquella facultad. Y con efecto, en 24 de agosto de 1842, se fijó lo restante del año como término último ó improrogable para la toma de razon, sopena de nulidad de los instrumentos.

Apenas se hubo publicado esta resolucion, fueron incesantes las quejas que se elevaron de todas partes, y habiendo representado entre otros, diferentes corporaciones populares, la asociacion de propietarios territoriales y varios individuos, la regencia del reino mandó en 28 de diciembre del mismo año de 1842 que informára con urgencia el tribunal supremo de justicia, suspendiéndose entretanto, y hasta que con vista de lo que propusiese se adaptára una resolucion definitiva, los efectos de la real órden de 24 de agosto del mismo año.

Enterada S. M., á quien he dado cuenta de todos estos antecedentes, conformándose con el parecer de dicho supremo tribunal, y teniendo presente que la pragmática-sancion de que se trata, siendo una ley del reino, no puede ser revocada ni modificada sino por otra ley, se ha servido resolver:

Artículo único. Que quede sin efecto la real órden de 24 de agosto de 1842 y cualesquiera otras contrarias á lo dispuesto por dicha pragmática, que continuará observándose hasta que otra cosa se determine, bien por el código civil, bien por otra disposicion legal.»

CIRCULAR DEL MINISTRO DE GRACIA Y JUSTICIA DE 4 DE ABRIL, á los regentes y fiscales de las audiencias, insertándoles la de 30 de marzo anterior, sobre que se vigile la conducta de aquellos artesanos que inspiren fundados recelos de querer asociárse á los perturbadores del órden.

«Con fecha 30 de marzo último se dijo á los jefes políticos por el ministerio de la Gobernacion del reino lo siguiente:

«El carácter eminentemente social que distingue á la revolucion que agita hoy una gran parte de Europa, y que la triste experiencia de los desórdenes ocurridos el 26 en esta capital demuestra ser el mismo que determinó los movimientos de los revoltosos, no ha podido menos de llamar muy sériamente la atencion del gobierno hácia aquella clase de hombres que sin arraigo de ninguna especie, ni amor al trabajo, que tan recomendable hace la clase proletaria; cifran todas sus esperanzas en los trastornos y en la conculcacion de los principios sociales.

No es nueva sin embargo en el mundo esta clase de hombres, perseguidos por la legislacion de todos los paises bajo el nombre de vagos; pero es indudable que las tendencias de la época presente, consecuencia inevitable de la concurrencia en el trabajo, y de otros males inherentes al actual estado de la sociedad, han aumentado considerablemente su número, y exigen de consiguiente mayor vigilancia y cuidado por parte de las autoridades en la persecucion de la vagancia. Para su represion no son necesarias nuevas leyes ni disposiciones excepcionales; basta únicamente que, cumpliendo V. S. con lo que previenen las generales del reino, y con particularidad la ley de 9 de mayo de 1845, cuide con grande esmero y diligencia de formar el padron de todos los que en esa provincia se hallen comprendidos en el art. 1.º de la mencionada ley, instruyendo sin dilacion el correspondiente sumario, y poniéndolos á disposicion de los tribunales con arreglo al art. 10 de la misma. Pero como desgraciadamente el espíritu revoltoso ha penetrado en la clase obrera fabril, la cual, por efecto de su bienestar y posicion mas ventajosa que la de los simples braceros del campo, tiene otras aspiraciones y pretensiones que no alcanza á satisfacer dentro del círculo de su esfera, se hace preciso que V. S. vigile especialmente la conducta de aquellos artesanos que por sus tendencias y opiniones anárquicas inspiren fundados recelos de asociarse á los perturbadores del órden. El gobierno, que tiene la firme conviccion de que atacando los males en su orígen pueden evitarse sus funestas consecuencias, espera que V. S. dará puntual cumplimiento á cuanto de real órden le prevengo en la presente.»

De la misma lo traslado á V. S. para que preste especial atencion á objeto tan importante, y excite el celo de los jueces, á fin de que se ponga oportuno correctivo y eficaz remedio á los males que la ociosidad y la vagancia han producido siempre y producen mas especialmente en las actuales circunstancias en el órden político y moral, dirigiendo á últimos de cada mes a este ministerio nota de las causas incoadas y falladas.»

NOTA. La circular dirigida á los fiscales es copia de la anterior.

REAL DECRETO DE 7 DE ABRIL, disponiendo se establezca en Cartagena un tribunal de comercio de segunda clase (*Gaceta número 4963*).

REAL ORDEN DE 3 DE ABRIL, mandando que cuando los regentes de las audiencias de Ultramar eleven alguna solicitud de magistrados ó jueces de su territorio pidiendo licencia para contraer matrimonio, la dirijan acompañada de su informe y voto consultivo del real acuerdo (*Gaceta núm. 4966*).

REAL ORDEN DE 26 DE ABRIL, aprobando el siguiente reglamento para organizacion interior de la junta directiva de los archivos dependientes del ministerio de Gracia y Justicia.

CAPITULO I.

De la division de la junta en secciones y organizacion de estas.

Artículo 1.º La junta despachará los negocios en pleno ó por medio de las secciones respectivas.

Art. 2.ª Habrá cuatro secciones, á saber:

1.ª De trabajos preparatorios y orgánicos.

2.ª De archivos judiciales y de instrumentos y escrituras públicas.

3.ª De archivos eclesiasticos, generales y especiales.

4.ª De colecciones, códices y documentos que han de publicarse (conforme al párrafo 4.º del art. 6.º de la real órden de 6 de noviembre de 1847).

Art. 3.º Se consideran archivos generales:

1.º Les que contienen papeles de diversos ramos de la administracion pública.

2.ª Aquellos que interesan á la generalidad de los pueblos de la monarquía, ó á alguno de los reinos en que la Península estuvo dividida anteriormente.

3.º Los pertenecientes á las provincias de Ultramar.

Son archivos especiales los que contienen papeles de una determinada y sola materia, y que no están comprendidos en el párrafo 2.º ni en la primera parte del 3.º del artículo precedente, ó que pertenecen á un cuerpo ó corporacion.

Art. 4.º La primera seccion constará de siete vocales.

Los dos vicepresidentes lo serán natos. El presidente nombrará dos, y uno cada una de las secciones 2.ª, 3.ª y 4.ª, elegidos de entre los miembros de su seno.

La 2.ª, 3.ª y 4.ª seccion serán presididas por los vicepresidentes, y tendrán el número de vocales que estime oportuno el presidente. Este designará el vicepresidente y vocales para cada una de las mismas secciones.

Art. 5.° Siempre que el gobierno nombre un vocal se expresará la seccion á que haya de pertenecer.

Art. 6.° A falta de vicepresidente presidirá el vocal mas antiguo. Si hubieren sido nombrados dos ó mas en un mismo decreto, tendrá la antigüedad el primero de quien se hubiere hecho mencion. En el caso de que los nombramientos sean de la misma fecha, y hayan sido hechos por diversos decretos, el vocal de mayor edad obtendrá la preferencia.

Art. 7.° Cada seccion tendrá un secretario. El de la junta general lo será de la seccion primera.

Cada una de las otras secciones, nombrará secretario de entre los auxiliares de la junta, oyendo al intento al secretario general.

Art. 8.ª Siempre que se estime conveniente se nombrarán comisiones especiales para el exámen de algunos negocios ó expedientes. Estas comisiones se compondrán de tres individuos nombrados por el que presidiere.

Art. 9.° Para la mas pronta expedicion de los negocios y para impulsar los trabajos y la organizacion de los archivos se dividirán entre los vocales de la respectiva seccion las juntas de distrito, los archivos generales y los especiales; debiendo considerarse cada vocal como jefe de los archivos, cuya vigilancia y arreglo les sea confiada.

Los vocales podrán valerse de los auxiliares y de los escribientes de la junta para que les auxilien en estos trabajos.

CAPITULO II.

Atribuciones y trabajos de la junta y las secciones.

Art. 10. La primera seccion propondrá á la junta:

1.° La organizacion de las juntas de distrito, de provincia y de partido, y demás que parezca conveniente establecer.

2.° Las instrucciones oportunas á fin de averiguar los archivos actualmente existentes en toda la monarquía, su estado, clase é importancia, y de obtener los demás datos necesarios para formar la idea mas exacta y cabal posible en todo lo tocante al ministerio de Gracia y Justicia, aunque no dependan inmediatamente de él.

3.° El plan para crear y establecer el archivo general de que trata la real órden de 6 de noviembre de 1847.

TOMO IV. 41

4.° Las bases para clasificar los papeles que con arreglo al párrafo segundo del art. 6.° de la citada real órden deben ser trasladados á los archivos de Barcelona, Sevilla y Simancas.

5.° El plan para la coordinacion, colocacion y arreglo de los papeles, tanto en el archivo general que ha de crearse, como en todos los demas.

6.° El modelo del índice con las reglas de aplicacion práctica para cada uno de los archivos, segun su clase, índole y naturaleza, formado de tal manera, que no solo facilite la busca de los espedientes, sino que sirva tambien al mismo tiempo de medio para saber las materias y cuestiones en ellos ventiladas, y todas las que sobre el mismo particular han ocurrido.

7.° Informar, siempre que se ofrecieren dificultades, obstáculos y dudas, acerca de la inteligencia de las instrucciones preparatorias y los planes de arreglo de archivos.

8.° Preparar el presupuesto general de gastos de la junta y de todas sus dependencias.

Y 9.° Proponer todo lo demas que juzgue oportuno para el mejor desempeño de su cometido.

Art. 11. Toca á las demas secciones en general:

1.° Preparar los espedientes y emitir su dictámen para que la junta resuelva, ó en su caso consulte al gobierno lo que proceda.

2.° Hacer ejecutar las instrucciones preparatorias y los planes que se dictaren para el arreglo de los archivos y la publicacion de colecciones, códices, bulario general y documentos.

3.° Resolver las dificultades leves á juicio suyo, y promover la resolucion de las graves que ocurrieren en la ejecucion de las mismas intrucciones y planes.

4.° Evacuar los informes que directamente les pidiere el gobierno.

5.° Promover todo cuanto estimen conveniente para la mejor y mas pronta expedicion de su respectivo cometido.

Art. 12. Toca á la junta en pleno:

1.° La resolucion definitiva de los negocios de su competencia.

2.° Acordar el dictámen que haya de proponerse al gobierno en los negocios, cuya resolucion corresponda á este.

3.° Llevar al gobierno las propuestas para vicepresidente, secretario y demas empleados y dependientes de la junta, y para la separacion de estos en su caso.

4.° Proponer al gobierno sugetos para las juntas subalternas de distrito.

5.º Dar su dictámen acerca de las propuestas que hicieren las juntas de distrito y de provincia para las respectivas plazas de vocal.

6.º Proponer sugetos para visitar los archivos siempre que dispusiere el gobierno hacer estas visitas.

7.º Formar el presupuesto anual de gastos para la junta y todas sus dependencias.

Art. 13. En los primeros 15 dias del mes de enero de cada año presentarán las secciones à la junta una memoria del estado de sus respectivos trabajos.

La junta, en vista de estos datos y demás que pueda tener, hará redactar dentro del mes de febrero siguiente una memoria de sus trabajos y estado de los archivos, y la remitirá al ministerio de Gracia y Justicia para los usos que se estimen oportunos, y á fin de que se publique en la parte no oficial de la *Gaceta* del gobierno, si en ello no hubiere inconveniente.

CAPITULO III.

De la reunion de la junta en pleno y en secciones para deliberar, y modo y forma de deliberar.

Art. 14. La junta se reunirà en pleno y en secciones los dias y á la hora que fije el respectivo vicepresidente, dando aviso el secretario á los vocales con la debida anticipacion.

No se reunirán en un mismo dia todas las secciones.

Art. 15. El presidente abrirá y cerrará la seccion.

Art. 16. Principiará la seccion con la lectura del acta de la sesion precedente, cuya redaccion estará á cargo del secretario. Firmarán el acta el presidente y el secretario. Aprobada el acta, con las rectificaciones que en su caso procedan, se dará cuenta por el mismo secretario de las reales órdenes ó comunicaciones que hubiere, y en seguida de los espedientes ó dictámenes por el órden que el presidente juzgue mas oportuno. No ofreciéndose dificultad grave se podrá dictar resolucion en el acto. En otro caso se mandará quede sobre la mesa el expediente hasta otra sesion, ó que pase á la seccion ó vocal à quien corresponda para que emita dictàmen, si no lo hubiere.

Art. 17. Ningun vocal podrá hablar sin pedir antes la palabra al presidente, y sin que este se la conceda.

Art. 18. Toca al presidente dirigir los debates y plantear las cuestiones que han de resolverse, cuidando de que todos se concreten á ellas.

Art. 19. Cuando se trate de proyectos, de instrucciones, reglamentos y decretos de alguna extension, decidirá el presidente si ha de haber ó no discusion prévia, acerca de su sistema y de las bases esenciales que los constituyan.

Art. 20. La discusion se verificará hablando alternativamente en contra y en pro, ó tomando la palabra únicamente para hacer observaciones.

Art. 21. Las secciones nombrarán uno de sus vocales para que sostenga en pleno sus dictámenes.

Los comisarios de las secciones. y en su caso los individuos que hubieren firmado el dictámen en discusion, obtendrán con preferencia la palabra en favor de aquel.

Art. 22. Los que disintieren de la mayoría, tanto en pleno como en las secciones, podrán hacer voto particular, ó salvarle en el acta.

El voto particular se ha de presentar en la secretaría con la debida antelacion, y de lo contrario se entenderá que se renuncia á él. La mayoría podrá impugnar el voto, ó votos particulares si lo estimare conveniente.

Art. 23. Se discutirán primero los dictámenes de la mayoría, y cuando estos fuesen desechados, se pasará al voto ó votos particulares, por el órden que estime oportuno el presidente.

Art. 24. Antes de entrar en la discusion de un artículo ó dictámen que no estuviese articulado, todo vocal podrá proponer de palabra las enmiendas, alteraciones y modificaciones que estime conducentes, y se redactarán en el acto por escrito, si la junta ó la seccion lo estimasen conveniente.

Las enmiendas, alteraciones y modificaciones se discutirán juntamente con el artículo ó dictámen, y se votarán despues de ellos.

Art. 25. El secretario podrá usar de la palabra únicamente para manifestar lo que resulte del espediente.

Art. 26. Se cerrará la discusion, aunque no hayan hablado todos los que hubieren pedido la palabra, cuando el presidente lo disponga, ó lo acordare la mayoría á peticion de uno de sus vocales.

Art. 27. Desechado un dictámen se acordará en el acto lo conveniente á propuesta por escrito de uno ó mas vocales, ó se mandará volver á quien le emitiera, á fin de que, con presencia de la discusion, lo redacte de nuevo y se proponga lo que proceda.

CAPITULO IV.

De la correspondencia y relaciones de la junta con el ministerio, con las juntas subalternas y con los encargados de los archivos.

Art. 28. Los archivos generales y especiales de la corte dependerán inmediatamente de la junta superior directiva, la cual se entenderá para todo lo tocante á ellos con las personas á cuyo cargo esten.

Art. 29. La junta directiva comunicará con las subalternas de distrito para todo lo tocante á las juntas existentes en todo su territorio. Estarán subordinadas á ellas las de provincia, y á estas últimas las de partido.

Sin embargo, en casos urgentes podrá dirigirse la junta á las de provincia y de partido, dando al mismo tiempo noticia á la junta de distrito.

Art. 30. El presidente, ministro de Gracia y Justicia, firmará las circulares importantes que expida la junta, y todas las comunicaciones para los encargados de los archivos generales que, dependiendo de otros ministerios, contengan papeles correspondientes al de Gracia y Justicia.

Las comunicaciones para ampliar y completar los datos pedidos, y para dirigir la organizacion práctica de los archivos, con arreglo á los planes orgánicos, se firmarán por el vocal de la seccion correspondiente, encargado del distrito ó del archivo respectivo.

Las demas comunicaciones se firmarán por uno de los vicepresidentes.

CAPITULO V.

Del presidente y de los vicepresidentes.

Art. 31. Además de las funciones que por los respectivos artículos se atribuyen al presidente, toca á este:

1.° Cuidar de que los trabajos no sufran dilacion en las secciones.

2.° Vigilar sobre la disciplina, órden y trabajos de la secretaría, y sobre todos los empleados y dependientes de la junta.

3.° Tomar por sí, y en su caso promover las medidas conducentes, cuando los empleados y dependientes de la junta faltaren á sus deberes, ó no aparecieren idóneos para desempeñar sus respectivas funciones.

4.° Abrir la correspondencia que se dirija á la junta, y disponer su pase y el de los expedientes á la seccion á que correspondan.

5.° Autorizar la inversion de la cantidad asignada para los gastos interiores de la junta, y aprobar las cuentas de los mismos gastos.

Art. 32. Mientras que el ministro de Gracia y Justicia sea presidente de la junta, desempeñará el primer vicepresidente las facultades y funciones de que trata el artículo anterior.

Art. 33. En ausencia ó enfermedad del primer vicepresidente hará sus veces el segundo.

CAPITULO VI.

De la secretaría, auxiliares y demas dependientes de la junta.

Art. 34. El secretario es el jefe de la secretaría y de los dependientes de la junta.

Art. 35. Toca al secretario, ademàs de lo expresamente dispuesto en los artículos correspondientes: 1.° Distribuir los trabajos entre los auxiliares: 2.° Vigilar la conducta y comportamiento de estos y de los demas dependientes, dando cuenta al presidénte de cuanto notare digno de ponerlo en su noticia: 3.° Proponer al presidente la distribucion de la cantidad asignada para los gastos interiores, llevar la correspondiente cuenta y razon, y rendirla oportunamente.

Art. 36. Los auxiliares y dependientes de la junta estaràn subordinados al secretario, y cumplirán sus órdenes sin excusa ni pretexto alguno.

Art. 37. Un reglamento particular determinarà lo conveniente acerca de la organizacion y de todo lo demas tocante à la secretaría.»

CIRCULAR DE 27 DE ABRIL, dirigiendo al tribunal supremo de justicia, regentes y fiscales de las audiencias ejemplares del código penal.

«De órden de la reina (Q. D. G.) remito á V.... el adjunto ejemplar del código penal, publicado en virtud de la ley de 19 de marzo último, para los efectos consignados en la misma y en el real decreto expedido con igual fecha; esperando S. M. que ese tribunal consagrarà su celo á un detenido exámen de las disposiciones que contiene, para hacer en su vista las observaciones á que se refiere el art. 2.° de la citada ley, sin perjuicio de elevar desde luego las que creyere urgentes, à fin de que el gobierno pueda proceder en su caso a lo que estime oportuno con arreglo al art. 3.°»

REAL ORDEN DE 17 DE ABRIL, para que el fiscal del tribunal supremo de justicia remita al ministerio de Gracia y Justicia copia

de las instrucciones y. circulares dirigidas por dicha fiscalía á las
de las audiencias desde 1844.

«Dada una nueva organizacion al ministerio fiscal por los reales
decretos de 26 de enero y 26 de abril de 1841, se han dictado sucesivamente varias disposiciones para mejorarle. Los fiscales del tribunal supremo de justicia han dirigido á su vez instrucciones y circulares con
el propio fin á los fiscales de S. M. en las audiencias, y estos á los promotores fiscales, encargándose en algunas de las primeras que los celosos funcionarios de la clase fiscal expusiesen al del tribunal supremo las
observaciones que su ilustracion y la práctica les dictáran como conveniente ó necesarias para favorecer la accion de su importante ministerio.
Decidido el gobierno de S. M. á adoptar cuantos medios crea conducentes
para realzar su importancia y elevarle al mayor grado de perfeccion posible, y queriendo aprovechar con este objeto las luces y experiencia de
los que en el honroso desempeño del mismo han consignado constantemente las mas relevantes pruebas de su ilustracion y de su celo, se ha
dignado mandar que remita V. S. á este ministerio de mi cargo copias
de las instrucciones y circulares dirigidas por esa fiscalía á las de las audiencias desde el año de 1844, con expresion de los inconvenientes ó ventajas que hayan producido, y de todo lo demás que á V. S. se le ofrezca y parezca en vista de las observaciones que con tal motivo hayan
dirigido los fiscales de S. M. en las audiencias.»

REAL ORDEN DE 26 DE ABRIL, sobre el curso que deben dar
los tribunales ordinarios á los pleitos de que se inhibieren por corresponder á la administracion.

«Habiéndose suscitado algunas dudas acerca del curso que deban dar
los tribunales ordinarios á los pleitos, de cuyo conocimiento se inhibieren, declarando corresponder á la administracion, y en vista de lo informado sobre este punto por el consejo real, ha tenido á bien disponer S. M. que en lo sucesivo se remitan á los jefes políticos de las respectivas provincias los pleitos en que hubiere lugar á la expresada inhibicion, si estos se hallasen en primera instancia, y al gobierno directamente, por conducto del ministerio de la Gobernacion, cuando pendieren en segunda ó ulteriores instancias.»

OTRA DE 28 DE ABRIL, sobre la aplicacion de las leyes vigentes acerca de la enagenacion forzosa por causa de utilidad pública.

«La ley de 17 de julio de 1836 sujeta á prévia indemnizacion bajo
determinadas reglas, y á la tasacion pericial bajo la autoridad de los
tribunales civiles cuando no hay avenencia entre las partes, la cesion ó

enagenacion forzosa de la propiedad particular por causa de utilidad pública. Una real órden de 19 de setiembre y una instruccion de 10 de octubre de 1845 hacen innecesaria la prévia indemnizacion por los daños, perjuicios y servidumbres ocasionados en la prosecucion de las obras públicas, y la ley de 2 de abril de 1845 designa á los consejos provinciales como tribunales competentes para conocer sobre el resarcimiento en tales casos.

Aunque á todas luces se ve que no hay la menor contradiccion entre estas últimas disposiciones y la ley de 17 de julio de 1836, pues que esta se refiere á los casos en que el dueño es privado absolutamente de su propiedad, y aquellas á los en que, sin privarle de ella, se le causa cierto menoscabo ó se le impone cierto gravámen, ha habido sin embargo reclamaciones opuestas en que unos pretenden que cuando en el curso de ejecucion de las obras públicas hay que ocupar terrenos que no fueron comprendidos en la primitiva expropiacion, debe prescindirse de la observancia de la ley de 17 de julio de 1836, y atenerse únicamente á la de 2 de abril y reales disposiciones de 19 de setiembre y 10 de octubre de 1845, aun cuando con tales operaciones quede privado el dueño de su propiedad perpétua ó indefinidamente, y otros que deben seguirse rigorosamente los trámites de la ley de enagenacion forzosa, aun cuando la ocupacion ó menoscabo que se ocasione a la propiedad en la prosecucion de las obras públicas sea temporal ó transitorio.

En su vista, y considerando que así el espíritu de la ley de 17 de julio de 1836, como el respeto á la propiedad, requieren que ninguno sea privado absoluta ni perpétuamente de ella, sin que precedan los requisitos que la misma ley prescribe:

Considerando además que fuera de aquel caso los daños, perjuicios y servidumbres que recaigan sobre las propiedades no las afectan con igual intensidad: que sería tambien perjudicial al progreso de las obras públicas su suspension hasta llenar tales requisitos, y materialmente imposible cumplir el de la prévia indemnizacion, por ignorarse de antemano el verdadero precio del resarcimiento; se ha servido S. M. resolver diga á V. S., como de su real órden lo ejecuto, que siempre que la ocupacion de terrenos de propiedad particular haya de ser perpétua ó indefinida, deben seguirse los trámites prescritos en la ley de 17 de julio de 1836, y los de la de 2 de abril y reales disposiciones de 19 de setiembre y 2 de octubre de 1845 en los casos de daños, perjuicios y servidumbres.»

OTRA DE 29 DE ABRIL, sobre el voto que corresponde á los fiscales en la audiencia ó tribunal pleno.

«La audiencia de Pamplona ha expuesto á este ministerio las dudas

que se le ofrecian acerca del voto que pudiera corresponder en el tribunal pleno al fiscal de S. M. en los negocios que, hallàndose pendientes
ante la sala de gobierno, se sometiesen por resolucion de la misma al
conocimiento de aquel, con arreglo á lo prevenido en el art. 13 del real
decreto de 5 de enero 1844. Enterada la reina (Q. D. G.) del expediente
instruido sobre el particular, y conformándose con el dictámen del tribunal supremo de justicia, se ha servido declarar por punto general
que no corresponde á los fiscales el voto resolutivo en la audiencia ó tribunal pleno, sea cualquiera la procedencia de los asuntos que se sometan á su deliberacion.»

REAL ORDEN DE 18 DE MAYO, encargando á los magistrados,
jueces y fiscales del reino, la mayor vigilancia sobre los perturbadores del órden público.

«La tenaz insistencia con que los trastornadores del órden público se
obstinan en llevar al campo de la rebelion y á la esfera de la anarquía
sus criminales pretensiones, constituyen al gobierno de S. M. en la necesidad triste, pero inevitable, de adoptar medidas eficaces y severas para su represion y escarmiento. Penetrado de sus altos deberes, fiado
en el apoyo de la nacion y seguro de su justicia y de su fuerza, se halla
cada dia mas resuelto á arrostrar con enérgica enteréza todos los peligros
que las malas pasiones y los instintos desorganizadores le suscitan por
medio de conatos bastardos que, salvando los límites naturales de los sistemas políticos, se dirigen á minar en sus entrañas los cimientos del
órden social y de la paz pública.

Cuando intereses tan generales y sagrados se ven procazmente comba-
tidos uno y otro dia; cuando se intenta secar con mano sacrílega el rico
manantial de las reformas útiles y de los fecundos beneficios que el brazo protector del gobierno, secundando los naturales impulsos de la real
solicitud, se esfuerza por realizar sin tregua ni descanso, es indispensable que el poder público ocurra á males tan graves con remedios que
estirpen de raiz sus lamentables consecuencias. Aunque deplorando la
necesidad que á ello le obliga, el gobierno de S. M. ha comenzado á apli-
carlos con firmeza, y se propone perseverar en esta resolucion inmuta-
ble, mientras el bien del Estado y la seguridad del trono lo exigieren.
Confia en que su ejemplo no será perdido para los servidores del Estado
en todos los ramos de la administracion general, y en que no omitirán
aquellos medio alguno de acreditar en cuantas ocasiones se presenten, por
graves y difíciles que sean, su actividad, celo y vigilancia. Esta obligacion sagrada, comun á todos, lo es muy especial para los que á nombre
de S. M. administran en todo el reino la justicia, y estan encargados ha-

bitualmente do la investigacion de los delitos y del castigo de sus perpe-
tradores.

Para llenar este objeto dignamente en los momentos actuales, desplegará V. dentro del círculo de sus atribuciones peculiares, y con arreglo á las leyes, toda la eficacia y decision que exigen de V. la naturaleza
del importante cargo que le ha confiado la reina (Q. D. G.), las prescripciones del gobierno y su propia lealtad. A este fin, sin perdonar diligencia ni fatiga, obrará V. con la activilad y expedicion que las circunstancias reclaman, en cuanto sea de su exclusiva competencia, ejerci-
tando el celo que prevo los sucesos y no se limita á deplorarlos; aplicará
con particular esmero las disposiciones legales represivas de la vagancia
en la parte que le incumbre; se pondrá de acuerdo con las demás autoridades, favoreciendo la accion de las mismas y adoptando en union con
ellas todas las eficaces prevenciones y las medidas enérgicas que puedan
conducir á mantener inalterable el reposo público; y finalmente, ademas
de los partes ordinarios en las épocas señaladas por las disposiciones vigentes, dará V. cuenta puntual y detallada de cualquier ocurrencia,
por leve que parezca, toda vez que se dirija á alterar la tranquilidad y
el órden; expresando las providencias que hubieren sido dictadas por
su autoridad para reprimirlas con el rigor inflexible de la ley y de la
justicia.

Ultimamente es de mi deber manifestar á V. que el gobierno de S. M.
se halla tan dispuesto á dispensar los efectos de la real benevolencia á
los que cumplan celosa y lealmente sus deberes, como á exigir á los que
faltaren á ellos por deslealtad, que no recela, tibieza, ó negligencia la
severa é instantánea responsabilidad á que se hagan respectivamente
acreedores.

OTRA DE 19 DE MAYO, sobre las licencias que pueden concederse á los funcionarios de la administracion de justicia.

«Teniendo en consideracion la conveniencia y necesidad de que en
las circunstancias actuales los funcionarios públicos, y muy especialmente los que intervienen en la administracion de justicia, se encuentren
en el puesto á que los llama su deber, para vigorizar con su decision y
ejemplo la accion enérgica de las leyes, se ha dignado mandar la reina
(Q. D. G.) se observe lo siguiente:

1.° Los magistrados y fiscales de las audiencias y los jueces y promotores fiscales que se hallen fuera de sus destinos, sin expresa real licencia,
pasarán inmediatamente á desempeñarlos.

2.° Los que se nombren en lo sucesivo para servir los mencionados
cargos, tomarán posesion de ellos, por ahora, en el término perentorio

de 30 dias dentro de la Península, de 40 en las islas Baleares, y de 50 en Canarias.

3.° ·Los regentes y fiscales de las audiencias no harán uso, hasta nueva determinación, de la facultad que les compete para conceder licencias respectivamente, ni darán curso á las solicitudes de licencia ó de próroga, sino por causa grave y bien comprobada de enfermedad, tomando sobre sí asegurar al ministerio de mi cargo la certidumbre de los motivos y la necesidad de la concesion. La excepción contenida en este artículo se aplicará tambien á los casos expresados en el primero y segundo.

4.° Los magistrados y fiscales de las audiencias y los jueces y promotores fiscales recientemente nombrados, á quienes quedare todavía para tomar posesion de sus destinos un término, ordinario ó prorogado, mayor del que se prefija en el artículo 2.°, se acomodarán á lo prevenido en el mismo.»

OTRA DE 23 DE MAYO, denegando al intendente del patrimonio real el derecho que pretendia tener para conceder aguas de los rios que corren por el territorio de la corona de Aragon, mediante cierto cánon y segun costumbre inmemorial. (Gaceta núm. 5004).

OTRA DE 30 DE MAYO, reproduciendo la de 14 de febrero de 1841 que prohibe las sociedades patrióticas y cuyo texto es el siguiente:

«Enterada la regencia provisional del reino de que en algunos pueblos de la monarquía se han establecido sociedades ó tertulias patrióticas en las cuales se leen periódicos y se debaten cuestiones políticas en público; y teniendo presente que no se ha restablecido el decreto de 1.° de noviembre de 1822 que autoriza bajo ciertas formalidades aquellas reuniones; que en 20 de setiembre de 1836 á peticion del ayuntamiento de Madrid fueron prohibidas, y que las córtes constituyentes en 1.° de julio de 1837 ni aun admitieron á discusion una proposicion en que se pedia el restablecimiento del citado decreto de 1.° de noviembre de 1822, se ha servido mandar prevenga á V. S. proceda á cerrar inmediatamente cualquier sociedad ó tertulia patriótica que en la provincia de su mando se haya instalado, y no permita que se instalen en lo sucesivo, procediendo como previenen las leyes contra los infractores de esta determinacion tan necesaria para el órden público, que la regencia está decidida á conservar á toda costa y sin tener consideraciones de ningun género con los que intenten alterarlo.»

LEGISLACION COMERCIAL, INDUSTRIAL Y AGRICOLA.

REAL DECRETO DE 7 DE ABRIL, mandando establecer juntas de agricultura en todas las capitales de provincia del reino.

Art. 1.° «En todas las provincias del reino se establecen juntas de agricultura, las cuales residirán en la capital de la provincia. Se exceptúa la de Cádiz, en la cual, por sus circunstancias especiales, se instalará la junta en Jerez de la Frontera.'

Art. 2.° Las juntas de agricultura constarán de tantos vocales como individuos cuente la diputacion de la provincia, de manera que cada distrito ó partido que tenga un vocal en la diputacion provincial, tendrá otro en la junta.

Art. 3.° El cargo de vocal de las juntas de agricultura es voluntario, gratuito y honorífico, y no es incompatible con ningun otro del Estado, de la provincia ni de la localidad. Los que desempeñen el cargo de vocales de las juntas, y con especialidad los de vicepresidente y secretarios como mas recargados de trabajo, serán acreedores á mi real benevolencia y á la consideracion de mi gobierno.

Art. 4.° El tiempo de duracion de estos cargos será de cuatro años. A los dos años de ejercicio se renovará la mitad, si fuere par el número de vocales, ó la mayoría absoluta, si fuere impar; al fin de los dos que siguen, la otra mitad, ú la minoría y así sucesivamente. Los individuos salientes pueden ser reelegidos.

Art. 5.° Siendo muy conveniente, aunque no indispensable, que los distritos sean representados en las juntas por individuos que, avecindados en ellos, conozcan prácticamente sus necesidades, y no siendo equitativo exigir la prestacion de dos servicios públicos, el uno de ellos tan gravoso que exige la traslacion por algun tiempo de su domicilio á la capital, el gobierno presentará á las córtes un proyecto de ley para que el cargo de vocal de la junta sea excusa voluntaria de los municipales.

Art. 6.° Son individuos natos de la junta el jefe político, el jefe civil del distrito, si lo hubiere, el alcalde del pueblo donde se halle establecida, los cuales las presidirán por su órden cuando concurran; el regidor síndico de la poblacion, el catedrático de agricultura ó botánica de la universidad, ó á falta de esta, del instituto; el delegado de la cria caballar, el mariscal que actualmente fuere de la comision consultiva hasta la primera renovacion de la mitad de la junta, y en adelante el subdelegado de veterinaria.

Art. 7.º Las juntas elegirán un vicepresidente y un secretario de entre sus mismos individuos, de cuyos nombramientos dará el jefe político cuenta al gobierno para su aprobacion.

Art. 8.º Las atribuciones de la junta de agricultura serán : evacuar los informes que les pidan el gobierno, el consejo real de agricultura, industria y comercio, ó su seccion de agricultura, y el jefe político, entendiéndose sin embargo que en ningun caso podrán ser obligadas á suministrar datos fiscales ; esto es, que sirvan ó puedan servir para la imposicion ó levantamiento de contribuciones; proponer las medidas que crean oportunas en favor de los intereses generales, colectivos ó locales de la agricultura.

Art. 9.º Podrán ser especialmente consultadas sobre las alteraciones ó reformas que se proyecten en la legislacion que puedan afectar á los intereses agrícolas con relacion, ya á los impuestos, ya á los derechos de entrada:

Sobre los arbitrios, ora generales, ora provinciales ó locales que hayan de establecerse y afecten á los productos de la agricultura :

Sobre reforma del sistema hipotecario y del servicio de bagajes:

Sobre materias de acotamientos, de policía rural y sobre las ordenanzas municipales, en cuanto tenga relacion con esta. Convendrá que los ayuntamientos las consulten al efecto; y los jefes políticos, antes de dar su aprobacion á dichas ordenanzas, oirán su dictámen si en el expediente no constáre que lo han emitido. Lo mismo podrá hacer el gobierno en su caso, esto es, si en uso de su derecho avocare á sí el conocimiento de dichas ordenanzas ó le elevaren á él en virtud de reclamacion de parte :

Sobre concesion de privilegios ó patentes que tengan relacion con las materias agronómicas :

Sobre el establecimiento de nuevos riegos, aprovechamiento de aguas sobrantes y demas obras de que se trata en la real órden circular de 11 de marzo de 1846:

Sobre formacion y aprobacion de cartillas rurales:

Sobre declaracion de hallarse en el caso de admitir la importacion de granos extranjeros con arreglo á la ley, ó sobre disposiciones que deban adoptarse para prevenir ó evitar la carestía :

Sobre creacion de Bancos agrícolas, granjas modelos, institutos agrarios, cátedras de agricultura, depósitos de caballos padres, y demas establecimientos análogos á su profesion :

Sobre proposicion de premios, y en general acerca de cuanto pueda ser concerniente á los intereses que las juntas estan llamadas á promover y representar.

Art. 10. Serán ademas consejo del jefe político : primero, sobre sitos : segundo, sobre la manera de organizar en la provincia el se cio de bagajes : tercero, sobre fomento y mejora de la cria caballar, y ministracion y régimen de los depósitos, y sobre el cruzamiento y jora de todo género de ganados : cuarto, sobre los establecimientos a nómicos que, ó por cuenta del Estado, ó de cualesquiera otros fond planteare el gobierno: quinto, sobre extincion de plagas y animal nocivos.

Art. 11. Propondrán al jefe político los labradores que en calid da, peritos deben examinar los granos que se introduzcan cuando ha sospecha de que sean extranjeros.

Art. 12. Asimismo corresponderá á las juntas la designacion de cales que por la provincia hayan de concurrir á las juntas generales agricultura de todo el reino cuando se establecieren, y para las de i formacion si se convocaren.

Art. 13. Todas las autoridades y corporaciones facilitarán á las jui tas de agricultura cuantos datos y noticias necesiten para el mejor d empeño de su encargo, en que se interesa tanto el servicio del Es ta-lo.

Art. 14. Las juntas celebrárán sus sesiones en el salon del consej provincial, en el de la diputacion provincial ó casas consistoriales, en otra que se considere á propósito, designándoles uno determinado jefe político, á menos que el gobierno les facilite local en cualquier esta blecimiento público, sobre lo cual podrán elevar ellas mismas la corre pondiente propuesta.

Art. 15. Las juntas celebrarán sesiones generales y ordinarias; l primeras se tendrán dos veces al año, siendo á lo menos de un mes duracion de cada una, y deberán ser convocados á ellas todos los v les de la provincia; las segundas un dia en cada semana por los que sidan habitual ó accidentalmente en la capital. Las habrá tambien ex ordinarias á convocacion del jefe político ó del vicepresidente. Para juntas generales se elegirán las épocas de menos ocupacion en las fae agrícolas; y á fin de consultar mejor las necesidades de cada provincia deliberarán acerca de este punto las juntas, elevando al gobierno propuesta por conducto y con informe del jefe político.

Art. 16. Para los gastos de las juntas de agricultura se asi la cantidad de tres mil reales vellon anuales que con el carácter de p preferente se entenderá incluida desde la publicacion de este real d to en el presupuesto provincial, en el cual se consignará en adelan todos los años.

Art. 17. Si las diputaciones considerasen necesario algun may gasto á propuesta de las juntas, podrán consignarlo en el presupuesto voluntario, y el gobierno resolverá acerca de su aprobacion.

Art. 18. Donde haya establecidos ó se establezcan en lo sucesivo escuelas ó institutos de agricultura, dependerán en la parte cientíBca de la direccion general de instruccion pública; tendrán por director inmediato al vicepresidente de la junta, y por consejo de disc plina á la junta misma.

Art. 19. Deliberarán las juntas y propondrán al gobierno lo que estimen conveniente acerca de los medios de hacer la eleccion de sus individuos en lo sucesivo, partiendo de la base de que ha de ser directa, hecha por el cuerpo de agricultores, y en personas que lo sean, ó propietarios rurales, ganaderos ó catedráticos de agricultura ó botánica, ó dotadas de conocimientos especiales en el ramo, fijando las cuotas que deben pagarse respectivamente para ser electores y elegibles.

Art. 20. Las consultas de las juntas de agricultura se elevarán al gobierno por conducto del jefe político, el cual podrá informar sobre ellas cuando lo juzgare conveniente.

Disposiciones transitorias.

Art. 21. Para la instalacion de la junta de agricultura servirán por ahora de base las comisiones consultivas de la cria caballar y vacuna. En atencion á que por esta vez no se verifica la eleccion por los mismos distritos, el jefe político hará la aplicacion de los sugetos de que se componen á los partidos ó distritos que deban representar, dando cuenta al gobierno.

Art. 22. Dentro de los ocho dias de recibido este decreto, procederán los jefes políticos á la instalacion de la junta de agricultura, declarando tales á las comisiones consultivas de la cria caballar, que se instalarán definitivamente con arreglo á lo prevenido en este mismo decreto, eligiendo el vicepresidente y secretario que ha de tener la junta: de estos nombramientos se dará cuenta al gobierno para su aprobacion. En el término de un mes quedará completo el personal de la junta por medio de la eleccion que establecen los artículos siguientes.

Art. 23. Para completar el número de vocales de las juntas, se reunirán ante el jefe político los consejeros y diputados provinciales, el alcalde, el regidor síndico y otro regidor del ayuntamiento de la capital; tres labradores que nombrará esta corporacion, y los individuos de las comisiones consultivas de la cria caballar que haya en la provincia.

Art. 24. Procederán á la eleccion por votacion secreta, haciendo de secretarios los dos mas jóvenes de los presentes, y quedarán electos los que en el primer escrutinio reunan mayoría absoluta de votos ò relativa en el segundo. Estos nombramientos recaerán en personas que tengan los requisitos enunciados en el art. 19.

Art. 25 Para que haya eleccion, en la primera reunion habrán de concurrir por lo menos veinte y cinco electores. En caso de que no se completare el número designado, se convocará para segunda reunion, en la cual se verificará definitivamente la eleccion, cualquiera que sea el número de electores que concurran.

Art. 26. En la provincia de Madrid, la seccion de agricultura del consejo real de agricultura, industria y comercio, convocada por mi ministro de Comercio, en union de las demas personas designadas en el art. 23 y de los individuos de la comision consultiva de cria caballar nombrada por el jefe político de la provincia, procederá al nombramiento é instalacion de la junta provincial de agricultura en los términos que se expresan en los artículos anteriores. Serán desde luego vocales de la misma los individuos de dicha comision consultiva. La eleccion é instalacion de la junta de agricultura de la provincia de Cadiz se hará en Jerez de la Frontera, donde ha de residir, segun se determina en el art. 1.°»

Real órden de la misma fecha, mandando que los jefes políticos remitan originales al gobierno las consultas que evacuen sobre los informes que se pidan á las juntas de comercio, comisiones de cria caballar y demás cuerpos consultivos. (*Gaceta número 4958*).

Otra de la misma fecha, mandando que desde que los potros cumplan dos años no puedan andar sueltos en el monte ó pastos comunales. (*Gaceta núm. 4961*).

Real decreto de 15 de abril, para el arreglo de la moneda.

Artículo 1.° «En todos los dominios españoles la unidad monetaria será el real, moneda efectiva de plata, á la talla de 175 en el marco de 4608 granos.

Art. 2.° La ley de todas las monedas de plata y oro que se acuñen en lo sucesivo será de 900 milésimos de fino y 100 de liga, con el permiso de dos milésimos en el oro y tres en la plata en mas ó en menos.

Art. 3.° Las monedas que se acuñarán en adelante serán:

De oro. El *doblon* de Isabel, valor de 100 rs., peso de 167 granos y talla de 27 6¡10 en cada marco.

De plata. El *duro*, valor de 20 rs., talla de 8 3¡4 en el marco.

El medio duro ó escudo, valor de 10 rs., á la talla de 17 1¡2 el marco.

La *peseta*, valor de 4 rs. y talla de 43.3|4 en el marco.

La *media* peseta, valor 2 rs., talla de 87 1|2 en el marco.

El *real.*

,Art. 4.° El permiso en el peso para que el gobierno apruebe ó desapruebe las rendiciones será

Oro. En los doblones de Isabel de 10 granos *mas ó menos* por marco.

Plata. En los duros y escudos de 13 granos.

En las pesetas y medias de 23 granos.

En los reales de 46 granos..

Con respecto á los particulares, y à fin de admitir ó rehusar legalmente las monedas, el permiso será

En el doblon de Isabel, de un grano de mas ó de menos.

En el duro 3 granos y 2 en el escudo.

En las pesetas y medias 1 1|2 grano.

En el real un grano.

Unos y otros permisos se entienden en mas ó en menos del peso.

Art. 5.° El diámetro de las monedas será el siguiente:

Oro. Del doblon de Isabel, 11 líneas y media.

Plata. Del duro, 20 líneas.

Del escudo, 15 líneas.

De la peseta, 12 líneas.

De la media, 9 líneas.

Del real, 8 líneas.

Art. 6.° Las monedas de oro y plata se acuñarán en virola cerrada, à excepcion del duro y medio duro ó escudo, que continuará con virola abierta, y conservará la leyenda de Ley, Patria y Rey, establecida por la ley de 1.° de diciembre de 1836.

La posicion del busto de mi real persona y los emblemas serán diferentes en cada clase de moneda.

Art 7.° El descpento único que se hará en las casas de moneda para la compra de pastas será de 1 por 100 en el oro y dos en la plata, pudiendo reducirlo el gobierno cuando lo crea conveniente. Se publicará en la *Gaceta* las tarifas á que se compren los metales preciosos en estas casas, siendo la afinacion y apartado de cuenta del vendedor. Los ensayes se harán por la vía húmeda.

Las tarifas no podran alterarse sin anunciarse con seis meses de anticipacion à lo menos.

Art. 8.° Las monedas de cobre que se acuñarán en adelante serán:

El medio real.

La décima de real.

La doble décima.

La media décima.

El diámetro de estas monedas será diferente del que tienen las de oro y plata; no tendrán mi real busto, y llevarán impresos con letras su valor de medio real, décima de real, doble décima y media décima.

Art. 9.° El órden de contabilidad para las oficinas del Estado y documentos públicos será el siguiente:

Doblon Isabel.	Escudo.	Reales.	Décimas.
1 vale	10	100	1000
	1 vale	10	100
		1 vale	10

Los duros, pesetas y medias pesetas, el medio real, las doble décimas y las medias décimas serán monedas auxiliares.

Art. 10. Las monedas actuales de oro y plata, inclusas las de 19 rs., continuarán circulando legalmente por su valor nominal.

Art. 11. Se establecerán en los puntos del reino que el gobierno estime convenientes casas de moneda provistas de todos los medios necesarios para acuñarla con la mayor economía y perfeccion.

Se procederá igualmente á la refundicion de las monedas actuales siempre que el costo medio no exceda de un 10 por 100.

Art. 12. Las monedas actuales de cobre se cambiarán con arreglo á la siguiente tarifa:

Un real por 8 1|2 cuartos ó 34 maravedís.

La media peseta por 17 cuartos.

La peseta por 34 id.

El escudo por 85 id.

El duro por 170 cuartos.

Art. 13. Se dará cuenta á las cortes en la próxima legislatura de las disposiciones del presente decreto para su aprobacion.»

REAL ORDEN DE 11 DE ABRIL, eximiendo á los vecinos de Sevilla y pueblos limítrofes, del pago del portazgo del Tardon y el Patrocinio.

«He dado cuenta á S. M. la reina (Q. D. G.) de las esposiciones nuevamente presentadas por los labradores vecinos de esa ciudad y por el arrendatario de los portazgos del Tardon y Patrocinio, asi como de las comunicaciones de V. S. de 28 de febrero último y 16 de marzo próximo pasado sobre la inteligencia que en estos se dá á las leyes de 29 de junio de 1821 y 9 de julio de 1842, relativas á la exencion de pago

de derechos que marcan para ciertos casos, no obstante lo dispuesto por
la real órden de 19 de febrero último.

Enterada S. M., y oido el dictámen del consultor de la dirección
general de obras públicas, se ha servido resolver que, con arreglo á
la primera de las citadas leyes, los vecinos de Sevilla deben estar exentos del pago de derechos en los portazgos del Tardon y Patrocinio por
lo respectivo á sus ganados propios de cualquiera clase, á sus carruajes y caballerías, ya salgan á recrearse ó á cuidar de sus haciendas,
ya sea tambien conduciendo granos, así para la siembra y recoleccion
como para moler, y lo mismo abonos, miéses, aperos de labor ú otros
efectos de agricultura y ganadería, ampliándose esta exencion á los vecinos de los pueblos limítrofes al en que estan los portazgos, segun
lo prescrito por la ley de 9 de julio de 1842; pero á fin de que esto
no pueda interpretarse de un modo tan lato que deje ilusorias las leyes,
debe entenderse que la exencion solo es aplicable cuando los labradores
hacen la siembra, la recoleccion de frutos ú otras operaciones propias
de su clase; y del mismo modo respecto de la ganadería, pero no cuando despues de aquellas proceden á la traslacion ó venta de sus granos
y frutos una vez recogidos y entrojados, y de sus ganados; en cuyo
caso como que estas operaciones constituyen una verdadera granjería,
comercio ó industria, no pueden gozar de una exencion que dejaría
ilusoria la creacion ó establecimiento de portazgos, lo cual es preciso
evitar, así como los fraudes á que de lo contrario se daría lugar, vio-
lentando la aplicacion de las mencionadas leyes, cuyo único objeto fué
proteger la agricultura y ganadería y eximir á los labradores y ganaderos del vejámen que consigo trae el pago de derechos cuando tienen
que pasar por los portazgos y puentes para todas las operaciones de la
labranza y cria de ganados, pero de ningun modo fuera de estos casos.

Al propio tiempo ha tenido á bien mandar S. M. que en lo sucesivo las subastas de portazgos ó cualesquiera otras que segun instruccion
deban obtener aprobacion superior, no se lleven á efecto sin este requisito, siendo nulas en caso de faltarse á él; que se cumpla exactamente lo prevenido por la real órden de 19 de febrero último, tanto sobre
este punto como sobre los demas que abraza, y que esta real resolucion
se publique en la *Gaceta* y en el *Boletin* de este ministerio para su observancia, como regla general en casos análogos.»

OTRA DE 17 DE ABRIL, mandando establecer en la ciudad de
las Palmas en Canarias una junta de agricultura. (*Gaceta número* 4968).

REAL ORDEN DE 9 DE MAYO, declarando que las compañías

mineras que se establezcan sin capital fijo, no están comprendidas en la ley del 28 de enero último sobre sociedades por acciones. (*Gaceta núm. 4969*).

OTRA DE 25 DE MAYO, declarando que en los casos de abandono ó comiso de géneros para cuya descarga y conduccion á la aduana haya mediado un consignatario provisional, se le reintegre del coste del flote y gastos que acredite haber satisfecho, deduciéndose del precio que los géneros abandonados ó decomisados produzcan en venta. (*Gaceta núm. 5013*).

LEGISLACION DE OBRAS PUBLCAS.

REAL DECRETO DE 7 de abril para el arreglo de los caminos vecinales.

Art. 1.º «Los caminos públicos que no estan comprendidos en las clases de carreteras nacionales ó provinciales se denominarán en lo sucesivo caminos vecinales de primero y segundo órden, segun se clasifiquen, atendidas su frecuentacion é importancia.

Son caminos vecinales de segundo órden los que interesando á uno ó mas pueblos á la vez son no obstante poco transitados por carecer de un objeto especial que les dó importancia.

Son caminos vecinales de primer órden los que por conducir á un mercado, á una carretera nacional ó provincial, á un canal, á la capital del distrito judicial ó electoral, ó por cualquiera otra circunstancia, interesen á varios pueblos á un tiempo y sean de un tránsito activo y frecuente.

Art. 2.º El jefe político, oyendo á los ayuntamientos y al consejo provincial, designará los caminos vecinales de segundo órden; fijará la anchura, dentro del máximo de 18 pies de firme, y los límites que han de tener.

La diputacion provincial, prévio informe de los ayuntamientos y á propuesta y con aprobacion del jefe político, declarará cuáles son los caminos vecinales de primer órden; designará su direccion, y determinará los pueblos que han de concurrir á su construccion y conservacion.

La anchura de estos caminos, con arreglo á las localidades, se marcará por el jefe político como en los caminos vecinales de segundo órden.

Art. 3.º Los jefes políticos procederán desde luego á hacer la clasificacion de los caminos y á marcar las dimensiones de que trata el artículo anterior, y remitirán á la dirección de obras públicas itinerarios circunstanciados que expresen los caminos clasificados, el número de leguas que comprendan, los puntos á que conduzcan y el estado en que se encuentren actualmente, así como el grado de interés general que tengan.

. En la primera reunión de las diputaciones provinciales se clasificarán los caminos de primer órden, con arreglo á lo prevenido en el artículo precedente.

Art. 4.° Los caminos vecinales de segundo órden estarán exclusivamente á cargo de los pueblos cuyo término atraviesen.

Para los caminos vecinales de primer órden podrán concederse auxilios de los fondos provinciales, incluyéndose su importe en el presupuesto correspondiente cuando la diputacion provincial estime conveniente votarlos.

La distribucion de la cantidad votada por la diputacion para los caminos de primer órden se hará por el jefe politico de acuerdo con el consejo provincial, teniendo presente, no solo la utilidad general de los caminos, sino los esfuerzos que hagan los pueblos á quienes interesen para contribuir á los gastos que ocasionen.

Art. 5.° No se procederá á la construccion y mejora de los caminos vecinales sino á peticion ó con la conformidad de los ayuntamientos de los pueblos á quienes interesen, y despues que dichos ayuntamientos hayan votado los recursos necesarios.

Siempre que una línea vecinal de primero ó segundo órden interese á varios pueblos, se concertarán entre sí los alcaldes acerca de la cuota que de los recursos votados ha de aprontar cada pueblo para el camino comun.

Si sobre este punto no hubiere avenencia entre los alcaldes, decidirá el consejo provincial, conforme á lo dispuesto en el art. 8.° de la ley de 2 de abril de 1845.

Art. 6.° Los jefes políticos excitarán, por cuantos medios esten á su alcance, el celo de los ayuntamientos para que voten como gastos voluntarios los recursos suficientes para la construccion, mejora y conservacion de los caminos vecinales.

A este fin podrán emplear los pueblos, con aprobacion del gobierno :

1.° Los sobrantes de los ingresos municipales despues de cubierto el presupuesto ordinario.

2.° Una prestacion personal de cierto número de dias de trabajo al año.

3.° Un repartimiento vecinal legalmente hecho.

4.º Los arbitrios extraordinarios que estimen convenientes.

Los ayuntamientos, en union con los mayores contribuyentes, con arreglo al art. 105 de la ley de 8 de enero de 1845, podrán votar unos ú otros de estos arbitrios, ó todos à la vez si lo creyeren necesario.

Los fondos que se recaudaren por cualquiera de estos medios se invertirán en los caminos vecinales sucesivamente, empezando por los de interés mas general.

Art. 7.º Las multas que se exijan por contravenciones á los reglamentos de policía de los caminos vecinales ingresarán con los demas fondos destinados á dichos caminos.

Art. 8.º La prestacion personal votada por el ayuntamiento, en union de los mayores contribuyentes, se impondrá à todo habitante del pueblo en la forma que sigue:

1.º Por su persona y por cada individuo varon, no impedido, desde la edad de 18 años hasta 60, que sea miembro ó criado de su familia, y que residan en el pueblo ó en su término.

2.º Por cada uno de sus carros, carretas, carruajes de cualquiera especie, así como por los animales de carga, de tiro ó de silla que emplee en el uso de su familia, en su labor ó en su tráfico dentro del término del pueblo.

Los indigentes no estan obligados á la prestacion personal.

Art. 9.º La prestacion podrá satisfacerse personalmente por sí mismo ó por otro ó en dinero, á eleccion del contribuyente.

El precio de la conversion será arreglado al valor que el jefe político, oyendo á los ayuntamientos y de acuerdo con el consejo provincial, fije anualmente á los jornales, segun las localidades y estaciones.

La prestacion personal no satisfecha en dinero, podrá convertirse en tareas ó destajos con arreglo á las bases y evaluaciones de trabajos establecidas de antemano por los ayuntamientos y aprobadas por el jefe político.

Siempre que en el término prescrito por el ayuntamiento respectivo no haya optado el contribuyente entre satisfacer su prestacion de uno de los dos modos expresados en este artículo, se entiende aquella exigible en dinero.

El servicio personal no se prestará en ningun caso fuera del término del pueblo del contribuyente.

Art. 10. La distribucion de los recursos votados por los ayuntamientos para las necesidades de sus caminos vecinales se hará de modo que los de primer órden no consuman en ningun caso mas de la mitad de dichos recursos, invirtiéndose los restantes en los caminos de segundo órden.

Art. 11. Siempre que un camino vecinal, conservado por uno ó mas pueblos, sufra deterioro continuo ó temporalmente á causa de la explotacion de minas, bosques, canteras ó de cualquiera otra empresa industrial perteneciente á particulares ó al Estado, se podrá exigir de los empresarios una prestacion extraordinaria proporcionada al deterioro que sufra el camino en razon á la explotacion.

Estas prestaciones podrán satisfacerse en dinero ó en trabajo material, y se destinarán exclusivamente á los caminos que las hayan exigido.

Para determinarlas se concertarán las partes entre sí, y en caso de desavenencia fallará el consejo provincial.

Art. 12. Las extracciones de materiales, las excavaciones, los depósitos y las ocupaciones temporales de terrenos serán autorizadas por una órden del jefe político, el cual oyendo al ingeniero de la provincia, cuando lo juzgue conveniente, designará los parajes donde hayan de hacerse. Esta órden se notificará á los interesados quince dias por lo menos antes de que se lleve á ejecucion. No podrá extraerse materiales, hacerse excavaciones, ni imponerse otro género de servidumbre en terrenos acotados con paredes, vallados ó cualquiera otra especie de cerca, segun los usos del pais, á menos de que sea con el consentimiento de sus dueños.

Art. 13. Los trabajos de abertura y rectificacion de los caminos vecinales serán autorizados por órdenes de los jefes políticos.

Los caminos vecinales ya en uso se entiende que tienen la anchura de 18 pies que se les da en este decreto desde el momento en que el jefe político ó la diputacion provincial los clasifican con arreglo al art. 2.°

Los perjuicios que con motivo de lo prevenido en la cláusula anterior se causen en paredes, cercas ó plantíos colindantes se indemnizarán convencionalmente ó por decision del consejo provincial.

Cuando por variar la direccion de un camino, ó haberse de construir uno nuevo, sea necesario recurrir á la expropiacion, se procederá con sujecion á la ley de 17 de julio de 1836.

Art. 14. Los caminos vecinales de primer órden quedan bajo la autoridad y vigilancia directa de los jefes políticos y de los jefes civiles.

Los caminos vecinales de segundo órden quedan bajo la direccion y cuidado de los alcaldes.

No obstante, los jefes políticos, como encargados de la administracion superior de toda la provincia, cuidarán de que los fondos destinados á estos caminos se inviertan debidamente, de que se hagan las obras necesarias, y de que se ejecuten con la solidez y dimensiones convenientes.

Art. 15. Las contravenciones á los reglamentos de policía de los caminos municipales y vecinales serán corregidas por los alcaldes de los pueblos á que pertenezca el camino, ó por las autoridades á quienes las leyes concedieren estas atribuciones.

Art. 16. Los ingenieros de las provincias evacuarán gratuitamente, sin perjuicio de las atenciones de su peculiar instituto, los encargos que les dieren los jefes políticos, relativos á caminos vecinales, y solo en el caso de que tengan que salir á mas de tres leguas de su residencia disfrutarán la indemnizacion de gastos que les está asignada por la instruccion vigente.

Art. 17. Se considerarán de utilidad pública las obras que se ejecuten para la construccion de los caminos de que trata el presente decreto.

Los negocios contenciosos que ocurrieren con ocasion de estas obras se resolverán por los tribunales ordinarios ó administrativos á quienes competa, con arreg'o á los principios, máximas y disposiciones legales relativas á las obras para los caminos generales costeados por el Estado.»

REAL ORDEN DE LA MISMA FECHA, aprobando el siguiente

REGLAMENTO

PARA LA EJECUCION DEL DECRETO DE 7 DE ABRIL DE 1848, SOBRE CONSTRUCCION, CONSERVACION Y MEJORA DE LOS CAMINOS VECINALES.

CAPITULO I.

CLASIFICACION DE LOS CAMINOS VECINALES.

SECCION PRIMERA.

Clasificacion general.

Art. 1.° Tan pronto como los jefes políticos reciban este reglamento le circularán á los alcaldes de todos los pueblos de sus respectivas provincias para que ejecuten la parte de él que les compete.

Art. 2.° Los alcaldes formarán desde luego un itinerario circunstanciado de todos los caminos de cualquiera especie que crucen el término de sus pueblos, con arreglo al modelo núm. 1.°

Art. 3.° Formado que sea el itinerario de que trata el artículo anterior, se someterá por el alcalde à la aprobacion y deliberacion del ayuntamiento, que dará su dictámen sobre todos los puntos indicados en las casillas números 12, 14 y 15 del citado itinerario.

Art. 4.° Este itinerario se tendrà de manifiesto durante 15 dias en la casa de ayuntamiento, y se dará aviso en la forma acostumbrada de su depósito á los vecinos.

Art. 5.° En estos 15 dias tendrà derecho á examinar el itinerario todo vecino del pueblo, ó todo el que tenga propiedad en su término, aunque esté domiciliado en otro, y de hacer por escrito todas las reclamaciones que creyere convenientes, sea á su interés privado, sea al del pueblo.

Estas observaciones podràn extenderse á indicar si en el itinerario se ha omitido algun camino que deba declararse vecinal, y si se han incluido otros que no deban serlo.

Art. 6.° Terminado el tiempo del depósito se recurrirà de nuevo al ayuntamiento y deliberarà sobre las proposiciones de inclusion ó exclusion de caminos, si las hubiere habido, así como sobre las demas reclamaciones y observaciones que se hayan presentado; y en caso de que decida que debe aumentarse ó disminuirse alguna línea vecinal à las ya expresadas en el estado, lo verificará dando su dictamen en iguales términos que para las otras.

Art. 7.° Una copia del itinerario, el dictamen de los ayuntamientos y todos los documentos en que se apoye, se remitirán al jefe político por conducto del subdelegado civil, donde le haya, que dará tambien su dictámen fundado.

Art. 8.° En vista de todos estos antecedentes, procederà el jefe político à la clasificacion de los caminos bajo la denominacion sencilla de caminos vecinales, hasta que, reunida la diputacion provincial, se determine cuáles han de ser de primer órden con arreglo á lo prevenido en el art. 2.° del real decreto de 7 de abril.

Art. 9.° La órden de clasificacion dada por el jefe político marcará la anchura de los caminos declarados vecinales dentro del maximum de 18 pies de firme, y no comprendidos en ellos las cunetas, pretiles, paseos, muros de sosten, taludes y demas obras necesarias que sea preciso establecer fuera de la via, cuyas dimensiones se fijaràn tambien por el jefe político segun las circunstancias.

Esta órden se remitirá al alcalde del pueblo respectivo para que quede unida al itinerario general de los caminos vecinales.

Luego que el alcalde la reciba la publicará por carteles que se fijarán en los sitios de costumbre, y desde este momento los caminos clasificados serán legalmente reconocidos como vecinales para todos los efectos del decreto citado.

Art. 10. Para el cumplimiento de todas las formalidades prescritas en los artículos precedentes, fijarán los jefes políticos un término prudencial, dentro del cual deben cumplir los alcaldes con lo que les está prevenido.

Art. 11. Luego que los jefes políticos hayan hecho la clasificacion expresada, remitirán à la direccion de obras públicas un itinerario de los caminos clasificados en sus provincias.

Este itinerario puede dividirse para mayor claridad por partidos judiciales, y debe comprender:

1.° Los caminos clasificados.

2.° La anchura que se haya fijado à cada uno.

3.° El número de leguas que cada cual comprenda.

4.° El punto adonde conduzca y de donde parta, así como los que atraviese.

5.° Una noticia del estado de conservacion en que se encuentre.

6.° El grado de interés general que tenga.

7.° Un presupuesto aproximado de la cantidad que sería necesario invertir para poner en estado transitable para carruajes cada uno de estos caminos.

SECCION SEGUNDA.

Clasificacion de los caminos vecinales de primer orden.

Art. 12. El jefe político propondrà á la diputacion provincial los caminos que deben declararse de primer órden, á cuyo efecto le facilitarà todos los antecedentes que debe tener reunidos sobre la importancia de dichos caminos para que pueda juzgar con conocimiento.

La diputacion acordarà lo que tenga por conveniente en vista de los documentos exhibidos; y si este acuerdo fuere aprobado por el jefe político, serán desde luego reconocidos como caminos de primer órden los designados, salvo siempre el derecho que tienen los pueblos á quienes interesen de recurrir al gobierno en los términos legales.

Al mismo tiempo que se clasifiquen por la diputacion los caminos de primer órden, se marcarán los pueblos que deban concurrir á los gastos que ocasione cada uno.

Art. 13. Tan pronto como un camino vecinal haya sido declarado de primer órden, remitirán los alcaldes de los pueblos cuyos términos cruce, una noticia descriptiva de la anchura que tenga en todas sus partes dicho camino.

Art. 14. El trabajo prescrito en el artículo precedente estará dividido en tantas secciones cuantos sean los pueblos cuyo término atraviese el camino. Cada una de estas secciones se depositará durante 15 dias en la casa del ayuntamiento del pueblo á quien concierna: los propietarios á quienes interese podrán tomar conocimiento de ella, y hacer las reclamaciones que tengan á bien. El ayuntamiento deliberará despues, tanto sobre estas reclamaciones como sobre el informe del alcalde, y todos estos documentos se remitirán en seguida al jefe político, para que en vista de ellos determine la anchura que debe tener el camino.

Art. 15. Siempre que uno ó varios pueblos crean conveniente promover, sea la abertura de un camino vecinal de primer órden, sea la clasificacion como tal de uno ya existente, se hará la demanda al jefe político á consecuencia de una deliberacion de los ayuntamientos, los cuales deberán indicar la naturaleza y la cantidad de los recursos que piensan afectar á los gastos que con este motivo se ocasionen, y votar desde luego estos recursos.

Art. 16. Las demandas de la misma especie hechas por particulares no se admitirán sino cuando contenga la oferta de concurrir á los gastos, y una garantía conveniente de la realizacion de este concurso.

Art. 17. Si estas demandas parecen fundadas al jefe político, podrá declarar de primer órden el camino que las haya promovido, oyendo antes al ingeniero de la provincia y á la diputacion provincial.

Art. 18. Si la línea que se trata de erigir en camino de primer órden no existiere y fuere necesario abrirla de nuevo, se procederá con sujecion á lo prevenido en el capítulo 10 de este reglamento.

Art. 19. Las sumas que se recauden á consecuencia de ofrecimientos de concurso voluntario de parte de pueblos ó particulares, no podrán emplearse nunca sino en los caminos para que hayan sido ofrecidas.

Art. 20. Cuando por su importancia y utilidad para las relaciones agrícolas y comerciales del pais crea el jefe político que un camino de segundo órden ya existente debe pasar á la categoría de primero, oirá á los ayuntamientos, y el dictámen del ingeniero de la provincia, y de acuerdo con la diputacion provincial podrá declarar lo conveniente sin necesidad de que preceda peticion de parte interesada.

Con iguales formalidades podrá trasladar un camino de primer órden á segundo, siempre que las circunstancias lo requieran.

Art. 21. Clasificado que sea un camino con sujecion á lo prevenido en los artículos anteriores, se remitirá la órden de clasificacion á los alcaldes de los pueblos por donde pase, los cuales la harán publicar en la forma de costumbre, y desde este momento será el camino reconocido legalmente y abierto al tránsito. Todo obstáculo puesto á la circulacion por fosos, paredes ó de cualquier otro modo, se considerará como usurpacion del terreno del camino: el alcalde proveerá lo conveniente para restablecer el libre tránsito, y la contravencion será castigada con arreglo á lo establecido en el capítulo 11 de este reglamento.

CAPITULO II.

DISPOSICIONES RELATIVAS Á LA APRECIACION DE LAS NECESIDADES DE LOS CAMINOS VECINALES.

SECCION PRIMERA.

Apreciacion de las necesidades de los caminos de segundo órden.

Art. 22. Desde 1.º de enero á 1.º de abril de cada año harán los alcaldes la visita de los caminos vecinales de segundo órden de su territorio respectivo, y formarán un estado sumario del dinero, materiales, carros y mano de obra necesarios para los trabajos que hayan de hacerse en estos caminos al año siguiente. En estos estados se indicarán los puntos donde deberán extraerse los materiales, las partes del camino, cuyo ensanche parezca necesario, y las obras de fábrica que hayan de construirse.

En esta visita se harán acompañar los alcaldes ó sus delegados por los encargados de dirigir las obras, donde los hubiere.

Art. 23. Los estados sumarios de que habla el artículo anterior se dirigirán por los alcaldes á los jefes civiles donde los haya y en su defecto al jefe político á medida que sean redactados, de modo que los últimos esten en poder de la autoridad correspondiente el dia 10 de abril lo mas tarde.

Art. 24. Estos documentos serán inmediatamente examinados por los jefes civiles y por los jefes políticos, que harán en ellos las variaciones que crean convenientes, y los devolverán en seguida á los alcaldes para que sirvan de base al voto de los ayuntamientos.

SECCION SEGUNDA.

Apreciacion de las necesidades de los caminos de primer órden.

Art. 25. Los jefes políticos, valiéndose de los ingenieros de la provincia, de los arquitectos ó de cualesquiera otras personas facultativas, harán reconocer al principio de cada año ios caminos vecinales de primer órden de sus provincias, y mandarán que se formen respecto á estos estados iguales à los expresados en el art. 22, que se remitirán tambien á los alcaldes á quienes conciernan, para que los tengan presentes los ayuntamientos al votar los recursos necesarios.

Art. 26. Igualmente fijará el jefe político oyendo à los ayuntamientos y de acuerdo con el consejo provincial, el precio de las diversas especies de jornales que han de servir de tipo para la conversion de las prestaciones personales en dinero, y hará circular á los alcaldes una noticia de estos precios antes del dia 1.º de abril de cada año.

CAPITULO III.

SECCION PRIMERA.

Creacion de recursos.

Art. 27. En las primeras sesiones del mes de mayo de cada año manifestará el alcalde al ayuntamiento los estados de que tratan los artículos precedentes. El ayuntamiento, en uniou de los mayores contribuyentes, segun se previene en el art. 6.º del real decreto, deliberará en vista de estos documentos, y determinará los caminos que deban construirse ó repararse, votando al mismo tiempo los recursos que hayan de destinarse á este objeto.

En el caso de que el pueblo haya sido declarado por la diputacion provincial interesado en la construccion ó conservacion de uno ó varios caminos de primer órden, votará tambien el ayuntamiento la parte con que quiere contribuir á este servicio.

Estos votos de los ayuntamientos son obligatorios desde el momento que obtengan la aprobacion del gobierno ó del jefe político en su caso.

Art. 28. Si bastaren los sobrantes de los ingresos municipales para cubrir en todo ó en parte las necesidades de los caminos vecinales, el ayuntamiento, sin asociarse los contribuyentes de que habla el artículo anterior, afectará á ellas la parte de estos sobrantes que no reclamen otros servicios mas urgentes.

Art. 29. Si no pudiere dedicarse ninguna porcion de los ingresos municipales al servicio de los caminos, ó si la porcion que se dedicare no basta para las necesidades de este servicio, examinará el ayuntamiento, en union de los mayores contribuyentes, el modo de proveer á ellas, y votará, si lo cree conveniente, cualquiera de los otros arbitrios designados en el citado real decreto.

Si el arbitrio votado fuere la prestacion personal, bastará la aprobacion del jefe político para hacerla obligatoria: si fuere cualquiera de los otros que se expresan en el real decreto, se someterá á la aprobacion del gobierno.

Art. 30. En el caso de que el arbitrio votado sea la prestacion personal, se declarará el número de dias de trabajo con que ha de contribuir cada habitante.

Art. 31. En el mismo mes de mayo fijarán los ayuntamientos, si lo creyeren conveniente, las bases y evaluaciones de una tarifa de conversion de la prestacion personal en tareas.

Esta tarifa se redactará de modo que cada peonada de bracero, de animales ó de carruajes esté representada por una cantidad determinada de tierra que cavar, de materiales que extraer, que trasportar, ó de cualquiera otro trabajo que fuere necesario ejecutar.

Los ayuntamientos tomarán por base de esta tarifa el valor de los jornales de prestacion en dinero, tal como haya sido determinado por el jefe político de acuerdo con el consejo provincial, y el precio de las diferentes especies de trabajos y de trasportes en el pais.

Formada que sea la tarifa se remitirá á la aprobacion del jefe político por conducto del jefe civil, donde le hubiere, que dará su dictámen sobre ella.

SECCION SEGUNDA.

Proporcion de la cuota con que cada pueblo debe contribuir para los caminos de primer órden en que tenga interés.

Art. 32. Luego que los ayuntamientos hayan cumplido lo que se previene en el art. 27, convocará el jefe civil, donde le hubiere, ó en su defecto el alcalde nombrado por el jefe político, á todos los alcaldes de los pueblos interesados en cada camino vecinal de primer órden, los cuales se reunirán en el lugar designado para acordar la proporcion con que han de contribuir á los gastos necesarios. Los alcaldes, en caso de impedimento, podrán delegar en otro miembro del ayuntamiento la facultad de concurrir á esta junta, que será presidida por el que la haya convocado, y nombrará un secretario entre sus mismos individuos.

, Art. 33. Para evaluar la cuota con que deba concurrir cada pueblo tendrá la junta en consideracion la poblacion de estos pueblos, sus ingresos municipales, la frecuentacion mas ó menos activa del camino, la cantidad y la naturaleza de los trasportes, la mayor ó menor utilidad que los pueblos reporten de la línea y todas las demas circunstancias favorables ó adversas que expongan los alcaldes, cuyas proposiciones y razones se consignarán sumariamente por escrito.

Art. 34. Si hubiere acuerdo en la junta acerca de la reparticion de los contingentes de los pueblos se remitirá dicho acuerdo al jefe político, que lo hará obligatorio dándole su aprobacion.

Este acuerdo continuará rigiendo en los años sucesivos siempre que los mismos pueblos voten recursos para sus caminos vecinales, á menos de que sobrevengan causas que hagan indispensable alguna modificacion.

Art. 35. Si la junta no pudiere concertarse sobre las cuotas respectivas, consignará esta circunstancia, y el presidente remitira las actas originales y todos los documentos que puedan dar luz sobre las discusiones al jefe político, que los trasmitirá al consejo provincial, el cual procederá en este caso á la designacion de la cantidad con que cada pueblo haya de contribuir segun se previene en el art. 5.° del real decreto de 7 de abril.

Art. 36. Las cuotas se fijarán siempre en dinero por el consejo provincial dentro del máximo fijado en el art. 10 del real decreto citado; pero podrán sin embargo satisfacerse en dinero ó en servicio personal, calculado este segun el valor dado á los jornales por el jefe político de acuerdo con el consejo provincial en cumplimiento del art. 26 del presente reglamento.

SECCION TERCERA.

Auxilios de los fondos provinciales.

Art. 37. El jefe político al formar el presupuesto anual de la provincia, con arreglo al art. 60 de la ley de 8 de enero de 1845, incluirá en él en capítulo separado la cantidad que crea deber asignarse por via de auxilio y estímulo á los caminos vecinales de primer órden.

La diputacion provincial discutirá y votará este capítulo como los demas del presupuesto, que se someterá á la aprobacion de S. M. como está mandado en el mismo artículo de dicha ley.

Art. 38. Aprobado que sea el presupuesto provincial procederá el jefe político á hacer la distribucion de la cantidad destinada al efecto entre los caminos vecinales de primer órden.

Esta reparticion, cuya base ha de ser la importancia de los trabajos que hayan de ejecutarse, se hará teniendo en consideracion tambien los esfuerzos que hicieren los pueblos para atender á sus caminos.

SECCION CUARTA.

De la prestacion personal.

Art. 39. En cada pueblo de la provincia se formará por el alcalde, en union de los repartidores de contribuciones, un padron de todos los contribuyentes sujetos á la prestacion.

Este padron se dispondrá de modo que pueda servir para tres años, pero se revisará cada uno antes de que empiece el turno de la prestacion, haciendo en él las alteraciones necesarias.

Siempre que se renueve totalmente, se someterá á la aprobacion del jefe político.

Art. 40. El padron podrá estar ordenado por el órden alfabético de los nombres de los contribuyentes, ó bien por barrios y calles de la poblacion, segun la costumbre de cada localidad.

En él constarán: 1.º El nombre y apellido de cada vecino: 2.º El nombre y apellido de cada varon que sea miembro ó criado de su familia: 3.º El número de carros, carretas, carruajes de otra especie, y de animales de carga, de tiro y de silla que emplee en su labor ó en su tráfico dentro del término del pueblo: 4.º Las causas que haya para exceptuar á algunos individuos de este servicio, sea por edad, enfermedad, indigencia ó cualquiera otra razon legítima. Un cierto número de renglones quedará en blanco al fin de cada página para anotar las variaciones que puedan ocurrir cada año.

Art. 41. Estan obligados á la prestacion votada por los ayuntamientos, en ejecucion del art. 8.º del real decreto de 7 de abril:

1.º Todo habitante del pueblo, soltero ó casado, varon no impedido de edad de 18 años hasta 60. En este caso debe la prestacion por su persona y ademas por cada individuo varon no impedido de 18 á 60 años que sea miembro ó criado de su familia y que resida en el pueblo ó en su término, y tambien por cada carruaje de toda especie y animales de carga, de tiro y de silla que emplee en su labor y en su tráfico dentro del término del pueblo.

2.º Todo individuo de menos de 18 años ó mas de 60, aun cuando sea hembra, esté impedido y no resida en el pueblo: si este individuo es jefe de una familia que habite en él ó dueño ó arrendatario de un establecimiento agrícola ó de cualquiera otra especie, situado en el territorio del pueblo.

En este caso no debe la prestacion por su persona, pero sí por las demas personas y cosas sometidas á este servicio, que dependan del establecimiento de que sea dueño ó arrendatario.

Art. 42. El propietario que tenga varias residencias que habite alternativamente, estará sujeto á la prestacion en el pueblo donde tenga la vecindad.

Si tuviere en diferentes pueblos un establecimiento permanente con criados, carruajes ó animales de carga, de tiro ó de silla, estará sujeto en cada pueblo á la prestacion por lo que en él le pertenezca.

Si sus criados, animales y carruajes pasan temporalmente con él de una residencia á otra, no está obligado á la prestacion en ningun concepto sino en el pueblo donde esté avecindado.

Art. 43. Se considerarán como criados para los efectos del art. 8.º del real decreto los que reciban un salario mensual ó anual permanente, y no los obreros que trabajen á jornal ó á destajo, ó que esten empleados temporalmente durante la recoleccion, sementera y otras faenas, ni los jefes de talleres, empleados y obreros de los establecimientos industriales, ni los postillones permanentes de las paradas de postas.

Los individuos comprendidos en estas clases deben satisfacer la prestacion por su propia cuenta en el pueblo de su domicilio ó del de su familia.

Art. 44. No estan sujetos á la prestacion:

1.º Los animales destinados al consumo, á la reproduccion, y los que se poseen como objeto de comercio, á menos de que, no obstante el objeto á que estan destinados, los emplee su dueño en trabajos de cualquiera especie.

2.º Los caballos padres y garañones, aun cuando esten domados, y los caballos y mulas de las paradas de postas, con tal de que no excedan del número prefijado por los reglamentos de administracion.

3.º Los animales de carga y tiro que empleen los tragineros, ordinarios y arrieros en el trasporte de géneros ó pasajeros de unos puntos á otros, á no ser que los dediquen en alguna época del año á trabajos agrícolas ó de otra especie, en cuyo caso estarán obligados á la prestacion los que se empleen en dichos trabajos.

Art. 45. No deben considerarse como carruajes, empleados en la labor, en el tráfico ó eu servicio de la familia sino aquellos que el propietario posee de una manera pèrmanente con el ganado necesario para poder usarlos todos á un tiempo.

Art. 46. Formados que sean los padrones por los alcaldes y repartidores, se pondrán de manifiesto eu las casas de ayuntamiento por espacio de un mes para que todos los contribuyentes incluidos en ellos puedan hacer las reclamaciones que crean convenientes, del mismo modo que se practica con los repartimientos de las demas contribuciones.

Pasado este término, y hechas las alteraciones á que hayan dado lugar las reclamacioues de los contribuyentes se pasará el padron al jefe político, que lo devolverá à los alcaldes despues de aprobarlo.

Cuando los contribuyentes no sean atendidos en las reclamaciones que hicieren en sus pueblos repectivos, podrán acudir al consejo provincial segun lo establecido en el art. 8.º de la ley de 2 de abril de 1845.

Esto no obstante deberán satisfacer su prestacion del modo que hayan elegido, salvo el reembolso en dinero, que se les hará de los fondos municipales, de la rebaja que obtuvieren en sus cuotas.

Art. 47. Luego que los jefes políticos hayan devuelto, aprobados definitivamente, los padrones, se pasará à cada vecino del pueblo una papeleta que contenga:

1.º El número de dias de trabajo que debe prestar por su persona y por cada uno de los miembros ó criados de su familia.

2.º El número de dias que debe por sus carros, carretas y demas carruajes.

3.º El que debe por los animales, de carga, de tiro ó de silla.

4.º El importe de todos estos jornales en dinero, segun la tarifa de conversion formada en vista de los precios señalados à los jornales por el jefe político y consejo provincial, conforme á lo dispuesto en el artículo 26.

Esta papeleta se arreglará al modelo núm. 2.

Art. 48. Los alcaldes de los pueblos harán saber à los vecinos que à los 15 dias de recibida la papeleta de que habla el artículo anterior, la han de devolver expresando en ella por escrito si quieren satisfacer la prestacion personalmente ó en dinero; en la inteligencia de que pasado el término prefijado para la opcion, se entiende aquella exigible en dinero.

La declaracion de opcion debe hacerse aun cuando se haya entablado recurso sobre la cuota al consejo provincial, sin que esta declaracion perjudique al derecho del recurrente.

Art. 49. Las declaraciones de opcion serán recibidas por el alcalde ó la persona que nombrare al efecto, y despues que estuvieren reunidas se entregaràn, así como los padrones, à un cobrador nombrado por el ayuntamiento, que anotarà en dicho padron, al lado del nombre de cada contribuyente, la manera que ha elegido para satisfacer su prestacion.

Art. 50. Estos cobradores, que deben ser los depositarios de fondos del comun, nombrados con sujecion à lo prevenido en el párrafo primero del art. 79 de la ley de 8 de enero de 1845, formarán en los 15 dias siguientes al del recibo de los padrones y papeletas un extracto de dichos padrones dividido en dos partes: la primera comprenderá solamente los vecinos ó cabezas de familia, con los dias de trabajo de peones, animales ó carruajes que hayan declarado querer satisfacer materialmente; y la segunda el importe total de cada una de las cuotas que se han de cobrar en dinero, porque así lo haya declarado el contribuyente, ó porque en defecto de opcion y pasado el término sean exigibles en efectivo. Modelo núm. 3.

Una copia de estos extractos, firmada por el cobrador y el alcalde, se remitirà al jefe político para que tenga conocimiento de los recursos con que cuentan los pueblos, y otra se entregarà al alcalde.

Art. 51. En vista del extracto mencionado en el artículo anterior, determinaràn los alcaldes que se reserven, tanto la cantidad en efectivo como las peonadas de cada clase que basten para cubrir la cuota con que el pueblo se haya ofrecido à contribuir, ó que le haya sido impuesta por el consejo provincial para los caminos de primer órden; y el dinero y peonadas restantes se emplearán en los de segundo órden, con sujecion à lo que se previene en el capítulo 5.° de este reglamento.

Art. 52. Las cuotas que los contribuyentes quieran satisfacer en dinero, y las que sean exigibles del mismo modo por falta de opcion en el término prefijado, se cobrarán en iguales plazos y épocas que las contribuciones directas.

El servicio que los contribuyentes hubieren declarado querer satisfacer personalmente, y que no prestaren siendo requeridos para ello, serà tambien exigible en dinero.

Respecto à los que se nieguen à contribuir de un modo ú otro con sus cuotas respectivas, se adoptarán las mismas medidas coercitivas que se emplean en la cobranza de las contribuciones generales.

Art. 53. Los cobradores de los arbitrios destinados à caminos vecinales tendràn el 3 por 100 del importe total de los ingresos por la redaccion de los estados que deben presentar, por la cobranza y por los avisos que han de pasar à los contribuyentes, para que satisfagan sus asignaciones de la manera que hubieron elegido.

SECCION QUINTA.

Voto de otros arbitrios que la prestacion personal.

Art. 54. Cuando por insuficiencia de los ingresos municipales para atender à los caminos vecinales quieran los ayuntamientos usar de la facultad que les da el art. 8.° del real decreto para votar un arbitrio distinto de la prestacion personal, podràn hacerlo en union de los mayores contribuyentes en las primeras sesiones del mes de mayo, y trasmitiràn en seguida su acuerdo al jefe político, para que este lo someta à la aprobacion del gobierno.

Lo mismo se practicarà si, además de la prestacion personal, quisieren los ayuntamientos votar otro arbitrio de los designados en dicho artículo.

Art. 55. Si lo que hubiere votado el ayuntamiento fuere un reparto vecinal, se recaudarà del mismo modo y por la misma persona que las cantidades que provengan de la prestacion satisfecha en dinero.

En este caso el cobrador solo disfrutarà el 2 por 100 de las cantidades que ingresen por el trabajo de la cobranza, que se harà al mismo tiempo, y siguiendo igual método que para las demas contribuciones.

Art. 56. Cuando el ayuntamiento votare un arbitrio sobre cualquier especie de consumo, quedarà en libertad de recaudarlo por sí ó de sacarlo à subasta, sometiendo el remate à la aprobacion del jefe político.

CAPITULO IV.

PRESTACIONES ESPECIALES POR DETERIOROS CONTINUOS Ó TEMPORALES.

SECCION PRIMERA.

Derechos de los pueblos.

Art. 57. Cuando por causa de la explotacion de minas, bosques, canteras ó de cualquiera otra empresa industrial perteneciente à particulares ó al Estado, experimente deterioro contínuo ó temporal un camino de primero ó segundo órden conservado en buen estado de trànsito, podràn exigirse de los empresarios prestaciones proporcionadas al daño que causen, segun lo dispuesto en el art. 11 del decreto de 7 de abril.

Art. 58. Estas prestaciones seràn reclamadas por los alcaldes de los pueblos interesados, aun cuando se trate de los caminos de primer órden.

Art. 59. Se entiende que hay deterioro contínuo cuando el trasporte de las materias explotadas se hace durante todo el año ó la mayor parte de él por un mismo camino.

Hay deterioro temporal cuando el trasporte no se ejecuta durante todo el año ó su mayor parte, sino solamente en ciertas épocas.

Si el trasporte es contínuo, pero se hace por distintos caminos sucesivamente, se considerará el deterioro como temporal respecto á cada uno de los caminos por donde se hiciere.

Art. 60. Los alcaldes dirigirán sus reclamaciones á los dueños de las empresas cuando la explotacion se haga por su cuenta, y á los arrendatarios si estos la ejecutáren por sí, excepto cuando se haya adjudicado un monte para carbonear ó hacer cortas en él, por lotes y á varias personas, en cuyo caso se dirigirán los alcaldes siempre al propietario.

SECCION SEGUNDA.

Justificacion del estado de tránsito.

Art. 61. No podrán reclamarse prestaciones de los propietarios ó explotadores, sino en el caso de que el camino que dé orígen á las reclamaciones se halle en buen estado de conservacion y de tránsito.

Art. 62. Para justificar el buen estado de un camino bastará que la junta inspectora del partido, establecida con arreglo al art. 152, lo haya reconocido como tal en el informe que debe pasar cada año al jefe político.

SECCION TERCERA.

Justificacion de los deterioros.

Art. 63. Las prestaciones reclamadas por los alcaldes deben ser proporcionadas al deterioro que sufran los caminos.

Para determinarlas se concertarán las partes entre sí; y en caso de que no haya avenencia se nombrarán dos peritos, uno por el alcalde y otro por el propietario ó explotador, los cuales darán su dictámen acerca de la indemnizacion á que haya lugar, que se fijará por el consejo provincial en vista del dictamen de estos peritos, ó del de estos y un tercero nombrado por dicho consejo, si los primeros no estuvieren acordes.

Si hubiere avenencia entre el alcalde y el empresario se someterá el convenio que hicieren á la aprobacion del ayuntamiento, el cual podrá admitir ó desechar la proposicion. Si la desechare se remitirá al jefe político para que decida el consejo provincial.

Art. 64. La designacion de la cuota con que ha de contribuir el dueño ó empresario de la explotacion se hará al concluirse esta si fuere temporal, y al fin de cada año si fuere permanente.

Las cuotas de que trata el párrafo precedente se fijarán anualmente, sin que la decision del consejo provincial pueda ser extensiva á varios años.

SECCION CUARTA.

Cobranza de estas prestaciones.

Art. 65. El alcalde comunicará la decision del consejo provincial al propietario ó explotador deudor de la prestacion, y al cobrador nombrado por el ayuntamiento para la recaudacion de los fondos destinados á los caminos.

Art. 66. Si la prestacion recae sobre un monte del Estado, se entenderán los alcaldes con los comisarios de montes de la provincia, tanto para la cobranza como para las reclamaciones de que trata el art. 63.

Art. 67. Los deudores de estas prestaciones declararán en el término de 15 dias, contados desde que se les haya comunicado la decision del consejo provincial, ó desde que hayan hecho el convenio con los alcaldes, si quieren satisfacerlas personalmente ó en dinero.

Si no lo expresaren en el término prefijado, la prestacion se exigirá en dinero y del mismo modo que á los demas contribuyentes.

En el caso de que hayan optado por satisfacer la prestacion en trabajo, se someterán las disposiciones que sobre este punto rijan en el pueblo á que pertenezca el camino.

CAPITULO V.

DISPOSICIONES RELATIVAS A LA EJECUCION DEL TRABAJO.

SECCION PRIMERA.

Reconocimiento de los caminos que hayan de repararse ó construirse.

Art. 68. Luego que los ayuntamientos hayan votado en las primeras sesiones del mes de mayo los recursos necesarios, y designado los caminos ó partes de ellos donde deben hacerse los trabajos, remitirán sus acuerdos al jefe político para que los apruebe, en la parte que le corresponda, y los eleve al gobierno cuando necesiten la aprobacion de este.

Art. 69. Cuando los ayuntamientos hayan recibido los acuerdos de que trata el artículo anterior, ya aprobados, y algun tiempo antes de empezarse los trabajos, visitará de nuevo el alcalde los caminos en que hayan de ejecutarse, hará por sí ó mandará hacer una descripcion detallada de estos trabajos, y con presencia de ella preparará la reparticion que deba hacerse entre los diferentes caminos, tanto de los dias de prestacion que hayan de satisfacerse personalmente, como del dinero existente por cualquier concepto. Para la reparticion antedicha deberá fundarse el alcalde en los extractos de opcion, que en cumplimiento del art. 50 le habrá entregado el cobrador.

Si el pueblo tuviere que contribuir con alguna cuota para caminos vecinales de primer órden, se hará la reparticion prescrita en el párrafo anterior reservando los jornales de prestacion y el dinero necesarios para cubrir la cuota destinada á estos caminos.

SECCION SEGUNDA.

Trabajos de prestacion y época de su empleo.

Art. 70. Los trabajos de prestacion personal se ejecutarán en dos épocas del año, que fijarán los jefes políticos atendiendo á las circunstancias particulares de cada provincia, de modo que no se perjudique á la agricultura. Los alcaldes determinarán dentro de los límites prefijados la época mas conveniente á los trabajos, cuidando de señalar el dia en que hayan de principiarse, de modo que puedan quedar concluidos al espirar el término marcado por el jefe político.

Art. 71. No obstante lo prevenido en el artículo anterior, si despues de fijadas las épocas para la ejecucion de los trabajos se reconociere que respecto á algunos pueblos pueden fijarse otras mas favorables á la buena construccion de las obras ó mas convenientes á las necesidades de la agricultura, lo harán presente los alcaldes al jefe político, que podrá variar dichas épocas como crea oportuno.

Art. 72. El servicio de prestacion satisfecho personalmente debe efectuarse siempre en el mismo año para que ha sido votado, prohibiéndose expresamente que se reserve parte de dicho servicio de un año para otro.

SECCION TERCERA.

Abertura y vigilancia de los trabajos de prestacion personal.

Art. 73. Luego que el alcalde haya fijado dentro de los límites determinados por el jefe político el dia en que han de abrirse los trabajos, lo hará publicar en el pueblo por pregon y carteles ó en la forma acostumbrada quince dias antes de que hayan de comenzarse.

Art. 74. Cinco dias antes por lo menos de que se dé principio á las obras, hará el alcalde que el cobrador remita à cada contribuyente de los que hubieren optado por satisfacer la prestacion personalmente una papeleta firmada por dicho cobrador, requiriéndolo para que se presente tal dia, à tal hora, en tal sitio, à ejecutar el trabajo que se le indique.

Estos avisos serán conformes al modelo núm. 4.

Art. 75. Si un contribuyente no pudiere asistir el dia citado por enfermedad ó cualquicra otra causa, lo hará presente al alcalde à las 24 horas de haber recibido el aviso.

El alcalde podrá concederle un plazo proporcionado à la naturaleza del impedimento para satisfacer su prestacion.

Art. 76. No se citarán para trabajar à la vez sobre un camino mas que el número de hombres y carruajes ó animales que puedan emplearse simultáneamente sin confusion ni pérdida de tiempo, y con la mayor ventaja para la ejecucion de los trabajos. Las papeletas de aviso no se enviarán sino sucesivamente, y à medida de los adelantos y necesidades de las obras, pero de modo que lleguen siempre à los contribuyentes cinco dias antes del de sus citas respectivas.

Art. 77. Si el pueblo tuviere que contribuir para algun camino de primer órden con una parte del servicio personal, no se avisará à los contribuyentes cuyos jornales esten reservados à este efecto hasta que el jefe político haga conocer al alcalde el dia en que han de comenzar estos trabajos.

Art. 78. La vigilancia y direccion de los trabajos de los caminos de segundo órden pertenecerá al alcalde del pueblo en cuyo término se ejecuten, que podrá comisionar à un individuo del ayuntamiento à su eleccion para que los vigile cuando él no pudiere asistir personalmente.

Art. 79. El alcalde, de acuerdo con el ayuntamiento y con la autorizacion del jefe político, podrá nombrar un maestro de obras, aparejador ó cualquier otra persona inteligente que se encargue de la direccion material de los trabajos, y que estará tambien à las órdenes del concejal encargado de la vigilancia.

El sueldo de este sobrestante hará parte de los gastos de los caminos vecinales, y se satisfará de los fondos afectos á dichos trabajos.

Art. 80. En los pueblos en que haya guardas de campo deberá hallarse uno de ellos en el sitio de los trabajos á las órdenes del concejal encargado de vigilarlos.

Art. 81. El alcalde remitirá cada dia al concejal que vigile los trabajos una lista de los contribuyentes requeridos para prestar su servicio en el de la fecha. Esta lista deberá expresar al lado del nombre de cada contribuyente los útiles de que ha de ir provisto.

Art. 82. A la hora indicada para dar principio al trabajo, el sobrestante pasará lista á los trabajadores citados, verá si están provistos de los útiles que se les hubieren designado en la papeleta de aviso, y les señalará el sitio donde han de trabajar y la clase de trabajo que han de ejecutar.

Los contribuyentes deberán llevar consigo la papeleta de aviso para que se anote al respaldo de ella por el sobrestante, con el visto bueno del concejal encargado de la vigilancia, la parte que hayan satisfecho del servicio personal que les corresponda.

Art. 83. Los contribuyentes deberán llevar tambien al trabajo las palas, azadas, azadones y demás útiles de su posesion que les hubieren sido designados en la papeleta de aviso. Respecto á las almainas ó marros, martillos, carretones, espuertas y otros objetos de que no suelen estar provistos los contribuyentes, deberá proporcionárselos cada pueblo con los fondos de los caminos.

Las caballerías de carga deberán ir aparejadas convenientemente para la conduccion de materiales al uso del pais.

Art. 84. Los individuos citados que no tuvieren los útiles necesarios para el trabajo de su prestacion, y que no pudieren proporcionárselos, estarán obligados á hacerlo presente al alcalde en las 48 horas siguientes al recibo del aviso.

El alcalde verá si puede proporcionar las herramientas precisas para proveer á estos trabajadores, y en caso de no tenerlas, dará órden de que no vayan al trabajo los individuos que no puedan ser ocupados útilmente, y les designará otro dia para satisfacer su prestacion.

Art. 85. Los contribuyentes estan autorizados para enviar jornaleros pagados por ellos en su lugar, con tal de que estos sustitutos tengan mas de 18 años y menos de 60, y sean ademas útiles para los trabajos.

Art. 86. Los trabajos empezarán desde 1.° de abril hasta 1.° de octubre á las seis de la mañana y concluirán á las seis de la tarde, y el resto del año empezarán á las siete y media de la mañana y concluirán á las cuatro y media de la tarde.

La duracion del trabajo para los carruajes y caballerías de carga será de ocho horas en dos revezos.

Art. 87. La policía de los trabajos pertenecerá al alcalde ó su delegado; los trabajadores estarán obligados á obedecerlos en cuanto les mandaren relativamente á las obras que se ejecuten.

Art. 88. Los contribuyentes que no se sometan á las reglas establecidas para los trabajos, que perturben el órden, que no lleven sus animales y carruajes aparejados y guarnecidos de modo que puedan ser útiles, que no vayan provistos de los útiles exigidos en su papeleta de aviso, salvo el caso previsto en el art. 84, ó en fin que no trabajen como si estuviesen á jornal, serán despedidos por el encargado de las obras, y su cuota será exigible en dinero.

SECCION CUARTA.

Justificacion del servicio prestado.

Art. 89. El encargado de la vigilancia de los trabajos llevará consigo una copia del estracto de la prestacion personal, que debe formar el cobrador con arreglo al artículo 50.

Al fin de cada dia anotará al márgen, en frente del nombre de cada contribuyente, el número de jornales de diversas especies que haya satisfecho ó hecho satisfacer por su cuenta, ó igual anotacion hará al respaldo de la papeleta de aviso enviada al contribuyente.

Art. 90. Para las anotaciones de que trata el artículo anterior se entenderá que á los conductores de carruajes ó animales de carga ó tiro, se les debe contar el trabajo que hicieren en dicha conduccion como un jornal personal.

Art. 91. Concluidos que sean los trabajos, revisará y firmará el alcalde el estracto marginado, como se ha dicho en el art. 89, y lo remitirá al cobrador, que marginará del mismo modo el padron original, espresando los jornales satisfechos.

SECCION QUINTA.

Empleo de la prestacion en tareas ó destajos.

Art. 92. Si con arreglo á la facultad que se concede por el art. 33

del presente reglamento, hubiere votado el ayuntamiento que los trabajos se ejecuten por tareas ó destajos, y el jefe político hubiere aprobado las bases de las tarifas formadas para la conversion, serà obligatoria esta conversion para todos los individuos que hayan declarado querer satisfacer su prestacion personalmente.

Art. 93. Siempre que los trabajos hayan de ejecutarse por tareas, se mencionarà asi en las papeletas de aviso dirigidas à los contribuyentes, en cumplimiento de lo prevenido en el art. 71, expresando tambien en ellas la especie y cantidad de trabajo que cada individuo ha de hacer, y el término en que debe darla concluida.

Estas tareas serán además señaladas sobre el terreno por el alcalde ó el director de las obras. Si los trabajos consistieren en remociones de tierra ó en echar capas de piedra, se marcará si es posible en el camino con mojones ó de cualquier otro modo la estension de cada tarea.

Art. 94. La recepcion de los trabajos ejecutados à destajo se harà por el alcalde ó el encargado de las obras à medida que se fueren concluyendo. Los contribuyentes seràn responsables de estos trabajos hasta que se verifique la recepcion.

Art. 95. Las obras que no se recibieren por su mala ejecucion seràn rehechas ó recompuestas por los que las hubieren construido en el término que fije el alcalde.

Art. 96. Para la justificacion del servicio prestado se observaràn en este caso las formalidades prescritas en el art. 89.

Art. 97. Ninguna parte de la prestacion satisfecha personalmente ó en dinero podrà emplearse en otros caminos que en los clasificados con sujecion à las disposiciones del capítulo 1.°, y que hayan sido ademas designados por los ayuntamientos en uso de la facultad que se les concede por el art. 27. Tampoco podrà emplearse la prestacion en ninguna clase de trabajos que no sean para los caminos vecinales.

El funcionario que contraviniere à esta prescripcion quedarà personalmente responsable del valor de las prestaciones que hubiere hecho emplear indebidamente.

Art. 98. El empleo de las prestaciones satisfechas personalmente, y los resultados de este empleo, se justificaràn por un estado certificado por el concejal encargado de la vigilancia de los trabajos. Este documento se enviarà al jefe político por conducto del jefe civil, donde lo hubiere, para que dicha autoridad disponga que se forme el estado general que debe remitir al gobierno cada seis meses, conforme se previene en el art. 206.

Art. 99. Si por una causa cualquiera no se empleasen las prestaciones votadas en algun pueblo, lo pondrà el alcalde en conocimiento del jefe político, expresando el motivo de esta omision.

CAPITULO VI.

DE LOS TRABAJOS CUYO IMPORTE HAYA DE SATISFACERSE EN DINERO.

SECCION PRIMERA.

Redaccion de los proyectos de las obras.

Art. 100. Todos los trabajos cuyo importe haya de pagarse en efectivo serán objeto de proyectos regularmente redactados, con sujecion á las reglas establecidas en la instruccion expedida por la direccion de obras públicas con fecha 28 de abril de 1846.

Esto no obstante, con la aprobacion del jefe político podrán esceptuarse de la disposicion anterior las obras de reparacion ó de cualquiera otra especie, cuyo costo no deba exceder de 10,000 rs., para las cuales bastará una descripcion y presupuesto detallados, si no fuere posible otra cosa.

Art. 101. Los proyectos y planos de todas las obras de fábrica, cuyo importe exceda de dicha cantidad, deberàn estar formados por un ingeniero arquitecto ó maestro de obras aprobado.

Los proyectos de obras menores y de reparacion ó conservacion podràn hacerse por un maestro de obras, aparejador ó cualquier otro hombre pràctico, á eleccion del alcalde.

Art. 102. Los proyectos y planos de los trabajos que se hayan de pagar en dinero deberán estar redactados cada año á principios de octubre.

Inmediatamente se remitiràn al jefe político, que los hará examinar por el ingeniero del distrito, y aprobará, si ha lugar, aquellos cuyo presupuesto no suba de 20,000 rs. Los que excedieren de esta cantidad necesitan la aprobacion del gobierno.

SECCION SEGUNDA.

Modo de ejecucion de los trabajos.

Art. 103. Los trabajos cuyo importe haya de pagarse en dinero, se ejecutarán por regla general por empresa, adjudicándose al mejor postor en subasta pública; pero tambien podrán ejecutarse por administracion, con arreglo à lo que se establece en los artículos siguientes.

Art. 104. Cuando el presupuesto de una obra no pase de 1500 rs., podrà el alcalde hacer ejecutar los trabajos à jornal ó à destajo sin necesidad de autorizacion especial.

Entre los límites de 1500 à 3000 rs. podrán todavía ejecutarse à jornal ó à destajo, pero con la autorizacion del jefe político.

Cuando el presupuesto exceda de 3000 rs. los trabajos deberán hacerse necesariamente por via de adjudicacion. Si anunciada dos veces la subasta no se presentare postor, podrá el jefe político autorizar la ejecucion de los trabajos à jornal ó à destajo, con tal de que su importe no exceda de 20,000 rs., en cuyo caso solo podrá concederla el gobierno.

SECCION TERCERA.

Forma de la adjudicacion.

Art. 105. El jefe político formará un pliego de condiciones generales relativas á las adjudicaciones de los trabajos pertenecientes à los caminos vecinales.

Las condiciones especiales de cada adjudicacion se redactarán por el alcalde, que las someterá à la aprobacion del jefe político.

Art. 106. El pliego de condiciones fijará, no solamente las épocas de rigor en que deben comenzar y concluir los trabajos, sino tambien la época en que han de estar demediados. Se estipulará tambien en él que si en las tres épocas fijadas no estan los trabajos comenzados, mediados y concluidos, podrà ser compelido el empresario por el alcalde á llenar en un plazo determinado las condiciones de la adjudicacion; y que en caso de no hacerlo así se proseguirán los trabajos à jornal por cuenta de aquel, ó se rescindirá el contrato si se creyere conveniente.

Se exigirá de todo empresario el depósito de una cantidad equivalente à la quinta parte del presupuesto, como garantía del cumplimiento de sus obligaciones.

Art. 107. Siempre que sea posible, y que el presupuesto de las obras que hayan de adjudicarse de una vez no pase de 20,000 rs., se verificarán las subastas en la jefatura civil del distrito. A este efecto se concertará el jefe civil con los alcaldes del territorio de su mando para reunir en un solo edicto y adjudicar en una sola sesion, por lotes distintos, los trabajos que haya que hacer en los diferentes pueblos del distrito.

Cuando circunstancias particulares exijan que la adjudicacion de las obras tenga lugar en el pueblo en cuyo término hayan de hacerse, podrá el jefe político autorizar esta excepcion.

Si el presupuesto de las obras que hayan de adjudicarse de una vez excede de 20,000 rs,, se harán las subastas en la capital de la provincia ante el jefe político.

Art. 108. El jefe político y el civil en su caso determinarán, segun la importancia y clase de los trabajos, si la adjudicacion se ha de verificar por la totalidad de las obras que hayan de ejecutarse en un pueblo, ó bien si se ha de hacer por cada clase de obras segun su naturaleza.

Art. 109. Los remates de trabajos cuyo presupuesto no pase de 20,000 rs., se someterán á la aprobacion del jefe político: cuando el presupuesto exceda de dicha cantidad necesitan la aprobacion del gobierno.

Art. 110. Las subastas se anunciarán con 15 dias de anticipacion por lo menos en el Boletin oficial, y por carteles que se mandarán fijar por los alcaldes en todos los pueblos de la provincia.

Estos anuncios indicarán sumariamente la naturaleza de los trabajos, el importe total del presupuesto, las condiciones de la adjudicacion, el lugar, dia y hora en que ha de verificarse, y la cantidad que ha de depositar el rematante como garantía de sus obligaciones.

Art. 111. Cuando la subasta tenga lugar en la jefatura civil, pasará el acto ante el jefe civil con asistencia de un individuo del ayuntamiento de cada uno de los pueblos interesados. La ausencia de uno ó varios de estos individuos no será obstáculo para que se verifique el remate, siempre que conste que han sido debidamente citados.

Los remates ante el jefe político se harán con las formalidades y con la asistencia de las personas de costumbre para actos de esta clase.

Si con la autorizacion del jefe político hubiere de hacerse el remate en cualquier pueblo de trabajos que interesen solo à este, se verificará ante el alcalde con asistencia del regidor síndico, de otro concejal y del cobrador nombrado por el ayuntamiento.

Art. 112. Las garantías que se exijan à los licitadores, los trámites y forma del remate y adjudicacion serán las mismas que se exigen para las obras públicas costeadas por el Estado.

Art. 113. Los depósitos de garantía de los rematantes podrán hacerse en poder de los cobradores de los ayuntamientos de los pueblos interesados en los trabajos, siempre que el jefe político no encuentre inconveniente en esta disposicion. En otro caso se harán dichos depósitos donde prevenga esta autoridad.

SECCION CUARTA.

De la ejecucion de los trabajos adjudicados.

Art. 114. Los trabajos que se ejecuten por via de adjudicacion serán vigilados por el alcalde, asistido, siempre que sea posible, de una persona inteligente, cuyo jornal se fijará por el ayuntamiento y se satisfará de los fondos destinados á los caminos vecinales.

Art. 115. Los alcaldes cuidarán de que los empresarios se arreglen exactamente á las condiciones de los proyectos en lo concerniente al trazado de las obras, acopio de materiales, su calidad, su empleo y demas circunstancias expresadas en dichos proyectos.

Cuidarán igualmente de que los empresarios comiencen los trabajos en la época determinada en el pliego de condiciones, y de que tengan constantemente empleados el número de obreros necesarios para ejecutar en el tiempo prefijado las obras adjudicadas.

Art. 116. En caso de que los empresarios se retarden en dar principio ó en continuar progresivamente los trabajos, les notificará el alcalde la órden de comenzarlos y de continuarlos sin interrupcion.

Si á los ocho dias de haber recibido esta órden no fuere obedecida, se dará cuenta al jefe político que determinará lo conveniente con sujecion á lo prevenido en el artículo 106 del presente reglamento.

Art. 117. En caso de que se rescinda el contrato se abonarán al contratista las sumas que se le deban por los trabajos ejecutados y los materiales acopiados que se juzgue ser de recibo: las obras mal construidas se destruirán á costa del empresario, y los materiales de mala calidad serán desechados.

Art. 118. La recepcion definitiva de los trabajos se hará por el alcalde acompañado de un ingeniero, arquitecto ó maestro de obras en presencia del empresario ó de su apoderado.

El acta de recepcion se firmará por dichas personas, expresando su conformidad, si no tienen observaciones que hacer, y se someterá en seguida á la aprobacion del jefe político.

Esta acta se extenderá por duplicado. Un ejemplar se depositará en la secretaría de ayuntamiento, y otro se entregará al empresario para que le sirva de comprobante de haber cumplido su empeño, y se le entregue en su vista la suma que se le adeude por los trabajos ejecutados.

Art. 119. Los alcaldes podrán dar libramientos parciales de pagos á los empresarios, con sujecion á lo prevenido en el art. 94 del reglamento para la ejecucion de la ley de 8 de enero de 1845, en proporcion al progre-

so de los trabajos y á la importancia de los acopios hechos, Estos libramientos se darán en vista de un certificado que exprese el adelanto de
los trabajos, cuyo certificado se expedirá, à peticion del contratista, por
el encargado de la direccion de las obras, que será responsable de su
exactitud.

Estos certificados se unirán siempre al libramiento.

Art. 120. Los libramientos parciales que diere el alcalde no podrán
exceder nunca de las cuatro quintas partes del importe total de las obras;
la quinta parte restante quedará siempre en depósito como garantía hasta
la recepcion de los trabajos.

Art. 121. El pago final no se hará sino despues de la concluciou, reconocimiento y recepcion de los trabajos; y esto sin perjuicio de los plazos
de garantía estipulados en el pliego de condiciones.

CAPITULO VII.

CONTABILIDAD DE INGRESOS Y GASTOS RELATIVOS A LOS CAMINOS VECINALES.

SECCION PRIMERA.

Especialidad de los recursos:

Art. 122. Los ingresos y gastos relativos à los caminos vecinales serán objeto de un capítulo especial en el presupuesto municipal y en las
cuentas de cada pueblo.

Art. 123. Los recursos destinados à los caminos vecinales son especiales; de consiguiente no podrà dedicarse, bajo cualquier pretexto que
sea, ninguna parte de estos recursos á otros objetos, so pena de haberse
de reintegrar mancomunadamente la suma así invertida por el depositario
que la entregase y por el funcionario que la hubiese autorizado.

Art. 124. Los depositarios de los fondos del comun estarán exclusivamente encargados de todos los ingresos y gastos concernientes à los
caminos vecinales de segundo órden. El alcalde solo podrá autorizar gastos sobre estos fondos, pero no le será permitido efectuar ninguno por
sí mismo, sino por medio de libramientos contra el depositario.

SECCION SEGUNDA.

Contabilidad de los ingresos y gastos.

Art. 125. Los ingresos relativos al servicio de los caminos vecinales
se justificarán:

1.º Los que provengan de repartos vecinales, de sobrantes de ingresos municipales ó de arbitrios establecidos sobre algun género de consumo, por los mismos documentos y en la misma forma que se justifican los ingresos destinados á las demas atenciones municipales.

2.º Los que provengan de prestaciones personales, por el padron formado con arreglo al art. 39, en el que ha de constar el número total de peonadas de todas clases que deben satisfacer los habitantes del pueblo, y cuyas sumas totales, segun las diversas especies de jornales, deberán ponerse en las cuentas en un solo artículo.

3.º Los que provengan de prestaciones extraordinarias por razon de deterioro, en cumplimiento del art. 11 del real decreto de 7 de abril, por el convenio hecho entre los esplotadores y el alcalde, ó por la órden del consejo provincial que fije la indemnizacion.

4.º Los que procedan de donativos voluntarios, si los hubiere, por la oferta del donador hecha por escrito, aceptada por el alcalde y firmada por el depositario en comprobacion de haber recibido la cantidad ofrecida.

5.º Los que resulten de multas impuestas por contravenciones á los reglamentos de policía de los caminos, por los recibos que de su importe debe entregar el depositario al alcalde ó á quien las hubiere impuesto.

Art. 126. Los gastos se justificarán por medio de los documentos siguientes, á saber:

1.º los que se hayan hecho por medio de prestaciones personales:

Con el extracto formado en virtud del art. 50, marginado con los jornales ó tareas prestadas personalmente como se ha dicho en el art. 89, y certificado por el alcalde atestiguando la ejecucion de los trabajos.

2.º Los trabajos ejecutados por empresas:

I. Con una copia del proyecto, ó cuando este no existiere, con una copia de la descripcion y presupuesto de las obras.

II. Con una copia del pliego de condiciones, y del acta de adjudicacion debidamente aprobada.

III. Con el acta de recepcion definitiva de los trabajos ó materiales, visada por el alcalde.

IV. Con los libramientos del alcalde contra el depositario, en los cuales ha de constar el recibí del contratista.

3.º Los gastos de trabajos que se ejecuten á jornal y por administracion se justificarán:

I. Con la descripcion de los trabajos, ó el proyecto, si lo hubiere y el presupuesto.

II. Con la autorizacion del jefe político para ejecutar los trabajos en esta forma.

III. Con un estado que manifieste el número de jornales de todas clases que se han empleado ó los destajos que se hayan ajustado con el precio de dichos jornales ó destajos, y el valor de los materiales invertidos.

Estos estados deben estar formados por el director de los trabajos, aprobados por el ayuntamiento y visados por el alcalde.

IV. Con los libramientos del alcalde, expresando en ellos el concepto en que se hace el pago y con el recibí de los interesados.

4.º Los gastos que se originen con motivo de lo prevenido en él párrafo 3.º del art. 13 del real decreto de 7 de abril se justificarán:

I. Con una copia de la escritura de convenio entre las partes, si lo hubiere habido, ó con copia de la decision del consejo provincial, si la indemnizacion se hubiere fijado por este.

II. Con los libramientos del alcalde contra el depositario con el recibí del interesado.

5.º Cuando las indemnizaciones procedan de expropiaciones hechas por causas de utilidad pública en los casos previstos en el párrafo cuarto del artículo y decreto citados, se justificarán:

I. Con la deliberacion del ayuntamiento y órden del jefe político, en virtud de las cuales se haya autorizado la abertura de un camino nuevo ó la variacion de direccion de uno existente.

II. Con una copia de la escritura de convenio entre las partes si lo hubiere habido, ó con copia de las diligencias practicadas por el juez del partido en cumplimiento del art. 7.º de la ley de 17 de julio de 1836.

III. Con los libramientos del alcalde con el recibí del interesado.

6.º El importe de la cuota que el pueblo haya aprontado para los caminos vecinales de primer órden, se justificará, si se ha satisfecho el todo ó parte en dinero:

I. Con el acta de convenio entre los pueblos acerca de la cuota que cada uno haya debido entregar, y en defecto de avenencia, con el señalamiento hecho por el consejo provincial.

II. Con el libramiento del jefe político á favor del depositario de los fondos provinciales con el recibí de este.

Todos estos documentos se exhibirán, sin perjuicio de la justificacion de las partidas parciales, segun los casos.

Art. 127. Todos los demas gastos no enumerados en el artículo precedente se justificarán como está prescrito por los reglamentos de contabilidad municipal.

CAPITULO VIII.

DISPOSICIONES PARTICULARES A LOS CAMINOS VECINALES DE PRIMER ORDEN.

SECCION PRIMERA.

Centralizacion de los recursos destinados á los caminos de primer órden.

Art. 128. Todas las cantidades en efectivo destinadas á los caminos de primer órden, ya provengan de los sobrantes de ingresos municipales, de repartos vecinales, de productos de arbitrios, de prestaciones extraordinarias por deterioro, de multas ó de prestaciones personales convertidas en dinero, se centralizarán en poder del depositario de los fondos provinciales, que las cobrará en vista de un estado de las cuotas de los pueblos que mandará formar el jefe político.

Art. 129. Estos recursos conservarán su especialidad bajo el título de cuotas de los caminos vecinales de primer órden para las líneas á que esten destinados por el voto de los ayuntamientos ó decisiones de la diputacion provincial.

SECCION SEGUNDA.

Ejecucion de los trabajos.

Art. 130. Los trabajos de toda especie que hayan de hacerse en los caminos de primer órden se ejecutarán bajo la autoridad inmediata del jefe político, y bajo la vigilancia y direccion del ingeniero, arquitecto ó persona que esta autoridad nombrare al efecto, salvas las excepciones que se harán despues por lo que respecta á las prestaciones personales.

Art. 131. Los trabajos de toda especie que deban hacerse en los caminos de primer órden serán objeto de proyectos redactados por persona competente, y no se ejecutarán hasta que hayan sido aprobados por el jefe político oyendo al ingeniero de la provincia.

Los proyectos irán acompañados de planos, cuando lo exija la importancia de los trabajos; en otro caso bastará una descripcion sumaria de las obras y el presupuesto de ellas.

En los proyectos ó descripciones se expresarán las obras que puedan ejecutarse por medio de la prestacion personal, y las que, en razon á su especie, no puedan hacerse sino á dinero.

SECCION TERCERA.

De los trabajos de prestacion personal.

Art. 132. Las prestaciones personales que hayan de satisfacerse, sea por peonadas ó tareas, én los caminos de primer órden se verificarán en las épocas, plazos y sitios que designen los jefes políticos.

La cuota de prestacion aplicable á cada camino se reservará por el alcalde, como se ha dicho en el art. 69.

Art. 133. Una órden del jefe político determinará el dia en que han de empezarse los trabajos de prestacion en cada cámino de primer órden. Los alcaldes cuidarán de dar á esta determinacion la publicidad conveniente en sus pueblos respéctivos.

Art. 134. Fijada que sea la época en que hayan de principiar los tra· bajos, se concertará el encargado de la direccion de ellos con los alcaldes de los pueblos interesados, que deberàn entregarle una lista nominal de los contribuyentes que deben concurrir, con expresion del número de peonadas ó tareas de todas clases á que esten obligados.

En seguida dirigirà el alcalde á los contribuyentes los avisos mencionados en el art. 74.

Art. 135. Los trabajos de prestacion que se hagan en los camines de primer órden se ejecutaràn en los términos y bajo las mismas reglas prescritas en la seccion tercera del capítulo 5.° de este reglamento: con la diferencia de que aquí dirigirá y vigilará los trabajos la persona nombrada por el jefe político, y el alcalde se contraerá à cuidar de que los contribu· yentes cumplan sus obligaciones.

Art. 136. Las prestaciones personales que deba satisfacer un pueblo para un camino de primer órden podrán convertirse à propuesta del alcal· de y con el consentimiento del jefe político en el suministro de una cantidad convenida de piedra extraida ó·partida, ó de cualquiera otra especie de materiales, que el alcalde hará entregar á los contribuyentes confor· me al convenio verificado.

En este caso el jefe político prevendrá al alcalde con alguna anticipa· cion la época en que debe verificarse la entrega para que tenga este el tiempo suficiente de avisar á los contribuyentes quince dias antes de la época fijada.

Art. 137. Los materiales que se reunan en ejecucion del artículo pre· cedente podrán cederse á los empresarios de obras ejecutadas à dinero siempre que se convenga en recibirlos por su justo precio.

La entrega se les hará por el alcalde del pueblo, pero despues que los materiales se hayan recibido de los contribuyentes, á fin de evitar toda cuestion entre estos y los empresarios.

Verificada la entrega se extenderá un actá de ella, como justificante del pago del pueblo, cuya acta se remitirá al jefe político para que se una á los documentos justificativos de la cuenta de los trabajos ejecutados en los caminos de primer órden.

SECCION CUARTA.

Trabajos ejecutados á dinero.

Art. 138. Los trabajos en los caminos vecinales de primer órden, cuyo importe haya de pagarse en dinero, se adjudicarán siempre, á menos de imposibilidad absoluta, en subasta pública.

Esto no obstante podrán exceptuarse de esta regla los trabajos cuyo valor no exceda de 3000 rs., y aquellos para los cuales no se hubiere presentado postor en dos subastas anunciadas.

Art. 139. El pliego de condiciones para las obras de estós caminos se redactará por el jefe político, conformándose en lo posible á lo dispuesto para las obras provinciales.

Art. 140, Cuando la subasta deba recaer sobre todos los trabajos de caminos vecinales que hayan de ejecutarse en toda la provincia ó en varios distritos, así como en el caso prevenido en el párrafo segundo del art. 107, se hará ante el jefe político, con asistencia de dos consejeros provinciales y del ingeniero de la provincia.

Cuando dicha subasta recaiga solo sobre las obras de un partido judicial, y en el supuesto de que el presupuesto de cada lote no exceda de 20,000 rs., se verificará ante el jefe civil, si residiere en él, ó ante el alcalde de la capital del partido, con asistencia de un concejal de cada uno de los pueblos interesados en el camino.

Estos individuos serán nombrados por sus respectivos ayuntamientos.

Art. 141. Las adjudicaciones se harán por líneas vecinales, ó por trozos de cada línea, segun lo exija la importancia de los trabajos.

Art. 142. Las subastas se anunciarán con la anticipacion conveniente por el *Boletin oficial*, y por carteles que los alcaldes harán fijar en sus pueblos respectivos.

SECCION QUINTA.

Vigilancia y recepcion de los trabajos.

Art. 143. Los trabajos que se ejecuten por empresa serán vigilados por la persona facultativa nombrada al efecto por el jefe político.

Art. 144. Las medidas coercitivas prescritas para los caminos de segundo órden en los casos en que los empresarios falten á las condiciones de sus contratos, son aplicables á casos iguales ocurridos respecto á obras de los caminos de primer órden, con la diferencia de ser aquí el jefe político en vez del alcalde, la parte actora contra los empresarios.

Art. 145. La recepcion de los trabajos se hará por la persona facultativa que nombrare el jefe político y á presencia del empresario ó su apoderado.

El acta de recepcion se firmará por el que entregue y el que reciba, expresando en ella si hay conformidad, ó las observaciones que se les ofrezcan.

Estas actas se someterán á la aprobacion del jefe político.

Art. 146. El pago á los empresarios se hará por libramientos del jefe político, con sujecion á las reglas establecidas para los trabajos de las carreteras provinciales.

Art. 147. Luego que un camino vecinal de primer órden esté concluido y puesto en buen estado de tránsito, podrán nombrarse para su conservacion y guarda peones camineros que estarán bajo la inspeccion inmediata de los alcaldes de los pueblos en que radique la parte de camino puesta á su cuidado.

Art. 148. Estos peones se nombrarán por el jefe político á peticion de los ayuntamientos, y despues que estas corporaciones hayan acordado el jornal que ha de abonárseles.

SECCION SEXTA.

Libramientos y justificacion de gastos.

Art. 149. Todos los gastos relativos á caminos vecinales de primer órden se ejecutarán en virtud de libramiento del jefe político contra el depositario de los fondos provinciales.

Art. 150. Las cuentas de los ingresos y gastos de estos caminos se formarán y justificarán del mismo modo que las de los ingresos y gastos de los caminos provinciales y necesitarán igual aprobacion que estas.

Art. 151. El resúmen de las cuentas de cada camino vecinal de primér órden, despues de aprobado, se imprimirá y se dirigirá á los alcaldes de los pueblos interesados en dicho camino para que hagan del resúmen citado el uso prescrito en el art. 115 del reglamento formado para la ejecucion de la ley sobre organizacion y atribuciones de los ayuntamientos.

CAPITULO IX.

DE LAS COMISIONES INSPECTORAS DE LOS CAMINOS VECINALES.

Art. 152. Los jefes políticos podrán formar, ya para cada camino vecinal de primer órden, ya para los caminos vecinales de un partido, juntas de inspeccion y vigilancia, compuestas de diputados provinciales, párrocos, alcaldes, propietarios, comerciantes y demas personas interesadas en el buen estado de las comunicaciones.

Art. 153. Si un camino tuviere demasiada extension para ser inspeccionado y vigilado fácilmente por una sola junta, podrá dividirse en dos partes que se confiarán á dos juntas distintas.

Art. 154. Cada junta nombrará su presidente y secretario y determinará el sitio habitual de sus reuniones.

Art. 155. Cuando el jefe político asista á la junta establecida en la capital de la provincia, tendrá la presidencia, y lo mismo sucederá con el jefe civil respecto á la de su distrito.

Art. 156. Estas comisiones darán su dictámen á invitacion del jefe político sobre los proyectos redactados para trabajos nuevos y obras de fábrica ó de cualquiera otra especie.

Podrán ser consultadas, cuando no hubiere avenencia entre los alcaldes, acerca de las cuotas que deben señalarse á los pueblos interesados en un camino de primer órden.

Vigilarán á los peones camineros y darán noticia al jefe político de los que no cumplan con sus deberes.

Designarán uno ó varios de los individuos de su seno para que asistan á la recepcion de obras ejecutadas por empresa, así como á la de materiales suministrados por empresarios ó por medio de prestaciones. Los encargados de la recepcion avisarán de antemano á los delegados de la junta el dia y hora en que aquella ha de tener lugar; harán mencion en el acta de las observaciones de estos delegados y los invitarán á firmarla.

Si los comisionados de la junta, debidamente citados, no acudieren al acto de la recepcion, la verificará el encargado de ella, sin que sea obstáculo la ausencia de aquellos.

Art. 157. Las juntas inspectoras se reunirán en los tres primeros meses del año para redactar sus observaciones sobre el estado de los caminos y acerca de las mejoras mas urgentes que deban hacerse en ellos. Estas observaciones se dirigirán al jefe político.

En esta primera sesion designarán las juntas los individuos de su seno encargados especialmente de cuidar de la buena construccion de las obras y de asistir à su recepcion. Estos encargados podrán ponerse en relacion directa con el jefe político y con la persona nombrada para la direccion y vigilancia inmediata de los trabajos, à fin de poder indicar mas prontamente los defectos de construccion ó de cualquiera otra especie que notaren, así como las mejoras que creyeren posible. Sin embargo, los delegados de las juntas no podrán hacer por sí ninguna modificacion en los proyectos adoptados, ni dar à los encargados de su ejecucion ninguna órden directa.

Art. 158. Las juntas inspectoras procurarán ilustrar á los pueblos, haciéndoles conocer la utilidad que ha de resultarles de mejorar sus comunicaciones; escitarán el celo de los ayuntamientos para que se presten à contribuir à tan importante mejora; despertarán en cuanto puedan el espíritu de asociacion entre los pueblos, que es el que puede proporcionar con mas prontitud la mejora de los caminos de primer órden; promoverán la realizacion de suscriciones en dinero ó en prestaciones personales; tratarán de obtener la cesion gratuita de los terrenos y materiales necesarios para el establecimiento y conservacion de los caminos vecinales; se valdrán de su influencia para vencer los obstáculos à que puedan dar lugar el trazado de los caminos, su conservacion y la ejecucion de los trabajos, y finalmente emplearán cuantos recursos les dicte su amor al bien público, para que se lleve à cabo una idea tan beneficiosa para la agricultura y para los pueblos en general.

Los jefes políticos harán presente al gobierno los esfuerzos de estas juntas y los resultados que dieren, para que se tenga en cuenta el mérito que contraigan los individuos que las forman.

CAPITULO X.

CONSTRUCCION DE NUEVOS CAMINOS Y VARIACION DE DIRECCION Y ENSANCHE DE LOS EXISTENTES.

SECCION PRIMERA.

Construccion de nuevos caminos.

Art. 159. No se procederá á la construccion de caminos vecinales de primero ó segundo órden, sino à peticion de los ayuntamientos interesados, y con la aprobacion del jefe político.

Para que esta autoridad conceda el permiso de abrir nuevos caminos es necesario que lo exijan las necesidades de la circulacion, y que le conste ademas que los peticionarios tienen los recursos necesarios para llevar à cabo la obra, y la posibilidad de realizarlos.

Art. 160. En el caso de haberse de construir un camino nuevo, y de no querer los dueños de los terrenos que haya de atravesar cederles gratuitamente en beneficio del pueblo, se tratará de adquirir estos terrenos por via de convenio.

A este fin concertará el alcalde con los propietarios las condiciones de la adquisicion, las someterá à la aprobacion del ayuntamiento; y si este y el jefe político despues las aprueban, se verificará la compra del terreno.

Si no hubiere avenencia entre el alcalde y el propietario, se procederà con sujecion á la ley de 17 de julio de 1836.

SECCION SEGUNDA.

Variacion de direccion y ensanche de los caminos existentes.

Art. 161. Para variar la direccion de un camino ya existente, se necesita igualmente la peticion del ayuntamiento interesado y la autorizacion del jefe político, siempre que el nuevo trozo que resulte exceda de media legua. En otro caso se considerará esta obra como otra cualquiera de las comunes que hayan de ejecutarse en los caminos vecinales, y se sujetará á las mismas reglas y formalidades.

Art. 162. La adquisicion de los terrenos que haya de ocupar el nuevo trozo se verificará del mismo modo que los necesarios para un camino de nueva construccion; pero si el dueño del terreno adquirido lo fuese tambien del colindante con el trozo abandonado, se procurará hacer la adquisicion por via de cambio.

Art. 163. El terreno necesario para dar á un camino la anchura que se le haya fijado en la órden de clasificacion, se tomará por partes iguales de los terrenos adyacentes siempre que el de uno y otro lado sean de propiedad particular.

Si el camino linda por uno de sus bordes con propiedades particulares, y por el otro con terrenos valdíos, realengos y del comun, se tomará de estos últimos la parte precisa para ensanchar el camino.

Se esceptúan sin embargo los casos en que los obstáculos naturales ó las circunstancias locales se opongan á la observancia de las reglas anteriores, y tambien aquellos en que el terreno colindante por un lado con el camino esté cercado ó de plantío, y por el otro espedito, pues entonces se ensanchará siempre el camino por el costado libre y que ofresca menos dificultades de ejecucion.

CAPITULO XI.

DISPOSICIONES PARA LA POLICIA Y CONSERVACION DE LOS CAMINOS VECINALES.

SECCION PRIMERA.

Medidas de conservacion.

Art. 164. Siempre que los caminos vecinales de primero ó segundo órden esten construidos al piso natural ó en desmonte tendrán cunetas á los costados, que harán parte integrante de ellos.

La anchura y profundidad de estas cunetas serán proporcionadas á la necesidad de dar salida á las aguas que puedan perjudicar al camino; no obstante, el minimum de sus dimensiones será de dos pies de anchura en la parte superior, pie y medio en el fondo, y dos pies de profundidad.

Art. 165. Las cunetas construidas á lo largo de los caminos vecinales se limpiarán á lo menos una vez todos los años, y mas á menudo si lo exigieren las circunstancias. La limpia se ejecutará por órden y bajo la direccion del alcalde, y se pagará de los fondos destinados á caminos vecinales. El cieno, polvo y demas materias estraidas de las cunetas, no podrán echarse sobre el camino.

Art. 166. No será lícito hacer represas, pozos ó abrevaderos á las bocas de los puentes y alcantarillas, ni á las márgenes de los caminos, á menor distancia de 30 varas de estos. Los contraventores incurrirán en la multa de cincuenta á doscientos reales, ademas de subsanar el perjuicio causado.

Art. 167. Los cultivadores de las heredades lindantes con el camino, que con el plantío y labores de las mismas ocasionen daño á los muros de sostenimiento, aletas de alcantarillas, estribos de puentes, y á cualquiera otras obras del camino, ó que labren en las escarpas de este, incurrirán en la multa que señala el artículo anterior.

Art. 168. Los labradores que al tiempo de cultivar las heredades inmediatas á los caminos, y los pastores y ganaderos que con sus ganados dejaren caer en los paseos y cunetas de aquellos tierra ó cualquiera cosa que impida el libre curso de las aguas, estaran obligados á su limpia ó reparacion.

Art. 169. Los dueños de las heredades lindantes con los caminos no podrán impedir el libre curso de las aguas que provinieren de aquellos, haciendo zanjas, calzadas, ó levantando el terreno de dichas heredades.

Art. 170. Los dueños de heredades confinantes con los caminos, y en posicion costanera ó pendiente sobre estos, no podrán cortar los árboles en las 30 varas de distancia de las carreteras sin licencia de la autoridad local, precedido reconocimiento del ingeniero encargado de la misma; y en manera alguna arrancar las raices de los mismos para impedir que las aguas lleven tierra al camino, ó caigan trozos de terreno; y si contravinieren serán obligados á costear la obra necesaria para evitar semejantes daños.

Art. 171. Cualquiera pasajero que con un carruaje rompiere ó arrancare alguna guarda rueda del camino, pagará cuarenta reales por subsanacion del perjuicio, y ademas de cincuenta á cien reales si hubiere precedido contraviniendo á las reglas establecidas en la presente ordenanza.

Art. 172. Los carruajes de cualquiera clase deberán marchar al paso de las caballerías en todos los puentes, sean estos de la clase que fueren, y no podrán dar vuelta entre las barandillas ó antepechos de estas. Los que contravinieren incurrirán en la multa de cincuenta á cien reales, ademas de pagar el daño que de este modo hubieren causado.

Art. 173. Los conductores que abrieren surcos en los caminos, sus paseos ó márgenes, para meter las ruedas de los carruajes ó cargarlos mas cómodamente, sufrirán la multa de cincuenta á cien reales, y resarcirán el daño causado.

Art. 174. Ningun carruaje ni caballería podrá marchar por fuera del firme ó calzada del camino, ó sea por sus paseos; y su dueño ó conductor, si lo hiciere, pagará de cincuenta á cien reales por cada carruaje, y cuatro por cada caballería.

Art. 175. Cuando en los caminos se hicieren recargos ó cualesquiera obras de reparacion, los carruajes y caballerías deberán marchar por el paraje que se demarcare al efecto; y los contraventores serán responsables del daño que causaren.

Art. 176. Los dueños ó conductores de los carruajes, caballerías ó ganados que cruzaren el camino por parages distintos de los destinados á este fin, ó que han servido siempre para ir de unos pueblos á otros, ó para entrar y salir de las heredades limítrofes, pagarán el daño que hubieren causado en los paseos, cunetas y márgenes del camino, ademas de la multa de sesenta reales.

Art. 177. El que rompa ó de cualquier modo cause daño en los guarda-ruedas, antepechos ó sus albardillas, ó sea otras obras de los caminos, asi como en las pirámides ó partes que señalan las leguas, ó borre las inscripciones de estas, ó maltrate las fuentes ó abrevaderos construidos en la via pública, ó los árboles plantados á las márgenes de los caminos, ó permita que lo hagan sus caballerías y ganados, pagará el perjuicio y una multa de veinte á cien reales; y al que robare los materiales acopiados para las obras, ó cualquier efecto perteneciente á estas, se le asegurará para que se le castigue con arreglo á las leyes.

Art. 178. Se prohibe barrer, recoger basura, rascar tierra ó tomarla en el camino, sus paseos, cunetas y escarpes, pena de veinte á cincuenta reales de multa y reparacion del daño causado; pero los encargados de caminos podrán permitir la estraccion del barro ó basura de ellos, prescribiendo las reglas que al efecto crean oportunas.

Art. 179. Se prohibe todo arrastre de maderas, ramajes ó aradas en los caminos, y lo mismo el atar las ruedas de los carruajes, bajo la multa de cuatro reales por cada madero, ocho si fuere arado que lleve al estremo chapa ó clavo de hierro, y sesenta por cada carruaje que lleve rueda atada, además de resarcir el daño causado.

SECCION SEGUNDA.

Del tránsito de los caminos vecinales.

Art. 180. Los alcaldes cuidarán en sus respectivos términos jurisdiccionales que el camino y sus márgenes esten libres y desembarazados sin permitir estorbo alguno que obstruya el tránsito público.

Art. 181. No podrán los particulares hacer acopios de materiales, tierras, abonos y estiércoles, amontonar frutos, mieses ú otra cualquiera cosa sobre el camino, sus paseos y cunetas; ni colgar ó tender ropas en los mencionados parajes. A los que contravinieren à lo dispuesto en este artículo se impondrá una multa de veinticinco á treinta reales por la primera vez, y doble por la segunda.

Art. 182. Las pitas, zarzas, matorrales y todo género de ramaje que sirva de resguardo ó de cerca á los campos y heredades lindantes con el camino, deberán estar bien cortados y de modo que no salgan al mismo.

Art. 183. Los arrieros y conductores de carruajes que hicieren suelta y den de comer á sus ganados en el camino ó sus paseos, sufrirán la multa de veinte reales por cada carruaje, y de cuatro reales por cada caballería ó cabeza de ganado, además de pagar cualquier perjuicio que causaren.

Art. 184. La pena establecida en el artículo anterior es aplicable á los dueños y pastores de cualquier ganado, aunque sea mesteño, que estuviere pastando en las alamedas, paseos, cunetas y escarpes del camino.

Art. 185. En el camino, sus paseos y márgenes ninguno podrá poner tinglados ó puestos ambulantes, aunque sean para la venta de comestibles, sin la licencia correspondiente.

Art. 186. Delante de las posadas ni en otro paraje alguno del camino podrà dejarse ningun carruaje suelto, y al dueño ó conductor del que así se encontrare, se le impondrá una multa de veinte à cincuenta reales. En igual pena incurrirá toda persona que eche animales muertos sobre el camino ó á menor distancia de 30 varas de sus màrgenes, ademas de tener la obligacion de sacarlos fuera.

Art. 187. Las caballerías, recuas, ganados y carruajes de toda especie deberán dejar libre la mitad del camino á lo ancho para no embarazar el tránsito à los demas de su especie; y al encontrarse en un puesto los que van y vienen, marcharán arrimándose cada uno á su respectivo lado derecho.

Art. 188. A los arrieros que llevando mas de dos caballerías reatadas caminaren pareados, se les multará en veinte reales de vellon à cada uno; y si fueren carruajes los que así caminaren, se exigirá igual cantidad por cada uno.

Art. 189. Cuando en cualquier paraje del camino las recuas y carruajes se encontraren con los conductores de la correspondencia pública, deberàn dejar á estos el paso espedito; las contravenciones voluntarias de la presente disposicion se castigarán con una multa de veinte á cincuenta reales.

Art. 190. Bajo la multa establecida en el artículo anterior, à ninguno será permitido correr á escape en el camino, ni llevar de este modo caballerías, ganados y carruajes à la inmediacion de otros de su especie ó de las personas que van à pie.

Art. 191. Igual multa se aplicará à los arrieros y conductores cuyas recuas, ganados y carruajes vayan por el camino sin guia ó persona que les conduzca.

Art. 192. En las noches oscuras los carruajes que vayan à la ligera, sin escepcion alguna, deberán llevar en su frente un farol encendido, imponiéndose la multa de treinta reales à los conductores por cada vez que contravengan à esta prevencion.

SECCION TERCERA.

De las obras contiguas á los caminos.

Art. 193. En las fachadas de las casas contiguas al camino no podrá ejecutarse ni poner cosa alguna colgante ó saliente que pueda ofrecer incomodidad, riesgo ó peligro à los pasajeros ó à las caballerías y carruajes. Los alcaldes, cuando reciban denuncias por dicha causa, señalarán un breve término para que se quiten los estorbos, imponiendo una multa de veinte à ochenta reales al que no lo hiciese en el tiempo señalado.

Art. 194. Cuando las casas ó edificios contiguos al camino, y en particular las fachadas que confronten con él, amenacen ruina, dispondràn inmediatamente los alcaldes que se reconozcan por un arquitecto, maestro de obras ó persona inteligente, que dará su dictàmen por escrito acerca del estado del edificio reconocido.

Si el dictàmen confirmase el estado ruinoso del edificio, se trasmitirà à su dueño, exigiéndole que conteste en un breve plazo si se conforma con él. Si contestare afirmativamente, se le dará órden por el alcalde para que desde luego proceda al derribo de las partes que amenacen ruina. En el caso de no conformarse el propietario con el dictàmen de la persona nombrada por el alcalde, se decidirà lo conveniente por los tràmites prefijados para los derribos obligatorios dentro de la poblacion.

Art. 195. Dentro de la distancia de 30 varas colaterales de la via no se podrà construir edificio alguno, tal como posada, casa-corral de ganados, etc., ni ejecutar alcantarillas, ramales ú otras obras que salgan del camino à las posesiones contiguas, ni establecer presas y artefactos, ni abrir cauces para la toma y conduccion de aguas sin la correspondiente licencia.

Art. 196. Las peticiones de licencia para construir ò reedificar en las expresadas fajas de terreno á ambos lados del camino, se dirigirán al alcalde del pueblo respectivo, expresando el paraje, calidad y destino del edificio ú obra que se trata de ejecutar.

Art. 197. Los alcaldes podrán conceder las licencias de que trata el artículo anterior, sin perjudicar al camino, y oyendo, siempre que fuere posible, el dictámen de un ingeniero, arquitecto ó maestro de obras.

Los interesados estarán obligados á presentar el plano de la obra proyectada, si se creyese conveniente por el encargado de informar al alcalde.

Art. 198. A los que sin la licencia expresada ejecutasen cualquiera obra dentro de las 30 varas de uno y otro lado del camino, ó se apartaren de la alineacion marcada, ó no observaren las condiciones con que se les hubiere concedido la licencia, les obligará el alcalde á la demolicion de la obra, caso de perjudicar á las de la carretera, sus paseos, cunetas y arbolados.

Art. 199. Cuando se susciten contestaciones con motivo de la alineacion y condiciones marcadas por el alcalde para la construccion de un edificio, se suspenderá todo procedimiento, y se remitirá el expediente al jefe político de la provincia, que le dará el curso conveniente para su resolucion.

SECCION CUARTA.

De las denuncias por infracciones.

Art. 200. Nó podrá exigirse pena alguna de las prefijadas en este capítulo del reglamento, sino mediante denuncia ante los alcaldes de los pueblos á que pertenezca el punto del camino en que fuere detenido el contraventor.

Art. 201. Las aprehensiones y denuncias podrán hacerse por cualquiera persona; deberán hacerlas los dependientes de justicia de los pueblos á que corresponda el camino; pero corresponden con especialidad á los peones camineros, si los hubiere, y á los guardas de campo.

Art. 202. Presentadas las denuncias ante los alcaldes, procederán estos de plano, y oyendo á los interesados, imponiendo en su caso las multas que van establecidas, y cumpliendo con lo prevenido en este reglamento, sin omision ni demora alguna, como es de esperar de su celo por el servicio público y comodidad de los mismos pueblos.

Art. 203. Las multas exigidas se aplicarán á la reparacion de las líneas vecinales con los demas recursos destinados al efecto.

Art. 204. Los jefes políticos en sus respectivas provincias cuidarán de que se observen puntualmente las disposiciones contenidas en este capítulo, procediendo con arreglo à la ley contra los alcaldes que hubieran cometido ó tolerado alguna infraccion de ellas.

CAPITULO XII.

DISPOSICIONES GENERALES.

Art. 205. Los jefes políticos indicarán á los jefes civiles la parte que han de tomar en la ejecucion del presente reglamento, ademas de lo que en él se les previene.

Art. 206. Igualmente cuidarán los jefes políticos de que los jefes civiles, alcaldes, ayuntamientos, depositarios de fondos del comun, guardas de campo y demas á quienes concierne el presente reglamento, ejecuten lo que en él les está prescrito, á cuyo efecto se circulará á todos los pueblos para que tenga la debida publicidad.

Art. 207. Los jefes políticos remitirán en fin de junio y diciembre à la direccion de obras públicas un estado que exprese los adelantos hechos en los trabajos de reparacion, construccion y mejora de los caminos vecinales de sus respectivas provincias, así como una noticia de los recursos de toda especie invertidos en ellos.

Art. 208. A los registros que deben llevarse en los gobiernos políticos, segun lo prevenido en el capítulo 12 del reglamento de 16 de setiembre de 1845 para la ejecucion de la ley sobre organizacion y atribuciones de los ayuntamientos, se aumentarán los siguientes :

1.º Del número de caminos vecinales de cada pueblo, con expresion de las leguas que se hubieren reparado.

2.º Resúmen de las cuentas de los fondos invertidos en los caminos vecinales.

3.º De todas las consultas que se hagan sobre la ejecucion del real decreto de 7 de abril, resoluciones que recaigan, y observaciones à que dé lugar la experiencia.

Art. 209. Quedan derogados, en cuanto se oponga al presente, todos los reglamentos, ordenanzas, disposiciones y órdenes que rijan en materia de caminos vecinales en todas las provincias del reino, que se regirán en lo sucesivo por el real decreto de 7 de abril del corriente año, y por este reglamento.

DISPOSICIONES TRANSITORIAS.

Art. 210. No siendo posible ejecutar en el presente año la apreciacion de las necesidades de los caminos de que trata el capítulo 2.º del presente reglamento, se prescindirá de esta formalidad y harán los jefes políticos que empiecen á ponerse desde luego en práctica las demas disposiciones contenidas en los capítulos siguientes, sin perjuicio de la clasificacion que deberá hacerse al mismo tiempo que se planteen dichas disposiciones.

Art. 211. En las primeras sesiones del mes de mayo del año corriente votarán los ayuntamientos, no solamente los recursos que quieran destinar á sus caminos vecinales en el año próximo, sino los que deseen aplicar al mismo objeto en lo que resta del presente.

Art. 212. A este fin se autoriza á los jefes políticos para acortar los plazos prefijados en el presente reglamento, cuando lo crean conveniente á la pronta ejecucion del real decreto de 7 de abril.

Esta autorizacion se concede solo por el presente año y respecto á los trámites establecidos que exijan absolutamente disminucion.

Art. 213. Los jefes políticos darán mensualmente parte del uso que hicieren de la autorizacion que les concede el artículo anterior, así como de las providencias que dictaren para la ejecucion del citado real decreto, y de los resultados que obtuvieren.»

REAL ORDEN DE 12 DE ABRIL, mandando activar las carreteras de Murcia á Cartagena y Albacete, y proceder al estudio de la de Murcia á Lorca. (*Gaceta* núm. 4960).

INSTRUCCION DE 19 DE ABRIL, dirigida á los jefes políticos por el ministro de Comercio, Instruccion y Obras públicas, para la ejecucion del reglamento sobre caminos vecinales.

«Sr. jefe político de....

Muy señor mio:

La falta de una ley que determine los medios mas convenientes de proveer á la necesidad de construir y mejorar los caminos vecinales, y la urgencia de dotar al pais de unas comunicaciones tan útiles, decidieron al gobierno á presentar á la aprobacion de S. M. el real decreto de 7 de abril de este año, publicado en la *Gaceta* de 11 del mismo.

La ley de 8 de enero de 1845 sobre organizacion y atribuciones de los ayuntamientos declara carga comunal la construccion y conservacion de los caminos vecinales, pero la coloca en la categoría de las cargas ó gastos voluntarios, y no concede á las autoridades administrativas el derecho de emplear medidas coercitivas para compeler á los pueblos á la realizacion de tan interesante obra. En este supuesto, el gobierno, que respeta las facultades de las cortes, no debe ni puede derogar lo establecido por la ley, y se concreta por lo mismo á reglamentar los esfuerzos parciales de los pueblos, que desea se generalicen y tomen la direccion conveniente, á cuyo efecto se promete mucho del celo que V. S. desplegará para que se cumpla en todas sus partes el citado real decreto, cuyos artículos se comentan sucesivamente á continuacion para su completa inteligencia, y con el objeto de manifestar su espíritu, así como los artículos del reglamento de 8 de abril del presente año, que tienen relacion con cada uno de los de aquel.

Art. 1.º «Los caminos públicos que no estan comprendidos en las clases de carreteras nacionales ó provinciales se denominarán en lo sucesivo caminos vecinales de primero y segundo órden, segun se clasifiquen, atendidas su frecuentacion é importancia.

»Son caminos vecinales de segundo órden, los que interesando á dos ó mas pueblos á la vez, son no obstante poco frecuentados por carecer de un objeto especial que les dé importancia.

»Son caminos vecinales de primer órden, los que por conducir á un mercado, á una carretera nacional ó provincial, á la capital del distrito judicial ó electoral, ó por cualquiera otra circunstancia, interesen á varios pueblos á un tiempo, y sean de un tránsito activo y frecuente.»

Conveniencia de adoptar la denominacion de caminos vecinales de primero y segundo órden.

En los formularios de 28 de abril de 1846, mandados observar por la direccion de Obras públicas para la redaccion de los proyectos de caminos, se da á los comprendidos en este real decreto los nombres de caminos vecinales y municipales, con arreglo á la clasificacion allí establecida: igual diversidad en las denominaciones existe de unas provincias á otras; y aunque estas variaciones parezcan de poca importancia, conviene no obstante uniformar la nomenclatura, para que si llega el caso, como es de esperar, de que se regle por una ley la obligacion de los pueblos respecto á estas comunicaciones, designe desde luego aquella nomenclatura, cuáles son estas obligaciones. De consiguiente, en lo sucesivo se dará únicamente el nombre de caminos vecinales de primero y segundo órden á los construidos y conservados á expensas de los pueblos; y los jefes políticos, así como las demás autoridades á quienes comprendan las reglas establecidas en el real decreto ó en el reglamento, usarán exclusivamente esta denominacion en todos los actos y en la correspondencia oficiales.

La clasificacion de primero y segundo órden solo puede hacerse en presencia de las circunstancias.

Establecida la nomenclatura con que han de distinguirse estos caminos, natural y lógico es definirlos y determinar en lo posible cuáles han de pertenecer á uno y otro órden. V. S. conocerá sin embargo las dificultades que llevan siempre consigo las definiciones generales, y mucho mas en cosas tan variables como las circunstancias de las localidades á que han de tener aplicacion, y se penetrará por lo mismo de que el espíritu del artículo que se analiza no es precisamente, como ya se ha dicho, en la exposicion que precede al real decreto, el de atribuir la cualidad de camino de primer órden á uno cualquiera por el solo hecho, por ejemplo, de conducir á la capital del partido : porque si bien es cierto que esta tiene siempre su importancia judicial, y en algunas épocas su utilidad electoral, lo es tambien que otro pueblo, en cuyas inmediaciones haya un puente, una barca, un canal, un mercado, un puerto ó una industria considerable, pueda ser mas interesante, considerado bajo el aspecto de la viabilidad. Solo en presencia de las circunstancias se pueden apreciar debidamente las razones que existan para colocar á estos caminos en uno ú otro órden, y esto toca á las autoridades superiores de las provincias con arreglo á lo que se establece en el artículo siguiente:

Art. 2.º «El jefe político, oyendo á los ayuntamientos y al consejo provincial, designará los caminos vecinales de segundo órden, fijará su anchura dentro del maximum de 18 pies de firme y los límites que hayan de tener.

»La diputacion provincial, prévio informe de los ayuntamientos y á propuesta y con aprobacion del jefe político, declarará cuáles son los caminos vecinales de primer órden, designará su direccion y determinará los pueblos que han de concurrir á su construccion y conservacion.

»La anchura de estos caminos, con arreglo á las localidades, se marcará por el jefe político como en los caminos vecinales de segundo órden.»

Debe procederse desde luego á la clasificacion de los caminos.

Un camino declarado vecinal de segundo órden puede sin inconveniente pasar á la categoría de primero, con tal de que precedan las formalidades prescritas en el segundo párrafo de este artículo ; de consiguiente no se ofrece dificultad ninguna en que V. S. proceda desde luego á la clasificacion que está en sus atribuciones, sin perjuicio de proponer despues á la diputacion provincial las líneas que crea deban pasar á ser de primer órden en razon á su importancia.

Y no solo no se ofrece dificultad ninguna en que se ejecute desde luego la clasificacion indicada, sino que puede ser conveniente á los pueblos que se verifique sin retardo, porque siendo virtualmente esta clasificacion un reconocimiento legal de que los caminos comprendidos en ella pertenecen al comun, se consigue por su medio que la decision de las cuestiones sobre usurpacion de terreno cometidas en dichos caminos sean de la competencia del consejo provincial, lo cual es ventajoso para los pueblos, porque les evita gastos y dilaciones.

Conveniencia de dar á los caminos en la clasificacion la máxima anchura.

Respecto á los trámites que han de seguirse para hacer la clasificacion, estan determinados en el capítulo primero del reglamento, y de consiguiente no se necesitan nuevas aclaraciones para la materialidad de su ejecucion. Convendrá no obstante que V. S. al clasificar los caminos les dé la anchura máxima establecida en el real decreto, en consideracion á que probablemente no podrá disminuirse en los que lleguen á ser de primer órden, y á que nada se opone á que se reduzca despues para los que queden de segundo cuando se haya de proceder á su reparacion y mejora. La designacion de la máxima anchura tiene por otra parte la ventaja de impedir las usurpaciones de los propietarios colindantes y de acostumbrarlos á la idea de que ha de ser esta la dimension del camino, con lo que podrán acaso evitarse muchas reclamaciones en lo sucesivo.

Las diputaciones provinciales deben clasificar los caminos de primer órden.

Sentado el principio de que para los caminos vecinales de primer órden puedan concederse auxilios de los fondos provinciales, y siendo probable que muchos de estos caminos tengan un interés provincial mas ó menos estenso, se concede á las diputaciones el derecho de clasificarlos á propuesta de los jefes políticos, que deben presentarles los informes y deliberaciones de los ayuntamientos sobre el objeto. Esta medida es conforme con lo prevenido en el título 4.° de la ley de 8 de enero de 1845 sobre organizacion y atribuciones de las diputaciones provinciales, y es ademas justa, porque no se trata aquí de un acto de administracion, de crear, por ejemplo, una clase de caminos, sino de designar los que por su importancia pueden interesar á la provincia ó á parte de ella á lo menos, y los que en este concepto merecen auxilios de los fondos provinciales, y de consiguiente no es dudosa la conveniencia de que las diputaciones hagan la expresada clasificacion.

Corresponde á las diputaciones marcar la direccion de los caminos de primer órden.

La diputacion provincial indica la direccion de los caminos vecinales de primer órden, cuyo derecho no es mas que el complemento de la declaracion anterior. En efecto, un camino no tiene verdadera existencia legal sino cuando el acto que lo clasifica establece que va de tal á tal punto. Pero solo á designar estos puntos principales deben limitarse las atribuciones de la diputacion, que no es posible examine los pormenores de toda la traza del camino. Estos detalles de ejecucion corresponden á la autoridad administrativa.

Tampoco es conveniente conceder á estas corporaciones la facultad de señalar los diversos puntos intermedios por donde hayan de pasar los caminos, en razon á que en tal caso perderían estos en cierto modo su carácter puramente municipal, y á que semejante concesion podria dar márgen á sospechas de que se favorecia mas á uno ú otro distrito. Esto no obstante podrá oirse el dictámen de las diputaciones sobre el particular, con arreglo á lo establecido en el título y ley citados.

Las diputaciones provinciales determinan los pueblos que deben concurrir á los gastos ocasionados por estos caminos.

Las mismas diputaciones determinan los pueblos que deben concurrir á la construccion y conservacion de los caminos vecinales de primer órden; porque imponiéndose por esta determinacion á los pueblos el gravámen de invertir una parte de los recursos que destinan á sus comunicaciones locales en caminos de un interés mas general, parece conforme al espíritu de nuestro sistema de gobierno que sea un cuerpo electivo, representante de los intereses de la provincia el que imponga este gravámen, sin perjuicio de que el gobierno resuelva siempre sobre las reclamaciones á que esta facultad ó cualesquiera otras de las que se conceden puedan dar lugar.

El derecho de las diputaciones sobre clasificacion se ejerce á propuesta del jefe político.

Las atribuciones otorgadas aqui á las diputaciones provinciales se ejercen á propuesta de los jefes políticos, porque solo estos funcionarios, ocupados constantemente en estudiar los intereses del pais que administran, conociendo sus necesidades, y oyendo las reclamaciones de los pueblos, pueden pedir, obtener y coordinar los documentos y antecedentes que deben servir de fundamento á las resoluciones de las diputaciones provinciales.

Importancia de la eleccion de las líneas de primer órden.

Estas resoluciones son demasiado importantes para que se deje de insistir en la necesidad imperiosa de que se tomen con toda madurez. De la buena eleccion de las líneas vecinales de primer órden puede depender en gran manera la prosperidad de la provincia si se hace conciliando todos los intereses y todas las necesidades; y como V. S. tiene la iniciativa en esta eleccion, es de esperar que dedicará todo su celo para que sea arreglada á las intenciones y miras benéficas del gobierno. No es difícil prever que habrá muchas dificultades que vencer con motivo de las resistencias y de las peticiones sobre clasificacion que surgirán de todas partes. Todos los pueblos creerán deber participar á un tiempo de las ventajas que puedan proporcionarles las líneas de primer órden; pero si esta participacion hubiera de ser simultánea, se consumirían en empresas estériles, y que no se concluirían jamás, los recursos que pudieran proporcionarse. Es pues necesario proceder por grados y sucesivamente, no perdiendo nunca de vista que los fondos deben invertirse primero en una línea, y despues en otra para que no sean infructuosos los esfuerzos de los pueblos.

Los caminos de primer órden deben ser transitables para carruajes.

Si es conveniente que á los caminos vecinales de segundo órden se les fije desde luego la anchura máxima de 18 pies no comprendidos en ella los taludes, cunetas y demas obras accesorias, lo es mucho mas todavía que se determine así cuando se trate de las líneas de primer órden, que deben ser transitables para los carruajes por todas partes, sin lo cual poco ó nada se adelantaría en beneficio de la agricultura.

Los dictámenes de los ayuntamientos deben tenerse en consideracion al hacerse la clasificacion de los caminos de primer órden.

Finalmente, las propuestas que V. S. presente á la diputacion, ya para declarar á un camino de primer órden y marcar su direccion, ya para designar los pueblos que han de concurrir á su reparacion y conservacion, deben ir acompañadas de los informes de los ayuntamientos de los pueblos interesados. En consecuencia debe V. S. promover la deliberacion de los ayuntamientos sobre la clasificacion y direccion, así co-

tmo sobre el concurso de dichos pueblos, todo con sujecion á lo dispuesto
en la seccion segunda del capítulo primero del reglamento, donde se detallan las formalidades á que ha de someterse la clasificacion de los caminos de primer órden. Las deliberaciones y dictámenes de los ayuntamientos, sin ser obligatorias para V. S. ni para la diputacion, deben tomarse en consideracion, cuidando de ver si son en sentido del bien general, ó si se concretan al interés de localidad, lo que hará conocer
hasta qué grado son atendibles ó no.

La diputacion no está facultada para declarar de primer órden un camino que
no le haya sido propuesto.

Si por ventura la diputacion no admitiere la clasificacion de una línea propuesta por V. S., estará en su derecho; pero si creyere oportuno,
en vista de los informes que se le hayan presentado, sustituir dicha línea
con otra distinta que no se le haya propuesto, solo podrá llamar la atencion de V. S. sobre la conveniencia de esta sustitucion, acerca de la cual
tiene V. S. tiempo de reunir los informes y datos necesarios en el tiempo que medie entre una y otra reunion de aquella corporacion.

En el caso de haber oferta de concurso voluntario por parte de uno ó mas
particulares, puede el jefe político hacer la declaracion de que un camino
es de primer órden.

Resulta pues de cuanto se ha dicho que la clasificacion de los caminos de primer órden se ha de hacer siempre por la diputacion de acuerdo con la aprobacion del jefe político, excepto cuando la demanda de clasificacion provenga de uno ó varios particulares que ofrezcan concurrir
á los gastos que se ocasionen. En este caso está V. S. autorizado por el
art. 17 del reglamento para hacer la declaracion, aunque oyendo al in-
géniero de la provincia y á la diputacion. La razon de esta diferencia es
muy sencilla, supuesto que la causa principal de la intervencion que
se concede á dicha corporacion en la clasificacion de los caminos de primer órden, consiste en la posibilidad de que se asignen auxilios de
fondos provinciales á estos caminos; pero cuando varios particulares
ofrezcan su concurso para una línea determinada, ni hay conveniencia
en rehusarlo, ni es justo emplear sus donativos en otro camino que el
que hayan designado, y de aquí la necesidad de acoger estas demandas
siempre que parezcan fundadas, y que la oferta de concurso merezca tomarse en consideracion.

Art. 3.º «Los jefes políticos procederán desde luego á hacer la clasificacion de los caminos y á marcar las dimensiones de que trata el ar-

tículo anterior, y remitirán à la direccion de Obras públicas itinerarios circunstanciados que expresen los caminos clasificados, el número de leguas que comprendan, los puntos à que conduzcan y el estado en que se encuentren actualmente, así como el grado de interés general que tengan.

»En la primera reunion de las diputaciones provinciales se clasificarán los caminos de primer órden, con arreglo á lo prevenido en el artículo precedente.»

La clasificacion no debe ser ni muy limitada ni muy ámplia.

Este artículo, que no es otra cosa que el precepto de poner por obra las atribuciones, que tanto á V. S. como á la diputacion se conceden por el anterior, necesita para su ejecucion que se observen las disposiciones contenidas en el capítulo primero del reglamento, donde está trazado el camino que ha de seguirse. Esto no obstante parece convéniente advertir á V. S. que la clasificacion á que ha de proceder tan pronto como haya oido á los ayuntamientos, y reunido los datos necesarios para ilustrar la materia, no debe ser ni muy limitada ni muy ámplia; porque lo primero podria producir quejas de los pueblos, que acaso creerían ver en esta limitacion la idea de disminuir sus comunicaciones, y lo segundo sería empeñarlos en gastos que no podrian soportar. Cierto es que la clasificacion por sí sola no supone la inmediata construccion ó reparacion, pero indica que ha de verificarse á medida que sea posible; y si se hiciese aquella tan ámplia que no permitiese que estas tuvieran lugar sino en un término muy distante, se desvirtuaría el decreto por la imposibilidad de cumplirlo.

Conviene pues que siempre que V. S. haya de resolver sobre la clasificacion de los caminos de un pueblo, no se concrete à confirmar la propuesta hecha por las autoridades locales, que probablemente por un afecto de buen deseo, querrán ver declarados vecinales todos los caminos que crucen el término, sino que examine cuidadosamente si en el estado remitido falta algun camino esencial, lo que le será probablemente advertido por las reclamaciones de las partes interesadas; y en este caso hará V. S. que el ayuntamiento informe sobre la utilidad del camino omitido, y sobre la causa de la omision. Igualmente examinará V. S. si el número de las líneas que le sean propuestas escede á las necesidades de la circulacion, y si hay posibilidad de reducir este número.

Los itinerarios pueden ser iguales al modelo núm. 1.° del reglamento.

Los itinerarios que V. S. debe remitir á la dirección de obras públicas, y que pueden ser iguales al modelo número 1.° unido al reglamento, tienen por objeto ilustrar al gobierno para que resuelva con conocimiento sobre las reclamaciones que puedan dirigirle los pueblos, así como sobre la extension de las necesidades de estos relativamente á la circulacion, y sobre la entidad de los recursos que son indispensables para satisfacer dichas necesidades.

Necesidad de proceder con mucho detenimiento en la clasificacion de los caminos de primer órden.

Si es necesario que V. S. cuide mucho de que la clasificacion para que está facultado no exceda los límites regulares, aun son precisos mayor circunspeccion y mas detenimiento para proceder á la que se designa en el último párrafo del art. 3.° Ya se ha dicho que de la buena eleccion de las líneas do primer órden puede depender en gran manera la prosperidad de la provincia; pero ademas de esta consideracion importante hay que tener presente tambien que la designacion de estos caminos es la que puede producir mas reclamaciones por el interés que los pueblos tienen en que alguna de sus líneas sea comprendida en esta categoría para tener opcion á los auxilios provinciales de que habla el artículo siguiente:

Art. 4.° «Los caminos vecinales de segundo órden 'estaràn esclusiva-ḷ mente á cargo de los pueblos cuyo término atraviesen.

»Para los caminos vecinales de segundo órden podràn concederse auxilios de los fondos provinciales, incluyéndose su importe en el pre-ꜗ supuesto correspondiente, cuando la diputacion provincial estime conveniente votarlos.

»La distribucion de la cantidad votada por la diputacion para los caminos de primer órden se hará por el jefe político de acuerdo con el consejo provincial, teniendo presente, no solo la utilidad general de los caminos, sino los esfuerzos que hagan los pueblos á quienes interesen para contribuir á los gastos que ocasionen.»

Los caminos obtienen la cualidad de vecinales en virtud de la clasificacion legal prevenida en el decreto.

El primer párrafo de este artículo no hace mas que confirmar lo establecido en la regla tercera del art. 80 de la ley de 8 de enero de 1845 sobre atribuciones de los ayuntamientos, à quienes compete el cuidado, conservacion, y reparacion, de los, caminos y veredas, puentes y pontones vecinales. Pero como hasta el presente no está determinado cuáles sean estos caminos vecinales, se establece en este real decreto que se entiendan tales los que hayan obtenido el reconocimiento legal que resulta de la clasificacion prescrita en el art. 3.º Y así debe ser en efecto, porque lo demas seria pretender que los ayuntamientos cuidasen de los caminos rurales ó de un interés puramente individual, ó dejarles la facultad de determinar cuáles habian de ser vecinales, lo que podria ser causa de muchos abusos.

El principio general de que cada pueblo atienda á la conservacion y cuidado de sus caminos vecinales está consignado en la citada ley de 8 de enero; pero como esta ha dejado de comprender en los gastos obligatorios los que se originen con este motivo, el principio indicado no constituye un deber ni hace mas que repetir una verdad por todos reconocida, que es la de que cada cual debe cuidar sin ayuda de otro de aquello en que tiene un interés esclusivo. De consiguiente, si en el decreto que se analiza se consigna de nuevo este principio, no es con el fin de hacer obligatorio lo que la ley ha hecho voluntario, sino para que se conozca bien la diferencia que en esta parte hay entre los caminos de primero y segundo órden.

La concesion de auxilios de los fondos provinciales no es obligatoria para las diputaciones.

En el segundo párrafo de este artículo se establece que para los caminos vecinales de primer órden puedan concederse auxilios de los fondos provinciales; pero se deja entender muy bien que este es un gasto facultativo, y de ninguna manera forzoso. Los caminos en cuestion no tienen un derecho absoluto, ni las diputaciones tienen un deber preciso de ayudar à su construccion y mejora; mas pueden hacerlo si conviene al interés del pais, y si los pueblos merecen esta consideracion por sus esfuerzos, en cuyo caso será útil que V. S. interponga toda su influencia privada con la diputacion para que auxilie á los que se muestren celosos; porque de este modo se estimularán los demas, y se esforzarán en proporcionar por su parte recursos para merecer que se les ayude con alguna cantidad de los fondos provinciales.

La distribucion de los fondos provinciales debe hacerse teniendo en consideracion los esfuerzos de los pueblos.

De lo que se acaba de decir resulta que el buen efecto de este real

decreto respecto á los caminos vecinales de primer órden depende en gran
manera del acierto con que se acuerden los auxilios de que se trata,
y que estos deben concederse, no solo en razon á la utilidad del camino, sino en proporcion tambien á los esfuerzos que para contribuir al fin
hagan los pueblos á quienes aquel interese. Y la razon es muy óbvia,
pues cualquiera que sea la utilidad de un camino, si los pueblos no
concurren á los gastos de su construccion y conservacion, no pueden
ni deben concedérsele auxilios de los fondos provinciales, porque ó estos serían insuficientes para conseguir el objeto, y de consiguiente perdidos, ó bastarían por sí solos para concluir el camino, en cuyo caso
dejaría este el carácter de vecinal para pasar á la categoría de provincial.

La distribucion de los auxilios corresponde al jefe político de acuerdo con el
consejo provincial.

Demostrada ya la justicia y la conveniencia de hacer la distribucion de los fondos votados por la diputacion en proporcion á los esfuerzos de los pueblos, como se previene terminantemente en el párrafo tercero de este artículo, necesário éra tambien determinar á quién
compete verificar esta distribucion. El jefe político, de acuerdo con el
consejo provincial, es el que debe hacerla, porque es el único que puede conocer con exactitud aquellos esfuerzos y los recursos que hayan
votado los pueblos para sus caminos; pero á fin de evitar cualquiera
parcialidad, se establece que el reparto haya de ejecutarse de acuerdo
con el consejo provincial; y como por otra parte no puede asignarse
cantidad alguna sino á las líneas que hayan sido clasificadas de primer
órden por la diputacion, queda prevenido hasta el recelo de que haya
arbitrariedad, lo que conocerá V. S. cuán conveniente es para evitar
quejas y reclamaciones.

El gobierno se reserva la facultad de aplicar en casos excepcionales una parte de los auxilios provinciales á los caminos de segundo órden.

En el hecho de expresarse solamente que á los caminos vecinales de
primer órden podrán concederse auxilios de los fondos provinciales, queda absolutamente prohibida, aunque de una manera implícita, la aplicacion de estos auxilios á las líneas de segundo órden: esto no obstante, pueden ocurrir casos escepcionales, como la construccion de un
puente, por ejemplo, en que sea conveniente y aun necesario valerse
de aquellos fondos para un camino de los de esta clase; pero como
estos casos deben ser raros, se reserva el gobierno la facultad de auto-

rizar la referida aplicacion á los que ocurran para evitar que se haga
de esta autorizacion un uso demasiado estenso. A este fin, cuando V. S.
crea que es conveniente conceder á alguna línea de segundo órden una
cantidad de la votada por la diputacion, se servirá hacerlo presente al
gobierno con las razones en que se funde.

Los artículos del reglamento que tienen una conexion inmediata con
el que se acaba de comentar, son los comprendidos en el capítulo 3.°,
que debe V. S. tener á la vista para su completa ejecucion.

Art. 5.° «No se procederá á la construccion y mejora de los caminos
vecinales sino á peticion ó con la conformidad de los ayuntamientos de
los pueblos á quienes interesen, y despues que dichos ayuntamientos hayan votado los recursos necesarios.

»Siempre que una línea vecinal de primero ó segundo órden interese á varios pueblos, se concertarán entre sí los alcaldes acerca de la cuota que de los recursos votados ha de aprontar cada pueblo para el camino comun.

»Si sobre este punto no hubiere avenençia entre los alcaldes, decidirá el consejo provincial, conforme á lo dispuesto en el art. 8.° de la
ley de 2 de abril de 1845.»

Conveniencia de formar juntas inspectoras.

En defecto de una ley que autorice expresamente al gobierno para hacer obligatorios los gastos ocasionados por los caminos vecinales, necesario es contar cuando menos con la aquiescencia de los pueblos por
respeto al principio constitucional que exige una ley para la imposicion
de toda contribucion. Sin embargo, si V. S. se asocia las personas influyentes de la provincia en la forma expresada en el capítulo noveno
del reglamento, y consigue así que estas persuadan á los pueblos de la
utilidad inmediata que ha de resultarles del cumplimiento del real decreto, es probable que estos accedan voluntariamente á proporcionar los
recursos indispensables.

Siempre que sea posible deben fijarse por convenio las cuotas con que han
 de contribuir los pueblos para los caminos de primer órden.

Siguiendo siempre la idea de no hacer obligatorio lo que las leyes
han hecho hasta ahora facultativo, quiero el gobierno que cuando se
trate de la proporcion en que han de contribuir varios pueblos para un
camino comun, se proceda ínterin sea posible por convenio de los mismos pueblos. Esto no obstante, una vez votados por los ayuntamien-

tos los fondos que han de destinarse á los caminos vecinales, son obligatorias ya, su realizacion ó inversion, y por lo mismo se establece que «Si sobre este punto no hubiere avenencia entre los alcaldes, decidirá el consejo provincial.»

Si no fuere posible que los alcaldes se convengan entre sí, determinará el consejo provincial la cantidad que cada pueblo ha de satisfacer.

Esta medida es indispensable, como V. S. conocerà, porque si despues de votadas cantidades, prestaciones ó cualesquiera otros arbitrios con destino á los caminos de que se trata, no hubiese un medio de compeler à los pueblos à contribuir á su justa inversion, atendiendo al interés general, bastaría la falta de voluntad de uno de ellos para impedir que se ejecutáran obras de mucha utilidad. Es pues el consejo provincial quien decide, por los tràmites prefijados en la seccion segunda del capítulo tercero del reglamento, la cuota que cada pueblo de los que tienen interés en el camino debe aprontar para su construccion ó reparacion.

La reparticion de los contingentes debe hacerse en proporcion á la riqueza de los pueblos y al interés que tengan en el camino.

Al hacer la designacion de la cuota con que cada pueblo ha de contribuir, es necesario no perder de vista los recursos de los pueblos con arreglo à su riqueza, á su poblacion y al sobrante ó déficit de sus ingresos y gastos municipales, y que la cantidad que se les asigne sea, no solo proporcionada à estos recursos, sino al interés mas ó menos directo que tengan en la línea de que se trate. Sucederà frecuentemente que un camino vecinal de primer órden no cruce el término de un pueblo, pero que no obstante le facilite la extraccion de sus productos porque conduzca à una carretera real ó provincial, à un puerto, rio navegable, canal, etc., y en este caso debe contribuir tambien à la construccion y conservacion del tal camino, aunque en una proporcion menor que los que esten situados sobre el mismo. Por el contrario, una linea vecinal de primer órden puede cruzar parte del territorio de un pueblo sin que interese à este de una manera directa, sino en cuanto le proporcione la posibilidad de unirse à ella por un ramal, en cuyo caso no sería equitativo obligarlo á contribuir por el solo hecho de pasar el camino por su término en la misma proporcion que si atravesàra sus calles. Es, pues indispensable designar las cuotas en proporcion à los recursos y al interés de los pueblos para que la reparticion sea justa y equitativa.

Cada pueblo debe cuidar de los caminos de segundo órden comprendidos en su término.

El real decreto que se comenta no prescribe quién ha de fijar cuáles son los pueblos que tienen interés en un camino vecinal de segundo órden, en atencion à que estas líneas interesarán por lo comun à pocos pueblos, y en este supuesto la justicia y la equidad exigen que cada cual atienda á la porcion que esté situada en su término. Es además mucho mas fácil que haya avenencia entre las partes cuando estas sean dos ó tres que cuando hayan de reunirse muchas para una misma obra, como sucederà frecuentemente en las líneas de primer órden.

Art. 6.° «Los jefes políticos excitarán por cuantos medios esten à su alcance el celo de los ayuntamientos para que voten como gastos voluntarios los recursos suficientes para la construccion, mejora y conservacion de los caminos vecinales.

»A este fin podrán emplear los pueblos con aprobacion del gobierno:

1.° »Los sobrantes de los ingresos municipales despues de cubierto el presupuesto ordinario.

2.° »Una prestacion personal de cierto número de dias de trabajo al año.

3.° »Un repartimiento vecinal legalmente hecho.

4.° »Los arbitrios extraordinarios que estimen convenientes.

»Los ayuntamientos, en union con los mayores contribuyentes, con arreglo al art. 105 de la ley de 8 de enero de 1845, podrán votar unos ú otros de estos arbitrios ó todos à la vez si lo creyeren necesario.

»Los fondos que se recaudaren por cualquiera de estos medios se invertirán en los caminos vecinales sucesivamente, empezando por los de interés mas general.»

Los ayuntamientos, en union con los mayores contribuyentes, estan autorizados para votar los arbitrios que estimen conveniente.

Despues de haber inculcado la conveniencia de clasificar y de atender à los caminos vecinales, y de haber dado reglas para ejecutar lo que se ha prevenido respecto á estos dos puntos, me ocuparé del artículo 6.°, en el cual se detallan los diferentes medios que pueden emplear los ayuntamientos con el objeto de proporcionar fondos para llenar aquella atencion. Con arreglo à lo establecido en este artículo, los ayuntamientos, en union con los mayores contribuyentes, estan autorizados para elegir entre los arbitrios propuestos aquellos que mas convengan à los pueblos que representan, aunque con la precisa condicion de someter sus acuerdos á la aprobacion del gobierno, segun se previene en el art. 54 del reglamento, salvo cuando el arbitrio votado sea la prestacion personal, en cuyo caso basta la aprobacion del jefe político, conforme á lo dispuesto en el art. 29 del mismo reglamento. Pero como pudiera suceder que á pesar de la facultad concedida no se cuidáran algunos ayuntamientos de proporcionar fondos para tan útil empresa, se recomienda de nuevo á V. S. que se valga de cuantos medios le sugieran su celo, su deseo del bien público y el conocimiento de las costumbres, inclinaciones y del espíritu de la provincia que manda para vencer los obstáculos que se opongan al éxito de este decreto, sin apelar no obstante á medidas duras ó coercitivas. A este fin podrá ser muy útil la creacion de las juntas de que se ha hecho mencion al comentar el artículo precedente, principalmente en las provincias donde todavía no esté establecido el sistema de reparar los caminos vecinales por medio de prestaciones personales ó de cualquier otro modo.

La posibilidad de atender á la construccion y reparacion de los caminos vecinales por medio de los sobrantes de los ingresos municipales será tan rara que bien puede mirarse como un caso excepcional; de consiguiente lo comun será tener que recurrir á uno de los otros arbitrios propuestos.

Utilidad de que se generalice la prestacion personal.

El mas pingüe de todos ellos; el que bien dirigido puede contribuir mas eficazmente á que se realice el pensamiento del gobierno; el que está ya en uso en muchas provincias, y sería conveniente que se generalizára en todas ellas, es la prestacion personal bien entendida. Las disposiciones que se han creido mas convenientes para su reparticion se encuentran detalladas en la seccion cuarta del capítulo tercero del reglamento; el modo de satisfacerla, sea por peonada ó por tareas, en los caminos de primero y segundo órden, se expresa en las secciones primera, segunda, tercera y quinta del capítulo quinto y en la tercera del octavo; la manera de justificar su empleo se fija en la seccion cuarta del capítulo quinto, y por último en la seccion segunda del capítulo séptimo se dan las reglas que han de observarse para la contabilidad, tanto de las prestaciones, como de otros ingresos.

Conveniencia de que se observen con exactitud las disposiciones del reglamento, relativas á la prestacion personal.

Haciendo que se observen exactamente estas disposiciones, siempre que se voten por los ayuntamientos prestaciones personales, se conseguirán tocar los efectos de este sistema, y conocerán fácilmente los pueblos que no son en balde sus sacrificios. De este modo es verosímil que llegue á generalizarse el empleo de la prestacion á cuyo objeto debe V. S. dirigir todos sus esfuerzos; pero como este servicio pudiera acaso no adaptarse á las costumbres y circunstancias de todos los pueblos, se deja al arbitrio de estos el sustituirlo con otro cualquiera de los expresados en el real decreto.

Con arreglo à lo dispuesto en el art. 105 de la ley de 8 de enero de 1845, es necesaria la concurrencia de los mayores contribuyentes, siempre que con cualquier objeto se haya de recurrir á un impuesto extraordinario; de consiguiente la prescripcion contenida en el párrafo tercero del art. 6.º del real decreto está conforme con las disposiciones vigentes.

No siendo posible atender á cierta clase de gastos con la prestacion personal, convendrá que vaya unida á otro arbitrio siempre que sea posible.

Atendiendo à que la prestacion personal, tan conveniente y fácil de realizar en los pueblos de corto vecindario y agrícola, puede no ser aplicable à los grandes centros de poblacion, se insiste aquí de nuevo en la necesidad de dejar á los ayuntamientos en libertad de recurrir à los arbitrios que tengan por mas adecuados à las circunstancias de las localidades. Exprésese ademas que pueden votar dos ó mas de estos arbitrios á la vez, lo cual sería muy util, particularmente si uno de ellos fuese la prestacion personal, porque en efecto el empleo de esta no puede ser tan eficaz como debería esperarse si no va acompañada de algunos fondos destinados à pagar gastos imprescindibles. Así, por ejemplo, los diferentes útiles necesarios para la construccion y conservacion de los caminos, las herramientas con que han de trabajar los obligados à la prestacion, que se presentaràn sin ellas comunmente, el pago de jornales á los operarios inteligentes que deban estar constantemente al frente de los trabajos, la adquisicion de materiales para las obras de fábrica, etc., etc., son otros tantos dispendios á que no es posible atender con la prestacion personal. En vista de estas razones se penetrarà V. S. de lo interesante que será que los ayuntamientos agreguen á la prestacion, à lo menos por una vez y para proveerse de los útiles precisos, uno de los otros arbitrios que produzca algunos fondos efectivos. El mal estado en que se encuentran generalmente los caminos vecinales es otra consideracion que acredita la necesidad de emplear en ellos todos los recursos posibles.

El jefe político, fundándose en los documentos reunidos, declara cuáles son los caminos de primer órden que deben repararse con preferencia. Igual declaracion hacen los ayuntamientos respecto á los de segundo órden.

Al formar los alcaldes el itinerario de que trata el artículo 2.° del reglamento, no solo han de expresar cuáles son los caminos que en su concepto merecen declararse de primer órden, sino tambien cuáles de estos y de los de segundo órden son de interés mas general. Este itinerario debe estar de manifiesto durante 15 dias para que los vecinos del pueblo se enteren de su contenido y puedan hacer las reclamaciones que tengan por convenientes, tanto respecto á los caminos que se indique deben pasar á primer órden, como acerca del interés que se atribuya á los de una y otra clase.

En vista de los itinerarios de los alcaldes, de las deliberaciones de los ayuntamientos sobre ellos y de las reclamaciones y observaciones que se hicieren, decidirá V. S. relativamente á cada pueblo que tenga varios caminos de primer órden, cuál es el mas interesante y el que debe por esta circunstancia repararse con preferencia. Respecto á los caminos de segundo órden corresponde á los ayuntamientos hacer igual designacion, con arreglo á lo dispuesto en el artículo 27 del reglamento, salvo siempre el derecho de los pueblos y de los particulares acudir al gobierno en uno y otro caso, cuando tengan algo que oponer á estas decisiones.

No deben comprenderse sino en poblaciones de muchos recursos las obras de dos ó mas lineas de primer órden á un mismo tiempo.

Como los recursos de los pueblos no pueden ser muy considerables, y si se dedicasen á varias líneas á un mismo tiempo se malgastarían inútilmente, conviene que V. S. proceda con mucha circunspeccion al determinar los caminos en que deban empezar los trabajos sin permitir que se emprendan en uno hasta que se haya concluido otro, á no ser en poblaciones muy considerables, cuyos recursos permitan ejecutar las obras de dos ó mas líneas de primer órden á un tiempo. Es igualmente muy útil hacer comprender á los pueblos la ventaja de construir con perfeccion y solidez desde el principio para no tener que invertir despues los fondos en recomposiciones y verse privados de continuar la mejora de los demas caminos.

Art. 7.° «Las multas que se exijan por contravenciones á los reglamentos de policía de los caminos vecinales ingresarán con los demas fondos destinados á dichos caminos.»

Interin no se determinen por una ley las penas en que incurren los contraventores á los reglamentos de policía de los caminos vecinales, deben regir las disposiciones contenidas en la «ordenanza para la conservacion y policía de las carreteras generales», aprobada por real órden de 14 de setiembre de 1842, cuyos artículos modificados como conviene á las líneas vecinales y aumentados con algunos, principalmento de conservacion que se han creido indispensables, forman el capítulo once del reglamento.

Art. 3.° «La prestacion personal votada por el ayuntamiento, en union de los mayores contribuyentes, se impondrá á todo habitante del pueblo en la forma que sigue:

1.° »Por su persona y por cada individuo varon, no impedido, desde la edad de 18 años hasta 60, que sea miembro ó criado de su familia, y que resida en el pueblo ó en su término.

, 2.° »Por cada uno de sus carros, carretas, carruajes de cualquiera especie, asi como por los animales de carga, de tiro ó de silla que emplee en el uso de su familia, en su labor ó en su tráfico, dentro del término del pueblo.

»Los indigentes no estan obligados á la prestacion personal.»

La prestacion personal ó cualquiera de los otros arbitrios votados por los ayuntamientos son obligatorios desde el momento que obtienen la aprobacion correspondiente.

Si se ha dejado á los ayuntamientos, en union con los mayores contribuyentes, la facultad de votar libremente los arbitrios que crean convenientes para los caminos vecinales, es en la inteligencia de que una vez votado cualquiera de dichos arbitrios y aprobado por el gobierno ó por V. S., segun los casos, se convierte en obligatorio, como sucede respecto á los gastos voluntarios incluidos en el presupuesto municipal despues que obtiene la aprobacion correspondiente. Partiendo de esta base, y con el objeto de prevenir las parcialidades á que pudiera dar lugar la imposicion individual de la prestacion personal, se ha creido necesario expresar detalladamente las condiciones que someten á este servicio, y los que exceptúan de él completamente, asi como el lugar y la forma en que ha de imponerse á los que tengan várias residencias, sobre todo lo cual se dan reglas en los artículos 41, 42, 43, 44 y 45 del reglamento.

Causas de exencion de la prestacion personal.

Las causas generales de exencion reconocidas por el real decreto de 7 de abril son tres: la primera, que es la edad del contribuyente, se justifica con facilidad en caso de duda con la fe de baútismo; la segunda, que es el impedimento por enfermedad, ofrece mas dificultades en su justificacion, en razon á que este impedimento no está siempre á la vista; pero como en los pueblos de corto vecindario, que serán los que mas comunmente empleen la prestacion, son todos los habitantes conocidos de la autoridad, entre sí mismos se sabe de una manera exacta quiénes deben exceptuarse por su estado habitual de salud. De la tercera causa de exéncion, que es la indigencia, puede decirse lo mismo que de la anterior, y tanto para reconocer la una como la otra, es indispensable deferir al dictámen de los alcaldes y de los ayuntamientos que tratarán, por interés del pueblo, de que cada habitante cumpla sus obligaciones.

Árt. 9.° «La prestacion podrá satisfacerse personalmente por sí mismos ó por otro, ó en dinero, á eleccion del contribuyente.

El precio de la conversion será arreglado al valor que el jefe político, oyendo á los ayuntamientos y de acuerdo con el consejo provincial, fije anualmente á los jornales, segun las localidades y estaciones.

»La prestacion personal no satisfecha en dinero podrá convertirse en tareas ó destajos con arreglo á las bases y evaluaciones de trabajos establecidas de antemano por los ayuntamientos y aprobadas por el jefe político.

»Siempre que en el término prescrito por el ayuntamiento respectivo no haya optado el contribuyente entre satisfacer su prestacion de uno de los dos modos expresados en este artículo, se entiende aquella exigible en dinero.

»El servicio personal no se prestará en ningun caso fuera del término del pueblo del contribuyente.»

La facultad concedida en el primer párrafo de este artículo es justa en cuanto tiene por objeto facilitar á todos los contribuyentes sometidos á la prestacion por el voto de los ayuntamientos el medio de satisfacer su cuota de una manera que no se oponga á sus hábitos. Si no se les dejase la libertad de opcion y de sustitucion, seria imposible que la prestacion se realizára, porque muchos individuos no acostumbrados á trabajos materiales se negarían, y con razon, á ejecutarlos.

Conveniencia de acordar á los contribuyentes la facultad de satisfacer la prestacion en dinero y por sustitucion.

Ha sido pues necesario conceder esta autorizacion que, sobre indispensable, es útil al mismo tiempo si V. S. y el consejo provincial, penetrados de las intenciones del gobierno, fijan el precio de conversion de una manera conveniente.

La prestacion personal, que es sin duda el arbitrio mas productivo que puede emplearse en los caminos vecinales, tiene sin embargo el inconveniente de haber de aplicar hombres à trabajos á que no estan habituados, y el de no proporcionar en sí misma recursos para las obras de fábrica que deban construirse. Sería por lo mismo muy útil que se verificára la conversion en dinero del mayor número de cuotas posibles, y esto solo puede conseguirse fijando á los jornales de conversion un precio algo menor del que tengan comunmente en el país, porque de este modo los contribuyentes preferirán satisfacer sus prestaciones en dinero.

Desde luego habrá V. S. conocido que el espíritu del artículo que se comenta no es establecer que los jornales que han de servir de tipo para la conversion sean los mismos para toda la provincia, ni tampoco que se fijen unos distintos para cada pueblo. Lo primero produciría desigualdades chocantes en razon á la diferencia de precios á que suelen pagarse los trabajos en diversos pueblos de una misma provincia, y lo segundo, sobre ser inútil, porque hay distritos ó zonas de varios pueblos donde los precios son iguales con corta diferencia, produciría un trabajo demasiado largo y embarazoso.

Necesidad de convertir la prestacion satisfecha materialmente en tareas ó destajos.

El inconveniente grave que se ha encontrado siempre á la prestacion personal es el de ser ilusoria en cierto modo, porque los contribuyentes que la satisfacen materialmente en virtud de un mandato del alcalde suelen ejecutar los trabajos de mala gana ó torpemente, otras veces por falta de costumbre. El único medio de evitar en lo posible este inconveniente es el indicado en el artículo de que se trata, en el cual se deja à voluntad de los ayuntamientos el adoptar ó no el principio de la conversion en tareas ó destajos; pero convendrá no obstante que V. S. y las juntas inspectoras de que habla el reglamento procuren persuadir á los pueblos de la ventaja y equidad que ha de resultarles de adoptar generalmente este sistema. Reportarán ventaja porque repararàn y perfeccionarán mas pronto y con menos sacrificios sus comunicaciones en beneficio de su agricultura, y les resultará equidad porque de este modo satisfará realmente cada contribuyente su cuota, y no pesará todo el trabajo sobre los que lo ejecuten de buena fe como sucedería en otro caso.

Explicaciones sobre la redaccion de las tarifas de conversion en tareas.

La redaccion de las tarifas no puede ofrecer dificultad ninguna despues de las explicaciones dadas sobre el particular en el art. 31 del reglamento,

En efecto, no puede ignorarse generalmente en los pueblos cuáles son los precios de los trabajos de remocion de tierra, extraccion y trasporte de piedra y otros de la misma naturaleza, y respecto de los demas poco usados á no ser en las inmediaciones de las carreteras, como por ejemplo el partir y extender las piedras puede juzgarse por analogía con otras faenas ó bien por experiencia, dedicando por unos dias á estos trabajos algunos jornaleros. No es difícil pues saber cuánto cuesta partir una vara cúbica de piedra ó excavar una vara de cuneta con las dimensiones que se hayan fijado, y menos dificultad ofrece todavía el conocer con exactitud cuánto cuesta el trasporte de los materiales á una distancia dada. Con estos antecedentes está todo reducido á consignar en una tarifa el valor intrínseco de estos diferentes trabajos, y habiéndose fijado de antemano por el jefe político y el consejo provincial el precio de los jornales para la conversion en dinero, segun se previene en el art. 26 del reglamento, es muy sencillo saber lo que puede exigirse á cada contribuyente en tareas ó destajos. Suponiendo que el precio de partir la piedra se haya fijado por los ayuntamientos en dos reales la vara cúbica, un contribuyente, cuya prestacion equivalga con arreglo á la tarifa de conversion en dinero á 20 rs., sabrá desde luego que la ha satisfecho con partir 10 varas cúbicas de piedra del tamaño marcado, y asi de los demas casos.

Las tarifas de conversion en tareas formadas por los ayuntamientos necesitan para ser ejecutorias la aprobacion de V. S., porque de otro modo podria abusarse de esta facultad en perjuicio de los caminos vecinales.

Puede que aun en las provincias donde estan en uso las prestaciones personales halle oposicion la conversion en tareas por las dificultades que acaso encuentren los ayuntamientos en la redaccion de las tarifas y por el apego que se tiene comunmente á costumbres envejecidas. No obstante, si se hace conocer á los contribuyentes que este sistema redundará en beneficio suyo, y que les ahorrara tiempo de trabajo, puesto que el que dé concluida su tarea en medio dia habrá cumplido como si hubiera estado todo él, si por otra parte se dan á los ayuntamientos, en caso necesario, explicaciones mas detalladas sobre la formacion de las tarifas y se les remiten modelos convenientes, se vencerán al fin los obstáculos que se presenten y se conseguirá generalizar la conversion.

La prestacion personal no satisfecha en el dia requerido es de derecho exigible en dinero.

El real decreto de 7 de abril concede á los ayuntamientos la facultad de votar ó no la prestacion personal; pero una vez votada y aprobada por V. S., deja de ser facultativa para convertirse en obligatoria, es necesario que tenga cumplimiento, y no puede admitirse el principio de que un individuo se exceptúe de la carga común sin otra razon que su voluntad. La prestacion puede satisfacerse materialmente ó en dinero á eleccion del deudor; pero es indispensable que se satisfaga de uno de los dos modos; y si el contribuyente, despues de haber declarado querer pagar en trabajo material, no se presenta á verificarlo en el dia que le fue re designado, se entiende que renuncia al beneficio de opcion. Esta disposicion, consignada en el art. 52 del reglamento, no solo es justa, sino que acaso pueda todavía tildarse de imponer á los morosos una pena demasiado suave, mediante á que no es siquiera un resarcimiento del daño que causan al comun, porque la falta en el dia crítico de los individuos citados al trabajo produce al pueblo una pérdida real en el jornal inútil invertido en los trabajadores ú hombres prácticos que dirigen las obras.

Razones para no emplear el servicio personal fuera del término del pueblo del contribuyente.

La disposicion contenida en el último párrafo del art. 9.º del real decreto es en cierto modo desfavorable para los caminos vecinales de primer órden; porque si no fuere posible disponer de otros recursos que de la prestacion personal, como sucederá en muchos casos, siendo forzoso que esta se emplee dentro del término de cada pueblo, y pudiendo una línea de primer órden tener algunas leguas de extension ó interesar á bastantes pueblos, será necesario abrir los trabajos en muchos puntos distintos á la vez, lo cual ofrece en primer lugar la dificultad de hallar personas capaces de dirigir tantas obras simultáneamente, tiene ademas el inconveniente de retardar considerablemente la conclusion del camino, porque los trozos hechos en un año no pueden afirmarse debidamente con el trinsito de carruajes y caballerías; de hacerla mas costosa á causa de los jornales de los diferentes directores de trabajos, y ocasiona por último la desventaja de que estos trozos aislados sean completamente inútiles á la circulacion.

Sería por lo mismo mucho mas útil reunir todos los esfuerzos en un punto ó en muy pocos que diseminarlos en muchos á la vez; pero tampoco dejaría este sistema de ofrecer graves obstáculos é inconvenientes respecto á la prestacion personal. Primeramente los contribuyentes obligados á salir del término de sus pueblos irían de mala voluntad, y si no oponian una resistencia abierta, ejecutarían con dificultad los trabajos que se les exigiesen, perderían mucha parte del dia en ir y venir á largas distancias, y finalmente no se avendrian con facilidad á ser vigilados y á trabajar á las órdenes de un alcalde ó concejal que no pertenecieran á sus pueblos respectivos. Pesados unos y otros inconvenien-

tes, se ha creido lo mejor establecer como regla general que el servicio
personal no podrá emplearse en ningun caso fuera del término del pueblo del contribuyente.

La prestacion puede emplearse fuera del término del pueblo del contribuyente,
siempre que sea con el consentimiento de este.

V. S. conocerá sin embargo que el objeto de esta prescripcion es el
de evitar que las autoridades obliguen á los individuos sometidos á la
prestacion á satisfacerla fuera del término de sus pueblos; pero que de
ninguna manera se opone á que se verifique esto último, siempre que
los contribuyentes consientan en ello voluntariamente, ya porque conozcan la utilidad que á los caminos vecinales de primer órden ha de resultarles de este consentimiento, ya porque se les proporcionen ventajas á
los mismos contribuyentes en cambio de este sacrificio.

Medio que puede emplearse para que los contribuyentes se presten á salir del
término de sus pueblos.

Si los recursos disponibles para las líneas de primer órden lo permi-
tiesen, podria V. S., por ejemplo, ofrecer un corto estipendio á los individuos que se presten á salir del término de sus pueblos, ó reducir'es
las peonadas ó tareas que deban ejecutar, ó tambien cambiárselas en
una cantidad determinada de materiales, y tal vez por estos medios ú
otros análogos, se consiga en algunos casos que se avengan á ejecutar
su servicio donde convenga.

Necesidad de valerse de aquel medio en ciertas circunstancias.

Este sistema será mas conveniente respecto á los pueblos declarados
por la diputacion como interesados en un camino, y cuyos términos no
sean sin embargo cruzados por este; en razon á que de otro modo les
sería muy fácil eludir la concurrencia que se hubieren impuesto voluntariamente ó que les hubiera asignado el consejo provincial. Esta es una
materia sobre la que no pueden dictarse instrucciones terminantes, y que
se deja por lo mismo encomendada á la prudencia de V. S. para que
obre en cada caso segun lo requieran las circunstancias.

Los recursos pecuniarios destinados á los caminos de primer órden deben centralizarse por líneas.

No sucede lo mismo respecto á los recursos pecuniarios que deben centralizarse por líneas, segun se previene en la seccion primera del capítulo 8.º del reglamento. Las razones que abonan esta centralizacion son muy óbvias para que sea necesario detenerse á enumerarlas, cuando están indicadas ya en su mayor parte al tratar de lo conveniente que sería, bajo un aspecto, emplear la prestacion personal fuera del término del pueblo de los contribuyentes.

Los fondos destinados por el voto de los ayuntamientos á una línea de primer órden no pueden aplicarse á otra distinta.

Sin duda no está V. S. facultado para iuvertir los fordos votados por varios pueblos para el servicio de una línea vecinal de primer órden en otra distinta; pero sí puede V. S. determinar, con relacion á cada camino, el punto donde han de comenzar los trabajos y el órden que han de seguir, cuando se ejecuten con fondos efectivos de cualquiera procedencia que sean. No quiere esto decir tampoco que las obras no puedan principiarse en dos ó mas puntos á la vez si se juzgare preciso ó conveniente, aun cuando se ejecuten con recursos en metálico.

V. S. es quien debe resolver lo mas útil en este particular, con presencia de los fondos disponibles, de la necesidad de no desanimar á los pueblos, de la conveniencia de proporcionar trabajo á ciertas clases en algunas épocas, de las exigencias de los caminos y de las demas circunstancias atendibles.

Art. 10. «La distribucion de los recursos votados por los ayuntamientos para las necesidades de sus caminos vecinales se hará de modo que los de primer órden no consuman en ningun caso mas de la mitad de dichos recursos, invirtiéndose los restantes en los caminos de segundo órden.»

Precisamente por la razon indicada al terminar el análisis del artículo anterior, acerca de la necesidad de no desanimar á los pueblos, se prescribe en este el máximun de los recursos votados que podrá invertirse en las líneas de primer órden, que no ha de exceder nunca de la mitad del total de estos; porque si los pueblos viesen que todos los fondos aprontados por ellos se invertian en puntos algo distantes y no tocáran inmediatamente los efectos de sus sacrificios, manifestarían mas repugnancia á repetirlos, y se dificultaría en proporcion á esta repugnancia la ejecucion del real decreto. Pero hay ademas otra razon para adoptar el máximun establecido, y es que de no hacerlo asi, podria sospecharse alguna vez que se destinaban todos los recursos á los caminos de primer órden solo porque estos fuesen de interés para pueblos ó personas influyentes. A evitar pues hasta la mas remota sospecha sobre este punto se dirige el artículo precedente, que deja sin embargo bastante latitud á los alcaldes ó al consejo provincial en su caso para que no queden desatendidas las líneas de primer órden.

Art. 11. «Siempre que un camino vecinal conservado por uno ó mas pueblos sufra deterioro contínua ó temporalmente á causa de la explotacion de minas, bosques, canteras ó de cualquiera otra empresa industrial perteneciente á particulares ó al Estado, se podrá exigir de los empresarios una prestacion extraordinaria proporcionada al deterioro que sufra el camino en razon á la explotacion.

»Estas prestaciones podrán satisfacerse en dinero ó en trabajo material, y se destinarán exclusivamente á los caminos que las hayan exigido.

»Para determinarlas se concertarán las partes entre sí, y en caso de desavenencia fallará el consejo provincial.»

Este artículo es indudablemente el de mas difícil ejecucion que contiene el real decreto que se examina, y el que probablemente ha de producir mayor número de reclamaciones de parte de los pueblos por el deterioro de sus caminos y de los empresarios por las exigencias tal vez exageradas de aquellos. Por esta razon se han procurado consignar en el capítulo 4.º del reglamento las disposiciones necesarias para evitar dudas y cortar las diferencias que puedan suscitarse. Sin embargo, la aplicacion de estas disposiciones pertenece en gran parte al consejo provincial, porque ha de versar sobre asuntos contenciosos por su naturaleza. Facilitar pues los fallos de este tribunal es el principal objeto de las prescripciones sobre la ejecucion de este artículo contenidas en el reglamento; pues se examinarán ligeramente para dar una idea del espíritu que ha presidido á su redaccion.

Para reclamar una indemnizacion por deterioro es necesario que conste el estado de tránsito del camino.

La primera condicion indispensable para que un alcalde, en representacion de su pueblo, tenga derecho á reclamar indemnizacion por el deterioro que de resultas de una explotacion cualquiera se ocasione á un camino, es la demostracion de que este se halla en buen estado de tránsito; porque sería muy injusto seguramente querer obligar á una empresa ó particular á reparar por su cuenta un camino abandonado, sin otra razon que la necesidad de servirse de él.

Modo de justificar el estado del camino.

Es pues necesario dictar el modo de hacer la justificacion requerida de una manera fácil y exacta; porque si se exigen demasiadas formalidades para garantizar á los explotadores de las reclamaciones exajeradas que puedan hacérseles, sucederá lo que se ha verificado en Francia á causa de los trámites embarazosos que establece la legislacion de caminos vecinales para demostrar el estado de viabilidad que da derecho á indemnizacion, á saber; que ha habido unos departamentos donde las autoridades municipales han renunciado completamente á reclamar la prestacion por deterioros, y han consentido en perder los recursos que hubieran podido obtener de numerosas empresas industriales, por no serles fácil llenar las formalidades indispensables para demostrar su derecho; y otros donde se ha prescindido enteramente de las disposiciones legales, y se ha dado por bastante para justificar el estado de tránsito, la simple aseveracion del alcalde fundada en el informe de un inspector de caminos vecinales. Pero si es justo que los pueblos tengan medios expeditos de justificar su derecho en este punto, no lo es menos que los empresarios esten garantizados en lo posible de los abusos que podrian originarse de dar entera fé al testimonio de la otra parte interesada. De aquí la prescripcion contenida en el art. 62 del reglamento, para que el informe que debe dar anualmente al jefe político la junta inspectora de caminos vecinales, sea el justificante del estado de viabilidad; porque no es presumible que una corporacion formada de individuos respetables de diferentes pueblos, no todos acaso interesados en el camino de que se trate, dé un informe inexacto con el solo objeto de obtener una indemnizacion.

Las explotaciones agrícolas no estan obligadas á indemnizacion por deterioros.

Despues de haber indicado el medio de justificar el estado de tránsito de los caminos vecinales, y estando ya determinado en el art. 59 del reglamento cómo debe entenderse el deterioro contínuo y el temporal, resta ahora designar cuáles son las explotaciones sujetas á indemnizar los daños que causaren. Desde luego se ve que el espíritu del artículo que se comenta no es sino imponer esta obligacion á las explotaciones de minas, bosques, canteras y á toda otra empresa puramente industrial, y de ninguna manera á las explotaciones agrícolas, cualquiera que sea la extension de sus medios de cultivo, porque estas contribuyen constantemente á la conservacion de los caminos con la prestacion ó del modo usado en el pueblo donde radican. Por otra parte esta última clase de explotaciones suelen hacerse solo por los caminos del pueblo en que están situadas, mientras que las industriales necesitan á veces cruzar con sus productos el término de varios pueblos antes de llegar á una carretera, á un canal, rio ó puerto, que dé salida á dichos productos. De aquí se origina la cuestion de saber si estas empresas están obligadas á una indemnizacion por los deterioros que ocasionen á todos los caminos vecinales que recorran con sus efectos.

Las explotaciones industriales estan obligadas á indemnizar el daño que causen en los caminos vecinales que recorran sus productos.

A poco que se reflexione sobre la letra y el espíritu del artículo de que se trata, se decidirá indudablemente que si, á pesar del gravámen que á primera vista parece que debe resultar á dichas empresas de obligarlas á indemnizaciones respecto á seis, ocho ó mas pueblos cuyos caminos recorran sucesivamente; porque este gravámen está, en primer lugar, compensado con la facilidad y economía que proporcionan en los trasportes los caminos bien conservados: y en segundo lugar, porque no sería justo establecer que las empresas de explotacion resarcieran solo los daños que causasen en los caminos del pueblo donde radicaran, pues sucedería muchas veces que, estando situadas en el confin del término de un pueblo, deteriorasen menos los caminos de este que los de otro cualquiera por donde cruzaran sus productos. El deterioro existe de hecho para todos los caminos por donde transitan frecuentemente carruajes con peso considerable, y de consiguiente todos los pueblos á quienes pertenecen estos caminos tienen derecho á la indemnizacion legal concedida en el artículo que se comenta.

Es necesario aplicar con detenimiento el principio de indemnizacion por deterioro respecto á las líneas de mucha extension.

No obstante, se necesita mucho pulso y detenimiento en la aplicacion de este principio, porque sería darle demasiada latitud pretender que las empresas de explotacion hubieran de pagar indemnizaciones en toda la extension de la línea que sigan sus tra-portes cuando esta exceda de ciertos límites; y esto es precisamente lo que no deben perder de vista, tanto V. S. como el consejo provincial, siempre que se trate de reclamaciones extraordinarias por causa de deterioro.

Estas indemnizaciones se fijan por convenio ó por el consejo provincial.

Estas prestaciones, dice el art. 11 del real decreto de 7 de abril, se sjarán por el consejo provincial en caso de no concertarse las partes, y así debe ser en efecto, por ser esta materia contenciosa desde el momento en que hay contradiccion ó diferencia entre el demandante y el demandado. Las bases en que ha de estribar la decision del consejo han de ser en tcdo caso la justificacion del estado de tránsito y la apreciacion pericial del deterioro causado ó indemnizacion debida hecha con sujecion à lo prevenido en el artículo 63 del reglamento; porque el fallo pronunciado en virtud de estos precedentes no puede ser atacado, ni por la negativa del estado de tránsito del camino, ni por exceso en la cuota fijada, sino solamente por defecto en las formas; de modo que si este fallo fuese anulado en algun caso servirían siempre de fundamento al que se pronunciara despues las mismas justificacion y apreciacion en que estribaba el primero.

Las decisiones del consejo provincial no son extensivas á varios años.

Dedúcese de lo dicho en el párrafo precedente que las indemnizaciones no pueden determinarse de una vez para varios años consecutivos: lo primero porque un camino conservado en buen estado de tráns.to en la actualidad puede dejar de estarlo en lo sucesivo; y lo segundo, porque la importancia de los deterioros es susceptible de variar de un año à otro por aumento ó disminucion en la explotacion.

Los alcaldes deben hacer la reclamacion de indemnizacion por deterioro, pero pueden hacerla tambien los jefes políticos.

Segun el artículo 58 del reglamento corresponde à los alcaldes de los pueblos á quienes interese el camino la iniciativa en las reclamaciones por deterioro, porque situados mas cerca de aquel tienen sin duda mas medios de apreciar si el daño es tal que deba exigirse indemnizacion. Sin embargo, esta disposicion no excluye en manera alguna la accion que V. S. tiene siempre derecho à ejercer, singularmente respecto á los caminos de primer órden, colocados por el artículo 14 del real decreto bajo su autoridad y vigilancia directa, cuando los alcaldes descuiden el interés de sus administrados. En este caso puede V. S. entablar la demanda de indemnizacion si lo creyere conveniente. Fijada que sea por el consejo la cuota exigible, es indispensable que la parte actora (alcalde ó jefe político) notifique à la demandada en los términos legales el fallo de aquel tribunal, como se previene en el artículo 65 del reglamento; porque solo así podrà correr desde esta notificacion el plazo de apelacion, si el deudor intentare el recurso del consejo real.

Las empresas de explotacion se asimilan para los efectos de la prestacion á los demas contribuyentes.

Previniéndose expresamente en el art. 11 del real decreto que las empresas de explotacion puedan satisfacer las cantidades que adeuden en metálico ó en trabajo material, á su eleccion, se les concede igual ventaja que á los demas contribuyentes del pueblo, respecto al derecho de opcion; de consiguiente nada mas justo que asimilarlas tambien en todas las demas condiciones y someterlas á las reglas establecidas en cada localidad. Así en el caso de optar por la satisfaccion de sus cuotas en trabajo material, estarán obligadas á ejecutarlo por peonadas ó barcas, segun la práctica del pueblo; á regirse por las mismas tarifas de conversion que los demas individuos, á emplear hombres, carruajes y acémilas con las condiciones requeridas por el real decreto, y á someterse á la direccion y vigilancia de las autoridades encargadas del camino en que se verifiquen los trabajos, segun está determinado en el art. 67 del reglamento.

Las prestaciones por deterioro no pueden emplearse sino en el camino que las haya exigido.

Las prestaciones pagadas por razon de deterioro no pueden emplearse nunca en otros caminos que los que las hayan exigido, conforme á lo que se previene en el art. 11 del real decreto de 7 de abril. No es necesaria ninguna aclaracion para que se conozca la equidad rigorosa de esta disposicion, porque sería en verdad bien injusto que un pueblo obtuviera una indemnizacion con motivo de daño causado en uno de sus caminos por una empresa de explotacion, é invirtiese los recursos que por este medio se proporcionara en otros caminos distintos, privando así del beneficio en la facilidad y economía en los trasportes á la empresa contribuyente. Es necesario pues no separarse en ningun caso de una prevencion cuya justicia y equidad son tan palpables.

Conveniencia de que los pueblos concierten la indemnizacion con las empresas de explotacion.

No obstante las aclaraciones que acaban de hacerse y las prescripciones del reglamento para la ejecucion de este artículo, es presumible que ofrezca graves dificultades en la práctica, y en este supuesto parece conveniente indicar un medio de evitarlas en lo posible; medio que, si no está expreso en la letra del real decreto, se deduce del espíritu del artículo de

que se trata. Toda vez que las indemnizaciones pueden estipularse por
convenio de las partes interesadas, y que, segun el art. 64 del reglamento, solo cuando se fijen por el consejo provincial han de designarse
anualmente, nada sería mas útil que inclinar à los pueblos à fijarlas convencionalmente con los empresarios por iguala de cierto número de años,
en cuyo caso bastaría la aprobacion de V. S. para hacer el contrato obligatorio, porque aquí no se trata ya de una materia contenciosa, sino de
sancionar un convenio entre dos partes interesadas.

Art. 12. «Las extracciones de materiales, las excavaciones, las ocupaciones temporales de terrenos serán autorizadas por una órden del jefe
político, el cual, oyendo al ingeniero de la provincia cuando lo juzgue conveniente, designará los parajes donde hayan de hacerse. Esta órden se notificará à los interesados 15 dias por lo menos antes de que se lleve à ejecucion.

»No podrán extraerse materiales, hacerse excavaciones, ni imponerse
otro género de servidumbre en terrenos acotados con paredes, vallados
ó cualquiera otra especie de cerca, segun los usos del pais, à menos de
que sea con el consentimiento de sus dueños.»

La extraccion de materiales para los caminos vecinales debe regirse por la
práctica admitida respecto á las carreteras generales.

Las disposiciones contenidas en este artículo son análogas à las que se
observan respecto à las carreteras vecinales y provinciales. Estas estan
en posesion de surtirse sin sujecion ó indemnizacion de cierta clase de
materiales, como por ejemplo la piedra para el afirmado de la via y para
las obras de fábrica, sea que esta piedra se recoja de la que suele haber
suelta por los campos vecinos, sea que se extraiga de canteras situadas
en propiedad particular.

Respecto á la piedra de sillería se practica lo mismo siempre que su
extraccion se verifica de una cantera intacta, aun cuando sea de pertenencia particular; pero no debe ser así cuando dicha extraccion se haga de
una cantera abierta ya por el propietario y en estado de explotacion. En
el primer caso es la costumbre de abonar los daños y perjuicios causados
por la servidumbre impuesta à la propiedad, si los reclama el dueño: en
el segundo sería preciso abonar tambien el valor del material, si así lo
exigiese el propietario. Como quiera que sea, deben ser raros los casos
en que se ofrezcan reclamaciones de esta naturaleza, ya porque la abundancia de piedra de nuestro suelo y su despoblacion permitirán comunmente proveerse de los materiales necesarios en terrenos baldíos, realengos ó del comun, ya porque cuando esto no fuere posible, es de esperar
de la influencia de las juntas inspectoras y de los alcaldes que obtengan

de los propietarios la cesion gratuita de unos materiales que han de emplearse en beneficio general.

Una practica admitida respecto á las carreteras, y consignada en la
regla 5.ª del art. 6.ª del proyecto de ley sobre caminos de hierro presentada á las córtes, ha dado á la administracion el derecho de proveerse de
materiales, mediante indemnizacion de daños y perjuicios solamente en
las propiedades particulares : de consiguiente el art. 12 del real decreto de
7 de abril no crea este derecho, sino que lo hace extensivo á los caminos
vecinales, y reglamenta su aplicacion á este servicio, exceptuando no
obstante las tierras acotadas con cualquiera especie de cercas, porque esta es la práctica general.

Art. 13. «Los trabajos de abertura y rectificacion de los caminos vecinales serán autorizados por órdenes de los jefes políticos.

»Los caminos vecinales ya en uso, se entiende que tienen la anchura
de 18 pies, que se les da en este decreto, desde el momento en que el
jefe político ó la diputacion provincial los clasifiquen con arreglo al artículo 2.º

»Los perjuicios que con motivo de lo prevenido en la cláusula anterior se causen en paredes, cercas ó plantíos colindantes, se indemnizarán convencionalmente ó por decision del consejo provincial.

»Cuando por variar la direccion de un camino ó haberse de construir
uno nuevo sea necesario recurrir á la expropiacion, se procederá con sujecion á la ley de 17 de de julio de 1836.»

Los caminos vecinales deben tener la anchura que se les fija en el real decreto
de 7 de abril.

En el capítulo 10 del reglamento se expresan los trámites que deben
observarse para la ejecucion de lo prevenido en el párrafo primero de este artículo. Respecto á la anchura de 18 pies que se fija como máximum
de la que deben tener los caminos vecinales ya en uso, se ha expresado
tambien en la exposicion que precede al real decreto una de las razones
que existen para dar por sentado que dicha anchura debe ser mayor de
12 pies en los trozos rectos y de 16 en los recodos; pero hay no obstante
otras mas poderosas que se aducirán brevemente. Prescindiendo de las
carreteras nacionales y provinciales pueden reducirse á dos solas clases
los demás caminos existentes, á saber : caminos propiamente rurales,
que son los que conducen á una hacienda de propiedad particular, y
que respecto del dueño constituyen una propiedad privada, y respecto
de otros pueden constituir una servidumbre; y caminos de mas ó menos
importancia que ligan entre sí á diferentes pueblos, y que son los que

en lo sucesivo deberán denominarse caminos vecinales. Ahora bien, los de esta última clase, que se distinguen actualmente en muchas provincias de España con el nombre de caminos reales, se reputan en todas y lo son en realidad de caminos públicos; y no es admisible de modo alguno que un camino de esta especie, que en rigor debería tener la anchura de una carretera nacional, tenga la misma que otro de servidumbre particular. Si carece pues de las dimensiones que le corresponden, claro es que consiste en las invasiones que los propietarios colindantes han ido haciendo en él.

Contra la anchura que deben tener los caminos públicos no puede alegarse la prescripcion.

Al fijar pues la anchura de 18 pies de firme para los caminos vecinales no se hace mas que reivindicar, y aun no por completo, un derecho contra el cual se alegaría en vano el de posesion por parte de los dueños de predios colindantes; porque si bien es verdad que la prescripcion puede tener lugar contra el Estado y contra los pueblos, solo es admisible el principio respecto á las propiedades que posean el uno y los otros por un título que pudiera serlo igualmente respecto de un particular, pero de ninguna manera con relacion á las cosas que son de aprovechamiento comunal de todos, á cuya especie corresponden los caminos públicos (ley 6, título 28, Partida 3.ª), las cuales, como que no estan en el comercio de los hombres ni son susceptibles de dominio, no pueden tampoco (ley 7, título 29 de la misma Partida) ser objeto de prescripcion.

Resulta pues de cuanto se acaba de decir, que los caminos públicos son imprescriptibles, y que por lo mismo las leyes, decretos y reglamentos, cuando solo se dirijan á restablecerlos en sus límites naturales, pueden y deben tener cumplida ejecucion, sin que á ello se opongan el derecho de posesion ni la prescripcion. Podria por lo tanto declararse á estos caminos la misma anchura que tienen las carreteras generales; pero atendiendo á que la prefijada en el real decreto es la suficiente para que puedan pasar cómodamente dos carruajes en direcciones encontradas, procederá V. S., bien fijándoles los 18 pies, siempre que ya no los tengan, y conservando no obstante á los que sean mas anchos en latitud actual, sin perjuicio de que al haberse de reparar estos caminos pueda disminuirse la via, si fuere preciso, en razon á la escasez de recursos ó á las dificultades de ejecucion. En este caso, es decir, siempre que el firme de un camino haya de ser menor de 16 pies, será indispensable construir de distancia en distancia apostaderos para que puedan guarecerse los carruajes y dejarse mútuamente el paso espedito.

Procediendo en todo rigor, la aplicacion del principio de imprescriptibilidad debería tener lugar aun cuando de sus resultas se ocasionaran daños en plantíos, cercas ó paredes colindantes; pero como esto produciría quejas, reclamaciones y menoscabo de intereses creados, se ha estimado conveniente hacer una escepcion para estos casos. Sin embargo cuando por vejez ó por otra causa cualquiera se destruya una cerca ó perezca un plantío lindante con el camino, podrá recuperarse la anchura legal de este sin necesidad de indemnizacion; pero en este caso no se hará otra cosa que sujetar á los propietarios á las reglas generales de alineacion que se observan respecto á las posesiones limítrofes de las carreteras y á los edificios dentro de las poblaciones.

Art. 14. «Los caminos vecinales de primer órden quedan bajo la autoridad y vigilancia directa de los jefes politicos y de los jefes civiles.

«Los caminos vecinales de segundo órden quedan bajo la direccion y cuidado de los alcaldes.

«No obstante los jefes políticos, como encargados de la administracion superior de toda la provincia, cuidarán de que los fondos destinados á estos caminos se inviertan debidamente, de que se hagan las obras necesarias, y de que se ejecuten con la solidez y dimensiones convenientes.»

Los trabajos de los caminos de segundo órden se ejecutan bajo la direccion de los alcaldes, pero puede intervenir el jefe politico.

La reparacion, construccion y conservacion de los caminos vecinales de segundo órden se ejecutan bajo la direccion y cuidado de los alcaldes, con sujecion á lo establecido en los capítulos 5.° y 6.° del reglamento, porque los trabajos empleados con este objeto son meramente municipales y no se extienden fuera de los límites del término de cada pueblo. Se concede no obstante á los jefes políticos el derecho de intervenir en caso de necesidad para que no se malversen ó distraigan los fondos de su verdadero destino, ni se malgasten inútilmente; intervencion que está perfectamente en armonía con la que ejercen las mismas autoridades en todos los demas gastos municipales que estan en el mismo caso respecto á su cualidad de locales.

La direccion de los trabajos de los caminos de primer órden corresponde al jefe politico.

Otra cosa es tratándose de los caminos vecinales de primer órden, porque desde el momento que se reconoce que estos son de un interés mas general, y se establece en consecuencia que pueden recibir auxilios de los fondos provinciales, cuyo empleo no puede hacerse sino bajo la inspeccion del jefe político, preciso es separar estos caminos de la accion de la autoridad municipal, que solo se ejerce en el territorio de un pueblo, y someterlos á la que obra en el territorio de todos los de la provincia.

Los trabajos que se ejecuten en estos caminos serán siempre municipales; porque dichos caminos no mudan de carácter por su categoría, y continúan siendo vecinales; porque se costean con los recursos de los pueblos en su mayor parte; porque los individuos que sean requeridos para prestar un trabajo personal en estos caminos deben estar siempre sometidos á la autoridad de sus alcaldes, y porque en fin la provincia no toma una parte directa en estos trabajos, y solo da, si acaso, una cantidad por via de auxilio. Pero aun conservando el carácter de trabajos municipales, los que se ejecuten en los caminos de primer órden se ponen bajo la accion inmediata de los jefes políticos, y á estos solos compete determinar cómo y en qué épocas deben hacerse, en qué punto han de emprenderse, adonde se han de extender sucesivamente, así como fijar todos los detalles de ejecucion, con arreglo á las disposiciones contenidas en el capítulo 8.° del reglamento.

Es evidente que no se invaden con esta prescripcion las atribuciones de los alcaldes; porque cuando se trata de reglamentar trabajos que se extienden al territorio de varios pueblos, necesario es colocar estos trabajos bajo la vigilancia y direccion de una autoridad cuya accion sea extensiva tambien á todos estos pueblos. Conceder á un alcalde autoridad sobre los demas de su clase no es legal ni posible, y de consiguiente es indispensable hacer entre unos y otros caminos la distincion expresada en el art. 14 del real decreto.

Art. 15. «Las contravenciones á los reglamentos de policía de los caminos vecinales de primero y segundo órden serán corregidas por los alcaldes de los pueblos á que pertenezca el camino, ó por las autoridades á quienes las leyes concedieren estas atribuciones.»

Este artículo no tiene necesidad de comentarios, porque no crea una jurisdiccion, ni hace mas que aplicar á los caminos vecinales las disposiciones vigentes respecto á las carreteras generales.

Art. 16. «Los ingenieros de las provincias evacuarán gratuitamente, sin perjuicio de las atenciones de su peculiar instituto, los encargos que les dieren los jefes políticos, relativos á caminos vecinales; y sólo en el caso de que tengan que salir á mas de tres leguas de su residencia disfrutarán la indemnizacion de gastos que les está asignada por la instruccion vigente.»

El concurso de los ingenieros de las provincias será muy útil para los caminos vecinales.

Siempre que sea posible que los ingenieros de las provincias, animados de un celo plausible, reunan á los deberes de su peculiar instituto la direccion y vigilancia de los trabajos que se ejecuten en los caminos vecinales, será utilísimo su concurso, y los jefes políticos proporcionarán un beneficio al pais recurriendo á los conocimientos de aquellos funcionarios. Mas para que estos conocimientos produzcan el resultado que debe esperarse, es necesario que los ingenieros se presten á separarse de las reglas precisas que acostumbran seguir, en consideracion á las exigencias de unos trabajos que se ejecutan con recursos tan distintos de los que se emplean en las carreteras.

Conveniencia de formar hombres capaces de dirigir el trazado y las obras de los caminos vecinales.

La escasez de ingenieros y las atenciones á que están dedicados los que hay será causa sin duda de que muy raras veces puedan estos encargarse de la direccion de los caminos vecinales, y de aquí la necesidad de formar hombres capaces de emplearse con provecho en estos trabajos. V. S. puede intentarlo acaso con éxito, porque dándose en los institutos de segunda enseñanza las nociones preliminares indispensables para poder aprender en poco tiempo despues los principios necesarios de nivelacion, delineacion y levantamiento de planos, bastaría tal vez el establecimiento de una cátedra donde se explicasen estas materias, asi como un tratado elemental, conciso y práctico sobre construccion de caminos, para tener en poco tiempo un número de aparejadores escelentes para el objeto que se propone el real decreto de 7 de abril. En caso de que este pensamiento encontrase dificultades, todavía es verosimil que fuese posible conseguir el fin, inclinando á algunos jóvenes á dedicarse privadamente á estos estudios, haciéndoles comprender que asi podrian llegar á proporcionarse un medio de vivir con independencia y seguridad á costa de un trabajo lucrativo y decente.

Al indicar á V. S. algunos de los medios que pudieran emplearse para formar buenos directores de caminos vecinales, no se hace otra cosa que expresar una idea que daría provechosos resultados si alguna vez llega á existir una ley que haga obligatorios para los pueblos los gastos que ocasionen los caminos vecinales; pero esta ley sería casi inútil por falta de hombres prácticos, del mismo modo que lo sería una ley

de instruccion primaria, por ejemplo, sin maestros dedicados à la enseñanza. Pero si con el tiempo se dicta, como es de esperar, una ley sobre caminos vecinales, tendrán una asignacion permanente los que hayan adquirido los conocimientos precisos para dirigirlos con inteligencia,
y este es un estímulo mas para que se dediquen á este estudio muchos
jóvenes que en otro caso podrian quedar sin una colocacion conveniente.

Art. 17. «Se consideraràn de utilidad pública las obras que se ejecuten para la construccion de los caminos de que trata el presente decreto.

»Los negocios contenciosos que ocurrieren con ocasion de estas obras,
se resolverán por los tribunales ordinarios ó administrativos á quienes
competa, con arreglo á los principios, máximas y disposiciones legales
relativas á las obras para los caminos generales costeados por el Estado.»

No deben omitirse los trámites legales cuando se haya de recurrir á la expropiacion por causa de utilidad pública.

Con arreglo á la ley de 17 de julio de 1836, no se puede obligar
á ningun particular á que ceda ó enagene lo que sea de su propiedad
para obras de interés público sin que preceda, entre otros requisitos,
la declaracion solemne de que la obra proyectada es de utilidad pública. Esta declaracion debe hacerse por una ley ó por una real órden,
segun los casos, pero llenando antes ciertos trámites prefijados en el
art. 3.° de la ley citada; porque en defecto de estos sería nula, por falta
en las formas, la decision administrativa relativa á la expropiacion. De
consiguiente, aunque en el artículo que se comenta se establezca que se
consideren de utilidad pública las obras que se ejecuten para la construccion de los caminos vecinales, no debe entenderse de modo alguno que hayan de omitirse por esto las formalidades requeridas para
el caso en que tenga lugar la expropiacion forzosa, como, por ejemplo, cuando se abra un camino nuevo que atraviese terrenos de propiedad particular, ó se varíe la direccion de uno ya existente. Estos
casos están previstos en los artículos 160 y 162 del reglamento, en
los cuales se previene terminantemente que se proceda con sujecion á la
ley de 17 de julio de 1836.

La declaracion contenida en este artículo del real decreto se refiere:
primero, á las obras que hayan de ejecutarse en los caminos ya existentes, porque la utilidad pública de estos caminos es evidente, está
reconocida, aunque de una manera implícita, y no tiene necesidad de
una declaracion especial para cada caso particular.

Los trámites legales se habrán cumplido si se observan el real decreto y reglamento respecto á los caminos de primer órden, y si se oye el dictámen de la diputacion provincial cuando la expropiacion sea para obras de líneas de segundo órden.

Por otra parte la declaracion indicada no se contrae á una obra determinada, sino que abraza la generalidad de las que hayan de construirse en los caminos vecinales; y de consiguiente es aplicable, sin necesidad de repetirse, á todas las que se ofrezcan, aun cuando medie expropiacion, toda vez que antes de verificarse esta se cumplan las formalidades exigidas por la ley. Ahora bien, los itinerarios formados por los alcaldes y discutidos por los ayuntamientos han de estar de manifiesto durante 15 dias para que los vecinos hagan las reclamaciones y observaciones que crean convenientes, y todos estos documentos se han de remitir despues al jefe político (artículos 4.°, 5.°, 6.° y 7.° del reglamento); luego el primer requisito exigido por la ley de 17 de julio se habrá llenado forzosamente siempre antes de proceder á la expropiacion. En cuanto al segundo: esto es, *que las diputaciones provinciales, oyendo á los ayuntamientos, expresen su dictámen y lo remitan á la superioridad por mano de su presidente*, se habrá cumplido igualmente en el hecho de clasificar las líneas de primer órden y de marcar los pueblos que deben concurrir á sus gastos, con arreglo á lo prevenido en los artículos 2.° del real decreto y 12 del reglamento, respecto á las obras de los caminos en que las diputaciones pueden tener intervencion conforme á las disposiciones vigentes: de consiguiente si se oye tambien el dictámen de estas corporaciones, cuando sea nesesario recurrir á la expropiacion para obras de una línea de segundo órden, se habrán observado todos los trámites legales, y ningun inconveniente se origina de que la declaracion se haya hecho de un modo general para evitar la repeticion en los numerosos casos particulares que deben ofrecerse.

Publicado ya el reglamento para la ejecucion del real decreto de 7 del corriente, y analizados uno por uno los artículos de este decreto, creo haber conseguido aclarar muchas de las dudas á que podria dar lugar la aplicacion de disposiciones enteramente nuevas en nuestro pais, y dado reglas oportunas para que se proceda de una manera uniforme y conveniente en la construccion, conservacion y mejora de los caminos vecinales. Si no obstante esto encontrase V. S. dificultades en la ejecucion de lo mandado, no debe tener inconveniente en consultar las que se le ofrezcan; en la inteligencia de que el gobierno procurará vencerlas en lo posible, persuadido del beneficio inmenso que ha de producir al pais la mejora de sus comunicaciones vecinales.

En este concepto espero que V. S. penetrado tambien de la importancia de realizar el pensamiento del gobierno, contribuirá eficazmente al efecto, ilustrando á los pueblos sobre su conveniencia, valiéndose del influjo de las personas de prestigio, y empleando en fin todos los medios que le dicten su prudencia y el conocimiento de los intereses de la provincia que administra para que se hagan efectivos los recursos indispensables á fin de llevar á cabo una obra tan útil y tan urgente.

El gobierno cuenta igualmente con la franca y leal cooperacion de las diputaciones, esperando que se prestarán gustosas á secundar los esfuerzos de V. S. auxiliando con fondos provinciales para las atenciones de los caminos de primer órden, y estimulando de esta manera á los pueblos activos y celosos; y se promete asimismo que los alcaldes y ayuntamientos se esmerarán en proponer y votar los arbitrios convenientes, y que todos los demas funcionarios y corporaciones á quienes comprendan las disposiciones del real decreto y reglamento cumplirán por su parte con lo que les está prevenido, haciéndose así acreedores á la consideracion del gobierno, que mirará como un mérito especial el contraido en la ejecucion de las citadas disposiciones, juzgándolo por los resultados que produjere.»

REAL ORDEN DE 4 DE MAYO, encargando á los jefes políticos que pongan en ejecucion desde luego las disposiciones del real decreto de 7 de abril último, y del reglamento del 8 del mismo sobre caminos vecinales. (*Gaceta núm.* 4984).

DISPOSICIONES RELATIVAS Á LA ADMINISTRACION DE LA HACIENDA PÚBLICA.

REAL DECRETO DE 7 DE ABRIL, mandando vender todos los bienes raices de las encomiendas vacantes de las cuatro órdenes militares.

Art. 1.° «Con arreglo á lo dispuesto en mi real decreto de 19 de febrero de 1836, en virtud de la ley de 16 de enero del mismo año, y confirmado por la de 28 de julio de 1837, se procederá á la venta de todos los bienes-raices, acciones, derechos y rentas procedentes de las encomiendas vacantes de las cuatro órdenes militares, maestrazgos, edificios-conventos y los censos de todas clases que son hoy propiedad de la nacion.

Art. 2.° Del mismo modo, y conforme á la ley de 2 de setiembre de 1841 é instruccion de la propia fecha, se procederá igualmente á la venta de todos los bienes-raíces, censos, rentas, derechos y acciones procedentes de ermitas, santuarios, hermandades y cofradías que también pertenecen al Estado.

Art. 3.° Se declaran derogados todos los reales decretos, órdenes y disposiciones que previenen la suspension de la venta de los bienes á que se refieren los artículos precedentes.

Art. 4.° La venta de los expresados bienes se verificará: la de los de encomiendas, maestrazgos y censos con sujecion al real decreto de 19 de febrero de 1836 é instruccion de 1.° de marzo siguiente. La de los de ermitas, hermandades, santuarios y cofradías en los términos y con sujecion a lo prevenido en la ley de 2 de setiembre de 1841 é instruccion de la misma fecha; y la de los edificios-conventos del modo que prescribe el real decreto de 26 de julio de 1842.

Art. 5.° Se concede á los dueños de fincas gravadas con censos que deban enagenarse con arreglo á este decreto el término de dos meses, contados desde la publicacion de este decreto, para que puedan pedir la redencion de dichos censos, la cual se verificará con arreglo á las disposiciones anteriormente dictadas en esta materia.

Art. 6.° El ministro de Hacienda cuidará de que se active la venta, así de los bienes de que se trata en el presente decreto, como de los demas pertenecientes al clero regular.»

REAL ORDEN DE 8 DE ABRIL, declarando á los individuos cesantes ó jubilados hasta 10 de febrero último el derecho de percibir las nueve pagas que determina la real órden de 30 de enero.

«Deseando la reina que del beneficio dispensado á las clases pasivas en asegurarles el pago de nueve mensualidades de sus respectivos haberes en el presente año, participen tambien aquellos individuos cuyo derecho á su percibo sea anterior al dia 1.° del mismo y proporcionalmente á los que le adquieran con posterioridad, cualquiera que sea la fecha en que recayere la real aprobacion de las clasificaciones de unos ú otros, ó la real declaracion de las pensiones de los Montes-pios, se ha dignado S. M. acordar las disposiciones siguientes:

1.° Todos los individuos declarados cesantes ó jubilados hasta 10 de febrero último tendrán derecho á percibir las nueve pagas que determina la real órden de 30 de enero ultimo, luego que sean aprobadas por S. M. las respectivas clasificaciones, sea cualquiera la fecha de la aprobacion; percibiendo las mensualidades que bajo este concepto tengan devengadas en la primera que deba satisfacerse á las clases pasivas, conforme á lo dispuesto en aquella real órden.

2.ª Se exceptúan de esta disposicion aquellos individuós que, conforme á la regla 2.ª de la real órden de 13 de enero, esten percibiendo el resto de los haberes de activo que hubiesen devengado antes de pasar á la clase de cesantes, y no se les hubieren satisfecho: solo deberán percibir las mensualidades que corresponda satisfacer á la clase pasiva con posterioridad á la fecha en que hubiesen extinguido sus atrasos de activo servicio.

3.ª Aquellos que hayan sido ó fuesen declarados cesantes ó jubilados despues del dia 10 de febrero último, solo tendrán derecho á percibir las mensualidades que deban satisfacerse á las clases pasivas despues de la fecha de su cesantía ó jubilacion.

4.ª Los que estuvieren cobrando el mínimun de lo que les corresponda por sus años de servicio, con arreglo á lo mandado en la real órden de 18 de mayo de 1842, tendrán derecho al abono de la diferencia que haya entre el haber que esten percibiendo y el que les corresponda por su clasificacion definitiva.

5.ª Serán extensivas estas disposiciones á todos los individuos de las clases pasivas que se hallen pendientes de clasificacion ó que en adelante lo estuvieren.»

OTRA DE 10 DE ABRIL, para que la junta de calificacion de títulos de partícipes legos en diezmos, remita al ministerio de Hacienda una nota circunstanciada de los expedientes de calificacion de dichos títulos, y devuelva á los interesados las reclamaciones que hayan presentado despues del 20 de marzo último, en que espiró el plazo. (*Gaceta núm.* 4958).

OTRA DE LA MISMA FECHA, para que los intendentes dirijan al ministerio de Hacienda cuantos títulos tengan presentados los partícipes legos de diezmos en sus respectivas provincias. |(*Gaceta núm.* 4958).

REAL DECRETO DE 14 DE ABRIL, estableciendo una nueva clase de papel sellado con la denominacion de *multas* destinado á recaudar el impuesto de este nombre.

Art. 1.º «Se establece una nueva clase de papel sellado, que se denominará de *Multas*, con destino á recaudar el impuesto de este nombre, el cual se expenderá en los mismos puntos y bajo las propias reglas que el ordinario. Los pliegos serán del precio de 2, 4, 8, 20, 50, 100, 500, 1000, 5000 y 10,000 rs.

Art. 2.º Cada pliego se dispondrá de modo que pueda cortarse en dos partes, una superior y otra inferior. En la primera estampará la autoridad el orígen ó motivo de la multa, su importe, la ley, decreto ó instruccion en cuya virtud se imponga, su fecha, el nombre del multado, y por último el número que corresponda á la multa, cuidando de observar una numeracion sucesiva en todas las respectivas á cada año, y se entregará despues á la parte interesada para su resguardo : la segunda con iguales notas se conservará por la autoridad como comprobante y garantía de su disposicion.

Cuando el importe de la multa excediese del valor de cualquiera de los pliegos del nuevo sello, se tomarán los que. sean necesarios, estampándose entonces la notas en el de mayor precio, á cuya mitad se unirán al cortarle las respectivas á los demás dividendos en igual forma.

Art. 3.° Se prohibe á todas las autoridades civiles, militares, eclesiásticas ó de cualquiera otra clase, imponer ni recaudar multas en metálico. Las que impongan gubernativamente penas pecuniarias de este género, lo harán exigiendo al multado la presentacion del pliego ó pliegos equivalentes al importe de la multa. Esta· se acomodará á los precios de las clases de papel establecidas ; y cuando á ello no haya lugar, se considerará condonada la fraccion de menos de dos reales que de ellos excediere.

Art. 4.° En los casos en que una parte de la multa corresponda á tercero con arreglo á las leyes, la autoridad que la imponga entregará al mismo una certificacion expresiva de esta circunstancia con insercion de las notas puestas en el pliego que entregue al multado.

La hacienda pública satisfará el importe señalado por estas certificaciones dentro de los 15 dias siguientes al de su presentacion.

Art. 5.° Las disposiciones anteriores comprenden á los tribunales y juzgados en la parte de multas que impongan gubernativamente, pero no se extienden á las que acordaren en virtud de expediente judicial con aplicacion á penas de cámara, las cuales seguirán recaudándose en la forma establecida.

Art. 6.° El presente decreto empezará á regir el 1.° del próximo julio.»

REAL ORDEN DE 8 DE ABRIL, sobre las licencias que pueden concederse á los empleados en Ultramar.

1.° «El máximun de tiempo que en lo sucesivo puede señalarse á los empleados de Ultramar á quienes se conceda licencia temporal, será de diez y ocho meses á los que procedan de las islas Filipinas, y de un año á los que lo sean de las islas de Cuba y Puerto Rico.

2.° No se concederá mas que una próroga, y esta por nueve meses á los empleados procedentes de las islas Filipinas, y por seis á los de las de Cuba y Puerto-Rico.

3.° Para conceder las licencias y aun las prórogas se observarán extrictamente, y bajo la personal responsabilidad de los intendentes, las disposiciones contenidas en los artículos del 1.° al 11 del real decreto de 24 de enero del año último.

4.° Si cumplida la próroga, en el caso de que sea indispensable concederla, no se presentase el empleado á servir su destino, se entiende que lo renuncia, y desde luego será provisto.

5.° Y últimamente, los intendentes, los contadores y los tesoreros son responsables con sus empleos y sueldos al pago de todo aquello que los empleados con licencia temporal perciban sin legítima autorizacion, ya porque principien á usar aquellas antes de serles otorgadas, ó ya porque se excedan del término prefijado en la concesion.

De real órden lo comunico á V. S. para su inteligencia y cumplimiento por lo tocante á los empleados de Ultramar que se encuentren en la provincia de su cargo, en el concepto de que S. M. prohibe expresamente la agregacion de estos mismos empleados á las oficinas del punto en que residan, bien esten disfrutando sus licencias por enfermos ó para asuntos propios; y de que es asimismo su real voluntad que ningun intendente de la península dé curso á las solicitudes que dichos empleados promuevan para prórogas, sin asegurarse antes y bajo su personal responsabilidad de que continúan padeciendo las enfermedades que motivaron sus licencias, ó las causas que dieron lugar á que se les concediesen, si fueron para asuntos propios.»

REAL DECRETO DE 21 DE ABRIL, condonando á los ayuntamientos y contribuyéntes particulares el 70 por 100 de sus débitos por toda clase de contribuciones, rentas y arbitrios vencidos hasta fin de diciembre de 1843.

Art. 1.° «Se condona á los ayuntamientos y contribuyentes particulares el 70 por 100 de sus débitos por toda clase de contribuciones, rentas ó arbitrios hasta fin de diciembre de 1843, siempre que el 30 por 100 restantes le satisfagan en metálico antes de 1.° de julio del presente año.

Art. 2.° Los que satisfagan tambien dentro del plazo señalado el mismo 30 por 100 de sus descubiertos desde 1.° de enero de 1844 hasta la época en que respecto á cada una de las nuevas contribuciones comenzó á regir la ley de presupuestos de 23 de mayo de 1845, no serán apremiados al pago del 70 por 100 de diferencia mientras una ley no disponga lo contrário.

El gobierno propondrá á las córtes en la próxima legislatura la condonacion ó compensacion de los débitos de esta época en la parte que pubdan obtenerla, segun los casos y las circunstancias especiales que en ellos concurran.

Art. 3.° La condonacion ó suspension de apremios acordadas por los artículos anteriores solo podrán verificarse sobre la parte de débitos que resulte à favor de la hacienda pública, despues de admitidos en pago de los mismos los suministros no trasferidos, debidamente acreditados con cartas de pago de la administracion militar; y los créditos, tambien no trasferidos, por daños y perjuicios experimentados en la última guerra civil, y cuya indemnizacion haya sido declarada con arreglo à la ley de 9 de abril de 1842.

El gobierno adoptará las disposiciones convenientes para la mas pronta expedicion y entrega a los ayuntamientos y particulares de los expresados documentos.

Art. 4.° Desde el referido dia 1.° de julio próximo serán apremiados ejecutivamente al pago de la totalidad de sus descubiertos los ayuntamientos y contribuyentes particulares que no se hubiesen aprovechado de los beneficios concedidos por los artículos 1.° y 2.° de este decreto.

Art. 5.° Tambien lo serán los que habiendo obtenido ya compensacion de sus débitos sin plazo determinado no la realicen antes de la enunciada fecha de 1.° de julio.

A los que la tengan concedida con plazo fijo se les apremiará de la misma manera desde el dia en que este termine.

Art. 6.° Continuarán en su fuerza y vigor las disposiciones adoptadas hasta la fecha para la realizacion de atrasos procedentes de las suprimidas contribuciones de lanzas y medias anatas de grandes y títulos, los cuales seguirán pagándose en el modo y forma que en la actualidad se verifica.

Art. 7.° Los créditos procedentes de indemnizaciones de daños y perjuicios sufridos durante la última guerra, que no tengan aplicacion al pago de atrasos al tenor de lo dispuesto en el art. 3.°, serán satisfechos del modo que una nueva ley determine. A este fin el gobierno presentará à las cortes el proyecto respectivo en la inmediata legislatura.

Art. 8.° Los beneficios que se otorgan en el presente decreto à los pueblos y particulares no comprenden por ningun concepto á los deudores segundos contribuyentes.»

REAL DECRETO DE 26 DE ABRIL, por el que S. M. se ha dignado condonar en beneficio del Estado los atrasos que se adeudan á la casa real. (Gaceta núm. 4974).

OTRO DE 29 DE ABRIL, creando una junta consultiva de moneda. (Gaceta núm. 4979).

REAL DECRETO DE 1.° DE MAYO, mandando crear 100 millones de billetes del tesoro admisibles como metálico en pago de las fincas que venda el Estado y de las contribuciones (1). (*Gaceta número* 4982).

OTRO DE 4 DE MAYO, mandando admitir como dinero en pago de los derechos de aduanas los billetes del Banco de San Fernando.

Art. 1.° «Los billetes del Banco español de San Fernando se admitirán como dinero efectivo en pago de derechos en todas las aduanas del reino.

Art. 2.° Se admitirán de la misma manera en pago de los cien millones de billetes del Tesoro que con arreglo al real decreto de 1.° del corriente, y pliego de condiciones que le acompaña, deben subastarse en todas las capitales de provincia el dia 20 del mismo mes.

Art. 3.° El ministro de Hacienda adoptará las reglas de precaucion y seguridad que juzgue convenientes para la ejecucion del presente decreto.»

REGLAS PARA LLEVAR A EFECTO EL DECRETO ANTERIOR.

1.° «Serán endosables los billetes del Banco español de San Fernando que se remitan á las provincias para su admision en pago de los derechos de aduanas.

2.° El importe de los billetes que se admitan en las administraciones de aduanas, se considerará como dinero efectivo, sin perjuicio de expresar en la carta de pago que se expida en equivalencia: 1.° Que este se hizo en billetes; y 2.° La numeracion de cada uno de los mismos.

Igualmente se expresará en los cargaremes y recibos semanales de los comisionados del Banco la cantidad que hubiesen percibido en los referidos billetes.

3.° Los administradores de aduanas se asegurarán de la identidad de la persona que autorice el endoso de los billetes que ha de hácerse al admitirse en pago de derechos á la órden de los mismos administradores, los cuales estamparán el suyo á la de los comisionados del Banco.

4.° Los comisionados del Banco tendrán en su poder ejemplares de los billetes que esten en circulácion para que cualquiera pueda cotejarlos con los destinados al pago de derechos y cerciorarse de su legitimidad.

5.° Los billetes se taladrarán á su recibo en presencia del interesado

---

(1) Estos 100 millones salieron á subasta y no habiendo encontrado postores debe considerarse como caducado el decreto que los creaba.

que haga el pago, como por punto general está mandado respecto de toda clase de papel que ingrese en las cajas del Estado. El taladro se ejecutará en el sitio que ocupa la firma del comisario regio.

6.° Los billetes taladrados se remesarán cada ocho dias por los comisionados del Banco á la direccion del mismo, acompañados de las correspondientes facturas de sus números y cantidades.

7.° Los administradores de aduanas remitirán mensualmente á la contaduría general del reino una factura que demuestre las cantidades recaudadas en billetes y el número particular de cada uno de estos.

8.° Todos los billetes endosados que no hubiesen tenido colocacion en pago de los derechos de aduanas se presentarán en las oficinas del Banco en esta corte, y se cangearán inmediatamente por otros equivalentes sin aquel requisito.»

REAL DECRETO DE 10 DE MAYO, mandando entregar al Banco 3500 quintales de azogue para que los venda en comision por cuenta del Estado. (Gaceta núm. 4988).

OTRO DE 11 DE MAYO, creando una comision que poniéndose de acuerdo con el ministro de Hacienda acerca de las bases, forme un proyecto de arreglo de la deuda consolidada y no consolidada ó sin interés, tanto interior como exterior. (Gaceta número 4990).

REAL ORDEN DE 4 DE MAYO, extendiendo la gracia concedida á los deudores por contribuciones á los que lo son al ramo de fincas del Estado por rentas y censos.

«Exmo. Sr.: La reina, tomando en consideracion lo expuesto por V. E. á este ministerio en 3 del actual, se ha servido declarar que la gracia concedida en el real decreto de 21 de abril último á los deudores por contribuciones, rentas ó arbitrios hasta fin de diciembre de 1843, se entienda igualmente para con los que lo sean al ramo de fincas del Estado por rentas, censos, memorias y demas imposiciones; y que esta gracia se haga tambien extensiva á los que por cualquiera concepto resulten deudores á favor de las suprimidas comunidades religiosas, y que hasta el dia no les haya reclamado el pago por falta de datos y se presenten á verificarlo dentro del plazo señalado; exceptuándose únicamente los débitos por compra de bienes nacionales.»

REAL DECRETO DE 15 DE MAYO, arreglando el servicio del cuerpo de carabineros del reino.

Art. 1.° «El cuerpo de carabineros del reino dependerá del ministerio de la Guerra en su organizacion y disciplina, y del ministerio de Hacienda en todo lo que diga relacion al servicio. Cada uno de estos ministerios formará el reglamento concerniente á la parte que les corresponda.

Art. 2.º Tendrá este cuerpo por exclusivo objeto el resguardo de las rentas públicas, bajo la dependencia del ministerio de Hacienda y de sus delegados en las provincias, destinándose toda su fuerza á cubrir una sola línea en las costas y fronteras del reino.

Los puntos que haya de ocupar esta única línea se demarcarán, tomando especial conocimiento de la topografía, caminos, puentes, vados y sitios frecuentados por el tráfico y el contrabando.

Art. 3.º Para este servicio se establecerán atalayas y puntos de observacion, de señal y aviso que faciliten la combinacion del movimiento de la fuerza en la línea y del resguardo terrestre con el marítimo, y tambien casetas ó medios de abrigo para los cuerpos de guardia ó centinelas, adoptándose las demas disposiciones conducentes á cerrar el paso á toda introduccion ilegítima.

Art. 4.º En la línea de las fronteras y costas estarán situadas las aduanas que fueren necesarias, y sus operaciones se hallarán sometidas exclusivamente á los empleados designados para este objeto.

Art. 5.º El servicio en las bahias y muelles para las operaciones de aduanas marcadas en instruccion estará á cargo de los administradores de las mismas, y se establecerán las reglas é intervencion necesarias para que no puedan alterarse ni sustraerse bultos ó efectos á bordo de los buques, ni desde que se descarguen hasta que se proceda al despacho y adeudo.

Art. 6.º Se establecerán contraregistros ú oficinas de comprobacion á una distancia que no exceda de seis leguas de las aduanas en los puntos mas á propósito para verificarlas con comodidad y sin perjuicio del tráfico y comercio, segun lo permitan los caminos y poblaciones. El servicio de estas oficinas se hará por empleados nombrados al efecto.

Art. 7.º No podrán circular de noche mercaderías, frutos ó efectos en la zona comprendida entre las aduanas y los contraregistros.

Art. 8.º Los géneros, frutos y efectos despachados en las aduanas para lo interior del reino se presentarán precisamente en el contraregistro á que vayan destinados dentro del tiempo que se señale en la guia y se comprobarán con esta.

Si se hallaren diferencias de mas ó de menos en la cantidad ó calidad aplicarán las disposiciones de la instruccion de aduanas, doblándose las penas ó recargos impuestos en ella.

Art. 9.º En una instruccion particular se determinará el modo de ejecutar las operaciones que corresponden á estas oficinas con brevedad y sin detrimento de las mercaderías; tambien se comprenderá los medios de confrontar y justificar todas las operaciones de las aduanas, la responsabilidad que habrá de exigirse á los empleados por las faltas en que incurran, y el premio debido á los servicios especiales que se presten á la renta.

Art. 10. En todas las operaciones de aduanas y contraregistros se procederá con arreglo á la instruccion publicada en 9 de abril de 1843, que se declara vigente en todos sus artículos, derogándose la excepcion que incidentalmente se hizo sobre la declaracion de los comisos en real órden de 22 de marzo de 1845.

Art. 11. En las provincias litorales y fronterizas habrá celadores que vigilarán en la línea de los contraregistros y en la zona comprendida entre estas y la costa y frontera, á retaguardia del resguardo de carabineros, y harán las visitas y el servicio que dispongan los intendentes, arreglándose siempre á las instrucciones y órdenes que estos les den. En las provincias marítimas se destinarán algunos celadores al servicio de las aduanas en los muelles y bahías.

Art. 12. En el acto de la persecucion del contrabando, la fuerza destinada á su represion podrá pasar la línea del contraregistro hácia lo interior del reino, como se declaró en real órden de 18 de octubre último. Los géneros de algodon y otros, cuya introduccion en el reino está prohibida, seran aprehendidos donde se encuentren con arreglo á la real órden de 25 del citado mes de octubre.

Art. 13. Las mercaderías y efectos de ilícito comercio que se aprehendan, tanto en las aduanas y contraregistros, como en otros puntos, se venderán con la precisa condicion de exportarse de la Península, cuidando de que así se verifique, sin que pueda destinarse parte alguna al consumo.»

REAL ORDEN DE 19 DE MAYO, mandando que los títulos de la deuda pasiva extranjera sean admitidos en la compra de los bienes nacionales en la misma proporcion y bajo igual tipo que los de la deuda interior sin interés. (Gaceta núm. 4997).

REAL ORDEN DE LA MISMA FECHA, sobre la conversion de las láminas provisionales.

«Excmo. Sr.: Deseando la reina que los créditos contra el Estado representados por las láminas conocidas con el nombre de *provisionales* no continúen desatendidos y sin aplicacion alguna, se ha servido resolver, de acuerdo con el parecer del consejo de ministros, que se lleve á efecto su conversion en documentos de la deuda sin interés á cuantos poseedores se sometan vóluntariamente á esta operacion, como se dispuso en real órden de 2 de octubre de 1847, quedando sin efecto la de 14 de diciembre del mismo año, por la que se mandó suspender la citada conversion.»

OTRA DE 22 DE MAYO, aclarando algunas dudas sobre la admision de los billetes del Banco de San Fernando en pago de los derechos de aduanas.

«He dado cuenta á la reina de una comunicacion del Banco español de San Fernando, manifestando que en algunos puntos del reino el comercio pretende hacer extensiva la real órden de 5 del actual, que manda admitir los billetes do aquel establecimiento como dinero efectivo en pago de derechos de aduanas, al importe de las letras que por aquel concepto y con arreglo al art. 134 de la instruccion vigente tenian dadas al plazo de sesenta y noventa dias con anterioridad á la fecha en que se publicó la expresada resolucion.

En su vista, y con presencia de lo informado por esa direccion general, S. M. se ha servido declarar que la admision de billetes como dinero efectivo en pago de derecho de aduanas, prescrita en real órden de 5 del corriente mes, se entiende en los casos que se entreguen en lugar de dinero efectivo, porque las letras á plazo de sesenta y noventa dias, que tambien se admiten en pago de aquellos derechos con arreglo á instruccion, son documentos de giro, que una vez entregados, quedan sujetos á las leyes y reglas mercantiles comunes á todos los de su clase, tanto en las especies que deban satisfacerse, como en todas las demas circunstancias, y que las letras que se hubiesen firmado despues del recibo de la expresada real órden, tal vez en concepto de satisfacer su importe en billetes del Banco de San Fernando, podrán hacerlo en dicha especie los deudores en un plazo de ocho dias, á contar desde el recibo de esta resolucion en cada aduana; y para evitar toda reclamacion y duda, se fijará esta órden en todas las del reino luego que se reciba, expresando el dia en que cumpla dicho plazo.»

REAL DECRETO DE 19 DE MAYO, reformando algunas tarifas de la contribucion industrial y de comercio.

«Conformándome con lo que me ha expuesto el ministro de Hacienda, de acuerdo con el parecer del consejo de ministros, vengo en mandar que se reformen los artículos 6.°, 9.°, 25 y 41 de mi real decreto de 3 de setiembre de 1847, relativo á la contribucion industrial y de comercio, las tarifas números 1.°, 2.° y 3.°, y la tabla de exenciones núm. 4.° que le acompañan, en los términos expresados en el documento adjunto: que se adicione al citado real decreto un nuevo artículo con el núm. 52, segun aparece redactado en dicho documento; y que esta reforma tenga aplicacion y cumplimiento desde 1.° de enero de este año, en que comenzó á regir el mismo real decreto.

Reformas hechas por la comision general de presupuestos del congreso de diputados á propuesta de su seccion de Hacienda en el real decreto de 3 de setiembre de 1847, relativo á la contribucion industrial y de comercio.

Art. 6.º La clasificacion de poblaciones se hará desde luego por el último censo formado, tomando por regla general como base de su vecindario el que comprenda todo su término municipal; pero si entrasen á formar dicho término dos ó mas lugares ó aldeas, regirá entonces la base de cada poblacion separada donde se ejerza la industria, sin perjuicio de rectificar dichas clasificaciones á instancia de la administracion ó de los mismos pueblos.

Estas operaciones se ejecutarán por agentes de la administracion, con asistencia de los individuos del ayuntamiento que estos elijan, y sus resultados serán sometidos á la aprobacion del gobierno.

En el caso de que la rectificacion haga subir á un pueblo de una clase inferior á otra superior, el aumento del derecho solo será exigido desde 1.º de enero del año inmediato al en que se haya hecho por el gobierno la correspondiente declaracion, si esta hubiere tenido lugar antes del 1.º de octubre. Si la declaracion es posterior al aumento del derecho se exigirá, no desde 1.º de enero del año mas próximo, sino del subsiguiente.

Este mismo órden se observará para la baja del derecho cuando los pueblos hayan de descender de clase.

Art. 9.º La misma disposicion regirá, respecto á las sociedades ó compañías en nombre colectivo, á fin de que por parte de estas solo se contribuya con el derecho ó cuota íntegra correspondiente á la industria ó comercio que sea objeto de la asociacion.

Art. 25. Señaladas las categorías y la cuota que los individuos de cada una deban satisfacer, los clasificadores recargarán sobre las mismas cuotas las cantidades adicionales que se hayan impuesto legalmente.

Art. 41. En el caso de ser escluido de un gremio algun individuo á quien se haya comprendido en él indebidamente, será aquel descargado de la cuota íntegra de tarifa que á dicho individuo corresponda.

La misma deduccion se hará cuando uno ó mas individuos cesen en el ejercicio de su industria ó profesion despues de matriculados, quedando sin embargo sujetos los que cesaren fraudulentamente á la pena establecida por el art. 48 de esta ley.

Art. 52. Se autoriza al gobierno para acordar las alteraciones ó modificaciones que la experiencia aconsejo ser convenientes ó necesarias en las industrias, profesiones, artes ú oficios comprendidos en las tarifas adjuntas á esta ley; pero habiendo de dar cuenta á las cortes para su aprobacion en la inmediata legislatura.

Reformas hechas tambien por la misma comision en las tarifas números 1.º, 2.º y 3.º y tabla de exenciones número 4.º

CLASIFICACION ACTUAL DE LAS INDUSTRIAS.	REFORMA QUE SE APRUEBA Y EN SU LUGAR QUEDA VIGENTE.

EN LA TARIFA DE POBLACION NUMERO 1.

Primera clase.

Almacenistas que venden por mayor bacalao, droguería, especería, quincalla, vinos generosos y licores.	Almacenistas que venden por mayor bacalao, droguería, especería, quincallas y cristales. Almacenistas que venden por mayor vinos generosos, considerándose comprendidos entre ellos los que se dedican á su extraccion.

Cuarta clase.

Almacenistas de vino.	Almacenistas de vinos comunes, considerándose comprendidos entre ellos los que se dedican á su extraccion.

Quinta clase.

Tenderos de especería.	Tenderos de especería y los que en ciertas partes se conocen con el nombre de almacenistas de comestibles por menor y de refino.

Sexta clase.

Corredores de tejidos y demás géneros del reino ó extranjeros.	Corredores de tejidos y demas géneros del reino ó extranjeros y corresponsales compradores de ellos para los comisionistas.

EN LA TARIFA EXTRAORDINARIA NUMERO 2.

PARTE PRIMERA.

	Reales vn.		Reales vn.

Agentes de cambio en la Bolsa de Madrid, pagará cada uno............ 8000

Banqueros ó capitalistas negociantes que acumulan varias operaciones de crédito ó de Bolsa, ó que emplean habitualmente sus capitales en el giro ó cambio de unas plazas à otras, préstamos á interés, seguros, descuentos, etc., etc.. pagaràn cada uno:

En Madrid.......... 8000

En Barcelona, Cádiz, Màlaga y Sevilla........ 5200

En Alicante, Coruña, Santander y Valencia..... 3800

En las demàs capitales de provincia de 1.ª y 2.ª clase, y en los restantes puertos habilitados.......... 2000

En las capitales de provincia de 3.ª clase...... 800

En los demas pueblos del reino. 460

Especuladores que sin ser comerciantes de profesion compran y venden granos, aceites, vinos, sedas y demas frutos de la tierra, á saber:

Los de granos, aceites, vinos y sedas........ 600

Los de cualesquiera otros frutos de la tierra...... 300

Agentes de cambio en la Bolsa de Madrid, pagará cada uno............ 4000

Banqueros ó capitalistas negociantes que acumulan varias operaciones de crédito ó de Bolsa, ó que emplean habitualmente sus capitales en el giro ó cambio de unas plazas á otras, préstamos á interés, seguros, descuentos, etc., etc., pagarán cada uno:

En Madrid.......... 8000

En Barcelona y Sevilla.... 5200

En Cadiz y Málaga..... 4000

En la Coruña........ 3800

En Alicante, Santander y Valencia........... 3200

En las demàs capitales de provincia de 1.ª y 2.ª clase, y en los restantes puertos habilitados......... 2000

En las capitales de provincia de 3.ª clase....... 800

En los demas pueblos del reino. 460

Especuladores que sin ser comerciantes de profesion compran y venden granos, aceites, vinos, sedas y demas frutos de la tierra, considerándose comprendidos entre ellos los beneficiadores de vinos:

Los de granos, aceites, vinos y sedas........ 300

Los de cualesquiera otros frutos de la tierra........ 300

MOLINOS DE CHOCOLATE.

	Reales vn.		Reales vn.
En Madrid por cada piedra llamada de tahona movida por caballería:	360	En Madrid por cada piedra llamada de tahona movida por caballería.	360
		Por id. id. movida á mano. .	180
Los de cilindro ó rodillo de velocidad.	720	Los de rodillo ó cilindro de velocidad.	720
En las demas poblaciones :		En las demas poblaciones :	
Por cada piedra llamada de tahona movida por caballería.	200	Por cada piedra llamada de tahona movida por caballería.	200
		Por id. id. movida á mano. .	100
Los de cilindro ó rodillo de velocidad.	400	Los de cilindro ó rodillo de velocidad.	400

Los molinos de chocolate formarán gremio en union con las lonjas del mismo género que estan comprendidas en la clase tercera de la tarifa núm. 1.°

Los molinos de chocolate formarán gremio en union con las lonjas del mismo género que están comprendidas en la clase tercera de la tarifa número 1.°

ASIENTOS Y ARRENDAMIENTOS.

Al final de las industrias de este artículo, ó sea despues de los empresarios para el alombrado público con gas hidrógeno ó combustible comun, se añada ó adicione la partida del frente.

Extractores de vinos que no sean de propia cosecha, pagarán por la extraccion anual, á saber :

	Reales vn.
Hasta 6,000 arrobas.	1500
Desde 6,001 á 12,000.	2500
Desde 12,001 á 18,000.	3000
Desde 18,001 á 24,000.	3500
Desde 24,001 á 30,000.	4000

Y todos los que generalmente contrataren ó hicieren cualquiera clase de negocio con el gobierno, exceptuandose tan solo los contratos para anticipaciones de fondos y recaudacion de contribuciones.

Se suprimen y excluyen de esta tarifa los extractores de vinos, mediante la nueva redaccion hecha en las clases primera y cuarta de la tarifa núm. 1.° amalgamando los extractores de vinos con los almacenistas.

á que se verifique de un modo positivo la extraccion del reino bajo la intervencion conveniente, sin destinar parte alguna al consumo, teniendo entendido los licitadores que los efectos procedentes de esta subasta gozarán en nuestras posesiones ultramarinas el beneficio de bandera como procedentes de España.»

LEGISLACION MILITAR Y MARITIMA.

REAL DECRETO DE 3 DE ABRIL, determinando las recompensas que deben concederse á los cuerpos de la guarnicion de Madrid por la disciplina y decision que mostraron en la rebelion del 26 de marzo.

Art. 1.º «En cada regimiento de infantería obtendrán el grado inmediato á su empleo por antigüedad un número de oficiales y sargentos primeros calculado al respecto de un capitan, dos tenientes, un subteniente y un sargento primero por batallon, entendiéndose que esta gracia recae sobre los que no gocen ya del espresado grado.

Art. 2.º Bajo las mismas reglas y condiciones optarán á los grados de sargentos primeros y segundos, los sargentos segundos y cabos primeros no graduados, por antigüedad en sus cuerpos, y al respecto de tres de primeros y cinco de segundos por cada batallon.

Art. 3.º Se concederá la cruz pensionada de María Isabel Luisa, primero á los sargentos, cabos y soldados contusos; segundo, á los cinco cabos segundos mas antiguos de cada batallon; y tercero, al soldado de cada compañía que á juicio de los jefes del cuerpo sobre el informe del capitan sea el mas benemérito por todas circunstancias.

Art. 4.º Se darán además seis cruces sencillas de María Isabel Luisa por compañía, las cuales se distribuirán á la suerte entre los soldados de cada una.

Art. 5.º De los comandantes de batallon de todos los cuerpos de la guarnicion se formará para este caso una escala, y obtendrán el grado inmediato los tres mas antiguos no graduados.

Art. 6.º Lo mismo se verificará respecto á los segundos comandantes.

Art. 7.º Con respecto á las clases de tenientes coroneles y coroneles y otros jefes superiores, me reservo disponer lo conveniente.

Art. 8.º En la caballería, artillería, ingenieros, guardia civil y carabineros se concederán iguales recompensas guardando la debida proporcion de fuerza, habida consideracion á la diferente organizacion, para que sea el premio respectivamente igual.

Art. 9.º Además de esto los generales que mandaron la noche del 26

los puntos militares en que se establecieron las fuerzas, pasarán al capitan general propuesta de aquellos jefes y oficiales de los cuerpos que
estaban à sus órdenes que hubiesen tenido particular ocasion de contraer
un servicio señalado, espresando detalladamente el motivo de esta pro
puesta.

Art. 10. Los mismos generales, bajo las reglas y proporciones establecidas, propondrán lo conveniente respecto á los jefes y oficiales que,
sin depender de cuerpos, estuvieron á sus inmediatas órdenes.

Art. 11. Todas las gracias que se conceden en este decreto recaerán
precisamente sobre los individuos que en la noche del 26 estaban presentes en las filas.

Art. 12. El ministro de la Guerra queda encargado de todas las disposiciones necesarias para el cumplimiento de este decreto.»

OTRO DE 14 DE ABRIL, mandando construir seis máquinas para
otros tantos buques de vapor de la fuerza de 350 caballos (Gaceta
núm. 4963).

REAL ORDEN DE 8 DE ABRIL, advirtiendo à los jefes políticos
hagan entender á los consejeros provinciales que no deben ser admitidos como sustitutos los licenciados del ejército, contra quienes aparece la nota de desercion (Gaceta núm. 4964).

REAL DECRETO DE 17 DE ABRIL, declarando comprendidos en
los beneficios del convenio de Vergara á los generales, jefes y oficiales que sirvieron à D. Carlos en la última guerra civil.

Art. 1.° «Se declaran comprendidos en los beneficios del convenio de
Vergara á los generales, jefes y oficiales que sirvieron en las filas de
D. Carlos en la última guerra civil, con arreglo à lo que se preven-
drá en los artículos siguientes:

Art. 2.° Para que puedan solicitarlo se concede un plazo improrogable, que será de un mes respecto á los que se hallan en España, y
de cuarenta y cinco dias para los que residen en pais extranjero, contando ambos desde la publicacion de este decreto en la Gaceta.

Art. 3.° Los que se hallan en España presentarán sus instancias al
gobernador ó comandante militar correspondiente. Los que estan en pais
extranjero las entregarán al ministro ó cónsul español mas inmediato
al punto de su residencia, uniendo la solicitud de volver á España y el
acta de haber reconocido y jurado ante el mismo cónsul ó ministro fidelidad á mi real persona y à la Constitucion del Estado, y recibirán el
pasaporte para entrar en el reino.

Art. 4.° Desde que se reconozcan los empleos hasta que sean colocados quedaran de reemplazo, y gozarán de medio sueldo, el cual se

les abonará entonces desde el día que entreguen sus instancias.

Art. 5.º Los empleos que se les reconozcan no tendrán mas antigüedad que la del día en que se les dispense esta gracia.

Art. 6.º Para la declaracion de los empleos servirán las mismas reglas que se observan para los comprendidos en el convenio de Vergara.

Art. 7.º El ministro de la Guerra queda encargado de todas las disposiciones convenientes para el cumplimiento de este decreto.»

REAL ORDEN DE 22 DE ABRIL, sobre el modo de llevar á efecto las disposiciones vigentes acerca de la exencion de alojamientos y vagajes á los aforados.

«Remitido al consejo real el expediente formado á consecuencia de las diversas solicitudes de los aforados de guerra y marina para eximirse de la carga de alojamientos y bagajes, ha consultado, despues de oir el dictámen de las secciones reunidas de guerra, marina y gobernacion, lo siguiente:

Por reales órdenes de 21 de marzo último ha tenido á bien disponer S. M. que el consejo real consulte lo que se le ofrezca y parezca sobre las exenciones que en las cargas de alojamientos y bagajes deban disfrutar los aforados de guerra y marina, teniendo presentes las disposiciones que sobre el particular han emanado de los ministerios de Gobernacion, Guerra y Marina, á cuyo efecto remitió tambien este último con fecha 30 del propio mes de marzo los antecedentes que en él obraban.

El art. 6.º, tratado 8.º, título 1.º de las ordenanzas militares, y el título 5.º de la ordenanza de matrículas de 1802, son el fundamento principal en que apoyan los aforados de guerra y marina su exencion de las cargas de alojamientos y bagajes. Pero aumentando considerablemente este número de exentos por las diferentes cédulas y leyes que hicieron estensivo el privilegio á otras clases del Estado, el Sr. D. Fernando VII ya en los años de 1817 y 1819 se propuso limitarlo, puesto que en algunas poblaciones apenas quedaban para levantar tan pesada carga mas que los pobres y jornaleros que carecen de medios, resultando perjudicado el servicio activo de las armas por las ventajas otorgadas á las clases pasivas de guerra y marina.

En efecto, los oficiales y criados de la real casa y sus viudas disfrutaban la misma exencion que los aforados, con arreglo al título 18, libro VI de la Novísima Recopilacion, los recien casados por espacio de cuatro años y los padres con sus hijos varones vivos (leyes 7 y 8 del título 2.º, libro X de la misma), las viudas del estado noble ó del general, sin distincion (real órden de 13 de marzo de 1756, que es la nota segunda de la ley 12, título 19, libro VI de la misma Recopilacion), los jefes de hacienda en todos sus ramos que tengan oficinas en su casa (real cédula de 20 de agosto de 1807), los jefes y empleados de correos (real cédula de 18 de diciembre de 1816), los dependientes de inquisicion, cruzada, los que gozan de fuero académico y los síndicos de la órden de San Francisco (real cédula ya citada de 1807), los nobles de privilegio, los caballeros de las órdenes militares y los que disfrutan de nobleza personal (ley 12, título 19, libro VI de la Novísima), los padres cuyos hijos sirvan en milicias provinciales y estan bajo la patria potestad (ordenanza de 30 de mayo de 1767), los infanzones ó hijos-dalgos de sangre y naturaleza recibidos por tales en los pueblos (real cédula de 1816), y últimamente los eclesiásticos y cuantos gozan del privilegio clerical, con arreglo à los cánones y leyes reales.

Pero si en todos tiempos debian hacer sumamente embarazoso ese servicio tal número de excepciones, en tiempos de guerra los inconvenientes fueron de tanto bulto que, confirmando las reales órdenes de 28 de abril de 1817 y 29 de diciembre de 1819, bastante severas en la materia, las cortes de 1837, que, publicada la Constitucion de 1812, podian dar órdenes y expedir decretos, hicieron uso de esta facultad mandando en 17 de marzo de 1837, que si ya en el anterior reinado se habian reducido las exenciones de alojamientos y bagajes á solo los obispos y párrocos, con mas razon, despues de proclamada la Constitucion, deben cesar semejantes exenciones, cuya disposicion fué todavía corroborada por real órden de 5 de marzo de 1838, declarando que tampoco debian eximirse los matriculados de marina que no estuviesen en activo servicio.

Las secciones no desconocen que algunas de estas disposiciones pueden ser consideradas como transitorias y propias de situaciones extrordinarias y violentas; pero no pueden tenerse en este concepto las del Sr. D. Fernando VII en los citados años de 1817 y 1819, en que reinaba la mas profunda y completa tranquilidad en la monarquía.

Considerando por lo tanto que si subsisten las exenciones y privilegios declarados en el art. 6.º, tratado 8.º, título 1.º de las ordenanzas militares, y en el título 5.º de la ordenanza de matrículas de 1802, no teniéndose por derogados, ni por las declaraciones posteriores, ni por el art. 6.º de la Constitucion, en este caso, con igual derecho reclamarían los suyos los comprendidos en las citadas leyes de la Novísima Recopilacion y en las cédulas de 1807 y 1816, de lo cual resultarían graves perjuicios à los demàs contribuyentes y notables estorbos y dificultades para el mejor servicio del Estado en los movimientos de las tropas.

Considerando que por la ley de presupuestos del año pasado de 1845, sancionada por S. M., y vigente en el dia, se establece como un cánon fundamental que todos los españoles deben acudir en proporcion de su riqueza à las contribuciones impuestas bajo todos conceptos, esceptuando sin embargo de ellas esplícita y terminantemente los sueldos de los empleados:

Considerando que además los de guerra y marina, así en servicio activo como retirados, sufren un descuento proporcional á los haberes que en dicho concepto disfrutan; las secciones reunidas de Estado y Marina, Guerra y Gobernacion, sin perjuicio de ocuparse detenidamente del encargo que por real órden de 21 de marzo último les está encomendado de presentar un proyecto de ley para el arreglo del servicio de bagajes, opinan: que desde luego puede servirse el consejo consultar à S. M. que los aforados de guerra y marina comprendidos en los citados artículos 6.°, tratado 8.°, título 1.° de las ordenanzas militares, y título 5.° de la ordenanza de matrículas, que no disfruten de otra renta que el sueldo ó haber de su retiro, se consideren exentos con su casa, habitacion y caballo de los servicios de bagajes y alojamientos; pero que con arreglo à la real órden de 28 de abril de 1817 los individuos de dichas clases que además sean labradores ó granjeros, vecinos con casa abierta y con goce de todos los aprovechamientos comunes, contribuyan bajo este concepto al servicio de alojamientos y bagajes, conservando la exencion dicha de la casa, habitacion y caballo.

Y conforme S. M. (Q. D. G.) con el dictámen del consejo, ha tenido á bien mandar le traslade á V. S., como lo ejecuto de real órden, para que en lo sucesivo sirva de regla general respecto al modo de aplicar la exencion de alojamientos y bagajes à los dichos aforados, y que se recomiende á V. S. el puntual cumplimiento de esta resolucion que con el propio objeto ha sido ya comunicada por los ministerios de Guerra y Marina à las autoridades de su dependencia.»

REAL DECRETO DE 3 DE MAYO, reformando la organizacion del cuerpo de sanidad de la armada.

Art. 1.° «El cuerpo de sanidad de la armada constará en lo sucesivo de un director, dos vicedirectores, tres consultores, veinticuatro primeros médicos, cincuenta segundos y siete ayudantes de medicina.

Art. 2.° El director disfrutará el sueldo de 20,000 reales anuales en lugar de los 30,000 que le señala el reglamento vigente, y 4000 para gratificacion de escritorio. Se reduce tambien el de los vicedirectores à 14,000, y á 12,000 el de los consultores, continuando las demas clases en el goce del que les está asignado.

Art. 3.° Queda derogado el art. 9.° del reglamento del citado cuerpo de sanidad de la armada, debiendo sujetarse los directores que por cualquier causa cesen en el ejercicio de este empleo á las reglas establecidas para los demas funcionarios respecto á los sueldos de cesantía, retiro ó jubilacion.

Art. 4.º Los médicos de la armada no podrán desempeñar destinos fuera de los departamentos, buques de guerra ó apostaderos de Ultramar sin solicitar antes su retiro del servicio.

Art. 5.º Los que excedan del número que se prefija en el art. 1.º se considerarán desde luego como cesantes ó retirados con el sueldo que les corresponda por clasificacion, conservando sin embargo derecho á ocupar plazas efectivas cuando haya vacante de su clase.

Art. 6.º Los médicos de los hospitales de Ferrol y Cartagena ejercerán las funciones de vicedirectores en sus departamentos respectivos.

Art. 7.º Serán consultores los facultativos del arsenal de la Carraca, del colegio naval y del hospital de San Cárlos.

Art. 8.º El director, ademas de las obligaciones de este empleo, tendrá la de médico del departamento de Cádiz, donde deberá residir, desempeñando la secretaría de la direccion el médico del batallon de infantería de marina que guarnezca el mismo departamento.»

OTRO DE 11 DE MAYO, extinguiendo el regimiento de infantería de España. (*Gaceta núm.* 4989).

OTRO DE LA MISMA FECHA, designando varias recompensas á los oficiales y soldados que se distinguieron en la rebelion militar de Madrid del 7 de mayo.

Art. 1.º «Se me presentarán informaciones acerca del estado en que quedan las familias de los oficiales de los cuerpos de la guarnicion de Madrid que murieron el 7 del mes actual en defensa del trono, de la Constitucion y del órden público.

Art. 2.º Mi real decreto de 31 de marzo último, por el cual se determinan recompensas para los oficiales, sargentos, cabos y soldados heridos por la misma causa el dia 26 de aquel mes, se aplica en todas sus partes á los que lo han sido el 7 de mayo.

Art. 3.º Se me presentarán propuestas de recompensas en favor de los jefes, oficiales, sargentos, cabos y soldados que en los sucesos del 7 de mayo hubiesen contraido un mérito verdaderamente distinguido.

Art. 4.º A todos los oficiales desde subteniente á capitan inclusive, no comprendidos en los artículos anteriores, que estuvieron sobre las armas en los cuerpos de todas armas é institutos, ayudantes ó empleados activamente á las órdenes inmediatas de los generales, y no fueron agraciados por los sucesos del 26 de marzo, se les concede el grado inmediato, y si lo tuvieren, otra gracia proporcionada á su situacion.

Art. 5.° El ministro de la Guerra queda encargado de la ejecucion de este decreto.»

OTRO DE 15 DE MAYO, prorogando por un mes mas los plazos señalados en el decreto de 17 de abril último para que los generales, jefes y oficiales que sirvieron en el ejército de D. Carlos, presenten sus instancias en solicitud de que se les concedan los beneficios del convenio de Vergara. (Gaceta núm. 4994).

REAL ORDEN DE 20 DE MAYO, permitiendo á los quintos que presentaron sustitutos y como garantía de ellos el depósito en metálico correspondiente, que sustituyan este por una fianza hipotecaria.

«Varios quintos correspondientes al reemplazo de 1844 que, habiendo presentado sustitutos para que sirvieran en su lugar, consignaron como garantía de los mismos el depósito de 4200 rs. que estableció el real decreto de 25 de abril del propio año de 1844, han recurrido à la reina (Q. D. G.) solicitando se les haga extensivo el beneficio dispensado por la real órden de 21 de octubre de 1846 de otorgar una fianza hipotecaria en vez del depósito. Enterada S. M., y deseando conciliar aquella pretension con los intereses públicos y con los de los sustitutos, ya que con arreglo al real decreto citado se reputan los depósitos propiedad de estos, mientras no abandonen las banderas, en cuyo caso pasan à serlo del Estado, ha tenido á bien mandar, en vista de lo propuesto de comun acuerdo por este ministerio y por el de la Guerra, que los consejos provinciales admitan por sí la subrogacion de los depósitos en metálico por medio de las escrituras públicas, á que se refiere el artículo 4.° de la enunciada real órden de 21 de octubre de 1846, siempre que se otorguen con las formalidades establecidas en la misma y con la indispensable condicion de que se haga constar la conformidad y consentimiento de los sustitutos respectivos. Y para que este último requisito se llene con la debida solemnidad, ha dispuesto S. M. se observen en el particular las reglas siguientes:

1.ª El sustituto, con aviso que reciba de la solicitud de su sustituido para cambiar el depósito con la enunciada escritura, bien sea de aquel directamente, ó bien por medio de sus jefes, se presentarà ante el segundo comandante ó encargado del detall de su batallon ó escuadron, si estuviese reunido, ó en otro caso al oficial comandante de la partida ó destacamento à que pertenezca, manifestándole su asentimiento à dicha solicitud, si fuere su voluntad otorgárselo, ó negándoselo en caso contrario.

2.ª Esta declaracion se consignará por escrito por el expresado jefe ú oficial que la reciba ante dos testigos, que la firmarán con el sustituto si supiere hacerlo, supliéndolo en caso contrario con la señal de la cruz en la forma ordinaria, y autorizando el acto dicho jefe ú oficial con su firma.

3.ª Ademas de esta declaracion podrá el sustituto, si lo estima conveniente, nombrar en el mismo acto una persona que le represente en las diligencias de tasacion de los bienes que se hipotecan para la seguridad del depósito, y en las demas que, conforme á la precitada real órden de 21 de octubre, deban practicarse.

Y 4.ª El comandante del batallon ó escuadron á que el sustituto pertenezca remitirá dicho documento al primer jefe del cuerpo, quien lo dirigirá á su vez, y por conducto del director general del arma respectiva, al jefe político, presidente del consejo de la provincia á que corresponde el sustituido, para que en los términos expresados pueda, en caso de asentimiento del sustituto, procederse á la subrogacion del depósito, conservándose original en el expediente el acta de conformidad del dicho sustituto.»

REAL DECRETO DE 22 DE MAYO, haciendo extensivas á las tropas que han vencido la insurreccion en Andalucía y Valencia las recompensas concedidas á la guarnicion de Madrid por los sucesos del 26 de marzo. (*Gaceta núm.* 5001).

OTRO DE LA MISMA FECHA, creando dos escuadrones de caballería ligera con el nombre de cazadores de Africa. (*Gaceta número.* 5001).

REAL ORDEN DE 22 DE MAYO, sobre la provision de ayudantías de distrito y comandancias de tercio y de provincia de marina. (*Gaceta núm.* 5002).

OTRA DE 24 DE MAYO, declarando que el depósito de 5000 duros que se exije á cada empresa de sustitutos de quintos debe entenderse por cada reemplazo y por cada provincia cuyos quintos pretenda sustituir la empresa. (*Gaceta núm.* 5005).

REAL DECRETO DE 29 DE MAYO, extinguiendo el regimiento de caballería del Infante. (*Gaceta núm.* 5008).

REAL ORDEN DE 29 DE MAYO, declarando que los letrados que ejerzan las funciones fiscales en los juzgados de las comandancias de matrícula estan exentos de cargos concejiles y mandando cesen todos los fiscales de los juzgados de las provincias de marina que no se hallen actuando en algun expediente, pues este oficio no puede conferirse permanentemente y sí de un modo transitorio para cada asunto. (*Gaceta núm.* 5010.

DISPOSICIONES RELATIVAS A LA BENEFICENCIA PUBLICA.

CIRCULAR DE 19 DE ABRIL, mandando á los jefes políticos nombren comisiones en sus respectivas provincias que averigüen cuantas memorias, obras pias y fundaciones existan en ellas aplicadas en todo ó en parte á la beneficencia pública.

«Para organizar los establecimientos públicos de beneficencia concentrando la accion directiva de los mismos en consonancia con las leyes de 8 de enero de 1845, se dictaron las reales órdenes de 3 de abril y 22 de cetubre de 1846.

La primera fijaba las bases para el arreglo de dichos institutos, y la segunda ordenaba el modo de clasificarlos, para que sus atenciones figurasen inmediatamente como gasto obligatorio en los presupuestos de los pueblos ó provincias.

Asegurada así la existencia, antes precaria, de tales establecimientos, para que no falte en lo sucesivo à las clases mas desvalidas y necesitadas el socorro que justamente reclaman de la administracion pública, preciso es continuar la organizacion de tan importante ramo apreciando sus rentas, calculando sus atenciones, mejorando la parte administrativa y extendiendo los servicios que hoy presta.

Al ocuparse el gobierno de S. M. de tan importante asunto, parte del convencimiento íntimo de que con los cuantiosos bienes que legó la caridad cristiana en nuestro pais para objetos piadosos, hay bastante para satisfacer las condiciones que exige un buen sistema, si no existieran fundaciones ignoradas y rentas distraidas ó mal aplicadas.

A fin de remediar este abuso y hacer que se cumpla la voluntad de los fundadores, recuperando lo que pertenece al patrimonio legítimo del pobre, y con objeto de aliviar los presupuestos de los pueblos aumentando las rentas que deben ingresar por tal concepto, la reina (Q. D. G.) se ha servido mandar:

1.º Que proceda V. S. á nombrar una comision que se ocupe inmediatamente en averiguar cuántas memorias, obras pias y fundaciones existan en esa provincia, que debiendo estar aplicadas en todo ó en parte á beneficencia, se hallen distraidas del objeto à que las destinaron los instituidores.

2.º Que dicha comision se componga, bajo la presidencia de V. S., del alcalde de esa capital, de un diputado de provincia, de un consejero de ella que sea letrado precisamente, de un regidor del ayuntamiento, de un individuo de la junta municipal y de un eclesiástico considerado por sus virtudes y amor á la humanidad desvalida, haciendo de secretario el oficial de ese gobierno político que tenga á su cargo el negociado.

3.º Se autoriza á la expresada comision para que pida, bajo el correspondiente recibo, la exhibicion de escrituras de fundacion, documentos y cuantos antecedentes existan referentes al cometido que se le confiere, ó en su defecto copias autorizadas.

4.º En el momento que sea conocida la existencia de cualquiera fundacion ó pia memoria, cuya aplicacion á beneficencia no admita duda, que se halle detentada ó distraida del objeto á que la dedicara el fundador, hará V. S. que se pida la posesion por los términos que marca la legislacion vigente, teniendo en cuenta la clasificacion que corresponda ó pueda corresponder al establecimiento acreedor.

5.º Si las fincas, censos ó derechos se hallasen en poder de la direccion general de fincas del Estado, dará V. S. cuenta á este ministerio, acompañando el oportuno expediente.

6.º Cuando la aplicacion de alguna pia memoria ofrezca duda, ó no esté terminantemente expresa en la institucion, mandará V. S. instruir expediente en el que conste:

Primero. Copia autorizada de la fundacion.

Segundo. La razon en que se apoyen los patronos ó administradores para impedir que se apliquen sus productos á beneficencia.

Y tercero. Dictámen de la comision que se manda crear.

7.º El expediente así instruido lo pasará V. S. al ayuntamiento para que exponga cuanto se le ofrezca si el establecimiento á que se crea corresponder la fundacion estuviera clasificado como municipal, ó á la diputacion de la provincia si se considerase como provincial, y con el parecer razonado de V. S. lo elevará á este ministerio.

8.º Cuidará V. S. de que se respeten las fundaciones de patronato familiar ó de sangre, sin perjuicio de la accion protectora y de vigilancia que compete á V. S. por las disposiciones vigentes.

9.º Despues de instalada la referida comision, lo pondrá V. S. en conocimiento de este ministerio, acompañando nota expresiva de las personas que la compongan, y dando cuenta periódicamente del resultado que vayan ofreciendo los trabajos de la misma.

10. Hará V. S. que se abra un registro donde consten las obras pias, memorias ó fundaciones que vayan descubriéndose, especificando su título, objeto, rentas, tiempo de la detentacion y cuantas noticias ú observaciones se estimen convenientes.

Y 11. Consultará V. S. cualquiera duda ú obstáculo que impida el cumplimiento de estas disposiciones.»

REAL ORDEN DE 15 DE MAYO, previniendo á los jefes políticos

que impidan las ventas de bienes pertenecientes á la beneficencia sin autorizacion del gobierno.

«Ha llegado á noticia del gobierno que en algunas provincias se procede á la enagenacion de propiedades y créditos pertenecientes à los establecimientos públicos de beneficencia, sin tener en cuenta lo que en el particular previene la legislacion vigente. Desde que se clasificáron dichos establecimientos en provinciales y municipales, quedaron sus fincas sujetas à los términos que para las que correspondan à los pueblos ó provincias, marcan las leyes de 8 de enero de 1845; y para que su enagenacion sea válida despues de justificarse la conocida utilidad, deben deliberar los ayuntamientos ó diputaciones en cada caso, sin que sus acuerdos puedan llevarse á efecto hasta que recaiga la autorizacion competente. Aunque las citadas leyes no expresan en su literal sentido los casos en que debe recaer la aprobacion del gobierno, y en cuales pueden dictarla los jefes políticos despues de la referida deliberacion, el párrafo 5.°, art. 7.° del real decreto de 22 de setiembre de 1845 dice lo bastante para convencerse de que no se puede establecer validez en las ventas ó permutas de los indicados bienes cuando falte el requisito de la consulta prévia al consejo real, y por consiguiente la aprobacion del gobierno que es quien debe concederla en los casos referidos.

En tal concepto la reina (Q. D. G.) se ha servido resolver que, teniendo V. S. en cuenta lo expuesto, impida por cuantos medios esten á su alcance que se ejecuten ventas ó permutas de los bienes que pertenecen à la beneficencia pública sin que proceda la autorizacion del gobierno, dando cuenta inmediatamente en el caso de que se efectúe alguna enagenacion ó cambios sin los requisitos indicados.»

ORGANIZACION ADMINISTRATIVA.

REAL DECRETO DE 10 DE MAYO, creando una direccion de policía para la provincia de Madrid.

Art. 1.° «Se crea una direccion de policía para la provincia de Madrid, bajo la inmediata dependencia del jefe político.

Art. 2.° La direccion se compondrà por ahora de un director con el sueldo anual de cuarenta mil reales; un secretario con el de veinte mil; un oficial con el de doce mil; seis auxiliares á seis mil cada uno, y los demàs dependientes indispensables.

Art. 3.° Estaràn á las órdenes del director de policía los comisarios, celadores, salvaguardias y demas dependientes del ramo de proteccion y seguridad pública.

TOMO IV. 57

Art. 4.° El director de policía adoptará por sí las determinaciones que estime convenientes para el mejor desempeño de su cargo, sin perjuicio de poner en ejecucion las órdenes que le comunique el jefe político como su superior inmediato, y de darle cuenta de lo que por su importancia lo merezca.

Art. 5.° El director de policía podrá entenderse directamente con el gobierno y con todas las autoridades, siempre que lo juzgue oportuno para la mejor y la mas pronta expedicion de los negocios puestos á su cargo. Del mismo modo, y cuando la urgencia de los asuntos lo requiera, recibirá directamente las órdenes del gobierno.

Art. 6.° Queda suprimida la seccion de proteccion y vigilancia que hoy existe en el gobierno político de Madrid, refundiéndose en la direccion de policía.»

DISPOSICIONES RELATIVAS Á LA INSTRUCCION PUBLICA.

REAL DECRETO DE 4 DE MAYO, autorizando á los institutos provinciales para conferir grados de bachiller.

«En vista de las reclamaciones que han dirigido todos los institutos de segunda enseñanza acerca de los perjuicios que les irroga, como asimismo à los alumnos que estudian en ellos, la disposicion del plan vigente de estudios que hace exclusiva de las universidades la facultad de conferir los grados académicos, de cualquiera clase que sean; y teniendo en consideracion la conveniencia de proteger y fomentar por todos los medios posibles unos establecimientos que tanto deben influir en la ilustracion y cultura de los pueblos, he venido en disponer, oido el consejo de instruccion pública, que los institutos que sean provinciales, y den los cinco años completos de la segunda enseñanza, puedan tambien celebrar los actos para el grado de bachiller en filosofía, con sujecion á las reglas que yo tuviere à bien dictar á fin de precaver todo abuso en el ejercicio de esta facultad.»

REAL ORDEN DE LA MISMA FECHA, para llevar á efecto el decreto anterior.

Art. 1.° «Los expresados institutos deberán estar provistos de los gabinetes y colecciones cientíticas que para la mas completa instruccion de los alumnos exigen los reglamentos y órdenes vigentes. Sin embargo por este año, y en atencion á lo avanzado del curso, se dispensa de este requisito á los que carecieren ó no tuvieren completos dichos medios de enseñanza; en la inteligencia de que para el final del curso próximo venidero necesitará cada instituto una declaracion especial, prévio el oportuno expediente, que se instruirá con la anticipacion debida.

Art. 2.º La mencionada autorizacion queda limitada para cada instituto á los alumnos que en él hubieren estudiado el quinto año de la segunda enseñanza, no pudiendo de modo alguno, ni bajo ningun pretexto, admitir para los ejercicios de bachiller á los estudiantes que procedan de otros establecimientos, por ser esto un derecho exclusivo de las universidades.

Art. 3.º Concluidos que sean los exámenes de fin de curso, el director del instituto admitirá las solicitudes de los alumnos que se hallen en el caso de graduarse y pretendan hacerlo, instruyendo los respectivos expedientes en la forma que previene el artículo 295 del reglamento. Aprobados que sean, se formará una lista de los alumnos que hayan de entrar á los ejercicios, dispuesta de modo que se dé la preferencia en el órden numérico á los que hubieren obtenido mejor nota en los exámenes, y entre los que tengan igual nota á los primeramente matriculados.

Art. 4.º Antes de principiar los ejercicios hará cada graduando en la secretaría del instituto los depósitos que exige el art. 296 del reglamento. El importe de los grados quedará á beneficio del instituto.

Art. 5.º Los ejerciclos serán los mismos que se previene en los artículos 302 y 304 de dicho reglamento.

Al primero asistirán como jueces los catedráticos de latinidad y el de retórica; y al segundo los profesores de las demas asignaturas.

Art. 6.º Asistirá tambien á estos ejercicios un catedrático de facultad, comisionado al efecto por el rector del respectivo distrito universitario, quien podrá elegirlo entre los profesores de cualquiera de las facultades que compongan su escuela. Este catedrático disfrutará, por todo el tiempo que con el indicado objeto se halle fuera de la universidad, sesenta reales diarios de dietas que se pagarán por mitad entre el instituto y los alumnos graduandos.

En las islas Canarias, atendida su situacion, hará de comisionado la persona que nombre el jefe político, la cual deberá tener el grado de doctor en alguna facultad.

Art. 7.º El comisionado podrá hacer á los actuantes las preguntas que tuviere por convenientes; y votará con los profesores, siendo su voto decisivo en caso de empate.

Art. 8.º Será presidente de los actos el de la junta inspectora ó el individuo de la misma en quien aquel delegue sus facultades. A su derecha se sentará el comisionado del rector, y á su izquierda el director del instituto cuando asista á los ejercicios.

Art. 9.º El alumno que salga reprobado en cualquiera de los dos actos de que se componen los ejercicios, quedará suspenso, perdiendo los

derechos de exámen , y además la parte que le corresponda del depósito
para pagar las dietas del comisionado; pero conservará la facultad de
matricularse en las universidades para optar al grado y seguir en ellas
su carrera; en la forma que por punto general previene el reglamento.
Este mismo podrá hacerlo todo cursante de instituto , siempre que así
lo prefiera, no siendo obligatorio para ninguno presentarse á los ejercicios en su propio establecimiento.

Art. 10. A los que hubieren sido aprobados en instituto provincial
para el grado de bachiller en filosofía , se le expedirá el correspondiente título por el rector del respectivo distrito universitario. A este fin
el director del instituto remitirá á dicho rector una certificacion de los
ejercicios , arreglada al modelo que se circule. El rector examinará si la
certificacion y los estudios del interesado están en regla; y estándolo,
expedirá el título. Si tuviere dudas , pedirá las explicaciones oportunas
á los jefes de los establecimientos donde hubiere cursado el graduando , y en caso necesario consultará al gobierno.

Art. 11. No se hará novedad alguna respecto de los cursantes en los
institutos agregados á las universidades, para los cuales queda subsis-
tente en este punto lo que previene el reglamento , toda vez que se
les concede el año preparatorio de su respectiva carrera para recibir el
grado de bachiller en filosofía.»

OTRA DE 13 DE MAYO, derogando el título 5.° de la seccion
cuarta del reglamento de estudios y sustituyendo en su lugar el
siguiente.

TITULO V.

De los premios.

Art. 264. «Todos los años, hasta el grado de licenciado , se concederán premios á los cursantes de institutos y universidades que , declarados sobresalientes en los exámenes ordinarios de fin de curso, los obtengan por medio de oposicion.

Art. 265. Estos premios serán ordinarios y extraordinarios.

Los ordinarios, que consistirán en un diploma especial y honorífico
y en la exencion del pago de matrícula del curso siguiente, se conferirán anualmente en razon de uno por cada curso, cuyos discípulos no lleguen á ciento, y de dos cuando pasen de este número.

Los extraordinarios consistirán, observándose la misma proporcion,
en la dispensa del depósito para los grados de bachiller y licenciado; y

para el segundo año de anatomía en una obra de esta asignatura, ó en una caja de instrumentos de disección, cuyo valor sea de quinientos reales vellon.

Los premios ordinarios y extraordinarios son compatibles en un mismo cursante.

Art. 266. Para optar á los premios ordinarios se necesita haber obtenido la nota de sobresaliente en los exámenes ordinarios del mismo curso.

Para optar á los extraordinarios se necesita: para el del grado de bachiller haber obtenido la nota de sobresaliente en tres cursos, por lo menos, de la facultad: para el del grado de licenciado la misma nota en cinco cursos por lo menos.

Los premios ordinarios se conferirán á fin de curso.

Los extraordinarios en los quince primeros dias del inmediato.

Art. 267. Los aspirantes á los premios extraordinarios, que consisten en la dispensa del depósito para los grados, firmarán la oposicion á fin de curso, y serán admitidos á la matrícula del inmediato, á pesar de no hallarse graduados; pero no se les espedirá la aprobacion de aquel curso sin graduarse préviamente.

Art. 268. En el dia y hora señalados para ejercitar, los aspirantes á los premios ordinarios ó extraordinarios que hubieren firmado de antemano la oposicion, y cuya aptitud hubiese sido declarada por el rector ó director del establecimiento, se encerrarán en una aula.

El presidente de la junta de las oposiciones los llamará de uno en uno por el órden en que hubiesen firmado, y serán conducidos á la sala del ejercicio por un bedel, quedando los demas incomunicados.

Art. 269. Los ejercicios para los premios ordinarios consistirán en contestar á la pregunta ó preguntas que la junta habrá sorteado préviamente á puerta cerrada y en el acto mismo de ir á comenzar la oposicion.

El sorteo se verificará sacando un número de lecciones del programa de cada asignatura de las que hubiesen formado el curso.

La pregunta ó preguntas sorteadas será la misma para todos los aspirantes al premio ordinario, sin que ninguno de los jueces de la oposicion pueda dirigir la palabra al ejercitante.

Art. 270. Para que los jueces puedan formar su juicio, ya absoluto, ya comparativo, se les entregará en el acto de reunirse en junta, una lista de todos los que van á ejercitar por el órden en que han de ser llamados. Estas listas donde cada juez podrá hacer para su gobierno las anotaciones que tenga por conveniente, no se devolverán.

Art. 271. Los ejercicios de oposicion para los premios ordinarios se verificarán en una misma sesion, pudiendo solo suspenderse para dar algun descanso à los jueces, pero sia que por eso cese un solo instante la incomunicacion de los aspirantes que no hubiesen ejercitado hasta entonces.

Art. 272. Los ejercicios para los premios extraordinarios consistirán:

Para el grado de bachiller la junta, à puerta cerrada y antes de principiar el acto, formará una lista de cinco preguntas y cuestiones, las cuales se referirán indistintamente à las asignaturas de los cursos anteriores al indicado grado. Los aspirantes contestarán por el órden en que fueren llamados y conducidos, y los jueces podrán dirigirles las preguntas que tengan por conveniente.

Para el del grado de licenciado los jueces, à puerta cerrada y antes de principiar el acto, acordarán una materia ó punto general de la facultad, la cual se comunicará inmediatamente á los aspirantes, cerrados ya previamente en sala donde tengan recado de escribir. Durante dos horas, y sin poder consultar libro ninguno, los aspirantes escribirán una disertacion sobre la materia. Al concluir dichas dos horas el bedel recogerá firmados estos escritos y los llevará á la junta, siguiendo incomunicados los aspirantes. El presidente de la junta los llamará entonces uno por uno y por el órden en que hubiesen firmado la oposicion. Leerán los aspirantes su disertacion, y serán luego interrogados por los jueces, consumiéndose entre uno y otro ejercicio hasta veinte minutos.

Art. 273. En el caso de ser grande el número de los opositores á los premios extraordinarios, y de no poderse despachar todos en una misma sesion, podrán ser estas varias sin dia intermedio: el presidente distribuirá de antemano á los opositores por el órden en que hubiesen firmado, y en tal caso la junta acordará en cada una de las sesiones las preguntas ó puntos sobre que hubiesen de ejercitar los aspirantes que compongan la série de aquel dia.

En todo lo demás para los ejercicios de los premios extraordinarios se observarán las mismas fórmulas que para los ordinarios.

Los ejercicios para el premio extraordinario de anatomía consistirán en una preparacion.

Art. 274. Los premios se declararán, caso de haber lugar à ellos, en el acto de concluirse los ejercicios: mas si à juicio de la junta de las oposiciones no hubiere lugar à la adjudicacion del premio por no encontrar en los aspirantes mérito absoluto suficiente, lo consignará así en el acto mismo.

Art. 275. Las juntas ó tribunales para las oposiciones á los premios anuales se compondrán:

Para las de los premios ordinarios de tres jueces.

Para las de los extraordinarios, de cinco.

Art. 276. En junta general de catedráticos propietarios de cada facultad se sortearán estos tribunales entre los mismos; debiendo asistir á ella y ser igualmente insaculados en Madrid los catedráticos propietarios de los estudios superiores al grado de licenciado.

Art. 277. El catedrático mas antiguo de cada tribunal ó junta hará de presidente, el mas moderno de secretario.»

OTRA DE 20 DE MAYO, suprimiendo el instituto de segunda enseñanza de Lugo y creando en su lugar otro de la misma clase en Monforte de Lemus. (*Gaceta núm. 5011*)

OTRA DE 31 DE MAYO, sobre el modo de conciliar el art. 229 del reglamento de estudios con la real órden de 4 del corriente.

«Varios rectores de las universidades han consultado á este ministerio sobre la manera de conciliar el art. 229 del vigente reglamento de estudios con la real órden de 4 del corriente, en la parte relativa al tiempo en que deben verificarse los ejercicios para obtener el grado de bachiller en filosofía en los institutos agregados á las mismas escuelas.

Enterada la reina (Q. D. G.), y tomando en consideracion las razones expuestas por los referidos rectores, se ha servido resolver que los alumnos del quinto año de la segunda enseñanza en dichos institutos puedan optar entre hacer los mencionados ejercicios al terminar el curso segun previene la real órden de 4 del actual, ó recibir el grado de bachiller en la forma prescrita en el art. 229 del reglamento, entendiéndose que el alumno que en el primer caso saliere reprobado en cualquiera de los dos ejercicios, quedará sujeto á repetirlos durante el curso preparatorio.»

DISPOSICIONES VARIAS.

REAL DECRETO DE 13 DE MAYO, destituyendo de los honores y consideraciones de infante á D. Enrique María de Borbon.

Art. 1.° «D. Enrique María de Borbon queda destituido de los honores y consideraciones de infante de España que le concedió mi augusto padre, y de todos los demas grados, empleos, honores ó condecoraciones que disfrute.

Art. 2.° Los documentos que dan motivo á esta resolucion pasarán al tribunal supremo de Justicia para los efectos que correspondan con arreglo á las leyes.

Art. 3.° De este decreto y de las causas que lo producen, se dará cuenta á las córtes en su primera legislatura, para que acuerden lo que estimen conveniente en cuanto dice relacion con la sucesion á la corona.»

RЕAL ORDEN DE 19 DE MAYO, sobre la residencia de los preben-dados de Ultramar.

1.º «Todos los prebendados de Ultramar que no se hallen sirviendo sus prebendas por obtener otros cargos de la Península, aun cuando sea en la real capilla, optarán entre los mismos, pasando en su caso á residir aquellas en el término preciso de seis meses, contados desde la fecha de la presente resolucion; y no verificándolo dentro de ellos, procederán los cabildos con arreglo á lo que determinan las leyes y los cánones.

2.º En lo sucesivo se aplicarán con la mayor parsimonia las disposiciones de las bulas arriba citadas; y no mediando circunstancias especiales y relevantes, ó motivos no comunes de utilidad para la Iglesia ó para el Estado, el segundo nombramiento en los casos anteriormente insinuados se hará siempre con calidad de optar en un breve término y de pasar á residir su prebenda, si tal fuese la opcion.

3.º Por consecuencia de lo dicho, no se autorizará en lo sucesivo á los nombrados con destino á Ultramar para tomar posesion de sus prebendas en la Península, sino que deberán verificarlo personalmente en sus respectivas iglesias.

4.º Se observará con todo rigor lo prevenido en las leyes de indias sobre concesion de licencias para la Península y próroga de ellas, debiendo las primeras ser solicitadas por medio del Vice-Real Patrono, quien las dirigirá con su informe, prévio el voto consultivo del diocesano.

5.º Cualquiera que sea el número de las licencias concedidas, los Vice-Patronos solo autorizarán y consentirán el uso de las equivalentes á la cuarta parte de los individuos del cabildo.

6.º En todo caso de duda ó de notorio perjuicio para la Iglesia, los Vice-Patronos consultarán siempre al mejor servicio de la misma, suspendiendo el cumplimiento de la real licencia, y exponiendo á S. M. lo que estimaren justo, salvo el caso de un peligro inminente en la salud y existencia del agraciado.»

APLICACION

DEL NUEVO CÓDIGO PENAL

A TODOS LOS DELITOS PREVISTOS EN EL MISMO.

CAPITULO II.

DELITOS CONTRA LA SEGURIDAD EXTERIOR DEL ESTADO.

SECCION PRIMERA.

Traicion.

I. Tentativa para destruir la independencia ó la integridad del Estado (art. 139).

PENAS DE LOS AUTORES.	PENAS DE LOS CÓMPLICES.	PENAS DE LOS ENCUBRIDORES.
	PRIMER CASO.	
	CUANDO NO CONCURREN CIRCUNSTANCIAS AGRAVANTES NI ATENUANTES.	
Muerte (1).	Cadena perpétua (2).	Cadena temporal de 15 á 17 años (6).
Penas accesorias á la anterior.	*Penas accesorias.*	*Penas accesorias.*
Si no se ejecuta la principal por recaer indulto, sufre el reo la inhabilitacion absolu-	1. Argolla (3) en el caso de imponerse la cadena perpétua á un co-reo del que ha-	1. Inhabilitacion absoluta perpétua para cargos ó derechos políticos, y sujecion á

TOMO IV. 58

PENAS DE LOS AUTORES.	PENAS DE LOS CÓMPLICES.	PENAS DE LOS ENCUBRIDORES.
ta perpétua y sujecion á la vigilancia de la autoridad por toda la vida.	ya sido condenado á la pena de muerte por los delitos de traicion, regicidio, parricidio, robo ó muerte alevosa, ó por medio de oro premio ó recompensa, pena ó promesa.	la vigilancia de la autoridad por aquel mismo tiempo y otro tanto mas.

(columna de cómplices:)
2. Degradacion (4) en el caso de que la pena principal de cadena perpétua fuera impuesta á un empleado público por abuso cometido en el ejercicio de su cargo.
3. Interdicion civil (5).
4. Inhabilitacion perpétua absoluta.
5. Sujecion á la vigilancia de la autoridad durante la vida del penado en caso de haber obtenido indulto de la pena principal.

(columna de encubridores:)
2. Interdiccion civil durante la condena.

SEGUNDO CASO.

CUANDO CONCURREN CIRCUNSTANCIAS ATENUANTES.

Si hay una sola circunstancia.

Muerte, con las accesorias (7).	Cadena perpétua, con las accesorias.	Cadena temporal de 12 á 14 años, con las accesorias.

Si hay dos ó mas circunstancias.

Muerte, con las accesorias.	Cadena perpétua, con las accesorias.	Presidio mayor de 7 á 12 años.

Penas accesorias.

1. Inhabilitacion absoluta perpétua para cargos públicos.
2. Sujecion á la vigilancia de la autoridad por igual tiempo que la condena principal que empezará á contarse desde el cumplimiento de la misma.

PENAS DE LOS AUTORES.	PENAS DE LOS COMPLICES.	PENAS DE LOS ENCUBRIDORES.

TERCER CASO.

CUANDO CONCURREN CIRCUNSTANCIAS AGRAVANTES.

Muerte, con las accesorias.	Cadena perpétua, con las accesorias.	Cadena temporal de 18 á 20 años, con las accesorias.

II. Inducir un español á una potencia extranjera, ó declarar guerra á España, ó concertarse con ella con el mismo fin.

PRIMER CASO.

CUANDO NO CONCURREN CIRCUNSTANCIAS ATENUANTES NI AGRAVANTES.
(ARTICULO 140).

Delito consumado, esto es, si llega á declararse la guerra.

Muerte, con las accesorias.	Cadena perpétua, con las accesorias.	Cadena temporal de 15 á 17 años, con las accesorias.

Delito frustrado, ó si no llega á declararse la guerra.

Cadena perpétua, con las accesorias.	Cadena temporal de 15 á 17 años, con las accesorias.	Presidio mayor de 9 á 10 años, con las accesorias.

SEGUNDO CASO.

CUANDO CONCURREN CIRCUNSTANCIAS ATENUANTES.

Delito consumado.

Si hay una sola circunstancia.

Muerte, con las accesorias.	Cadena perpétua, con las accesorias.	Cadena temporal de 12 á 14 años, con las accesorias.

Si hay dos ó mas circunstancias.

Muerte, con las accesorias.	Cadena perpétua, con las accesorias.	Presidio mayor de 7 á 12 años, con las accesorias.

Delito frustrado.

Si hay una sola circunstancia.

Cadena perpétua, con las accesorias.	Cadena temporal de 12 á 14 años, con las accesorias.	Presidio mayor de 7 á 8 años, con las accesorias.

PENAS DE LOS AUTORES.	PENAS DE LOS COMPLICES.	PENAS DE LOS ENCUBRIDORES.

Si hay dos ó mas circunstancias.

Cadena perpétua, las accesorias.	con Presidio mayor de 7 á 12 años.	Presidio menor de 4 á 6 años, con las accesorias.

TERCER CASO.

CUANDO CONCURREN CIRCUNSTANCIAS AGRAVANTES.

Delito consumado.

Muerte, con las accesorias.	Cadena perpétua, con las accesorias.	Cadena temporal de 18 á 20 años, con las accesorias.

Delito frustrado.

Cadena perpétua, con las accesorias.	Cadena temporal de 18 á 20 años, con las accesorias.	Presidio mayor de 11 á 12 años, con las accesorias.

III.   Tomar un español las armas contra su patria bajo banderas enemigas.

IV.   Facilitar al enemigo la entrada en el reino, el progreso de sus armas, ó la toma de una plaza, puesto militar, buque del Estado, ó almacenes de boca ó guerra del mismo (8).

V.   Suministrar á las tropas de una potencia enemiga caudales, armas, embarcaciones, efectos ó municiones de boca ó guerra, ú otros medios directos para hostilizar á España.

VI.   Suministrar al enemigo planos de fortalezas ó terrenos, documentos ó noticias que conduzcan directamente al propio fin de hostilizar á España.

VII.   Impedir en tiempo de guerra que las tropas nacionales reciban caudales, armas, embarcaciones, efectos ó municiones de boca ó guerra, ú otros medios directos de hostilizar al enemigo, ó bien los planos de fortalezas ó terrenos, documentos ó noticias que conduzcan al propio fin.

VIII.   Seducir la tropa española que se halle al servicio de España para que se pase á las filas enemigas, ó deserte de sus banderas estando en campaña.

IX.   Reclutar en España gente para el servicio de las armas de una potencia extranjera (9).

X.   Comunicar ó revelar directa ó indirectamente al enemigo documentos ó negociaciones reservadas de que uno tuviere noticia por razon de su oficio ó por algun medio reprobado (10) (artículos 141, 142 y 144).

PENAS DE LOS AUTORES.	PENAS DE LOS COMPLICES.	PENAS DE LOS ENCUBRIDORES.
	PRIMER CASO.	
	CUANDO NO CONCURREN CIRCUNSTANCIAS AGRAVANTES NI ATENUANTES.	
	Delito consumado.	
Cadena perpétua (11), con las accesorias.	Cadena temporal por 20 años (12), con las accesorias.	Presidio mayor por 12 años, con las accesorias.
	Delito frustrado.	
Cadena temporal por 12 años, con las accesorias.	Presidio mayor de 8 á 10 años, con las accesorias.	Presidio menor de 4 años y 8 meses á 5 años y 4 meses, con las accesorias.
	Tentativa.	
Presidio mayor por 12 años, con las accesorias.	Presidio menor de 4 años y 8 meses á 5 años y 4 meses, con las accesorias.	Presidio correccional de 17 á 26 meses, con las accesorias.
	SEGUNDO CASO.	
	CUANDO CONCURREN CIRCUNSTANCIAS ATENUANTES.	
	Si hay una sola circunstancia.	
	Delito consumado.	
Cadena temporal de 18 á 20 años, con las accesorias.	Presidio mayor de 7 á 8 años, con las accesorias.	Presidio menor de 4 años á 4 años y 8 meses, con las accesorias.
	Delito frustrado.	
Presidio mayor de 7 á 8 años, con las accesorias.	Presidio menor de 4 años á 4 años y 8 meses, con las accesorias.	Presidio correccional de 7 á 16 meses, con las accesorias.
	Tentativa.	
Presidio menor de 4 años á 4 años y 8 meses, con las accesorias.	Presidio correccional de 7 á 16 meses, con las accesorias.	Arresto mayor de 3 á 4 meses.

PENAS DE LOS AUTORES.	PENAS DE LOS COMPLICES.	PENAS DE LOS ENCUBRIDORES.

Si hay dos ó mas circunstancias.

Delito consumado.

Presidio mayor de 7 á 12 años, con las accesorias.	Presidio menor de 4 á 6 años, con las accesorias.	Presidio correccional de 7 á 36 meses.

Delito frustrado.

Presidio menor de 4 à 6 años, con las accesorias.	Presidio correccional de 7 á 36 meses, con las accesorias.	Arresto mayor de 1 á 6 meses.

Tentativa.

Presidio correccional de 7 á 36 meses, con las accesorias.	Arresto mayor de 1 á 6 meses.	Multa.

TERCER CASO.

CUÁNDO CONCURREN CIRCUNSTANCIAS AGRAVANTES.

Delito consumado.

Muerte, con las accesorias.	Cadena temporal por 20 años, con las accesorias.	Presidio mayor por 12 años, con las accesorias.

Delito frustrado.

Cadena temporal por 20 años, con las accesorias.	Presidio mayor de 10 á 12 años, con las accesorias.	Presidio menor de 5 años y 4 meses á 6 años, con las accesorias.

Tentativa.

Presidio mayor de 10 á 12 años, con las accesorias.	Presidio menor de 5 años y 4 meses á 6 años, con las accesorias.	Presidio correccional de 27 á 36 meses, con las accesorias.

SECCION SEGUNDA.

Delitos que comprometen la paz é independencia del Estado.

XI. Ejecutar un eclesiástico (13) en el reino bulas, breves, rescriptos ó despachos de la corte pontificia, darles curso ó publicarlos sin los requisitos que prescriben las leyes (art. 145).

PENAS DE LOS AUTORES.	PENAS DE LOS CÓMPLICES.	PENAS DE LOS ENCUBRIDORES.

PRIMER CASO.

CUANDO NO CONCURREN CIRCUNSTANCIAS ATENUANTES NI AGRAVANTES.

Delito consumado.

Extrañamiento temporal de 15 à 17 años, con las accesorias.	Confinamiento mayor de 9 à 10 años, con las accesorias.	Confinamiento menor de 4 años y 8 meses á 5 años y 4 meses, con las accesorias.

Delito frustrado.

Confinamiento mayor de 9 à 10 años, con las accesorias.	Confinamiento menor de 4 años y 8 meses á 5 años y 4 meses, con las accesorias.	Destierro de 17 á 26 meses, con las accesorias.

Tentativa.

Confinamiento menor de 4 años y 8 meses à 5 años y 4 meses, con las accesorias.	Destierro de 17 á 26 meses, con las accesorias.	Caucion de conducta.

SEGUNDO CASO.

CUANDO CONCURREN CIRCUNSTANCIAS ATENUANTES.

Si hay una sola circunstancia.

Delito consumado.

Extrañamiento temporal de 12 a 14 años, con las accesorias.	Confinamiento mayor de 7 à 8 años, con las accesorias.	Confinamiento menor de 4 años á 4 años y 8 meses, con las accesorias.

Delito frustrado.

Confinamiento mayor de 7 à 8 años, con las accesorias.	Confinamiento menor de 4 años à 4 años y 8 meses, con las accesorias.	Destierro de 7 á 16 meses, con las accesorias.

Tentativa.

Confinamiento menor de 4 años á 4 años y 8 meses, con las accesorias.	Destierro de 7 à 16 meses, con las accesorias.	Caucion de conducta.

PENAS DE LOS AUTORES.	PENAS DE LOS COMPLICES.	PENAS DE LOS ENCUBRIDORES.

Si hay dos ó mas circunstancias.

Delito consumado.

Confinamiento mayor de 7 à 12 años, con las accesorias.	Confinamiento menor de 4 à 6 años, con las accesorias.	Destierro de 7 à 36 meses, con las accesorias.

Delito frustrado.

Confinamiento menor de 4 à 6 años, con las accesorias.	Destierro de 7 à 36 meses, con las accesorias.	Caucion de conducta.

Tentativa.

Destierro de 7 á 36 meses, con las accesorias.	Caucion de conducta.	Multa.

TERCER CASO.

CUANDO CONCURREN CIRCUNSTANCIAS AGRAVANTES.

Delito consumado.

Extrañamiento temporal de 18 á 20 años, con las accesorias.	Confinamiento mayor de 10 á 12 años, con las accesorias.	Confinamiento menor de 5 años y 4 meses á 6 años, con las accesorias.

Delito frustrado.

Confinamiento mayor de 11 á 12 años, con las accesorias.	Confinamiento menor de 5 años y 4 meses á 6 años, con las accesorias.	Destierro de 27 á 36 meses, con las accesorias.

Tentativa.

Confinamiento menor de 5 años y 4 meses à 6 años, con las accesorias.	Destierro de 27 á 36 meses, con las accesorias.	Caucion de conducta.

XII. Ejecutar, introducir ó publicar en el reino cualquiera

órden, disposicion ó documento de un gobierno extranjero que ofenda la independencia ó seguridad del Estado (14) (art. 146).

PENAS DE LOS AUTORES.	PENAS DE LOS COMPLICES.	PENAS DE LOS ENCUBRIDORES.

PRIMER CASO.

CUANDO NO CONCURREN CIRCUNSTANCIAS AGRAVANTES NI ATENUANTES.

Delito consumado.

I. Prision menor de 4 años y 8 meses á 5 años y 4 meses, con las accesorias.	I. Prision correccional de 17 á 26 meses, con las accesorias.	I. Arresto mayor de 3 á 4 meses con las accesorias.
II. Multa de 50 á 500 duros.	II. Multa de 37 1[2 á 375 duros.	II. Multa de 25 á 250 duros.

Delito frustrado.

I. Prision correccional de 17 á 26 meses, con las accesorias.	I. Arresto mayor de 3 á 4 meses, con las accesorias.	Multa de 12 1[2 á 125 duros.
II. Multa de 37 1[2 á 375 duros.	II. Multa de 25 á 250 duros.	

Tentativa.

I. Arresto mayor de 3 á 4 meses, con las accesorias.	Multa de 12 1[2 á 125 duros.	Multa de 12 1[2 á 125 duros.
II. Multa de 25 á 250 duros.		

SEGUNDO CASO.

CUANDO CONCURREN CIRCUNSTANCIAS ATENUANTES.

Si hay una sola circunstancia.

Delito consumado.

I. Prision menor de 4 años á 4 años y 8 meses, con las accesorias.	I. Prision correccional de 7 á 16 meses, con las accesorias.	I. Arresto mayor de 1 á 2 meses, con las accesorias.
II. Multa de 50 á 500 duros.	II. Multa de 37 1[2 á 375 duros.	II. Multa de 25 á 250 duros.

PENAS DE LOS AUTORES.	PENAS DE LOS CÓMPLICES.	PENAS DE LOS ENCUBRIDORES.

Delito frustrado.

I. Prision correccional de 7 à 16 meses, con las accesorias.	I. Arresto mayor de 1 à 2 meses, con las accesorias.	Multa de 12 1[2 à 125 duros.
II. Multa de 37 1[2 à 375 duros.	II. Multa de 25 à 250 duros.	

Tentativa.

I. Arresto mayor de 1 à 2 meses, con las accesorias.	Multa de 12 1[2 à 125 duros.	Multa de 12 1[2 à 125 duros.
II. Multa de 25 à 250 duros.		

Si hay dós ó mas circunstancias.

Delito consumado.

I. Prision correccional de 7 à 36 meses, con las accesorias.	I. Arresto mayor de 1 à 6 meses, con las accesorias.	Multa de 12 1[2 à 125 duros.
II. Multa de 37 1[2 à 375 duros.	II. Multa de 25 à 250 duros.	

Delito frustrado.

I. Arresto mayor de 1 à 6 meses, con las accesorias.	Multa de 12 1[2 à 125 duros.	Multa de 12 1[2 à 125 duros.
II. Multa de 25 à 250 duros.		

Tentativa.

Multa de 12 1[2 à 125 duros.	Multa de 12 1[2 à 125 duros.	Multa de 12 1[2 à 125 duros.

TERCER CASO.

CUANDO CONCURREN CIRCUNSTANCIAS AGRAVANTES.

Delito consumado.

I. Prision menor de 5 años y 4 meses á 6 años, con las accesorias.	I. Prision correccional de 27 à 36 meses, con las accesorias.	I. Arresto mayor de 5 á 6 meses, con las accesorias.
II. Multa de 50 á 500 duros.	II. Multa de 37 1[2 á 375 duros.	II. Multa de 25 à 250 duros.

PENAS DE LOS AUTORES.	PENAS DE LOS COMPLICES.	PENAS DE LOS ENCUBRIDORES.

Delito frustrado.

I. Prision correccional de 27 á 36 meses, con las accesorias.	I. Arresto mayor de 5 á 6 meses, con las accesorias.	Multa de 12 1|2 a 125 duros.
II. Multa de 37 1|2 á 375 duros.	II. Multa de 25 á 250 duros.	

Tentativa.

I. Arresto mayor de 5 á 6 meses, con las accesorias.	Multa de 12 1|2 á 125 duros.	Multa de 12 1|2 á 125 duros.
II. Multa de 25 á 250 duros.		

XIII. Provocar ó dar motivo un empleado público con actos no autorizados competentemente á una declaracion de guerra contra España por parte de otra potencia, ó exponer á los españoles á experimentar vejaciones ó represalias en sus personas ó en sus bienes (15) (art. 148).

XIV. Violar tregua ó armisticio acordado entre la nacion española y otra enemiga, ó sea entre sus fuerzas beligerantes de mar ó tierra (art. 149).

PRIMER CASO.

CUANDO NO CONCURREN CIRCUNSTANCIAS AGRAVANTES NI ATENUANTES.

Delito consumado.

Reclusion temporal de 15 á 17 años, con las accesorias.	Prision mayor de 9 á 10 años, con las accesorias.	Prision menor de 4 años y 8 meses á 5 años y 4 meses, con las accesorias.

Delito frustrado.

Prision mayor de 9 á 10 años con las accesorias.	Prision menor de 4 años y 8 meses á 5 años y 4 meses, con las accesorias.	Prision correccional de 17 á 26 meses, con las accesorias.

Tentativa.

Prision mayor de 4 años y 8 meses á 5 años y 4 meses, con las accesorias.	Prision correccional de 17 á 26 meses, con las accesorias.	Arresto mayor de 3 á 4 meses, con las accesorias.

PENAS DE LOS AUTORES.	PENAS DE LOS COMPLICES.	PENAS DE LOS ENCUBRIDORES.

SEGUNDO CASO.

CUANDO CONCURREN CIRCUNSTANCIAS ATENUANTES.

Si hay una sola circunstancia.

Delito consumado.

Reclusion temporal de 12 á 14 años, con las accesorias.	Prision mayor de 7 á 8 años, con las accesorias.	Prision menor de 4 años á 4 años y 8 meses, con las accesorias.

Delito frustrado.

Prision mayor de 7 à 8 años, con las accesorias.	Prision menor de 4 años á 4 años y 8 meses, con las accesorias.	Prision correccional de 7 à 16 meses, con las accesorias.

Tentativa.

Prision menor de 4 años à 4 años y 8 meses, con las accesorias.	Prision correccional de 7 à 16 meses, con las accesorias.	Arresto mayor de 1 á 2 meses, con las accesorias.

Si hay dos ó mas circunstancias.

Delito consumado.

Prision mayor de 7 à 12 años, con las accesorias.	Prision menor de 4 à 6 años, con las accesorias.	Prision correccional de 7 à 36 meses, con las accesorias.

Delito frustrado.

Prision menor de 4 à 6 años, con las accesorias.	Prision correccional de 7 á 36 meses, con las accesorias.	Arresto mayor de 1 á 6 meses, con las accesorias.

Tentativa.

Prision correccional de 7 á 36 meses, con las accesorias.	Arresto mayor de 1 á 6 meses, con las accesorias.	Multa.

TERCER CASO.

CUANDO CONCURREN CIRCUNSTANCIAS AGRAVANTES.

Delito consumado.

Reclusion temporal de 18 á 20 años, con las accesorias.	Prision mayor de 11 á 12 años con las accesorias.	Prision menor de 5 años y 4 meses á 6 años.

PENAS DE LOS AUTORES.	PENAS DE LOS CÓMPLICES.	PENAS DE LOS ENCUBRIDORES.

Delito frustrado.

Prision mayor de 11 à 12 años, con las accesorias.	Prision menor de 5 años y 4 meses à 6 años, con las accesorias.	Prision correccional de 27 à 30 meses, con las accesorias.

Tentativa.

Prision menor de 5 años y 4 meses á 6 años, con las accesorias.	Prision correccional de 27 á 36 meses, con las accesorias.	Arresto mayor de 5 á 6 meses, con las accesorias.

XV. Comprometer la dignidad, la fé ó los intereses de la nacion española en el desempeño de un cargo público.

PRIMER CASO.

CUANDO NO CONCURREN CIRCUNSTANCIAS ATENUANTES NI AGRAVANTES.

Delito consumado.

I. Prision mayor de 9 á 10 años, con las accesorias.	I. Prision menor de 4 años y 8 meses á 5 años y 4 meses, con las accesorias.	I. Prision correccional de 17 á 26 meses, con las accesorias.
II. Inhabilitacion perpétua especial del cargo de que se abusa.	II. Inhabilitacion perpétua especial del cargo de que se abusa (16).	II. Inhabilitacion perpétua especial.

Delito frustrado.

I. Prision menor de 4 años y 8 meses à 6 años, con las accesorias.	I. Prision correccional de 17 à 26 meses, con las accesorias.	I. Arresto mayor de 3 á 4 meses, con las accesorias.
II. Inhabilitacion perpétua especial.	II. Inhabilitacion perpétua especial.	II. Inhabilitacion perpétua especial.

Tentativa.

I. Prision correccional de 17 á 26 meses, con las accesorias.	I. Arresto mayor de 3 á 4 meses, con las accesorias.	I. Multa.
II. Inhabilitacion perpétua especial.	II. Inhabilitacion perpétua especial.	II. Inhabilitacion perpétua especial.

PEÑAS DE LOS AUTORES.	PEÑAS DE LOS COMPLICES.	PEÑAS DE LOS ENCUBRIDORES.

SEGUNDO CASO.

CUANDO CONCURREN CIRCUNSTANCIAS ATENUANTES.

Si hay una sola circunstancia.

Delito consumado.

I. Prision mayor de 7 á 8 años, con las accesorias. II. Inhabilitacion perpétua especial.	I. Prision menor de 4 años a 4 años y 8 meses. II. Inhabilitacion perpétua especial.	I. Prision correccional de 7 á 16 meses, con las accesorias. II. Inhabilitacion perpétua especial.

Delito frustrado.

I. Prision menor de 4 años á 4 años y 8 meses, con las accesorias. II. Inhabilitacion perpétua especial.	I. Prision correccional de 7 á 16 meses, con las accesorias. II. Inhabilitacion perpétua especial.	I. Arresto mayor de 1 á 2 meses, con las accesorias. II. Inhabilitacion perpétua absoluta.

Tentativa.

I. Prision correccional de 7 á 16 meses, con las accesorias. II. Inhabilitacion perpétua especial.	I. Arresto mayor de 1 á 2 meses, con las accesorias. II. Inhabilitacion perpétua especial.	I. Multa. II. Inhabilitacion perpétua especial.

Si hay dos ó mas circunstancias.

Delito consumado.

I. Prision menor de 4 á 6 años, con las accesorias. II. Inhabilitacion perpétua especial.	I. Prision correccional de 7 á 36 meses, con las accesorias. II. Inhabilitacion perpétua especial.	I. Arresto mayor de 1 á 6 meses, con las accesorias. II. Inhabilitacion perpétua especial.

Delito frustrado.

I. Prision correccional de 7 á 36 meses, con las accesorias. II. Inhabilitacion perpétua especial.	I. Arresto mayor de 1 á 6 meses, con las accesorias. II. Inhabilitacion perpétua especial.	I. Multa. II. Inhabilitacion perpétua especial.

PENAS DE LOS AUTORES.	PENAS DE LOS COMPLICES.	PENAS DE LOS ENCUBRIDORES.

Tentativa.

I. Arresto mayor de 1 á 6 meses con las accesorias.	I. Multa.	I. Multa.
II. Inhabilitacion perpétua especial.	II. Inhabilitacion perpétua especial.	II. Inhabilitacion perpétua especial.

TERCER CASO.

CUANDO CONCURREN CIRCUNSTANCIAS AGRAVANTES.

Delito consumado.

I. Prision mayor de 11 á 12 años, con las accesorias.	I. Prision correccional de 5 años y 4 meses á 6 años, con las accesorias.	I. Prision correccional de 27 a 36 meses, con las accesorias.
II. Inhabilitacion perpétua especial.	II. Inhabilitacion perpétua especial.	II. Inhabilitacion perpétua especial.

Delito frustrado.

I. Prision menor de 5 años y 4 meses, á 6 años, con las accesorias.	I. Prision correccional de 27 á 36 meses, con las accesorias.	I. Arresto mayor de 3 á scis meses, con las accesorias.
II. Inhabilitacion perpétua especial.	II. Inhabilitacion perpétua especial.	II. Inhabilitacion perpétua especial.

Tentativa.

I. Prision correccional de 27 á 36 meses, con las accesorias.	I. Arresto mayor de 5 á 6 meses, con las accesorias.	I. Multa.
II. Inhabilitacion perpétua especial.	II. Inhabilitacion perpétua especial.	II. Inhabilitacion perpétua especial.

XVI. Levantar tropas en el reino sin autorizacion legítima para el servicio de una potencia extranjera, ó destinar buques al corso cualquiera que sea su objeto ó la nacion á quien se intente hostilizar (art. 151).

PENAS DE LOS AUTÓRES.	PENAS DE LOS CÓMPLICES.	PENAS DE LOS ENCUBRIDORES.

PRIMER CASO.

CUANDO NO CONCURREN CIRCUNSTANCIAS ATENUANTES NI AGRAVANTES.

Delito consumado.

I. Prision mayor de 9 á 10 años, con las accesorias.	I. Prision menor de 4 años y 8 meses a 5 años y 4 meses, con las accesorias.	I. Prision correccional de 17 á 26 meses, con las accesorias.
II. Multa de 500 á 5000 duros.	II. Multa de 375 á 3750 duros.	II. Multa de 250 à 2500 duros.

Delito frustrado.

I. Prision menor de 4 años y 8 meses á 5 años y 4 meses, con las accesorias.	I. Prision correccional de 17 á 26 meses, con las accesorias.	I. Arresto mayor de 3 á 4 meses, con las accesorias.
II. Multa de 375 á 3750 duros.	II. Multa de 250 à 2500 duros.	II. Multa de 125 à 1250 duros.

Tentativa.

I. Prision correccional de 17 á 26 meses, con las accesorias.	I. Arresto mayor de 3 á 4 meses, con las accesorias.	I. Multa de 125 á 1250 duros.
II. Multa de 250 á 2500 duros.	II. Multa de 125 á 1250 duros.	

SEGUNDO CASO.

CUANDO CONCURREN CIRCUNSTANCIAS ATENUANTES.

Si hay una sola circunstancia.

Delito consumado.

I. Prision mayor de 7 à 8 años, con las accesorias.	I. Prision menor de 4 años á 4 años y 8 meses, con las accesorias.	I. Prision correccional de 7 à 16 meses, con las accesorias.
II. Multa de 500 á 5000 duros.	II. Multa de 375 à 3750 duros.	II. Multa de 250 á 2500 duros.

Delito frustrado.

I. Prision menor de 4 años á 4 años y ocho meses, con las accesorias.	I. Prision correccional de 7 à 16 meses, con las accesorias.	I. Arresto mayor de 1 á 2 meses, con las accesorias.

PENAS DE LOS AUTORES.	PENAS DE LOS COMPLICES.	PENAS DE LOS ENCUBRIDORES.
II. Multa de 375 à 3750 duros.	II. Multa de 250 á 2500 duros.	II. Multa de 125 à 1250 duros.

Tentativa.

I. Prision correccional de 7 á 16 meses, con las accesorias.	I. Arresto mayor de 1 à 2 meses, con las accesorias.	I. Multa de 125 à 1250 duros.
II. Multa de 250 á 2500 duros.	II. Multa de 125 à 1250 duros.	

Si hay dos ó mas circunstancias.

Delito consumado.

I. Prision menor de 4 à 6 años, con las accesorias.	I. Prision correccional de 7 á 36 meses, con las accesorias.	I. Arresto mayor de 1 à 6 meses, con las accesorias.
II Multa de 375 à 3750 duros.	II. Multa de 250 à 2500 duros.	II. Multa de 125 á 1250 duros.

Delito frustrado.

I. Prision correccional de 7 à 36 meses, con las accesorias.	I. Arresto mayor de 1 à 6 meses, con las accesorias.	I. Multa de 125 á 1250 duros.
II. Multa de 250 à 2500 duros.	II. Multa de 125 à 1250 duros.	

Tentativa.

I. Arresto mayor de 1 à 6 meses con las accesorias.	Multa de 125 à 1250 duros.	Multa de 125 á 1250 duros.
II. Multa de 125 à 1250 duros.		

TERCER CASO.

CUANDO CONCURREN CIRCUNSTANCIAS AGRAVANTES.

Delito consumado.

I. Prision mayor de 11 à 12 años, con las accesorias.	I. Prision menor de 5 años y 4 meses á 6 años.	I. Prision correccional de 27 à 36 meses, con las accesorias.
II. Multa de 500 à 5000 duros.	II. Multa de 375 à 3750 duros.	II. Multa de 250 a 2500 duros.

Delito frustrado.

I. Prision menor de 5 años y 4 meses à 6 años, con las accesorias.	I. Prision correccional de 27 á 36 meses, con las accesorias.	I. Arresto mayor de 5 à 6 meses, con las accesorias.

PENAS DE LOS AUTORES.	PENAS DE LOS CÓMPLICES.	PENAS DE LOS ENCUBRIDORES.
H. Multa de 975 á 3750 duros.	II. Multa de 260 á 2500 duros.	II. Multa de 125 á 1250 duros.

Tentativa.

I. Prision correccional de 27 á 35 meses, con las accesorias.	I. Arresto mayor de 5 á 6 meses, con las accesorias.	Multa de 125 á 1250 duros.
II. Multa de 250 á 2500 duros.	II. Multa de 125 á 1250 duros.	

XVII. Tener correspondencia en tiempo de guerra con país enemigo ú ocupado por sus tropas (art. 152).

1.° Si la correspondencia se sigue en cifras ó signos convencionales.

PRIMER CASO.

CUANDO NO CONCURREN CIRCUNSTANCIAS ATENUANTES NI AGRAVANTES.

Delito consumado.

Prision mayor de 9 á 10 años, con las accesorias.	Prision menor de 4 años y 8 meses á 5 años y 4 meses, con las accesorias.	Prision correccional de 17 á 26 meses, con las accesorias.

Delito frustrado.

Prision menor de 4 años y 8 meses á 5 años y 4 meses, con las accesorias.	Prision correccional de 17 á 26 meses, con las accesorias.	Arresto mayor de 3 á 4 meses, con las accesorias.

Tentativa.

Prision correccional de 17 á 26 meses, con las accesorias.	Arresto mayor de 3 á 4 meses, con las accesorias.	Multa.

SEGUNDO CASO.

CUANDO CONCURREN CIRCUNSTANCIAS ATENUANTES.

Si hay una sola circunstancia.

Delito consumado.

Prision mayor de 7 á 8 años, con las accesorias.	Prision menor de 4 años á 4 años y 8 meses, con las accesorias.	Prision correccional de 7 á 16 meses, con las accesorias.

PENAS EN LOS AUTORES.	PENAS DE LOS CÓMPLICES.	PENAS DE LOS ENCUBRIDORES.

Delito frustrado.

Prision menor de 4 años á 4 años y 8 meses, con las accesorias.	Prision correccional de 7 á 16 meses, con las accesorias.	Arresto mayor de 1 á 2 meses, con las accesorias.

Tentativa.

Prision correccional de 7 á 16 meses, con las accesorias.	Arresto mayor de 1 á 2 meses, con las accesorias.	Multa.

Si concurren dos ó mas circunstancias.

Delito consumado.

Prision menor de 4 á 6 años, con las accesorias.	Prision correccional de 7 á 36 meses, con las accesorias.	Arresto mayor de 1 á 6 meses, con las accesorias.

Delito frustrado.

Prision correccional de 7 á 36 meses, con las accesorias.	Arresto mayor de 1 á 6 meses, con las accesorias.	Multa.

Tentativa.

Arresto mayor de 1 á 6 meses, con las accesorias.	Multa.	Multa.

TERCER CASO.

CUANDO CONCURREN CIRCUNSTANCIAS AGRAVANTES.

Delito consumado.

Prision mayor de 11 á 12 años, con las accesorias.	Prision menor de 5 años y 4 meses á 6 años, con las accesorias.	Prision correccional de 27 á 36 meses, con las accesorias.

Delito frustrado.

Prision menor de 5 años y 4 meses, á 6 años con las accesorias.	Prision correccional de 27 á 36 meses, con las accesorias.	Arresto mayor de 5 á 6 meses, con las accesorias.

Tentativa.

Prision correccional de 27 á 36 meses, con las accesorias.	Arresto mayor de 5 á 6 meses, con las accesorias.	Multa.

PENAS DE LOS AUTORES.	PENAS DE LOS COMPLICES.	PENAS DE LOS ENCUBRIDORES.

2.º   Si se sigue la correspondencia en la forma comun, y el gobierno la hubiere prohibido.

PRIMER CASO.

CUANDO NO HAY CIRCUNSTANCIAS ATENUANTES NI AGRAVANTES.

Delito consumado.

Prision correccional de 17 à 26 meses, con las accesorias.	Arresto mayor de 3 á 4 meses, con las accesorias.	Multa.

Delito frustrado.

Arresto mayor de 3 à 4 meses, con las accesorias.	Multa.	Multa.

Tentativa.

Multa.	Multa.	Multa.

SEGUNDO CASO.

CUANDO CONCURREN CIRCUNSTANCIAS ATENUANTES.

Si hay una sola circunstancia.

Delito consumado.

Prision correccional de 7 á 16 meses, con las accesorias.	Arresto mayor de 1 à 2 meses, con las accesorias.	Multa.

Delito frustrado.

Arresto mayor de 1 à 2 meses, con las accesorias.	Multa.	Multa.

Tentativa.

Multa.	Multa.	Multa.

Si hay dos ó mas circunstancias.

Delito consumado.

Arresto mayor de 1 à 6 meses, con las accerias.	Multa.	Multa

PENAS DE LOS AUTORES.	PENAS DE LOS CÓMPLICES.	PENAS DE LOS ENCUBRIDORES.

Delito frustrado.

Multa.	Multa.	Multa.

Tentativa.

Multa.	Multa.	Multa.

TERCER CASO.

CUANDO CONCURREN CIRCUNSTANCIAS AGRAVANTES.

Delito consumado.

Prision correccional de 27 á 36 meses, con las accesorias.	Arresto mayor de 5 á 6 meses, con las accesorias.	Multa.

Delito frustrado.

Arresto mayor de 5 á 6 meses, con las accesorias.	Multa.	Multa.

Tentativa.

Multa.	Multa.	Multa.

3.º Si en la correspondencia se dan avisos ó noticias de que pueda aprovecharse el enemigo cualquiera que sea la forma de dicha correspondencia, y aunque no hubiere precedido prohibicion del gobierno (17).

PRIMER CASO.

CUANDO NO HAY CIRCUNSTANCIAS AGRAVANTES NI ATENUANTES.

Delito consumado.

Reclusion temporal de 15 á 17 años, con las accesorias.	Prision mayor de 9 á 10 años, con las accesorias.	Prision menor de 4 años y 8 meses á 5 años y 4 meses, con las accesorias.

Delito frustrado.

Prision mayor de 9 á 10 años, con las accesorias.	Prision menor de 4 años y 8 meses á 5 años y 4 meses, con las accesorias.	Prision correccional de 17 á 26 meses, con las accesorias.

PENAS DE LOS AUTORES.	PENAS DE LOS CÓMPLICES.	PENAS DE LOS ENCUBRIDORES.

Tentativa.

Prision menor de 4 años y 8 meses á 5 años y 4 meses, con las accesorias.	Prision correccional de 27 á 36 meses, con las accesorias.	Arresto mayor de 3,44 meses, con las accesorias.

SEGUNDO CASO.

CUANDO CONCURREN CIRCUNSTANCIAS ATENUANTES.

Si hay una sola circunstancia.

Delito consumado.

Reclusion temporal de 12 á 14 años, con las accesorias.	Prision mayor de 7 á 8 años, con las accesorias.	Prision menor de 4 años á 4 años y 8 meses, con las accesorias.

Delito frustrado.

Prision mayor de 7 á 8 años, con las accesorias.	Prision menor de 4 años á 4 años y 8 meses, con las accesorias.	Prision correccional de 7 á 16 meses, con las accesorias.

Tentativa.

Prision menor de 4 años á 4 años y 8 meses, con las accesorias.	Prision correccional de 7 a 16 meses, con las accesorias.	Arresto mayor de 1 á 2 meses, con las accesorias.

Delito consumado.

Si hay dos ó mas circunstancias.

Prision mayor de 7 á 12 años, con las accesorias.	Prision menor de 4 á 6 años, con las accesorias.	Prision correccional de 7 á 36 meses, con las accesorias.

Delito frustrado.

Prision menor de 4 á 6 años, con las accesorias.	Prision correccional de 7 á 36 meses, con las accesorias.	Arresto mayor de 1 á 6 meses, con las accesorias.

Tentativa.

Prision correccional de 7 á 36 meses, con las accesorias.	Arresto mayor de 1 á 6 meses, con las accesorias.	Multa.

PENAS DE LOS AUTORES.	PENAS DE LOS COMPLICES.	PENAS DE LOS ENCUBRIDORES.

TERCER CASO.

CUANDO CONCURRAN CIRCUNSTANCIAS AGRAVANTES.

Delito consumado.

Reclusion temporal de 18 a 20 años, con las accesorias.	Prision mayor de 11 á 12 años, con las accesorias.	Prision menor de 5 años y 4 meses á 6 años, con las accesorias.

Delito frustrado.

Prision mayor de 11 á 12 años, con las accesorias.	Prision menor de 5 años y 4 meses á 6 años, con las accesorias.	Prision correccional de 27 á 36 meses, con las accesorias.

Tentativa.

Prision menor de 5 años y 4 meses á 6 años, con las accesorias.	Prision correccional de 27 á 36 meses, con las accesorias.	Arresto mayor de 5 á 6 meses, con las accesorias.

XVIII. Tentativa de un español para pasar á pais enemigo cuando lo hubiere prohibido el gobierno (art. 153).

PRIMER CASO.

CUANDO NO CONCURREN CIRCUNSTANCIAS ATENUANTES NI AGRAVANTES.

. Prision correccional de 17 á 26 meses, con las accesorias. II. Multa de 30 á 300 duros.	Arresto mayor de 3 á 4 meses, con las accesorias. II. Multa de 22 y medio á 225 duros.	Multa de 15 à 150 duros.

SEGUNDO CASO.

CUANDO CONCURREN CIRCUNSTANCIAS ATENUANTES.

Si hay una sola circunstancia.

I. Prision correccional de 7 à 16 meses, con las accesorias. II. Multa de 30 à 300 duros.	I. Arresto mayor de 1 á 2 meses, con las accesorias. II. Multa de 22 y medio á 225 duros.	Multa de 15 à 150 duros.

Si hay dos ó mas circunstancias.

I. Arresto mayor de 1 à 6 meses. II. Multa de 22 y medio á 225 duros.	Multa de 15 à 150 duros.	Multa de 7 y medio á 74 duros.

PENAS DE LOS AUTORES.	PENAS DE LOS COMPLICES.	PENAS DE LOS ENCUBRIDORES.

TERCER CASO.

CUANDO CONCURREN CIRCUNSTANCIAS AGRAVANTES.

I. Prision correccional de 27 á 36 meses, con las accesorias.	I. Arresto mayor de 5 á 6 meses.	Multa de 15 á 150 duros.
II. Multa de 30 à 300 duros	II. Multa de 22 y medio á 225 duros.	

Delitos contra el derecho de gentes.

XIX. Matar á un monarca extranjero residente en España (art. 154).

PRIMER CASO.

CUANDO NO CONCURREN CIRCUNSTANCIAS ATENUANTES NI AGRAVANTES (18).

Delito consumado.

Muerte, con las accesorias.	Cadena perpétua, con las accesorias.	Cadena temporal de 15 á 17 años, con las accesorias.

Delito frustrado.

Cadena pérpétua, con las accesorias.	Cadena temporal de 15 à 17 años, con las accesorias.	Presidio mayor de 9 á 10 años, con las accesorias.

Tentativa.

Cadena temporal de 15 á 17 años, con las accesorias.	Presidio mayor de 9 á 10 años, con las accesorias.	Presidio menor de 4 años y 8 meses á 5 años y 4 meses, con las accesorias.

SEGUNDO CASO.

CUANDO CONCURREN CIRCUNSTANCIAS ATENUANTES.

Si hay una sola circunstancia.

Delito consumado.

Muerte, con las accesorias.	Cadena perpétua, con las accesorias.	Cadena temporal de 12 á 14 años, con las accesorias.

PENAS DE LOS AUTORES.	PENAS DE LOS COMPLICES.	PENAS DE LOS ENCUBRIDORES.

Delito frustrado.

Cadena perpétua, con las accesorias.	Cadena temporal de 12 á 14 años, con las accesorias.	Presidio mayor de 7 á 8 años, con las accesorias.

Tentativa.

Cadena temporal de 12 á 14 años, con las accesorias.	Presidio mayor de 7 á 8 años, con las accesorias.	Presidio menor de 4 años á 4 años y 8 meses, con las accesorias.

Si hay dos ó mas circunstancias.

Delito consumado.

Muerte, con las accesorias.	Cadena perpétua, con las accesorias.	Presidio mayor de 7 á 12 años, con las accesorias.

Delito frustrado.

Cadena perpétua, con las accesorias.	Presidio mayor de 7 á 12 años, con las accesorias.	Presidio menor de 4 á 6 años, con las accesorias.

Tentativa.

Presidio mayor de 7 á 12 años, con las accesorias.	Presidio menor de 4 á 6 años, con las accesorias.	Presidio correccional de 7 á 36 meses, con las accesorias.

TERCER CASO.

CUANDO CONCURREN CIRCUNSTANCIAS AGRAVANTES.

Delito consumado.

Muerte, con las accesorias.	Cadena perpétua, con las accesorias.	Cadena temporal de 12 á 20 años, con las accesorias.

Delito frustrado.

Cadena perpétua, con las accesorias.	Cadena temporal de 18 á 20 años, con las accesorias.	Presidio mayor de 11 á 12 años, con las accesorias.

PENAS DE LOS AUTORES.	PENAS DE LOS CÓMPLICES.	PENAS DE LOS ENCUBRIDORES.

Tentativa.

Cadena temporal de 18 á 28 años, con las accesorias.	Presidio mayor de 11 á 12 años, con las accesorias (19).	Presidio menor de 5 años y 4 meses á 6 años, con las accesorias.

XX. Violar la inmunidad personal ó el domicilio de una persona real residente en España ó de un representante de otra potencia (art. 155).

PRIMER CASO.

CUANDO NO CONCURREN CIRCUNSTANCIAS ATENUANTES NI AGRAVANTES.

Delito consumado.

Prision correccional de 17 á 26 meses, con las accesorias.	Arresto mayor de 3 á 4 meses, con las accesorias.	Multa.

Delito frustrado.

Arresto mayor de 3 á 4 meses, con las accesorias.	Multa.	Multa.

Tentativa.

Multa.	Multa.	Multa.

SEGUNDO CASO.

CUANDO CONCURREN CIRCUNSTANCIAS ATENUANTES.

Si hay una sola circunstancia.

Delito consumado.

Prision correccional de 7 á 16 meses, con las accesorias.	Arresto mayor de 1 á 2 meses, con las accesorias.	Multa.

Delito frustrado.

Arresto mayor de 1 á 2 meses, con las accesorias	Multa.	Multa.

PENAS DE LOS ACTORES.	PENAS DE LOS CÓMPLICES.	PENAS DE LOS ENCUBRIDORES.

Tentativa.

| Multa. | Multa. | Multa. |

Si hay dos ó mas circunstancias.

Delito consumado.

| Arresto mayor de 1 à 6 meses, con las accesorias. | Multa. | Multa. |

Delito frustrado.

| Multa. | Multa. | Multa. |

Tentativa.

| Multa. | Multa. | Multa. |

TERCER CASO.

CUANDO CONCURREN CIRCUNSTANCIAS AGRAVANTES.

Delito consumado.

| Prision correccional de 27 à 36 meses, con las accesorias. | Arresto mayor de 5 à 6 meses, con las accesorias. | Multa. |

Delito frustrado.

| Arresto mayor de 5 à 6 meses, con las accesorias. | Multa. | Multa. |

Tentativa.

| Multa. | Multa. | Multa. |

XXI. La piratería ejercida contra españoles ó súbditos de otra nacion que no se halle en guerra con España (art. 156).

PENAS DE LOS AUTORES.	PENAS DE LOS COMPLICES.	PENAS DE LOS ENCUBRIDORES.

PRIMER CASO.

CUANDO NO CONCURREN CIRCUNSTANCIAS ATENUANTES NI AGRAVANTES.

Delito consumado.

Cadena perpétua, con las accesorias.	Cadena temporal por 20 años, con las accesorias.	Presidio mayor por 12 años, con las accesorias.

Delito frustrado.

Cadena temporal por 20 años, con las accesorias.	Presidio mayor por 12 años, con las accesorias.	Presidio menor de 4 años y 8 meses à 5 años y 4 meses, con las accesorias.

Tentativa.

Presidio mayor por 12 años, con las accesorias.	Presidio menor de 4 años y 8 meses à 5 años y 4 meses, con las accesorias.	Presidio correccional de 17 à 26 meses, con las accesorias.

SEGUNDO CASO.

CUANDO CONCURREN CIRCUNSTANCIAS ATENUANTES.

Si hay una sola circunstancia.

Delito consumado.

Cadena temporal por 20 años, con las accesorias.	Presidio mayor por 12 años, con las accesorias.	Presidio menor de 4 años à 4 años y 8 meses, con las accesorias.

Delito frustrado.

Presidio mayor por 12 años, con las accesorias.	Presidio menor de 4 años à 4 años y 8 meses, con las accesorias.	Presidio correccional de 27 à 36 meses, con las accesorias.

Tentativa.

Presidio menor de 5 años y 4 meses à 6 años, con las accesorias.	Presidio correccional de 27 à 36 meses, con las accesorias.	Arresto mayor de 5 à 6 meses.

PENAS DE LOS AUTORES.	PENAS DE LOS COMPLICES.	PENAS DE LOS ENCUBRIDORES.

Si hay dos ó mas circunstancias.

Delito consumado.

Presidio mayor de 7 à 12 años, con las accesorias.	Presidio menor de 4 á 6 años, con las accesorias.	Presidio correccional de 7 á 36 meses, con las accesorias.

Delito frustrado.

Presidio menor de 4 à 6 años, con las accesorias.	Presidio correccional de 7 á 26 meses, con las accesorias.	Arresto mayor de 1 á 6 meses, con las accesorias.

Tentativa.

Presidio correccional de 7 á 26 meses, con las accesorias.	Arresto mayor de 1 á 6 meses, con las accesorias.	Multa.

TERCER CASO.

CUANDO CONCURREN CIRCUNSTANCIAS AGRAVANTES.

Delito consumado.

Muerte, con las accesorias.	Cadena temporal por 20 años, con las accesorias (20).	Presidio mayor por 12 años, con las accesorias.

Delito frustrado.

Cadena temporal por 20 años, con las accesorias.	Presidio mayor por 12 años, con las accesorias.	Presidio menor por 6 años, con las accesorias

Tentativa.

Presidio mayor por 12 años, con las accesorias.	Presidio menor por 6 años, con las accesorias.	Presidio correccional por 36 meses, con las accesorias.

XXII. Ejercer la piratería con alguna de las circunstancias siguientes: 1.º Haber apresado alguna embarcacion al abordaje haciéndola fuego: 2.º Ir acompañado el delito de homicidio, mutilacion corporal ejecutada de propósito, violacion de mujer ó abuso deshonesto de persona del otro sexo: 3.º Haber dejado algunas personas sin medios para salvarse: 4.º Mandar como capitan ó patron el buque pirata.

PENAS DE LOS AUTORES.	PENAS DE LOS COMPLICES.	PENAS DE LOS ENCUBRIDORES.

PRIMER CASO.

CUANDO NO CONCURREN CIRCUNSTANCIAS ATENUANTES NI AGRAVANTES.

Delito consumado.

Muerte, con las accesorias	Cadena temporal de 18 à 20 años, con las accesorias.	Presidio mayor de 11 à 12 años.

Delito frustrado.

Cadena temporal de 18 à 20 años, con las accesorias.	Presidio mayor de 11 à 12 años, con las accesorias.	Presidio menor de 4 años y 8 meses à 5 años y 4 meses.

Tentativa.

Presidio mayor de 11 à 12 años, con las accesorias	Presidio menor de 4 años y 8 meses à 5 años y 4 meses, con las accesorias.	Presidio correccional de 17 à 26 meses.

SEGUNDO CASO.

CUANDO CONCURREN CIRCUNSTANCIAS ATENUANTES.

Si hay una sola circunstancia.

Delito consumado.

Cadena perpétua, con las accesorias.	Cadena temporal de 15 à 17 años, con las accesorias.	Presidio mayor de 9 à 10 años, con las accesorias.

Delito frustrado.

Cadena temporal de 15 à 17 años, con las accesorias.	Presidio mayor de 9 à 10 años, con las accesorias	Presidio menor de 4 años à 4 años y 8 meses, con las accesorias.

Tentativa.

Presidio mayor de 9 à 10 años, con las accesorias.	Presidio menor de 4 años à 4 años y 6 meses, con las accesorias.	Presidio correccional de 7 à 16 meses, con las accesorias.

Si hay dos ó mas circunstancias.

(Las mismas penas que cuando hay una sola circunstancia atenuante, porque dice el art. 70, que cuando la ley señala una pena compuesta de dos indivisibles se impondrá la mayor, á no ser que concurra alguna circunstancia atenuante, y el bajar en un grado las penas señaladas cuando hay dos ó mas circunstancias atenuantes , solo tiene lugar en el caso en que la pena señalada por la ley se componga de tres divisibles) (21).

PENAS DE LOS AUTORES.	PENAS DE LOS CÓMPLICES.	PENAS DE LOS ENCUBRIDORES.

TERCER CASO.

CUANDO CONCURREN CIRCUNSTANCIAS AGRAVANTES.

Delito consumado.

Muerto , con las accesorias.	Cadena perpétua, con las accesorias.	Cadena temporal de 12 á 14 años, con las accesorias.

Delito frustrado.

Cadena perpétua , con las accesorias.	Cadena temporal de 12 á 14 años, con las accesorias.	Presidio mayor de 11 á 12 años , con las accesorias.

Tentativa.

Cadena temporal de 12 á 14 , años, con las accesorias.	Presidio mayor de 11 á 12 años, con las accesorias.	Presidio menor de 5 años y 4 meses á 6 años, con las accesorias.

NOTAS

DEL CAPITULO ANTERIOR.

La pena de muerte debe ejecutarse en garrote sobre un ta-
blado. La ejecucion ha de verificarse de dia y con publicidad,
en el lugar generalmente destinado para este efecto, ó en el que
el tribunal determine cuando haya causas especiales para ello.
No debe ejecutarse esta pena en dias de fiesta religiosa ó nacional (art. 89).

El sentenciado á la pena de muerte es conducido al patíbulo
con opa negra, en caballería ó carro: el pregonero vá publicando al mismo tiempo en alta voz la sentencia en los parajes de
tránsito que el juez señala (art. 90).

Concluida la ejecucion, queda expuesto al público el cadáver
del ejecutado hasta una hora antes de oscurecer, en la que se le
dá sepultura, entregándolo para este efecto á sus parientes ó
amigos si lo solicitan. El entierro no puede hacerse con pompa
(art. 92).

Si la sentenciada á muerte fuere una mujer en cinta, no se
debe ejecutar la pena ni notificar la sentencia, hasta que hayan pasado 40 dias despues del alumbramiento.

2.

La pena de cadena perpétua se sufre en cualquiera de los
puntos destinados á este objeto, en Africa, Cánarias ó Ultramar,

(art. 94). Los sentenciados á esta pena deben trabajar en beneficio del Estado, llevando siempre una cadena al pie, pendiente de la cintura ó asida á la de otro penado, y deben emplearse en trabajos duros y penosos, sin recibir auxilio alguno de fuera del establecimiento. Sin embargo, cuando el tribunal, consultando la salud, estado ú otras circunstancias personales del delincuente, creyere que este debe sufrir su pena en trabajos interiores del establecimiento, lo debe expresar así en la sentencia (art. 96). Los condenados á esta pena no pueden ser destinados á obras de particulares ni á las públicas que se ejecuten por empresas, ó contratas con el gobierno (art. 97). Tambien se modifica la ejecucion de esta pena por razon de la edad del sentenciado; así es, que si este tiene 50 años antes de la sentencia, sufre su condena en una casa de presidio mayor, y si los cumple estando ya sentenciado, se le traslada á dicha casa donde permanece todo el tiempo de la condena (art. 98). En el mismo lugar deben sufrir sus condenas las mujeres que fueren sentenciadas á cadena perpétua temporal (art. 99).

3.

El sentenciado á la pena de argolla, debe preceder al reo ó reos de pena capital, conducido en caballería y suficientemente asegurado. Al llegar al lugar del suplicio, se le coloca en un asiento sobre el cadalso en el cual permanece mientras dura la ejecucion, asido á un madero por una argolla que se le pone al cuello (art. 113).

Esta pena se ejecuta de la manera siguiente: un alguacil en audiencia pública del tribunal despoja al reo del uniforme, traje oficial, insignias y condecoraciones que tuviere. El presidente ordena la ceremonia con esta fórmula. «Despojad á (el nombre del reo) de sus insignias y condecoraciones, de cuyo uso la ley le declara indigno: la ley le degrada por haberse él degradado á sí mismo.»

5.

Consiste esta pena en privar al sentenciado á ella mientras la está sufriendo, del derecho de patria potestad, de la autoridad marital, de la administracion de sus bienes, y del derecho de disponer de ellos por actos entre-vivos.—Exceptúanse los casos en que la ley limita determinadamente sus efectos.

6.

Esta pena se cumple en la misma forma que la cadena perpétua de que hablamos en la nota 2, con la diferencia de ser temporales todos los padecimientos que ocasiona al sentenciado.

7.

Como la ley impone al autor y al cómplice de este delito una sola pena indivisible, no se modifica por las circunstancias atenuantes ni agravantes, con arreglo al art. 70 del código. La única pena variable en este caso, es la del encubridor, por ser divisible.

Tambien se advertirá que en este caso no señalamos pena alguna al autor del delito consumado, ni al del delito frustrado. La razon es, que la ley castiga especialmente la tentativa, porque cuando el delito llega á consumarse, esto es, cuando se destruye la independencia é integridad del Estado, la accion criminal se convierte á los ojos del nuevo gobierno, en hecho meritorio. Y si por acaso rarísimo hubiera que castigar al autor de un delito consumado de esta clase, es claro que no podria serlo con otras penas que las señaladas para la tentativa, puesto que son las mas graves que conocemos.

Otro tanto decimos del caso en que se frustrare este delito. Si el autor de la tentativa merece pena de muerte, no la merece menos el autor del delito frustrado, y por lo tanto, en todo caso el del hecho criminal en cuestion, debe ser castigado con la pena de muerte.

Hay que tener en cuenta varias escepciones importantes de

las reglas anteriores. Cuando se cometiere este delito ó cualquier otro de su especie sin culpa ni intencion de causarlo pero no en ocasión de ejecutar un acto lícito, ó ejecutándolo sin la debida diligencia, debe castigarse como imprudencia temeraria, esto es, prescindiendo de la pena única é indivisible que impone la ley, y castigando al culpable con la prision correccional en cualquiera de sus grados (arts. 71 y 469).

Cuando el autor de este delito ó de cualquiera otro á que la ley señale tambien una pena, única é indivisible, fuere menor de quince años y el tribunal declara que ha obrado con discernimiento, debe imponérsele una pena discrecional, inferior por lo menos en dos grados á la señalada por la ley. Si fuere mayor de 15 años, y menor de 18, se le aplica en el grado correspondiente la pena inmediatamente inferior. De modo que al primero se le impendria en el caso presente la cadena temporal, y al segundo la cadena perpétua.

Sabido es que cuando no concurren todas las circunstancias, y sí algunas de las que exige la ley para que un hecho criminal de suyo sea excusable, se considera como delito con circunstancias atenuantes. Pues bien, cuando esto sucede en el delito á que nos referimos, siempre que concurre el mayor número de circunstancias de exencion, se aplica al culpable la pena inmediatamente inferior á la señalada con la ley, esto es, la de cadena perpétua: todo sin perjuicio de lo dicho para el caso en que debe considerarse el delito como imprudencia temeraria (arts. 72 y 73).

8.

La tentativa de los delitos expresados en este número IV, debe castigarse con la misma pena que el delito consumado. Por lo tanto, cuando digamos las penas que merecen los reos de tentativa, deben excluirse la de los mencionados delitos.

9.

La conspiracion y proposicion para cometer un delito no son punibles sino cuando la ley los castiga especialmente. Esto sucede respecto á todos los delitos comprendidos en los números

desde el I al IX de este capítulo, cuya conspiracion se castiga
con la pena de presidio mayor en cualquiera de sus grados, segun las circunstancias. La proposicion para cometer los mismos
delitos, se castiga con la pena de presidio correccional, tambien
en cualquiera de sus grados, segun los casos. Pero se libra de
toda pena el que desiste de la conspiracion ó proposicion, dando parte, y revelando las circunstancias á la autoridad pública, antes que comience el procedimiento (arts. 4 y 143).

10.

Respecto al delito expresado en este último número; hay que
tener en cuenta, que si los documentos ó noticias de las negociaciones las hubiere adquirido el reo por otros medios que el
abuso de su oficio, ú otro reprobado, debe castigarse con la pena de presidio menor, á no ser que la revelacion sea de planos
de fortalezas ó terrenos, documentos, ó noticias que conduzcan
directamente al fin de hostilizar á España, en cuyo caso entra en
la regla general.

11.

La pena que la ley señala á estos delitos, es desde cadena
temporal en su grado máximo, esto es, de 18 á 20 años, á la de
muerte; de modo, que puede considerarse dividida en tres grados la pena legal con arreglo al art. 74, y entre ellos deben escoger los tribunales. Estos grados son el máximo, que es la
muerte, el medio, que es cadena perpétua, y el mínimo, que es
cadena temporal en su grado máximo. Y como cuando no concurren circunstancias atenuantes y agravantes, debe imponerse
la pena de la ley en su grado medio la que corresponde á los autores de los delitos espresados en los números desde el III al X,
cuando no hay circunstancias que modifiquen su responsabilidad,
es la cadena perpétua.

12.

Esto es, la última de las tres penas señaladas en la ley al autor del delito consumado, tomada en toda su extension, segun lo dispone el art. 66, regla 3.ª

13.

Cuando el delincuente no fuere eclesiástico se le impondrá la pena de prision correccional, y multa de 300 á 3000 duros. - Al eclesiástico, en caso de reincidencia, se le inpone en vez del extrañamiento temporal, el perpétuo.

14.

Cuando de este delito se siguen otros mas graves, no se castiga con las penas que indica la tabla, y sí con las que correspondan á dichos delitos.

Debe tambien advertirse, que con arreglo al artículo 147, cuando el delito comprendido en nuestros números XI y XII fuere cometido por un empleado del gobierno abusando de su oficio, se le impondrá además de las penas dichas en las tablas, la de inhabilitacion absoluta perpétua.

15.

Si el que comete este delito no fuere empleado público, se le impondrá la pena de prision mayor en lugar de las señaladas en la tabla.

16.

Creemos que la pena de inhabilitacion perpétua del cargo público que se ejerce, no debe imponerse á los cómplices ni á los encubridores, sino cuando teniendo alguno, abusaren de él para auxiliar á la perpetracion del delito. Cuando estos auxiliares del crímen no tuvieren empleo público ó no abusáren del que tengan para ayudar al autor principal, deben ser castigados solamente con las otras penas que se señalan en la tabla.

17.

Cuaudo el culpable de estos delitos se propone servir al enemigo con sus avisos ó noticias, debe considerársele comprendido en lo dispuesto en el art. 147 del código, y castigársele en su consecuencia con la pena de cadena temporal en su grado máximo á la de muerte, y en tal caso, deberán aplicarse las tablas correspondiente al delito de este capítulo.

18.

Como la pena que señala la ley al autor de este delito es una sola é indivisible, debe imponérsele sin consideracion á las circunstancias atenuantes ni agravantes. Por lo tanto, hacemos diferencia de los casos en que concurren ó no tales circunstancias, solamente respecto á los cómplices y encubridores.

19.

Si el atentado contra la persona del monarca extranjero residente en España no produjera la muerte, será castigado con la pena de cadena temporal, cualquiera que sea su especie.

20.

El lector advertirá que en este caso la pena del cómplice del delito consumado con circunstancias atenuantes, es la misma que la del cómplice del delito consumado sin circunstancias atenuantes ni agravantes, pues aunque esto no parezca justo es lo que se infiere del texto de la ley. Dice el art. 66, regla 3.ª: Que cuando la pena señalada á un delito se componga de dos indivisibles y el grado máximo de otra divisible, la correspondiente á los autores del delito frustrado y á los cómplices del delito consumado es la última de aquellas tres penas de toda su extension, y la correspondiente á los autores de tentativa y á los encubridores la inmediata inferior, igualmente en toda su extension. Diciendo la ley que el delito comprendido en este número debe castigarse con la pena de muerte á cadena temporal, es claro que al cómplice del delito consumado y al autor de delito frustrado, debe imponerse la cadena temporal por 20 años, y al autor de tentativa y al encubridor, el presidio mayor por 12 años. Dice el art. 74: Que cuando la pena señalada por la ley se componga de tres distintas que forman tres grados diferentes y hubiere circunstancias agravantes, se impondrá en su grado máximo. Ahora bien; la única pena señalada á los cómplices del delito consumado y á los autores del frustrado, cuando la del autor principal fuere una compuesta de dos indivisibles y otra divisible, es la inferior de estas en toda su extension y la única pena tambien en el mismo caso de los cómplices y encubridores es la inmediata inferior á la última de las señaladas tambien en toda su extension, es claro que los jueces no pueden agravar ninguna de ellas, cualesquiera que sean las circunstancias del delito sin imponer una pena mayor que la que prescribe el código en su art. 66.

21.

Esta regla tiene varias excepciones. Cuando la ley señala una sola pena indivisible ó dos tambien indivisibles, deberán los tribunales de imponer la primera sin consideracion á las circunstancias y de imponer la mayor de las segundas á no ser que concurra alguna circunstancia atenuante en los casos siguientes. 1.° Cuando no concurren todas las circunstancias que eximen de responsabilidad en el delito cometido por accidente con arreglo al art. 8.°, núm. 8.° se castigará esta accion como imprudencia temeraria, con la pena de prision correccional ó la de arresto mayor de uno á tres meses, segun que el hecho constituya por su naturaleza un delito grave ó leve. 2.° Cuando el autor del delito fuese menor de 15 años y mayor de 9, no exento de responsabilidad por haber declarado el juez que obró con discernimiento, se le impone una pena discrecional, inferior por lo menos en dos grados a la señalada por la ley. Y cuando el autor del delito fuese mayor de 15 años y menor de 18, se le aplica en el grado correspondiente la pena inmediatamente inferior á la señalada por la ley. 3.° Cuando el hecho no fuera del todo excusable por falta de alguno de los requisitos que se exigen para eximir de responsabilidad criminal en los respectivos casos de que trata el art. 8.°

del código, siempre que concurra el mayor número de ellos, se impone la pena inferior á la señalada por la ley en el grado que corresponda, atendido el número de los requisitos que falten ó concurran.

Debemos advertir también que debe ser considerado como pirata y castigado como tal, el que entregare á piratas la embarcacion á cuyo bordo fuere. El que residiendo en los dominios españoles trafica con piratas conocidos, es considerado y castigado como cómplice de ellos. (arts. 158 y 159.)

COMENTARIOS Y OBSERVACIONES SOBRE LOS ARTICULOS MAS IMPORTANTES DEL NUEVO CODIGO PENAL.

(CONTINUACION).

III.

DE LOS ACTOS EJECUTADOS EN DEFENSA DE SI MISMO.

El hombre amenazado de un peligro grave tiene derecho á hacer todo lo necesario para conjurarlo: el que padece una agresion ilegítima tiene derecho á repeler la fuerza con la fuerza. La sociedad que debería socorrerle en este apurado trance no lo hace á tiempo: ¿estará obligado sin embargo á esperar su auxilio sufriendo entretanto el daño que le amenace, y que una vez causado no es ya reparable? ¿Deberá un hombre dejarse asesinar ó maltratar, cuando tiene medios para defenderse si la autoridad pública no le socorre oportunamente? ¿El mal que el hombre así amenazado vuelve por el mal que se le causa ó vá á causársele, podrá serle imputado con justicia? La conciencia del género humano, el interés de la sociedad y la legislacion de tódos los pueblos, resuelven esta cuestion unánimemente.

Hay en el hombre un instinto poderoso invencible á veces, que le impulsa á defender su existencia cuando la vé en peligro, y un sentimiento espontáneo de su derecho para repeler en este caso la violencia con la fuerza. La conservacion propia no es solamente un derecho sino también un deber; y así cuando para asegurarle ejecutamos una accion que en otras circunstancias sería ilícita, ni la opinion del mundo nos condena, ni la conciencia propia nos acusa. Este es un hecho indisputable, anterior á todas las leyes humanas y que han respetado todos los legisladores.

Es indudable que constituido el hombre en sociedad no debe tomarse la justicia por su mano; pero este deber supone la vigilancia de las autoridades y la eficacia de las leyes para evitar los delitos: por consiguiente, cuando alguno vaya á consumarse sin que la ley ni la autoridad basten á impedirlo, es de interés público admitir cualquier otro medio extraordinario, con el cual puede lograrse aquel resultado. Si la persona que vá á ser objeto del crímen ú otra cualquiera puede hacer en este caso lo que ni la ley ni la autoridad consignen, ¿por qué se ha de rechazar su auxilio? Se dirá que esto es trasladar á los particulares las atribuciones de los magistrados: pero no es así, porque lo que á los individuos se concede no es la facultad de castigar, sino el derecho de impedir que un crímen se consume. Esto es, cometer un delito para impedir otro, se replicará tal vez. Pero no: esto no es permitir un delito, sino escoger el menor entre dos males, es decir, autorizar al daño que se cause al agresor injusto para impedir el que amenaza al inocente á quien la justicia no puede socorrer á tiempo.

Por otra parte, en la accion del hombre que defendiéndose causa daño á su agresor, no concurren todas las circunstancias necesarias para que pueda exigirse responsabilidad por ella. Hay ciertamente en esta accion conocimiento del mal que se causa, es decir, intencion, pero falta la voluntad deliberada de cometer el daño. No es herir ó matar á nuestro agresor lo que intentamos cuando repelemos su violencia, sino impedir que él nos asesine. Si otro medio tuviéramos de conseguir nuestro objeto, ya no tendríamos derecho para causarle aquel daño, y nuestra defensa sería una venganza. Pasamos por cometer un acto ilícito en sí mismo á trueque de conservar nuestra existencia; pero no queremos lo primero sino como condicion necesaria de lo segundo, ó lo que es lo mismo, no queremos el daño y por eso no hay delito. Si se probase que nuestra defensa no era un acto indispensable para nuestra conservacion, se probaria que habíamos *querido* el mal causado por ella, y entonces habría delito.

Y en prueba de que este derecho es propio é inherente á la humanidad, regístrense los códigos penales de todas las naciones, y se verá cómo todos absuelven unánimemente al que tiene la desgracia de cometer en defensa propia un hecho penado por la ley. Abrase el libro de las leyes romanas, y se verá cómo una de las primeras del Digesto es la que consagra este mismo derecho. Los actos que ejecuta cualquiera en defensa propia, dice esta ley, se entienden ejecutados con justicia (1). En otro lugar del mismo código se extiende hasta los actos mas graves y punibles en sí este derecho de la propia defensa. *Ithaque*, dice Gayo (2), *si servum tuum latronem insidiantem mihi occidero, securus ero: nam adversus periculum, naturalis ratio permitit se defendere.* Pero á medida que adelantó la civilizacion romana, fué limitándose este derecho. Al principio bastaba el hecho de la agresion para que el acometido no fuese responsable del mal que causára repeliéndola. Despues se exigió que la defensa sucediese inmediatamente al ataque: se limitó la facultad de matar al ladron nocturno concedida por la ley de las Doce Tablas, y se impusieron otras restricciones al derecho de defenderse á medida que la sociedad fué teniendo mas medios de proveer á la seguridad de sus individuos.

Este mismo fenómeno se observa en la historia de todas las legislaciones, y nuestros códigos antiguos ofrecen de él un ejemplo irrecusable. El Fuero-juzgo (3), muchos fueros de ciudades (4), el Fuero real (5), las leyes de Estilo (6), las Parti-

(1) Dig. L. 3, tít. 1, lib. I. «Quod quicunque ob tutelam corporis sui fecerit, jure fecisse existemetur.»

(2) Dig. L. 4, ad legem Aquiliam.

(3) Las leyes sobre esta materia de dicho código se atribuyen á Chindasvindo y á Recesvinto.

(4) Entre ellos podemos citar el de Leon dado en 1020: el de Sepúlveda dado por Alfonso VI en 1076: el de Avilés que es uno de los mas antiguos que se conservan: el de Logroño concedido en 1095: el de Cuenca dado por el rey S. Fernando: el de Cuenca dado entre 1190 y 1191: el de Soria dado en 1256, y las córtes de Toro de 1371.

(5) Dado por D. Alfonso X á fines de 1254 ó principios del siguiente año.

(6) Establecidas por el mismo monarca.

das (1) y el Ordenamiento de Alcalá (2), abundan en leyes que disculpan el homicidio y cualquier otra especie de daño causado en defensa propia. Pero debe notarse en estas leyes cómo á medida que la sociedad iba regularizándose y siendo mas previsora la justicia, se aumentaban las restricciones á aquel derecho. Segun el *Forum judicum* el hecho solo de la agresion era motivo suficiente de excusa en el acometido. Así es que era lícito matar al que entraba forzadamente en casa de otro con cuchillo sacado (3): al ladron nocturno cogido con el hurto, y al diurno que se defendia con armas (4), al que se encontraba forzando cosa agena (5), y por regla general no se castigaba ningun acto ejecutado en defensa propia, ni aun el parricidio (6).

El Fuero de Leon excusó de pena los actos que se ejecutáran para evitar ó vengar una injuria (7). El Fuero de Avilés permitió defenderse con armas contra aquel que intentára hospedarse por fuerza en casa agena. El Fuero de Sepúlveda disculpó el homicidio cometido en defensa propia contra un forastero ó contra el vecino ladron ó forzador de casa (8). Segun el

(1) Se comenzaron á escribir en 1256, y se concluyeron siete ó nueve años despues.

(2) Publicado en las córtes de Alcalá de Henares de 1348.

(3) For. jud. L. 2, tít. 4, lib. VI. «Si quis evaginato gladio, vel quolibet genere armorum munitus, præsumptivo modo in domum alienam intraverit, cupiens dominum occidere; si ipse fuerit occisus, mors ejus nullatenus requiratur.....»

(4) Id. L. 15, tít. 2, lib. VII. «For qui per diem gladio se defensare voluerit, si fuere occisus, mors ejus nullatenus requiratur.»—Id. L. 16, tít. id., lib. id. «For nocturnos captus in furto, dum res furtivas secum portare conatur, si fuerit occisus, mors ejus nullo modo vindicetur.»

(5) Id. L. 13, tít. 8, lib. I. «Qui aliena pervadit, et in ipsa direptione percussus aut occisus fuerit, ille qui peroussit nullam calumniam patiatur.»

(6) Id. L. 6, tít. 4, lib. VI. «Non est putanda resistentis improbitas ubi violenta concupiscitur præsumentis audacia. Quicumque ergo incaute præsumptiosus, fuste vel gladio.... aliquem iratus voluerit vel percusserit, et tunc idem præsumptor ab eo quem percutere voluit ita fuerit percussus ut moriatur, talis mors pro homicidio computari non poterit, nec calumniam patietur....» La ley 19, tít. 5 del mismo libro, excusa hasta el parricidio cometido en defensa propia.

(7) Concilium Legionense. Cánones 5 y 36.

(8) Fuero de Sepúlveda, tít. 3. «Si omme de fuera defendiéndose firiese ó matare á vecino de Sepulvega, peche la calonna doblada, mas magüer

Fuero viejo de Castilla, era lícito herir ó matar cuando se hacia en defensa de un amigo que estaba peleando (1). El Fuero de Logroño permitia matar al señor ó merino que hacia fuerza en casa agena. El Fuero Real excusaba sin excepcion ninguna al hombre que mataba á su enemigo conocido (2). Una ley del Estilo hecha para aclarar la anterior (3), prohibe hacer armas contra el agresor como no sea *incontinenti et sine intervalo* porque dice que solamente con esta condicion es lícito repeler la fuerza con la fuerza.

La Iglesia admitió desde los primeros tiempos esta misma doctrina. Graciano incluyó en su *Concordia* un texto de S. Agustin que declaraba no ser reo de homicidio el que mataba defendiéndose de asesinos ó ladrones (4), y S. Raimundo de Peñafort lo reprodujo en su coleccion de decretales.

Las leyes de Partida, fundadas sobre las romanas, los cánones y las costumbres españolas, no podian menos de confirmar la doctrina de la defensa propia, si bien con todas las restricciones que la moral cristiana y la mayor civilizacion requerían. En su consecuencia, declararon que no debia haber pena alguna el que mata «defendiéndose, viniendo el otro contra él trayendo en la mano cuchillo sacado ó espada ó piedra ó palo ó otra arma cualquier con que lo pudiesse matar...... Ca natural cosa es é muy guisada que todo ome haya poder de amparar su persona de muerte queriéndolo alguno matar á él, é non ha de esperar que el otro le fiera primeramente porque podria acaescer que por el primer golpe que le diesse, podria morir el que fuesse acometido é despues non se podria amparar (5).» Tampoco tiene pena segun las mismas leyes el que «se arma ó se ayun-

<hr>

si el vecino matare al de fuera, este derecho defendiéndose ó firiere non de por ende calonna ninguna »

(1) Fuero Viejo, L. 9, tít. 5, lib. I.

(2) Fuero Real, L. 1, tít. 17, lib. IV. «Salvo si matare á su enemigo conoscido....»

(3) Esta es la ley 59 que contiene la glosa de la decretal *Si perfodiens inventus fuerit*, y dice copiándola: «Sed pone quod percussit me (el agresor) et recessit: ¿nunquid possum eum insequi ut perentiam? Huguitius dicit quod non; quia injuriam sic vellet ulcisci, et non repellere eam quod non licet, quia incontinenti et sine intervalo licet vim vi repellere.»

(4) XXIII Q. V. C. XIX.

(5) L. 2, tít. 8, P. VII.

ta, con omes armados en su casa ó en otro lugar para ampararse del mal ó de la fuerza qoel quieren facer á el ó á sus cosas (1).» De modo que segun las leyes de Partida no era impeutable el mal que uno causaba en defensa de su persona ó derechos siempre que el peligro fuese evidente (trayendo en la mano, cuchillo sacado....)

Entre tanto se conservaban varios fueros municipales que establecian que quien matare á otro en pelea fuese dado por enemigo á los parientes del muerto, y pagase el homecillo mas sin haber por ello pena de muerte. El Ordenamiento de Alcalá abolió esta costumbre, mandando que quien matase á otro aunque fuese en pelea muriese por ello «salvo si lo matare defendiéndose, ó en los casos por derecho permisos (2).»

Pero la organizacion social ha mejorado considerablemente desde los tiempos en que daba sus leyes el rey D. Alfonso: la accion de la justicia es hoy mas eficaz que lo era entonces, y por consiguiente necesita mucha menos latitud el derecho de la defensa propia. Así es, que aunque las leyes sobre este punto no han variado desde aquella época, los tribunales en la práctica han modificado sus efectos, no admitiendo como excusa del delito la circunstancia de cometerse en defensa de sí mismo, sino con grandes restricciones. El nuevo código penal sancionando esta jurisprudencia, ha fijado los requisitos que pueden justificar dicha excusa.

Dice el número 4.° del art. 8.°, que está exento de responsabilidad criminal «el que obra en defensa de su persona ó derechos....» Estas palabras merecen explicacion. «El que obra» quiere decir, el que ejecuta cualquiera de las acciones penadas por la ley como delitos sin ninguna excepcion: de modo que los actos mas criminales y punibles por su naturaleza como los mas leves, pueden excusarse de pena con tal que reunan las circunstancias del mismo artículo, y que explicaremos despues. No ha de atenderse pues al hecho en sí mismo para saber si es excusable, sino á su relacion con el daño que se procura evitar con él.

(1) Ley 7, tít. 10, P. 7d.
(2) Leyes 4 y 5, tít. 21, lib. XII, Nov. Rec., la primera de las cuales es la 2, tít. 22 del Ordenamiento de Alcalá.

El acto en cuestion debe ejecutarse en defensa de la persona ó derechos. Defender la persona, quiere decir defender su existencia ó impedir cualquier daño material que se trate de causarnos. ¿Pero qué derechos son los que pueden defenderse á costa de una accion criminal? El hombre goza en sociedad tres especies de derechos: los naturales que la ley no crea pero que reconoce y sanciona: los civiles que dá exclusivamente la ley civil, y los políticos que provienen de la forma de gobierno. Ahora preguntamos ¿es lícito ejecutar una accion penada para defender cualquiera de estos derechos? La facultad de defenderse á sí mismo se funda, como hemos visto, en el derecho á la conservacion propia: en la necesidad de causar un daño para impedir el que se nos pretende hacer, y que una vez causado es irreparable, y en el interés público de evitar los delitos. Porque aunque la justicia castigue al asesino ó al ladron, no resucita el asesinado, ni deja de sentir su mal el herido, ni el robado recobra las mas veces su hacienda, es lícito defenderse contra el agresor. Por eso cuando se trata de daños reparables, ó lo que es lo mismo, de la violacion de derechos puramente civiles ó políticos, ó que no tocan á la conservacion del individuo, la defensa carece de fundamento. Un hombre impide á otro verificar la venta de una propiedad que le pertenece, ó entrar en posesion de una herencia que le corresponde, ó dar su voto en unas elecciones; como la violacion de estos derechos es reparable, no es lícito al perjudicado resistirle por la fuerza ni defenderse ejecutando acciones penadas por las leyes. Así es, que aunque el artículo 8.º habla de la defensa de la persona ó *de sus derechos*, esto no quiere decir que se pueda ejecutar en defensa de cualquier derecho una accion ilícita de suyo, sino solamente en la de aquellos cuya violacion no sea reparable por otro medio legítimo. Esta interpretacion la confirma el mismo artículo 8.º, cuando requiere para justificar el acto ejecutado en defensa propia que sea absolutamente necesario como medio de impedir el daño que amenaza. Luego cuando la violacion de un derecho es reparable, no hay necesidad de resistirla con la fuerza, y por lo tanto no es excusable el acto ilícito que se cometa para evitarlo.

Si la ley hubiese hablado únicamente de la defensa de la persona, no sería excusable el acto ilícito de suyo, sino cuando

tuviere por objeto salvar la existencia.; pero como dice tambien
defensa de derechos, no se puede menos de comprender entre
estos los que tocan á la hacienda., á la libertad, y al honor de
las personas. ¿Es igualmente justificable la excepcion en uno y
otro caso?

Hay en efecto cierta diferencia entre el instinto que nos
manda conservar la vida y el que nos induce á conservar la
propiedad: la primera, una vez perdida, nunca se recupera: la
segunda, no solamente. puede recobrarse, sino que es deber de
la justicia procurar su reparacion á costa del que la quebranta.
Este hecho es cierto, pero veamos cómo· se realiza en la vida.
Un hombre se ve acometido por un ladron que le amenaza con
la muerte si no le entrega la bolsa: el hombre se la dá y el ladron
desaparece. Si despues es aprehendido el ladron, ó el robado lo
ignora, ó si lo sabe carece de medios para probar el robo, ó aunque lo pruebe es inútil porque el ladron no tiene bienes con que
indemnizarle. En este caso, que es el mas frecuente, ¿es reparable el delito contra la propiedad? No hay pues la gran diferencia que se supone entre el mal causado á la persona, y el hecho
á la hacienda, pues debe quedar reducida á otra menos importante, á saber, la imposibilidad de reparacion en un caso, y la
posibilidad remotísima en otro de esta reparacion. Queda sin embargo la diferencia entre los instintos que conducen al ejercicio
de cada uno de estos derechos: pero aunque menos poderoso que
el otro, ¿no existe arraigado en la conciencia humana el derecho
de repeler con la fuerza al que intente despojarnos de lo que po-
seemos? ¿El instinto de la propiedad es mas que una consecuencia necesaria del de la conservacion? ¿No defiende indirectamente su vida quien rechaza al que intenta despojarle de los medios
esenciales para conservarla? Aun diremos mas: figurémonos que el
hombre amenazado para que entregue su hacienda, sabe que ni aun
cediendo á esta intimacion suelen librarse muchos de la muerte;
porque algunos ladrones para deshacerse del único testigo de su
crímen acostumbran tomar la vida despues de haber robado la
bolsa: figurémonos tambien que este hombre se puede salvar del
peligro.en que se halla maltratando ó hiriendo al ladron con una
arma que lleva: ¿podrá decirle la ley «aunque yo no tengo me-·
dios eficaces para defenderte y tú podrias hacerlo, abstente de
semejante accion: pon en manos de los ladrones todo tu patri-·

mento, aunque te expongas á morir de hambre: corre el riesgo
de ser asesinado por ellos, suelta esa misma arma con que yo
te autorizaría á defenderte si la agresion se dirigiera contra tu
persona; y si despues que todo esto hayas hecho te asesinan y
ya no te puedes defender ni estoy yo á tu lado para protegerte,
debes tener paciencia. Si tus agresores hubieran sido mas fran-
cos hablándote de perder la bolsa y la vida juntamente, tu derecho para repelerlos sería incontestable, pero no habiéndote
ellos anunciado lo que te iba á suceder, ligo tus manos y te en-
trego en las suyas? » Pues á este resultado absurdo é iníouo
podria conducir en la práctica el principio de que la defensa no
es legítima empleada en favor de la propiedad. Se dirá tal vez
que hay casos en que atacada la hacienda no corre ningun peligro la persona; pero no basta que esto sea así, sino que es menester ademas que el despojado lo crea ó que el hecho sea tan
notorio que no se pueda suponer una creencia contraria. Sin el temor grave de perder la vida ó la salud nadie se dejaría quitar lo
suyo.

Se atenta contra la propiedad agena arrancándola violentamente á su dueño, exigiéndola con amenazas ó sustrayéndola con
astucia. Las dos primeras hipótesis suponen la presencia y el peligro personal del propietario: la última, su ignorancia del delito en el momento de estarse cometiendo. Si el dueño lo advierte á
tiempo cuidará de impedir que se consume: si apercibido hace
huir al ladron, no tiene necesidad de defenderse; pero si el ladron hace frente tratando de consumar su crímen hay verdadero
peligro para el propietario, y es llegado el caso de la defensa.
Puede suceder tambien que el dueño advierta el robo en el momento de huir el ladron con las cosas robadas y que crea poder
recuperarlas haciendo uso de la fuerza. ¿Será ilícito en este caso matar al ladron? Muchos moralistas lo niegan fundados en
los principios ya establecidos; pero con arreglo á estos mismos
principios, creemos que debe hacerse una distincion importante.
En el supuesto de que la ejecucion del acto criminal sea el único
medio de aprehender al ladron, debe distinguirse el caso en
que la persona robada trate de recobrar todos sus medios de
subsistencia perdidos con el robo, de aquel en que esta misma
persona no ha perdido sino una parte pequeñísima de su fortuna.
Como en el primer caso se trata de asegurar los medios de sub-

sistir, esto es, la vida, creemos lícita la acción; pero como
en el segundo no se trata de una pérdida tan considerable, no nos
parece el hecho lícito por mas que concurran en él circunstancias
muy atenuantes. Estas razones sin embargo no son aplicables á la
interpretacion del art. 8.°, pues según él habiendo violacion del
derecho de propiedad, cualesquiera que sea el estado del robo
y su importancia, si el acometido tiene necesidad para impedirlo de matar al ladron que huye ya con la cosa robada, puede
hacerlo impunemente. No haciendo la ley distincion, no deben
hacerla tampoco los tribunales; pero creemos que esta omision
lleva algo mas lejos de lo que la moral permite el derecho de la
propia defensa.

El derecho romano y nuestras leyes antiguas eximian tambien de pena al que ejecutaba un hecho ilícito en defensa de su
propiedad, pero con restricciones considerables. Segun la legislacion de Roma era permitido matar al ladron nocturno pero
despues de haber pronunciado en alta voz una fórmula particular, y solamente cuando el dueño no podia perdonar la vida al
ladron sin peligro de la suya (1). Tampoco era lícito matar al ladron que robaba de dia sino cuando hacia resistencia con armas (2). De modo que por regla general no se permitia á nadie
la defensa armada de su hacienda sino cuando con motivo de ata-
carla peligraba tambien la vida.

Esta doctrina pasó de la legislacion romana á nuestro Fuero-
juzgo, aunque con menos restricciones; pues segun este código
era permitido matar al ladron nocturno siempre que huyese con
el hurto y al diurno siempre que se defendiese con armas (3). Los
fueros particulares concedieron por regla general mas latitud á
este derecho, pues permitian unos matar al ladron conocido (4),
otros al que robaba cualquier cosa en el término de su jurisdiccion (5). Otros á cualquier ladron que fuera hallado de noche en
alguna casa y no se quisiera entregar á su dueño (6). El derecho

_____

(1) Dig. L. 9, tit. 8, lib. XLVIII. «Furem nocturnum si quis occiderit, ita demum impune feret, si parcere ei sine periculo suo non potuit.»
(2) Id. L. 54, tít. 2, lib. XLVII. «Furem interdiu deprehensum non
aliter occidere lex XII Tabular. permisit quam si telo se defendere »
(3) For. jud. Leyes 15 y 16, tít. 2, lib. VII.
(4) Fueros de Nájera, de Jaca.
(5) Fueros de Cuenca y Soria.
(6) Fueros de Soria y de S. Sebastian. Este último previene que no es

canónico por su parte sancionó tambien este derecho con prudentes restricciones (1).

Con estos antecedentes no es extraño que al hacerse los códigos generales se reprodujera de ellos la doctrina antigua. Por eso estableció el Fuero Real que no tuviera pena el que matare al ladron que «fallare de noche en su casa furtando ó foradandola, ó sil fallare con el furto fuyendo, é se quisier amparar de prision, ó sil fallara forzando lo suyo, é non lo quisiera dexar.... (2).» La ley de partida reprodujo esta disposicion con algunas limitaciones, pues declaró que no cometia homicidio « si algun ome fallasse algun ladron de noche en su casa, é lo quisiesse prender para darlo á la justicia del lugar, si el ladron se amparasse con armas. Ca entonce si lo matare non cae por esso en pena, é si lo fallasse y de dia é lo pudiesse prender sin algund peligro non lo debe matar de alguna manera (3).» La Novísima Recopilacion reprodujo la ley citada del Fuero Real (4). Así, pues, la ley romana cuando Roma llegó á su mas alta civilizacion, impuso al derecho de defender la hacienda propia con las armas, todas las restricciones necesarias para que de él no se abusase. La anarquía social que reinó en España durante toda la época de los Fueros, obligó á suprimir la mayor parte de estas restricciones, porque á la justicia pública hubo de suceder en parte el interés de los individuos. Y por último cuando cesó la anarquía foral, y pudo ser mas eficaz y activa la accion del poder público, volvieron á aparecer las olvidadas condiciones del derecho de la propia defensa.

No es pues nueva en nuestra legislacion la doctrina de que tratamos, pero sí lo es la forma en que la presenta el art. 8.º del código, y la extension que la dá. Antes solo era lícito matar al ladron nocturno ó al que de dia huia con el hurto sin querer rendirse á prision, ó se defendia con armas: ahora cualquier accion

lícito matar al ladron nocturno sino cuando entra en la casa despues que se ha acostado su dueño, y requerido por éste huye sin quererse entregar; advirtiendo que despues de aprehendido no es lícito matarle.

(1) Segun los cánones, es lícito matar al ladron cuando no hay otro medio de defenderse de él, y por regla general no es pecado matar al ladron nocturno ni aun al diurno cuando se defiende con armas.

(2) Fuero Real. L. 1, tít. 17, lib. IV.

(3) L. 3, tít. 8, P. VII.

(4) L. 1, tít. 21. lib. XII. Nov. Rec.

penada que se cometa en defensa del derecho de propiedad es excusable con tal que sea necesaria para la conservacion de este derecho. Segun las leyes antiguas no se declaraba esta necesidad sino en los casos dichos de robo nocturno, fuga del ladron ó su defensa armada: segun el código moderno toca á los tribunales juzgar de la necesidad de la accion segun su leal saber y entender. Así debia ser en un punto sobre el cual es imposible establecer una regla segura y completa.

Otro de los derechos mas importantes del hombre es el que tenemos á conservar nuestro honor. El que injuria á otro viola indudablemente este derecho: es así que no debe castigarse el que obra en defensa de alguno de sus derechos; luego el que vá á ser injuriado puede repeler la injuria con la violencia sin que esta pueda ser imputada. Pero como al mismo tiempo no puede ser excusable semejante accion sino cuando es absolutamente necesaria, y pocas veces es menester emplear la violencia para reparar las injurias, la excusa de que tratamos no es aplicable con frecuencia á los delitos contra el honor. Todas las injurias son violaciones del derecho ageno; pero como solamente las mas graves son irreparables una vez consumadas, solamente ellas se pueden repeler con la fuerza. ¿Cómo se justificaría por ejemplo la necesidad de matar á un hombre para repeler una injuria verbal? Si esta se comete en efecto, los tribunales ofrecen medios seguros de reparacion. Y si la injuria fuere *real* ya se convierte en atentado contra la persona, la defensa es lícita, no por la violacion del derecho sino por el ataque contra la persona.

· Pero hay otra clase de injurias respecto á las cuales tiene completa aplicacion la doctrina establecida, y son las que se cometen contra el pudor. Una vez consumadas estas injurias suelen no ser reparables, y por lo tanto es evidente la necesidad de repelerlas con la fuerza. Si la mujer que va á ser violada no tiene otro medio para salvar su honra que matar á su violador y lo hace así, no debe ser responsable de este acto. El derecho á conservar la honra no es menos precioso que el que tenemos para conservar la vida; aquella como esta, una vez perdidas no se recuperan; luego es lícito usar de todos los medios necesarios para mantenerla intacta.

Nuestra antigua legislacion cediendo en parte á las costumbres del tiempo, en parte á la imperfeccion del estado social,

llevó mas lejos de lo que la justicia consiente el derecho de repeler las injurias con la fuerza. Segun el Fuero-juzgo, era lícito al
marido matar á su mujer adúltera y á su cómplice (1), y al padre matar su hija cuando la hallaba yaciendo con un hombre
dentro de su casa (2). Pero no era permitido vengar ni castigar
privadamente otra especie de injurias. Los fueros municipales
dieron por regla general mayor extension á este derecho. Así
es, que el de Leon eximió de toda pena al que castigaba ó ven-
gaba sus propias injurias (3): el de Sepúlveda autorizó al marido
ó pariente para matar á su mujer ó parienta hallada en adulterio, con tal que matase tambien á su cómplice (4), y disculpó al
hombre de bien que hería á la mujer de malas costumbres que
le denostaba (5). Segun el Fuero de Avilés, el que era injuriado con ciertas palabras (6) se podia defender con armas que tuviese á la sazon en la mano, pero no con las que cogiese para
ello del suelo ó de otra cualquier parte. Casi todos los fueros autorizaron el duelo legal como medio de castigar las injurias (7).

El derecho canónico aunque reconoció el derecho de repeler con la fuerza ciertas injurias, fué menos tolerante en esta
parte que la ley profana. Consideró como delito grave el duelo,
y no permitió repeler con la fuerza mas injurias que aquellas

---

(1) For. jud. L. 4, tít. 3, lib. IV. «Si adulterum cum adultera, ma-
ritus vel sponsus occiderit, pro homicidio non teneatur.»

(2) Id. L. 5, tít. 3, lib. IV. «Si filiam in adulterio pater in domo sua
occiderit, nullam poenam aut calumniam incurrat....»

(3) Si el injuriado invocaba la justicia pública llamando en su defensa al
Sayon del rey, debia el injuriante pagar á éste una multa: cuando no se
hacia la invocacion, ninguna pena llevaba el ofensor, bastándole componerse con el ofendido. (Concilium legionensis, can. 36).

(4) Fuero de Sepúlveda, tít. 73. «Si parientes á parienta ó marido á mujer fallaren faciendo aleve et mataren á él et á ella, jurando con doce, seis
parientes, cinco vecinos é él sexmo que por aleve que les facien los mata-
ron, non peche por ende calonna ninguna nin salgan por enemigos....»

(5) Id., tít. 225. «Toda mujer mala que denostare á bon hombre ó á bona mujer, ó bona manceba denostare qui la firiere non peche calonna ninguna....»

(6) Estas palabras eran «sodomita, siervo, traidor y leproso.»

(7) Entre ellos pueden contarse los Fueros de Sepúlveda, de Burgos, de
Cuenca, de Soria, viejo de Castilla, y los generales de que hablaremos en
seguida.

que atacaban el pudor. Era lícito por lo tanto á la mujer salvarse del estupro que le amenazaba por la muerte del estupra-
dor (1), y al pariente lo era herir á aquel que cometia adulterio con su parienta, sin incurrir en excomunion aunque fuese
clérigo el herido (2).

La doctrina canónica hubo de influir algo al hacerse los códigos generales para que se modificára en parte el derecho ili-
mitado de vengar las propias injurias. El Fuero Real impuso al
duelo ciertas restricciones, como la de obligar al hidalgo que
quería retar á otro que lo hiciese ante el rey, y no ante otra
autoridad alguna segun era costumbre (3). Este mismo código
señaló minuciosamente todas las penas en que incurrian los in-
juriadores, á fin de hacer menós necesaria la libertad de casti-
garlas privadamente, pero confirmó todo lo establecido en los
fueros particulares sobre las injurias contra el pudor, autorizando al marido para matar á la mujer y su cómplice cogidos en
adulterio (4), y al padre, hermano ó pariente que hallare dentro de su casa á la hija, hermana ó parienta yaciendo con algun hombre para matarla tambien, aunque sin la obligacion de
castigar del mismo modo al cómplice (5). Las leyes de Partida
aceptaron esta doctrina, pero aun con mas restricciones. Permitieron al marido matar al que cometia adulterio con su mujer,
pero despues de haberle intimado por tres veces delante de testigos que no hablase con ella (6). No habiendo precedido la tri-
ple intimacion, aunque el marido hallase á su mujer yaciendo
con otro, no podia matar á ninguno de ellos, sino entregarlos á
la justicia, á menos que el adúltero fuese un hombre vil y de

(1)   S. Agustin. Conc. Grae. C..
(2)   Decret. de Alejand. III.
(3)   Fuero Real, tít. 25, lib. IV.
(4)   Id. L. 1, tít. 7, lib. IV. «Si mujer casada ficiese adulterio amos sean
en poder del marido que faga de ellos lo que quisier á de quanto que an,
así que non puede matar uno de ellos é dexar el otro....»
(5)   Id. L. 6. tít. id., id.
(6)   L. 12, tít. 17, P. VII. «Sospechando algun ome que su mujer face
adulterio con ótro ó que se trabaja de lo facer, debe el marido afrontar en
escrito ante omes buenos á aquel contra quien sospecha defendiendole que
non entre en su casa....., ó esto le debe decir tres veces..... Si el marido fallare despues desso á aquel ome con ella en alguna casa ó lugar apartado á
lo matare non debe recebir pena ninguna por ende.....»

baja condicion, en cuyo caso podia matarle, pero no á su mujer (1). Tambien permitieron las leyes de Partida al padre matar
á su hija que hallaba yaciendo con un hombre en su casa; pero habia de ser la hija casada y no se extendia este derecho á los
demás parientes, ni tampoco se disculpaba tal homicidio sino
cuando se mataba tambien al cómplice (2). Adviértese, pues,
un gran progreso en la ley de Partida sobre el Fuero Real y
sobre los Fueros Municipales; mas no siguió por desgracia en
los tiempos posteriores. Tan arraigada estaba en nuestras costumbres la de castigar privadamente los agravios, que el rey
D. Alfonso XI abolió en las cortes de Alcalá lo dispuesto en el
Fuero de las leyes, sobre que si la mujer desposada cometia
adulterio quedase con su cómplice como siervo del esposo, mas
sin que este los pudiese matar; y autorizó al esposo para matar
á la esposa y á su cómplice cuando les hallaba cometiendo adulterio, pero sin dejar á ninguno pudiendo matar á ambos (3).
Es decir, que se reprodujo en toda su crudeza la legislacion foral, olvidando las prudentes y acertadas modificaciones que habian introducido en ella las leyes de Partida. Posteriormente se
procuró por un medio indirecto abolir esta bárbara costumbre,
estableciendo que el marido que matára á la adúltera y su cómplice, no ganára la dote de aquella ni los bienes de este (4).
Pero la Novísima Recopilacion reprodujo las leyes del Fuero
Real y de Alfonso XI citadas (5); de modo que hasta ahora, como en la edad media, y salva la limitacion que acabamos de
decir, se conservaba en toda su rudeza el derecho de repeler
con la fuerza esta espécie de injurias. En lo que hubo de ade-
lantarse mas, si bien no por los medios mas adecuados, fué en
cuanto á la facultad de castigar los agravios por medio del duelo, pues desde los tiempos de D. Fernando y Doña Isabel, se

(1) L. 13, tít 17, P. VII. «El marido que fallare algund ome vil en
su casa ó en otro lugar yaciendo con su mujer puedelo matar sin pena ninguna.... Pero non debe matar á la mujer....»
(2) L. 14, tít. id, id.
(3) Ordenamiento de Alcalá. L. 1, tít. 21, que es la 2, tít. 27, lib. XII
Nov. Rec.
(4) L. 82 de Toro, que es la 5, tít. 27, lib. XII, Nov. Rec.
(5) Leyes 1 y 2, tít. id., id.

han dado diferentes leyes prohibiéndolos y castigándoles severamente (1).

El nuevo código penal ha variado completamente esta parte de la legislacion. Excusa los actos que se cometan en defensa de los derechos propios, pero en tanto que aquellos sean indispensables para que estos se mantengan intactos. De aquí se sigue que puede una mujer matar al hombre que intente arrebatarle su honra, así como el marido matar al que pretende cometer adulterio con su mujer, pero cuando no haya otro medio de salvar el honor de uno y de otro. Ya no es permitida en suma la venganza privada: ya no puede el marido matar á la mujer adúltera y á su cómplice, y ni el padre ó pariente, ó la hija ó pariente hallada en adulterio: lo que se permite es la defensa privada cuando no hay otro medio de dejar á salvo el derecho.

Despues de haber establecido la ley la regla general que exime de toda pena al que comete una accion ilícita en defensa de su persona ó derechos, pasa á fijar las condiciones con arreglo á las cuales se puede reclamar dicha exencion. No basta obrar en defensa propia para que la ley excuse el hecho ilícito: es necesario además que este hecho se justifique por la necesidad y justicia de la defensa. La primera condicion que para ello establece la ley, es que el acto de defensa sea provocado por una agresion ilegítima.

La necesidad de la agresion se deduce del fundamento mismo del derecho de la propia defensa. Hemos visto que en tanto nos es lícito causár un mal por defender nuestra persona ó derechos, en cuanto el instinto de nuestra conservacion nos arrastra espontáneamente á cometer este acto: luego mientras no haya una agresion que revelándonos el peligro que corremos despierte y ponga en movimiento aquel instinto, no hay causa que justifique la mala accion. ¿Pero cuándo puede decirse que hay agresion verdadera? Segun la ley, cuando somos atacados en nuestra persona ó derechos, si bien no en cualquier clase de derechos y con cualquier ofensa personal, sino en los casos y con las limitaciones explicadas anteriormente. Pero la realidad de la agresion y la magnitud del peligro, no han de estimarse por lo que ellas sean en sí mismas, sino relativamente á las cir-

(1) Leyes 1, 2 y 3, tít. 20, lib. XII, Nov. Rec.

cunstancias de la persona acometida y las del agresor. Puede
haber para unos peligro grave en lo que no hay para otros sino un riesgo pasajero : quién necesita grandes esfuerzos para
defenderse en ocasiones en que otro no habría menester para
hacer lo mismo sino un leve impulso de voluntad. Y como lo
que determina á defenderse á la persona acometida no es la gravedad real del peligro en que se halla, sino la que este tiene á
sus propios ojos, á tal juicio es al que se debe atender para decidir si ha habido ó no agresion, y hasta qué punto debe eximir
de pena la que haya habido.

No basta que la agresion exista á los ojos del que la padece,
sino que es menester además que sea ilegítima, porque solo en
este caso declara la conciencia de la humanidad que es lícito re-
pelerla con la fuerza. Cuando el mal que tememos ó recibimos
es consecuencia del que voluntariamente hemos causado, lo tenemos merecido ; y si la moral autoriza á emplear la violencia
para resistir un daño, es porque el que ha de padecerlo no ha
hecho méritos para que se le cause. El condenado á muerte, el
que pierde la vida en una sedicion popular, el que cometiendo
un robo es descubierto y maltratado, merecen moral ó legalmente el mal que sufren, y por lo tanto no tienen derecho para re-
sistirlo con la fuerza. Obra legítimamente el verdugo que lleva
al cadalso al reo sentenciado por el tribunal, y el soldado que
tira sobre los amotinados cuando la ley y la autoridad lo permiten, y el que acomete al ladron que intenta robarle su hacienda, por lo cual ni el condenado á muerte, ni el ladron, ni
el sedicioso, si causaron mal por salvar su vida, podrian excusarse de pena diciendo que habian obrado en defensa propia.

Es por el contrario ilegítima la agresion siempre que se ejecuta sin derecho, aunque el agresor sea incapaz de apreciar esta
circunstancia, ó crea equivocadamente que obra con justicia.
La agresion de un loco ó de un niño podrán ser acciones discul-
pables, pero no legítimas respecto á aquel que las padece, el
cual podrá defenderse de ellas con la fuerza si lo cree absolutamente indispensable para salvar su persona ó sus derechos. In-
humano parecerá tal vez emplear tales recursos contra una persona incapaz de responsabilidad ; pero este sentimiento se des-
vanece cuando se considera que no es para castigar al agresor
para lo que se nos permite emplear contra él la violencia, sino

para salvarnos á nosotros mismos del mal que nos amenaza; de
modo que cuando según la hipótesis supuesta, hiriéramos ó ma-
táramos al loco ó al niño, no haríamos sino preferir nuestra vida á la suya, lo cual lejos de ser un delito es un acto conforme
á la ley de la naturaleza. Lo mismo decimos de la agresion cometida por error ó ignorancia. Si un soldado, por ejemplo, tratára de hacer fuego sobre alguno, creyendo de buena fé que así
cumplia con una órden de su jefe; si una persona cualquiera
tomando á otra por ladron no siéndolo, la maltratase, sería legítima la resistencia, no como pena contra el agresor, sino por
la injusticia de la agresion. «Para que sea inocente la defensa
de nosotros mismos, dice Grocio, basta que el agresor no tenga ningun derecho para atacarnos, y que no tengamos ninguna obligacion por otra parte de padecer la muerte sin resistirla (1).»

La segunda condicion que ha de tener la defensa de sí mismo para que sea excusable, es que el medio empleado en ella
sea *racionalmente necesario* para conseguirla. Estas palabras de
la ley pueden dar lugar en su aplicacion á alguna duda, y por
lo tanto conviene explicarlas detenidamente.

El derecho y la necesidad de conservarnos es lo que exime
de pena la accion ilícita ejecutada en nuestra propia defensa.
De aquí se sigue una consecuencia importante, á saber: que
no es justo hacer para defendernos mas que aquello que sea absolutamente *necesario* para proveer á nuestra conservacion, es
decir, lo que baste para repeler el ataque de que somos objeto.
Si hacemos mas, traspasamos el fin para el cual se nos permite defendernos, y somos responsables del exceso. Para que el
acto de repulsion se considere necesario, es menester que se
verifique en ocasion de lograr su objeto, estó es, cuando por
su medio se pueda evitar el mal que amenaza. Ejecutado en otra
ocasion, ya no cumple el fin para el cual se autoriza, y traspasa
por consiguiente los límites de la ley y de la justicia. Por lo
tanto, el medio empleado en la defensa de sí mismo debe estimarse *racionalmente necesario*, cuando es *proporcionado* al peligro que evita, y cuando es *oportuno* para su objeto.

La defensa es oportuna desde que existe y mientras que

(1) L. 2, cap. 2, pár. 5.

existe el peligro que la ocasiona; cuando aun este no ha empezado;
y despues que cesa no hay motivos que la justifiquen.. Pero la
dificultad consiste en determinar el momento en que empieza
y en el que concluye, este peligro. Cuando un hombre se vé
amenazado de muerte, ya puede creerse en riesgo de ser asesinado, y sin embargo, todavía no tiene derecho para hacer armas contra el que le amenaza. Cuando un hombre va corriendo:
hácia otro con una espada desnuda é intencion al parecer de.
asesinarle, si el acometido tiene en la mano una pistola, puede
descargarla contra su agresor sin aguardar á que llegue á él y
le tire la primera estocada, porque despues no es probable pudiera hacer uso de su arma. En este supuesto, puede estimarse
que el peligro empieza cuando la agresion llega á un estado en
que ya no se puede repeler sino con la fuerza, y concluye en el
momento en que ya no es necesaria la defensa armada para
evitar el daño. Por eso la ley romana decia que podemos repe-.
ler con las armas á aquel que nos ataca con ellas, pero inmediatamente y sin intervalo (1). Por eso la ley de Partida autoriza á matar al agresor desde el *momento* en que viene con cuchillo ó arma sobre su contrario, y antes de que haya descargado su primer golpe (2). Por eso dice una ley del Estilo que la
fuerza puede rechazarse con la fuerza; pero incontinentemente
y sin intervalo.(3).

De le regla anterior se deducen varias consecuencias importantes. Es la primera, que solo las agresiones graves se puedan
repeler con la fuerza. La segunda es, que en el momento en que el
agresor desista de su propósito, concluye el derecho de defenderse. Y la tercera, que si el agresor nos causa el daño que deseaba y
haya, no podemos perseguirle para castigarle por nosotros mismos. Si tal hiciéramos cometeríamos una venganza, y como decia
el jurisconsulto Paulo «illum solum qui vim infert ferire concedi-
tur, et hoc si tuendi duntaxat, non etiam ulciscendi causá factum

_____

(1) D. L. 1, tít. *de vi et vi armata.* «Eum igitur qui cum armis ve-
nit possumus armis repellere, sed hoc confestim, non intervallo.»

(2) L. 2, tít. 8, P. VII. «....et non ha de esperar que el otro le fiera,
primeramente porque podria acaescer qué por et primero golpe quel diesse podrie morir el que fuese cometido, et despues non se podrie amparar.»

(3) L. 99 del Estilo. «....incontinenti et sine intervallo licet vim vi repellere.»

sit (1). • Pero si el agresor no huye despues de causarnos el daño que al parecer deseaba, puede el acometido repelerle con
la fuerza, por el temor justísimo de que nos vuelva á ofender.
Cesa nuestro derecho cuando el agresor dá señales evidentes de
no volvernos á atacar y sobre todo cuando deja de hallarse en
posibilidad de hacerlo; pero el que despues de habernos acometido no huye sino que aguarda al parecer las resultas de su accion, no parece decidido á cesar en su delito.

Hemos dicho tambien que otra de las circunstancias que hacen racionalmente necesario el medio empleado en la defensa de
sí mismo, es la de que guarde proporcion con el mal y con el
peligro que evita. El que hace uso por ejemplo de un arma de fuego contra el agresor que no se sirve sino de sus manos, y á quien
se puede repeler de la misma manera, se excede indudablemente de su derecho, y es responsable del daño que cause. No quiere esto decir sin embargo que haya de haber tal igualdad entre
el ataque y la defensa, que el mal causado por la una no exceda en nada al ocasionado por el otro. La persona acometida en
el momento de serlo no puede calcular siempre la gravedad
del riesgo que corre, ni medir con tal exactitud su impulso
que corresponda sin discrepancia al impulso del agresor. Todo lo mas que puede exigirse del hombre colocado en tan
difícil situacion, es que no se deje arrastrar por el sentimiento
de la venganza á la ejecucion de un acto ilícito é innecesario
para salvarse del peligro. Un hombre vá hácia otro con un puñal
en la mano, podrá querer matarle, quizá se contente con herirle,
pero el acometido en la duda de cuál será su intento, le tira una
estocada de la cual le resulta la muerte. Si este agresor intenta-
ba únicamente herir á su contrario, el mal que este le ha causado
es infinitamente mayor que el que él hubiera padecido no defendiéndose, y sin embargo, no hay desproporcion entre el
ataque y el acto de la defensa, porque ¿quién sabe si la primera
puñalada habria correspondido á la intencion del que la diese?
¿Por dónde habia de constarle tampoco al amenazado que su
enemigo quería herirle pero no matarle? La proporcion de que
tratamos no ha de buscarse pues entre los males causados por
el ataque y la defensa, sino entre los actos que se ejecutan para

(1) Dig. L. 45, tít. Ad legem Aquiliam.

una y otro. Pero las circunstancias de los casos pueden ser tantas y tan varias que es imposible á la ley establecer sobre ellas una regla general. La ley exigiendo que el medio empleado en la defensa de sí mismo sea racionalmente necesario, requiere que sea proporcionado·el ataque, pero deja á la conciencia de los tribunales el decidir con arreglo á las circunstancias de cada caso cuando se guarda y cuando no dicha proporcion.

¿Deberá considerarse «racionalmente necesaria» la defensa cuando huyendo se puede evitar el daño que amenaza? Creemos con muchos moralistas y jurisconsultos que no es racional exponerse á los peligros de un combate de ladrones ó asesinos cuando tenemos seguridad de librarnos de ellos por medio de la fuga.. Por consiguiente, antes debe emplearse este recurso si es posible que el de la fuerza. Esto es obligar á los hombres á que sean cobardes, replicarán algunos, pero contestaremos con Puffendorf «que la fuga en este caso no es vergonzosa puesto que no apelamos á ella por cobardía ó contra nuestro deber, sino por obediencia á la razon que nos enseña no ser verdadera valentía matar á un ciudadano de cuyos insultos nos ponen á cubierto los tribunales (1).» Sin embargo la fuga no es siempre un recurso posible, ni mucho menos tan seguro como se cree cuando discurrimos en abstracto sobre esta materia; y mientras no reúna estas dos condiciones á los ojos de la persona amenazada, sería absurdo exigirle que la prefiriera á la defensa armada. ¿Por ventura está siempre seguro el que huye de no ser alcanzado por su agresor? ¿lo está de poderse defender cuando le alcance? ¿lo está de que no ha de emplearse contra él un arma de fuego? Todas estas consideraciones deben pesar mucho en el ánimo de la persona amenazada, y los tribunales no pueden menos de tenerlas en cuenta para pronunciar su fallo. La fuga no debe ser preferida á la defensa armada sino cuando sea un recurso de salvacion tan seguro por lo menos como ella. De lo cual se deduce que solamente en este caso deja de ser excusable el acto penado que se comete defendiéndose.

El tercer requisito que exige la ley para que la defensa sea legítima, es que la agresion que da lugar á ella «no haya sido provocada por el mismo que se defiende.» Este requisito no es

(1) Cap. 5, L. 2, pár. 18.

mas que una consecuencia del primero, segun el cual para que
la defensa sea permitida ha de ser ilegítima la agresion que la
provoque. Ahora bien, cuando el mismo que se defiende ha dado
motivo al ataque, deja este de ser ilegítimo y por consiguiente falta
la primera condicion de la ley. El que provoca á otro, dándole lugar á que le acometa, en unos casos tiene merecida la agresion
y en todos es culpable de ella: tiénela merecida cuando es un
acto de defensa lícita contra el ataque de la provocacion; y si el
que se defiende en este caso está en su derecho, es claro que se
halla fuera del suyo quien hace necesaria la defensa. Es siempre culpable el provocador aunque el provocado se exceda en su
defensa puesto que dá lugar al delito, y la ley ampara al inocente que es objeto de una agresion injusta, pero no al culpable que
busca el peligro.

Pero no basta una provocacion cualquiera para que los actos
de defensa no sean excusables: se necesita una provocacion *suficiente*, y como la ley no define esta palabra, toca á los tribunales
fijar su sentido. Toda ofensa es una provocacion hecha por el
ofensor á la persona ofendida y puede dar lugar á otra ofensa
igual ó semejante. Así una injuria grave es segun nuestras costumbres provocacion suficiente para otra de la misma especie:
una lesion corporal para otra lesion igual ó mayor. Por lo tanto, el que injuria á otro gravemente no estaría en su derecho si
le hiriera para defenderse de la injuria que el mismo injuriado
pretendiese devolverle por la primera que recibio, porque esta
sería provocacion suficiente de la segunda injuria. Pero si en vez
de una injuria grave se tratára de una leve, ó de palabras de
sentido dudoso, y en cambio de ellas atentára el injuriado contra
la vida del injuriador, estaría este en su derecho defendiéndose
con armas y causando á su contrario una lesion corporal ó ma-
tándole, si esto fuera indispensable, porque la provocacion no era
suficiente para tan gran venganza. No debe tampoco perderse de
vista que para juzgar si un acto es provocacion suficiente de tal
accion, deben tenerse en cuenta las opiniones y las costumbres
del pais. Palabras y acciones que pasan por inocentes en un
pueblo suelen ser en otro de las mas ofensivas y provocadoras.
Tambien deben tenerse presentes todas las circunstancias que
agravan ó atenuan las injurias, y de las cuales hablaremos mas
adelante, como son la edad, el sexo, la dignidad de la perso-

ma., el lugar y día de la ofensa y otros análogos. Para graduar por lo tanto la suficiencia de la provocacion deberá atenderse á la proporcion entre ofensa y ofensa , á las opiniones y costumbres del pais , á las circunstancias personales de los contendientes y todas las que pueden agravar ó disminuir la criminalidad de la accion. Pero la ley no puede dar regla alguna sobre este punto sin exponerse á ser en muchos casos injusta, y deja á la jurisprudencia formar las que sean adecuadas para cada tiempo, y á los tribunales decidir *ex æquo et bono* en los casos dificiles.

CRÓNICA LEGISLATIVA.

Junio, 1845.

DISPOSICIONES RELATIVAS A LA ADMINISTRACION DE JUSTICIA EN LOS TRIBUNALES
ORDINARIOS Y ADMINISTRATIVOS.

REAL ORDEN DE 22 DE JUNIO, declarando la personalidad legal de los rectores para defender en juicio los bienes de las universidades á pesar de la centralizacion de fondos.

«En alguna de las audiencias territoriales de la Península se ha suscitado la duda de si á consecuencia de la centralizacion de fondos de instruccion pública en el Tesoro podian conservar los rectores de las universidades la personalidad legal indispensable para presentarse en juicio por sí ó por medio de apoderados como representantes de los intereses de las mismas, supuesta la creencia de que los bienes y rentas de ellas pertenecen al Estado.

Enterada la reina (Q. D. G.), y deseando que los intereses peculiares de las universidades no sufran el menor perjuicio por ignorarse la organizacion é índole especial de esta clase de establecimientos, ha tenido á bien declarar que la centralizacion de fondos de los mismos en el Tesoro público, como mera disposicion de órden administrativo, no altera en lo mas mínimo el orígen y procedencia especial de dichos bienes y rentas ni su aplicacion á la instruccion pública, así como tampoco se opone á la obligacion impuesta á los rectores y administradores de las mencionadas universidades, en calidad de delegados del gobierno, de defender en juicio los bienes y rentas de las mismas como inmediatamente interesados en el fomento y prosperidad de sus respectivos establecimientos.»

OTRA DE 23 DE JUNIO, sobre las licencias que se expíden á los cumplidos de presidio.

«Queriendo S. M. la reina evitar los abusos que pueden cometerse á la sombra de las licencias que se expiden à los confinados que han cumplido sus condenas en presidio, se ha servido mandar que en lo sucesivo solo se entregue á estos el pasaporte de costumbre, remitiendo á los alcaldes de los pueblos de su naturaleza las licencias referidas para que sean archivadas en la secretaría del ayuntamiento, pero expresándose en el oficio misivo el punto que elija el confinado para fijar su residencia.»

REAL ORDEN DE 24 DE JUNIO, comunicada á los jueces de 1.ª instancia para que averigüen las sociedades por acciones que no hayan cumplido con las condiciones de la ley de 8 de enero último, en el plazo señalado en la misma.

«El art. 18 de la ley de 28 de enero último señala el término de dos meses para que las sociedades por acciones existentes sin autorizacion real la soliciten prévio el acuerdo de sus accionistas: el 43 del reglamento de 17 de febrero siguiente previene que trascurrido aquel plazo se declaren disueltas todas las que no hubieren impetrado la real autorizacion, á cuyo fin los jefes políticos deben dar parte al gobierno de las que dentro de la provincia de su mando se hallen en este caso, para que su disolucion pueda ser publicada en la *Gaceta* del gobierno, y *Boletin oficial* de la provincia.

Trascurrido con exceso dicho plazo, S. M. la reina (Q. D. G.), á quien la Constitucion del Estado confia la ejecucion de las leyes, se ha servido disponer se diga à V. S., como de su real órden lo ejecuto, que sin levantar mano, y valiéndose de los registros abiertos en esa oficina, en las de los tribunales de comercio ó juzgados de primera instancia en los puntos en que ejeroen la jurisdiccion mercantil, ó por cualquiera otro medio proceda V. S. á averiguar las sociedades por acciones que existan en la actualidad sin real autorizacion, ó sin haberla solicitado dentro del término legal, declarándolas inmediatamente disueltas, y adoptando para que la disolucion sea efectiva todas aquellas disposiciones que le sugiera su celo en obsequio de la ejecucion de la ley que le está confiada, dando cuenta de cuanto á este fin haya practicado.

De la misma real órden lo traslado à V. E. para que por el ministerio de su digno cargo se dicten las órdenes oportunas á fin de que por parte de los jueces de primera instancia, á quienes corresponda, se coopere con los jefes políticos á que la preinserta real órden tenga el mas exacto cumplimiento.»

partes en los ocho años siguientes. Se admitirán las posturas que cubran las dos terceras partes de la tasacion ó capitalizacion.

Art. 3.° Las ventas se ejecutarán en pública subasta con sujecion á las reglas establecidas en el real decreto de 19 de febrero de 1836, instruccion de 1.° de marzo siguiente, y demas disposiciones posteriores.»

REAL ORDEN DE 31 DE MAYO publicada en 9 de junio, dictando reglas sobre la manera de practicar las informaciones judiciales de posesion inmemorial que promuevan los partícipes legos de diezmos.

«He dado cuenta á la reina del expediente instruido en este ministerio acerca del valor de los títulos presentados por el marqués viudo de Aranda, en concepto de padre y legítimo administrador del actual marqués del mismo título para acreditar su derecho á la indemnizacion de los diezmos de la Sinecura de Santa Eulalia de Tines, provincia de la Coruña, y sobre el cual emitió esa junta su dictàmen en 29 de marzo de 1846.

Enterada S. M., y tomando en consideracion lo expuesto por el consejo real en consulta de 24 de noviembre último sobre la necesidad de dictar algunas medidas que garanticen los intereses del Estado cuando se acuda como en el expediente de que se trata á la prueba de la posesion inmemorial para justificar la propiedad de los diezmos suprimidos, procurándose que la intervencion de los representantes de la hacienda en las de aquella clase sea eficaz y no de mera fórmula, exigiéndose alguna comprobacion documental, y tomándose precauciones que vengan á confirmar la posesion referida, ha tenido á bien mandar, de conformidad con el dictàmen del consejo, se observen por punto general las reglas siguientes:

1.ª Que los representantes del fisco nombrados por los intendentes con arreglo al art. 2.° de la instruccion de 28 de mayo de 1846 para intervenir en las informaciones judiciales de posesion inmemorial que promuévan los partícipes legos, observen en ellas bajo su responsabilidad lo prevenido en las reglas 2.ª y 3.ª de la real órden de 4 de marzo del año próximo pasado en cuanto sea aplicable á la prueba del hecho de la posesion inmemorial, sin perjuicio de cumplir lo que corresponda cuando se trate de acreditar la cuantía de la percepcion decimal.

2.ª Que llegados á manos de los intendentes los expedientes de informacion, aunque solo contengan lo relativo al derecho fundado en la posesion inmemorial, procedan los mismos de oficio y por el órden gubernativo á investigar alguna comprobacion documental de lo declarado por los testigos, pidiendo informes ó certificados sobre el hecho de estar el reclamante desde cien años à esta parte considerado como partícipe de los diezmos, cuya indemnizacion pretenda; y dirigiéndose al efecto à las oficinas públicas donde puedan obrar los papeles de las extinguidas comisiones del subsidio eclesiástico ó de las antiguas contadurías decimales, ó en su defecto à los cabildos eclesiásticos, á los curas párrocos ó à las corporaciones ó funcionarios que tengan datos y noticias sobre lo que se inquiere; todo sin perjuicio de admitir à los interesados las pruebas documentales que quieran presentar, y de consignar su informe antes de remitir los expedientes al gobierno para su calificacion.

Y 3.ª Que en los casos de indemnizacion de tercias reales en que se trate de probar la posesion inmemorial, se compulse lo que resulte en los libros de lo salvado y demas de las contadurías generales del reino. Y en consecuencia de estas disposiciones, es la voluntad de la reina que en el expediente promovido por el marqués viudo de Aranda se practique por el intendente de la Coruña lo que se expresa en la segunda de las medidas indicadas, toda vez que no es del caso la aplicacion de la primera por resultar haber asistido à la informacion el representante de la hacienda pública.»

REAL DECRETO DE 21 DE JUNIO, imponiendo un anticipo forzoso de 100 millones.

«No habiendo tenido efecto el remate de los cien millones de reales que en billetes del Tesoro dispuse se crearan y adjudicaran en pública subasta por mi decreto de 1.º de mayo último, haciendo en esta parte uso de la autorizacion concedida à mi gobierno por la ley de 13 de marzo de este año para levantar en los términos que estimase mas convenientes hasta la cantidad de doscientos millones de reales; y convencida por las razones que me ha expuesto el ministro de Hacienda de la necesidad de que los cien millones expresados se realicen por medio de un anticipo forzoso y reintegrable, vengo en mandar, de conformidad con el dictámen del consejo de ministros, lo siguiente:

Art. 1.º Los cien millones de reales que se han de realizar desde luego à cuenta de los doscientos que el gobierno está autorizado à levantar, se exigirán por anticipo forzoso y reintegrable de los que figuren con mayores cuotas en los repartimientos de las contribuciones territorial é industrial.

Art. 2.º La cantidad con que cada provincia ha de contribuir à este anticipo es la que resulta del reparto adjunto que me ha presentado el ministro de Hacienda, y he tenido à bien aprobar.

Art. 3.º Quedan exceptuados de esta forzosa anticipacion todos los

5.º El cuerpo de carabineros del reino, menos su inspeccion general, el resguardo de puertos, el de puertas y el de fábricas.

6.º El cuerpo de salvaguardias, los capataces de los presidios, los torreros de las líneas telegráficas y los conductores de correos.

Y 7.º El clero y las monjas en clausura.

Art. 3.º El donativo de que se trata se hará efectivo de los individuos á quienes obliga descontándoles la mensualidad íntegra de su haber, sueldo ó pension de las doce que á los funcionarios y empleados de activo servicio y de las nueve que á las clases pasivas les corresponden percibir del crédito del presupuesto de este año.»

INSTRUCCION DE LA MISMA FECHA, para llevar á efecto el repartimiento y cobranza de los 100 millones de anticipo forzoso.

Art. 1.º «Debiendo existir ya en las administraciones de las provincias los repartimientos individuales de todos los pueblos por las contribuciones territorial é industrial respectivos al corriente año, dispondrán en el acto los intendentes que las mismas dependencias formen, pueblo por pueblo, un resúmen del número y cuotas que por ambos conceptos pagan en el dia los mayores contribuyentes, sujetos á este anticipo, por el art. 3.º del real decreto inserto.

Si contra lo prevenido en las disposiciones del gobierno faltare el repartimiento de algun pueblo, regirá el del año anterior para formar el expresado resúmen.

Art. 2.º Corresponde de consiguiente comprender para esta anticipacion en las capitales de provincia, cuya poblacion no baje de 4600 vecinos, á todos los que figuren en los repartimientos de las contribuciones de inmuebles y subsidio industrial y de comercio con cuotas que lleguen ó pasen de mil reales anuales, considerándose como tales los que apareciendo á la vez en ambos repartimientos con menores cantidades en cada uno, lleguen no obstante reuniéndolas al mismo tipo de mil reales.

En las restantes capitales de provincia, cuyo vecindario sea menor de 4600 vecinos, y en todos los demás pueblos de ella, sea cual fuere su vecindario, concurrirán al anticipo todos los que satisfagan una cuota ó cuotas por ambas contribuciones, cuya cantidad no baje de 500 reales.

Art. 3.º Si excediese de una anualidad la cuota que con arreglo al tipo establecido en la disposicion precedente corresponda pagar por el anticipo, entonces será cuando se aumenten al repartimiento en las capitales de provincia, cuya poblacion llegue ó pase de 4600 vecinos, todos los individuos que por las contribuciones expresadas tengan anualmente señalados desde seiscientos reales inclusive arriba, en vez de los mil establecidos, así como en las capitales de menor vecindario, y en todos los demás pueblos, los que figuren con cuotas desde trescientos reales tambien inclusive en lugar de los quinientos que quedan designados.

El tipo que se fija para la derrama individual se entiende de solo la cuota principal, ó sea la perteneciente al Tesoro que se pague por ambas contribuciones territorial ó industrial, no incluyéndose de consiguiente en ella los recargos autorizados.

Art. 4.° Hecho el resúmen de los mayores contribuyentes sobre quienes pesa la anticipacion, procederán los administradores á fijar el cupo que por regla de proporcion toque á cada uno de los pueblos de la provincia para cubrir el señalamiento que se le hace en el repartimiento adjunto, que ha sido aprobado por S. M.

Se sujetarán en esta operacion los administradores al modelo que se acompaña, señalado con el núm. 1.°, prescindiendo en ella de quebrados que no representen millar.

Art. 5.° Verificado el repartimiento del cupo de la provincia entre los pueblos, que lo será precisamente para el dia 30 del mes que trascurre, ó á mas tardar antes del 3 del próximo julio, lo pasará la administracion á la intendencia, quien, prévia su aprobacion, oficiará en el acto á los respectivos ayuntamientos, noticiándoles el cupo que les haya correspondido, y el tipo mínimo á que hayan de sujetarse en el reparto individual, con arreglo á la base contenida en el art. 3.° de esta instruccion.

Los intendentes cuidarán de que la comunicacion de este cupo á los pueblos se verifique por el medio mas pronto y seguro.

Tambien cuidarán de remitir á este ministerio sin falta alguna el 6 del citado julio, copia del mismo repartimiento, en el cual ha de constar, pueblo por pueblo, el total número de los mayores contribuyentes, y el importe anual de las cuotas que pagan por los conceptos territorial ó industrial, expresando el tipo mínimo á que se hayan respectivamente sujetado de seiscientos y trescientos reales, en vez del de mil y de quinientos que se fija con preferencia.

Art. 6.° El repartimiento individual se hará en cada pueblo fijando las cuotas á los contribuyentes en la proporcion que con el cupo guarden, las que todos y cada uno de ellos satisfacen por las contribuciones territorial ó industrial.

Los que esten exentos de este anticipo y deseen interesarse en él, se dirigirán solicitándolo á los encargados del repartimiento.

En la cuota que en él se asigne á cada individuo se le abonará el 6 por

TOMO IV. 67

100 de negociacion, á fin de que solo entregue la cantidad que con este descuento le resulte líquida, aunque recibiendo billetes pór la que sin tal deduccion se le haya impuesto, segun el modelo adjunto número 2.°

Art. 7.° La administracion de contribuciones directas de la provincia será la que forme por sí el repartimiento individual del cupo de la capital de la misma.

Corresponderá formarle en los demas pueblos á los ayuntamientos, ó en su defecto al alcalde corregidor, quien en tal caso recogerá de la corporacion municipal la lista de los mayores contribuyentes que deben en él ser comprendidos.

El repartimiento de la capital de la provincia lo aprobará el intendente, asociándose, si lo cree conveniente, de algunos individuos del ayuntamiento y junta de comercio, si la hubiere; ó en defecto de esta de los mayores contribuyentes que el mismo designare.

El de los demas pueblos producirá efecto desde luego, sin perjuicio de remitir una copia certificada de él á la administracion de contribuciones directas de la provincia.

Art. 8.° Asi en las capitales como en los pueblos deberán estar concluidos los repartimientos individuales el dia 18 de julio próximo, á mas tardar, bajo la responsabilidad de los encargados de su formacion, que decidirán todas las cuestiones que puedan suscitarse.

Art. 9.° Las cuotas individuales se señalarán de modo que puedan acomodarse á las que en union ó por separado representen los billetes del Tesoro creados para el reintegro.

Art. 10. Luego que se hallen reunidos en las administraciones de contribuciones directas los repartimientos individuales del cupo de todos los pueblos, se formará por las mismas y remitirán los intendentes con su V.° B.° á este ministerio antes del dia 30 del citado julio un resúmen arreglado al modelo que asimismo es adjunto con el núm. 3.°, en que con distincion de pueblos conste el número de billetes de cada serie necesarios para reembolsar individualmente sus cuotas á los contribuyentes.

Art. 11. Asi que los administradores de contribuciones directas reciban aprobados por los intendentes los repartimientos individuales de las capitales de provincia, dirigirán á los en ellos comprendidos un aviso enterándoles de la cuota que les haya correspondido, con prevencion de que si acuden á entregarla en la caja del Banco antes de diez dias, no sufrirán recargo alguno de cobranza.

Este aviso deberán darlo el 20 de julio, ó antes si fuere posible, arreglado al modelo núm. 4.°

Art. 12. Trascurrido el expresado plazo de los diez dias, formará la administracion una lista nominal de los que esten en descubierto, y la pasará al recaudador de contribuciones, recargando cada cuota con el 2 por 100 de cobranza para que el mismo proceda á realizarla en iguales términos que la de las contribuciones directas.

El recaudador ingresará en el Banco diariamente el importe de las cuotas que realice, reservándose para evitar formalizaciones el premio exigido del 2 por 100 que le corresponde y se le concede exclusivamente.

Art. 13. Tanto de las cantidades que ingresen en el Banco directamente los contribuyentes de las capitales, á consecuencia del aviso de la administracion, como de las que lo verifique el recaudador de la misma correspondientes à las listas cuya cobranza se ponga á su cargo, se expedirán cartas de pago con las mismas formalidades establecidas para los demas ingresos en el Tesoro, á reserva del cange de su importe por los billetes creados para el reintegro.

Será obligacion de los recaudadores presentar en la administracion de contribuciones directas para obtener el cargareme del ingreso que vayan á verificar, una relacion nominal de los contribuyentes de quienes proceda el pago.

Art. 14. En todos los demas pueblos se hará por los ayuntamientos bajo su responsabilidad la cobranza, conduccion y entrega de este anticipo en las cajas del Banco establecidas.

Tendrá efecto, prévio aviso á los contribuyentes de la cuota que deban satisfacer, segun queda prevenido para los de las capitales de provincia en el artículo 11 y modelo núm. 4.° que en él se cita; bajo el supuesto de que los que no verifiquen el pago dentro del plazo de los diez dias del aviso, han de sufrir el recargo del 2 por 100, sobre la cuota que tengan señalada en el reparto.

Art. 15. Las entregas del cupo de los pueblos en las cajas del Banco las harán los ayuntamientos por terceras partes en los dias 1.°, 15 y 31 de agosto, deducido el 6 por 100 de negociacion abonable à los contribuyentes en el acto de pagar sus cuotas como queda prevenido.

Si faltasen à la entrega del primer plazo, sufrirán los apremios consiguientes, y así sucesivamente en los otros dos restantes.

Art. 16. Por razon de gastos de conduccion de caudales á la capital de la provincia ó cajas del Banco establecidas en los partidos administrativos, se abonará á los ayuntamientos el 1 por 100 de las cantidades que entreguen, cuyo abono se verificará por medio de libramiento y con las formalidades de instruccion.

El 2 por 100 de cobranza con que deben recargarse en los pueblos las cuotas de los contribuyentes que no las hagan efectivas á los diez días del aviso, quedará á beneficio de los ayuntamientos en remuneracion de los gastos de repartimientos y cobranza.

Art. 17. Las medidas coactivas contra las corporaciones municipales y contribuyentes, en el caso de no prestarse al pago de este anticipo en los plazos que van determinados, serán las mismas que prescribe el real decreto de 23 de mayo de 1845, respectivo á la contribucion territorial, con las explicaciones contenidas en la real órden circular de 3 de setiembre de 1847.

Art. 18. Cuando se remitan á cada provincia los billetes del Tesoro que deban entregarse á los contribuyentes en equivalencia del anticipo, se prescribirán las formalidades con que ha de verificarse el cange de ellos con las cartas de pago y resguardos que se les hayan entretanto expedido.

Art. 19. Debiendo recibirse los billetes del Banco español de San Fernando como dinero efectivo en pago de los cupos y cuotas de este forzoso anticipo, se sujetará su admision en las capitales de provincia á las mismas reglas y formalidades entre los administradores de contribuciones directas y los comisionados de dicho establecimiento que las que por la real instruccion de 4 de mayo de este año, consiguiente al real decreto de la propia fecha, se prescribieron respecto del pago de los derechos de aduanas, con los propios billetes del Banco.

Las diferencias de cantidades entre el importe de la anticipacion y el de los mismos billetes del Banco se entregarán en metálico.»

REAL DECRETO DE 23 DE JUNIO, prorogando el plazo concedido á los ayuntamientos para pagar con un 30 por 100 sus débitos á favor de la hacienda.

«Accediendo á las solicitudes de varias diputaciones provinciales y ayuntamientos, relativas á que se prorogue el plazo de 30 del actual que por mi decreto de 21 de abril último tuve á bien fijar para que los pueblos y contribuyentes que dentro de él no verificasen el pago de un 30 por 100 á metálico de sus débitos anteriores á la época en que empezó á regir la ley del presupuesto general de ingresos del Estado, fecha 23 de mayo de 1845, fuesen apremiados por su total importe, vengo en mandar, de conformidad con lo que me ha propuesto el ministro de Hacienda, de acuerdo con el consejo de ministros, lo siguiente:

Artículo único. Se proroga hasta 31 de agosto de este año el plazo de fin de junio señalado por mi decreto de 21 de abril último, para que dentro de él puedan satisfacerse con un 30 por 100 á metálico todos los débitos que resulten á favor de la hacienda pública por las contribuciones, rentas, impuestos y arbitrios de época anterior á la en que empezó á regir la ley de presupuestos de 23 de mayo de 1845, pasado cuyo plazo caducarán los efectos de esta gracia, y serán apremiados los deudores por la totalidad de sus descubiertos, quedando en lo demas vigentes las disposiciones de mi citado decreto.»

REAL ORDEN DE 27 DE JUNIO, permitiendo á los deudores por lanzas y medias anatas que paguen con los créditos que resulten á su favor por haberes y pensiones personales devengados y no percibidos.

«Conformándose la reina con lo propuesto por esa direccion general en 10 del mes próximo pasado, acerca de la conveniencia de que se permita á los deudores por los impuestos de lanzas y medias anatas verificar el pago de sus descubiertos con los créditos que al mismo tiempo tengan sobre el Tesoro por haberes y pensiones personales, haciéndose así extensiva por estos créditos igual compensacion que la que por el art. 13 de la real instruccion de 14 de febrero de 1847 y real órden de 24 de mayo del mismo año, se determinó y disfrutan los procedentes de alcabalas enagenadas y de partícipes legos en diezmos, como igualmente los títulos de la deuda consolidada del 3 por 100, se ha servido S. M. declarar que se admitan con efecto tambien á los deudores por lanzas y medias anatas de grandes y títulos que lo sean hasta fin del año de 1846, en que fueron estos impuestos suprimidos, los créditos que resulten á su favor por haberes y pensiones personales devengados y no percibidos, pero que estuvieron vigentes y comprendidos en los presupuestos que rigieron desde 1835 hasta fin del año de 1847; entendiéndose que esta nueva compensacion, en cantidad igual, tan solo alcanza á los que sean á la vez deudores y acreedores directos por los conceptos expresados, considerándose tales los de marido y mujer, y que han de hacer uso de ella indispensablemente dentro del plazo hasta fin de setiembre de este año, que á dicho fin se les señala, trascurrido el cual no les será despues aplicable la compensacion ni por los créditos de haberes y pensiones, ni tampoco por los de alcabalas enagenadas.

LEGISLACION MILITAR Y MARÍTIMA.

REAL DECRETO DE 1.º DE JUNIO, haciendo extensivas al ejército de Cataluña las recompensas concedidas á la guarnicion de Madrid por el decreto de 3 de abril último. (Gaceta núm. 5011)

REAL ORDEN DE 26 DE MAYO, publicada en 8 de junio, aclarando algunas dudas sobre la inteligencia del real decreto de 17 de abril último relativa á la revalidacion de los empleos que tuvieron los carlistas en las filas de D. Carlos. (*Gaceta núm. 5017*).

REAL DECRETO DE 7 DE JUNIO, restableciendo el antiguo cuerpo militar de ingenieros de marina. (*Gaceta núm. 5020*).

OTRO DE 23 DE JUNIO, haciendo extensivas al ejército de Aragon las gracias concedidas á la guarnicion de Madrid por decreto de 3 de abril último. (*Gaceta núm. 5034*).

OTRO DE LA MISMA FECHA, haciendo partícipes de las mismas gracias á las tropas que comprende el ejército de Granada desde 1.º de enero último y las que han permanecido en el ejército de África despues de establecida allí la capitanía general. (*Gaceta número 5034*).

OTRO DE LA MISMA FECHA, dispensando igual gracia al ejército de África. (*Gaceta id.*)

OTRO DE 20 DE JUNIO, reorganizando el regimiento de caballería de Farnesio. (*Gaceta núm. 5037*).

REAL ORDEN DE 26 DE JUNIO, declarando que los beneficios del decreto de 17 abril último no alcanzan á los extranjeros que sirvieron en las filas de D. Carlos. (*Gaceta núm. 5040*).

OBRAS PÚBLICAS.

REALES ORDENES DE 8 DE JUNIO, en que el ministro de Comercio encarga á los jefes políticos le informen sobre las obras de riego que se puedan ejecutar en sus respectivas provincias, y mandando á los ingenieros civiles que auxilien en esta comision à dichos jefes. (*Gaceta núm. 5020*).

REAL DECRETO DE 15 DE JUNIO, devolviendo la acequia de Tauste á los pueblos de Tauste, Cabanillas, Fustiñana y Buñuel. (*Gaceta núm. 5026*).

DISPOSICIONES RELATIVAS A LA BENEFICENCIA PUBLICA.

REAL ORDEN DE 21 DE JUNIO, sobre la provision de las plazas de médicos de los hospitales.

«El art. 114 de la ley de 6 de febrero de 1822, restablecida por real decreto de 8 de setiembre de 1836, previene que las plazas de facultativos de los hospitales establecidos en las capitales hayan de ser provistas por rigorosa oposicion. Recientemente se han dictado varias reales órdenes recomendando la puntual observancia de dicha disposicion, y en su consecuencia se ha consultado á este ministerio el modo de hacer las oposiciones, puesto que no existe la parte reglamentaria que regularice aquel precepto legal, organizando la manera de elegir el tribunal de calificacion y fijando los actos á que deban sujetarse los opositores.

Convencida la reina (Q. D. G.) de la necesidad de cumplir con lo determinado por la ley, y de la falta de reglas que, acomodando su ejecucion á las alteraciones introducidas en la legislacion administrativa, establezca un sistema constante y uniforme, despues de haber oido al consejo de sanidad del reino, y de conformidad con su parecer se ha servido mandar:

1.° Cuando haya que proveer alguna plaza de facultativo en los hospitales á que se refiere la citada ley, dispondrá el alcalde que la junta municipal de beneficencia someta á su aprobacion el correspondiente edicto convocatorio, en el que se exprese la categoría y condicion de la plaza vacante, las obligaciones que le son enejas, su dotacion, cualidades que han de reunir los aspirantes, ejercicios de oposicion que deban hacerse, dia en que estos se verifiquen, y cuantas particularidades se consideren oportunas.

2.° Para aspirar á alguna de las plazas indicadas es necesario: primero tener título legítimo para ejercer el todo de la ciencia de curar, ó aquella parte á que corresponda la vacante; segundo firmar por sí ó por medio de persona autorizada con poder bastante el registro abierto para la oposicion en la secretaría de la junta municipal de beneficencia durante el plazo que se fije en el edicto; tercero presentar en la misma dependencia el título original ó copia testimoniada de él, acompañando una relacion de méritos legitimamente autorizada.

3.° El tribunal de oposicion se compondrá de siete ó cinco jueces, segun lo permita el número y calidad de los profesores que haya en la capital donde el concurso se celebre, y de dos suplentes para el caso de faltar alguno de los propietarios por enfermedad ú otro motivo extraordinario. Será presidido por el alcalde, ó por quien haga sus veces, sin voto de calificacion. Hará de secretario el individuo del tribunal mas moderno en el profesorado.

4.° Los jueces del concurso deberán ser doctores ó licenciados en ambas facultades, ó por lo menos en aquella á que pertenezca la plaza que se haya de proveer.

5.° Si el tribunal se compone de siete jueces, deberán ser tres de ellos si fuese posible, profesores del hospital en que exista la vacante, y dos.

en el caso de que se componga de cinco, eligiendo en dicha clase uno de los dos suplentes.

6.° Corresponde á la junta municipal de beneficencia proponer al alcalde las personas que han de desempeñar los cargos de jueces y suplentes, y á esta autoridad nombrarlos, dando preferencia á los profesores de mas categoría, á cuyo efecto podrá consultar á la junta provincial de sanidad.

7.° Las oposiciones serán públicas, y en ellas no podrá figurar como juez el que sea pariente dentro del cuarto grado de los opositores.

8.° Antes de empezar las oposiciones procederá el tribunal á la formacion de trincas, i el número de los aspirantes fuera divisible por tres, disponiendo en otro caso el modo y forma de celebrar el acto.

9.° Los ejercicios para las plazas de médico serán dos: primero escribir una memoria en veinticuatro horas sobre un punto designado por la suerte de patologia general, de patologia interna, ó de terapéutica médica: segundo exponer un caso práctico de enfermedad interna-aguda ó crónica, que el tribunal designará en aquel momento.

10. Para determinar el punto sobre que ha de escribirse la memoria, entregará cada juez al presidente tres papeletas en que vayan propuestas otras tantas cuestiones, una de patologia general, otra de patologia interna, y la tercera de terapéutica médica. Todas estas papeletas se pondrán en una urna, de donde sacará tres el opositor para elegir la que tenga por oportuno. Las papeletas restantes, que no han de entrar otra vez en suerte, se inutilizarán en el acto.

11. Para el primer ejercicio se incomunicará al opositor, facilitándole un escribiente y los libros que necesite, entregando, pasada la incomunicacion, la memoria sellada al presidente, quien la devolverá al opositor cuando haya de verificarse su lectura.

12. En el segundo ejercicio, despues de hecha la exploracion del enfermo, manifestará el actuante cuál es la dolencia que aquel padece; y dándole media hora para que medite el caso, hará la exposicion de él de una manera clara y precisa, insistiendo principalmente en el diagnóstico y plan terapéutico del mal.

13. Los ejercicios para las plazas de cirujanos serán: primero la exposicion de un caso de enfermedad quirúrgica, aguda ó crónica, en los términos que se previene en el artículo anterior respecto al segundo ejercicio de los médicos: segundo ejecutar en el cadáver y explicar una operacion quirúrgica que designe la suerte.

14. Para determinar cuál haya de ser la operacion que se practique,

cada juez propondrà tres operaciones en otras tantas papeletas que entregará al presidente. Con estas papeletas se hará lo que marca el art. 10 respecto de los médicos.

15. No se reducirá este ejercicio á ejecutar la operacion; deberá tambien el opositor manifestar qué método y procedimiento operatorio ha creido oportuno seguir y por qué le ha dado la preferencia; las modificaciones que haya juzgado conveniente introducir en él; la explicacion de los métodos ó procedimientos que hubieran tambien podido emplearse y los instrumentos que han estado y estan en uso para la indicada operacion: ademas de esto deberá dar una idea circunstanciada de la anatomía, de la parte en que se opere, y aun de las anomalías mas comunes de sus vasos arteriales.

16. Despues de cada ejercicio responderá el actuante á los argumentos que le opongan dos contrincantes por espacio de media hora cada uno. A falta de contrincantes le arguirán uno ó dos jueces.

17. Luego que se hayan terminado los ejercicios procederá el tribunal, primero á la aprobacion ó reprobacion de los actos; y segundo á la formacion de una lista en que resulte graduado de una manera fiel y exacta el mérito relativo de los opositores.

18. Con presencia del expediente general de las oposiciones y de la lista á que se hace referencia en el artículo anterior, propondrá en terna la junta municipal de beneficencia al alcalde los candidatos que considere mas dignos, expresando en igualdad de censura los que tengan mejores servicios y méritos literarios.

19. El alcalde hará el nombramiento, que someterá á la aprobacion del jefe político, cuando el hospital esté considerado como establecimiento provincial de beneficencia.»

DISPOSICIONES VARIAS.

REAL DECRETO DE 28 DE JUNIO, privando á Doña Josefa Fernanda Luisa de Borbon, de los honores y consideraciones de infanta de España por haber contraido matrimonio con persona desigual. (*Gaceta* núm. 5038).

REVISTA

DE LA

JURISPRUDENCIA ADMINISTRATIVA.

COMPETENCIAS.

XXIII.

¿En la facultad que con arreglo á la ley de 8 de enero de 1845, tienen los ayuntamientos para cuidar de los montes del comun, se comprende la de reivindicar por su autoridad propia los terrenos que se suponen usurpados desde antiguo á dichos montes? (Véanse los números XIII, pág. 348, tomo 2.º, y XIV, pág. 182, tomo 4.º)

Esta cuestion habia sido decidida por el consejo real en un caso análogo. Tratábase de si en la facultad que tienen los ayuntamientos para *conservar* las fincas pertenecientes al comun, debia comprenderse la de decidir las cuestiones que se suscitáran sobre antiguas usurpaciones de terrenos que se supusieran de la misma pertenencia. El consejo, atendiendo al espíritu de la ley y al sentido de la palabra *conservar* que en la misma se usa, resolvió que los ayuntamientos estaban autorizados para resistir á los que intentáran turbarles en la posesion de las fincas comunes, y para recuperar «inmediatamente» aquellas de que fueren despojados, pero no para decidir las cuestiones que se suscitáran sobre propiedad ó posesion de terrenos que se supongan usurpados desde antiguo á sus pueblos respectivos. Las mismas razones militan cuando se trata de la recuperacion de terrenos pertenecientes á los montes del comun. Corresponde á los ayuntamientos el cuidado y conservacion de estos montes lo mismo que el de las fincas comunes. De aquí se infiere que cuando los pueblos á quienes corresponden son turbados en la posesion de ellos, puede el ayuntàmiento respectivo ampararlos en dicha posesion; y cuando son despojados, restituírsela inmediatamente, porque todos estos actos lo son propiamente de cuidado y conservacion. Pero cuando se trata de una usurpacion antigua, ó cuya fecha reciente no puede probarse, el decidir acerca de ella no es un acto de cuidado y conservacion, sino una sentencia en justicia que no se debe dar sin conocimiento de causa y que corresponde pronunciarla á la autoridad judicial. No comprendiéndose, pues, esta facultad en la que tienen los ayuntamientos para conservar los montes del comun, los actos que atribuyéndosela practiquen dichas corporaciones, no versan sobre cosas de sus atribuciones legales, y procede contra ellos el interdicto restitutorio.

1.º Habiendo acudido en 10 de agosto de 1846 Doña Bibiana de Arechavala por medio de apoderado al ayuntamiento de Cerballo, en solicitud de que se mandase el derribo de varios cerramientos hechos en montes del comun por algunos vecinos de la parroquia de San Cristobal de Lema, perteneciente á aquel distrito municipal, mandó por edicto dicho cuerpo á los denunciados, que en el término de seis dias presentasen los títulos de pertenencia de los terrenos comprendidos en la denuncia. No habiéndose esto verificado, acordó el ayuntamiento que en igual término derribasen las cercas, y no haciéndolo procediese á ello el mayordomo de Lema. Llevado por éste á efecto el acuerdo, por no haberlo cumplido en dicho término los denunciados, acudieron estos al juez de primera instancia de la

Coruña por medio de interdicto restitutorio, á que él mismo dió lugar, motivando así la competencia. El consejo real, considerando que no solo no constaba que la usurpacion de terrenos fuese reciente y de comprobacion fácil, y que para presumirla no habia mas dato que la simple denuncia, decidió á favor de la autoridad judicial. (Consulta de 27 de octubre de 1847, *Gaceta núm.* 4799).

2.º Por escritura otorgada en 1839, José Chabrera y otros compraron una heredad comprensiva de 10 jornales de tierra cultivada y sobre 100 inculta, situada en el término de Onda, y á principios de 1848 empezaron á descuajar una parte de dicho terreno. El alcalde de Onda les mandó cesar en sus trabajos, imponiéndoles además 100 rs. de multa, fundándose en el supuesto de ser aquel terreno comun, y probándolo con el hecho de haber arrendado el ayuntamiento en 13 de mayo de 1846 las yerbas del Cuarto de Sichar, que tiene de extension como media hora, y linda con el rio Mijares y los términos de Castellon, Villafames, Alcora y Almazora. Los compradores, reputándose despojados por esta providencia, acudieron al juez de primera instancia de Villareal por medio de un interdicto, que dió lugar á que el jefe político de Castellon promoviese competencia. El consejo real la decidió á favor de la autoridad judicial por los fundamentos siguientes: 1.º Que si bien el arriendo del Cuarto de Sichar se otorgó por el ayuntamiento de la villa de Onda en el último año, no constaba sin embargo de un modo indudable si fué comprendido en él y comprendido sin oposicion el terreno inculto comprado en 1839, por lo cual, si habia sido dicho terreno usurpado á la referida villa, no podia calificarse de reciente y fácil de probar la usurpacion. 2.º Que bajo este concepto no tenia aplicacion al caso en cuestion el art. 74, párrafo 2.º de la ley de 8 de enero de 1845, que encarga á los alcaldes la conservacion de las fincas pertenecientes al comun, porque no puede extenderse á usurpaciones antiguas y dudosas, ni tampoco la real órden de 8 de mayo de 1839, que prohibe el interdicto restitutorio contra las providencias de los ayuntamientos, porque supone que estas providencias han de ser dictadas en asunto sometido á su autoridad. (Consulta de 16 de febrero de 1848, *Gaceta número* 4916).

XXIV.

¿Cuándo corresponde conocer al juez ordinario, y cuándo al alcalde, de las infracciones de las ordenanzas de montes? (Véanse los números XII, pág. 348, tomo 2.°; V, pág. 475, tomo 3.°; VI, pág. 83, y XXX, pág. 551, tomo 4.°)

Según el art. 173 de las ordenanzas de montes de 22 de diciembre de 1833, corresponde á los alcaldes el conocimiento preventivo de las infracciones de las mismas, cuando no esceda de 45 rs. la suma de la pena y el resarcimiento del daño; pero es privativo de los jueces de letras el conocer de las infracciones de mayor cuantía, esto es, aquellas cuya pena exceda de los 45 rs. Con arreglo al art. 49 del real decreto de 21 de marzo de 1846, se entienden también para el efecto dicho como infracciones de mayor cuantía, aquellas cuyas responsabilidades pecuniarias exceden respectivamente de los máximos de 100, 300 y 500 rs., que por via de multa pueden imponer los alcaldes según el vecindario de sus respectivos pueblos. De modo, que la parte del art. 173 de las ordenanzas de montes, que determina cuándo ha de considerarse de menor cuantía la responsabilidad pecuniaria, debe considerarse modificada por dicho art. 49 del decreto de 1846, por ser esta posterior á aquellas, y porque en algunos casos no podria aplicarse la primera sin infringir el segundo. Supongamos, por ejemplo, que cuatro ovejas causan daños en un monte. Como la multa que por cada una de ellas debe imponerse es de 14 rs., la suma de la responsabilidad pecuniaria, inclusa la indemnizacion del daño, pasaría de 60 rs. pero no llegaría á 100. Si se atendiera únicamente al art. 173 de la ordenanza, este daño sería de mayor cuantía, debiendo conocer de él el juez de letras; pero como según el decreto de 1846, la menor cuantía en estos negocios debe apreciarse por el máximo de la cantidad que por razon de multas pueden exigir los alcaldes, y los de los pueblos de vecindario menos numeroso pueden imponer hasta 100 rs., es claro que no se cumpliría dicho decreto si en el caso propuesto se considerase la responsabilidad como de mayor cuantía, y de la competencia del juez letrado.

Los guardas del monte de Navas del Rey, denunciaron á dos vecinos de dicho pueblo ante su alcalde, por haber introducido á pastar en un monte vedado 150 cabezas. Creyendo dicha autoridad que este asunto era de la competencia de la jurisdiccion ordinaria, remitió las diligencias instruidas sobre él al juez de primera instancia de San Martin de Valdeiglesias. Este las dirigió al comisario de la demarcacion del Sur, manifestándole, que en vista de la decision del 22 de octubre de 1846, acordada en la competencia entre el jefe político y uno de los jueces de primera instancia de Sevilla, sobre cierta multa impuesta por el teniente de alcalde de Coria del Rio, consideraba privativo el asunto de la autoridad administrativa. El jefe político de Madrid, de conformidad con el parecer del consejo provincial, juzgó inaplicable esta decision al presente caso, porque aquella competencia versaba sobre una infraccion no de la ordenanza de montes, sino de un bando del alcalde de Coria, que prohibia introducir á pastar en ciertas dehesas ganado cabrío. Provocóse la competencia, y el consejo real declaró competente al juez de San Martin, considerando que el daño de que se trataba era de mayor cuantía, porque aun prescindiendo del importe de su indemnizacion, la multa solamente ascendia á 2100 rs., siendo 150 las cabras introducidas á pastar, y debiendo cobrarse 14 reales por cada una con arreglo al art. 191 de las ordenanzas de montes, y teniendo en cuenta además que las infracciones de los bandos que dan los alcaldes no se rigen por las mismas reglas que las de dichas ordenanzas. (Consulta de 27 de octubre de 1847, *Gaceta núm.* 4799).

XXV.

¿Cuando un particular hace en cosa suya alguna obra decla-
rada de utilidad pública disfruta de las prerogativas con-
cedidas á las demás de esta clase por las leyes, y particu-
larmente la de ser de la competencia de la administracion
las cuestiones contenciosas que sobre su ejecucion se sus-
citen?

¿Cuando en los trámites de la competencia deja transcurrir la
autoridad alguno de los términos declarados improrogables
en el decreto de 4 de junio de 1847, puede perjudicar esto
á los derechos de la administracion ó de la autoridad judi-
cial?

Estas dos cuestiones han sido resueltas en una misma consulta. Las expondremos para mayor claridad separadamente.

Las obras de utilidad pública tienen á su favor los privilegios siguientes: 1.º Que si para llevarlas á cabo se necesita expropiar á algun particular de lo suyo, puede hacerse así prévio
el cumplimiento de los requisitos que exige la ley. (Ley de 17
de julio de 1836): 2.º Que ningun «camino ni obra pública» en
curso de ejecucion pueden detenerse por las oposiciones que bajo
cualquier forma se intenten con motivo de los daños y perjuicios que al ejecutar las mismas obras se ocasionen por la ocupacion de terrenos, excavaciones hechas en los mismos, extraccion, acarreo y depósito de materiales, y otras servidumbres á
que están necesariamente sujetas bajo la debida indemnizacion,
las propiedades contiguas á las obras públicas: 3.º Que las indemnizaciones y resarcimientos de daños y perjuicios ocasionados por la ejecucion de esta clase de obras solo puede solicitar-
se ante el jefe político, y no conformándose las partes con lo
que éste determine, se decide la cuestion como contenciosa por
el consejo provincial. (Real órden de 19 de setiembre de 1845,
y art. 8.º, párrafo 4 de la ley de 2 de abril del mismo año).

¿Pero cuáles deben entenderse por obras de utilidad pública, para gozar de todas estas prerogativas? ¿La palabra «obra
pública» significa lo mismo de la ley citada de 17 de abril de 1836

sobre expropiacion por causa de utilidad pública, que en la real órden de 19 de setiembre y ley de 2 de abril de 1845? No puede haber duda de que así sea. La circunstancia que dá á una obra el carácter de pública consiste en el objeto á que vá destinada, y no en que se costee por cuenta del Estado, ni en que recaiga sobre propiedades de la misma pertenencia. El objeto de la ley al conceder las inmunidades dichas á las obras de que tratamos, ha sido garantizar el interés público contra el interés privado cuando no sean conciliables. Por lo tanto, siempre que se ejecute alguna obra en pro del comun, tiene opcion á ser declarada de utilidad pública. Así es, que la ley de 17 de abril de 1836 citada, para evitar la arbitrariedad en tales declaraciones, define las obras á que hacemos referencia del modo siguiente: «art. 2.º Se entiende por obras de utilidad pública las que tienen objeto directo proporcionar al Estado en general, á una ó mas provincias, ó á uno ó mas pueblos, cualesquiera usos ó disfrutes de beneficio comun, bien sean ejecutadas por cuenta del Estado, de las provincias ó pueblos, ó bien por compañías ó empresas particulares autorizadas competentemente.» De modo que para el efecto de que una obra sea declarada de utilidad pública y con opcion á solicitar por causa de ella la expropiacion forzosa, que son las prerogativas que concede á las de su clase la dicha ley de 21 de abril de 1836, debe atenderse exclusivamente á la mencionada definicion, y con arreglo á ella la «empresa particular autorizada competentemente,» que es lo mismo que el «particular competentemente autorizado» que ejecuta en cosa suya y por su cuenta una obra de utilidad pública puede solicitar la expropiacion forzosa.

No es menos cierto que debe atenderse á la misma definicion cuando se trata no de solicitar la expropiacion forzosa, sino de disfrutar los otros privilegios que conceden á las obras públicas la real órden de 19 de setiembre y ley de 2 de abril de 1845, esto es, de no paralizar su ejecucion por oposiciones que á ellas se hagan con motivo de los perjuicios que ocasionen á los particulares, y el de conocer el jefe político gubernativamente y el consejo provincial por la via contenciosa de las cuestiones que sobre la indemnizacion de daños se susciten. Los fundamentos de esta decision son obvios. 1.º Pudiendo el que ejecuta la obra expropiar al dueño de una finca para

que aquella se llevase adelante, sería absurdo que este mismo dueño paralizase la obra por no querer prestarle el particular las servidumbres declaradas á favor de las públicas, con el objeto de evitar aquella detencion que cedería en daño comun. En el derecho
á lo mas debe considerarse embebido el derecho á lo menos, y
las tales servidumbres son derechos de tanto menor importancia que el de expropiacion, cuanto es de mas precio la propiedad en su libre uso en la parte que resulta limitado mas ó menos transitoriamente por aquellos. Por lo tanto, el particular
que ejecutando una obra de utilidad pública podria expropiar si
lo necesitase al dueño de una posesion vecina, puede con mucho mas motivo imponerle las referidas servidumbres. 2.º Por
otra parte, todas las obras declaradas como de utilidad pública
estan comprendidas en la disposicion literal de la real órden de
19 de setiembre, y ley de 2 de abril de 1845, porque las *obras
públicas* de que hablan son las mismas *obras de utilidad* ó de
interés público á que se refiere la ley de expropiacion, como lo
prueba la definicion que dá de ellas, que abraza manifiestamen-
te todas las obras que pueden ser y llamarse públicas. 3.º Y por
último, la circunstancia de hacer la obra un particular en cosa
suya, no obsta en nada de lo dicho: lo uno, porque en el hecho
de omitir esta circunstancia la definicion legal citada, es visto
que la ley la considera como occidental, y lo otro, porque no
porque un particular saque provecho de una cosa, si esta se
halla destinada á prestar un servicio al público con su uso, de-
jará de ser de utilidad pública. De lo cual se infiere necesariamente, que pues la obra es de utilidad pública, las cuestiones
que se susciten sobre resarcimiento de daños causados por ella
son de la competencia de la administracion.

Por real órden de 1.º de abril de 1846 resolvió el gobierno,
atendida la importancia y urgencia del objeto, y sin perjuicio
de dar á su tiempo cuenta á las cortes, que se llevase á efecto
la expropiacion por causa de utilidad pública de la casa de baños
minero-termales de las cercanías de Lugo, verificándose la indemnizacion con los fondos provinciales existentes, pero con calidad de pronto reintegro por la empresa ó particular á cuyo
favor se subastase el establecimiento; y entendiéndose, que si
su poseedor actual garantizaba satisfactoriamente la construccion de las obras en el término de dos meses y segun el plano

unido al expediente de expropiacion, debia suspenderse todo procedimiento. No habiéndose verificado esto último, se procedió en cumplimiento de dicha real órden á la correspondiente subasta, y se hizo en ella la adjudicacion en favor del postor mas beneficioso. Principiada por este la obra, acudió al juez de primera instancia de Lugo el arcediano de Douzon, solicitando se mandase al empresario dejar libre y desembarazado un terreno de su propiedad, donde habia hacinado piedras de sillería y otros materiales, lo cual dió márgen á que el jefe político de Lugo promoviera competencia. El consejo real, por las razones expuestas, y considerando que la obra en cuestion tenia por objeto un beneficio comun, esto es, el uso de los baños que es para el público, en las personas que lo necesitan para su salud, de tanta utilidad como los caminos para las personas que han menester trasladarse de un punto á otro, el consejo real decimos, declaró que el recurso que procedia en todo caso de parte del arcediano de Douzon, era el señalado en la real órden de 19 de setiembre y ley de 2 de abril de 1845, y la autoridad administrativa la única competente.

Entramos en la segunda cuestion.

Los artículos 8, 10, 11, 13, 16, 17 y 20 del real decreto de 4 de junio de 1847, sobre competencias entre la administracion y los tribunales, señalan á aquella y á estos para el procedimiento y decision términos fijos, que el art. 21 del mismo decreto declara improrogables. Pero de esta declaracion no se infiere que sea nulo lo que cualquiera de las autoridades que entienden en la competencia hicieren con arreglo al mencionado decreto, despues de transcurridos dichos términos, ni que por esta última circunstancia caduque el derecho respectivo de las referidas autoridades. Para que así sucediese sería menester una declaracion expresa de la ley, y semejante declaracion no existe. Por otra parte, los términos enunciados se conceden no para el uso de un derecho renunciable, sino para el cumplimiento de un deber que tiene por principal fin conservar mediante las contiendas de jurisdiccion y atribuciones la mútua independencia entre la autoridad judicial y la administrativa. Perjudicarse la administracion por el descuido de una autoridad poco celosa, que no llena su obligacion dentro de los términos prescritos, sería obrar contra el interés público.

En la competencia que últimamente hemos referido, el jefe político, debiendo dirigir al juez dentro de los tres dias de haber recibido su exhorto, la comunicacion insistiendo en la competencia, no lo hizo sino á los 19, excusando su tardanza con que el consejo provincial, cuyo dictámen debia oir, estaba ocupado perentoriamente en las operaciones de la quinta. El consejo real declaró que esta tardanza no invalidaba las diligencias practicadas en el recurso, el cual fué decidido en todas sus partes á favor de la administracion. (Consulta de 27 de octubre de 1847. *Gaceta núm.* 4799).

XXVI.

¿Puede promover competencias el jefe político sobre asuntos de que aun no está conociendo la autoridad judicial? (Véanse las consultas del núm. XX de este tomo, pág. 188).

Segun el real decreto de 6 de junio de 1844, las contiendas de jurisdiccion y atribuciones entre la administracion y los tribunales, solo podian tener lugar en el caso de estar conociendo estos de un negocio correspondiente á aquella. Lo mismo dispone el real decreto vigente de 4 de junio de 1847, sobre competencias. El consejo real hizo aplicacion de esta doctrina á los casos que se citan en las consultas del núm. XX de este tomo, y ha vuelto á hacerla en el caso que vamos á referir.

1.º Expedido apremio en 1846 por el alcalde de Coria del Rio contra los herederos de Salvador Salas como deudor al pósito de aquel pueblo, acudieron los apremiados á uno de los jueces de primera instancia de Sevilla, para que reclamase las diligencias; y habiéndolo este hecho así, provocó competencia el jefe político de la provincia. El consejo real, considerando que aun no conocia del asunto la autoridad judicial, declaró mal formada la competencia, y que por lo tanto no habia lugar á decidirla. (Consulta de 17 de octubre de 1847. *Gaceta número* 4799).

XXVII.

*¿ Cuándo deben considerarse como administrativas y cuándo
como judiciales las cuestiones que se susciten sobre el cumplimiento y rescision de los contratos celebrados con la administracion ?* (Véanse las consultas de los números IV, página 324 del tomo 2.°, y XVIII, pág. 184, tomo 4.°)

En dichos lugares hemos examinado la cuestion propuesta,
concluyendo que cuando los contratos celebrados con la administracion tienen por objeto alguna obra ó servicio público, debia
conocer la autoridad administrativa de las cuestiones que se sus-
citasen sobre su cumplimiento: pero que cuando los contratos
celebrados con la administracion no tuvieran alguno de dichos
objetos, las cuestiones de la misma especie á que dieran lugar
eran de la competencia de los tribunales ordinarios. Hé aquí
una nueva decision que debe añadirse á las anteriores en cor-
roboracion de esta doctrina.

En 29 de setiembre de 1844, el presbítero D. Antonio Peña
alquiló por cuatro años una casa de su pertenencia al ayuntamiento de Chércoles, y en 23 de de setiembre de 1847 la donó
á su sobrino José Peña. Pidió éste entonces á dicho cuerpo que
dejase la casa á su disposicion, ocupada entonces por el cirujano del pueblo. Habiéndose negado el ayuntamiento, acudió Peña al juez de primera instancia de Soria, dando así ocasion á
una competencia con el jefe político de la provincia. El consejo
real, considerando que el contrato en cuestion no tenia por objeto ninguna obra ni servicio público, decidió á favor de la autoridad judicial. (Consulta de 27 de octubre de 1847. *Gaceta
núm.* 4800).

XXVIII.

¿ Pueden provocar competencias las diputaciones provinciales?
(Véase el núm. IV, pág. 465, tomo 3.°)

Las terminantes disposiciones de los reales decretos de 6 de
junio de 1844 y 4 de junio de 1847, no permiten provocar

competencias sino á los jefes políticos. Este punto por lo tanto no ha debido ser nunca motivo de duda. Sin embargo, la diputacion provincial de Navarra promovió dicho recurso en 17 de julio de 1844, al juez de primera instancia de Aoiz, con motivo de una demanda propuesta por los dueños de unos ganados de que se apoderaron las tropas del ejército del Norte, por descubierto de suministros en que se hallaba á la sazon dicho pueblo, contra los vecinos del mismo para que pagasen á prorata el importe de dichos ganados. El consejo real declaró que no habia lugar á decidir esta competencia. (Consulta de 27 de octubre de 1847. *Gaceta núm.* 4800).

XXIX.

¿ Pueden los jefes políticos castigar á los contraventores de la antigua pragmática de juegos prohibidos, imponiéndoles las penas que se establecen en la misma, en virtud de la autoridad que les confiere la ley de 2 de abril de 1845, para aplicar gubernativamente las penas determinadas en las leyes y disposiciones de policía?

Los jefes políticos pueden con arreglo al art. 5.º de dicha ley de 2 de abril, imponer *gubernativamente* las penas señaladas en las leyes de policía, así como exigir correccionalmente multas cuyo máximo no exceda de 1000 rs., y en caso de insolvencia la pena de detencion, sin que el término de esta pueda nunca pasar de un mes. En virtud de estas facultades pueden dichos funcionarios llevar á ejecucion lo dispuesto en los cuatro primeros capítulos de la ley 15, tít. 23. lib. XII de la Novísima Recopilacion, que impone varias penas pecuniarias á los que contravienen á la prohibicion de todo juego y azar, añadiendo la de destierro en la segunda reincidencia, y para el caso en que no puedan hacerse efectivas dichas penas, impone en su lugar 10 dias de cárcel por la primera vez, 20 por la segunda, y 30 con destierro por la tercera. Decimos que las facultades concedidas en la primera de dichas leyes, autoriza para llevar á ejecucion la segunda, porque esta no exige un procedimiento judicial en atencion á que las penas pecuniarias establecidas en ella están sustituidas en los casos de insolvencia y de segunda reincidencia, con la de detencion y el destierro por un breve término; y además no escedan nunca de las que pueden imponer los jefes políticos gubernativamente con arreglo á la ley de 2 de abril citada. Si, pues, el impedir los juegos prohibidos es cosa propia de la policía, y las penas de los jugadores no exceden nunca de aquellas que los jefes políticos pueden imponer *gubernativamente*, es claro que para aplicarlas no se necesita un procedimiento judicial, y estos funcionarios están autorizados para imponerlas.

Hé aquí el caso que ha dado lugar á esta resolucion.

En 16 de mayo de 1845, un teniente de la guardia civil destacado en Cartagena, sorprendió una partida de juego de monte, en el café de Levante de la misma ciudad, y puso á los jugadores á disposicion del comisario de proteccion, el cual, conforme á las instrucciones que habia recibido del jefe político de Murcia, les impuso 10 ducados de multa ó 10 dias de arresto, y doble pena á la dueña del café. Esta providencia fué aprobada por dicho jefe; mas sabedor de ella el juez de primera instancia de Cartagena, reclamó sucesivamente las diligencias de ambas autoridades, y desestimada por las dos esta reclamacion, recurrió á la audiencia. Conformándose esta con el dictámen fiscal, mandó al juez que instruyese con arreglo á derecho la correspondiente sumaria, y que diese lugar á la competencia en el caso de no desistir el jefe político de su oposicion. En virtud de esta órden comenzó el juez las diligencias del sumario, y dió lugar á que el jefe político entablase el recurso. El consejo real lo decidió á favor de la administracion, teniendo en cuenta las razones alegadas, y que no se trataba en el presente caso mas que de penas pecuniarias ó sus equivalentes. (*Consulta de 24 de noviembre de 1847. Gaceta núm. 4834*).

XXX.

¿ Qué autoridad debe conocer de las causas que se formen sobre daños causados en los montes del Estado, cuando los que los causan niegan al Estado su propiedad, suponiendo que los montes son de aprovechamientos comunes? (Véanse los números XIII, pág. 348, tomo 2.º; V, pág. 475, tomo 3.º; VI, pág. 88, y XXIV, pág. 541, tomo 4.º)

Esta cuestion es á todas luces judicial. Toca á la administracion disponer cuando así es conveniente el rompimiento de los montes, pero los tribunales ordinarios son los que deben conocer de las causas que se formen sobre daños ocasionados en los mismos de cualquier especie que sean, con arreglo al tít. 5.º de las Ordenanzas de montes de 1833, declarado vigente por una consulta del consejo real, aprobada en 24 de marzo de 1847, y al real decreto de 2 de abril de 1845. Si los causadores del daño alegan tener derecho sobre el monte, hay otra razon mas para considerar el asunto como de la competencia de la jurisdiccion ordinaria, porque se convierte en cuestion de propiedad ó posesion, que no puede ventilarse sino por los trámites ordinarios. Es pues extraño que se pusiera en duda este punto en el caso que vamos á referir.

1.º En cumplimiento de una circular expedida por el jefe político de Málaga, se presentó por el guarda celador de los montes en noviembre de 1845, ante el alcalde de la villa de Monda, una denuncia contra varios vecinos de la misma, por haber hecho sin autorizacion varias roturaciones en los montes llamados Alpiyata y Gaimon. Remitidas al juez de primera instancia de Coin por haber él reclamado las diligencias instruidas sobre ello, mandó que se practicáran reconocimientos periciales en averiguacion de los daños causados. En este estado, habiendo recurrido al jefe político los comprendidos en la denuncia, haciendo presente que las tierras sobre que versaba el procedimiento las habia adquirido de la corona el vecindario á título oneroso, en virtud de dos reales cédulas, una de 11 de marzo de 1657, y otra de 18 de marzo de 1752, pidió dicha autoridad al ayuntamiento de Monda informe sobre este hecho, el cual quedó así comprobado. En su vista provocó el jefe político la competencia, fundándose principalmente en dos razones: primera, que su circular hablaba de los montes de propios ó comunes, y no de los de particulares como eran los de Monda: segunda, que aun suponiendo lo contrario tocaba á su autoridad disponer los rompimientos según el informe de los emisarios. El consejo real declaró que ninguna de estas razones servia para probar que tocaba al jefe político y no al juez conocer del hecho denunciado. No la primera, porque si el terreno roturado lo habia adquirido el vecindario de Monda como los denunciados aseguraban, no era de la propiedad particular de estos, y aun cuando lo fuese, solo se seguiría que acreditada por los interesados ante el juez esta circunstancia, correspondia no la inhibicion, sino el sobreseimiento: tampoco la segunda, porque no trataba el juez de resolver la cuestion administrativa de si conviene ó no permitir rompimientos de montes, sino de conocer del hecho de haberse ejecutado los que fueron objeto de la denuncia por personas particulares sin autorizacion de ninguna especie. Por todo lo cual se decidió esta competencia á favor de la autoridad judicial. (Consulta de 27 de octubre de 1847. *Caceta núm.* 4796).

2.º En 1846, un vecino de Santiago de Arteijo recurrió contra otros al juez de la Coruña, pidiendo indemnizacion de los daños que le habian causado cortando leña en el monte de su pertenencia, llamado las Mestas. Algunos de los reconvenidos acudieron al jefe político de la Coruña, bajo el concepto de corresponder el asunto á su autoridad, y habiendo este pedido informe al ayuntamiento de dicho pueblo, lo dió éste en union con 16 de los mayores contribuyentes, asegurando que el expresado monte desde tiempo inmemorial habia estado abierto, aprovechándose de sus pastos y esquilmos todos los vecinos. Entonces entabló el jefe político la competencia, que el consejo real ha decidido á favor de la autoridad judicial, considerando que la cuestion no se refería al uso de los pastos que el ayuntamiento y vecinos de Santiago de Arteijo pretendian corresponderles en el monte de las Mestas, sino al aprovechamiento mismo ó la propiedad de él, la cual no podia probarse con el informe del ayuntamiento; por cuyas razones no era aplicable al presente caso el art. 8.°, párrafo 1.° de la ley de 2 de abril de 1845, que atribuye á los consejos provinciales el conocimiento de las cuestiones contenciosas relativas al *uso* y *distribucion* de los aprovechamientos comunes. (Consulta de 15 de marzo de 1848. *Gaceta núm.* 4940).

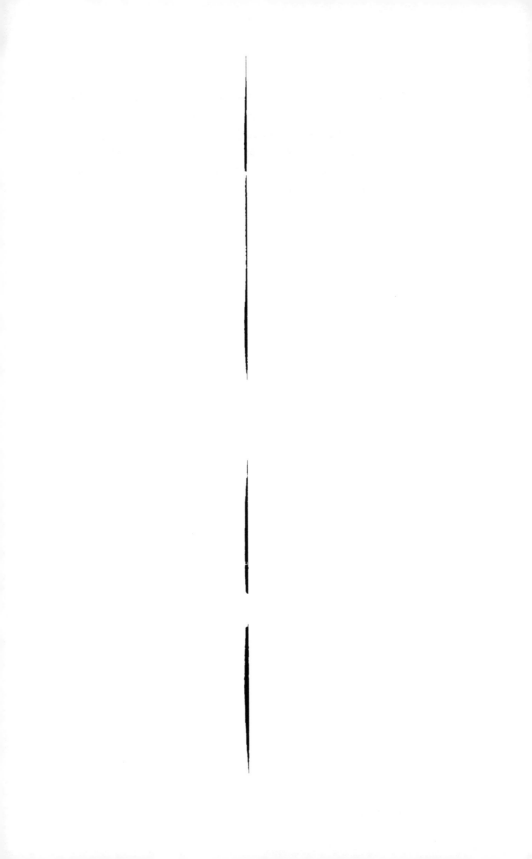

. INDICE

DE LAS LEYES, DECRETOS Y DISPOSICIONES DEL GOBIER-
NO, PUBLICADOS DESDE 1.º DE ENERO HASTA FIN
DE JUNIO DE 1848.

DISPOSICIONES RELATIVAS A LA ADMINISTRACION DE
JUSTICIA EN LOS TRIBUNALES ORDINARIOS Y ADMINISTRATIVOS.

Enero.

Fechas.		Páginas.
16.	Real órden estableciendo ciertas preferencias en la provision de algunos oficios del órden judicial.	55
17.	Otra sobre la provision de las vacantes de los oficios del órden judicial enagenados de la corona.	59

Febrero.

5.	Otra sobre los litigios que pueden entablar los establecimientos provinciales de beneficencia.	122
23.	Otra prohibiendo á los jueces que manden certificar de las listas de electores ó contribuyentes.	id.

23. Otra sobre el tratamiento y honores de los empleados del órden judicial.   123

25. Real decreto modificando la organizacion de los
presidios del reino. . . . .   id.

Marzo.

2. Otra encargando á los juzgados de marina el cumplimiento de la ley sobre expropiacion forzosa.   220

4. Real órden dictando reglas sobre la manera de
decidir las reclamaciones contra los acuerdos
de los consejos provinciales sobre la ejecucion
de la ley de reemplazos.   219

6. Real órden sobre el servicio de las escribanías de
hipotecas.   225

11. Otra sobre el desempeño de las escribanías de
juzgado.   220

13. Ley autorizando al gobierno para suspender ciertas garantías constitucionales.   222

17. Real órden sobre la asistencia al consejo de los
consejeros provinciales supernumerarios. . .   224

19. Ley mandando observar el nuevo código penal.   223

22. Real órden mandando observar en los juzgados
de marina los aranceles de los tribunales ordinarios. . . . .   id.

26. Real decreto declarando suspendidas las garantías
establecidas en el art. 7.º de la Constitucion.   224

30. Real órden encargando á los jefes políticos la cabal ejecucion de la ley de vagos. . . . .   id.

31. Real decreto indultando de la pena de muerte á los
reos de la sedicion de Madrid de 26 de marzo.   225

Abril.

3. Otra sobre las licencias para contraer matrimonio los magistrados y jueces.   320

4. Circular del ministerio de Gracia y Justicia para
que los tribunales vigilen á los artesanos sos-
pechosos.   318

7. Real decreto disponiendo se establezca en Cartagena un tribunal de comercio. 320

11. Real órden mandando quede sin efecto lo dispuesto en la de 24 de agosto de 1842, relativa al
registro en los oficios de hipotecas de los contratos de censos. 317

17. Otra para que el fiscal del tribunal supremo remita al ministerio copia de las instrucciones
dirigidas por la fiscalía á las de las audiencias
desde 1844. 326

26. Otra aprobando el reglamento para la organizacion interior de la junta directiva de los archivos. 320

id. Otra sobre el curso que deben dar los tribunales
ordinarios á los pleitos, de cuyo conocimiento
se inhibieren por corresponder á la administracion. 327

27. Otra circular dirigiendo al tribunal supremo, regentes y fiscales de las audiencias, ejemplares
del código penal. 326

28. Otra sobre la aplicacion de las leyes vigentes acerca de la enagenacion forzosa. 327

29. Otra sobre el voto que corresponde á los fiscales
de las audiencias en tribunal pleno. 328

Mayo.

13. Otra encargando á los tribunales la mayor vigilancia sobre los perturbadores del órden público. 329

19. Otra sobre las licencias que pueden darse á los
funcionarios de la administracion de justicia. 330

23. Otra negando al real patrimonio el derecho para
conceder aguas de ciertos rios. 331

30. Otra reproduciendo la de 14 de febrero de 1841,
que prohibe las sociedades patrióticas. . . . id.

Junio.

Fechas.   Páginas.

22. Otra declarando la personalidad legal de los rec-
    tores para defender en juicio los bienes de las
    universidades, á pesar de la centralizacion de
    fondos. . . . '   520

23. Otra sobre las licencias que se expiden á los li-
    cenciados de presidio.   521

24. Otra para que los jueces averigüen las sociedades
    por acciones que no hayan cumplido las con-
    diciones de la ley de 8 de enero último, en el
    plazo señalado en la misma. . . . .   id.

29. Otra sobre la adquisicion por los alcaldes de la
    edicion oficial del código penal.   522

ORGANIZACION ADMINISTRATIVA.

Enero.

29 de diciembre. Real decreto publicado en 6 de ene-
    ro, declarando á Zaragoza provincia de prime-
    ra clase.   60

6. Real órden disponiendo que los jefes de distrito
    se nombren jefes civiles. . . . .   id.

id. Otra mandando que los agentes de seguridad pú-
    blica se nombren salvaguardias. . . . . .   id.

14. Real decreto dando una nueva organizacion al
    ministerio de Hacienda. . . . .   id.

26. Real órden suprimiendo cuatro plazas en el mi-
    nisterio de la Gobernacion.   138

28. Real decreto sobre la provision de empleos del
    ministerio de la Gobernacion.   62

Febrero.

2. Otro dando nueva organizacion á los inspectores
    de administracion.   138

7. Otro modificando la organizacion del consejo
    real. . . . .   id.

17. Otro dando nueva organizacion al consejo de ins-
     truccion pública. 139

id. Otro dando nueva planta al ministerio de Ma-
     rina. 141

24. Otro sobre la presidencia del consejo de instruccion
     pública. . . . . id.

id. Otro declarando individuo del consejo de agricul-
     tura al presidente de la asociacion de ganade-
     ros. . . . . id.

Mayo.

10. Otro creando una direccion de policía para la pro-
     vincia de Madrid. 449

LEGISLACION COMERCIAL, INDUSTRIAL Y AGRICOLA.

Enero.

5. Real órden para promover en la corte el consu-
    mo del carbon de piedra. 62

15. Otra sobre el registro de las minas metalíferas en-
     contradas en las de aguas. 124

28. Ley sobre sociedades mercantiles. . . . . id.

id. Real decreto aprobando el reglamento para la eje-
     cucion de la ley anterior. 127

29. Real órden autorizando en los presupuestos muni-
     cipales el coste de la adquisicion y manuten-
     cion de uno ó mas toros sementales. . . . 136

Febrero.

12. Otra permitiendo la extraccion de la plata la-
     brada. 138

20. Otra sobre el levantamiento de planos geométri-
     cos de las capitales de provincia. . . . . id.

24. Otra para que por este año se de gratis el ser-
     vicio de monta de los caballos padres. . . . id.

Fechas.   Páginas.

29. Otra sobre la exencion de derechos del carbon de
piedra que se introduzca en Madrid. 226

Marzo.

2. Ley sobre la incorporacion á la hacienda pública
de portazgos, pontazgos y barcajes. . . . id.

22. Real decreto restableciendo el de 5 de abril de
1845 sobre operaciones de bolsa. . . . . id.

id. Otro aprobando los estatutos del Banco español de
San Fernando. . . . . id.

29. Real órden mandando dejar sin efecto la de 6
de marzo del año anterior sobre minería. . . 232

30. Otra fijando el derecho que debe pagar el azufre. 234

Abril.

7. Real decreto mandando establecer juntas de agricultura en todas las capitales de provincia. . 332

id. Real órden sobre los informes que se piden á las
juntas de comercio, comisiones de la cria caballar y demas cuerpos consultivos. . . 336

id. Otra prohibiendo que los potros de 2 años ó mas
anden sueltos en los montes comunales. . . id.

11. Otra eximiendo á los vecinos de Sevilla y pueblos
limítrofes del pago de portazgo del Tardon y
el Patrocinio. 338

15. Real decreto sobre el arreglo de la moneda. . . 336

17. Real órden mandando establecer en Palmas de Canarias una junta de agricultura. 339

Mayo.

8. Otra declarando que las compañías mineras que
se establezcan sin capital fijo no estan comprendidas en la ley de 28 de enero último. . . id.

25. Otra sobre el reintegro del coste de flete y gastos

en los casos de abandono ó comiso de géneros
para cuya descarga haya mediado un comisionado provisional. 340

Junio.

21. Real decreto modificando la organizacion de la
junta de gobierno del Banco de San Fernando. 522
30. Otro prohibiendo la exportacion del oro. . . 523

DISPOSICIONES RELATIVAS A LA HACIENDA PUBLICA.

Enero.

7. Real decreto mandando presentar en la direccion
general del Tesoro los documentos de créditos
contra el Estado. 63
13 Otro regularizando el pago de sueldos y atrasos de
las clases activas y pasivas. 64
29. Otro aprobando un nuevo contrato de anticipo
con el Banco de San Fernando. 65
30. Real órden sobre las distribuciones mensuales de
fóndos. 71

Febrero.

5. Otra nombrando una comision que examine los
presupuestos de la Isla de Cuba, Puerto Rico y
Filipinas. 142
11. Ley autorizando al gobierno para cobrar las rentas y contribuciones hasta fin de junio de 1848. id.
13 Real órden sobre la manera de dirigir sus solicitudes los empleados dependientes del ministèrio
de Hacienda. . . . . id.
14. Real decreto sobre conversion de créditos contra
el Estado. . . . . id.
20. Real órden sobre el destino que debe darse al 4
por 100 que se cobre sobre el cupo de la contribucion territorial. 235

Fechas.   Páginas.

20 Otra sobre el 5 por 100 de recargo mandado exi-
       gir sobre la contribucion industrial. . . .   236

24. Otra sobre las pagas que se dan como socorro ex-
       traordinario á los empleados activos y pasivos. 234

25. Real decreto estableciendo una nueva tarifa de de-
       rechos sobre especies determinadas. . . .   143

Marzo.

31. Real órden sobre los apremios para el cobro de
       contribuciones.   236

Abril.

7.   Real decreto mandando vender todos los bienes
       raices de las encomiendas vacantes de las cua-
       tro órdenes militares.   422

8.   Real órden declarando á los cesantes ó jubilados
       hasta 10 de febrero último el derecho á percibir
       nueve pagas.   423

id. Otra sobre las licencias que se pueden conceder á
       los empleados de Ultramar.   425

10. Otra sobre los expedientes de calificacion de los
       títulos de los partícipes legos de diezmos. . 424

id. Otra sobre los títulos de partícipes legos presenta-
       dos á los intendentes. . . . .   id.

14. Real decreto estableciendo el papel sellado de
       multas. . . . .   id.

21. Otro condonando el 70 por 100 de los atrasos de
       contribuciones hasta fin de diciembre de 1843. 426

26. Otro en que S. M. condona al Estado lo que se
       le debe por su consignacion.   427

29. Otro creando una junta consultiva de moneda. .   id.

Mayo.

1.° Otro mandando crear y vender á pública subasta
       100 millones de billetes del tesoro. . . . .   428.

id. Otro mandando vender las fincas de la enco-
       mienda de San Juan. . . . .   523.

4.   Otro mandando admitir como dinero en pago de

Fechas.   Páginas.

los derechos de aduanas los billetes del Banco
de San Fernando. 428

4. Reglas para llevar á efecto el decreto anterior. id.

id. Real órden extendiendo la condonacion concedida á favor de los deudores por contribuciones á
los que lo son al ramo de fincas del Estado por
rentas ó censos. 429

10. Real decreto mandando entregar al Banco 3500
quintales de azogue para que los venda en comision. . . . . id.

11. Otro creando una comision que proponga las bases para el arreglo de la deuda. . . . . . id.

15. Otro arreglando el servicio del cuerpo de carabineros. . . . . id.

19. Real órden para que los títulos de la deuda pasiva extranjera sean admitidos en pago de bienes nacionales. 431

id. Otra sobre la conversion de las láminas provisionales de la deuda. . . . . id.

id. Real decreto reformando algunas tarifas de la
contribucion industrial y de comercio. . . . 432

22. Real órden aclarando algunas dudas sobre la admision de los billetes del Banco de San Fernando en pago de los derechos de aduanas. . . id.

25. Otra sobre el cumplimiento del decreto de este
mes acerca del servicio del resguardo. . . 437

id. Otra sobre la enagenacion de los géneros de ilícito comercio que se aprendan en la Peninsula. 438

31. Otra sobre la manera de practicar las informaciones judiciales de posesion inmemorial que promuevan los partícipes legos. 524

Junio.

21. Real decreto imponiendo un anticipo forzoso de
100 millones. 525

id. Otro exigiendo de todas las clases que cobran del
Tesoro una mensualidad. 527

Fechas.   Páginas.

id. Instruccion para llevar á efecto el reparto y co-
     branza del anticipo de los 100 millones. . . 528

23. Real decreto prorogando el plazo concedido á los
     deudores de contribuciones para pagar con un
     30 por 100 de sus débitos. 532

27. Real órden sobre el pago de lanzas y media anata. 533

LEGISLACION DE TEATROS.

Enero.

13. Real decreto suspendiendo los efectos del de 30
    de agosto de 1847 sobre teatros. 72

LEGISLACION MILITAR Y MARITIMA.

Enero.

3. Real decreto sobre el sueldo de los mariscales de
    campo que son suplentes en el tribunal de guer-
    ra y marina. . . . . id.

id. Otro suprimiendo los ayudantes de campo á las
    órdenes de los generales en tiempo de paz. . id.

id. Otro prohibiendo nombrar mas ministros super-
    numerarios del tribunal de guerra y marina. id.

5. Real órden suprimiendo los sobresueldos por co-
    misiones de servicio á los empleados de la ad-
    ministracion central de guerra. . . . . . id.

13. Otra recordando la de 20 de octubre último sobre
    el uso de soldados asistentes. 75

id. Otra determinando los jefes y oficiales que pue-
    den tener asistentes. . . . . id.

14. Otra mandando cesar las comisiones activas que
    desempeñan los jefes y oficiales. . . . . id.

28. Ley autorizando al gobierno para llamar á las ar-
    mas 25000 hombres. 145

Febrero.

7. Real decreto organizando el cuerpo de sanidad
    militar. 144

8. Real órden sobre la admision de voluntarios á
   servicio de la armada.   145
14. Real decreto sobre el sueldo de los jóvenes que in-
    gresen como subtenientes en la reserva del ejér-
    cito. . . . .   id.
23. Otro suprimiendo la junta consultiva y directiva
    de la armada. . . . .   id.

Marzo.

1.º Otro dictando disposiciones para llevar á efecto la
    ley de reemplazos.   238
7. Real órden sobre el papel sellado en que deben
   extenderse las patentes de navegacion. . .   id.
15. Real decreto creando la *Guardia de los arsenales.* 239
id. Ley declarando exentos del servicio de las ar-
    mas á los novicios y profesos de los colegios de
    misioneros. . . . .   id.
18. Real órden dictando reglas para llevar á efecto la
    ley anterior.   240
22. Real decreto organizando el cuerpo de artillería
    de marina. . . . .   id.
29. Otro mandando formar los terceros batallones de
    varios regimientos de infantería.   242
31. Otro mandando formar batallones ligeros con des-
    tino á las posesiones de África. . . . . .   id.

Abril.

3. Otro concediendo recompensas á la guarnicion de
   Madrid por su comportamiento en la rebelion
   del 26 de marzo.   439
8. Real órden sobre la admision de sustitutos en el
   ejército.   440
14. Real decreto mandando construir seis máquinas de
    vapor para la marina de guerra. . . . .   id.
17. Otro declarando comprendidos en el convenio de
    Vergara á los generales, jefes y oficiales que sir-
    vieron á D. Cárlos. . . . .   id.

Fechas.   Páginas.

22. Real órden sobre la exencion de alojamiento y ba-.
     gajes que disfrutan los aforados.   441

Mayo.

3. Real decreto reformando la organizacion del cuer-
    po de sanidad de la armada.   443
11. Otro extinguiendo el regimiento de infantería de
     España.   444
id. Otro recompensando á los oficiales y soldados que
     se distinguieron en la rebelion del 7 de mayo
     en Madrid. . . . .   id.
15. Otro prorogando por un mes la admision de los
     generales, jefes y oficiales carlistas á los bene-
     ficios del convenio de Vergara.   445
20. Real órden permitiendo sustituir con hipotecas de
     fincas los depósitos hechos en garantía de sus-
     titutos del ejército. . . . .   id.
22. Real decreto extendiendo á las tropas de Andalu-
     cía y Valencia las recompensas concedidas á la
     guarnicion de Madrid por decreto de 3 de abril
     último.   446
id. Otro creando dos escuadrones de cazadores de
     Africa. . . . .   id.
id. Real órden sobre la provision de ayudantías de dis-
     tritos marítimos. . . . .   id.
24. Otra sobre los depósitos que deben hacer las em-
     presas para la sustitucion de quintos. . . .   id.
26. Otra sobre revalidacion de empleos á los carlistas.   id.
29. Real decreto extinguiendo el regimiento de caba-
     llería del Infante. . . . .   id.
id. Real órden sobre los fiscales de los juzgados de
     marina. . . . .   id.

Junio.

1.º Real decreto extendiendo al ejército de Cataluña
     las recompensas concedidas á la guarnicion de
     Madrid por decreto de 3 de abril último. . .   533

Fechas.   Páginas.

7. Otro restableciendo el cuerpo de ingenieros de la
   armada. 534

20. Otro reorganizando el regimiento de Farnesio. . id.

23. Otro extendiendo al ejército de Aragon las recompensas concedidas á la guarnicion de Madrid
   por decreto de 3 de abril. . . . . id.

id. Otro haciendo igual gracia al ejército de Granada.. id.

id. Otro disponiendo lo mismo respecto al ejército de
   Africa. . . . . id.

26. Real órden declarando que los beneficios del de
   17 de abril último no alcanzan á los extranjeros que sirvieron con D. Carlos. 533

LEGISLACION DE OBRAS PUBLICAS.

Enero.

14. Otra modificando el decreto de 10 de junio de 1847
   por el cual se suprimió la empresa de Lorca. . 144

Febrero.

8. Otra declarando carretera de gran comunicacion
   la que vaya de Salamanca á Huelva. . . . id.

Marzo.

4. Otra prohibiendo á los jefes políticos tomar parte
   en empresas mineras. 243

id. Otra extendiendo la prohibicion anterior á los empleados en establecimientos mineros. . . . id.

Abril.

7. Real decreto para el arreglo de los caminos vecinales. 340

id. Real órden aprobando el reglamento para la ejecucion del decreto anterior. 344

12. Otra mandando activar la carretera de Murcia á
   Cartagena y Albacete. 385

19. Instruccion dirigida á los jefes políticos para la
        ejecucion del reglamento sobre caminos veci-
        nales. 385

Mayo.

4. Real órden encargando á los jefes políticos que
        pongan en ejecucion desde luego el real decre-
        to y reglamento últimos sobre caminos provin-
        ciales. 422

Junio:

8. Reales órdenes una encargando á los jefes políticos
        que informen sobre las obras de riego que se
        puedan ejecutar en sus respectivas provincias y
        otras autorizándolos para ser auxiliados en es-
        tos trabajos por los ingenieros civiles. . . 534
15. Real decreto devolviendo la acequia de Tauste á
        los pueblos de Tauste, Cabanillas y otros. . id.

DISPOSICIONES RELATIVAS AL SERVICIO DE SANIDAD PUBLICA.

Marzo.

15. Real órden sobre la exhumacion de cadáveres. . 243

DISPOSICIONES RELATIVAS A LA BENEFICENCIA PUBLICA.

Abril.

19. Real órden mandando á los jefes políticos nombren
        comisiones que averigüen las memorias y fun-
        daciones que deban aplicar á beneficencia en
        todo ó en parte. 447

Mayo.

Fechas.   ●   Páginas.

15. Real órden previniendo á los jefes políticos impi- ●
dan las ventas de bienes pertenecientes á la beneficencia sin autorizacion del gobierno.' . . 448

Junio.

21. Otra sobre la provision de las plazas de médicos de
hospitales. 534

DISPOSICIONES RELATIVAS A LA INSTRUCCION PUBLICA.

Mayo.

4. Real decreto autorizando á los institutos provinciales para conferir grados de bachiller. . . 450
id. Real órden para llevar á efecto el decreto anterior. . . . . id.
13. Otra derogando el título V de la seccion 4.ª
del reglamento de estudios y sustituyendo otro
en su lugar. 452
20. Otra suprimiendo el instituto de segunda enseñanza de Lugo. 455
31. Otra sobre el modo de conciliar el art. 229 del
reglamento de estudios con la real órden de 4
del corriente. . . . . id.

DISPOSICIONES VARIAS.

Mayo.

13. Real decreto destituyendo de los honores y consideraciones de infante á D. Enrique María de
Borbon. . . . . id.
19. Real órden sobre la residencia de los prevenda-
dos de Ultramar. 456

Junio.

| Fechas. | | Páginas. |

28. Real decreto privando á Doña Josefa Fernanda
Luisa de Borbon de los honores y consideraciones de infanta de España. 537

INDICE DE LA JURISPRUDENCIA ADMINISTRATIVA CON-
TENIDA EN ESTE TOMO.

COMPETENCIAS.

I. ¿Cuándo debe conocer la autoridad judicial,
y cuándo la administrativa de las cuestiones
que se susciten sobre el ejercicio ilegal de la
medicina? 74

II. ¿A qué autoridad corresponde conocer de las
cuestiones que se susciten en los pueblos sobre mancomunidad de pastos y deslinde de
términos? (Véanse las consultas núm. V,
pág. 329, y VIII, pág. 337 del tomo 2.°;
las del núm. V, pág. 477, VIII, pág. 514,
tomo 3.°, y las de los números II, pág. 77,
XIII, pág. 166, y XXII, pág. 191 de este
tomo). 77

III. ¿A qué autoridad corresponde conocer de la
demanda de indemnizacion que puede poner
el mozo llamado al servicio de las armas como suplente de otro prófugo, contra los bienes del mismo? 81

IV. ¿Qué autoridad debe conocer de las cuestiones
que se susciten entre la administracion y los
particulares con motivo de las obras perjudiciales al interés comun que estos ejecuten en
las márgenes ó cauces de los rios ó acequias,
no habiendo un tribunal especial que entien-

da en ellas? (Consulta del número V, página 609, tomo 3.°)   83

V. ¿A qué autoridad corresponde conocer de las
cuestiones relativas al deslinde y amojonamiento de los bienes de propios? (Consulta
del número VII, pág. 512, tomo 3.°) . .   87

VI. ¿Deben considerarse como cuestiones de policía
rural y sujetas por consiguiente al conocimiento gubernativo de los alcaldes las denuncias de daños hechos por ganados en terrenos sobre los cuales alegue tener derecho
á pastar el dueño de los ganados? (Consulta
del número XII, pág. 348, tomo. 2.°, y del
número V, pág. 475, tomo 3.°)   88

VII. ¿Procede el interdicto restitutorio contra los
particulares que hacen uso del derecho condicional que les atribuye una providencia
administrativa cuando no se ha cumplido la
condicion con que aquel se concedió? (Consulta del número V, pág. 485, tomo 3.°) . .   90

VIII. ¿Son nulas las actuaciones de competencia cuando el juez no da conocimiento de ellas al promotor fiscal en los términos que dispone la
ley?   91

IX. ¿Pueden los alcaldes mandar á algun vecino
que mude su domicilio, por motivos de decencia pública? Haciéndolo indebidamente, ¿á
quién corresponde reformar su providencia?   92

X. ¿Pueden en algun caso los jueces suscitar competencias á la administracion? ¿Pueden promoverlas en algun caso los intendentes á la
autoridad judicial? (Véase el número IV,
pág. 465, tomo 3.°)   94

XI. ¿Qué autoridad debe conocer de las cuestiones
que se susciten sobre el modo de cobrar los
arbitrios municipales? (Consulta del número V, pág. 470, tomo 3.° y XXI, pág. 190,
tomo 4.°)   95

XII. Los contratos de arrendamiento de su casa mo-
rada que celebran los jefes políticos y demas
funcionarios del gobierno, ¿están sujetos á las
leyes comunes, ó se rigen por las especiales sobre contratos celebrados con la administracion? 174

XIII. (La misma cuestion del número II, pág. 77.) 176

XIV. ¿Pueden conocer los intendentes como autoridades administrativas de las cuestiones que
se susciten sobre las servidumbres ú otros derechos reales anejos á los bienes nacionales
despues de su venta? (Consulta del núm. XI,
pág. 524 del tomo 3.º) 177

XV. ¿Procede la via gubernativa ó judicial contra
los bienes propios de los individuos de ayuntamientos hipotecados tácitamente á la responsabilidad de las contribuciones de que han
sido cobradores y cuyo importe han malversado? 179

XVI. Corresponde á los ayuntamientos por la facultad que tienen de conservar las fincas pertenecientes al comun, el derecho de decidir las
cuestiones que se susciten sobre antiguas
usurpaciones de terrenos que se suponen de
la misma pertenencia? (Véase la consulta del
número XIII, pág. 348, tomo 2.º) . . . 182

XVII. ¿Cuándo son gubernativas y cuándo judiciales las cuestiones relativas al cumplimiento
de las leyes protectoras de la ganadería?
(Véanse las consultas del número X, página 343, tomo 2.º y del número VI, pág. 511,
tomo 3.º) 183

XVIII. ¿Pueden atacarse por la via del interdicto las
providencias que tomen los ayuntamientos
sobre el arrendamiento de los bienes propios
del comun? (Consulta del número IV, página 321, tomo 2.º) 184

XIX. ¿En los juicios criminales ha lugar al recurso

de competencia? (Consulta del número IV,
pág. 461, tomo 2.°; del número XII, página 529, tomo 3.°) 185

XX. ¿Puede promover competencias el jefe político
sobre asuntos de que aun no esté conociendo la autoridad judicial? (Consulta del número XXVI, pág. 547, tomo 4.°) 188

XXI. ¿Se pueden promover competencias sobre asuntos en que ha recaido sentencia ejecutoriada? 190

XXII. ¿No procede el interdicto restitutorio contra las
providencias de los ayuntamientos que tienen por objeto remover los obstáculos que
se oponen al arreglo de los pastos y aprovechamientos comunes? (Véanse las consultas
del número V, tomo 2.°, pág. 329, y las
del número V, tomo 3.°, pág. 477). . . 191

XXIII. ¿En la facultad que con arreglo á la ley tienen
los ayuntamientos para cuidar de los montes
del comun, se comprende la de reivindicar
por su autoridad propia los terrenos que se
suponen usurpados desde antiguo á dichos
montes? (Véase el número XIII, pàg. 348,
tomo 2.°, y el número XVI, pág. 182, tomo 4.°) 538

XXIV. ¿Cuándo corresponde conocer al juez ordinario, y cuándo al alcalde de las infracciones de
las ordenanzas de montes? (Consulta del número XII, pág. 348, tomo 2.°; del número V,
pág. 475, tomo 3.°, VI, pág. 88, XXX, página 551, tomo 4.°) 541

XXV. ¿Cuando un particular hace en cosa suya alguna obra declarada de utilidad pública, disfruta de las prerogativas concedidas á las demas de esta clase por las leyes y particularmente la de ser de la competencia de la administracion las cuestiones contenciosas que
sobre su ejecucion se susciten?
¿Cuando en los trámites de las competencias

deja transcurrir la autoridad alguno de los
términos declarados improrogables en el decreto de 4 de junio de 1847, puede perjudicar esto á los derechos de la autoridad judicial ó de la administracion? 543

XXVI. La misma cuestion del número XX, pág. 188. 547

XXVII. ¿Cuándo se deben considerar como administrativas y cuándo como judiciales las cuestiones
relativas al cumplimiento y rescision de los
contratos celebrados con la administracion?
(Véanse las consultas del número IV, página 324, tomo 2.°.; las del número XVIII,
pág. 184, tomo 4.°) 543

XXVIII. ¿Pueden provocar competencias las diputaciones provinciales? (Consulta del número IV, pág. 465, tomo 3.°) . . . . . . id.

XXIX. ¿Pueden los jefes políticos castigar á los contraventores de la antigua pragmática de juegos prohibidos, imponiéndoles las penas que
se establecen en la misma, en virtud de la autoridad que les confiere la ley de 2 de abril
de 1845 ó para aplicar gubernativamente las
penas determinadas en las leyes y disposiciones de policía? 549

XXX. ¿Qué autoridad debe conocer de las causas que
se formen sobre daños causados en los montes del Estado, cuando los que los causan
niegan al Estado su propiedad, suponiendo
que los montes son de aprovechamiento comun? (Consulta del número XIII, pág. 348,
tomo 2.°; del número V, pág. 475, tomo 3.°;
VI, pág. 88, XXIV, pág. 541, tomo 4.°)

INDICE

DE LOS ARTÍCULOS CONTENIDOS EN ESTE TOMO

Págs.

De la naturaleza y límites de la jurisdiccion del senado cuando se constituye en tribunal de justicia. . . . . »

Congreso penitenciario de Bruselas.—Aplicacion del régimen penitenciario á los jóvenes presos.   24

De la propiedad y adjudicacion de las minas, y de la jurisdiccion que debe conocer de los negocios de este ramo. . . . . ,   47

Estudios sobre los orígenes del derecho español.

Art. 6.°   Abolicion del derecho romano.—Unidad de la legislacion, coleccion de leyes de Chindasvindo. —Concilio 7.° de Toledo.   97

Art. 7.°   Correccion hecha por Recesvinto en el código de las leyes.—Concilios 7.°, 9.° y 10 de Toledo.   246

Art. 8.°   Leyes de Wamba.—Concilio 11 de Toledo.—Código de Ervigio.—Concilios 12, 13 y 14 de Toledo.   289

Comentarios y observaciones sobre los artículos mas importantes del nuevo código penal.

I.   Exámen de los artículos 3 y 4 del código, que tratan de los actos preparatorios del delito, de la tentativa y del delito frustrado.   146

II.   Exámen del art. 7.°, que trata de los delitos res-

Págs.

pecto á los cuales no rigen las disposiciones
generales del código penal. 162

III.   Exámen del capítulo 2.°, del libro 1.°, que trata de las circunstancias que eximen de la responsabilidad de los delitos.

1.° De la demencia. 193

2.° De la edad como circunstancia de exencion. 289

3.° De los actos ejecutados en defensa de sí
mismo. 497

Aplicacion del nuevo código penal á todos los
delitos previstos en el mismo.

Cap. 1.° Delitos contra la religion. 262

Notas de este capítulo. 281

Cap. 2.° Delitos contra la seguridad exterior del Estado. 457

Notas de este capítulo. 488

FIN DEL INDICE Y DEL TOMO IV.